I0820023

Andreas

De amore libri tres
Von der Liebe. Drei Bücher

Andreas
aulae regiae capellanus /
königlicher Hofkapellan

De amore / Von der Liebe

Libri tres / Drei Bücher

Text nach der Ausgabe von
E. Trojel

Übersetzt und mit Anmerkungen
und einem Nachwort
versehen von Fritz Peter Knapp

Walter de Gruyter · Berlin · New York

♾ Gedruckt auf säurefreiem Papier,
das die US-ANSI-Norm über Haltbarkeit erfüllt.

ISBN-13: 978-3-11-017915-6
ISBN-10: 3-11-017915-6

Bibliografische Information Der Deutschen Bibliothek

Die Deutsche Bibliothek verzeichnet diese Publikation in der Deutschen Nationalbibliografie; detaillierte bibliografische Daten sind im Internet über <http://dnb.ddb.de> abrufbar

Printed in Germany

Satz: Dörlemann Satz, Lemförde
Einbandgestaltung: Hansbernd Lindemann, Berlin
Druck und buchbinderische Verarbeitung:
Hubert & Co. GmbH & Co. KG, Göttingen

Vorwort

Die vorliegende Übersetzung hat eine lange Geschichte. Schon vor etwa zehn Jahren hat sich meine Frau, Friedegund Knapp M. A., darum bemüht und eine vollständige Rohübersetzung angefertigt, welche wir beide dann gemeinsam zu korrigieren versuchten. Mehr als eine sprachlich ungeglättete, keineswegs druckreife Verständnishilfe war damals aber nicht geplant. Der Text widersetzte sich allerdings an sehr vielen Stellen vorerst schon diesem Verständnis, so daß das Fehlen einer neueren gedruckten deutschen Übersetzung umso mehr wundernehmen mußte. Als eine solche weiter auf sich warten ließ, habe ich mich vor etwa drei Jahren intensiver mit der manieristischen mittelalterlichen Sprache des Andreas und dem geistigen Umfeld des Werkes zu beschäftigen begonnen. Diese Bemühungen sowie der Vergleich mit den vorliegenden Übersetzungen ins mittelalterliche Italienische und Deutsche sowie ins moderne Französische und Englische vermochten die meisten – nicht alle! – offenen Fragen, zumindest was die sprachliche Oberfläche betrifft, zu beantworten, etliche freilich nur hypothetisch. Zuletzt folgten noch eine durchgehende stilistische Umformung und Glättung, die allerdings an der angestrebten Worttreue der Übersetzung ihre engen Grenzen fanden.

Zu danken habe ich also zu allererst meiner Frau, die nicht nur den Grund für diese Übersetzung legte, sondern mit der ich auch weiterhin immer wieder einzelne widerspenstige Stellen besprechen konnte. Mein Dank gilt des weiteren meinen studentischen Hilfskräften, Frau Carolin Westphal, Frau Luise Sessler, Herrn Nils Borgmann und Herrn Jakub Šimek, welche mehrere Korrekturvorgänge an dem Typoskript und den Korrekturfahnen vorgenommen haben. Herr Šimek hat zudem den Wiederabdruck des lateinischen Textes von Trojel überprüft, nach dessen eigener Corrigenda-Liste verbessert und mit der Paragraphenzählung nach der Ausgabe von Walsh versehen.

In dieser Form, die ich allein zu verantworten habe, stellt sich das Werk nun der Kritik. Liberali hospitio excipiatur!

Heidelberg, im Dezember 2005 F. P. K.

Inhaltsverzeichnis

Andreas
Aulae regiae capellanus /
Königlicher Hofkapellan

De Amore / Von der Liebe

Libri tres / Drei Bücher

Praefatio.

Cogit me multum assidua tuae dilectionis instantia, Gualteri venerande amice, ut meo tibi debeam famine propalare mearumque manuum scriptis docere, qualiter inter amantes illaesus possit amoris status conservari, pariterve, qui non amantur, quibus modis sibi cordi affixa valeant Veneris iacula declinare. Asseris te namque novum amoris militem novaque ipsius sauciatum sagitta illius nescire apte gubernare frena caballi nec ullum posse tibi remedium invenire. Quod quam sit grave quamque molestet meum animum, nullis tibi possem sermonibus explicare. Novi enim et manifesto experimento percepi, quod, qui Veneris est servituti obnoxius, nil valet perpensius cogitare, nisi ut aliquid semper valeat suis actibus operari, quo magis possit ipsius illaqueari catenis: nihil credit, se habere beatum nisi id, quod penitus suo debeat amori placere. Quamvis igitur non multum videatur expediens huiusmodi rebus insistere nec deceat, quemquam prudentem huiusmodi vacare venatibus, tamen propter affectum, quo tibi annector, tuae nullatenus valeo petitioni obstare; quia luce clarius novi, quod docto in amoris doctrina cautior tibi erit in amore processus, tuae, prout potero, curabo postulationi parere.

Vorrede

Zweck des Buches

(1) Das heftige und unablässige Drängen der Zuneigung zu dir, verehrungswürdiger Freund Walter, zwingt mich, dir mit meiner Rede klarzumachen und mit eigenhändigen Schriften beizubringen, in welcher Weise unter Liebenden der Zustand der Liebe unversehrt bewahrt werden kann, oder gleichermaßen, auf welche Weisen diejenigen, welche nicht geliebt werden, die in ihr Herz gebohrten Pfeile der Venus abzuschütteln[1] vermögen. (2) Du behauptest nämlich, du wissest als neuer Ritter der Liebe *(miles amoris)*[2] und als ein durch einen ihrer neuen Liebespfeile Verwundeter nicht, die Zügel jenes Pferdes richtig zu lenken und ein Heilmittel für dich finden zu können. Wie mich das schmerzt und wie es mein Herz bedrückt, könnte ich dir in Worten gar nicht ausdrücken. (3) Ich weiß nämlich und habe es durch eindeutige Erfahrung gelernt, daß, wer Venus in Sklaverei verfallen ist, an nichts eifriger denken kann, als wie er ständig etwas mit seinem Tun erreichen könne, wodurch er umso mehr durch ihre Ketten gefesselt werden könne. Er glaubt, sein einziges Glück bestehe in dem, was seiner Liebe durchaus gefällig sein müsse. (4) Obwohl es daher nicht sehr förderlich erscheint, sich um Dinge dieser Art zu bemühen, und es sich nicht ziemt, wenn irgendein kluger Mensch seine Zeit mit einer derartigen Jagd verbringt, vermag ich dennoch infolge der Zuneigung, mit der ich dir anhänge, keineswegs dei-

---

[1] *sibi cordi affixa Veneris iacula declinare:* „se débarrasser des flèches que Vénus a fichées dans leur cœur" B, „shift Venus's shafts lodging in their hearts" W, *da sé partire le saette d'amore chiavate nel suo cuore* Traduzione Toscana del sec. XIV (im weiteren TT). Der Ausdruck *declinare* „abbiegen, ablenken, abweisen, vermeiden" ist befremdlich, da er zu den bereits im Herzen steckenden Pfeilen nicht paßt. Hartlieb hat ihn daher auch als *sennden* mißverstanden. Sonst verwendet auch Andreas das Wort in der üblichen Weise (vgl. z. B. I,vi,295: *declinare insidias*).

[2] Die *militia amoris* geht vor allem auf Ovid, *Ars amatoria* II,233 *Militiae species amor est* und *Amores* I,ix,1 *Militat omnis amans* zurück. *Militia* ist in der Antike der Kriegsdienst, *miles* der im Krieg dienende Soldat, woher der Dienst auch für andere Herrn und Zwecke metonymisch abgeleitet werden kann, im Mittelalter auch der Lehens- und Minnedienst.

nem Bitten zu widerstehen. Weil mir sonnenklar ist, daß du, wenn du in der Liebeslehre bewandert bist, in der Liebe vorsichtiger voranschreiten wirst, werde ich, soweit ich kann, darauf bedacht sein, deiner Forderung zu gehorchen.

Liber primus.

Accessus ad amoris tractatum.

Est igitur primo videre, quid sit amor, et unde dicatur amor, et quis sit effectus amoris, et inter quos possit esse amor, qualiter acquiratur amor, retineatur, augmentetur, minuatur, finiatur et de notitia amoris mutui, et quid unus amantium agere debeat altero fidem fallente.

Capitulum I: Quid sit amor.

(1) Amor est passio quaedam innata procedens ex visione et immoderata cogitatione formae alterius sexus, ob quam aliquis super omnia cupit alterius potiri amplexibus et omnia de utriusque voluntate in ipsius amplexu amoris praecepta compleri.

(2) Quod amor sit passio, facile est videre. Nam, antequam amor sit ex utraque parte libratus, nulla est angustia maior, quia semper timet amans, ne amor optatum capere non possit effectum,

ERSTES BUCH

Einführung in den Liebestraktat

Inhalt des Werks

Wir müssen also zuerst sehen, was die Liebe ist und woher sie Liebe genannt wird und welche Wirkung die Liebe hat und zwischen welchen Personen es Liebe geben kann, wie Liebe erworben, festgehalten, vermehrt, vermindert, beendet wird, woran man die gegenseitige Liebe erkennt und was einer der Liebenden tun soll, wenn der andere die Treue bricht.

1. Kap.: Was die Liebe ist

Definition

(1) Die Liebe ist ein im Inneren geborenes Erleiden *(passio)*,[3] welches aus dem Anblick[4] und der unmäßigen gedanklichen Beschäftigung *(cogitatio)* mit der Wohlgestalt *(forma)* des anderen Geschlechts hervorgeht, derentwegen man sich über alles wünscht, die Umarmungen des anderen zu erlangen und alle Vorschriften der Liebe nach dem Wunsch beider in der Umarmung des anderen erfüllt zu sehen.

Liebe als Erleiden

(2) Daß die Liebe Erleiden ist, ist leicht zu sehen. Denn bevor die Liebe von beiden Seiten im Gleichgewicht ist, ist keine Not größer, weil der Liebende immer fürchtet, daß die Liebe nicht die ersehnte Wirkung erzielen könnte und er seine Mühen nutzlos ver-

---

[3] *innata passio* hier übersetzt nach Don A. Monson (1994). Dort auch Näheres zur folgenden Definition nach der aristotelischen Metaphysik. Nach Monsons Ausführungen ist der Begriff bei Andreas nicht auf „Leiden, Krankheit etc.“ festgelegt. Gemeint ist vielmehr in erster Linie der aristotelische Gegensatz von *actio* und *passio* im allgemeinen Sinne, so daß eine Übersetzung mit „Affekt“ nahe läge, käme im Deutschen die etymologische Herkunft („das Zugefügte“) noch genügend klar heraus. Daß dieser Affekt allerdings schweren Leidensdruck zur Folge hat, sagt Andreas deutlich.

[4] Daß der erste Liebesanreiz durch die Augen den Menschen trifft, ist schon in der Antike sprichtwörtlich, desgleichen im Mittelalter (Walther 19711, 28704, 30736). Bei Trobadors, Trouvères und Minnesänger begegnet der Gedanke gleichermaßen.

nec in vanum suos labores emittat. (3) Vulgi quoque timet rumores et omne, quod aliquo posset modo nocere; res enim imperfectae modica turbatione deficiunt. (4) Sed et, si pauper ipse sit, timet, ne eius mulier vilipendat inopiam; si turpis est, timet, ne eius contemnatur informitas vel pulchrioris se mulier annectat amori; si dives est, praeteritam forte tenacitatem sibi timet obesse. (5) Et, ut vera loquamur, nullus est, qui possit singularis amantis enarrare timores. Est igitur amor ille passio, qui ex altera tantum est parte libratus, qui potest singularis amor vocari. (6) Postquam etiam amor utriusque perficitur, non minus timores insurgunt; uterque namque timet amantium, ne, quod est multis laboribus acquisitum, per alterius labores amittat, quod valde magis onerosum constat hominibus, quam si spe frustrati nullum sibi suos fructum sentiant [sibi] afferre labores. (7) Gravius est enim carere quaesitis quam sperato lucro privari. Timet etiam, ne in aliquo offendat amantem; tot enim timet, quod nimium esset narrare difficile. (8) Quod autem illa passio sit innata, manifesta tibi ratione ostendo, quia passio illa ex nulla oritur actione subtiliter veritate inspecta; sed ex sola cogitatione, quam concipit animus ex eo, quod vidit, passio illa procedit. (9) Nam quum aliquis videt ali-

schwendet. (3) Er fürchtet auch die Nachrede der Leute und alles, was auf irgendeine Weise schaden könnte. Unvollendetes geht nämlich bei geringer Unbill zugrunde. (4) Aber auch, wenn er arm ist, fürchtet er, daß die Frau seine[5] Armut verachtet; wenn er häßlich ist, fürchtet er, daß seine Mißbildung verschmäht wird oder daß sich die Frau der Liebe eines Schöneren verbindet; wenn er reich ist, fürchtet er, daß ihm vielleicht die frühere Knauserigkeit schadet. (5) Um die Wahrheit zu sagen, es gibt niemanden, der die Ängste eines einzelnen Liebenden aufzählen könnte.[6] Daher ist diejenige Liebe ein Erleiden, welche nicht im Gleichgewicht ist. Sie kann einseitige Liebe genannt werden.

Ängste der Liebespaare

(6) Auch sobald die Liebe von beiden Seiten zustande kommt, entstehen nicht weniger Ängste. Beide Liebenden fürchten nämlich, was mit vielen Mühen erworben wurde, durch die Mühen eines anderen zu verlieren, was eindeutig um vieles bedrückender für die Menschen ist, als wenn sie, in der Hoffnung getäuscht, merken, daß ihnen ihre Mühen keinen Gewinn bringen. (7) Es ist nämlich schwerer, Erworbenes verloren zu haben als eines bloß erhofften Gewinnes beraubt zu werden. Man fürchtet auch, in irgendeiner Hinsicht die[7] Geliebte zu kränken. So viel fürchtet man nämlich, daß es aufzuzählen allzu schwierig wäre.

Entstehung der Liebe

(8) Daß aber jenes Erleiden im Inneren geboren ist, beweise ich dir mit der einleuchtenden Begründung, daß bei genauer Einsicht in die Wahrheit jenes Erleiden aus keiner Handlung entsteht. Vielmehr geht jenes Erleiden allein aus einer gedanklichen Beschäftigung hervor, welche das Gemüt *(animus)*[8] aus dem, was es sieht, empfängt. (9) Denn wenn einer eine sieht, zur Liebe tauglich[9] und

---

[5] *ne eius mulier vilipendat inopiam* fasse ich wie B, W u. die TT als ziemlich gewaltsamen Fall von Hyperbaton auf, ziehe also *eius* zu *inopiam*.

[6] Vgl. *Ars amatoria* II,517ff.

[7] Das geschlechtsneutrale Partizip *amantem* fasse ich hier mit B und H als weiblich auf. W behält die Neutralität bei.

[8] *animus* ist bei Andreas gewiß in antiker Tradition die Bezeichnung für die empfindenden, begehrenden Seelenkräfte im Gegensatz zum Verstand. Ob der folgende Ausdruck *cor* mehr als eine stilistische Variante dafür ist, bleibt aber unklar.

[9] *aptam amori:* „ripe for love" W, „aimable" B, *acconcia da amare* TT, *mynnesam* H. Hier ist gewiß von der sexuellen und geistigen Reife für die höfische Liebe die Rede (siehe 5. Kap.).

quam aptam amori et suo formatam arbitrio, statim eam incipit concupiscere corde; postea vero, quotiens de ipsa cogitat, totiens eius magis ardescit amore, quousque ad cogitationem devenerit pleniorem. (10) Postmodum mulieris incipit cogitare facturas et eius distinguere membra suosque actus imaginari eiusque corporis secreta rimari ac cuiusque membri officio desiderat perpotiri. (11) Postquam vero ad hanc cogitationem plenariam devenerit, sua frena nescit continere amor, sed statim procedit ad actum; statim enim adiutorium habere laborat et internuntium invenire. (12) Incipit enim cogitare, qualiter eius gratiam valeat invenire, incipit etiam quaerere locum et tempus cum opportunitate loquendi ac brevem horam longissimum reputat annum, quia cupienti animo nil satis posset festinanter impleri; et multa sibi in hunc modum evenire constat. (13) Est igitur illa passio innata ex visione et cogitatione. Non quaelibet cogitatio sufficit ad amoris originem, sed immoderata exigitur; nam cogitatio moderata non solet ad mentem redire, et ideo ex ea non potest amor oriri.

Capitulum II: Inter quos possit esse amor.

(1) Hoc autem est praecipue in amore notandum, quod amor nisi inter diversorum sexuum personas esse non potest. Nam inter duos mares vel inter duas feminas amor sibi locum vindicare non valet; duae namque sexus eiusdem personae nullatenus aptae videntur ad mutuas sibi vices reddendas amoris vel eius naturales actus exercendos. Nam quidquid natura negat, amor erubescit amplecti.

(2) Ad hoc totus tendit conatus amantis, et de hoc illius assidua est cogitatio, ut eius, quam amat, fruatur amplexibus; optat enim, ut cum ea omnia compleat amoris mandata, id est, ea quae in

nach seinem Urteil wohlgestaltet, beginnt er sie sofort im Herzen zu begehren; dann aber, sooft er über sie nachdenkt, so oft erglüht er mehr aus Liebe zu ihr, bis er zu einer tieferen gedanklichen Beschäftigung gekommen sein wird. (10) In der Folge beginnt er an die Körperformen der Frau zu denken und ihre Glieder zu unterscheiden und sich ihre Bewegungen vorzustellen und die geheimen Stellen ihres Körpers auszuforschen und sehnt sich, der Funktion eines jeden Gliedes völlig teilhaftig zu werden.

Sehnsucht und Werbung

(11) Nachdem er aber zu dieser vollständigen gedanklichen Beschäftigung gelangt sein wird, kann die Liebe ihre Zügel nicht halten, sondern schreitet sofort zur Tat; sofort nämlich bemüht er sich, Hilfe zu haben und einen Boten zu finden. (12) Er beginnt nämlich nachzudenken, wie er ihre Gunst *(gratia)* finden könne. Er beginnt auch Ort und Zeit mit Gelegenheit zu einem Gespräch zu suchen und hält eine kurze Stunde für ein überaus langes Jahr, weil einem begehrenden Sinn nichts genügend schnell erfüllt werden kann; und fraglos passiert ihm vieles auf diese Weise. (13) Daher beruht jenes im Inneren geborene Erleiden auf Sehen und Nachsinnen *(cogitatio)*. Nicht ein beliebiges Nachsinnen reicht für den Beginn der Liebe, sondern ein maßloses ist erforderlich; denn maßvolles Nachsinnen pflegt nicht wieder in den Sinn zu kommen, und so kann daraus nicht Liebe entstehen.

2. Kap.: Zwischen welchen Personen es Liebe geben kann

Natürliche Grenzen

(1) Dies ist vor allem festzuhalten bei der Liebe, daß die Liebe nur zwischen Personen unterschiedlichen Geschlechts stattfinden kann. Denn zwischen zwei Männern oder zwischen zwei Frauen kann die Liebe für sich keinen Platz in Anspruch nehmen; zwei Personen nämlich des gleichen Geschlechts scheinen keineswegs imstande, sich gegenseitig Liebe zu schenken oder ihre natürlichen Handlungen auszuführen. Denn was die Natur verweigert, errötet die Liebe zu umfassen.

Liebe als höchstes irdisches Gut

(2) Danach strebt das ganze Trachten des Liebenden und darum kreist sein beständiges Sinnen, die Umarmungen derjenigen, welche er liebt, zu genießen; er wünscht sich nämlich, daß er mit

amoris tractatibus reperiuntur inserta. (3) In amantis ergo conspectu nil valet amoris actui comparari, potiusque verus amans cunctis exspoliari divitiis vel omni eo, quod humano posset excogitari ingenio, sine quo quis vivere non potest, penitus privari eligeret quam sperato vel acquisito amore carere. (4) Quid enim homo posset possidere vel habere sub coelo, pro quo vellet tot subiacere periculis, quot assidue videmus amantes ex libero arbitrio se subiugare? Videmus enim ipsos mortem contemnere nullasque timere minas, divitias spargere et ad multas devenire inopias. (5) Sapiens tamen amator divitias non abiicit, tanquam prodigus consvevit dispensator abiicere, sed iuxta patrimonii facultates suis ab initio modum ponit impendiis. Nam inopiae quisque necessitati suppositus deflexo incipit incedere vultu et multis cogitationibus cruciari, et omnis eum alacritas derelinquit. (6) Qua quidem cessante illico melancolia ex adverso consurgit, in eo suum sibi locum vindicat ira, et ita incipit esse alteratus amanti et ei terribilis apparere, sicque incipiunt amoris incrementa deficere; ergo incipit amor diminui. Amor enim semper minuitur vel augetur. (7) Manifesto igitur experimento cognosco, quod ita superveniente inopia incipiunt fomenta amoris deficere, quia: „Non habet unde suum paupertas pascat amorem."

(8) Non autem haec tibi enarro, amice, quasi velim avaritiam sectandam esse meis tibi faminibus indicare, quam cunctis constat in eodem cum amore non posse domicilio permanere, sed ut tibi ostendere valeam, prodigalitatem esse modis omnibus fugiendam, et ipsam largitatem utroque brachio amplectendam. Nota etiam,

ihr alle Gebote der Liebe erfüllt, d.h., die sich in den Liebestraktaten eingefügt finden. (3) In den Augen des Liebenden kann daher nichts dem Akt der Liebe verglichen werden, und eher würde der wahrhaft Liebende vorziehen, aller Reichtümer beraubt zu werden oder alles dessen, was vom menschlichen Geist als absolut zum Leben notwendig erdacht werden kann, vollkommen enteignet zu werden, als eine erhoffte oder erlangte Liebe zu entbehren. (4) Was könnte nämlich ein Mensch unter dem Himmel besitzen oder haben, wofür er so vielen Gefahren ausgesetzt sein wollte, wie aus freien Stücken Liebende, wie wir sehen, eifrig auf sich nehmen? Wir sehen nämlich, daß sie den Tod verachten und keine Drohungen fürchten, Besitz vergeuden und in vielfachen Mangel geraten.

Liebeshindernis der Armut

(5) Der kluge Liebhaber jedoch wirft seinen Reichtum nicht weg, so wie ein verschwenderischer Verwalter ihn wegzuwerfen pflegt, sondern legt gemäß den Möglichkeiten seines Erbes von Anfang an seinen Ausgaben Maß an. Denn jeder, der, der Notlage der Mittellosigkeit unterworfen, mit gesenktem Antlitz einherzugehen und von vielen Besorgnissen gequält zu werden beginnt, den verläßt auch jeglicher Unternehmungsgeist. (6) Wenn dieser freilich weicht, erhebt sich auf der Stelle von gegenüber die Melancholie, in ihm fordert der Zorn für sich seinen Platz, und so beginnt er für die Geliebte ein anderer zu sein und ihr schrecklich zu erscheinen, und so beginnt die Zunahme der Liebe auszubleiben; daher beginnt die Liebe sich zu verringern. Die Liebe wird nämlich immer weniger oder mehr. (7) Ich erkenne daher aus eindeutiger Erfahrung, daß, wo bittere[10] Armut ausbricht, der Zündstoff der Liebe auszugehen beginnt, denn: „Die Armut hat nichts, ihre Liebe zu nähren.“[11]

Verschwendung und Freigebigkeit

(8) Nicht aber erzähle ich dir dies, o Freund, als wollte ich dir durch meine Rede den Geiz als erstrebenswert bezeichnen, der nach Meinung aller nicht unter einem Dache mit der Liebe weilen kann, sondern damit ich dir zeigen kann, daß die Verschwendung in jeder Hinsicht zu fliehen und die Freigebigkeit mit beiden Ar-

[10] *dura* CE W, *dira* DH, *ita* übrige Hss., Trojel.

[11] *Remedia* 749.

quod amans nihil sapidum ab amante consequitur nisi ex illius voluntate procedat.

Capitulum III: Unde dicatur amor.

(1) Dicitur autem amor ab amo verbo, quod significat capere vel capi. Nam qui amat, captus est cupidinis vinculis aliumque desiderat suo capere hamo. (2) Sicut enim piscator astutus suis conatur cibiculis attrahere pisces et ipsos sui hami capere unco, ita vero captus amore suis nititur alium attrahere blandimentis totisque nisibus instat duo diversa quodam incorporali vinculo corda unire vel unita semper coniuncta servare.

Capitulum IV: Quis sit effectus amoris.

(1) Effectus autem amoris hic est, quia verus amator nulla posset avaritia offuscari, amor horridum et incultum omni facit formositate pollere, infimos natu etiam morum novit nobilitate ditare, superbos quoque solet humilitate beare, obsequia cunctis amorosus multa consvevit decenter parare. O, quam mira res est amor, qui tantis facit hominem fulgere virtutibus tantisque docet quemlibet bonis moribus abundare! (2) Est et aliud quiddam in amore non

men zu umfangen ist. Merke zudem, daß der Liebende nichts Süßes[12] von seiner Geliebten erlangt, wenn es nicht ihrem Willen entspringt.

3. Kap.: Woher die Liebe den Namen hat

Etymologie von amor

(1) *Amor* hat aber seinen Namen nach dem Verbum *amo*, was ‚fangen' oder ‚gefangen werden' bedeutet. Denn wer liebt, ist von den Fesseln der Begierde gefangen und wünscht, den anderen mit seiner Angel *(hamus)* zu fangen.[13] (2) Denn so wie der kluge Fischer versucht, mit seinem Köder die Fische anzulocken und sie mit dem Haken seiner Angel zu fangen, so bemüht sich der von der Liebe Gefangene, mit seinen Schmeicheleien den anderen anzulocken, und setzt alle Bemühungen ein, zwei getrennte Herzen durch eine körperlose Fessel zu vereinen oder schon vereinte für immer in Verbindung zu erhalten.

4. Kap.: Welcher Art die Wirkung der Liebe ist

Liebe als Lehrmeisterin guter Sitten

(1) Die Wirkung aber der Liebe ist diese, daß der wahrhafte Liebhaber durch keine Habsucht verdorben werden kann. Die Liebe bewirkt, daß der Abstoßende und Ungepflegte durch völlige Wohlgestalt hervorragt. Sie kann auch die von Geburt her Niedrigsten durch den Tugendadel *(morum nobilitas)* reich machen. Sie pflegt auch die Stolzen mit Demut zu beglücken. Der Verliebte pflegt allen mit Anstand viele Dienste zu erweisen. Oh, welch wunderbare Sache ist die Liebe, die den Menschen mit so vielen Vorzügen *(virtutes)* glänzen läßt und jeden beliebigen lehrt, so viele gute Sitten *(boni mores)* im Überfluß zu haben![14] (2) Etwas

---

[12] *nihil sapidum* wörtlich „nichts von/mit Geschmack".

[13] Eine der üblichen, von Isidor von Sevilla übernommenen, nach heutigen Maßstäben linguistisch unsinnigen paronomastischen Etymologien (*Etymologiae* X,i,5): *amare – hamus.*

[14] Dies die erste Stelle, die eindeutigen Einfluß der höfischen Liebesideologie erkennen läßt.

brevi sermone laudandum, quia amor reddit hominem castitatis quasi virtute decoratum, quia vix posset de alterius etiam formosae cogitare amplexu, qui unius radio fulget amoris. Est enim suae menti, dum de amore suo plenarie cogitat, mulieris cuiuslibet horridus et incultus aspectus.

(3) Hoc ergo tuo pectori volo semper esse affixum, Gualteri amice, quod, si tali amor libramine uteretur, ut nautas suos post multarum procellarum inundationem in quietis semper portum deduceret, me suae servitutis perpetuo vinculis obligarem. (4) Sed quia inaequale pensum sua solet manu gestare, de ipsius tanquam iudicis suspecti non ad plenum confido iustitia. Ideoque ad praesens eius recuso iudicium, quia: „Saepe suos nautas valida relinquit in unda“.

(5) Sed quare amor quandoque ponderibus non utatur aequalibus, alibi tractatu latiori te plenius edocebo.

Capitulum V: Quae personae sint aptae ad amorem.

(1) Est nunc videre, quae sint aptae personae ad amoris arma ferenda. Et scire debes, quod omnis compos mentis, qui aptus est ad Veneris opera peragenda, potest amoris pertingi aculeis, nisi aetas impediat vel caecitas vel nimia voluptatis abundantia. (2) Aetas impedit, quia post sexagesimum annum in masculo et post quinquagesimum in femina, licet coire homo possit, eius tamen voluptas ad amorem deduci non potest, quia calor naturalis ab ea aetate suas incipit amittere vires, et humiditas sua validissime inchoat in-

anderes muß man bei der Liebe mit nicht wenigen Worten preisen: Die Liebe schmückt den Mann gleichsam mit der Tugend der Keuschheit, weil er, der vom Strahl der Liebe der einen erleuchtet ist, kaum an die Umarmung einer anderen noch so Schönen denken könnte. Es ist nämlich für seinen Sinn, solange er dem Gedanken an seine Liebe ganz nachhängt, der Anblick irgend einer anderen Frau abstoßend und ungepflegt.

Ungleiche Gewichte in Amors Hand

(3) Dies möchte ich für immer deinem Herzen, mein Freund Walter, eingeprägt wissen, daß, wenn die Liebe so im Gleichgewicht wäre, um ihre Seeleute nach der Überschwemmung durch heftige Stürme immer in den Hafen der Ruhe zu geleiten, ich mich mit den Fesseln ihrer Knechtschaft auf ewig binden würde. (4) Weil sie aber ungleiches Gewicht in ihrer Hand zu tragen pflegt, setze ich in deren Gerechtigkeit wie in die eines suspekten Richters kein volles Vertrauen. Daher weise ich für jetzt ihr Urteil zurück, denn: „Oft läßt sie ihre Seeleute in mächtiger Woge im Stich."

(5) Aber warum die Liebe und wann sie nicht gleiche Gewichte verwendet, werde ich dir in einem umfassenderen Traktat an anderer Stelle ausführlicher beibringen.[15]

5. Kap.: Welche Personen zur Liebe tauglich sind

(1) Es ist nun zu sehen, welche Personen tauglich sind, die Waffen der Liebe zu tragen. Auch mußt du wissen, daß jeder, der im vollen Besitz seines Verstandes ist und tauglich, die Werke der Venus auszuführen, von den Pfeilen der Liebe voll erreicht werden kann, außer Alter, Blindheit oder ein allzu hohes Übermaß an Wollust *(voluptas)* hindern ihn. (2) Das Alter ist hinderlich, weil nach dem sechzigsten Jahr beim Mann und nach dem fünfzigsten bei der Frau der Mensch zwar Geschlechtsverkehr haben, seine Begierde jedoch nicht bis zur Liebe führen kann, weil die natürliche Hitze von diesem Alter an in ihren Kräften nachzulassen und seine Feuchtigkeit in hohem Maß Zuwachs zu bekommen beginnt und

Zu hohes Alter

[15] Dieser Traktat ist nicht erhalten.

crementa fovere atque hominem in varias deducit angustias et aegritudinum diversarum molestat insidiis, nullaque sunt sibi in hoc saeculo praeter cibi et potus solatia. (3) Similiter ante duodecim annos femina, et ante decimum quartum annum masculus non solet in amoris exercitu militare. (4) Dico tamen et firmiter assero, quod masculus ante decimum octavum annum verus esse non potest amans, quia usque ad id tempus pro re satis modica verecundo rubore perfunditur, qui non solum perficiendum impedit amorem sed bene perfectum exstinguit. (5) Sed et alia ratio efficacior invenitur, quia ante praefatum tempus nulla in homine constantia viget, sed in omnibus variabilis reperitur. Nec enim aetatis de amoris imperii arcanis posset tanta infirmitas cogitare. Cur vero citius in muliere amor quam in masculis exardescit, alibi forte docebo.

(6) Caecitas impedit amorem, quia caecus videre non potest, unde suus possit animus immoderatum suscipere cogitationem, ergo in eo amor non potest oriri, sicut plenarie supra constat esse probatum. Sed hoc verum esse in amore acquirendo profiteor;

den Mann in Besorgnisse verschiedener Art stürzt und mit Anschlägen verschiedener Krankheiten belästigt und ihm in diesem Leben keine anderen Freuden[16] bleiben als Speise und Trank.

Mangelnde physische und psychische Reife

(3) Desgleichen pflegt eine Frau bis zum Alter von zwölf Jahren und ein Mann bis zum Alter von vierzehn Jahren nicht im Heer der Liebe zu dienen.[17] (4) Dennoch sage ich und behaupte beharrlich, daß ein Mann vor dem 18. Jahr nicht ein wirklicher Liebhaber sein kann, weil er bis zu diesem Zeitpunkt aus ganz geringem Anlaß mit Schamröte übergossen wird, die nicht nur den Vollzug der Liebe verhindert, sondern auch die glücklich vollzogene auslöscht. (5) Aber noch eine andere, überzeugendere Begründung findet sich: Vor dem oben erwähnten Zeitpunkt herrscht im Mann keine Beständigkeit *(constantia)*, sondern er wird in jeder Hinsicht veränderlich befunden.[18] Es könnte nämlich ein so unzuverlässiges Alter nicht den Geheimnissen des Liebesreichs *(amoris imperium)* nachsinnen. Warum aber die Liebe bei einer Frau eher entbrennt als bei Männern, werde ich vielleicht an anderer Stelle lehren.[19]

Blindheit

(6) Die Blindheit verhindert die Liebe, weil ein Blinder das nicht sehen kann, wovon sein Gemüt die unmäßige[20] gedankliche Beschäftigung empfangen könnte. Daher kann in ihm Liebe nicht

---

[16] *solacia:* Die Übersetzung mit „Tröstungen“ (B, W) trifft hier gewiß die Sache nicht. Richtiger schon H *maist lust.* Die Bedeutung „Unterhaltung, Erholung, Spiel, Scherz“ nennen Blaise u. Niermeyer. Andreas verwendet hier aber weit eher die Bedeutung von afrz. *solaz*, die bis „Freude, Ergötzung, Wonne“ reicht. Vgl. auch TT *godere.*

[17] Das entspricht den kanonischen Ehevorschriften der Zeit. Vgl. u. a. Pseudo-Hugo von St. Victor, *Summa sententiarum*, VII,15 *Qua aetate possit fieri coniugium* (MPL 176,166).

[18] Die Wörter *finden, to find, trouver, trovare* haben auch die Bedeutung „befinden, halten für, ansehen als, erkennen als“. Diese Bedeutung ist in der klassischen Latinität für *reperire* gar nicht, für *invenire* selten, bei Andreas jedoch ständig anzutreffen. Mitunter sind diese Verben sogar nur manieristischer Ersatz für *esse.* Wo es nicht anders möglich schien, werden sie auch so übersetzt, in der Regel aber wörtlich, um den Stil des Originals nachzuahmen.

[19] Siehe I,x,6f.

[20] *immoderatum*: W bessert hier stillschweigend *immoderatam.* Vermutlich wirklich Fehler im Archetypus, wie der folgende Rückverweis auf I,i,13 *cogitatio... immoderata* wahrscheinlich macht.

nam amorem ante caecitatem hominis acquisitum non nego in caeco posse durare.

(7) Nimia voluptatis abundantia impedit amorem, quia sunt quidam, qui tanta voluptatis cupidine detinentur, quod amoris non possunt retineri reticulis; qui post multas etiam de muliere cogitationes habitas vel fructus assumptos, postquam aliam vident, statim illius concupiscunt amplexus et obsequii a priore amante suscepti obliviosi et ingrati exsistunt. (8) Illi tales, quot vident, tot cupiunt libidini immisceri. Istorum talis amor est, qualis est canis impudici. Sed nos credimus asinis comparandos, ea namque solummodo natura moventur, quae ceteris animantibus homines ostendit aequales, non vera, quae rationis differentia nos a cunctis facit animalibus separari. De talibus amantibus alibi dicetur.

Capitulum VI: Qualiter amor acquiratur et quot modis.

(1) Nunc igitur sequenti restat loco videre, quibus modis amor sit acquirendus. Et quorundam fertur narrare doctrina, quinque modos esse, quibus amor acquiritur, scilicet: formae venustate, mo-

entstehen, wie es bekanntlich oben vollständig nachgewiesen wurde. Aber ich gebe zu, daß dies nur auf den Erwerb der Liebe zutrifft; denn ich leugne nicht, daß die Liebe, die vor der Erblindung des Menschen erworben wurde, bei dem Blinden fortdauern kann.

Übermäßige Wollust

(7) Allzu hohes Übermaß an Fleischeslust *(voluptas)* verhindert die Liebe, weil es Männer gibt, die von so großer Begierde nach Fleischeslust besessen sind, daß sie durch die Netze der Liebe nicht erfaßt werden können; Männer, die, auch wenn sie oft an eine Frau gedacht oder die Früchte (von deren Liebe) genossen haben, sobald sie eine andere sehen, sofort ihre Umarmungen begehren und den Dienst vergessen, der von der früheren Geliebten angenommen wurde, und sich undankbar zeigen. (8) Solche Männer wollen, daß sich so viele Frauen, wie sie sehen, ihrer Begierde hingeben. Ihre Liebe ist von der Art der Liebe eines schamlosen Hundes. Aber wir glauben, daß sie sogar Eseln verglichen werden müssen; denn sie werden ausschließlich von derjenigen Natur angetrieben, welche die Menschen auf gleichem Niveau mit den übrigen Lebewesen zeigt, nicht von der wahren, die durch den Unterschied der Vernunft den Abstand zwischen uns und den Tieren schafft. Von solchen Liebenden wird an anderer Stelle die Rede sein.[21]

6. Kap.: Auf welche Weise die Liebe erworben wird und auf wieviel Arten

Rechte und unrechte Gründe

(1) Nun also bleibt uns noch übrig, im folgenden zu sehen, auf welche Arten die Liebe zu erwerben ist. Da sagt die Lehre von gewissen Leuten[22] angeblich, daß es fünf Arten gibt, auf welche die Liebe erworben wird, nämlich durch die Schönheit des Äußeren

[21] Siehe I,x,6f.

[22] Ovid, *Ars amatoria* II,111ff. zählt nur Schönheit, Geistesgaben und Redegewandtheit des Mannes auf. Isidor von Sevilla nennt als Kriterien für die Wahl eines Ehemannes männliche Tatkraft *(virtus)*, Abkunft, Schönheit, Weisheit, für die Wahl einer Ehefrau Schönheit, Abkunft, Reichtum und gute Sitten (*Etymologiae* IX,vi,28–29).

rum probitate, copiosa sermonis facundia, divitiarum abundantia et facili rei petitae concessione. (2) Sed nostra quidem credit opinio, tantum tribus prioribus modis amorem acquiri, duos autem ultimos modos omnino credimus ab aula propulsandos amoris, sicut mea tibi suo loco doctrina monstrabit.

(3) Formae venustas modico labore sibi quaerit amorem, maxime si amorem simplicis requirit amantis. Simplex enim amans nil credit aliud in amante quaerendum nisi formam faciemque venustam et corporis cultum. (4) Horum autem amorem improbare non insisto, sed nec multum approbare contendo, quia inter incautos vel minus sapientes amantes amor diu latere non potest; ergo sua statim incipit incrementa nescire. (5) Divulgatus enim amor aestimationem non servat amantis, sed eius famam sinistris solet

(formae venustas), durch den sittlichen Wert *(morum probitas)*,[23] durch Fülle und Gewandtheit der Rede, durch Übermaß an Reichtum und durch die rasche Gewährung einer Bitte.[24] (2) Wir freilich meinen und glauben, daß nur auf die ersten drei Arten Liebe erlangt wird, die zwei letzten aber vom Hof der Liebe *(aula amoris)* verbannt werden müssen, wie dir meine Lehre am rechten Ort zeigen wird.

Schönheit und Klugheit

(3) Die Schönheit des Äußeren erwirbt sich mit leichter Mühe die Liebe, besonders wenn sie die Liebe einfältiger Liebender[25] sucht. Einfältige Liebende nämlich glauben, man müsse beim Liebespartner nichts anderes suchen als Schönheit von Gestalt und Antlitz und aufwendigen Putz des Körpers. (4) Ich bestehe zwar nicht darauf, deren Liebe zu tadeln, aber ich bin auch nicht darauf aus, sie besonders gutzuheißen, weil bei unvorsichtigen oder weniger klugen Liebenden die Liebe nicht lange verborgen sein kann; daher kennt sie von allem Anfang an keine Zunahme. (5) Eine allseits bekannte Liebe bewahrt nämlich nicht die Wertschätzung der

[23] *morum probitas* oder auch das offenbar gleichbedeutende alleinstehende *probitas* ist der zentrale Wertbegriff des Textes. Es ist ein durchaus weltlicher Moralbegriff, entsprechend dem afrz. *proesce* und dem mhd. *tugent,* und meint die rechtschaffene, edle charakterliche Prägung, die aber nicht nur auf der Veranlagung, sondern auf ständiger Vervollkommnung, insbesondere im Minnedienst, beruht.

[24] *facili rei petitae concessione* „la promptitude avec laquelle on cède à nos désir" B, „a readiness to grant what the other seeks" W. Die Sache wird im 10. Kap. näher erklärt. Es handelt sich um die zu rasche Hingabe der Frau aus sexueller Begierde. – W sieht eine Parallele zwischen den beiden letzten Arten des Liebeserwerbs und den bei Pseudo-Hugo von St. Victor, *Summa Sententiarum* VII,1 als weniger ehrenhaft eingestuften Gründen der Eheschließung. Dort (MPL 176,153) figurieren allerdings Schönheit und Reichtum. Als ehrenhaft wird dagegen die durch eine Eheschließung erreichte Friedensstiftung genannt. Die größte Bedeutung und Berechtigung haben aber natürlich die beiden paulinisch-augustinischen Ehegründe, Hoffnung auf Nachkommenschaft und Vermeidung von Unzucht. Alle drei Gründe stehen der freien Liebe gerade entgegen.

[25] Hier versuche ich die neutrale Perspektive durch Übersetzung eines Singulars *amans* mit dem Plural auszudrücken, im nächsten Satz dann durch „Liebespartner" für denselben lat. Ausdruck.

cauteriare rumoribus et poenitentem prorsus saepe reddit amantem. (6) Raro inter ipsos amor perdurat amantes, sed, si inter tales amor forte quandoque remaneat, sua non potest pristina solatia capere, quia rumoris percepta suspicio custodiam facit cautiorem exhibere puellae et omnem loquendi opportunitatem excludit et sollicitos attentosque reddit cognatos amantis, et exinde inimicitia capitalis insurgit. (7) In talibus amor, quum non possit sua solatia capere, immoderata suscipit incrementa et in immanium lamenta poenarum deducit amantes, quia: „Nitimur in vetitum, cupimus semperque negatum".

(8) Sapiens igitur mulier talem sibi comparare perquirat amandum, qui morum sit probitate laudandus, non autem, qui mulierum se more perungit vel corporis se cultu perlustrat. Non enim potest virili congruere formae mulierum se more ornare vel corporis ornatui deservire. Tales etiam mirificus Ovidius redarguendo notavit:

Geliebten *(aestimatio amantis)*,[26] sondern pflegt ihren Leumund mit widerwärtigen Gerüchten zu brandmarken und erweckt oft geradewegs in der Geliebten[27] Reue. (6) Selten dauert die Liebe unter diesen Liebenden an, aber wenn unter solchen die Liebe vielleicht doch einmal bestehen bleibt, so kann sie nicht ihre frühere Erfüllung finden, weil der vom Gerücht geweckte Verdacht zu schärferer Bewachung des Mädchens führt und jede Gelegenheit zum Gespräch ausschließt und die Verwandten der Geliebten[28] unruhig und wachsam macht und daraus Todfeindschaft entsteht. (7) Bei solchen bekommt die Liebe, wenn sie keine Erfüllung erlangen kann, maßlosen Zuwachs und läßt die Liebenden über ihre unermeßliche Pein wehklagen, denn: „Wir streben eifrig nach Verbotenem, und wünschen immer Versagtes.“[29]

Weibisch herausgeputzte Männer

(8) Daher soll eine kluge Frau suchen, sich einen solchen für ihre Liebe zu beschaffen, der durch seinen sittlichen Wert *(morum probitas)* lobenswert ist, nicht aber einen solchen, der sich nach Frauensitte anstreicht oder sich durch Körperpflege schön macht. Sich nach Frauenart zu schmücken oder dem Schmuck des Körpers zu huldigen kann nämlich nicht zu männlicher Wohlgestalt passen. Solche Männer hat sogar der wunderbare Ovid tadelnd

---

[26] *aestimationem … amantis:* „l'estime dans laquelle on tient l'amant“ B, „the lover's reputation“ W. Bs Übersetzung zielt auf die subjektive, Ws auf die objektive Wertschätzung. Beides ist vertretbar, kaum jedoch die weibliche Perspektive. Allerdings muß ich annehmen, daß auch der toskanische Übersetzer des 14. Jh. die Sache (wie auch im weiteren) mißverstanden hat. Siehe nächste Anm.

[27] Meines Erachtens gibt hier der Autor die neutrale Perspektive auf und fügt sich der herrschenden Ansicht, daß nur der Mann durch Indiskretion den Ruf der (jungen) Frau schädigen kann und dies ihre strenge Bewachung durch den oder die Vormunde zur Folge hat. Dergleichen gab es bei jungen Männern so gut wie gar nicht. Es kann daher auch nur von der Reue der Frau die Rede sein (gegen B, W u. TT), obwohl auch H hier in den neutralen Plural ausweicht.

[28] Wiederum vermuten B und W einen Gegensatz von *puella* und einem männlichen *amans* im selben Satz. Es ist aber gewiß von den Verwandten des Mädchens die Rede, wie Hartlieb und hier auch die tosk. Übers. (im Gegensatz zum Vorhergehenden) richtig erkannt haben.

[29] Walther 16956 nach *Amores* III,iv,17 *Nitimur in vetitum semper cupimusque negata.*

„Sint procul a nobis iuvenes ut feminae compti,
Fine coli modico forma virilis amat".

(9) Sed et, si mulierem videris nimia colorum varietate fucatam, eius non eligas formam, nisi alia vice primo ipsam extra festiva diligenter aspicias, quia mulier in solo corporis fuco confidens non multum solet morum muneribus ornari. Sicut igitur in masculo diximus, ita credimus, in muliere non formam tantum quantum morum honestatem sectandam. (10) Cave igitur, Gualteri, ne inanis te decipiat mulierum forma, quia tanta solet esse mulieris astutia et eius multa facundia, quod, postquam coeperis eius acquisitis gaudere muneribus, non videbitur tibi facilis ab ipsius amore regressus. (11) Morum probitas acquirit amorem in morum probitate fulgentem. Doctus enim amans vel docta deformem non reiicit amantem, si moribus intus abundet. Qui enim probus invenitur et prudens, nunquam facile posset in amoris semita deviare vel suum coamantem afficere turbatione. (12) Sapiens igitur, si sapientem suo connectit amori, suum amorem in perpetuum facillime poterit occultare et sapientem coamantem sapientiorem sua solet exhibere doctrina et minus sapientem sua consvevit moderatione reddere cautiorem. (13) Mulier similiter non formam vel cultum vel generis quaerat originem, quia: „Nulla forma placet, si

gekennzeichnet: „Fern seien uns junge Männer, die wie Frauen geschmückt sind; männliche Wohlgestalt liebt es, in bescheidenem Maß gepflegt zu sein.“[30]

Übertriebener Putz bei Frauen

(9) Aber auch wenn du eine Frau siehst, die mit einer allzu großen Vielfalt von Farben geschminkt ist, so triff deine Wahl nicht nach ihrer Wohlgestalt, ohne sie nicht zuerst einmal außerhalb von Festlichkeiten näher in Augenschein zu nehmen, weil eine Frau, die nur auf den Putz des Körpers vertraut, sich nicht sehr mit sittlichen Gaben zu schmücken pflegt. Wie wir also beim Mann sagten, so glauben wir, daß auch bei der Frau nicht so sehr die Wohlgestalt wie der ehrenhafte Lebenswandel *(morum honestas)* die Wahl bestimmen sollte.

Vorzug des inneren Werts

(10) Hüte dich also, Walter, davor, dich von der eitlen Wohlgestalt der Frauen täuschen zu lassen. Denn die Schlauheit einer Frau ist gewöhnlich so groß und sie besitzt so viel Zungenfertigkeit, daß dir, wenn du begonnen hast, dich der von ihr erlangten Gunstbeweise *(munera)* zu erfreuen, der Rückzug von ihrer Liebe nicht leicht fallen wird. (11) Der sittliche Wert erwirbt eine Liebe, die durch sittlichen Wert glänzt. Der oder die kluge Liebende nämlich weist nicht eine(n) häßliche(n) Liebende(n) zurück, wenn dort im Herzen Überfluß an Tugenden *(mores)* herrscht. Wer nämlich für rechtschaffen *(probus)* und einsichtig *(prudens)* befunden wird, könnte niemals leicht auf dem Pfad der Liebe in die Irre gehen oder seinen Partner *(coamans)* betrüben. (12) Ein kluger Mensch[31] *(sapiens)* also, wenn er sich in Liebe einem klugen verbindet, wird seine Liebe für alle Zeit sehr leicht verbergen können, und durch seine Lehre pflegt er den klugen Partner klüger erscheinen zu lassen und macht gewöhnlich den weniger klugen durch seine Lenkung vorsichtiger.

Ursprung des Geburtsadels aus dem Tugendadel

(13) Desgleichen soll eine Frau nicht nach Wohlgestalt oder Schmuck oder edler Herkunft *(generis origo)* Ausschau halten, denn: „Wohlgestalt gefällt keinem, wenn sie der edlen Gesinnung

[30] Ovid, *Heroides* IV,75f. (= Walther 1963, 29695).

[31] Hier legt sich B auf „une femme sage“ fest. Ich folge Ws neutraler Variante: „the person of sense“.

bonitate vacet", morum atque probitas sola est, quae vera facit hominem nobilitate beari et rutilanti forma pollere. (14) Nam quum omnes homines uno sumus ab initio stipite derivati unamque secundum naturam originem traximus omnes, non forma, non corporis cultus, non etiam opulentia rerum, sed sola fuit morum probitas, quae primitus nobilitate distinxit homines ac generis induxit differentiam. (15) Sed plures quidem sunt, qui ab ipsis primis nobilibus sementivam trahentes originem in aliam partem degenerando declinant: „Et si convertas, non est propositio falsa".

Sola ergo probitas amoris est digna corona. (16) Sermonis facundia multotiens ad amandum non amantium corda compellit. Ornatum etenim amantis eloquium amoris consvevit concitare aculeos et de loquentis facit probitate praesumi. Quod qualiter fiat, quam brevi potero, curabo tibi sermone narrare.

(17) Ad hoc imprimis istam tibi trado doctrinam, quod mulierum alia est plebeia, alia nobilis, alia nobilior. Item masculus alius

(bonitas) ermangelt."[32] Und der sittliche Wert ist es allein, der den Menschen mit wahrem Adel beschenkt und durch eine glänzende Gestalt hervorragen läßt. (14) Denn da wir Menschen uns alle ursprünglich aus einem Stamm herleiten und alle gemäß der Natur einen Ursprung haben, war es nicht Wohlgestalt, nicht Pflege des Körpers, nicht einmal reicher Besitz, sondern der sittliche Wert allein, der zuerst die Menschen durch Adel unterteilte und einen Unterschied des Blutes einführte.[33] (15) Aber es gibt freilich viele, die zwar ihren Zeugungsursprung auf die ersten Adeligen zurückführen, aber durch Degeneration in die andere Richtung abweichen. „Und wenn du es umkehrst, ist der Vordersatz (auch) nicht falsch."[34] Einzig also der innere Wert *(probitas)* verdient die Krone der Liebe.

Redekunst

(16) Die Redegewandtheit im Gespräch treibt häufig die Herzen derer, die nicht lieben, zum Lieben. Die geschmückte Rede der Liebenden nämlich pflegt Pfeile der Liebe in Bewegung zu setzen und führt zur Vermutung des inneren Wertes des Sprechenden. Auf welche Weise dies geschieht, werde ich, so kurz ich kann, bedacht sein, dir in Redeform[35] kundzutun.

Standeshierarchie der Gesellschaft

(17) Dazu gebe ich dir zuvörderst diese Erklärung: Die Frauen sind entweder Bürgerliche *(plebeia)*[36] oder Adelige *(nobilis)* oder

---

[32] Text *(nulli)* mit W nach Hss. CDEHI gegen *nulla* der übrigen Hss. Weitere Formulierung bei Walther 16853 *nil sua forma valet, qui bonitate caret.*

[33] Der seit der Antike von den Philosophen favorisierte Gedanke des Tugendadels. Vgl. z. B. Seneca, *De beneficiis* III,xxviii,1 *Eadem omnibus principia, eadem origo; nemo altero nobilior, nisi cui rectius ingenium et artibus bonis aptius* (Alle haben dieselben Anfänge, denselben Ursprung; niemand ist adeliger als ein anderer, außer seine Anlage ist trefflicher und fähiger zu guten Handlungen). Vgl. auch Knapp, *Nobilitas.*

[34] W hat das Proverb nicht identifizieren können, hält es aber aus metrischen Gründen für unantik. Es formuliert eine logische Regel. Es gilt also ebenso die Aussage: Es gibt Unadelige, die durch Tugend adelig werden. B hat die Regel gänzlich mißverstanden: „Et si tu y réfléchis bien, ce que je dis n'est pas faux."

[35] *sermone* von B und W (als bereits in *narrare* enthalten) ausgelassen. Ich beziehe es auf die folgenden Werbedialoge.

[36] *plebeius/plebeia* bezeichnet natürlich nur die Herkunft aus dem Volk, dem nichtadeligen Stand. Da aber die Menschen am Rande der Gesellschaft von vornherein ausscheiden und die Liebe der Bauern einem eigenen sati-

est plebeius, alius est nobilis, alius nobilior, alius nobilissimus. (18) Mulier plebeia tibi satis est manifesta; nobilis mulier dicitur ex vavassoris vel proceris sanguine orta vel eorum uxores. Nobilior femina nominatur a proceribus sumpta. (19) Idem dicimus in masculis, nisi quod masculus nobiliori vel ignobiliori vinctus uxori ordinem non mutat. Mulier enim vincta marito ex mariti ordine suam nobilitatem variando commutat. (20) Masculi vero nobilitas mulieris nunquam potest coniunctione mutari. Praeterea unum in masculis plus quam in feminis ordinem reperimus, quia quidam masculus nobilissimus invenitur ut puta clericus.

Hochadelige *(nobilior)*.[37] Ebenso ist ein Mann entweder aus dem Volk oder ein Adeliger oder ein Hochadeliger oder einer der Alleredelsten *(nobilissimus)*. (18) Die bürgerliche Frau ist dir genügend bekannt; adelig nennt man eine Frau, die blutsmäßig von einem Vasallen *(vavassor)* oder einem Herrn *(procer)* abstammt, oder deren Gattinnen. Hochadelig wird eine Frau genannt, wenn sie aus einem Herrengeschlecht hergeleitet wird.[38] (19) Dasselbe sagen wir von den Männern, abgesehen davon, daß ein Mann seinen Stand beibehält, wenn er mit einer adeligen oder weniger adeligen Gattin verbunden ist. Eine Frau nämlich, mit einem Gatten verbunden, wechselt und ändert nach dem Stand des Gatten ihren Adel. (20) Der Adel des Mannes aber kann niemals durch die Verbindung mit einer Frau gewechselt werden. Außerdem finden wir einen Stand mehr bei den Männern als bei den Frauen, weil ein bestimmter Mann am adeligsten befunden wird, nämlich der Kleriker.

---

rischen Kapitel 11 vorbehalten bleibt, können hier nur die Stadtbürger(innen) gemeint sein. Zudem werden unten VI,25 die *mulieres plebeiae* ausdrücklich von den *rusticanae* unterschieden. Der tosk. Übersetzer überträgt alles in die Verhältnisse oberital. Gesellschaft des 14. Jh., hilft also für das 12. Jh. in Frankreich kaum weiter. So auch im folgenden.

[37] Unter die *nobiliores* rechnet Andreas die Gräfinnen und Markgräfinnen, aber auch andere – s. Anm. 89.

[38] *procer* ist nach Niermeyer s.v. im Mlat. vieldeutig, bezeichnet aber auf jeden Fall eine hochrangige Persönlichkeit des Stadt-, Land- oder Hofadels. Mitunter kann es für *vavassor* eintreten. Auch Andreas scheint keinen großen Unterschied zu machen, wie aus dem vorangehenden Satz und I,vi,138 hervorgeht. Im Imperium Romanum des Mittelalters sind die *proceres regni* soviel wie die *principes regni*, die Reichsfürsten. Die Abstammung von einem *procer* scheint aber bei Andreas für einen hochadeligen Rang nicht zu reichen. Dazu bedarf es wohl einer Herleitung von mehreren Adelsgenerationen, wie der Satz *Nobilior femina nominatur a proceribus sumpta* besagt. B übersetzt: „la femme de haute noblesse descend des grands seigneurs," W „The woman of higher nobility is so called if she is the daughter of a line of lords." *sumpta* heißt m.W. allerdings nie „abstammend", sondern hier am ehesten „angenommen, behauptet". Es müßte dann ein stark elliptischer Ausdruck für *si a proceribus esse sumitur* vorliegen. Hartlieb folgt hier leider der Lesart der Hs. G *a nobiliore sanguine progenita*.

A. Loquitur plebeius ad plebeiam.

(21) Accedat igitur ad plebeiam plebeius et tali ad eam sermone loquatur. Primitus ipsam suo more salutet; sed haec sunt generaliter dicenda et omni credantur amanti, ut post salutationem non statim a verbis amoris incipiat, quia pellicibus talia sunt initia facienda. (22) Immo et domina salutata quoddam moderatum debet a masculo tempus interponi, ut mulier, si velit, primo loquatur. Nam, si mulier ipsa loquendi praestet initium, gaudere non immerito poteris si verborum tibi copia non abundet, quia ipsius elocutio copiosam tibi sermonis materiam propinabit. (23) Sunt enim quidam, qui in dominarum aspectu adeo loquendi vigorem amittunt, quod bene concepta recteque in mente disposita perdunt nec possunt aliquid ordine recto proponere, quorum satis videtur arguenda fatuitas. Non enim decet aliquem nisi audacem et sapienter instructum ad dominarum colloquia devenire. (24) Sed si nimis ipsius mulieris loquendi differantur initia, post spatium moderatum sapienter in sermone prorumpas. Primo extrinseca verba proponas, quae ludificum aliquid contineant vel illius patriae vel gentis vel personae laudationem. (25) Nam mulieres pro maxima parte in suae personae commendatione laetantur, et cuncta, quae

A. Es spricht ein Bürger *(plebeius)* zu einer Bürgerin *(plebeia)*

Gruß und Gesprächseinleitung

(21) Es möge also ein Bürger zu einer Bürgerin hintreten und zu ihr in folgenden Worten sprechen. Zuerst möge er sie nach seiner Art grüßen. Aber generell ist zu sagen und von allen Liebenden als Glaubenssatz zu akzeptieren: Sie dürfen nach der Begrüßung nicht sofort mit Liebesworten anfangen, denn einen solchen Beginn darf man nur bei Konkubinen[39] machen. (22) Ja auch nach Begrüßung einer Dame[40] soll der Mann noch ein bißchen Zeit verstreichen lassen, damit die Frau, wenn sie will, zuerst sprechen kann. Denn wenn die Frau selbst mit dem Gespräch den Anfang macht, kannst du, wenn dir die Fülle der Worte nicht überquillt, dich nicht ohne guten Grund darüber freuen, daß ihre Worte dir reichen Stoff für deine Rede gewähren werden. (23) Es gibt nämlich Männer, die beim Anblick der Damen so die Fähigkeit zu sprechen einbüßen,[41] daß sie das Wohlüberlegte und richtig im Geist Gegliederte[42] vergessen. Sie können nichts in der richtigen Folge darlegen. Ihre Einfalt muß wohl sehr getadelt werden. Nur einem Kühnen und Wohlunterrichteten ziemt nämlich die Gelegenheit zu einer Unterredung mit Damen. (24) Aber wenn die Redeeröffung von Seiten der Frau sich allzusehr verzögert, so sollst du nach einer kleinen Weile in kluger Weise unvermittelt das Wort ergreifen. Erst sollst du Worte vorbringen, die außerhalb der Sache liegen, die etwas Scherzhaftes enthalten oder das Lob ihrer Heimat oder ihrer Familie oder ihrer Person. (25) Denn die Frauen erfreuen sich meistens am Preis ihrer Person, und alles,

---

[39] *pel(l)ices* sind im klassischen Latein keine öffentlichen Prostituierten. Blaise u. Niermeyer weisen auch keine neue Bedeutung aus. Andreas nennt sie nur hier. Huren bezeichnet er als *meretrices* (12. Kap.), so daß die Gleichsetzung mit diesen bei W wohl unberechtigt ist.

[40] Man beachte, daß der Autor hier ohne Rücksicht auf den Stand der Umworbenen den Titel „Dame" *(domina)* zugesteht.

[41] Ein beliebter Topos der romanischen und deutschen Minnelyrik.

[42] *bene concepta recteque in mente disposita* entspricht den rhetorischen Aufgaben der *inventio*, Stoffindung, und *dispositio*, Stoffanordnung. Vgl. u.a. *Rhetorica ad Herennium*.

suas pertinere videntur ad laudes, facile per omnia credunt, plebeiae maxime ac rusticanae. Post illa igitur extrinseca verba tali potes ratione procedere:

(26) Quando te divina formavit essentia, nulla sibi alia facienda restabant: Tuo decori nihil deesse cognosco, prudentiae nihil, immo nil prorsus in te deficit quidquam, nisi quod tuo, ut mihi videtur, neminem ditasti amore. (27) Miror tamen plurimum, si mulierem tam formosam et tanta prudentia decoratam amor extra sua castra diu militare permittit. O, si inceperis militare amori, beatus erit ille super omnibus, quem tuo coronabis amore. Nam si ego tanto meis meritis essem dignus honore, nullus in orbe vivens recte mihi esset coaequandus amator.

(28) Mulier ait: Tui videntur falsitatem continere sermones, quia, quum mihi non sit pulchritudinis forma decora, me quasi super omnes formosam mulieres extollis, et quum sim ornatu sapientiae destituta, me tanquam prudentem tua verba commendant. Mulieribus enim ex plebe trahentibus originem sapientia non debet summa requiri.

(29) Homo ait: Consvetudo est sapientum, ut nunquam suam formam vel probitatem ore proprio fateantur, et ex hoc eorum manifeste probitas denotatur, quia tam caute suis prudentes consveverunt sermonibus uti, ut nunquam illo vulgari iuste valeant proverbio denotari, quo fertur, omnem in ore proprio sordescere laudem. (30) Cuius proverbii tu quoque tanquam sapiens volens evitare sententiam te aliis tantum laudandam relinquis; tot enim sunt, qui tuas insistant extollere laudes, quod nunquam dicere fas

was zu ihrem Lob zu gehören scheint, glauben sie leicht in allen Stücken,[43] am meisten die bürgerlichen und die bäuerlichen. Nach jenen Worten, die außerhalb der Sache liegen, also kannst du auf folgende Art fortfahren:

Schmeicheleien

(26) „Als dich das göttliche Wesen geformt hat, blieb ihm nichts mehr zu tun übrig. Ich sehe, daß deinem Liebreiz nichts fehlt, nichts deinem Verstand, ja bei dir herrscht geradezu gar kein Mangel, außer daß du niemanden, wie mir scheint, mit deiner Liebe beschenkt hast. (27) Dennoch wundere ich mich am meisten, wenn die Liebe eine so schöne und mit solchem Verstande gezierte Frau außerhalb ihres Lagers so lange Kriegsdienst leisten läßt. Oh, wenn du der Liebe zu dienen anfängst, wird derjenige vor allen selig sein, welchen du mit deiner Liebe krönen wirst. Denn wenn ich einer so großen Auszeichnung wert wäre aufgrund meiner Verdienste, wäre mir kein auf dem Erdkreis lebender Liebhaber mit Recht gleich zu achten."

Bescheidenheitsfloskel

(28) Die Frau sagt: „Deine Worte scheinen Unwahres zu enthalten, denn du erhebst, obwohl mir keine von Schönheit glänzende Gestalt eigen ist, meine Schönheit über alle Frauen, und deine Worte preisen mich, als wäre ich klug, obwohl mir der Schmuck der Klugheit abgeht. Man soll nämlich bei den Frauen, die ihre Abstammung aus dem Volk herleiten, nicht höchste Klugheit suchen."

Verbot des Eigenlobs

(29) Der Mann sagt: „Bei den Klugen ist es Brauch, daß sie niemals ihre Wohlgestalt oder ihren inneren Wert *(probitas)* mit eigenem Mund bekennen, und gerade dadurch wird ihr innerer Wert eindeutig kenntlich gemacht, weil Kluge gewohnt sind, ihre Worte so vorsichtig zu setzen, daß sie niemals mit Recht durch jenes alltägliche Sprichwort gekennzeichnet werden könnten, das da lautet: ‚Jedes Lob wird aus eigenem Munde schmutzig.'[44] (30) Auch du, die du als Kluge dem Urteil dieses Sprichworts entgehen willst, überläßt es nur anderen, dich loben zu müssen. Es gibt nämlich so viele, die darauf bestehen, dein Lob zu singen, daß es niemals Recht wäre zu sagen, irgendeine Person wolle Falsches da-

---

[43] Ähnlich *Ars amatoria* I,613.

[44] Vgl. Walther 13592f., 13595, 13597 etc.

esset, quod quaecunque persona vellet falsa narrare. (31) Nam et, qui te gentis tuae ratione non diligunt, de te attente laudes referre cognovi. Sed et, si credas non esse formosam, ex hoc me verum reputare debes amantem, quum tua mihi formositas videatur aliarum omnium summittere formas; amor enim deformem quoque mulierem tanquam valde formosam representat amanti. (32) Dixisti etiam, te ex vili generi ortam. Sed in hoc longe maioribus te dignam fore laudibus ostendisti et maiori nobilitate gaudere, quum nobilitatem tibi non generis vel sanguinis propinavit origo, sed sola probitas et compositio morum digniori te nobilitatis specie ditaverunt. (33) Nam homines universos ab initio † prodiit una natura, unaque omnes usque ad hoc tempus tenuisset aequalitas, nisi magnanimitas et morum probitas coepisset homines nobilitatis inaequalitate distinguere.

(34) Mulier ait: Si tanta sum nobilitate praeclara, ut tuis niteris sermonibus indicare, et quum sis plebeius, aliquam de plebe tuo studeas amori coniungere, et ego nobilis amorem mihi ex nobilitate requiram. Nobilitas enim et popularitas in diversis sexibus „non bene conveniunt nec in una sede morantur“.

(35) Homo ait: Tua satis idonea responsio videretur, si tantum mulieribus esset indultum, ut in eis per bonos mores generis nobilitari posset infimitas. Sed quum non solum feminis sed etiam masculis morum probitas nobilitatem inducat, a tuo me forsitan

von erzählen.[45] (31) Denn ich habe erfahren, daß, selbst diejenigen, welche dich nicht schätzen aufgrund deiner Familie, dir doch aufmerksam Lob zollen.

Ästhetische Maßstäbe des Verliebten

Aber auch wenn du glaubst, nicht schön zu sein, mußt du mich als wahrhaft Liebenden deshalb ansehen, weil für mich deine Schönheit die Wohlgestalt aller anderen hinter sich zu lassen scheint. Die Liebe nämlich stellt auch eine häßliche Frau dem Liebenden als sehr schön vor Augen.

Tugendadel und Geburtsadel

(32) Du hast auch gesagt, daß du aus einer niedrigen Familie stammst. Aber damit hast du gezeigt, daß du bei weitem größerer Lobsprüche wert bist und dich eines höheren Adels erfreust, da dir nicht der Ursprung der Familie oder des Blutes Adel geschenkt hat, sondern allein innerer Wert und sittliche Ausstattung *(compositio morum)* dich mit einer würdigeren Art von Adel beschenkt haben. (33) Denn alle Menschen hat anfangs eine Natur hervorgebracht,[46] und eine Gleichheit hätte bis jetzt alle zusammengehalten, wenn nicht Seelengröße *(magnanimitas)* und Tugenden begonnen hätten, die Menschen durch Ungleichheit des Adels zu unterscheiden."

Forderung sozialer Gleichheit der Liebenden

(34) Die Frau sagt: „Wenn ich von so großem berühmtem Adel bin, wie du dich mit deinen Worten bemühst aufzuzeigen, und da du bürgerlich bist, solltest du danach trachten, eine von deinem bürgerlichen Stande deiner Liebe zu verbinden, und ich als Adelige sollte mir eine Liebe von Adel suchen. Denn Adel und Volk bei Mann und Frau passen nicht gut zusammen und verweilen nicht auf einem Sitz."[47]

Vorzug des Tugendadels

(35) Der Mann sagt: „Deine Antwort würde völlig passend erscheinen, wenn nur Frauen gewährt worden wäre, daß ihre niedrige Herkunft durch gute Sitten bei ihnen geadelt werden könnte. Aber da nicht nur Frauen, sondern auch Männern der innere Wert

---

[45] Ein typisches logisches Argument *a maiori*: Weil alle etwas sagen, darf jeder einzelne es mit Recht behaupten. Der Sprecher meint damit natürlich hier sich selbst.

[46] *prodidit* W nach einem Vorschlag Trojels im Apparat; *prodijt* ABDEFH (auch Cod. Vind. 5363), *prodit* C, *produxit* G. Die letzte Lesart scheint mir am ehesten richtig (vgl. II,vii,17; II,viii,27).

[47] Vgl. *Metamorphosen* II,846 (*maiestas et amor*) u. Walther 17277f.

minus recte repellis amore, quum et mei mores nobilitatis me forte virtute coruscant. (36) Noscas ergo primitus, an morum me cultura destituat, et si meum inveneris genus ultra suam nobilitari naturam, nullatenus me debeas spe tui frustrare amoris. Magis enim morum congruit nobilitati ex morum nobilitate amantem sibi eligere quam altum sibi et incultum quaerere genus. (37) Immo et, si aliquis reperiatur utraque nobilitate praeclarus, magis illius amor est eligendus, qui sola morum nobilitate lustratur. Nam ille ab antiquo stipite maiorique parente sibi nobilitatem accipit et illam ab eis quasi ex quodam traduce sumpsit, a quibus sementivam traxit originem; iste vero ex ipso tantum suam habet nobilitatem et eam sibi a nullo stipite derivatam assumpsit, sed ex sola suae mentis optima dispositione retinuit ortam. (38) Magis ergo istius quam illius est nobilitas approbanda. Video enim, quod ille rex maiori laude censetur vel praemio dignus, qui ex suis genitoribus modico regno assumpto infinitas postea sua virtuosa potentia nationes suae subiugaverit dicioni quam ille, qui plura regna hereditario sibi iure transmissa penitus conservat illaesa. (39) Si ergo cognoscas, me morum nobilitate gaudere, tuam me versus probitatem inclina et dona mihi spem saltem tui tam diu desiderati amoris, ut

Adel bringt, weist du mich vielleicht mit geringerem Recht von deiner Liebe zurück, wenn etwa auch meine Sitten mich mit dem Vorzug des Adels[48] glänzen lassen. (36) Du sollst also von Anfang an prüfen, ob mir die Pflege guter Sitten *(morum cultura)* fehlt, und wenn du gefunden hast, daß mein Geblüt über seine Natur hinaus geadelt ist, darfst du mich keineswegs in der Hoffnung auf deine Liebe enttäuschen. Es paßt nämlich mehr zum Adel der Sitten *(morum nobilitas)*, sich einen Liebenden aufgrund des Adels der Sitten zu wählen, als für sich nach einem hohen und unkultivierten Geschlecht Ausschau zu halten.

Eigenleistung und Vererbung

(37) Ja sogar auch dann, wenn jemand gefunden werden sollte, der in beiden Arten des Adels hervorragt, ist eher die Liebe zu demjenigen vorzuziehen, welcher nur durch den Adel der Sitten glänzt. Denn jener empfängt für sich den Adel von einem alten Stamm und einem größeren Vorfahren und hat sich jenen von diesen wie von einem Setzling[49] genommen, von denen er den Ursprung seiner Saat herleitete. Dieser aber hat seinen Adel nur aus Eigenem und hat keinen von einem Stamm hergeleiteten angenommen, sondern den nur aus der hervorragenden Anlage seines Geistes entstandenen festgehalten. (38) Daher ist mehr dessen Adel als der des anderen zu loben. Ich sehe nämlich, daß jener König eines größeren Lobes oder Preises für würdig befunden wird, der, nachdem er von seinen Eltern ein bescheidenes Reich übernommen hat, später durch seine Tüchtigkeit und Kraft unzählige Nationen seiner Herrschaft unterworfen hat, als derjenige, welcher mehrere Königreiche, die ihm auf dem Erbweg übergeben worden waren, völlig unversehrt bewahrt.[50] (39) Wenn du daher erkennen solltest, daß ich mich des Adels der Sitten erfreue, so neige deinen inneren Wert zu mir und gib mir wenigstens Hoff-

---

[48] *virtus nobilitatis* – eine seltsame Umkehrung des Tugendadels, der *nobilitas virtutis*.

[49] *tradux* „Weinranke, Setzling“ ist nach Niermeyer im Mittelalter schon in der übertragenen Bedeutung belegt. Ich bleibe (gegen B u. W) jedoch bei der Metapher.

[50] W erwägt eine Anspielung auf Heinrich II. und Ludwig VII. Diese wäre für die französische Krone und ihre fürstlichen Vasallen wenig schmeichelhaft und schlösse sie als Mäzene faktisch aus. Ludwig hat aber ohnehin nur ein einziges Königreich geerbt.

vivere possim; non enim est spes ulla salutis, si de tuo me desperes amore.

(40) Mulier ait: Quamvis multa sis probitate laudandus, ego tamen iuvencula veterum horresco solatia.

(41) Homo ait: Senectus quidem res improbanda non est, quia pariter ad eam trahimur omnes unaque ad ipsam cunctos natura deducit, cui nemo resistere potest. Non enim potentiae valui divinae resistere, ut meam nativitatem contra suam differret provisionem tardiusque me produceret in lucem. (42) Ergo quod in meis tantum processi diebus, mihi nullatenus est adscribendum, et ideo in damnum mihi nequaquam cedere debet; immo amplius dico, quod, si sapientia te ulla detentat, aetatis prolixitas magnum mihi est argumentum pro tuo lucrando amore, quia in tam tempore longo laudabilia multa peregi, urbanitates multas exercui, infinita, quibus potui, obsequia contuli, tot et alia bona feci, quae temporis modico lapsu nullus agere potuisset, ideoque magnis sum meritis dignus et retributione maxima honorandus. (43) Et econtra, si vixissem tempore brevi, non essem tanto munere dignus, quia tem-

nung auf deine so lange ersehnte Liebe, damit ich leben kann; es gibt nämlich keine Hoffnung zu überleben, wenn du mich an deiner Liebe verzweifeln läßt."

Altersunterschied der Partner

(40) Die Frau sagt: „Wenn du auch wegen des hohen inneren Werts zu loben sein solltest, schrecke ich als junges Mädchen doch vor den Liebkosungen[51] alter Männer zurück."

Lob der Altersreife und erworbener Verdienste

(41) Der Mann sagt: „Das Alter ist gewiß keine Sache, die man tadeln muß, weil wir alle in gleicher Weise dazu bestimmt sind, und eine gemeinsame Natur, der niemand widerstehen kann, alle zu ihm führt. Nicht nämlich vermochte ich Gottes Gewalt daran zu hindern, meine Geburt gegen seine Vorsehung aufzuschieben und mich später ans Licht zu befördern. (42) Daher ist es mir durchaus nicht zuzuschreiben, daß ich in meinen Tagen so fortgeschritten bin, und soll mir deshalb keineswegs zum Schaden gereichen; vielmehr sage ich darüber hinaus, daß – sofern du noch mit irgendeiner Klugheit behaftet bist[52] – gerade die Reife des Lebensalters ein gewichtiges Argument für den Erwerb deiner Liebe ist, weil ich in so langer Zeit viel Löbliches vollbracht, mich sehr in feinem Benehmen *(urbanitates)*[53] geübt, unzählige Dienste geleistet habe, wem ich sie leisten konnte, und so viel anderes Gutes getan habe, was keiner in einem kurzen Zeitraum tun hätte können. Und daher bin ich großen Lohnes würdig und muß mit dem höchsten Entgelt geehrt werden. (43) Und im Gegenteil, wenn ich nur kurze Zeit gelebt hätte, wäre ich nicht eines so großen Geschenkes

---

[51] *solatia* entweder „Freuden, Scherze" wie oben (s. o. Anm. 16 und H *der allten schimpf*) oder „caresses" B. Hier wirkt wohl wirklich die Bedeutung von afrz. *solacier* „liebkosen" herein.

[52] *si sapientia te ulla detentat:* „si tu est quelque peu sage" B, „if you are moved by a modicum of sense" W, *se tu se' savia* TT. Andreas liebt das unklassische Wort *detentare* „festhalten, gefangen halten, zurückhalten" (Niermeyer) und dehnt den Gebrauch wie hier sogar noch aus.

[53] Dieser Ausdruck entstammt dem Repertoire des klassisch gebildeten Klerikers. Drouart La Vache setzt dafür *mainte courtoisie* (V. 962), der Toskaner *cortesie*. Andreas kennt auch den Ausdruck *curialitas*, verwendet ihn aber nicht sehr häufig (14mal), darunter gleich unten § 49. Wieweit er die beiden Begriffe synonym gebraucht, ist nicht klar. I,vi,269 fordert er vom adeligen Liebenden, sowohl *urbanus* als auch *curialis* zu sein. Daß es sich dort um einen Stadtadeligen handelt, wird nicht ersichtlich.

pore modico bona fieri paucissima possunt. Eum autem, qui plus servit et obsequia plura facit, praemiis esse maioribus dignum quam qui pauciora laudabilia fecit, ex eo satis est manifestum, quod tam in coelestis curia regis quam etiam principum terrenorum omnes cernimus, iuris istius peritia censeri, ut qui plus servit, maiora praemia ferat. (44) Haec autem dico non quasi asserendo, me senectutis gloria decoratum, sed errorem istum a tuo volens depellere corde, hominem, qui adolescentiae praeterivit aetatem, ab amoris esse militia repellendum, quum vix in adolescentia reperiatur aliquis, qui in cunctis variabilis et inconstans non exsistat. (45) Non enim ex corporis canitie recte deprehenditur ipsa senectus. Multos enim assidue videmus in minori positos aetate canescere multosque etiam in decrepito conspicimus senio et nulla canitie dealbari. Ergo magis ex corde quam ex pilo senectus ipsa deprehenditur.

(46) Sed et, si sit aliquis forte nimia iuventute detentus, tali fortassis contra eum mulier utetur obiectu: Non in te quidem illa perficitur aetas, qua digne possis amorem alicuius postulare prudentis; unde tua multum videtur arguenda temeritas, quod ea petis, quibus penitus reperiris indignus. Multa enim debet probitate gaudere multisque ipsum beneficiis iuvari oportet, qui dominae pro-

würdig, weil in einem kurzen Zeitraum nur sehr wenig Gutes getan werden kann. Daß der aber, der mehr dient und mehr Dienste leistet, größerer Belohnungen wert ist als der, der weniger Löbliches vollbracht hat, ist aus folgendem hinlänglich klar: Wir sehen, wie ebenso am Hof des himmlischen Königs wie auch der irdischen Fürsten alle in Kenntnis dieses Rechts beurteilt werden, daß der, der mehr dient, größere Belohnungen davontragen soll. (44) Dies aber sage ich nicht, als ob ich behaupten wollte, ich sei mit dem Ruhm des Alters geschmückt, sondern weil ich diesen Irrtum aus deinem Herzen vertreiben will, daß ein Mann, der das Jugendalter überschritten hat, vom Liebesdienst zurückgestoßen werden müßte, obwohl kaum einer im Jugendalter gefunden wird, der sich nicht in allem als veränderlich und unbeständig erwiese. (45) Nicht nämlich am grauen Haar wird das Alter an sich richtig erkannt. Wir sehen nämlich fortwährend, daß viele in jüngerem Alter grau werden, und wir erblicken auch viele im schwächlichen Greisenalter und noch von keinem Grau gebleicht. Also erkennt man das Alter an sich mehr am Herzen als am Haar."

Mangel an Verdiensten in der Jugend

(46) Aber auch, wenn einer vielleicht von allzu großer Jugend behindert ist, wird vielleicht eine Frau folgenden Einwand gegen ihn benutzen:

„Nicht ist ja bei dir jenes Alter vollendet, aufgrund dessen du würdig die Liebe irgendeiner einsichtigen Frau fordern könntest; daran erkennt man deine überaus tadelnswerte Unbedachtsamkeit, daß du etwas forderst, dessen du völlig unwert befunden wirst. Eines hohen inneren Werts nämlich muß sich erfreuen und bedarf der Hilfe vieler guter Taten[54], wer die Liebe einer wertvol-

[54] *beneficia ~ benefacta*: ein schwer zu fassender Begriff, da er sowohl die aktiv für jemand zu leistende wohltuende, verdienstvolle, tüchtige, brave, edle Tat als auch die zu empfangende Gunst und Begünstigung umfaßt. So übersetzt denn auch H. einmal mit *genad*, ein ander Mal mit *gut tat durch weib dinst*. „Wohltaten" („bienfaits" B) läßt zu sehr an Karitatives denken, „Dienste" („services" W) zu unmittelbar an den Minnedienst, der hier aber wohl nur mitgemeint ist. „Verdienste" wäre schon zutreffender, würde dann aber mit *merita* synonym werden. In den Höfischen Romanen stehen an entsprechenden Stellen meist die ritterlichen Taten, auf welche sie Andreas in seiner „Standesneutralität" aber nicht gut eingegrenzt haben kann. Da die *bonitas* und *probitas (morum)* aber den Tugendadel verlei-

bioris petit amorem. (47) Quae autem in te sint probitatis indicia, vel quae te benefacta commendent, videre non possum, nec alicuius relatione percepi, propter quae tam grandia tua tam audacter petat improbitas. Si enim in amoris vellem exercitu militare, plures mecum viri assidua confabulatione loquuntur, qui multa strenuitate famae sunt et probitate decori, ex quibus mihi possem amorem eligere competentem. (48) Primo ergo, antequam petas, ea facere studeas, quae petitis iudicentur digna muneribus.

(49) Homo ait: Nisi te crederem ista ludendo narrasse, vel ut mihi verecundiae ruborem induceres, dicerem, tuam plurimum errare prudentiam. Profiteor etenim, quod magnis sunt digna praeterita facta muneribus, verumtamen universis constat hominibus, quod nullum in mundo bonum vel curialitas exercetur, nisi ex amoris fonte derivetur. (50) Omnis ergo boni erit amor origo et causa. Cessante igitur causa eius de necessitate cessat effectus. Nullus ergo poterit homo facere bona, nisi amoris svasione cogatur. Petitum itaque largiri debes amorem, ut benefaciendi causa

leren Dame erstrebt. (47) Welche aber die Anzeichen von innerem Wert bei dir sind oder welche gute Taten dich empfehlen, kann ich nicht sehen, noch habe ich aus der Erzählung von irgendjemandem vernommen, weswegen dein fehlender innerer Wert *(improbitas)*[55] so Großes so kühn verlangt. Wenn ich nämlich im Heer der Liebe dienen wollte, so reden ohnehin viele Männer, die durch große Tatkraft berühmt und durch inneren Wert ausgezeichnet sind, fortwährend plaudernd auf mich ein, aus denen ich mir die passende Liebe auswählen könnte. (48) Zuerst also, bevor du forderst, bemühe dich, etwas zu tun, was als der geforderten Belohnungen würdig beurteilt werden könnte."

Liebe als Voraussetzung guter Taten

(49) Der Mann sagt: „Wenn ich nicht glaubte, daß du das im Scherz erzählt hast oder damit du mir die Schamröte ins Gesicht treibst, würde ich sagen, daß deine Klugheit in höchstem Maße irrt. Ich erkläre allerdings offen, daß die vorhergegangenen Taten großer Belohnungen würdig sind. Aber es ist doch jedermanns Überzeugung, daß auf der Welt niemand Gutes *(bonum)* oder Höfisches *(curialitas)* tut, außer es werde aus der Quelle der Liebe abgeleitet. Daher wird Ursprung und Grund alles Guten die Liebe sein.[56] (50) Wenn daher der Grund dafür nachläßt, hört notwendigerweise die Wirkung auf. Kein Mann wird daher Gutes tun können, außer er sieht sich dazu durch den Rat der Liebe genötigt. Du mußt daher die geforderte Liebe spenden, damit der Grund,

---

hen, schiene die Übersetzung „edle Taten" auch für Bürger angemessen. Dennoch „gute Taten" zu übersetzen, obwohl der Ausdruck immer noch einen zu religiösen Klang hat, wird dringend von der Kongruenz mit dem Folgenden gefordert.

55 Frei umschreibend B („tout indigne que tu es, tu …"), W („your unprincipled attempt").

56 *omnis ergo boni erit amor origo et causa*: Ein allgemein anerkannter Satz aus der theologischen Ontologie, denn Gott ist die Liebe und die Gottesliebe die höchste Tugend. Hier wird er allerdings so wie die Definition am Beginn des Werks geschickt nur auf die geschlechtliche Liebe gemünzt. Um die Doppeldeutigkeit zu erhalten, muß auch *bonum* stets mit „gut, Gutes" wiedergegeben werden, obschon hier meist keine Taten christlicher Nächstenliebe, sondern des Staats-, Kriegs- und vor allem Liebesdienstes gemeint sind. H behilft sich hier mit einer massiven Periphrase: *was guter werch, werder zucht vnd manhait in aller welt geschicht, das kumbt alles von der lieb vnd mynn.*

mihi a te videatur indulta et per te valeam bonis moribus informari et stabili semper in firmitate durare. (51) Magis enim ad tuam laudem pertinere cognosco, si ex tua gratia tantum mihi amorem vel spem largiaris amoris, quam si eum mihi praeteritorum factorum remunerationem concedas; ibi enim quasi ex debito facies, hic vero largitas pura versatur. (52) Praeterea, nonne maiori doctor est dignus honore vel laude, qui omnino discipulum imperitum sua facit doctrina prudentem, quam qui reddit doctum sua sapientia doctiorem? Novus ergo miles amoris ac in amore rudis te mihi peto magistram et tua doctrina plenius erudiri. (53) Magno enim tibi adscribetur honori, si me rudem et indoctum tua feceris prudentia doctum. Rudes enim et indoctos tali decet amori servire. cuius industria incauta valeat obumbrari iuventus.

(54) Mulier ait: Non recte in amore sapis, quum aperte videaris amoris regulas tuis sermonibus obviare. Nam amoris praecepto docemur, ut qui plura bona facit, maiori debeat honore gaudere ac meritis pluribus adiuvari. Nam si tuos veros iudicemus esse sermones, suis actoribus benefacta nocebunt, et econtra aliis prodesse videbitur a beneficiis abstinuisse nullaque bona fecisse. (55) Sed dicis in hoc mea te velle disciplina doceri; hunc autem penitus recuso laborem, quia magis doctus videtur eligendus amator, quam qui meo labore est docendus. Parisius igitur exspecta erudiri, non a muliere doceri, quia nimia videtur imperitia laborare,

Gutes zu tun, mir von dir gewährt scheint und ich durch dich in guten Sitten ausgebildet werden und immer in unerschütterlicher Standhaftigkeit verharren kann. (51) Ich erkenne, daß es nämlich mehr zu deinem Lob beiträgt, wenn du mir durch deine Gunst *(gratia)* eine so große Liebe oder die Hoffnung auf Liebe *(spes amoris)* schenkst, als wenn du sie mir als Lohn für vergangene Taten gestatten wolltest; im zweiten Fall würdest du nämlich handeln,[57] als ob du etwas schuldetest, im ersten aber herrscht reine Freigebigkeit. (52) Außerdem: Ist nicht der Lehrer größerer Ehre oder größeren Ruhmes wert, der einen gänzlich unerfahrenen Schüler durch seine Lehre zur Einsicht bringt, als der einen gelehrten durch seine Weisheit gelehrter macht? Als neuer Ritter der Liebe *(miles amoris)* erbitte ich dich also für mich als Lehrerin und um vollkommene Erziehung durch deine Lehre. (53) Zu großer Ehre wird es dir nämlich angerechnet werden, wenn du mich Unerfahrenen und Ungelehrten durch deine Klugheit zum Gelehrten machst. Geziemend nämlich dienen Unerfahrene und Ungelehrte einer solchen Liebe, durch deren Bemühungen die sorglose Jugend beschützt werden kann."

Verdienste als Voraussetzung der Liebesgunst

(54) Die Frau sagt: „Du weißt in der Liebe nicht richtig Bescheid, da du anscheinend in deinen Worten offen den Regeln der Liebe entgegentrittst. Denn durch die Vorschrift der Liebe werden wir belehrt, daß, wer mehr gute Taten vollbringt, sich größerer Ehre erfreuen und durch viele Belohnungen ermutigt werden soll. Denn wenn wir deine Rede als wahr anerkennen sollten, werden die guten Taten denen, die sie vollbringen, schaden, und umgekehrt wird es anderen anscheinend nützen, sich guter Taten enthalten zu haben und nichts Gutes getan zu haben. (55) Aber du sagst, du wollest in diesem Punkt von meiner Lehre unterrichtet werden; diese Mühe aber weise ich entschieden zurück, weil die Wahl eines Gelehrten zum Liebhaber wohl der Wahl eines Mannes vorzuziehen ist, der erst durch meine Mühe belehrt werden muß. Warte daher auf deine Erziehung in Paris[58] und nicht auf die Be-

[57] *faceres* DEF W, *faciens* A, *facis* C, *facies* übrige Hss., Trojel.

[58] W weist darauf hin, daß diese Bemerkung die Annahme ausschließt, die Dialogszene spiele in Paris. Aber das sagt nichts über den Ort der Produktion und Rezeption des Textes aus.

qui rudis et indoctus prudentis et instructae feminae sibi quaerit amorem.

(56) Homo ait: Mirandum est, quod dicis, et quod tam sophistice meos niteris sermones arguere. Nam, quae proposui, non recte intellexisse videris; quod enim superius enarravi, magis ad tuam pertinere laudem, si ex tua gratia largiaris [et concedas] amorem, quam si eum praeterita facta remunerando concedas, taliter intelligere debes, quod, si duo sint, quorum unus plurima bona fecit, alter vero nulla et in plena reperitur aetate et a benefactis habita opportunitate benefaciendi abstinuit, hic, qui nulla bona fecit, repellitur, et, qui bona peregit, est assumendus amator. (57) Sed si ponas, qui nulla bona peregit, in iuventute positum, in qua benefaciendi non habuit facultatem, in articulo isto iuvenis, qui bona nulla peregit, est eligendus amator, non quod magis sit dignus amari, quam qui bona plurima fecit, sed quia maius inde bonum sequitur mundo. (58) Sicut enim magis ille quoque Rex coelestis super unius peccatoris gaudet conversione quam super nonaginta novem iustis, et hoc propter bonum, quod sequitur inde, ita melius facit mulier, si aliquem minus bonum per suam doctrinam aulae coniungat amoris suaque faciat probitate laudandum, quam si bonum aliquem faciat meliorem, id est, sicut est maius Deo lucrum super unius peccatoris conversione quam super nonaginta novem iustorum melioratione, ita maius fit mundo lucrum, si quis non bonus probus efficiatur, quam si alicuius boni probitas augmentetur. (59) Quod autem dixi, eius, qui nulla bona fecit, amorem potius eligendum, quam qui bona plurima peregit,

lehrung von einer Frau. Denn an allzu großer Unwissenheit zu leiden scheint, wer unerzogen und ungelehrt um die Liebe einer einsichtigen und unterrichteten Frau ansucht."

Liebe als Erzieherin

(56) Der Mann sagt: „Es ist verwunderlich, was du sagst und wie du dich anstrengst, so verfälschend meine Rede zu widerlegen. Denn du scheinst, was ich dargelegt habe, nicht richtig begriffen zu haben; was ich nämlich weiter oben erzählt habe, nämlich daß es mehr zu deinem Lobe beitrage, wenn du aus deiner Huld Liebe verschenkst, als wenn du sie als Belohnung für vergangene Taten gewährst, das mußt du so verstehen: Wenn es zwei gibt, von denen einer sehr viele guten Taten vollbracht hat, der andere aber nichts und sich im fortgeschrittenen Alter befindet und sich guter Taten enthalten hat, obwohl er Gelegenheit zu guten Taten hatte, so wird derjenige, welcher keine guten Taten vollbracht hat, zurückgewiesen und derjenige, welcher Gutes tat, als Liebhaber akzeptiert werden müssen. (57) Wenn du aber den Fall setzt, daß derjenige, welcher keine guten Taten vollbracht hat, sich in jugendlichem Alter befand, in dem er keine Gelegenheit zu guten Taten hatte, so ist in diesem Fall der junge Mann, der nichts Gutes tat, zum Liebhaber zu wählen – nicht weil er würdiger sei, geliebt zu werden, als derjenige, welcher sehr viele guten Taten vollbracht hat, sondern weil daraus mehr Gutes für die Welt folgt. (58) Wie nämlich sich auch jener himmlische König mehr über die Bekehrung eines einzelnen Sünders freut als über die von 99 Gerechten[59] und dies wegen des Guten, das daraus folgt, so handelt eine Frau besser, wenn sie einen weniger Guten durch ihre Lehre dem Hof der Liebe verbindet und ihm durch seinen inneren Wert zu Lob verhilft, als wenn sie irgendeinen Guten verbessert, das heißt: Wie der Gewinn für Gott durch die Bekehrung eines einzelnen Sünders größer ist als der durch die Vervollkommnung von 99 Gerechten, so erhält die Welt einen größeren Gewinn, wenn ein nicht Guter wertvoll wird, als wenn der innere Wert eines Guten erhöht wird.

Stufen der Liebesgunst

(59) Meine Aussage aber, die Liebe dessen, der keine guten Taten vollbracht hat, sei eher zu erwählen als die Liebe dessen, der sehr viel Gutes ins Werk gesetzt hat, sollst du nicht auf die vierte

[59] Lc 15,7.

hoc non in quarto gradu sed in tribus praecedentibus gradibus interpreteris amoris. Sed si forte horum te sermonum perturbet obscuritas, eorum tibi sententiam indicabo. (60) Ab antiquo quatuor sunt gradus in amore constituti distincti. Primus in spei datione consistit, secundus in osculi exhibitione, tertius in amplexus fruitione, quartus in totius personae concessione finitur. (61) Quod asserui ergo: Si duo sint, quorum unus plurima, alter vero nulla bona fecit, illius, qui nulla bona fecit, potius est eligendus amor, non intelligere debes in quarto gradu, id est in totius personae concessione, sed in primo, id est in spei largitione. (62) Nam si statim mulier velit quarti gradus amantem eligere sine deliberationis dilatione, potius eum, qui plurima bona fecit, quam qui nulla, sibi expedit amantem eligere; et hoc ideo, quia de illius est bonitate secura, de istius vero nequaquam, et pro certis saepius non incaute relinquuntur incerta. (63) Sapientes tamen feminas non decet tam repentina quemquam concessione ditare, ut prioribus praetermissis gradibus ad quarti statim gradus prosiliant largitionem, sed ordine solent procedere tali: Debet enim primo spei uti largitione mulier, et si cognoverit, amantem spei largitione accepta in bonis moribus augmentari, ad gradum mulier non vereatur devenire secundum. (64) Et sic gradatim usque ad quartum deveniat gradum,

Stufe der Liebe, sondern auf die drei vorangehenden deuten. Aber falls dich vielleicht die Dunkelheit dieser Worte verwirrt, werde ich dir ihren Sinn verraten. (60) Seit Alters her werden vier in der Liebe festgelegte Stufen unterschieden.[60] Die erste besteht in der Gabe von Hoffnung *(spei datio)*, die zweite in der Gewährung eines Kusses *(osculi exhibitio)*, die dritte im Genuß einer Umarmung *(amplexus fruitio)*, die vierte endet in der Hingabe der ganzen Person *(totius personae concessio)*. (61) Was ich also behauptet habe – wenn es zwei gibt, von denen einer sehr viele guten Taten vollbracht hat, der andere aber keine, so ist eher die Liebe desjenigen zu wählen, welcher keine guten Taten vollbracht hat – das darfst du nicht verstehen in Bezug auf die vierte Stufe, d.h. die Hingabe der ganzen Person, sondern auf die erste, das heißt auf die Gewährung der Hoffnung.

Prüfung auf jeder Stufe

(62) Denn wenn eine Frau sofort einen Liebenden auf der vierten Stufe wählen will ohne Zögern zur Überlegung, ist es für sie besser, eher den Liebenden, der mehr gute Taten, als den, der keine vollbracht hat, zu wählen; und das deshalb, weil sie der Qualität des ersten, des anderen aber keineswegs sicher ist und weil man öfter gerade mit Vorsicht zugunsten des Sicheren das Unsichere aufgibt. (63) Dennoch gehört es sich für kluge Frauen nicht, jemanden durch eine so plötzliche Hingabe reich zu machen, daß sie nach Auslassung der ersten Stufen sofort zur Gewährung der vierten Stufe springen, sondern sie pflegen nach folgender Ordnung vorzugehen: Die Frau soll zuerst die Gewährung der Hoffnung *(spei largitio)* anwenden und, wenn sie erkannt hat, daß der Liebende durch die Gewährung der Hoffnung an guten Sitten zunimmt, soll die Frau nicht davor zurückscheuen, zur zweiten Stufe zu gelangen. (64) Und so soll sie stufenweise bis zur vierten Stufe

[60] Die *quinque lineae amoris* sind in der Antike erstmals im Terenzkommentar des Donatus belegt: Blick, Anrede, Berührung, Kuß, Koitus (Komm. zum *Eunuchus* 638). Ähnliche Formulierungen begegnen im Horazkommentar des Pophyrio und bei Ovid. Das 12. Jahrhundert nimmt den Topos auf, so Johannes von Salisbury, Alain von Lille, v.a. aber die elegische Komödie *Pamphilus* (V. 228 u. 23: *alloquium, complexus, basia, tactus* [ergänze Stufe 5]) und die Liebeslyrik, z.B. *Carmina Burana 72, 88, 154.* Der Redner bei Andreas läßt hier den ersten Grad, den Blick, weg und deutet die Werbung in der Rede in die bereits dadurch gewährte Hoffnung um.

si ipsum hac re invenerit per omnia dignum. Si rationem quaeris, cur in articulo praescripto iuvenis, qui nulla bona fecit, in primo gradu amandus eligitur, in alio vero articulo quarti gradus eligitur, qui bona plurima fecit, ratio evidenter apparet, quia usque ad tertium gradum potest mulier retro sine blasmo abire; si vero in quarto gradu consolidavit amorem, non postea sine causa iustissima retro decet abire, et hoc non solum propter amoris confirmationem, quae quarto consvevit fieri gradu, sed etiam propter rem magnam quam in sua mulier est largita persona. Quid enim mulier maius dare potest, quam si suam personam alieno disponat arbitrio?

(65) Quot autem dixisti, te oneris evitandi causa velle magis amantem deligere doctum quam tuo labore docendum, satis in hoc tua videtur opinio reprobanda; dulcior enim cuilibet fructus sapere debet ex propria plantatione perceptus, quam qui ex alieno arbore assumitur, et carius habetur, quod pluribus est laboribus acquisitum, quam quod sollicitudine modica possidetur; nam: „Absque labore gravi non possunt magna parari“.

(66) Mulier ait: Si absque gravi labore magna parari non possunt, quum id, quod postulas, sit de maioribus unum, multis te oportet laboribus fatigari, ut ad quaesita munera valeas pervenire.

(67) Homo ait: Omnes quas possum, tibi refero grates, quod post labores multos amorem mihi tuum tam provide promisisti. Absit enim, ut tantae probitatis feminae ego vel alius quilibet possit lucrari amorem, nisi multis fuerit primo laboribus acquisitus. Non enim est verisimile, mulierem tam prudentem amorem suum alicui repente concedere vel alicuius probi viri labores apud se per-

gelangen, wenn sie ihn in allem dessen für würdig befunden hat. Wenn du den Grund suchst, warum im beschriebenen Fall der Jüngling, der keine guten Taten vollbracht hat, als möglicher Liebhaber auf der ersten Stufe gewählt wird, im anderen die vierte Stufe betreffenden Fall aber derjenige gewählt wird, welcher sehr viel gute Taten vollbracht hat, so liegt der Grund offen zutage: Bis zur dritten Stufe kann sich die Frau wieder ohne Schande zurückziehen; wenn sie aber auf der vierten Stufe die Liebe gefestigt hat, darf sie sich nicht später ohne triftigen Grund wieder zurückziehen, und dies nicht nur wegen der Bestätigung der Liebe, die gewöhnlich durch die vierte Stufe erfolgt, sondern auch wegen der Größe des Geschenkes, welches die Frau in ihrer Person gewährt hat. Was kann nämlich eine Frau Größeres schenken, als wenn sie ihre Person einer fremden Bestimmung überläßt?

Wert des selbsterzogenen Liebhabers

(65) Was aber deine Äußerung betrifft, du wollest, um Beschwerliches zu vermeiden, lieber einen gelehrten Liebenden als den von dir mit Mühe zu belehrenden wählen, so ist wohl in diesem Punkt deine Meinung zu verwerfen. Süßer nämlich muß jedem die Frucht schmecken, die aus eigener Pflanzung geerntet wurde, als die von fremdem Baum genommen wird, und lieber hat man, was mit mehr Mühen erworben wurde, als was man nach wenig Beschwernissen besitzt; denn: ‚Ohne schwere Mühe kann man nichts Großes erreichen.'“[61]

Aufforderung zu stetem Bemühen

(66) Die Frau sagt: „Wenn man ohne schwere Mühe nichts Großes erreichen kann, mußt du, weil deine Forderung eine von den größeren ist, unablässig viele Mühen aufwenden, um zu den geforderten Gunstbeweisen gelangen zu können.“

Dankesformel und Hoffnung

(67) Der Mann sagt: „Ich danke dir, soviel ich nur kann, daß du mir nach vielen Mühen deine Liebe so umsichtig versprochen hast. Es darf doch gar nicht sein, daß ich oder irgendein anderer die Liebe einer Frau von so hohem inneren Wert gewinnen könnte, es sei denn, sie wäre zuvor mit vielen Mühen erworben worden. Es wäre ja kaum zu glauben, würde eine so umsichtige Frau ihre Liebe jemandem plötzlich gewähren oder es zulassen, daß die für sie aufgewendeten Mühen eines wertvollen Mannes ohne Lohn

[61] Walther 197 nach Horaz, *Sermones* I,ix,59.

mittere sine munere demorari. A bonae videtur rationis ordine deviare, si non benefacta suis actoribus debita commoda ferant.

B. Loquitur plebeius nobili.

(68) Si plebeius sibi quaerat nobilis mulieris amorem, hoc poterit procedere modo: Si mulier quamvis nobilis simplex inveniatur tamen, ea per omnia possunt habere locum, quae in plebeii et plebeiae sunt dicta colloquio eo excepto, quod hic potest locum sibi commendatio sanguinis vindicare. (69) Si vero nobilis mulier fuerit sapiens et astuta, providenter caveat ipsius personae moderate insistere laudi. Nam si nobilem et prudentem feminam ultra modum suo voluerit sermone laudare, credet, eum plenam sermonis facundiae copiam non habere vel adulatione falsa narrare ipsamque fatuam reputare. (70) Post prima igitur sermonis initia taliter ad amoris verba descendat: Si possem cor meum intra propriae voluntatis saepta recludere, multa forte sub silentio praeterirem, quae me coactum oportet instanti sermone narrare. Cor namque meum acutis meam cogit calcaribus voluntatem extra suae naturae semitam divertendo vagari et maiora petere, quam sim narrare sufficiens. (71) Si amor tamen me cogit aliquid improvide vel minus sapienter proferre, vestra nobilitas, rogo, ut patienter sustineat et leni sermone me redarguat. Cognosco igitur manifeste, quod amor non consvevit homines discretionis stilo discernere, sed omnes pariter angit in suo, id est, amoris exercitu militare, non excipiens formam, non genus, neque sexum neque sanguinis inaequalitatem distinguens, sed hoc solum discernens, an aliquis sit

bleiben. Vom rechten Weg guter Begründung weicht man offenbar ab, wenn gute Taten denen, die sie vollbringen, die gebührenden Vorteile nicht bringen."

B. Es spricht ein Bürger zu einer Adeligen

Differenz zum vorangehenden Dialog

(68) Wenn ein Bürger um die Liebe einer adeligen Frau wirbt, wird er auf diese Weise vorgehen können: Wenn die Frau, wiewohl adelig, dennoch schlichten Gemütes befunden wird, kann in allen Stücken dasselbe Platz haben, was im Gespräch des Bürgers und der Bürgerin gesagt wurde, abgesehen von der Rolle, welche das Lob des Geblüts hier für sich beanspruchen kann. (69) Wenn aber die adelige Frau klug und gewitzt ist, möge er vorsichtig Sorge tragen, dem Lob ihrer Person nur mäßig Nachdruck zu verleihen. Denn wenn er eine adelige und verständige Frau maßlos in seiner Rede loben will, wird sie glauben, er besitze nicht die ganze Fülle der Redekunst oder er erzähle, um ihr zu schmeicheln, Unwahres und halte sie für töricht. (70) Nach der ersten Gesprächseröffnung also möge er sich so auf Liebesworte einlassen:

Irrelevanz von Standesgrenzen in der Liebe

„Wenn ich mein Herz in den Schranken des eigenen Willens einschließen könnte, würde ich vieles vielleicht mit Schweigen übergehen, was ich mich gezwungen sehe, in eindringlichen Worten[62] zu schildern. Mein Herz zwingt nämlich mit spitzen Sporen meinen Willen, abseits des Weges seiner Natur herumzuschweifen und Größeres zu erbitten, als ich imstande bin zu erzählen. (71) Wenn die Liebe mich dennoch zwingt, etwas aus dem Stegreif und weniger klug vorzutragen, bitte ich, Eure Hoheit möge geduldig ausharren und mich mit sanften Worten tadeln. Ich erkenne also deutlich, daß die Liebe die Männer nicht mit einem Trennungsstrich zu unterscheiden pflegt, sondern alle in gleicher Weise damit quält, in ihrem, d.h. der Liebe, Heer zu dienen, ohne Ansehen der Gestalt, der Herkunft oder des Geschlechts, ohne Unterscheidung der Ungleichheit des Blutes, sondern nur mit der Unter-

---

[62] *instanti sermone* nicht eindeutig: „à présent" B, „in urgent tones" W, *presentemente* TT.

aptus ad amoris arma ferenda. (72) Res enim est amor, quae ipsam imitatur naturam; ergo nec amantes ipsi aliter discernere debent hominum genera, quam amor suo discernit iudicio. Sicut igitur uniuscuiusque generis homines amor cogit accendi, ita et amantes non genera discernere debent sed hoc solum, an sit sauciatus amore, qui petit amari. Hac ergo invincibili ratione munitus cuiuslibet mihi licet amorem mulieris eligere, si nullius mores me coinquinent pravitatis.

(73) Si igitur mihi praestare velitis audientiam patienter, id solummodo postulare curabo, quod nulla mihi poteritis iusta ratione negare. Sed si mea in aliquo verba vestram exacerbarent personam, et si contra me vestro vos aspero contendatis sermone tueri, hoc mihi esset intolerabile malum et omnium causa dolorum.

(74) Sciatis itaque, quod a multis retro diebus amoris vestri me sagitta percussit, ipsumque vulnus totis sum viribus conatus abscondere, non quod insufficientem militem me credam amoris, sed quia vestrae altitudinis sapientiam pertimesco. Viso enim vestro aspectu adeo meum perterret ingenium mentemque perturbat, quod eorum etiam, quae mente attente conceperam, penitus obliviosus exsisto. (75) Merito ergo meum studebam celare dolorem; quanto tamen magis meum conabar tegere vulnus, tanto magis mihi crescebat poena doloris. Tam diu tamen vulnus permansit absconsum, quam diu me dolor suis non potuit viribus superare. (76) Postquam vero sua virtute me devicit, pro magna potentia sui grandia me postulare cogit et instantis doloris remedia cogitare. Vos quidem estis mei causa doloris et mortalis poenae remedium; meam namque simul cum morte vitam tenetis vestro pugno reclu-

scheidung, ob jemand tauglich sei, die Waffen der Liebe zu tragen. (72) Die Liebe ist nämlich etwas, was die Natur selbst nachahmt; daher sollen die Liebenden selbst auch nicht anders die Stände der Menschen unterscheiden, als die Liebe sie nach ihrem Urteil unterscheidet. Wie daher die Liebe die Menschen eines jeden Standes zwingt, Feuer zu fangen, so sollen auch die Liebenden die Stände nicht unterscheiden, sondern nur, ob von der Liebe verwundet wurde, wer um Liebe bittet. Durch diese unwiderlegbare Begründung also gewappnet, darf ich die Liebe jeder beliebigen Frau wählen, wenn mich kein verwerflicher Lebenswandel besudelt.

Bitte um Wohlwollen

(73) Wenn Ihr mir also geduldig Euer Ohr leihen wollt, so werde ich darauf bedacht sein, nur das zu fordern, was Ihr mir mit keiner gerechten Begründung verweigern könnt. Aber wenn meine Worte in irgendeinem Punkte Eure Person verletzten und wenn Ihr Euch bemüht, Euch mit strengen Worten gegen mich zu schützen, wäre dies für mich ein unerträgliches Leid und die Ursache aller Schmerzen.

Unbesiegbarkeit der Liebesleidenschaft

(74) Wisset also, daß vor vielen Tagen mich der Pfeil Eurer Liebe durchbohrt hat und daß ich versucht habe, die Wunde mit ganzer Kraft zu verbergen, nicht weil ich mich für einen unzureichenden Ritter der Liebe halte, sondern weil ich die Klugheit Eurer Hoheit scheue. (75) Denn Euer Anblick[63] erschreckt so meinen Verstand und verwirrt so meinen Sinn, daß ich sogar das, was ich im Geiste aufmerksam konzipiert habe, vollkommen vergesse. Mit gutem Grund habe ich daher getrachtet, meinen Schmerz zu verbergen; je mehr ich jedoch meine Wunde zu bedecken versuchte, desto mehr wuchs die Qual des Schmerzes. So lange blieb dennoch die Wunde verborgen, wie mich der Schmerz mit seinen Kräften nicht überwältigen konnte. (76) Nachdem er mich aber durch seine Stärke besiegt hat, zwingt er mich entsprechend seiner großen Macht, Großes zu fordern und an Heilmittel gegen meinen drängenden Schmerz zu denken. Ihr seid ja die Ursache für meinen Schmerz und das Heilmittel für meine tödliche Qual; Ihr haltet nämlich zugleich mein Leben mit meinem Tod in Eurer Faust

---

[63] *visus … vestri apectus* EF W (auch Cod, Vind. 5363), *visus … vestre et aspectus* D, *viso … vestro aspectu* übrige Hss., Trojel.

sam. (77) Si concesseritis postulata, vitam praestatis amissam et solatia multa vivendo; sed si ea mihi denegare velitis, erit mihi vita poena, quod gravius est quam subito incorrere mortem. Potius enim esset festinantem eligere mortem quam poenis tam gravibus assidue subiacere. Singula quidem, quae meus animus narranda concepit, vobis aperire non possum, sed Deus ipse novit, quos sermones velit exprimere mutus.

(78) Ait mulier: Plurimum miror, et miranda res est, quod ad tantam rerum turbationem ipsa non deficiunt elementa, nec mundus corruit ipse. Si meae quidem nobilitatis ignoscere pudori non insisterem, acerrime tuos compesceret mea lingua sermones; quia tamen in nobilis ore nimis res esset inconcinna aspera contra quemlibet et inurbana verba proferre, patienter meus animus tolerat tua dicta vesana et svavi tibi respondet affatu. (79) Quis ergo tu es, qui tanta munera petis? Tua mihi satis patet forma, ac genus est manifestum. Sed ubi deprehendi maior audacia potest quam illius, qui totius hebdomadae tractu variis mercimonii lucris toto mentis intendit affectu, septima suae quietis die quaerat amoris vacare muneribus eiusque dehonestare mandata et ordines in hominibus ab antiquo statutos confundere. (80) Non enim otiose vel sine causa fuit ab aevi primordio inter homines ordinum reperta di-

verschlossen. (77) Wenn Ihr zugesteht, was ich verlange, verleiht Ihr das verlorene Leben und für das Leben große Freuden; wenn Ihr mir es aber verweigern wollt, wird mir das Leben zur Qual, was schlimmer als die plötzliche Begegnung mit dem Tod ist.[64] Besser wäre es nämlich, einen raschen Tod zu wählen, als nach und nach so schweren Qualen zu erliegen. Die Einzelheiten freilich, die mein Sinn zu erzählen erdacht hat, kann ich Euch nicht eröffnen, aber Gott selbst weiß, welche Worte der Stumme ausdrücken will."

Drohende Gefährung der Weltordnung durch Mißachtung der Stände

(78) Die Frau sagt: „Am meisten wundere ich mich – und man muß sich darüber wundern –, daß durch eine so große Verwirrung der Welt die Elemente selbst nicht ihre Kräfte verlieren und nicht die Welt zusammenbricht. Wenn ich nicht einfach bereit wäre, die Beschämung meines Adels nachzusehen, würde meine Zunge auf das heftigste deine Rede in die Schranken weisen; weil es aber doch im Mund einer Adeligen sehr plump wäre, gegen irgendjemand harte und unhöfliche Worte vorzubringen, erträgt mein Gemüt geduldig deine aberwitzigen Worte und antwortet dir mit gefälliger Rede.

Naturgegebenheit der Stände

(79) Wer bist du also, der du so große Gunstbeweise *(munera)* erbittest? Dein Äußeres steht mir deutlich vor Augen, auch deine Herkunft ist offensichtlich. Aber wo kann eine größere Kühnheit zu tadeln sein als bei einem Manne, der im Laufe der ganzen Woche mit der ganzen Leidenschaft seines Herzens nach Geschäftsgewinn[65] strebt, sich aber am siebenten Tag, dem seiner Ruhe, für die Aufgaben der Liebe freizumachen, ihre Gebote zu entehren und die von Alters her unter Menschen festgelegten Stände umzustürzen sucht. (80) Denn nicht müßig oder grundlos war von Beginn der Zeit die Unterscheidung der Stände bei den Menschen er-

[64] Eine blasphemische Wendung, da der unvorbereitete „plötzliche" irdische Tod die Seele zur Hölle verdammt. Sie hat in der Liebeslyrik inhaltliche Parallelen. Die folgende Selbstmorddrohung entspricht wiederum volkssprachlichen Erzählungen von Selbstmorden aus unglücklicher Liebe. Vgl. F.P. Knapp, Der Selbstmord in der abendländischen Epik des Hochmittelalters, Heidelberg 1979.

[65] *mercimonium* „Handel, Kauf, Verkauf, Geschäft, Markt" (Niermeyer s.v.). Es handelt sich also eindeutig um einen erwerbstätigen Bürger, am ehesten einen (wohlhabenden) Kaufmann, auf den man aber die Übersetzung nicht völlig festlegen sollte.

stinctio, sed ut quisque intra generis saepta permaneat et per omnia sui ordinis finibus contentus exsistat, et ea, quae maioris sunt ordinis stabilita natura, sibi nullus usurpare praesumat, sed ipsa tanquam aliena relinquat. (81) Quis ergo tu es, qui tam antiqua conaris temerare statuta et sub amoris commento maiorum praecepta subvertere tuique generis tanta niteris praesumptione metas excedere? Nam si adeo mei sensus obliviosa manerem, ut tua verba me cogerent his, quae dicis, annuere, cor tamen tuum non esset tam grandia tolerare sufficiens. (82) Numquid enim lacertiva avis perdicem vel fasianum sua potuit unquam superare virtute?

dacht worden, sondern damit ein jeder innerhalb der Umzäunung seiner Herkunft bleibe und in allen Stücken zufrieden mit den Grenzen des Standes sei und niemand sich anmaße, das, was unabänderlich von Natur einem höheren Stand gehört, zu usurpieren, sondern davon wie von etwas Fremdem ablasse.

Tierwelt als Vorbild der Ständeordnung

(81) Wer bist du also, der du versuchst, so alte Gesetze zu verletzen und unter dem Vorwand von Liebe die Vorschriften der Vorfahren zu verkehren, und der du dich bemühst, mit so großer Anmaßung die Grenzen deiner Herkunft zu überschreiten? Denn wenn ich so meinen Verstand vergessen hätte, daß mich deine Worte zwängen, dem, was du sagst, zuzustimmen, wäre dennoch dein Herz nicht imstande, so Großes zu ertragen. (82) Konnte denn etwa ein Kleinfalke[66] ein Rebhuhn oder einen Fasan jemals

[66] *lacertiva avis* offenbar eher eine Umschreibung als die konkrete Bezeichnung einer Vogelart. *lacertiva* scheint abgeleitet von *lacerta/lacertus* „Eidechse" zur Andeutung der Nahrung des Vogels (vgl. W). Die tosk. Übersetzung gibt es an späterer Stelle (I,vi,100) mit *(misero) acertolo* wieder, hier aber mit der Umschreibung *uccello laniero* „Wollvogel". Es könnten also die kleinen Arten des Falken wie Baumfalke oder Merlin etc. gemeint sein, die zur adeligen Beizjagd kaum herangezogen wurden, im Gegensatz zu den größeren Arten wie Wanderfalke, Gerfalke etc. Besonders beliebte Beizvögel waren Habicht *(accipiter, astur)* und Sperber *(accipiter, nisus)*, dieser trotz seiner geringen Größe. Vgl. S. Schwenk/Ch. Hühnemörder, Beizvögel, in: LMA I (1980), Sp. 1828f. Ausgeschlossen wurde offenbar die Gabelweihe, der Milan *(milvus)*, da er nach den Naturbüchern (Thomas von Chantimpré etc.) trotz seiner überragenden Größe als feige galt. Isidor von Sevilla, Etymologien, XII,vi,58, schreibt über den *milvus: avis mollis est et viribus et volatu*. – Eine eindeutige Systematik läßt sich in unserer Stelle und der Replik darauf § 100 aber nicht feststellen, und auch die volkssprachigen mittelalterlichen Übersetzungen helfen nicht weiter. Drouart la Vache übersetzt *lacertiva avis* mit *cercele* (V. 1430). Ob dieser aber nfrz. *sarcelle* „Krickente" oder nfrz. *crécerelle*, einem kleinen Raubvogel, entspricht, bleibt unklar. Hartlieb behilft sich mit *ain alster, kräen oder desgeleichen* (IX,95), gibt also auch nur eine Periphrase, wählt aber dafür gar keine Raubvögel. In § 100 wendet der Mann ein, *falcones, astures, accipitres* mache nur die Tollkühnheit wertvoll, mitunter fingen aber kleine Falken großes Wild und fürchteten sich edle Falken vor ordinären Spatzen und vor dem *lacertiva avis*. Die in unserer Übersetzung gewählten deutschen Artnamen bleiben also ohne Gewähr. Zu beachten gilt es aber in jedem Fall, daß die Adelige ein typisches Argumentationsmuster für den Geburtsadel verwendet und der bürgerliche Geschäfts-

Falcones igitur vel astures hanc decet capere praedam non autem a milvorum pusillanimitate vexari. Tua igitur est multum fatuitas cohibenda, quod alti generis indignus tibi quaeris amantem. (83) Nec enim, quod asseruisti ante, tuam potest tueri sententiam. Dixisti etenim, amorem non distinguere genera sed cunctos cogere ad amandum, qui apti reperiuntur ad amoris arma ferenda, et quod amantes non debent aliter distinguere, sed hoc requirere solum, an sit sauciatus amore, qui petit amari. (84) Sed sine omni contradictione profiteor, quod amor indifferenter cogit amare, sed aliud, quod sequitur, scilicet, amantem non debere distinguere nisi, an amet, qui petit amari, non suscipio, quia penitus est falsitati subnixum. Nam si hoc esset, illa sibi verba locum vindicare non possent, quibus fertur amor sua manu pensum inaequale gestare. (85) Huius hypotheticae consequenti destructo, e contrario tibi concluditur; ergo et meam sententiam in sua videbis firmitate durare. Sed et, si forte narrare velis, quod multi consveverunt audaci lingua proferre, amorem scilicet iniquum a cunctis debere iudicem nominari, quum inaequalia pondera ferat, tali te responsione repello. Quamvis enim amor inaequalia pondera ferat,

durch seine Kraft besiegen? Gerfalken also oder Habichte sollen diese Beute fangen, nicht aber durch den Kleinmut von Gabelweihen beunruhigt werden. Deine Torheit muß man also dringend davon abhalten, dir, einem Unwürdigen, eine Geliebte von hoher Abkunft zu suchen.

Kein natürlicher Zwang zur Gegenliebe

(83) Denn was du zuvor behauptet hast, kann deine Meinung nicht verteidigen. Du hast nämlich gesagt, die Liebe würde keinen Unterschied nach der Herkunft machen, sondern alle zum Lieben zwingen, die tauglich befunden werden, die Waffen der Liebe zu tragen, und die Liebenden sollten keinen anderen Unterschied machen, sondern nur prüfen, ob von der Liebe verwundet wurde, wer bittet, geliebt zu werden. (84) Ich bekenne aber ohne jegliche Widerrede, daß die Liebe ohne Unterschied zwingt zu lieben, doch das andere, folgende, nämlich daß die Liebende nur unterscheiden solle, ob derjenige liebt, welcher geliebt werden will, nehme ich nicht an, weil es sich vollkommen auf einen Irrtum stützt. Denn wenn das so wäre, könnten nicht jene Worte für sich einen Stellenwert beanspruchen, laut deren die Liebe in ihrer Hand ungleiches Gewicht hält.[67]

Freie Liebesentscheidung der Dame

(85) Nachdem die Konsequenz dieser Hypothese hinfällig wurde, ist die Schlußfolgerung dir entgegengesetzt; daher wirst du sehen, daß auch meine Meinung unerschüttert bleibt. Aber auch, wenn du vielleicht erzählen willst, was viele mit kecker Zunge gewöhnlich vorbringen, nämlich daß die Liebe von allen als ungerechter Richter bezeichnet werden müsse, da sie ungleiche Gewichte trage, weise ich dich mit folgender Erwiderung zurück. Obwohl nämlich die Liebe ungleiche Gewichte trägt, wird sie dennoch wahrhaftig ein gerechter Richter genannt werden können.

---

mann es kenntnisreich aufgreift. Jede spezifisch gelehrt-klerikale Perspektive fehlt. – Eine völlig andere, in jeder Hinsicht gewagte Deutung von *lacertiva avis* schlägt Bruno Roy (1985) vor. Er geht dabei einerseits von dem Homonym *lacertus* „Muskel" als etymologische Ableitungsbasis von *lacertiva* und andererseits von einem sexuellen Sinn des Wortes *avis*, nämlich „Penis", aus: Der Wert dieses „Vogels" hängt also davon ab, ob seine Muskelkraft besser ist als die des „weichen Vogels" Gabelweihe *(milvus)*. In ähnlicher Weise unterstellt Roy an vielen Stellen dem Text einen sexuellen Doppelsinn.

[67] S.o. I,iv,4.

iustus tamen iudex poterit vere vocari. (86) Amor enim ponderisi naequalitate non utitur nisi iustissima causa cogente. Nam quum cerneret amor, homines universos ex ipso instinctu cupidinis naturaliter in cuiuslibet alterius sexus personae libidinem provocari, turpe nimis putavit exemplum sua statim ex adverso tentoria ponere, ut eam, cuius quaeritur amor, statim compellat amare. Si hoc enim esset, quilibet horridus, hispidus, agriculturae deserviens vel in plateis publice pro cibo mendicans reginae sibi provocare posset amorem. (87) Sed ne unquam huiusmodi posset inconcinnitas vel rerum absurditas evenire, cuiuslibet generaliter personae amor commisit arbitrio, ut, si velit, amet eum, qui petit amari, vel non amet, si nolit amare. Sed et, si hanc, quam dicis, regulam amor sine omni exceptione servaret illaesam, scilicet ut omnis semper, qui amat, ametur, alterius regulae cursui occurreret naturali. (88) Quilibet enim hominum alterius maioris ordinis libentius quam ordinis aequalis sive minoris sibi quaerere solet amantem, et ideo versa vice mulier, cuius petitur amor, propter regulam dictam et cursum naturae praefatum ordinis aequalis sive maioris libenter petit amorem, ne ab amoris regula generali inique videatur exempta. Apparet igitur ex his manifeste, quod supervacuis laboras impendiis, et tuos postmodum cognosces in vanum emisisse labores.

(89) Homo ait: Quod mihi benignum et svave praestitistis responsum, multum in hoc vestra probitas denotatur, quia vestrae voluistis naturae consulere, ac vestra verba generi convenire. Nihil enim magis generosae personae potest congruere laudibus, quam si in suis dictis dulci sermone fruatur, et nulla videntur magis nobili contraire generi et sanguinis nobilitati detrahere quam aspera

(86) Die Liebe benutzt nämlich die Ungleichheit des Gewichts nur, weil ein sehr gerechter Grund sie zwingt. Denn obwohl die Liebe erkannte, daß alle Menschen durch ihren Trieb zur Lust von Natur aus zu einem Begehren nach irgendeiner beliebigen Person des anderen Geschlechts provoziert werden, hielt sie es für ein allzu schimpfliches Vorbild, sofort gegenüber[68] die Zelte aufzustellen, um jene, deren Liebe gesucht wird, sofort zur Liebe zu zwingen. Wenn dem nämlich so wäre, könnte irgendein abscheulicher, struppiger Ackerknecht oder ein auf Straßen öffentlich um seine Nahrung Bettelnder die Liebe einer Königin für sich fordern. (87) Aber damit niemals etwas derartig Unpassendes oder Absurdes passieren konnte, überließ die Liebe es generell dem Urteil jeglicher Person, einen, der geliebt werden will, zu lieben, wenn sie will, aber nicht zu lieben, wenn sie nicht lieben will. Aber auch wenn die Liebe diese von dir genannte Regel – jeder, der liebt, solle stets geliebt werden – ohne jede Ausnahme unverletzt bewahrte, würde sie dem natürlichen Gang einer anderen Regel zuwiderlaufen. (88) Jeder beliebige Mann nämlich pflegt für sich eine Geliebte von einem anderen, höheren Stand lieber als vom gleichen oder geringeren zu suchen. Ebenso strebt umgekehrt die Frau, deren Liebe erstrebt wird, gemäß genannter Regel und vorerwähntem Lauf der Natur gerne die Liebe eines von gleichem oder höherem Stande an, um den Eindruck zu vermeiden, sie werde von der allgemeinen Liebesregel unbillig ausgenommen. Daraus geht also klar hervor, daß du dich mit überflüssigem Aufwand abmühst, und du wirst später erkennen, daß du deine Mühen nutzlos vergeudet hast."

Ursprüngliche Begründung des Geburtsadels durch inneren Wert

(89) Der Mann sagt: „Durch die mir gewährte freundliche und gefällige Antwort wird Euer innerer Wert ganz deutlich, da Ihr auf Eure Natur bedacht sein und Eure Worte mit Eurer Herkunft übereinstimmen wolltet. Nichts nämlich kann mehr den Lobsprüchen auf eine adelige Person entsprechen, als wenn sie sich in ihren Worten einer liebenswürdigen Rede befleißigt, und nichts scheint der edlen Abkunft mehr entgegenzustehen und dem Adel des Blutes Abbruch zu tun, als harte und unhöfische Worte vorzubringen.

[68] *ex adverso* hier gewiß in der alten Bedeutung „gegenüber", nicht „aggressively" (W).

et inurbana verba proferre. (90) Quod autem dixistis, meam faciem vobis esse cum genere manifestam, vehementer admiror, quia vestram video in hoc errare prudentiam, quum illis videamini erratibus assentire, qui morum probitatem sine genere ac forma reiiciunt et formae venustatem ac sanguinem generosum sine omni probitate recipiunt. (91) Quod quam sit asserere grave ac difficile, quamque narrare absurdum, illa vos edocet ratio manifesteque irrefragabili ratione demonstrat, quae dicit, quod ex bonis tantum moribus et hominis probitate ac curialitatis fomite a primordio fuit orta nobilitas. Si homines igitur sola morum probitas nobilitatis meruit virtutibus decorare ac generositatis assumere nomen, errorem praedictum penitus deponere curate, et sola morum probitas compellat vos amare. (92) Illud autem, quod de mercimoniis in contumeliam est mihi a vobis obiectum, si attentis mea curaveritis verba auribus percipere, sine omni dubitatione cognoscetis, nullo mihi posse de iure nocere. Nam quod mercimoniorum honorabilia lucra diligenter attendo, contendo proprio generi deservire, quia talia studeo meis actibus exercere, quae meae possunt naturae congruere. (93) Et ex hoc murmura vulgi depellere curo, quod dicere consvevit: „Talia quemque facere decet, quae genus

(90) Angesichts Eurer Aussage, mein Äußeres zusammen mit meiner Abkunft sei Euch bekannt, wundere ich mich heftig, sehen zu müssen, wie Eure Klugheit insofern irrt, als Ihr mit jenen Irrtümern übereinzustimmen scheint, die den Wert der Sitten ohne edle Abkunft und Wohlgestalt zurückweisen und die Schönheit des Äußeren und edles Blut ohne jeglichen inneren Wert anerkennen. (91) Wie widrig und schwierig es ist, das zu behaupten, und wie abwegig, es vorzubringen, lehrt und zeigt Euch klar mit unwiderleglicher Beweiskraft jenes Argument,[69] das besagt, daß nur aus guten Sitten, dem inneren Wert des Menschen und dem Zündstoff[70] höfischer Lebensart von Beginn an der Adel entstanden ist. Wenn also nur der sittliche Wert verdient hat, Menschen mit den Vorzügen des Adels zu schmücken und den Titel des edlen Geblüts anzunehmen, so seid darauf bedacht, den vorerwähnten Irrtum vollkommen abzulegen, und nur der sittliche Wert möge Euch antreiben zu lieben.

Besitzerwerb als Bedingung der Freigebigkeit

(92) Der schmähliche Vorwurf aber, den Ihr mir wegen meiner Erwerbsgeschäfte gemacht habt, wird mir – wie Ihr, wenn Ihr darauf bedacht seid, meine Worte mit gespitzten Ohren aufzunehmen, ohne jeden Zweifel erkennen werdet – nach keinem Recht schaden können. Denn indem ich eifrig nach ehrenhaftem Geschäftsgewinn strebe, bemühe ich mich, meinem eigenen Geschlecht zu dienen, weil ich trachte, das aktiv zu erfüllen, was mit meiner Natur übereinstimmen kann. (93) Und ich bin daher darauf bedacht, der Mißgunst des Volkes zu begegnen, das zu sagen pflegt: ‚Es soll ein jeder das machen, was das Geschlecht zugleich mit dem Stand verdient.'[71] Aber weil ich nicht darauf beharre, die

[69] *illa vos edocet ratio manifesteque irrefragabili ratione demonstrat*: ein typisches Beispiel für des Autors leere Formulierungsredundanz.

[70] *fomes* ein metaphorischer Ausdruck scholastischer Theologie, der die innere moralische Disposition (v.a. durch die Erbsünde) bezeichnet.

[71] *Talia quemque facere decet, quae genus pariter cum ordine quaerit.* (B vergleicht Cicero, *De officiis* I,113, wo jedoch nur ein entfernter Anklang vorliegt.) Die Formulierung legt nur eine teilweise Synonymie von *genus* und *ordo* nahe, so daß die (gelegentliche) Wiedergabe von *genus* mit „class" bei W problematisch erscheint. Allerdings muß man dann im Deutschen in Kauf nehmen, daß der Leser beim „Geschlecht" irrtümlich an das hier nicht gemeinte natürliche Geschlecht denkt.

pariter cum ordine quaerit". Sed quod praedicta lucra improbe futuri intuitu cumulare non insisto, sed ea provide et largissime suo loco et tempore aliis dispensare contendo, in hoc meam morum et probitatis nobilitatem defendo. (94) Praeterea, si honestis et licitis non curem insistere lucris, obscura me detinebit inopia, et ideo nobilitatis opera exercere non potero, et sic mea morum nobilitas in solo et nudo verbo manebit, quae curialitas vel nobilitas ab hominibus nullatenus credi consvevit. (95) Immo si pauper et inops curialis largitatis sermone utatur, in hunc sibi modum vulgares illudunt: „Homo iste, quia nulla possidet, quae valeat hominibus exhibere, largitatem se iactat habere plenariam. Sed si aliquid possidet in orbe, talem se debet hominibus exhibere, qualem suum genus et natura permittit. De nulla enim possidentium bona ratione procedit suam effuso sermone largitatem effundere". (96) Sed et, si sufficientem substantiam mihi adesse obiicias, adhuc meo generi honesta lucra defendo. Praeterea illud, quod dixisti, quia quisque intra sui generis saepta debeat permanere et maioris ordi-

vorerwähnten Gewinne schändlicherweise mit Blick auf die Zukunft anzuhäufen, sondern mich bemühe, sie vorsorglich und sehr großzügig an geeignetem Ort und Zeitpunkt an andere auszuteilen, verteidige ich damit meinen Adel der Sitten und des inneren Werts.

Unerfüllbarkeit höfischer Normen in Armut

(94) Außerdem wird mich, wenn ich nicht auf den Erwerb ehrenhaften und erlaubten Gewinns bedacht bin, bald dumpfe Not fesseln, und ich werde daher die Pflichten des Adels nicht erfüllen können, und so wird mein sittlicher Adel nur aus dem bloßen Wort bestehen; diese Art von höfischer Lebensart oder Adel genießt gewöhnlich bei den Menschen nicht das geringste Vertrauen. (95) Wenn vielmehr ein Armer und Mittelloser von höfischer Freigebigkeit reden wollte,[72] kommt solcher Spott aus dem Volk: ‚Dieser Mensch da, weil er nichts besitzt, was er den Menschen geben könnte, brüstet sich mit dem Besitz vollständiger Freigebigkeit. Aber wenn er irgendetwas auf der Welt besitzt, muß er den Menschen das geben, was ihm sein Geschlecht und die Natur erlauben. Wer nämlich nichts besitzt, hat guten Grund, seine Freigebigkeit durch Ausschütten von Worten auszuschütten.‘[73]

Aufstieg zum Adel durch sittliches Streben

(96) Aber auch wenn du[74] mir vorwirfst, genügend Besitz zu haben, verteidige ich noch immer den Gewinn für mein Geschlecht als ehrenhaft. Außerdem kann ich deine Aussage, jeder solle innerhalb der Umzäunung seiner Herkunft bleiben und keineswegs die Liebe eines höheren Standes fordern, nicht in Abrede stellen.

---

[72] *curialis largitatis sermone utatur* eine seltsame Umschreibung: „ne faisait que parler de générosité courtoise“ B, „employs the language of courtly generositiy“ W, *usa parole di cortesia e di larghezza* TT.

[73] *De nulla enim possidentium bona ratione procedit suam effuso sermone largitatem effundere* „Et c'est bien évidemment parce qu'il n'a rien qu'il étale avec emphase sa générosité“ B, „Boasting of one's generosity so copiously is characteristic of people with no possessions“ W, *De nessuno buono costumo procede, se uno troppo si vanta di sua larghezza* TT. Hier sind offenbar alle Übersetzer ratlos. Auch mein Vorschlag bleibt ohne Gewähr.

[74] Stillschweigend geht der Bürger hier vom Ihr zum vertraulichen Du über. Etwa weil er vorher bewiesen zu haben glaubt, in Wahrheit ein Adeliger (des Geistes) zu sein? Oder will er die Reaktion der Dame erproben? Es gibt aber keine, so daß die Suche nach einer rhetorischen Strategie vielleicht den Text überfordert.

nis amorem nullatenus postulare, diffiteri non possum. (97) Sed si me morum probitatis cultura perlustrat, intra nobilitatis me credo moenia constitutum et vera generis coruscare virtute, et sic me morum probitas intra nobilitatis ordinem facit esse repositum; et ideo nulla potest reputari praesumptio, si ex nobilitate mihi quaeram amorem eligere; magis enim ex moribus quam ex sanguine deprehenditur cuiusque nobilitas. (98) Dixisti etiam, quod, etsi meis te possem verbis allicere, ut meae voluntati condescenderes, cor tamen meum non esset tam grandia tolerare sufficiens. Sed stultus est ille miles, qui talia sibi quaerit arma ferenda, quae sui non possit corporis tolerare compages, nullusque sibi eligat talem equum appetere, qui suis non valeat regi vel gubernari virtutibus; tales enim plebis sunt subiecti derisui. (99) Concedo ergo, quia valde sunt, quae postulo, grandia; si me igitur ad id, quod peto, percipiendum minus sufficientem recogitas, id concedat gratia tua, quod sine vulgi potest rumoribus exhiberi, et si me indignum omnino reperires, tuo et cuiusvis alterius me facias patere derisui. Fiduciam tamen gero plenariam, quod illa eadem mei cordis magnanimitas quae me cogit tam grandia petere, si ea mihi concesserit tua gratia, in perpetuum ipsa mihi parta tuebitur. (100) Sed nec obstare potest illud, quod de milvo et lacertiva mihi ave dixisti. Nam falcones, astures et accipitres sola facit audacia caros. Videmus enim quandoque falcones de genere levium magnos fasianos et perdices sua detinere virtute; nam a cane non magno saepe tenetur aper. Et econtra multos aspicimus nobiles et

(97) Aber wenn mich das Streben nach sittlichem Wert erleuchtet, glaube ich, daß ich mich innerhalb der Mauern des Adels befinde und vom wahren Vorzug des Geblüts erstrahle und der sittliche Wert mich so in den Stand des Adels versetzt hat; und so kann es nicht als Anmaßung angesehen werden, wenn ich mir eine Liebe aus dem Adel zu erwählen suche; man erkennt nämlich mehr an den Sitten als an dem Blut den Adel eines jeden.

Nötige Erprobung der Tugend

(98) Du hast sogar gesagt, mein Herz wäre, wenn ich dich auch mit meinen Worten verlocken könnte, dich zur Erfüllung meines Wunsches herabzulassen, nicht imstande, so Großes zu ertragen. Doch töricht ist derjenige Ritter, welcher sich solche Waffen zu tragen aussucht, die sein Körperbau nicht ertragen könnte, und keiner wird sich wohl ein solches Pferd wählen, das mit seinen Kräften nicht gelenkt oder gezügelt werden kann; solche sind nämlich dem Gespött des Volkes ausgesetzt. (99) Ich gebe daher zu, daß ich sehr Großes fordere; wenn du also denkst, ich sei zu wenig imstande, das, was ich fordere, mir anzueignen, so möge deine Gnade *(gratia)* das gewähren, was ohne Nachrede der Leute gewährt werden kann, und wenn du mich gänzlich unwürdig findest,[75] gib mich deinem und dem Spott irgendeines anderen preis. Doch ich habe volles Vertrauen, daß jene selbe Größe meines Herzens *(mei cordis magnanimitas)*, die mich treibt, so Großes zu fordern, das Erworbene, wenn deine Gnade es mir gewährt, in alle Ewigkeit bewahren wird.

Größe und Tauglichkeit von Jagdvögeln als Vergleichsgegenstand

(100) Aber auch das, was du mir über die Gabelweihe und den Kleinfalken gesagt hast, kann kein Hindernis sein. Denn die Gerfalken, Sperber und Habichte macht nur die Tollkühnheit wertvoll. Wir sehen nämlich mitunter Falken von der Art der Kleinen[76] große Fasane und Rebhühner dank ihrer Tüchtigkeit festhalten; denn von einem nicht großen Hund wird oft ein Eber gefaßt. Und andererseits sehen wir, wie viele edle und große Falken[77] ordinäre

[75] *reppereris* Ws Konjektur nach *repereris* CD, *reperires* A, Trojel.

[76] *falcones de genere levium* ebenso uneindeutig wie die *lacertivae aves*, welche damit synonym sein können, aber nicht müssen. Siehe oben Anm. 66.

[77] *magnos* D, *maximos* H, *marinos* übrige Hss., Trojel, W. Ich bevorzuge ausnahmsweise die Lectio facilior, weil hier ständig vom Gegensatz groß-klein die Rede und ein *falco marinus* sonst nirgends aufzufinden ist.

marinos falcones vilissimos pertimescere passeres et a lacertiva saepe ave fugari. (101) Si ergo milvus et lacertiva avis arditus reperitur et audax et a suis degenerare parentibus, asturnina et falconina est dignus pertica honorari et militari laeva deferri. Si me igitur noveris a meis degenerare parentibus, non contumeliosa milvi appellatione vocandus reperior, sed honorabili falconis vocabulo nuncupandus exsisto. (102) Nec tibi vilescat apud quemcunque reperta probitas, quum ex pungentibus rosas spinis colligimus ortas, et in vilis materiae vasculo aurum repertum sua non possit pretiositate privari. (103) Illud, quod dixi, neminem debere distinguere nisi, an sit sauciatus amore, qui petit amari, ex tua manifeste responsione cognovi, te non recte intellexisse; verbi enim generalitas tibi induxit obscuritatem. Nam quod dixi, amantem non debere distinguere, ita recipias, quia non debet, cuius postulatur amor, distinguere, utrum de nobili an de ignobili sit genere ortus, qui petit amari, debet tantum distinguere, utrum bonis moribus et an sit multa probitate decoratus. (104) Ergo bene illa sibi possunt verba locum vindicare: Amor quandoque inaequale pensum solet sua manu gestare. Sed quamvis verum sit, amorem quandoque inaequalia pondera ferre, eius tamen non potest iniustitiae imputari; sufficit enim, si amor alterum amantium sui roris pertingat afflatu et ex suae plenitudinis fonte initia praestet amandi. (105) Nam altero amantium amoris sagitta pertacto non immerito alter proprio servatur arbitrio, ut, si ea fecerit, quae bene placita inveniantur amori, magnis ab eo sit dignus honorari muneribus multisque in

Spatzen fürchten und von einem Kleinfalken oft in die Flucht geschlagen werden. (101) Wenn also eine Gabelweihe bzw. ein Kleinfalke[78] feurig, kühn und abweichend von den Eltern befunden wird, ist er würdig mit der Sperber- und Falkenstange ausgezeichnet und auf der Linken eines Ritters getragen zu werden. Wenn du also weißt, daß ich von meinen Eltern abweiche, darf man mich nicht beim schimpflichen Namen Gabelweihe rufen, sondern muß mich mit dem ehrenhaften Wort Falke bezeichnen. (102) Und nicht möge dir der bei wem auch immer gefundene innere Wert verächtlich gelten, wenn man Rosen, die dem stechenden Dornbusch entsprossen, pflückt, und nicht möge das Gold, wenn man es in einem Gefäß aus billigem Material gefunden hat, seines Wertes beraubt werden können.

Freie Wahl der Dame – doch nicht ohne Rücksicht auf den Wert des Werbenden

(103) Meine Aussage, daß jemand nur danach beurteilt werden solle, ob er von der Liebe verwundet ist, wenn er fordert, geliebt zu werden, hast du nicht richtig verstanden, wie ich aus deiner Antwort klar erkannt habe; die allgemeine Bedeutung des Wortes hat gewiß für dich den Sinn verdunkelt. Denn meine Aussage, daß eine Liebende nicht „unterscheiden" solle, sollst du so auffassen, daß diejenige, deren Liebe gefordert wird, nicht unterscheiden soll, ob derjenige, welcher geliebt werden will, von adeliger oder nichtadeliger Abkunft ist, sondern nur unterscheiden soll, ob er sich durch guten Lebenswandel und großen inneren Wert auszeichnet. (104) Also können jene Worte durchaus für sich einen Stellenwert beanspruchen: „Die Liebe pflegt mitunter eine ungleiche Waage in ihrer Hand zu halten." Aber wenn das auch wahr ist, daß die Liebe mitunter ungleiche Gewichte trägt, kann es dennoch nicht ihrer Ungerechtigkeit angelastet werden; es genügt nämlich, wenn die Liebe den einen der Liebenden mit dem Hauch ihres Taus berührt und aus der Quelle ihrer Fülle den Beginn des Liebens spendet. (105) Denn wenn der eine der Liebenden vom Pfeil der Liebe berührt wurde, bleibt dem anderen mit Fug und Recht sein eigenes Urteil gewahrt, damit, wenn der eine das getan hat, was der Liebe wohlgefällig befunden wird, er würdig ist, von ihr mit großen Gunstbeweisen *(munera)* geehrt zu werden, und man ihn im Volk mit vielen Lobsprüchen preisen soll. Wenn er aber etwas tut, was

[78] *lacertiva avis* – s. Anm. 66.

plebe laudibus efferendus, si vero eius voluntati contraria, contraria debet munera ferre. Ideo ergo amor in arbitrio posuit amantis, ut, quum amatur, et ipsa, si velit, amet, si vero nolit, non cogatur amare, quia maioribus censetur meritis dignus, qui bona sponte peregit, quam qui ea coactus exercuit. (106) Et hoc ad instar coelestis regis creditur esse indultum, qui boni et mali percepta notitia quemque hominum proprio relinquit arbitrio, bene quidem agentibus ineffabilia praemia pollicendo, mala vero operantibus poenas intolerabiles comminando. Debet ergo mulier diligenti animo investigare, an sit dignus amari, qui petit amari, et, si ipsum dignum omnino invenerit, nullatenus eum suo debet amore frustrare, nisi forte sit alterius amore ligata. Si alterius igitur non es obligata amori, nulla te poterit ratio excusare.

(107) Mulier ait: Tanta tuos niteris errores tueri facundia, quod non esset mihi facile tuis supervacuis respondere sermonibus. Quosdam tamen ex eis mea curabo ratione comprimere. Si enim, prout asseris, sola morum probitas amoris invenitur digna muneribus et nobilem facit hominem reputari, superfluo antiquitus nobilitatis fuit ordo repertus et tam aperta distinctione discretus,

dem Willen der Liebe zuwiderläuft, soll er gegenteilige Gunstbeweise ertragen.[79] So legte es also die Liebe ins Ermessen der Liebenden, daß, wenn sie geliebt wird, auch sie liebt, wenn sie will, wenn sie aber nicht will, nicht gezwungen wird zu lieben, weil derjenige größeren Lohnes[80] für wert befunden wird, welcher freiwillig das Gute getan hat, als derjenige, welcher es gezwungenermaßen geübt hat. (106) Und dies ist nach dem Beispiel des himmlischen Königs, glaubt man, gewährt worden, der nach der Erkenntnis von Gutem und Bösem[81] einen jeden Menschen dem eigenen Urteil überläßt, indem er denen freilich, die gut handeln, unaussprechliche Belohnungen verspricht, denen aber, die Böses tun, unerträgliche Strafen androht. Die Frau also soll gewissenhaft erforschen, ob, wer fordert, geliebt zu werden, würdig ist, geliebt zu werden, und wenn sie ihn im Ganzen für würdig befunden hat, soll sie ihn keineswegs um seine Liebe bringen, außer sie ist zufällig durch die Liebe eines anderen gebunden. Wenn du also nicht an die Liebe eines anderen gebunden bist, wird dich kein Grund entschuldigen können."

Unantastbarkeit des einstmals begründeten Geburtsadelsprinzips

(107) Die Frau sagt: „Du bemühst dich mit so großer Beredsamkeit, deine Irrtümer zu verteidigen, daß es mir nicht leicht fallen würde, auf deine überflüssigen Worte zu antworten. Ich werde dennoch darauf bedacht sein, bestimmte von ihnen mit meiner Argumentation zu entkräften. Wenn nämlich, wie du behauptest,

---

[79] Andreas spricht hier §§ 104 u. 105 zu Anfang von *alter – alter amantium*, vom einen und dem anderen der Liebenden, faßt also *alter* als geschlechtsneutral auf, und dann vom Willen und den Gunstbeweisen *(munera)* der Liebe *(amor)*. Da aber generell dem Mann der Dienst und der Frau die Gunstgewährung zukommen, kann unter *amor* auch die Geliebte verstanden werden. Das haben TT und B verkannt, die die Rollen vertauschen. Doch auch W gibt den letzten Satz *si vero eius voluntati contraria, contraria debet munera ferre* wieder: „but by opposing Love's will she incurs the opposite rewards." Dieser Satz muß auch unbedingt entgegen den Ausgaben Trojels u. Ws als selbständig aufgefaßt werden, auch wenn man dann im Konditionalsatz aus dem vorhergehenden *facit/faciet/fecerit* ergänzen muß.

[80] Hier ist nicht die Gewährung der Liebesgunst gemeint, sondern allgemein der Lohn für eine gute Tat. Andreas wählt auch eine andere Vokabel: *merita*, nicht *munera*.

[81] Vgl. Erstes Buch Mose 2,9ff.

quum manifestum erat, omnem hominem moribus et probitate fulgentem nobilem fore vocandum. (108) Et sic nos oportet instanter asserere, nobilitatis ordinis institutores suos in vanum emisisse labores, quod quam sit absurdum, probare non insisto. Ideoque firmiter assero, neminem sui ordinis debere metas excedere, sed intra suum ordinem quemque probum alicuius probae feminae amorem perquirere [et mediocris personae mediocrem postulare amorem], et sic cuiusque intemeratus ordo servabitur, et sui laboris quisque remuneratus abibit. (109) Ad hoc quod tuo congruentia ordini et honesta exerces mercimonina, meo sermone non arguo, sed quia mercimoniis intendens nobilem tibi quaeris amicam, quod inconcinna res est et amara valde tristisque plena eventus. Quod autem mercimonii lucra effluenter largiaris, hoc te facit tui ordinis feminae amore dignissimum. (110) Praeterea, licet falco a lacertiva ave quandoque fugetur, nihilominus falco inter

nur der moralische Wert der Gunstbeweise der Liebe würdig befunden wird und einen Mann für adelig gelten läßt, so wurde der Adelsstand in der Frühzeit überflüssigerweise erfunden und mit so offenkundiger Unterscheidung abgesondert, als es offensichtlich war, daß jeder Mann, der durch Sitten und inneren Wert glänzte, ein Adeliger genannt werden muß. (108) Und so müssen wir mit Nachdruck behaupten, daß die Begründer des Adelsstandes ihre Mühen vergeblich aufgewendet haben. Zu beweisen, wie absurd das wäre, strenge ich mich nicht an und behaupte deshalb mit Bestimmtheit, daß niemand die Grenzen seines Standes überschreiten soll, sondern innerhalb seines Standes jeder Vortreffliche die Liebe irgendeiner vortrefflichen Frau suchen soll und ein Mittelmäßiger die Liebe einer mittelmäßigen Person fordern soll[82] – so wird der Stand eines jeden rein bewahrt werden, und jeder wird belohnt für seine Mühe weggehen.

Möglicher Aufstieg durch Tugendadel nur innerhalb desselben Standes

(109) Was das betrifft, daß du ehrenhafte Geschäfte, die zu deinem Stande passen, treibst, so erhebe ich in meinen Worten dagegen keinen Vorwurf, wohl aber dagegen, daß du als Geschäftsmann dir eine adelige Freundin suchst, weil das ungereimt, sehr bitter und voll trauriger Aussichten ist. Daß du aber den Gewinn aus dem Handel großzügig verschenkst, macht dich der Liebe einer Frau deines Standes überaus wert. (110) Außerdem wird, mag der Gerfalke mitunter auch von einem Kleinfalken in die Flucht geschlagen werden, der Gerfalke nichtsdestoweniger unter

[82] *et mediocris personae mediocrem postulare amorem* von Trojel nicht in den Text aufgenommen; „un homme de la classe moyenne doit donc se faire aimer d'une femme de la même classe“ B, „demanding the modest love of a woman no higher“ W, *e quale è mezzano, nell'ordine de' mezzani similmente facci* TT. Daß hier mit *mediocris* der mittlere Stand angesprochen ist, erscheint mir hingegen keineswegs ausgemacht, weil es offenbar in Opposition zu *probus* im Vordersatz steht. Dieses kann zwar auch den Adeligen meinen wie das semantisch entsprechende (etymologisch nicht identische!) afrz. *pro/prou/preu*, ebenso aber auch den Mann von innerem Wert und Adel. Drouart la Vache sagt zwar an der Stelle nur, daß der Adelige die Adelige, der Gemeine die Gemeine (V. 1777 *Li nobles, noble, li bas, basse*) wählen solle, Hartlieb jedoch: *sunder ain yetlicher werber such vntter sein genossen ain frum, rain, tugentlich weib zü pueln* (I,9,245f.). Es geht also wohl um den inneren Wert innerhalb der Angehörigen der verschiedenen Stände.

falcones et lacertiva avis inter lacertivas computabitur aves; ille tamen vilis falco, ista vero optima lacertiva vocabitur avis. (111) Sic et tua te probitas non in nobilium facit ordine stare, sed bonum te svadet vocari plebeium et bonae dignum amore plebeiae. Apparet igitur et est manifestum: Et, si nullius sim amoris vinculo colligata, tu tamen quasi alienigena indignus meo reperiris amore.

(112) Homo ait: Quamvis nolim tuos sermones arguere, nulla tamen possum ratione videre, si plebeius nobilem in probitate transscendat, quare ipsum non debeat in suscipiendis superare muneribus, quum ab eodem Adam stipite derivemur.

(113) Mulier ait: Melius in mensa regia sedet aurum quam in pauperis domo vel rusticano tugurio, et longe honorabilius trotonerius et macer equitatur equus quam pinguis valde et optimae et svavis ambulaturae asinus. A tuis ergo resipisce erroribus et aliis haec sumenda relinque.

(114) Homo ait: Quamvis tuus me sermo depellat, quam diu tamen vixero, a tui amoris proposito non recedam, quia, etsi meae cogitationis fructum non sim percepturus, spes tamen sola, quam ex mei ipsius cordis mera liberalitate assumpsi, meum faciet corpus tranquillam ducere vitam, et subsequenter forte Deus mei doloris tuae menti inseret remedium.

die Gerfalken und der Kleinfalke unter die Kleinfalken gerechnet; jener wird jedoch ein wertloser Gerfalke, dieser aber ein hervorragender Kleinfalke genannt werden. (111) So räumt auch dein innerer Wert dir keine Stelle im Stand der Adeligen ein, sondern empfiehlt, dich einen guten Bürger zu nennen und würdig der Liebe einer guten Bürgerin. Es ist also klar und offensichtlich: Auch wenn ich durch niemandes Liebesfessel gebunden sein sollte, wirst du dennoch gleichsam als Fremder unwürdig meiner Liebe befunden."

Beharrung auf den eingenommenen Standpunkten

(112) Der Mann sagt: „Wenn ich auch deine Rede nicht als unhaltbar zurückweisen möchte, kann ich dennoch auf keine Weise sehen, warum ein Bürger, wenn er den Adeligen an innerem Wert übertrifft, ihn nicht beim Empfang der Gunstbeweise übertrumpfen soll, da wir uns vom selben Stamm Adams herleiten."

(113) Die Frau sagt: „Gold hat besser seinen Platz an der königlichen Tafel als im Haus des Armen oder in der Hütte des Bauern, und weit ehrenvoller reitet man auf einem stolpernden und mageren Pferd als auf einem sehr fetten Esel mit hervorragendem[83] und sanftem Paßgang. Komme also von deinen Irrtümern weg wieder zur Einsicht und überlasse anderen, sich das anzumaßen."[84]

(114) Der Mann sagt: „Obwohl mich deine Worte zurückweisen sollen, werde ich dennoch, solange ich lebe, nicht vom Trachten nach deiner Liebe abstehen, denn wenn ich auch die Frucht meiner Gedanken nicht ernten werde, wird doch allein die Hoffnung, die ich aus der reinen freimütigen Gesinnung *(liberalitas)*[85] meines Herzens geschöpft habe, es meinem Leib ermöglichen, ein ruhiges Leben zu führen, und später wird Gott vielleicht deinem Sinn das Heilmittel für meinen Schmerz eingeben."

---

[83] *pinguis valde et optimae* (*optimus* Cod. Vind. 5363) *et suavis ambulaturae asinus* Hss., Trojel. Ws Konjektur *opimae* leuchtet mir nicht ein. Hat er *opimus* gemeint?

[84] *et aliis haec sumenda relique* „et laisse d'autres les (=les erreurs) commettre" B, „and leave such prizes for others to obtain" W. Gewiß verfehlt TT *e lascia stare queste cose le quali cercando vai.*

[85] *liberalitas* bezeichnet bei Andreas v.a. die Freigebigkeit, hier und I,vi,513 aber im weiteren Sinne die großzügige, wohlwollende, freimütige Gesinnung.

(115) Mulier ait: Tuo Deus labori digna praemia ferat.

Homo ait: Hoc solum verbum mihi spem indicat fructuosam, et ego Deum rogo, ut semper tibi sit meae cura salutis, et mea vela quietis portum inveniant.

C. Loquitur plebeius nobiliori feminae.

(116) Si plebeius nobilioris quaerat amori coniungi, multa ipsum oportet probitate gaudere. Nam ut plebeius nobilioris feminae dignus inveniatur amore, innumerabilibus oportet eum bonis abundare, convenitque, ut infinita ipsum benefacta extollant. (117) Verecundum namque nimis nobili videtur mulieri exsistere et in eius plurimum contumeliam redundare, si inferioris ordinis sibi deposcat amorem, superiori et medio praetermissis ordinibus, nisi morum probitas supereffluente valeat penso nobilitatis compensationem inducere. Nec enim apud quoscunque prudentes verisimile potest videri in inferiori hominum ordine probos reperiri et bonos et tam alti generis dignos amore, et in duobus superioribus neminem dignum reperiri ordinibus, sed omnes tanquam reprobos propulsari. (118) Et hoc generalis tradit tibi regula logicorum, quae dicit: Si, quod magis videtur inesse, non inest, nec,

(115) Die Frau sagt: „Möge Gott würdige Belohnungen für deine Mühe gewähren."

Hoffnung des Mannes

Der Mann sagt: „Dieses Wort allein zeigt mir fruchtbare Hoffnung an; aber auch ich bitte Gott, daß du dich immer um mein Heil sorgst und meine Segel den Hafen der Ruhe finden."[86]

C. Es spricht ein Bürger zu einer hochadeligen Frau

Ausgleich der Standesunterschiede durch höchsten inneren Wert – eine Ausnahme

(116) Wenn ein Bürger versucht, sich der Liebe einer Hochadeligen *(nobilior)* zu verbinden, muß er sich selbst großen inneren Werts[87] erfreuen. Denn damit ein Bürger der Liebe einer hochadeligen Frau für wert befunden wird, muß er an zahllosen Gaben *(bona)* Überfluß haben, und es ziemt sich, daß ihn eine unbegrenzte Zahl guter Taten hervorhebt. (117) Es scheint nämlich eine große Schmähung für eine adelige Frau zu sein und sie am meisten mit Schande zu überschütten, wenn sie Liebe aus dem niedrigeren Stande für sich fordert, nachdem sie den höheren und mittleren Stand übergangen hat, es sei denn, der sittliche Wert *(morum probitas)* vermag mit seinem alles überbietenden Gewicht eine Kompensation für den Adel herbeizuführen. Unter verständigen Leuten kann es nämlich keiner für wahrscheinlich halten, daß in einem niedrigeren Stand edle *(probi)*, gute und der Liebe aus so hohem Geburtsstand würdige Männer gefunden werden und in den zwei höheren Ständen niemand würdig befunden wird, sondern alle als unedel *(reprobi)* verstoßen werden. (118) Und das Folgende übermittelt dir die allgemeine Regel der Logiker, die besagt: Wenn eine Eigenschaft, die eher vorhanden zu sein scheint, nicht vorhanden ist, ist es auch die nicht, von der man weniger

---

[86] W weist auf die Verwendung der Begriffe aus der Theologie *(cura salutis)* und der Liturgie *(portus quietis)* für den Schluß des (für den Mann erfolglosen) Disputs hin. Es gilt aber auch zu beachten, daß der Mann hier immer noch sein irdisches Heil und die irdische Ruhe, die er in § 114 angesprochen hat, im Sinne hat.

[87] *probitate* statt *nobilitate* in Trojels Text zu lesen laut Liste der Corrigenda, S. 369f., ebenso unten § 118. W übersetzt den korrigierten, druckt aber den falschen Text ab.

quod minus creditur adesse. Multa ergo probitate debet nobiles omnes et nobiliores plebeius excedere, ut a nobiliori femina mereatur amari. (119) Nam et, quantumcunque probus ex plebe aliquis inveniatur, absonum videtur nimis, et inter ipsos vulgares pro maximo reputatur occasu atque descensu, si comitissa vel marchionissa vel aequalis vel maioris ordinis femina suo plebeium adnectat amori. Prima namque facie praesumitur exinde nimia voluptatis abundantia, quam per omnia reprobandam infra demonstrabimus, nisi publica de plebeio probitatis fama praedictam auferat suspicionem. (120) Quid ergo? Numquid non decet, nobilioris mulierem ordinis suum plebeio largiri amorem, si eum per omnia studiosum invenerit? Respondeo: Si in superioribus eo dignior vel aeque dignus reperiatur ordinibus, ille potius est in amore quaerendus; si vero nullus in eis inveniatur ordinibus, non est abiiciendus plebeius. (121) Multis tamen oportet experimentis examinari eius constantiam, antequam spem amoris consequi mereatur largitam. Nam quod ultra cuiusque noscitur pervenire naturam, modica solet aura dissolvi et brevi momento durare. (122) Nam inter lacertivas fertur aves nasci quandoque quasdam, quae sua virtute vel ferocitate perdices capiunt; sed, quia istud ultra ipsarum noscitur pervenire naturam, fertur, quod in eis nisi usque ad annum ab earum computandum nativitate haec non possit durare ferocitas. (123) Post multam ergo probationem, si dignus inveniatur, eligi in amore potest a nobiliori muliere plebeius, et eis-

glaubt, daß sie vorhanden ist.[88] Durch großen inneren Wert also muß der Bürger über alle Adelige und Hochadelige hinausragen, damit er es verdient, von einer hochadeligen Frau geliebt zu werden. (119) Denn wie edel auch immer irgendeiner aus dem Volk befunden werden sollte, es scheint allzu unvereinbar und wird selbst bei den gemeinen Leuten *(vulgares)* für den größten Niedergang und Abstieg gehalten, wenn eine Gräfin oder Markgräfin oder eine Frau von gleichem oder höherem Stand[89] einen Bürger ihrer Liebe verbindet. Infolgedessen nimmt man auf den ersten Blick ein beträchtliches Übermaß an Wollust an – die, wie wir weiter unten zeigen werden, in jeder Hinsicht zu tadeln ist –, es sei denn, der Ruf inneren Wertes geht in der Öffentlichkeit dem Bürger voraus und kann den vorher erwähnten Verdacht aufheben.

Wahl des Liebespartners zuerst innerhalb, dann erst eventuell auch unterhalb der Standesgrenze des Adels

(120) Was also? Ziemt es sich etwa nicht, wenn eine Frau aus dem Hochadel ihre Liebe einem Bürger schenkt, wenn sie ihn in jeder Hinsicht beflissen gefunden hat? Ich antworte: Wenn einer in den höheren Ständen würdiger als er oder gleich würdig befunden wird, soll die Wahl in der Liebe eher auf ihn fallen; wenn aber niemand in diesen Ständen gefunden wird, darf der Bürger nicht verworfen werden. (121) In vielen Prüfungen muß dennoch seine Beständigkeit *(constantia)* auf die Probe gestellt werden, bevor er das Geschenk der Hoffnung auf Liebe zu erreichen verdient. Denn was ersichtlich über die Natur eines jeden hinausgeht, das pflegt sich durch ein leises Lüftchen aufzulösen und nur einen kurzen Augenblick zu dauern. (122) Denn unter Kleinfalken werden, sagt man, manchmal welche geboren, die durch ihren Mut oder ihre Wildheit Rebhühner fangen; da dies aber ersichtlich über ihre Natur hinausgeht, sagt man, daß bei ihnen diese Wildheit nur bis zu einem Jahr, zu berechnen von ihrer Geburt an, anhalten kann.

Redeeinleitung

(123) Nach ausführlicher Prüfung also kann ein Bürger, wenn er würdig befunden wird, von einer hochadeligen Dame in der

---

[88] Nach Aristoteles, *Topica* II,10.

[89] *comitissa vel marchionissa vel aequalis vel maioris ordinis femina* – wiederum keine ganz eindeutige Aussage über die Angehörigen dieses Standes. Als halbwegs gleichrangig sah Andreas vermutlich das Vizegrafentum an; ob auch das Burgherrenamt (Kastellanat), steht dahin. Darüber ist wohl nur noch der herzogliche und königliche Stand anzusetzen.

dem omnibus possunt ad invicem inter se uti faminibus, quae supra in plebeii et nobilis mulieris sunt dicta colloquio. Potest etiam hoc alio uti sermone plebeius:

(124) Vestrae personae multum insistere laudibus nullatenus expedire videtur; per diversas namque mundi partes vestra probitas resonat atque venustas. Praeterea callidi videntur blandimenti obtinere commentum laudes in aspectu laudati prolatae. (125) Est igitur meum ad praesens propositum et principalis intentio, quae me ad vos venire svasit, me et mea vobis offerre servitia vobisque supplicare attente, ut ea dignetur suscipere gratia vestra, coelestemque obsecro Deum, ut ea ex gratia sua mihi facere largiatur, quae vestrae per omnia sint placita voluntati. (126) Firma namque in meo corde et stabilita conceptio est, nedum vobis sed pro vobis obsequia omnibus exhibere et humili animo placitoque servire. Spem namque gero plenariam, quod nunquam apud vos permanere posset meus [animus] sine fructus dulcedine labor. (127) Si mea namque inveniretur infructifera sollicitudo, post multas me oporteret fluctuationes atque procellas mortis subire naufragium, nisi forte spe meus animus quamvis fallaci regatur. Nam spes sola, quamvis animo sit indulta fallenti sustentationis mihi posset ancoram conservare illaesam.

(128) Mulier ait: Nec tua nec cuiusque alterius meus disposuit animus obsequia recusare vel susceptis decentibus non respondere muneribus. Qui enim servitia recusat oblata recipere, offerentem nimio rubore conturbat et se ipsum indicat avaritiae vitio conti-

Liebe auserwählt werden, und sie können wechselseitig untereinander alle dieselben Worte gebrauchen, die oben im Gespräch zwischen Bürger und adeliger Frau gesprochen wurden. Es kann der Bürger auch diese anderen Worte gebrauchen:

Anerbieten des Liebesdienstes

(124) „Es scheint keinesfalls förderlich zu sein, viel Gewicht auf das Lob Eurer Person zu legen, denn in den verschiedenen Weltteilen ertönt das Echo Eures inneren Werts und Eurer Schönheit. Außerdem scheinen Lobsprüche, die im Anblick der gelobten Person vorgebracht werden, einen Anstrich von schlauer Schmeichelei zu besitzen. (125) Es ist daher gegenwärtig mein Vorhaben und meine vorrangige Absicht, die mir riet, zu Euch zu kommen, Euch mich und meine Dienste anzubieten und Euch inständig zu bitten, daß Eurer Gnaden *(gratia vestra)* geruhe, sie anzunehmen; und ich flehe Gott im Himmel an, er möge durch seine Huld gewähren, daß ich das tue, was Eurem Willen in jeder Hinsicht gefällig ist. (126) Unerschütterlich fest steht nämlich in meinem Herzen die Absicht, nicht bloß Euch, sondern allen um Euretwillen Dienste zu leisten und mit demütigem und gefälligem Sinn zu dienen. Denn ich hege die volle Hoffnung, daß meine Mühe bei Euch niemals ohne Süße des Erfolgs bleiben könnte. (127) Wenn meine bange Sorge nämlich als nicht fruchtbringend befunden würde, müßte ich nach vielen Wogen und Stürmen den Schiffbruch des Todes erleiden, außer mein Gemüt *(animus)* könnte vielleicht von einer, wenn auch trügerischen Hoffnung geleitet werden. Denn allein die Hoffnung könnte, selbst wenn sie einem irrenden Gemüt[90] geschenkt wird, mir den Lebensanker[91] unversehrt bewahren."

Pflicht zur Annahme von Diensten, nicht zur Gegenliebe

(128) Die Frau sagt: „Mein Sinn *(animus)* war nicht darauf ausgerichtet, deine oder die Dienste irgendeines anderen zurückzuweisen oder angenommene geziemende Gaben nicht zu erwidern. Wer nämlich angebotene Dienste anzunehmen sich weigert, stürzt den Anbieter in große Verlegenheit und erweist sich selbst

---

[90] *animo fallenti* „par une âme plaine de ruse" B, „with deceiving mind". Ich gehe dagegen von der medialen Bedeutung von *fallens* aus, da der *animus* derselbe wie im Vordersatz der *meus animus* sein muß, der von der Hoffnung getäuscht wird.

[91] *ancora sustentationis* „Anker der Erhaltung"; „l'ancre à laquelle je me rattache" B, „the anchor of my endurance" W.

neri. Qui ergo aliis libenter sua largitur obsequia, non incompetenter ab aliis oblata recipit beneficia. (129) Tu tamen aliorsum tendis, et aliud venari videris, quam sis capere dignus; nam ut tui videntur indicare sermones, a me petis amari. Ego autem amare fugio, maxime hominem tertio mihi gradu inferiorem constitutum, licet infinita sis alias probitate decoratus. (130) Sed dicis, solam mei spem concessam amoris tibi sufficere ad mortis evitanda pericula; ego autem in hunc tibi modum respondeo: Dico enim, quod ex eo solo, quod me fraudis dicis et mendacii habere calliditatem, ostendis te eiusdem erroris contagio maculari et aliud in corde retinere conceptum aliudque fallaci lingua proferre. (131) Merito ergo es ab amoris gremio repellendus, quia varii et mendaces intra palatii amoris solium introire non debent. Praeterea mihi svadere videris, ut propriam curem negligere famam,

als vom Laster der Habsucht bestimmt. Wer also anderen freiwillig seine Dienste schenkt, empfängt, wie es sich gehört, von anderen[92] angebotene Wohltaten *(beneficia)*. (129) Du strebst jedoch in eine andere Richtung und nach anderem scheinst du zu jagen, als du zu fangen würdig bist; denn wie deine Worte zu verraten scheinen, wünschst du, von mir geliebt zu werden. Ich aber mag nicht lieben, am wenigsten einen Mann,[93] der zwei Stufen tiefer steht als ich, magst du auch sonst mit unbegrenztem innerem Wert ausgezeichnet sein.

Schädlichkeit grundlos geweckter Liebeshoffnung

(130) Aber du sagst, allein die gewährte Hoffnung auf meine Liebe würde dir genügen, um die Gefahren des Todes vermeiden zu können. Ich aber antworte dir auf folgende Art: Ich sage nämlich, du zeigst allein mit deiner Äußerung, die mir die Schlauheit von Betrug und Lüge zuschreibt,[94] daß du von demselben Fehler angesteckt wirst und einen anderen Plan im Herzen trägst, als du mit trügerischer Zunge vorbringst.[95] (131) Mit Recht mußt du also aus dem Schoß der Liebe vertrieben werden, weil Wankelmütige und Lügner nicht über die Schwelle des Liebespalastes treten dürfen.[96] Außerdem rätst du mir anscheinend, ich solle darauf be-

---

[92] *ab aliis* wird von B und W als *ab eisdem aliis* mit Bezug auf die vorher genannten anderen aufgefaßt, was mir nicht zwingend erscheint.

[93] *Ego autem amare fugio, maxime hominem* … Der Sinn hängt vom Komma ab, welches Trojel setzt (danach B), W aber tilgt. Entsprechend seine Übersetzung: „Now I am especially chary of loving a man …" Als Argument läßt sich nur die Voranstellung des *amare* anführen, was bei Andreas aber nicht unbedingt etwas besagen muß. Drouart la Vache und die tosk. Übersetzung haben den Text wie Trojel und B verstanden, Hartlieb wie W.

[94] Das hatte der Mann zuvor nur indirekt behauptet, indem er eine wenn auch trügerische Hoffnung als Überlebensstrategie ins Spiel brachte (§ 129).

[95] Vgl. Augustinus, *De mendacio* III,3 *ille mentitur, qui alius habet in animo et aliud uerbis uel quibuslibet significationibus enuntiat.*

[96] *intra palatii amoris solium introire non debent:* „ne doivent pas franchir le seuil du pais d'Amour" B, „should not be admitted to the confines of the throne in Love's palace" W, *dentro dal palagio d'amore non debbono entrare* TT *[nicht] komen in der mynn vorhof*" Hartlieb (I,10,67). Hier kann *solium* nicht „Thron" heißen, sondern es liegt ein Romanismus vor. Niermeyer belegt zwar nur *solia* „Schwelle" aus Italien (13. Jh.), doch kann gerade *solium* an unserer Stelle bezeugen, daß das lat. *solea* „Sohle" im Italienischen nur die Bedeutung geändert hat (*soglia* „Schwelle"), im Französischen da-

quod est priore deterius. Nihil enim nobili est probrosius mulieri quam de se ipsa non † exspectare promissa et spem frustrare largitam suoque sermone fallere gentem. (132) Hoc videtur illis mulieribus convenire, quae meretricio more versantur, et quae muneris gratia amoris nituntur mandata subvertere et ob lucrum eius dehonestare militiam. Tuum ergo non videtur sanum consilium, postquam ex eo tot imminent pericula graviora.

(133) Homo ait: Fateor, quod amari posco, quia dulcior, quam sit in orbe vita, est in amore vivere. Sed verba vestra manifeste demonstrant, quod me recusatis amare et hoc propter inferioris ordinis vilitatem, quamvis in multa constituar probitate. (134) Quibus ego sic respondeo, quia meum genus in mea non potuit persona propriis finibus contineri, instinctu quidem istud cooperante naturae. Quum ergo natura ipsa noluit mihi certos ordinis terminos stabiliri nec sublimiorum ordinum mihi voluit claudere fores, si morum non obstet improbitas, unde vos mihi praesumitis certos praefingere fines et ordinum me iugo subiicere? (135) Nam antiquitus illa ordinum reperta distinctio non nisi illis fuit impo-

dacht sein, meinen eigenen Ruf zu vernachlässigen, was noch verwerflicher ist als das erste. Nichts ist nämlich schimpflicher für eine adelige Frau, als eigene Versprechen zu mißachten,[97] geschenkte Hoffnung zu enttäuschen und die Leute[98] durch ihre Worte zu betrügen. (132) Das paßt wohl zu jenen Frauen, die nach Dirnenart leben und die sich bemühen, um des Lohnes willen die Liebesgebote zu verkehren und des Gewinnes wegen den Liebesdienst[99] zu entehren. Dein Plan also scheint nicht vernünftig, da[100] aus ihm heraus so viele bedeutendere Gefahren drohen."

Natürlicher Antrieb zur Überschreitung der widernatürlichen Standesgrenzen

(133) Der Mann sagt: „Ich bekenne, Liebe zu verlangen, denn süßer als das Leben auf der Welt ist es, in der Liebe zu leben. Aber Eure Worte zeigen deutlich, daß Ihr Euch weigert, mich zu lieben, und das wegen der Verächtlichkeit des niederen Standes, mag auch hoher innerer Wert in mir wohnen. (134) Darauf antworte ich so: Mein Geschlecht konnte in meiner Person nicht in seinen eigenen Grenzen festgehalten werden, da ja ein Anreiz der Natur dazu mitgeholfen hat. Wenn also die Natur selbst nicht wollte, daß bestimmte Standesgrenzen für mich feststehen, und für mich die Türen zu höheren Ständen nicht schließen wollte, wenn nicht ein Mangel an innerem Wert entgegensteht, weshalb nehmt Ihr euch vor, für mich bestimmte Grenzen künstlich zu bilden und mich dem Joch der Stände zu unterwerfen? (135) Denn jene in alten Zeiten erfundene Unterscheidung der Stände wurde nur denjenigen

---

gegen auch Endung und Geschlecht, so daß afrz. *soil, sueil* etc., nfrz. *seuil* „Schwelle" daraus entsteht (dieses also nicht aus lat. *solum* „Boden; Fußsohle" abzuleiten ist).

[97] *de se ipsa non exspectare promissa* „de ne pas respecter ses promesses" B, „that her promises should be discounted" W, *che non servare quello che promette* TT. Trojel hält hier *exspectare* für verderbt, seltsamerweise aber nicht II,vi,35, wo die Phrase fast wörtlich wiederkehrt. Auch W weicht dort ein wenig in der Übersetzung ab, obwohl *de se ipsa* sicher dasselbe wie *de ipsa* in II,vi,35 meint. Nach Niermeyer kann *exspectare* im Mittellatein für *spectare* stehen, also auch „berücksichtigen" heißen.

[98] *gentem* alle Hss., Trojel; wohl eher in der afrz. Bedeutung „Leute" (vgl. TT *gente*, Hartlieb I,1073 *die lewt*) als in der römischen Bedeutung „Sippe" („race" B). W konjiziert *egentem*.

[99] *eius (= amoris) militiam.*

[100] *postquam* hier offenbar kausal gebraucht (so auch TT, B u. W), vielleicht nach afrz. *des queljes que* „sobald, wenn einmal, da ja".

sita solis, qui praetaxato sibi ordine reperiuntur indigni, vel qui proprium ordinem servant, maiori vero digni nullatenus inveniuntur. Et hoc ad eius assero similitudinem, quod in theologica invenitur exaratum scriptura, quae dicit, legem non esse positam iusto sed peccare volentibus. (136) Praedicta ergo ordinis antiqua distinctio non prohibet me in quorumlibet maiorum militiam numerari vel maioris ordinis praemia postulare, dum tamen nihil possit aliquis meis iuste obiicere moribus. (137) Praeterea, quod asserui, spem quamvis ingeniose largitam mihi sufficere ad causam mortis declinandam, non istud enarravi, quasi vestrae volens gloriosae famae detrahere vel quod ullius contra vos sim fraudis maculae conscius, sed ut vobis aperta ratione monstrarem, quanta vobis affectione adnector, quantumque carum haberem vestrum ad ple-

allein auferlegt, welche des ihnen vorherbestimmten Standes unwürdig befunden werden oder welche zwar den eigenen Stand bewahren, eines höheren aber keineswegs für wert befunden werden. Und dies behaupte ich, indem ich Vergleichbares heranziehe, was in der theologischen Schrift geschrieben gefunden wird, die besagt, das Gesetz wurde nicht für den Gerechten aufgestellt, sondern für die, die sündigen wollen.[101] (136) Die vorerwähnte alte Unterscheidung des Standes hindert also nicht, daß ich zur Ritterschaft irgendwelcher Höhergestellten gezählt werde[102] oder daß ich die Auszeichnung eines höheren Standes fordere, solange freilich niemand an meinen Sitten gerechterweise etwas aussetzen kann. (137) Außerdem habe ich die Behauptung, mir genüge die wenn auch nur listig geschenkte Hoffnung, um den Anlaß des Todes abzuwehren, nicht in der Absicht aufgestellt, etwa Euren herrlichen Ruf zu schmälern, oder weil ich mir des Schandflecks irgendeines Betrugs Euch gegenüber bewußt wäre,[103] sondern damit ich Euch in offenem Beweisgang zeige, mit wie großer Zuneigung ich Euch verbunden bin und wie hoch ich Eure Liebe halten

---

[101] Der Ausdruck *theologica scriptura* für *sacra scriptura* ist äußerst seltsam. Es kann aber nur Paulus, I Tim 1,9, gemeint sein.

[102] *me in quorumlibet maiorum militiam numerari:* „d'être enrôlé dans une classe superieure" B, „my being enrolled in the service of any persons of higher rank" W, *me stare nella cavalleria di ciascuno ordine* TT. Die anderen mittelalterlichen Übersetzungen stehen zu fern. Doch scheint Drouart den Dienstgedanken hier auszuschließen, Hartlieb aber anklingen zu lassen. In ihrer Antwort gebraucht die Frau dann § 139 für *militia* den Ausdruck *numerus militantium* und dafür wiederum *milites* und meint damit eindeutig einen Berufsstand, für den gewisse körperliche Eigenschaften erforderlich sind, die mit Dienst nichts zu tun haben. Unklar bleibt aber in § 136 dann die Bedeutung von *quorumlibet maiorum.* Handelt es sich um einen Genitivus objectivus oder qualitatis?

[103] *quod ullius contra vos sim fraudis maculae conscius:* „et je n'avais pas non plus connaissance de quelque trace de mensonge qui vous ternît" B, „through awareness of any stain of deceit reflecting on you" W. Tatsächlich scheint eine Variation der vorausgehenden Begründung naheliegend. Doch kann das *contra vos* wohl nur sehr gewaltsam im Sinne der beiden Übersetzer verstanden werden. Hartlieb jedenfalls paraphrasiert (I,10,86f.): *So bin ich aller untrew plosz gegen ew,* und TT *nè perché in me contra voi di corruzione è alcuna magagna.* So wird sich der Satz doch eher auf den Vorwurf der Frau, er selbst sei ein Lügner, beziehen.

num mihi tributum amorem, ut mei vobis amoris nota immensitate sic saltem vestrum facilius animum inclinetis.

(138) Mulier ait: Quamvis probitas possit nobilitare plebeium, ei tamen ordinem mutare non potest, ut plebeius procer efficiatur sive vavassor, nisi per principis ei forsan potentia tribuatur, qui potest quibuslibet bonis moribus nobilitatem adiungere. Merito ergo tibi denegatur ad amorem comitissae processus. (139) Praeterea spes te nimium comitissae decepit, quum audacter falsa in eius non erubuisti aspectu proferre. Nam in numero te contendis militantium nominare, et in te multa ad militandum nociva et contraria cerno. (140) Quum enim milites ex sua natura subtiles debeant suras habere atque prolixas modicumque pedem quasi artificio quodam per singulas dimensiones inaequaliter pertractum, tuas in contrario suras aspicio grossas rotundeque intensas brevique tractu finiri pedesve prolixos per singulas dimensiones equaliter et in immensum protractos.

(141) Homo ait: Si propter suos mores et probitatem aliquis plebeius dignus a principe nobilitari inveniatur, cur nobili non dignus sit amore, non video. Nam quum sola probitas faciat homi-

würde, wenn sie mir voll zuteil würde, damit Ihr so in Kenntnis der Unermeßlichkeit meiner Liebe wenigstens leichter Euren Sinn ändert."

(138) Die Frau sagt: „Mag auch der innere Wert einen Bürger adeln können, so kann er ihm dennoch nicht den Stand tauschen, so daß ein Bürger zum Herren oder Vasallen wird, außer wenn ihm dies vielleicht durch die Macht eines Fürsten, der irgendwelchen moralischen Vorzügen *(bonis moribus)* den Adel hinzufügen kann, zugeteilt wird. (139) Mit Recht also wird dir der Zugang zur Liebe einer Gräfin verweigert. Außerdem hat dich die Hoffnung auf eine Gräfin sehr getäuscht, als du dich nicht geschämt hast, kühn Unwahres vor ihrem Angesicht vorzubringen. Denn du strebst danach, dich zu den Rittern *(militantes)* zu zählen, und ich sehe an dir vieles, was dem Rittertum *(ad militandum)* abträglich und entgegengesetzt ist. (140) Denn obwohl die Ritter *(milites)*[104] von Natur her schlanke und langgezogene Waden und einen schmalen Fuß haben müssen, der wie durch einen gewissen Kunstgriff in den einzelnen Abmessungen ungleich gedehnt worden ist,[105] sehe ich, daß deine Waden im Gegenteil fett und rund ausgebuchtet sind und nach kurzem Zuge enden und daß deine Füße in den einzelnen Abmessungen gleichmäßig ausgedehnt und ins Unermeßliche gezogen sind."

Unritterliche Statur des Bürgers

(141) Der Mann sagt: „Wenn wegen seiner Lebensweise und seines inneren Werts irgendein Bürger von einem Fürsten für wert befunden wird, geadelt zu werden, sehe ich nicht, warum er nicht einer adeligen Liebe wert ist. Denn wenn nur sein innerer Wert den

Vorzug der Tugend vor der Schönheit

[104] Erst hier schwenkt auch W zu „knights" um, während er bisher immer nur von „service" gesprochen hat.

[105] *modicumque pedem quasi artificio quodam per singulas dimensiones inaequaliter pertractum:* „plus long que large comme faconné par l'art" B, „neat feet whose length exceeds their width as if moulded by a craftsman" W. Das wird gemeint sein, scheint aber arg frei übersetzt. Die folgenden Beschreibungen gehen offenbar ins Karikaturistische und beweisen einen Sinn für modische Äußerlichkeiten, der der Attitüde der damaligen höfischen Gesellschaft vielleicht in Wirklichkeit näher lag als die *morum probitas.* Wenn man allerdings nicht mit B und W stark in die Paraphrase ausweichen will, bereitet die Übersetzung der einzelnen anatomischen Angaben arge Schwierigkeiten und bleibt oft ohne Gewähr.

nem dignum nobilitari, et sola nobilitas nobili reperiatur digna amore, merito sola probitas nobilis amoris est digna corona. (142) Sed id, quod de intenso et remisso mihi crure opposuistis ac pede prolixo, non multum de ratione procedit. Fertur etenim, quendam in Italiae finibus degere comitem habentem subtilia crura et ab optimis parentibus derivatum et in sacro palatio clarissima dignitate pollentibus, omnique decoris specie coruscantem, cunctisque fertur abundare rerum divitiis, omni tamen probitate, ut dicitur, destitutus est, omnesque ipsum boni mores ornare verentur, pravique omnes dicuntur in eo domicilium invenisse (143) Et econtra: Rex est in Ungaria intensa plurimum habens crura simulque rotunda prolixosque et aequales pedes et omnibus fere decoribus destitutus. Quia tamen nimia morum invenitur probitate fulgere, regalis coronae meruit accipere gloriam et per universum paene mundum resonant eius praeconia laudis. (144) Non ergo, qualia sint mihi pedes vel crura, debetis inspicere, sed quibus sim inoribus indutus, qualisque propriis constituar actibus. Non enim, quantum sit quisque formosus, sed quantum ex propriis me-

Mann würdig macht, geadelt zu werden, und nur der Adel einer adeligen Liebe für wert befunden wird, ist mit Recht allein der innere Wert der Krone der adeligen Liebe würdig. (142) Aber Euer Vorwurf bezüglich meines fülligen und schlaffen Beines und breiten Fußes führt in der Argumentation nicht viel weiter. Im Land Italien soll nämlich ein Graf leben, der schlanke Beine hat, von den besten Eltern, ruhmreichen Würdenträgern im Heiligen Palast,[106] stammt, mit jeder Art von Schönheit glänzt, und er soll Überfluß an allen Reichtümern haben. Dennoch ist er aber, wie man sagt, jeglichen inneren Wertes bar, und alle guten Sitten scheuen sich, ihn zu schmücken, und alle schlechten sollen in ihm ihre Wohnstatt gefunden haben.[107] (143) Und als Gegenstück: Es gibt einen König in Ungarn mit sehr fülligen und zugleich runden Beinen und breiten und quadratischen[108] Füßen und bar fast aller Schönheit. Weil man jedoch an ihm den Glanz großen inneren Werts findet, verdiente er, den Ruhm einer königlichen Krone zu erlangen, und sein Lobpreis hallt beinahe in der ganzen Welt wider.[109] (144) Ihr sollt daher nicht darauf schauen, welcher Art meine Füße oder Beine sind, sondern mit welchen Sitten ich ausgestattet bin und welcher Platz mir durch meine Taten zugewiesen wird. Beim Empfang von Gunstbeweisen[110] ist es nämlich am

---

[106] Der Lateranpalast in Rom.

[107] Nach A. Steiner, The Identity of the Italian ‚Count' in Andreas Capellanus' *De amore*, in: Speculum 13 (1938), S. 304–308, soll König Wilhelm I. ‚der Böse' von Sizilien (gest. 1166), Vater Wilhelms, II. ‚des Guten' (gest. 1189), des Schwiegersohns Eleonores und Heinrichs II. von England, gemeint sein. Doch zu dieser Identifikation bedarf es der Wahl einer von Trojel nicht aufgenommenen, grammatisch problematischen Lesart des lateinischen Textes und einer Reihe weiterer Spekulationen.

[108] *aequales pedes* scil. *per singulas dimensiones* – s. Anm. 105.

[109] Zu dieser möglichen Anspielung siehe Nachwort, S. 600f. Um die Respektlosigkeit etwas zu mildern, liest W gegen alle Hss. *omnibus fere decoribus destitutos* (statt des überlieferten *destitutus*), so daß nur noch die Füße (*aequales pedes* s. vorige Anm.), nicht die ganze Person häßlich erscheinen.

[110] *in percipiendis muneribus:* „lorsqu'on reçoit des présents" B, „in assessing a man's services" W. *percipere* heißt bei Andreas, soweit ich sehe, nie „einschätzen", sondern stets entweder „vernehmen" oder „bekommen, erlangen". Mit *munera* sind bei ihm nicht die Liebesdienste des Mannes, son-

reatur meritis, in percipiendis est inspiciendum muneribus. Non ergo suras sed mores discatis obiicere, quia suras obiiciendo divinam videmini naturam contemnere.

(145) Mulier ait: Rationabili videris te tuitione defendere; sed quae te benefacta glorificent, quae te probitas eorum, quae postulas, dignum impetratione constituat, nullius relatione percepi. Qui enim alicuius probitatis feminae maxime nobilioris ordinis exposcit amorem, multa ipsum debet attollere fama, et eum oportet omni curialitate muniri; de te quippe omnis sublimis videtur fama silere. Ea igitur tuis in primo studeas actibus exercere, ut, quae petis, sint digna muneribus, ut tua nimis postulatio improba non iudicetur.

(146) Homo ait: Vestris omnimoda videtur urbanitas contineri sermonibus, quibus tam evidenter curatis in cunctis mihi laudabilibus actibus svadere. Ideoque quum videam, vos omnino in amoris arte instructam, vestram in amore deposco doctrinam, ut me scilicet docere dignetur gratia vestra, quae sint ea, quae exiguntur in amore praecipua, id est, quae constituant hominem amore di-

Platze, nicht auf das Maß der Schönheit eines jeden als vielmehr auf das Maß seiner Verdienste zu schauen. Ihr sollt also lernen, nicht die Beine zu kritisieren, sondern die Sitten, denn indem ihr die Beine kritisiert, scheint Ihr die göttliche Natur[111] zu mißachten."

(145) Die Frau sagt: „Du scheinst dich mit einem Schild der Vernunft zu verteidigen. Aber welche guten Taten dich berühmt, welcher innerer Wert dich der Erlangung dessen, was du forderst, würdig machen, habe ich durch niemandes Erzählung vernommen. Wer nämlich die Liebe irgendeiner Frau von innerem Wert fordert, insbesondere wenn sie edleren Ranges ist, den muß ein bedeutender Ruf herausheben und jegliche höfische Tugend *(curialitas)* umgeben. Von dir freilich scheint jede hehre Fama zu schweigen. So trachte zuerst mit deinen Taten das zu vollbringen, was der Gunstbeweise würdig sei, die du forderst, so daß deine Forderung nicht als allzu unziemlich beurteilt wird."

Forderung des Beweises durch Taten

(146) Der Mann sagt: „Jegliche Art von feinem Benehmen *(urbanitas)*[112] scheint in Euren Worten enthalten zu sein, mit denen Ihr so augenscheinlich darauf bedacht seid, mir zu allen lobenswerten Handlungen zu raten.[113] Da ich also sehe, daß Ihr in der Kunst der Liebe völlig unterrichtet seid, verlange ich Euren Unterricht in der Liebe, daß nämlich Euer Gnaden geruhen möge, mich zu unterrichten, was das sei, was in der Liebe hauptsächlich gefordert wird, d.h., was den Mann der Liebe am würdigsten macht. Denn wenn ich unterrichtet bin, wird die Verteidigung kei-

Bitte um Unterricht in Liebesfragen

dern die Gunstbeweise der Dame gemeint. W wurde vermutlich durch den unlogischen Wechsel der Perspektive der Dialogpartner in dem Satz irregeleitet. Der Toskaner sieht sich daher auch gezwungen, freier zu übersetzen (S. 73): *Non è da guardare ciascuno come sia bello, ma come per suoi meriti degno sia di ricevere doni.*

[111] *divinam naturam:* „la divine nature" B, „the nature created by God" W, *die götlich maiestet* Ha, *la natura fatta da Dio* TT. Gemeint haben muß Andreas wohl *naturam a Deo creatam*, gebraucht hat er aber den mißglückten verkürzten Ausdruck, der zu Mißverständnissen Anlaß gibt.

[112] S.o. Anm. 53.

[113] *in cunctis mihi laudabilibus actibus suadere:* „en m'incitant ... à n'accomplir que de louables actions" B, „to urge me to all manner of praiseworthy deeds" W. Das muß es wohl heißen. Aber die Konstruktion mit *in* paßt kaum dazu.

gnissimum, quia, quum instructus fuero, nullius me poterit erroris obumbrare defensio vel occasio excusare. (147) Quum enim omnis ex amoris rivuli plenitudine procedat urbanitas, eoque magistro omni benefacto praestetur initium, omnisque exitus bonitatis peragatur, et usque modo expers sim et ignarus amoris inventus, non est mirandum, si ab eius inveniar alienus effectu et eius instanter petam praecepta doceri, quia quod quis toto mentis scire cupit affectu, improba solet petitione deposcere avidaque mente suscipere.

(148) Mulier ait: Ordinem videris et cursum turbare naturae, quod primo petis amari, et ipse postmodum probas te modis omnibus indignum amari, quum velut indoctus in amoris petis disciplina doceri. Quia tamen turpe nimis videtur exemplum et ab avaritiae stimulis derivari, si minus eruditis, quum postulant edoceri, sua periti documenta negarent, nostrae siquidem doctrinae mereberis largitatem. Et si nostra curaveris diligenter verba percipere, super eo, quod postulas, edoctus abibis.

(149) Qui vult ergo dignus haberi in amoris exercitu militare, nulla ipsum convenit avaritia detineri, sed nimia largitate pollere, largitatem quippe omnibus porrigere debet, quibus potest. Et, quum viderit, esse necessarium, maxime nobilibus et probitate decoratis, et ubi perpenderit, suam opportunam esse alicui largita-

nes Irrtums mir Deckung bieten noch ein Vorwand mich entschuldigen können. (147) Wenn nämlich jegliches feine Benehmen aus der Fülle des Bächleins der Liebe hervorgeht und unter diesem Lehrer jeder guten Tat der Anfang gewährt und die Vollendung der guten Absicht *(exitus bonitatis)* ausgeführt wird und wenn ich bis jetzt unerfahren und kenntnislos in der Liebe befunden wurde, darf man sich nicht wundern, wenn ich ihrem Wirken fremd befunden werde und inständig bitte, ihre Regeln gelehrt zu werden; denn, was jemand mit der ganzen Leidenschaft seines Geistes wissen will, pflegt er mit unverschämtem Anspruch zu fordern und mit begierigem Geist aufzunehmen."

Lehre der Frau über die Voraussetzungen des Liebesdienstes

(148) Die Frau sagt: „Du scheinst die Ordnung und den Lauf der Natur zu verdrehen, weil du erst forderst, geliebt zu werden, und nachher selbst nachweist, daß du in jeder Hinsicht unwürdig bist, geliebt zu werden, wenn du wie ein Unwissender forderst, in der Disziplin der Liebe unterrichtet zu werden. Weil es jedoch ein allzu schimpfliches und von der Triebfeder des Geizes geleitetes Beispiel zu sein scheint, wenn die Erfahrenen den weniger Gebildeten, wenn diese fordern, belehrt zu werden, ihre Belehrungen verweigerten, wird dir denn die Freigebigkeit unserer Lehre zu Teil werden. Und wenn du darauf bedacht bist, unsere Worte sorgfältig aufzunehmen, wirst du belehrt über das, was du forderst, weggehen.

Angemessene Freigebigkeit

(149) Wer also für würdig gehalten werden will, im Heer der Liebe zu dienen, für den schickt es sich, von keiner Habsucht ergriffen zu sein, sondern durch große Freigebigkeit *(largitas)*[114] zu glänzen; freilich soll er Freigebigkeit allen zeigen, denen er kann. Und wenn er gesehen hat, daß dies nötig ist, besonders für Adelige und mit innerem Wert Ausgezeichnete[115], und sobald er erwogen

---

[114] Die Freigebigkeit gehört zu den wichtigsten höfischen Tugenden, namentlich des Minnedieners. W weist auch auf die Herleitung aus der antiken Philosophie hin (Cicero, *De officiis* II,52 ff., Seneca, *De beneficiis* II,ii; Aristoteles, *Nikomachische Ethik* 4,1).

[115] *quum viderit esse necessarium maxime nobilibus et probitate decoratis:* „quand il voit que quelqu'un est dans le besoin, en particulier s'il agit d'un noble" B, „Once he observes someone in need, especially from the ranks of the nobility" W, der dafür *e nobilibus* konjiziert. Ich vermag aber die Be-

tem, non debet exspectare petitoris instantiam. Nam res cuiuscunque concessa petitione cara videtur emptione quaesita. (150) Sed si instans largiendae rei ita non valeat ab ipso opportunitas deprehendi, rem opportunam petenti tam gratanti deferat animo, ut gratius in suo corde acceptiusque residere appareat, rem amico esse largitam, quam si eiusdem rei possessioni accumberet. Sed et, si viderit pauperes esurire et eis alimenta praestiterit, magna curialitas atque largitas reputatur. (151) Sed si dominum habet, debitam ei debet reverentiam praestare. Et Deum vel sanctos suos nullo debet blasphemare sermone; humilem se debet omnibus exhibere et cunctis servire paratus adesse. Hominum nulli debet suis dictis detrahere, quia maledici intra curialitatis non possunt limina permanere. (152) Malos non debet suo laudare mendacio, secretis tamen eos debet, si potest, correptionibus emendare. Sed et, si incorrigibiles omnino eos notaverit permanere, tanquam

hat, daß seine Freigebigkeit für jemanden nützlich ist, soll er nicht das Drängen des Bittstellers abwarten. Denn eine Sache scheint, wenn sie auf die Bitte von wem auch immer gewährt wird, teuer erkauft zu sein. (150) Aber wenn er es nicht schafft, einen so dringenden Fall einer notwendigen Gabe auszumachen, soll er eine geeignete Sache einem Bittenden so freudigen Herzens übergeben, daß der Anschein entsteht, als sei es seinem Herzen angenehmer und willkommener, einem Freund etwas geschenkt zu haben, als wenn er sich auf dem Besitz derselben Sache ausruhen könnte.[116] Aber auch, wenn er gesehen haben sollte, daß Arme hungern und er ihnen Nahrung verschafft hat, wird es für besonders höfisches und freigebiges Benehmen gehalten. (151) Aber wenn er einen Herrn hat, muß er ihm die gebührende Ehrfurcht erweisen. Und Gott oder seine Heiligen darf er in keiner Rede lästern, er muß sich allen gegenüber demütig erweisen und bereit sein, allen zu dienen. Er darf keinen der Menschen mit seinen Worten schmähen, weil Schmähsüchtige nicht in der Wohnung des höfischen Benehmens bleiben können. (152) Er darf nicht Böse durch seine Lüge loben, dennoch soll er sie, wenn es möglich ist, durch diskreten Tadel bessern.[117] Aber es ist auch ratsam, sie, wenn er merken

Gottesfurcht und Demut

Gerechtigkeit in Lob und Tadel

deutung „bedürftig, notleidend" für *necessarius* nicht nachzuweisen. Vgl. dagegen TT *quando vede bisogno, e spezialmente a' nobili e a quelle che di prodezza sono adorni.*

[116] *rem opportunam petenti tam gratanti deferat animo, ut gratius in suo corde acceptiusque residere appareat rem amico esse largitam quam si eiusdem rei possessioni accumberet:* „qu'il accorde la demande d'un solliciteur avec tant de gentillesse qu'il lui semble plus agréable et plus doux de faire ce cadeau que de le recevoir lui même" B, „when someone does ask for a timely gift he should bestow it so graciously that a gift made to a friend seems in his heart preferable and more pleasant then keeping that money unter the mattress" W, *allora a quello che dimanda dea la cosa si gradevolmente che dimostri d'essere più allegro d'avere dato la cosa all'amico che se ne fosse rimaso signore* TT. Kein Übersetzer vermag diesen Sprachwust wortgetreu wiederzugeben. Offenbar soll der AcI *rem amico esse largitam* Subjekt zu *gratius residere appareat* sein, die wichtigste Pointe aber darin bestehen, daß jeder Bittsteller wie ein Freund beschenkt werden soll.

[117] W vergleicht Johannes von Salisbury, *Policraticus* 8,4. Es dürfte aber die Anregung durch Mt 18,15 genügt haben.

contumaces eos expedit a suo comitatu depellere, ne erroris merito valeat fautor et socius deputari. (153) Nullarum maxime miserabilium personarum debet illusor exsistere, litigiosus vel ad rixas faciendas promptus esse non debet, sed, prout possibile est, iurgiorum ipsum convenit sedatorem exsistere. Modico risu in mulierum utatur aspectu, quia iuxta Salomonis eloquium stultitiam videtur risus nimius indicare, et stultos quidem omnes vel minus sapientes viros astutae consverunt mulieres abiicere atque contemnere pulchreve satis eludere. (154) In amoris namque gubernatione prudentia grandis exigitur, et omnium in ea requiritur industria artium. Magnatum debet coetum frequentare magnasque curias visitare. Moderate debet taxillorum deservire ministeriis. Magna debet antiquorum libenter gesta recolere atque asserere. (155) Animosus debet esse in proelio et contra inimicos arditus, sapiens, cautus et ingeniosus. Plurium non debet simul mulierum esse amator, sed pro una omnium debet feminarum servitor exsi-

sollte, daß sie gänzlich unverbesserlich bleiben, gleichsam als Unbeugsame aus seiner Umgebung zu entfernen, damit er nicht mit Recht für einen Befürworter und Gefährten des Irrtums gehalten werden kann.

Zurückhaltung

(153) Er darf nicht zutiefst elende Personen verspotten; er darf nicht zänkisch oder bereit sein, Streit anzuzetteln, sondern es gehört sich, selbst nach Möglichkeit ein Schlichter von Streitfällen zu sein. In Anwesenheit von Frauen soll er sein Lachen mäßigen, weil gemäß dem Wort Salomons[118] allzu heftiges Lachen Dummheit anzuzeigen scheint; und gewitzte Frauen pflegen eben alle dummen oder weniger klugen Männer wegzujagen und zu verachten oder durchaus treffend zu verspotten.

Hofkünste und Hofdienst

(154) In der Lenkung der Liebe nämlich wird große Klugheit gefordert und in ihr wird eifrige Übung in allen Künsten verlangt. Er soll die Versammlung der Großen frequentieren und große Fürstenhöfe besuchen. Dem Dienste des Brettspieles soll er sich mäßig unterwerfen.[119] Er soll gern die großen Taten der Alten in Erinnerung rufen[120] und erzählen.[121]

Tapferkeit

(155) Tapfer soll er im Kampf sein und gegen seine Feinde streitbar, klug, vorsichtig und einfallsreich. Er soll nicht der Liebhaber mehrerer Damen zugleich sein, sondern er soll um einer Frau willen der ergebene Diener aller sein.[122]

---

[118] Sir 21,23.

[119] Vgl. Johannes von Salisbury, *Policraticus* 1,5; *Carmina Burana 191, 195, 219* etc.

[120] Vgl. *Carmen Buranum 92*, Str. 40, V. 3: Der Ritter „erinnert sich an die Herrschertaten der Vergangenheit" *(facta principum recolit antiqua)*.

[121] *Magna debet antiquorum libenter gesta recolere et asserere:* „Il doit volontiers repasser dans son esprit les hauts faits des Anciens et les rappeler" B, „study and aspire to the great achievements" W, *Et les anciens doit loer, Et lor bienfaiz doit recorder* D. Ich folge der toskanischen Übers. *le grandi fatti delli antichi dei volentieri studiare, udire e contare*, da das von Andreas sehr häufig gebrauchte *asserere* bei ihm meist „behaupten" heißt, aber auch synonym mit *dicere* verwendet werden kann.

[122] *pro una omnium debet feminarum servitor exsistere atque devotus:* „(Il doit être) le serviteur dévoué d'une seule" B, „must be the dedicated slave of all women in the service of one" W, *A toutes fames doit servir, Por amour d'une deservir* D, *per amore d'una, di tutte dei essere servidore divoto e ardito* TT, *sol nicht der seinen frawen allain, sunnder allen weiben durch iren willenn dienst ertzaigen* H. Die lat. Formulierung ist zwar doppeldeutig, da der Genitiv *omnium feminarum* sowohl von *una* wie von *servitor* abhängen kann.

stere atque devotus. (156) Corporis cultui moderate debet insistere et sapientem atque tractabilem et svavem se omnibus demonstrare, licet quidam credant, se plurimum mulieri complacere, si stulta quasi vesana proferant verba suisque se valeant gestibus hominibus demonstrare dementes. (157) Praeterea mendacibus non debet uti faminibus; sed et cavere debet, ne nimis effuso sermone utatur vel nimio teneatur silentio. Item neminem debet veloci et repenti promissione ditare, quia reddere tardus erit hilaris [enim] promissor, et audax ad promissa parum credulitatis habet. (158) Si probus aliquis in eum suam conferre largitatem cupiat, hilari eam debet suscipere facie et nullo modo recusare, nisi forte largitor eam sibi credebat opportunam, quum non esset. Tunc enim taliter recusare potest: Res ista quum ad praesens mihi non sit opportuna, eam donatam habeo, vobisque relinquo, ut, quantum placuerit, ipsam meo nomine servetis. – (159) Sed et turpia verba suo non debet ore proferre, gravia delicta et maxime notoria debet evitare. Neminem debet falsa promissione frustrare, quia pollicitis dives quilibet esse potest. Si quis eum falsa promissione deceperit vel minus erga eum curialis exstiterit, non debet ipsum suo dehone-

Maßvolle Körperpflege

(156) Die Pflege des Körpers soll er maßvoll betreiben und sich allen als klug, zugänglich und angenehm zeigen, mögen auch manche glauben, daß es einer Frau am meisten gefalle, wenn sie dumme, geradezu wahnwitzige Worte vorbringen und sich den Menschen mit ihren Gesten als verrückt zeigen können.

Wahrhaftigkeit

(157) Außerdem darf er keine lügnerischen Worte gebrauchen; aber er soll sich auch hüten, zu viele Worte zu machen[123] oder in zu langem Schweigen zu verharren. Des weiteren darf er niemand mit einem raschen und plötzlichen Versprechen beschenken,[124] da, wer heiter etwas verspricht, es zu geben zögern wird, und wer bei Versprechungen kühn ist, zu wenig Glaubwürdigkeit besitzt.

Geben und Nehmen

(158) Wenn einer von innerem Wert seine Freigebigkeit an ihm üben will, soll er sie mit heiterer Miene in Empfang nehmen und auf keinen Fall zurückweisen, außer vielleicht der Spender glaubte, daß sie ihm gelegen komme,[125] obwohl es nicht der Fall war. Dann nämlich kann er die Zurückweisung auf folgende Art ausdrücken: ‚Da die Sache für mich im Moment nicht nötig ist, gilt sie mir, als hätte ich sie erhalten, und überlasse sie Euch, daß Ihr sie, solange es Euch gefällt, in meinem Namen bewahrt.' (159) Aber auch schimpfliche Worte darf er nicht in den Mund nehmen. Schwere und besonders offenkundige Vergehen soll er meiden.

Einhalten von Versprechen

Niemanden soll er durch ein falsches Versprechen enttäuschen, denn an Versprechen kann jeder beliebige reich sein. Wenn einer ihn durch ein falsches Versprechen täuscht oder weniger höflich gegen ihn ist, soll er ihn

---

In I,vi,334 behauptet jedoch der Mann, es sei Ritterpflicht, allen Damen um der seinen, einen, erwählten Dame willen zu dienen und umgekehrt. Auch II,i,9 wird der allgemeine Frauendienst empfohlen.

[123] Man vergleiche die berühmte Warnung vor Schwatzhaftigkeit im *Graalroman* Chrétiens von Troyes, V. 1655f.

[124] Das voreilige Versprechen gehört zu den Handlungsstereotypen des Artusromans.

[125] *eam sibi opportunam:* „que ce présent lui était indispensable" B, „that the gift meets a timely need" W. Die Bedeutung „nötig" statt „gelegen, geeignet etc." kann ich in den Wörterbüchern für *opportunus* nicht nachweisen. Ganz in die Irre geht Hartlieb, der das *sibi* als reflexiv mißversteht (I,10,188f.): *es wär dann, das der geber arm vnd der gab selber notdürftig wär.* Der ständige Perspektivenwechsel zwischen Spender und Empänger macht sich auch in unserer Übersetzung verwirrend bemerkbar.

stare sermone, sed econtra bona sibi retribuat et in cunctis praestet obsequia, et sic prudenter eum coget suam agnoscere culpam. (160) Hospitalem se cunctis debet praestare libenter. Contra Dei clericos vel monachos sive contra religiosae domus quamque personam iniuriosa non debet vel turpia sive irrisoria verba proferre sed eis totis viribus totaque mente eius gratia, cuius funguntur officio, semper et ubique debitum honorem impendere. (161) Ecclesiae frequenter debet limina visitare ibique assidue officia celebrantes libenter audire divina, licet quidam fatuissime credant, se satis mulieribus placere, si ecclesiastica cuncta despiciant. Suis in omnibus veridicus debet esse sermonibus, nullius hominis gloriae invidus permanere. His tibi breviter et in summa notatis, si attentis ea tuis auribus percepisti et factis exercere curaveris, dignus invenieris in amoris curia perorare.

(162) Homo ait: Dignitati vestrae omnimodas cogor reddere grates, quod tam diligenter et tam prudenter mihi voluistis amoris articulos explicare eiusque propinare notitiam. Sed adhuc indesinenter postulare non cesso, ut spem dignemini mihi largiri petitam, sub hac saltem condicione: si ea, quae docuistis, per omnia curabo perficere. (163) Spes enim desiderati amoris benefaciendi semper mihi propositum conservabit, nec mihi obstare potest,

nicht mit seinen Worten beschimpfen, sondern im Gegenteil ihm Gutes dafür tun, in allem zu Diensten sein und so ihn klug zwingen, seine Schuld zu erkennen.[126] (160) Er soll sich allen gerne als gastfreundlich erweisen. Gegen Geistliche Gottes, Mönche oder irgendeine Person aus einer Religiosengemeinschaft soll er keine ungerechten, schimpflichen oder spöttischen Worte vorbringen, sondern ihnen mit ganzen Kräften und ganzem Herzen demjenigen zuliebe, in dessen Dienst sie stehen, immer und überall die schuldige Ehrfurcht erweisen. (161) Er soll häufig die Schwelle der Kirche betreten und dort unablässig und gerne den Zelebranten der Hl. Messe zuhören, mögen manche auch törichterweise glauben, daß sie den Frauen sehr gefallen, wenn sie alles Kirchliche geringschätzen.[127] Er soll in allen seinen Worten die Wahrheit sagen und keines Mannes Ruhm mit Mißgunst verfolgen. Nachdem dir das kurz und insgesamt aufgezeigt worden ist, wirst du, wenn du das mit gespitzten Ohren aufgenommen hast und es in die Taten umzusetzen bedacht bist, würdig befunden werden, am Hof der Liebe zu bleiben."[128]

Ehrfurcht vor dem Klerus und Frömmigkeit

(162) Der Mann sagt: „Ich bin verpflichtet, Eurer Hoheit jegliche Art von Dank zu erstatten, weil Ihr mir so fürsorglich und so verständig die Paragraphen der Liebe erklären und ihre Kenntnis einflößen wolltet. Aber ich höre noch nicht auf, unablässig zu fordern, daß Ihr geruhen möget, mir die erbetene Hoffnung zu schenken, wenigstens unter der Bedingung, daß ich das, was Ihr gelehrt habt, in jeder Hinsicht auszuführen bedacht bin. (163) Die Hoffnung auf die ersehnte Liebe nämlich wird mir immer den Vorsatz,

Bitte um Hoffnungsgewährung

[126] Vgl. Seneca, *De beneficiis* I,ii,5.

[127] Ein wichtiger Hinweis auf antiklerikale und libertinistische Strömungen im französischen Laienadel des 12. Jahrhunderts!

[128] Hier ist der lat. Text offenbar schon im Mittelalter unsicher gewesen. Trojel setzt die Lesart *perorare* in den Text, welche die Hss. ABCDF (und auch Cod. Vind. 5363) bieten (E *perorari*; in H fehlt das Wort), schlägt selbst im Apparat aber mit Fragezeichen *permorari* vor. Walshs Konjektur *perstare* würde semantisch aufs selbe hinauskommen, ist aber graphisch vom Überlieferten weiter entfernt. *permorari*, das ich hier übersetze, lag wohl schon Drouart (2279 *demorer*) vor. Der toskanische Übers. allerdings folgt offenbar der Vulgatfassung: *tu serai degno do porgere tua ambascata nella corte d'amore.*

quod de turbato ordine est dictum. Nam quum omnibus, quae fiunt in saeculo, bonis amor praestet initium, merito in primis tanquam omnium bonorum radix et causa principalis est postulandus.

(164) Mulier ait: Indecens esset et inurbanum spem alicui amoris sub hoc modo largiri; sed aut pure eam concedere debet aut pure negare, quia spe quoque largita potest femina retrahere manum et spem auferre concessam. Studeas bona cuncta peragere, ut nostrae tibi appareant verba profuisse doctrinae.

(165) Homo ait: Merito vos coelestis Maiestas in maiorum constituit ordine mulierum, quod tam prudenter omnibus pro meritis respondere voluistis mihique plura concedere, quam noverim postulare, et ego Deum rogo, ut ad vobis serviendum meum semper propositum augeat vobisque mentem inducat atque conservet mihi semper, prout propria postulaverint merita, retribuere.

D. Nobilis plebeiae.

(166) Si nobilis sibi velit plebeiae amorem eligere, tali eam debet sermone allicere. Primitus eam suo more salutet, secundo potest, si voluerit, etiam sine licentia iuxta ipsam sibi eligere sedem, et hoc propter maioris ordinis praerogativam. (167) Regulariter enim tibi trado, Gualteri, quod ubicunque masculus maiori censetur ordinis praerogativa quam mulier, potest sine licentia iuxta ipsius la-

Gutes zu tun, aufrechterhalten, und Eure Worte über die gestörte Ordnung können mir nicht im Wege stehen. Denn wenn allem Guten, das in dieser Welt geschieht, die Liebe den Anfang gewährt, muß sie mit Recht vor allem gleichsam als Wurzel und Erstursache alles Guten in Anspruch genommen werden."

Aufforderung zu stetigem Bemühen im Liebesdienst

(164) Die Frau sagt: „Es wäre unziemlich und unhöflich, jemandem die Hoffnung auf Liebe auf diese Art zu schenken; sondern eine Frau soll sie einfach gestatten oder einfach verweigern, denn auch, wenn sie Hoffnung geschenkt hat, kann eine Frau die Hand zurückziehen und die gewährte Hoffnung aufheben. Trachte, alles Gute zu tun, damit es an den Tag kommt, daß dir die Worte unserer Lehre zum Nutzen gereicht haben."

Bitte um Lohn nach Verdienst

(165) Der Mann sagt: „Mit Recht hat Euch die himmlische Majestät in den Stand der adeligen Frauen versetzt, da Ihr so verständig allen gemäß ihren Verdiensten antworten[129] und mir mehr gestatten wolltet, als ich zu fordern verstehe; und ich bitte Gott, daß er immer meinen Vorsatz, Euch zu dienen, steigert und Euch die Absicht eingibt und bewahrt, mir stets Lohn zu gewähren, wieweit es meine Verdienste fordern."[130]

D. Ein Adeliger zu einer Bürgerin

Sitzordnung nach dem Ständeprinzip

(166) Wenn ein Adeliger für sich die Liebe einer Bürgerin wählen will, soll er sie mit folgender Rede zu gewinnen trachten. Zuerst soll er sie nach seiner Sitte grüßen; dann kann er, wenn er will, auch ohne Erlaubnis sich neben ihr einen Sitz wählen, und dies wegen des Vorrangs des höheren Standes. (167) Als Richtschnur nämlich vertraue ich dir an, Walter, daß ein Mann, wo immer er durch ein höheres Vorrecht des Standes eingestuft wird[131] als eine

---

[129] *omnibus pro meritis respondere*: „donner à tout homme une réponse selon ses mérites" B, „to make … replies to each argument in accordance with its merits" W, *a ciascuno secondo li meriti rispondere* TT.

[130] W. weist mit Recht darauf hin, daß die Worte des Mannes grundlos eine Hoffnungsgewährung voraussetzen. Sie könnten also ironisch gemeint sein.

[131] *maiori censetur ordinis praerogativa:* „se trouve avoir, de par son rang, plus de privilèges" B, „is deemed to have the privilege of his higher rank" W, *è di*

tus sedere, si velit. Si vero eiusdem ordinis inveniatur, potest licentiam petere, ut sibi iuxta eam pateat sedendi licentia, qua concessa cum ea sedere poterit, aliter vero nequaquam. (168) Ubi autem minoris ordinis sit masculus quam femina, licentiam iuxta eam sedendi non debet exposcere, sed inferiori loco licet sedendi postulare licentiam. Si tamen ipsa concesserit ei iuxta suum latus sedere, sine timore potest eius voluntati annuere. Postmodum autem sic ei loquatur:

(169) Nuntius sum quidem vobis ab amoris aula transmissus, qui vestrae prudentiae cuiusdam dubitationis mandat dissolvere nodum: Cuius scilicet sit mulieris magis laudanda probitas, utrum nobilis sanguine an illius, quae cognoscitur generis nobilitate destitui?

(170) Mulier ait: Minus apte mihi tale videtur dari definiendum iudicium, quum me ipsam praesens tangat articulus, et in propria causa cuilibet sit iudicare prohibitum; quia tamen mihi non licet delegationem recusare amoris, quid super isto sentiam articulo, mea curabo definitione monstrare. Ex tuis tamen assertionibus aliquid super hoc primitus volo percipere, ut patrocinio instructa laudabili nulla super hoc negotio me valeat falsitas obumbrare. (171) Nam prima videtur facie sanguinis probitas magis lau-

Frau, ohne Erlaubnis an ihrer Seite sitzen kann, wenn er will. Wenn er aber vom selben Stand befunden wird, kann er die Erlaubnis erbitten, daß ihm die Erlaubnis, neben ihr zu sitzen, offen stehen möge.[132] Wenn diese gewährt wurde, kann er bei ihr sitzen, sonst aber keineswegs. (168) Sobald aber der Mann von niedererem Stand als die Frau ist, darf er die Erlaubnis, neben ihr zu sitzen, nicht verlangen, sondern es steht ihm frei, die Erlaubnis, an einem niedereren Platz zu sitzen, zu erbitten. Wenn sie dennoch es ihm gestatten sollte, an ihrer Seite zu sitzen, kann er ohne Furcht ihrem Wunsch zustimmen. Dann aber möge er so zu ihr sprechen:

Vorzug von Tugendadel oder Geburtsadel?

(169) „Ich bin ja ein zu Euch vom Hof der Liebe geschickter Bote, der es Eurer Klugheit aufträgt, den Knoten eines gewissen Zweifels zu lösen: Der innere Wert welcher Frau ist mehr zu loben? Der einer Adeligen von Geblüt oder einer Frau, von der man weiß, daß der Adel der Abkunft sie im Stich läßt?“

Natürliche Harmonie von Geburtsadel und Tugendadel

(170) Die Frau sagt: „Weniger passend scheint es mir überlassen zu werden, ein solches Urteil festzusetzen, da mich selbst der gegenwärtige Fall *(articulus)* betrifft und in der eigenen Sache zu urteilen einem jeden verboten ist.[133] Da es mir dennoch nicht gestattet ist, eine Gesandtschaft der Liebe zurückzuweisen, werde ich durch meine Festlegung *(definitio)* darauf bedacht sein, zu zeigen, was ich über diesen Paragraphen denke. Zuerst möchte ich jedoch etwas von deinen Aussagen zu der Sache hören, damit keine Unwahrheit, ausgestattet mit einer lobenswerten Verteidigung, bei diesem Fall mir Deckung bieten kann.[134] (171) Denn auf

---

maggiore ordine TT. Alle Übers. gehen also im Gegensatz zu unserer davon aus, *censere* heiße hier „meinen, glauben, erachten“ und *esse* sei eingespart (Ellipse), was natürlich gut möglich ist. Das Problem würde kaum geringer, wenn man mit Hs. E *maioris* wie im vorangehenden Satz lesen wollte. Gegen diese Lesung spricht zudem das typische Hyperbaton der beiden Ablative. *maiori* ist normale mittellateinische Ablativform (vgl. Stotz 2, IV, § 35.10).

132 Die Phrase *licentia patet* ist gut ciceronianisch, die Wiederholung von *licentia* aber offenbar ein Lapsus.

133 Aus der Rechtssprache, vgl. Walther 13107, 13108a.

134 *Ex tuis tamen assertionibus aliquid super hoc primitus volo percipere, ut patrocinio instructa laudabili nulla super hoc negotio me valeat falsitas obumbrare:* „Pourtant, dans ce que tu m'as dit, je veux reveler d'abord un point particulier: parfaitement instruite ainsi par une excellente présentation des

danda; ea namque, quae secundum cuiusque noscuntur provenire naturam, magis videntur appetenda, quam quae extrinsecus et quasi aliunde adveniunt. Nam et in ipsis mulieribus magis naturalis quam appositivus color dignoscitur honorari, magisque placent ab homine verba prolata quam a pica loquente. (172) Et aptius valde rubentis scarlati color in Anglicana videtur lana residere quam in agnino pilo Campaniae sive Italiae. Sic magis forte congruit nobili sanguini probitas quam ex plebeiorum stipite derivatis.

(173) Homo ait: Miror, si hoc mente geris animoque sentis, quod lingua narrare videris. Nec enim, quod dicis, recte potest per exempla demonstrari proposita, quum in illis omnibus humanum artificium commendetur, et naturalia accidentalibus praeferantur.

den ersten Blick scheint mir der Wert des Geblüts lobenswerter; denn das, was erkennbar gemäß der Natur eines jeden entsteht, scheint erstrebenswerter zu sein, als was von außen und gleichsam von anderswoher dazukommt. Denn auch bei den Frauen selbst wird die natürliche Farbe als schätzenswerter als die aufgetragene anerkannt, und mehr gefallen die Worte, die von einem Menschen als die von einer sprechenden Elster vorgetragen werden. (172) Und die Farbe von leuchtendem Scharlach scheint viel passender auf englischer Wolle zu liegen als auf einem Schafshaar der Champagne oder Italiens.[135] So harmoniert vielleicht innerer Wert mehr mit adeligem Geblüt als mit Abkömmlingen aus dem Stamm der Bürger."

Vorzug des inneren Wertes vor dem Geblütsadel

(173) Der Mann sagt: „Ich frage mich verwundert, ob du das im Sinn hast und im Herzen fühlst, was du mit der Zunge zu erzählen scheinst. Denn deine Aussage kann durch die vorgebrachten Beispiele nicht bewiesen werden, da in ihnen allen die menschliche Kunstfertigkeit sich empfiehlt und (doch zu Recht) das Natürliche dem Akzidentiellen vorgezogen wird.[136] Aber bei einer

---

faits, je ne commettrai aucune erreure en cette affaire" B, „But I wish first to hear something of your own observations on this, so that instructed by your esteemed guidance I may not fall in the shadow of any falsehood in this matter" W, *Nondimeno per li tuoi detti sopra ciò voglio alcuna cosa sentire, acciò che, del tuo laudabile aiutorio dotta, sopra tal fatto alcuna falsità abumbrare non mi possa* TT, „Ma prima voglio capire dalle tue parole qualcosa a questo proposito, di modo che nessuna falsità, per quanto sostenuta da lodevole difesa, mi debba oscurare intorno a questo quesito" I. – B hat *percipere* sicher mißverstanden. Im übrigen scheinen alle Übersetzer (außer I) *instructam* statt *instructa* zu lesen und *tuo* zu *patrocinio* zu ergänzen. W setzt jenes tatsächlich in den Text, dieses aber nicht. Aber auch bei *instructam* vermerkt er die Abweichung zu dem (offenbar einheitlich überlieferten) Text Trojels nicht. Lat. *obumbrare* dürfte hier aber dasselbe wie oben § 146 meinen. Der Satz, wie er überliefert ist, bleibt aber dunkel, eben *obumbratus*.

[135] Vgl. R. Holbach, Wolle, in: LMA IX (1998), Sp. 320–322, über den Vorrang der englischen Wolle.

[136] *quum in illis omnibus humanum artificium commendetur, et naturalia accidentalibus praeferantur:* Weder im Original noch bei B u. W wird der Sinn recht klar. Den so undeutlich angezeigten Sinn trifft wohl die erweiternde toskanische Übersetzung: *con ciò sia cosa che nelle cose per te dette artificio umano si possa comendare, siccome cosa accidentale: e le cose naturali sono*

Sed in plebeia probitas ex solius animi innata virtute optima mentis dispositione procedit, et sic quasi naturale censetur. (174) Tua igitur non possunt exempla procedere, unde merito dicendum credo, magis in plebeia quam in nobili probitatem esse laudandam. Carior enim reputatur fasianus ab accipitre quam ab asture captus, magisque meretur praemium, qui plus, quam debet, exsolvit, quam qui, quod praestare tenebatur, exhibuit. (175) Praeterea magis approbatur illius doctrina magistri, qui ex ineptis noverit lignis aptam fabricare naviculam, quam qui ex optimis et bene compositis lignis aedificat. Et nonne maius ac laudabilius homini reputatur, si aliquam ex se ipso peroptime artem retineat, quam si eam ex artificio sumpserit alieno? Certe utique est verum, si fateri volueris. Merito ergo in praesenti negotio nobilis sanguine contrarium meretur calculum reportare.

Bürgerin geht der innere Wert aus den angeborenen Vorzügen *(virtus)* nur des Herzens *(animus)*, aus der optimalen Anlage des Geistes, hervor[137] und wird so gleichsam als natürlich betrachtet. (174) So können deine Beispiele keinen Erfolg haben, weshalb meiner Meinung nach mit Recht gesagt werden muß, daß der innere Wert mehr bei einer Bürgerin als bei einer Adeligen gelobt werden muß. Als ruhmvoller gilt es nämlich, wenn ein Fasan von einem Sperber als von einem Hühnerhabicht[138] gefangen wird, und derjenige verdient eher eine Belohnung, welcher mehr, als er soll, erfüllt, als derjenige, welcher, was er zu leisten schuldig war, zu Wege brachte. (175) Außerdem wird die Lehre eines Meisters mehr geschätzt, der aus unpassenden Hölzern einen passenden Kahn herzustellen weiß, als eines Meisters, der ihn aus den besten und gut gefügten Hölzern baut. Und wird es nicht einem Manne höher und mehr zum Lobe angerechnet, wenn er eine Kunst aus sich heraus sehr gut beherrscht, als wenn er sie von fremder Kunstfertigkeit übernimmt? Gewiß doch, wenn du die Wahrheit zugeben wolltest.[139] Mit Recht verdient also die Geblütsadelige im vorliegenden Fall das entgegengesetzte Votum davonzutragen."

---

da pregiare più che le accidentali. Die beiden Teile des Nebensatzes sind also wohl antithetisch zu verstehen. Schminkkunst und Schneiderei sind *artes mechanicae* und geben der Natur nur etwas Akzidentielles hinzu, das im scholastischen Latein den Gegensatz zur zugrundeliegenden Substanz bezeichnet. Die Beispiele der Frau treffen also gar nicht den Punkt.

[137] *probitas ex solius animi innata virtute optima mentis dispositione procedit:* „la vertu procède uniquement des qualités innées de son âme et des excellents dispositions de son esprit" B, „worth of character springs from the inherent excellence of her inner self alone, as the outcome of an excellently ordered mind" W, *prodezza procede sola da virtù dentro nell'animo nata e da ottima disposizione di mente* TT. Wieder ein Muster grammatisch mehrdeutiger Ausdrucksweise. Sind die Ablative *virtute* und *dispositione* bloß asyndetisch gereiht oder einer dem andern als Apposition oder auf andere Weise zugeordnet?

[138] Zu diesen Jagdvögelvergleichen siehe oben I,vi,82 u. 100 sowie Anm. 66. Die Vogelbezeichnungen *accipiter* und *astur* werden unterschiedlich, bisweilen sogar synonym verwendet. Hier bezeichnet jenes offenbar den kleineren, dieses den größeren Vogel.

[139] Ich übernehme die Interpunkion von Walsh: *Certe utique est, verum si fateri volueris.* Denn das entspricht auch der tosk. Übers.

(176) Mulier ait: Multum videtur mihi super tua admirandum prudentia, quod tam evidenter contra te ipsum tuis niteris sermonibus allegare. Nam quum nobilis sanguine ac generosus invenia-ris, patenter ipsi conaris nobilitati detrahere et contra ipsius placitare iura contendis; quia vero tua rationabiliter dicta defendis, in hanc declino sententiam, ut magis in plebeia quam nobili probitatem laudandam existimem, quia omne bonum, quod est rarum, caro carius esse nullatenus dubitatur.

(177) Homo ait: Tuam valde iustam sententiam reputo atque rectam satis opinor, et ideo necessario me fateri oportet, potius esse quaerendum amorem probitatis multae plebeiae quam nobilis nimia probitate decorae. Quum ergo plebeiorum genus nimia in tua persona probitate meruit exaltari, non immerito te mihi solam ex universo mulierum consortio dominam praeelegi et per te solam cuncta disposui peragere bona. (178) Et ideo Deum indesinenter exoro, ut tuo semper inserat firmum cordi propositum mea servitia continuo capere, ut quotidie in benefaciendo meus possit

Zustimmung der Frau zum Argument des Mannes

(176) Die Frau sagt: „Sehr muß ich mich über deine Klugheit wundern, (angesichts dessen) was du dich so offensichtlich bemühst mit deinen Worten gegen dich selbst geltend zu machen[140]. Denn obwohl du nach Geblüt und Abkunft als Adeliger befunden wirst, versuchst du offen den Adel herabzuziehen und bemühst dich gegen seine Rechte zu plädieren; weil du aber deine Aussage vernünftig verteidigst, tendiere ich zu dieser Meinung, so daß ich glaube, bei einer Bürgerin sei eher als bei einer Adeligen der innere Wert zu loben, weil jedes Gut, das selten ist, zweifelsohne teurer als ein anderes teures Gut[141] ist."

Antrag des Liebesdienstes

(177) Der Mann sagt: „Ich halte deine Meinung für sehr gut begründet und beurteile sie als ganz richtig, und so muß ich notwendigerweise bekennen: Man soll eher eine Bürgerin von großem innerem Wert als eine mit großem innerem Wert geschmückte Adelige um ihre Liebe bitten. Wenn also der Stand der Bürger in deiner Person durch großen inneren Wert erhöht zu werden verdiente, habe ich mir nicht zu Unrecht dich als einzige Herrin aus der gesamten Gemeinschaft der Frauen ausgewählt und mir vorgenommen, durch dich allein alles Gute zu tun. (178) Und so flehe ich Gott unaufhörlich an, er möge immer deinem Herzen den festen Vorsatz eingeben, meine Dienste auf Dauer[142] anzunehmen, so daß mein Herz täglich in guten Taten wachsen kann und ich da-

---

[140] *Multum videtur mihi super tua admirandum prudentia, quod tam evidenter contra te ipsum evidenter tuis niteris sermonibus allegare:* „J'ai des bonnes raisons de douter de ton bon sens, il est patent que tu t'ingénies à trouver des arguments qui se retournent contre toi-même" B, „I find abundant cause for surprise at your native wit, since your remarks so clearly seek to establish a case against yourself" W, *Molto mi pare da maravigliare sopra la tua prudenzia, ché ti sforzi si manifestamente colle tue parole d'allegare contra te stesso* TT. B und W retten sich in Paraphrasen. Das Verb *allegare* (das bei Andreas leider nur hier vorkommt) scheint jedoch sowohl im Lat. wie im Ital. nur transitiv gebraucht zu werden, weshalb *quod* hier kaum Konjunktion sein kann. Ich fasse daher *admirare* zeugmatisch, also doppelt bezogen auf die Klugheit und den Objektssatz auf.

[141] *caro carius:* Keine Übersetzung versucht dies wörtlich wiederzugeben.

[142] *continuo:* „sans délai" B, „without delay" W, *continuamente* TT. Beide Bedeutungen sind schon dem klassischen Latein eigen. Andreas verwendet aber sonst nur die Bedeutung „ununterbrochen, fortwährend" etc. (I,vi,363; 490; III,37)

animus incrementa suscipere, atque per hoc valeam ad optata digne munera pervenire.

(179) Mulier ait: Non videtur multum tuae nobilitati congruere ad plebeiae mulieris ordinem declinare vel ex plebeia amorem appetere, nec videris ex meritis nobilitatis nomen adeptus, quum a nulla tui ordinis femina amari merearis; et qui in proprio minus bene invenitur ordine militare, non creditur in alieno suam recte gestare militiam. In proprio igitur ordine requiras amorem et in alieno genere constitutam non coneris impetere, ne propter talem valeas praesumptionem digne pati repulsam.

(180) Homo ait: Multum videris amoris ignara doctrinae, quum id, quod omnibus est manifestum, te prorsus ignorare demonstras. Lippis namque videtur omnibus atque patere tonsoribus, quod nec sanguinis generositas nec decora multum species pertinet ad amoris emittendam sagittam, sed amor est ille solus, qui hominum ad amandum corda compellit, et saepius ipsos instanter cogit amantes alienigenae mulieris amorem exigere, id est ordinis et formae nullatenus aequalitate servata. (181) Amor enim personam saepe degenerem et deformem tanquam nobilem et formosam repraesentat amanti et facit, eam plus quam omnes alias nobilem atque pulcherrimam deputari. Semper enim forma mulieris, quam aliquis recto corde amare dignoscitur, nimium consve-

durch verdientermaßen zu den ersehnten Gunstbeweisen gelangen kann.“[143]

Verweis auf adelige Frauen

(179) Die Frau sagt: „Es scheint mit deinem Adel nicht besonders übereinzustimmen, zum Stand einer bürgerlichen Frau hinabzusteigen oder von einer Bürgerlichen Liebe zu erbitten; und du scheinst nicht aufgrund von Verdiensten den Adelstitel erlangt zu haben, da du von keiner Frau deines Standes verdienst geliebt zu werden; und wer im eigenen Stand für weniger gut befunden wird Kriegsdienst zu leisten, dem traut man nicht zu, in einem fremden richtig seinen Kriegsdienst zu tun. Daher magst du im eigenen Stand die Liebe suchen und nicht versuchen, die einem fremden Geburtsstand Zugehörige zu erobern, damit du nicht eines solchen Fürwitzes wegen verdientermaßen eine Zurückweisung erdulden mögest.“[144]

Subjektive, irrationale Wahl des Verliebten

(180) Der Mann sagt: „Du bist anscheinend der Liebeslehre sehr unkundig, wenn du offenkundig das, was allen klar ist, ganz und gar nicht weißt. Denn es scheint ‚allen Triefäugigen und Barbieren‘[145] offen vor Augen zu liegen, daß weder die edle Abkunft des Geblüts noch das wunderschöne Äußere viel zum Abschuß des Liebespfeils beiträgt, sondern Liebe allein es ist, die die Herzen der Menschen zum Lieben zwingt und sehr oft die Liebenden heftig die Liebe einer Frau eines anderen Standes zu fordern treibt, d.h. unter völliger Mißachtung der Gleichheit des Standes und der Gestalt *(forma)*.[146] (181) Die Liebe nämlich stellt oft eine unedle und unschöne Person dem Liebenden als adelig und wohlgestaltet *(formosa)* dar und erweckt den Glauben, sie sei mehr als alle anderen adelig und wunderschön. Denn immer pflegt die Gestalt *(forma)* einer Frau, die einer, wie man weiß, aufrichtigen

---

[143] *ad optata digne munera pervenire:* Ein extremes, aber keineswegs vereinzeltes Beispiel für die Bocksprünge der Wortstellung in *De amore.* Alle Übersetzer ziehen *digne* zu *pervenire.*

[144] *ne propter talem valeas praesumptionem digne pati repulsam:* das hier kaum sinnvoll unterzubringende *valeas* „imstande seist“ wird von allen Übersetzern einfach ausgelassen.

[145] Horaz, *Satiren* I,vii,3.

[146] Sonst bezeichnet *forma* bei Andreas meist prägnant die „Wohlgestalt“ in Übereinstimmung mit dem Adjektiv *formosus*, hier jedoch eher neutral die schöne wie die häßliche Gestalt.

vit amanti placere, quamvis omnino deformis inveniatur atque abiecta. (182) Praeterea omnium aliarum mulierum istius respectu incultus sibi quasi videtur aspectus. Mirari ergo non debes, si te quamvis ignobilem genere omni tamen decoris fulgore et morum probitate fulgentem tota contendo amare virtute, quia non talia postulo quasi a mei ordinis mulieribus recusatus, sed ab amore taliter amare coactus, et quia tua mihi super omnibus aliis probitas complacuit atque nobilitas. Ex quibus omnibus tuae satis debet esse prudentiae manifestum, quod a tuo sum nullatenus repellendus amore, si morum in me compositio propriae noverit origini respondere.

(183) Mulier ait: Etsi ea, quae proponis, clara forte veritate nitantur, aliam tamen ex tui ipsius verbis tibi possum iustam recusationis causam opponere, quia, ut superior a me lata et a te approbata videtur sententia continere, magis in plebeio quam in nobili genere sedet laudanda probitas. Ex quibus verbis concludendo intulisti, quod potius sit studiosae unumquemque amorem sibi copulare plebeiae quam nobilis et multa probitate decorae. Quare igitur non magis plebeius morum compositione perfectus quam multa nobilitate decorus mihi est eligendus amator? Quaeso, ut mihi respondeas.

Herzens[147] liebt, sehr dem Liebenden zu gefallen, wenn sie auch ganz unschön und niedrig befunden wird. (182) Außerdem scheint ihm gleichsam der Anblick aller anderen Frauen im Vergleich mit ihr ohne Reiz. Du darfst dich also nicht wundern, wenn ich darauf aus bin, dich, wenn du auch von unedler Geburt bist, aber dennoch im Glanz der Schönheit und durch deinen inneren sittlichen Wert strahlst, mit ganzer Kraft zu lieben. Denn solches fordere ich nicht als einer, der von den Frauen meines Standes zurückgewiesen, sondern als einer, der von der Liebe gezwungen wurde, auf solche Art zu lieben, und weil mir vor allen anderen dein innerer Wert und dein Adel gefallen haben. Aus alldem muß es deiner Klugheit ganz klar sein, daß ich von deiner Liebe keineswegs zurückgewiesen werden darf, wenn die sittliche Ausstattung *(morum compositio)* in mir der eigenen Abkunft zu entsprechen weiß."

Vorzug der Wahl eines edlen Bürgerlichen

(183) Die Frau sagt: „Selbst wenn sich das, was du vorbringst, vielleicht auf die lautere Wahrheit stützen könnte, kann ich dir dennoch aus deinen eigenen Worten einen anderen gerechten Grund der Zurückweisung entgegensetzen. Denn, wie die weiter oben von mir vorgetragene und von dir gut geheißene Meinung zu beinhalten scheint, ist eher beim bürgerlichen als beim adeligen Stand der innere Wert lobenswert.[148] In deiner Schlußfolgerung aus diesen Worten hast du erwidert, daß ein jeder sich eher der Liebe einer tugendbeflissenen Bürgerlichen[149] verbinden solle als einer Adeligen, selbst wenn sie mit großem innerem Wert ausgestattet ist. Warum soll ich also nicht eher einen Bürgerlichen, der durch moralische Qualität vollkommen ist, als Liebhaber wählen als einen, der durch bedeutenden Adel glänzt? Bitte, antworte mir."

---

[147] *recto corde:* „d'un cœur sincère" B, „with the proper disposition" W, *con diritto cuore* TT

[148] Die Sucht des Autors, *est* zu vermeiden, führt ihn hier zum Ersatz durch *sedet*, was jedoch kein Übersetzer nachzuahmen sich genötigt oder in der Lage sieht.

[149] *studiosae … amorem … plebeiae:* „[l'amour d']une roturière pratiquant la vertu avec zèle" B, „the love of a committed commoner" W, *amore di popolare virtuosa* TT, *ein wolgezogen purgerin … zu lieb* H. Die Verwendung des Adjektivs *studiosus* „eifrig, strebsam, fließig" ist seltsam, kommt aber gleich wieder und wurde auch schon zur Bezeichnung des Bürgers oben § 120 verwendet. Es meint hier jeweils wohl prägnant „nach Höherem strebend".

(184) Homo ait: Quamvis simplici verbo asserui, magis studiosae plebeiae requirendum amorem quam nobilis mulieris atque decorae, non tamen intelligere debes, nobilis mulieris non esse laudandum atque peroptandum amorem. Immo magis nobilis mulieris amor est eligendus, si maiori gaudeat probitate quam ipsa plebeia. (185) Tali ergo intentione verbum protuli „magis", ut, si plebeia probior quam nobilis inveniatur, potius sit quam nobilis eligenda; si aequis in probitate passibus ambulare noscuntur, aequaliter earum amor est eligendus secundum Angliae reginae Alinoriae opinionem. Ego tamen in aequalitate praefata minorem dico ordinem praeferendum esse maiori et potius eligendum. (186) Sin autem aliter adverbium „magis" intelligatur, quam tibi sim conatus exponere, summa sequeretur absurditas et grandis inde oriretur iniquitas. Jam enim videretur sanguinis generositas hominibus intolerabile damnum adducere nullaque commoda ferre, si probior nobilis minus probae postponatur plebeiae. (187) Si talem ergo plebeium inveneris, in quo magis quam in me cognoveris probitatem vigere, et tuum fueris sibi amorem largita, tuum non insistam improbare propositum, quum haec in superioribus tibi videatur concessa licentia. Tua igitur diligenti perquirat indagatione prudentia et digniori se adnectat amori.

(188) Mulier ait: In tuis videris sermonibus tanquam cancer in ambulando retrogradus, quod nunc negare contendis, quod statim audaci lingua laudando firmaveras. Sed non videtur recte viril

Wahl des Liebespartners zuerst innerhalb, dann erst außerhalb der Standesgrenzen, stets gemäß dem Tugendadel

(184) Der Mann sagt: „Obwohl ich mit einfachem Wort behauptet habe, daß eher die Liebe einer tugendbeflissenen Bürgerlichen zu suchen ist als die einer adeligen und schönen Frau, darfst du es dennoch nicht so verstehen, daß die Liebe einer adeligen Frau nicht gerühmt und begehrt werden darf. Viel mehr muß die Liebe einer adeligen Frau gewählt werden, wenn sie sich eines größeren inneren Werts erfreut als die Bürgerliche. (185) In solcher Absicht also habe ich das Wort ‚eher' *(magis)* geäußert, daß, wenn die Bürgerliche von größerem inneren Wert befunden wird als die Adelige, sie eher als die Adelige zu wählen ist; wenn es bekannt ist, daß sie an innerem Wert miteinander Schritt halten, ist in gleicher Weise ihre Liebe zu erwählen gemäß der Auffassung der englischen Königin Eleonore.[150] Ich sage dennoch, daß bei vorher erwähnter Gleichheit der geringere dem höheren Stand vorzuziehen ist und eher zu erwählen. (186) Wenn aber andererseits das Adverb ‚eher' anders verstanden wird, als ich dir darzulegen versucht habe, würde größte Ungereimtheit die Folge sein und daraus bedeutende Ungerechtigkeit entstehen. Schon würde nämlich anscheinend der Geblütsadel den Menschen unerträglichen Schaden zufügen und keinen Vorteil bringen, wenn die innerlich wertvollere Adelige der weniger wertvollen Bürgerlichen hintangesetzt werden sollte. (187) Wenn du also einen solchen Bürgerlichen findest, bei dem du erkennst, daß der innere Wert stärker ist als bei mir und du ihm deine Liebe schenkst, werde ich nicht darauf bestehen, deinen Vorsatz zu mißbilligen, da dir im vorhergehenden diese Erlaubnis gegeben worden zu sein scheint. Deine Klugheit möge sich also durch eifrige Nachforschung kundig machen und sich der würdigeren Liebe verbinden."

Beharren auf der eigenen freien Wahl des Würdigsten

(188) Die Frau sagt: „Mit deinen Worten scheinst du dich gleichsam wie ein Krebs beim Gehen rückwärts zu bewegen, weil du dich nun zu leugnen beeilst, was du schnell mit kecker Zunge

[150] Eleonore, Tochter des Herzogs Wilhelm von Aquitanien, Gattin Ludwigs VII. von Frankreich, Mutter Maries von Champagne, geschieden und dann 1152 verehelicht mit Heinrich II., König von England, Herzog der Normandie, wird als Liebesrichterin in II,vii mehrfach bemüht. Sie gilt also auch hier als hohe Autorität, der gleichwohl der Mann aus taktischen Gründen widerspricht.

conformari astutiae ad mulieris quantumcunque prudentis sermonem contra suam quemque tam inverecunde venire sententiam, et quod dilucide paullo ante concesserat, sua nunc assertione negare. (189) Quia tamen fas est ab errato discedere et ab eo, quod quisque minus bene sententiaverat resipiscere, si tuam simplicem et incautam studes emendare doctrinam, in hoc inveneris laude dignissimus et ab omni prudentia commendandus. (190) Tuorum igitur verborum non modice mihi placet interpretatio, qua mihi deliberare concedis, quis mihi tanquam potior sit eligendus amator, quia illam mihi palatii amoris portam defendo, quae nec quemlibet a palatii repellit ingressu nec omnem permittit intrare petentem, sed eum demum, qui ex propria probitate, consilii tenore perpenso et subtili habita deliberatione, admittitur. Deliberato itaque et post libramina multa consilii digniorem curabo admittere.

(191) Homo ait: Si anguis hic non lateret in herbis, et hanc sub calliditatis ingenio deliberationem non exposceres, svavissima mihi esset et gratiosa deliberatio talis. Sed, quia vehementer timeo, ne ex dilationis istud procedat origine, non videtur mihi tutum

durch Lob behauptet hattest. Aber es scheint nicht richtig zur Schlauheit des Mannes zu passen, wenn er so schamlos den Worten einer Frau, wie verständig sie auch sein mag, entgegenkommt, im Widerspruch zu seiner eigenen Ansicht und wenn er, was er nur wenig vorher klar zugegeben hatte, nun durch seine Behauptung leugnet. (189) Weil es dennoch erlaubt ist, von einem Irrtum abzustehen und von einem weniger guten Urteil, welches man gefällt hat, wieder zur Einsicht zu kommen, wirst du in diesem Punkt, wenn du trachtest, deine naive und voreilige Lehre zu verbessern, des Lobes für äußerst würdig befunden werden und von jeglicher Klugheit zu empfehlen. (190) So gefällt mir die Deutung deiner Worte nicht wenig, wodurch du mir gestattest zu überlegen, wen ich lieber als Liebhaber wählen soll, denn ich halte für mich jene Tür des Liebespalastes[151] frei, die weder jemanden vom Eintritt in den Palast abhält, noch jedem gestattet einzutreten, der es wünscht, sondern dem schließlich, der aus eigenem inneren Wert eingelassen wird, nachdem ich den Verlauf der Beratung genau erwogen[152] und scharfsinnige Überlegungen angestellt habe. Ich werde also überlegen und nach vielen Abwägungen in der Beratung werde ich darauf bedacht sein, einen Würdigeren einzulassen."

Gefahr todbringender Hoffnungslosigkeit des Mannes

(191) Der Mann sagt: „Wenn die Schlange sich nicht hier im Gras verbärge[153] und du diese Überlegung nicht aus einem listigen Einfall fordertest, würde mir eine solche Überlegung sehr angenehm und gefällig sein. Aber weil ich heftig fürchte, daß dies aus dem Grund des Aufschubs hervorgeht,[154] scheint es mir ge-

---

[151] Siehe unten I,vi,225.

[152] *consilii tenore perpenso:* „après un long débat" B, „after due consideration of the nature of his purpose" W. Andreas verwendet *tenor* durchwegs ganz im klassischen Sinn sowohl von „Fortdauer, Verlauf" als auch von „Sinn, Inhalt". Aber *consilium* kann die Beratschlagung, den Ratschlag, den Beschluß, die Absicht meinen, woraus W seine Deutung ableitet. Des Verfassers Variationsmanier macht es aber wahrscheinlich, daß er auch hier im Grunde zweimal dasselbe sagt. Dafür spricht auch § 193.

[153] Vgl. Vergil, *Ecloga* III,92f.

[154] *ex dilationis istud procedat origine:* Eine gewundene Wendung für „daß dies nur Grund zum Aufschub geben soll". Andreas verwendet bisweilen *origo* nahezu synonym mit *causa.*

huic praebere proprium deliberationi assensum. Gravissimum namque mihi est et mortis videtur demonstrare vestigia, si praeter spem largiendi amoris patiaris me abire. (192) Morosa namque dilatio pereuntis solet amoris indicare praesagia, et modica consvevit mora eventus mutare fortunae; si me igitur tui amoris spe frustratum dimiseris, me protinus mortem subire compellis, cui tua postea nullatenus poterit prodesse medela, et ita poteris homicida vocari.

(193) Mulier ait: Homicidium aliquod perpetrare non affecto; mihi tamen consilium nulla potest ratione negari, quia iuxta cuiusdam sapientis eloquium quidquid consilii moderatione perficitur, non assvevit poenitudinis rubore perfundi sed perpetua firmitate durare.

Homo ait: Consilium tibi denegare non possum. Deum tamen assidue rogare non desinam, ut te faciat amare, quem debes.

(194) Mulier ait: Si amori vacare eligerem, indubitanter scias, quod pro posse studerem potioris mihi solatia quaerere.

Homo ait: Liberum tibi eligendi amoris esse non dubitatur arbitrium. Ego tamen tibi nunquam servire cessabo et pro te omnibus semper obsequia cuncta praestare.

(195) Mulier ait: Si, ut verbis assertive proponis, facto curaveris adimplere, facile non posset accidere, quin a me vel alia retributionem susciperes abundanter.

fährlich, dieser Überlegung die eigene Zustimmung zu geben. (192) Sehr schlimm nämlich ist es für mich und scheint die Anzeichen des Todes zu tragen, wenn du mich ohne Hoffnung auf das Geschenk der Liebe weggehen läßt. Hartnäckiger Aufschub[155] wird nämlich wohl vergehende Liebe prophezeien; und ein geringer Verzug pflegt den Ausgang des Geschicks zu verändern. Wenn du mich also ohne Hoffnung auf deine Liebe fortschickst, zwingst du mich unverzüglich zu sterben, wogegen später dein Heilmittel keineswegs nützen wird können, und so wirst du Mörderin genannt werden können."

Notwendigkeit einer wohl überlegten Wahl

(193) Die Frau sagt: „Ich suche nicht irgendeinen Mord zu begehen; dennoch kann mir Beratung aus keinem Grund verweigert werden, weil nach den Worten eines bestimmten Weisen[156] alles, was unter der Leitung einer Beratung ausgeführt wird, nicht von Schamröte übergossen zu werden, sondern durch anhaltende Festigkeit zu überdauern pflegt."

Pflicht zu einer gerechten Wahl

Der Mann sagt: „Ich kann dir Beratung nicht verweigern. Dennoch werde ich nicht aufhören, Gott inständig zu bitten, daß er bewirkt, daß du den liebst, den du sollst."

(194) Die Frau sagt: „Wenn ich die Wahl träfe, mich der Liebe zu widmen, sollst du zweifellos wissen, daß ich nach Möglichkeit trachten würde, mir die Liebesfreuden bei einem Wertvolleren zu suchen."[157]

Versprechen weiteren Liebesdienstes

Der Mann sagt: „Es gibt keinen Zweifel daran, daß du in der Wahl deiner Liebe frei bist. Ich werde dennoch niemals aufhören, dir zu dienen und für dich allen immer alle Dienste zu leisten."

(195) Die Frau sagt: „Wenn du das, was du mit Worten nachdrücklich darlegst, tatkräftig zu erfüllen trachtest, könnte es nicht

---

[155] *morosa dilatio*: „Lorsqu'on demande un sursis pour retarder la réponse" B, „joyless delay" W, *indugio lungo* TT. In der Antike bedeutet *morosus* (abgeleitet von *mos*) „eigensinnig, launisch, grämlich" oder (abgeleitet von *mora*) „lange aufgeschoben", im Mittellatein auch „säumig" und „träge".

[156] Cicero, *Tusculanae disputationes* V,81. Hier läßt sich gut der Wille, den Klassiker manieristisch zu übertrumpfen, demonstrieren. Z.B. wählt Andreas *poenitudinis rubore perfundi* für schlichtes *paenitere* bei Cicero.

[157] *potioris mihi solatia quaerere:* „d'accepter les services de l'homme qui me paraîtra le meilleur" B, „seek for me the consolations of the better suitor", *che di migliore e di più degno prenderei mio diletto* TT.

Homo ait: Tua verba Deus velit, ut veridicam sententiam ferant, et ego, quamvis corpore videar discedere, corde tamen vobis colligatus exsisto.

E. Loquitur nobilis nobili.

(196) Si nobilis aliquis mulieris alicuius nobilis deposcat amorem, his illam verbis conetur attrahere. Post proposita sermonum initia taliter cordis concepta dissolvat: (197) Tanta deprehenditur in vobis nobilitas, tantaque vos curialitas exornare dignoscitur, quod omnia, quae meo resident cordi dicenda, vestrae probitatis aspectu credo mihi licere sine reprehensionis timore narrare. Nam si non liceret hominibus sui, quum vellent, cordis dominabus aperire secreta, iam amor perisset omnino, qui omnium dicitur fons et origo bonorum, et nullus sciret aliis subvenire, omniaque curialitatis opera hominibus essent ignota.

(198) Mulier ait: Recte sapis, et multum mihi placet audire.

Homo ait: Licet me raro corporaliter vestro repraesentem aspectui, corde tamen et animo a vestra nunquam abscedo praesentia; assidua namque de vobis habita cogitatio saepe saepius me vobis praesentem constituit et illum thesaurum, circa quem mea versatur intentio, cordis me facit oculis semper aspicere poenasque mihi affert et solatia multa. Nam, quod quis toto mentis

leicht geschehen, daß du von mir oder einer anderen nicht reichlich Lohn erhältst."

Der Mann sagt: „Gott möge wollen, daß deine Worte wahr werden, und ich bleibe, obwohl ich mich körperlich fortzubewegen scheine, im Herzen dennoch Euch verbunden."

E.[158] Es spricht ein Adeliger zu einer Adeligen

Redeeinleitung

(196) Wenn ein Adeliger nach Liebe einer adeligen Frau verlangt, soll er versuchen, sie mit diesen Worten zu verlocken. Nach dem vorgeschlagenen Beginn der Gespräche soll er die Gedanken des Herzens auf folgende Weise eröffnen:

Schmeicheleien

(197) „Man trifft bei Euch so großen Adel an und man erkennt den Schmuck eines so tadellosen höfischen Benehmens an Euch, daß ich alle Worte für Euch, die in meinem Herzen wohnen, angesichts Eures inneren Werts ohne Furcht vor Tadel vorzubringen die Erlaubnis zu haben glaube. Denn wenn es den Männern nicht erlaubt wäre, die Geheimnisse ihres Herzens den edlen Damen zu eröffnen, wenn sie wollen, wäre die Liebe überhaupt schon zugrundegegangen, die Quelle und Ursprung alles Guten genannt wird, und keiner wüßte den anderen beizustehen, und alle Akte des höfischen Verhaltens wären den Menschen unbekannt."

(198) Die Frau sagt: „Recht klug bist du, und mir ist es sehr angenehm zuzuhören."

Liebesbekenntnis und Anerbieten des Liebesdienstes

Der Mann sagt: „Obwohl ich Euch selten körperlich unter die Augen trete, entferne ich mich dennoch im Herzen und Sinn niemals von Eurer Gegenwart.[159] Denn das beständige Nachsinnen über Euch hat mich oft und öfter in Eure Gegenwart versetzt und läßt mich jenen Schatz, um den mein Streben sich dreht, mit den Augen des Herzens immer erblicken und bringt mir Qualen und viele Freuden. Denn ein jeder fürchtet, daß das, was er mit der

[158] Trojel hat in seiner Ausgabe, wie er erst im Inhaltsverzeichnis am Schluß vermerkt, den Dialog E versehentlich nochmals als D gezählt und dementsprechend F als E, G als F und H als G.

[159] Der Gedanke erinnert deutlich an die Liebeslyrikmotive der Fernliebe, des Herzenstausches und der inneren Schau der Geliebten.

affectu desiderat, semper timet, ne adverso turbetur eventu. (199) Quantum igitur fidelis vobis exsistam, quantaque vobis devotione astringar, sermone narrare non possem. Nam, ut videtur, si viventium omnium fidelitates in unius possent congregari persona, nequaquam tanta esset, quanta est fides, quae me vobis servire svadet, nihilque tam meo cordi immutabile perseverat quam gloriae vestrae serviendi propositum, et illud mihi super omnia gloriosum exsisteret, et pro magna victoria reputarem, si qua possem meis actibus operari, quae vobis exsisterent gratiosa vestraeque accepta gratiae residerent. (200) Quum vos igitur videre valeo, nulla me posset poena pertingere, nullius me possent insidiae perturbare; immo locorum, quibus inhabitare videmini, solus ad aera transmissus aspectus efficacia mihi praestat fomenta vivendi et solatia multa praestat amanti. (201) Quando vero vos non possum corporali visu aspicere nec super vos constitutum aërem deprehendere, undique contra me cuncta incipiunt elementa consurgere, et varia me poenarum incipiunt allidere genera, nullo possum gaudere solatio, nisi quantum falsa mihi demonstratione dormienti somni sopor adducit. (202) Sed licet falsa me somnus quandoque largitione decipiat, nihilominus tamen ei affectuosas

ganzen Leidenschaft seines Sinnes wünscht, durch ein widriges Ereignis vereitelt wird. (199) Wie sehr ich also Euch treu und mit welcher Hingabe ich Euch verbunden bin, könnte ich mit Worten nicht sagen. Denn, wie es scheint, wenn die Treuegelöbnisse aller Lebenden auf die Person eines einzigen vereint werden könnten, wäre die Treue keineswegs so groß, wie diejenige ist, welche mir rät, Euch zu dienen; und nichts bleibt so unveränderlich in meinem Herzen wie der Vorsatz, Eurem Ruhm zu dienen; und es wäre über alles ruhmreich für mich, und ich hielte es für einen großen Sieg, wenn ich irgendetwas mit meinen Taten bewerkstelligen könnte, was Euch gefällig wäre und von Euer Gnaden angenommen würde[160]. (200) Wenn ich Euch also sehen kann, könnte mich keine Pein erreichen, könnten mich keines Menschen Anschläge aufregen; vielmehr bietet allein der in die Lüfte erhobene Blick auf die Gegend, in der ihr zu wohnen scheint, mir Liebendem wirksamen Zündstoff zu leben und große Freuden.

Klage über die Liebesqualen

(201) Wenn ich Euch aber nicht körperlich anschauen und nicht die sich über Euch befindliche Luft atmen kann, beginnen sich von überallher alle Elemente gegen mich zu erheben und verschiedene Arten von Qualen gegen mich zu schleudern. Keine Freude kann ich kosten, außer so viel, wie der feste Schlaf dem Schlafenden in einem täuschenden Traumbild herbeischafft.[161] (202) Aber mag mich auch der Traum irgendeinmal durch ein falsches Geschenk täuschen, so bringe ich ihm nichtsdestoweniger

---

[160] *quae vobis existeret gratiosa vestraeque accepta gratiae residerent:* „qui vous agrée et que Votre Grâce puisse accueillir avec faveur“ B, „which would win favour from you and was acceptable to your gracious person“ W, *cosa a voi graziosa e accettabile alla grazia vostra* TT. *das ewer gnad willig und geuallig wär* H.

[161] *nisi quantum falsa mihi demonstratione dormienti somni sopor adducit:* „si ce n'est quand l'engourdissement du sommeil m'apporte de trompeuses visions“ B, „save in the decieving portrayal brought to me by drowsy sumber as I sleep“ W. *demonstratio somni* entspricht wohl etwa dem ovidischen *imago somni*, das sich auch nur mit Traumbild wiedergeben läßt, obwohl hier auch der Genitiv von *somnus*, nicht von *somnium* vorliegt. Ebensogut könnte aber auch eine der bei Andreas so beliebten Konstruktionen mit Genitivus inhaerentiae vorliegen: *somni sopor.* So übersetzt I: „quello che con false sembianze mi porta il sopore del sonno mentre dormo.“

offero grates, quod tam dulci atque nobili me voluit deceptione frustrare. Talis namque somniculosa largitio mihi vivendi viam modumque conservat mortisve me defendit ab ira, quod maximum munus mihi videtur atque praecipuum. Mortuo namque frustra medicina porrigitur. (203) Sed quousque mihi affuerit licet vita poenalis, levis potest aura imbrem mihi liberationis infundere et rorem svavitatis inducere. Credo namque et plenariam gero fiduciam, quod tam nobilis tantaeque femina probitatis non diu permittet, me poenis subiacere tam gravibus, sed a cunctis me relevabit angustiis.

(204) Mulier ait: Re vera in tua persona nobilitari novit prudentia, et habitaculum invenerunt svavitatis eloquia, quod tam provide tamque prudenter tua novisti proponere iura. Quod igitur tibi placet de mea in absentia mei cogitare persona mihique in omnibus, in quibus poteris, serviendi habere propositum, debitas tibi refero grates, et ego versa quidem vice in absentia quoque tui de te cogitabo libenter tuaque servitia suo loco et tempore non detractabo suscipere, quia tantus es tantave probitate refulges, quod nulli feminae ascriberetur honori, si tua obsequia recusaret. (205) Praeterea nolo, ut solius sis aëris inspectione contentus, sed nostra specie poteris corporali visione potiri et opposita me facie intueri. Malo etenim ad vitae tibi conservanda gubernacula laborare quam mortis praestare causam vel homicidii incurrere crimen.

(206) Homo ait: Licet aestus temporibus tenuibus posset imbribus vita segetum prorogari, ariditatis tamen periculum evitare non possunt, nisi rore fuerint pluviali perfusae. Potestis igitur in hunc

dennoch herzlichen Dank dar, weil er mich durch eine so süße und edle Täuschung betrügen wollte. Eine solche schlafspendende Freigebigkeit[162] erhält mir nämlich einen Weg und eine Weise zu leben und beschützt mich vor dem Zorn des Todes, was mir die größte Gabe zu sein scheint und die wichtigste. Denn dem Toten reicht man vergeblich die Medizin. (203) Aber so lange mir das, wenn auch qualvolle Leben zur Verfügung stehen mag, kann ein leichter Luftzug mich mit dem Regen der Befreiung übergießen und mir den Tau der Süße herbeiführen. Ich glaube nämlich und trage die volle Zuversicht, daß eine so adelige Frau von so großem innerem Wert nicht lange zulassen wird, daß ich so schweren Qualen unterworfen bin, sondern daß sie mich von allen Nöten befreien wird."

Annahme des Liebesdienstes und Verheißung persönlicher Zusammenkünfte

(204) Die Frau sagt: „Wahrlich weiß die Klugheit, daß sie in deiner Person geadelt wird, und Worte von Süße haben eine Wohnstatt gefunden, weil du so umsichtig und so klug deine Rechte darzulegen weißt. Dafür, daß es dir gefällt, in meiner Abwesenheit über meine Person nachzudenken und den Vorsatz zu haben, mir in allem dir Möglichen zu dienen, sage ich dir den geschuldeten Dank, und ich werde auch meinerseits in deiner Abwesenheit an dich gerne denken, und ich werde es nicht verweigern, deine Dienste an passendem Ort und zu seiner Zeit anzunehmen, weil du so großartig bist und von so großem inneren Wert erstrahlst, daß es keiner Frau zur Ehre angerechnet würde, wenn sie deine Dienste zurückwiese. (205) Außerdem will ich nicht, daß du nur mit der Betrachtung der Luft zufrieden bist; du wirst vielmehr ein Recht auf unseren leibhaftigen Anblick haben und mich von Angesicht zu Angesicht betrachten können. Ich will mir nämlich lieber Mühe geben, dir die Lebensführung zu bewahren als dir eine Todesursache zu liefern oder der Anklage wegen Mordes zu verfallen."

Bitte um Gewährung konkreter Aussicht auf Erhörung

(206) Der Mann sagt: „Mag auch in Zeiten der Hitze das Leben der Saaten durch sanfte Schauer verlängert werden können, können sie dennoch der Gefahr der Dürre nur entgehen, wenn sie mit

[162] *somniculosa largitio:* „générosité du sommeil" B, „bounty in sleep" W, *tal dono a me fatto in sogno* TT.

modum, quem dixistis, vitam prorogare amantis, non autem a mortis liberare periculo graviori. (207) Gravius enim recidivus quam initialis videtur affligere morbus et duriori cogit hominem morte deficere, et acrius amittitur, quod spe aliqua videtur possideri largita, quam quod nuda voluntate speratur. Potius ergo eligerem momentaneo perire interitu quam post multas poenales angustias mortis subiacere periculis. (208) Deliberet ergo prudentia vestra et indagatione subtili perquirat, quid vestro magis expedire videatur honori, utrumne spem amanti largiri et ab ira ipsum mortis eripere eique ad omnia peragenda bona viam aperire incognitam, an hoc denegando cunctorum bonorum praecludere viam et mortis semitam aperire.

(209) Mulier ait: Illud quod tibi possum praestare suffragium, libera tibi voce promisi, scilicet ut quotidiana mei corporali visione utaris. Nam, quod postulas, nullis posses precibus vel laboribus impetrare; firmum etenim est et totius meae mentis propositum Veneris me nunquam supponere servituti nec amantium me poenis subiicere. (210) Quot namque subiaceant amantes angustiis, nemo posset nisi experimento cognoscere. Tot enim poenis atque languoribus exponuntur, quod nullus posset nisi experientia doceri. Sed quamvis amoris omnino fugiam illaqueari catenis, tibi tamen et aliis benefacientibus viris benefaciendi nunquam recusabo praestare favorem.

dem Naß des Regens übergossen werden. Ihr könnt also auf die von Euch erwähnte Art das Leben des Liebenden verlängern, nicht ihn aber von der größeren Gefahr des Todes befreien. (207) Schwerere Pein zu bringen scheint nämlich eine wiederkehrende Krankheit als eine beginnende und zwingt den Menschen qualvoller zu sterben; und härter trifft der Verlust dessen, was man aufgrund geschenkter Hoffnung zu besitzen meint, als dessen, was man aus bloßem Willen erhofft. Ich würde es also bevorzugen, an einem plötzlichen Tod zu sterben als nach[163] vielen qualvollen Nöten den Todesgefahren zu erliegen. (208) Eure Klugheit möge also überlegen und mit gründlicher Nachforschung in Erfahrung bringen, was mehr Eurer Ehre zu nützen scheint, entweder dem Liebenden Hoffnung zu schenken, ihn dem Zorn des Todes zu entreißen und ihm den unbekannten Weg zu allen guten Taten zu eröffnen, oder mit Eurer Weigerung den Weg zu allem Guten zu verschließen und den Pfad des Todes zu eröffnen."

Abweisung der stets qualvollen Venusknechtschaft

(209) Die Frau sagt: „Jene Unterstützung, die ich dir gewähren kann, habe ich dir mit freiwilligem Wort versprochen, nämlich die Freude an meinem täglichen, leibhaftigen Anblick. Denn durch keine Bitten oder Mühen könntest du erreichen, was du verlangst; fest steht es nämlich und ist der Vorsatz meines ganzen Denkens, mich niemals der Knechtschaft der Venus unterzuordnen, noch mich den Qualen der Liebenden zu unterwerfen. (210) Wievielen Nöten Liebende nämlich unterworfen sind, könnte man nur aus Erfahrung kennenlernen. Denn sie sind so vielen Qualen und Sehnsüchten ausgesetzt, daß man die Lehre nur aus Erfahrung erhalten könnte.[164] Aber obwohl ich überhaupt die Verstrickungen in die Ketten der Liebe fliehe, werde ich mich dennoch niemals weigern, dir und den anderen Männern, die Gutes tun, die Gunst zu gewähren, welche die gute Tat befördert."[165]

---

[163] *post* fehlt irrtümlich im Text bei W.

[164] Hier führt das Streben nach Wortreichtum fast bis zur völligen repetitiven Redundanz.

[165] *tibi et aliis benefacientibus viris benefaciendi numquam recusabo praestare favorem:* „jamais pourtant je ne refuserai à toi ou à d'autres hommes désireux de pratiquer la vertu, la faveur de vous y aider" B, „I will never refuse

(211) Homo ait: Absit, [te], domina mea, te in tam acerrimo errore durare. Illae namque solummodo mulieres, quae amoris noscuntur aggregari militiae, veris apud homines laudibus dignae iudicantur et propter suam probitatem meruerunt in omnium curia nominari. Quid enim valeat in saeculo bonum ab aliquo exerceri, nisi ex amore suam sumat originem, videre non possum. (212) Curet ergo tantus decor tantave morum probitas amoris perambulare semitas eiusque probare fortunas. Nihil enim, quid sit vel quale, aperta potest veritate cognosci, nisi primitus illud experientiae probaverit usus. Post rei tantum experientiam decet recusare probatum.

(213) Mulier ait: In amoris curiam facillimus est inventus ingressus, sed propter imminentes amantium poenas ibi est perseverare difficile, ex ea vero propter appetibiles actus amoris impossibilis deprehenditur exitus atque durissimus. Nam post verum amoris curiae ingressum nihil potest amans velle vel nolle, nisi quod mensa sibi proponat amoris, et quod alteri possit amanti placere. (214) Ergo talis non est curia appetenda; eius namque loci est omnino fugiendus ingressus, cuius libere non patet egressus. Tartareae etenim talis potest locus curiae comparari; nam, quum Tartari porta cuilibet intrare moretur aperta volenti, nulla est post ingressum exeundi facultas. (215) Malo igitur aere modico Franciae contenta adesse et liberum eundi, quo voluero, possidere arbitrium quam Ungarico quidem onusta argento alienae subiici

Notwendigkeit praktischer Liebeserfahrung

(211) Der Mann sagt: „Es möge fern sein, meine Gebieterin, daß du in einem so gravierenden Irrtum verharrst. Nur jene Frauen nämlich, deren Teilnahme am Liebesdienst bekannt ist, werden bei den Menschen der wahren Lobpreisungen für würdig befunden und verdienten wegen ihres inneren Werts, an jedem Hof[166] erwähnt zu werden. Was nämlich in der Welt von irgendjemandem Gutes geübt werden kann, außer wenn es seinen Ausgang aus der Liebe nimmt, kann ich nicht sehen. (212) Bedacht soll also ein so großer Liebreiz oder ein so großer sittlicher Wert sein, die Pfade der Liebe zu wandeln und ihre Glücksfälle zu erproben. Nichts nämlich, was oder welcher Art es sei, kann offen und wahrhaftig erkannt werden, wenn nicht zuerst praktische Erfahrung es erprobt hat. Nur nach der Erfahrung einer Sache darf das Erprobte zurückgewiesen werden."

Ablehnung der Gefangenschaft am Liebeshof

(213) Die Frau sagt: „Der Zugang zum Hof der Liebe *(curia amoris)* wird sehr leicht gefunden, aber wegen der drohenden Qualen der Liebenden ist es schwer, dort zu verweilen, und es zeigt sich, daß es wegen der erstrebenswerten Liebeshandlungen unmöglich und am schwierigsten ist, sich von ihm wegzubegeben. Denn nach dem wirklichen Eintritt in den Liebeshof kann der Liebende nichts wollen oder verweigern, außer was die Liebestafel ihm vorsetzt und was dem anderen Liebenden gefallen kann. (214) Also ist ein solcher Hof nicht erstrebenswert; denn überhaupt meiden soll man den Eintritt in den Ort, dessen Ausgang nicht frei offen steht. Dem Hof der Hölle *(tartarea curia)* kann nämlich ein solcher Ort verglichen werden; denn, obwohl die Tür zur Hölle für einen jeden, der eintreten will, offen bleibt, gibt es nach dem Eintritt keine Möglichkeit hinauszugehen.[167] (215) Ich bin daher lieber hier, zufrieden mit dem bescheidenen Erz Frankreichs, und habe lieber die freie Entscheidung zu gehen, wohin ich

---

to grant to you and to others who seek to perform kindness the favour of so doing" W, *non lascerò però di dare favore a te e agli altri che voranno far bene* TT.

[166] *in omnium curia:* „dans les cours que tiennent les souverains" B, „in the court of mankind" W, *in ogni corte* TT, *in allen fursten höfen* H.

[167] Vgl. Vergil, *Aeneis* VI,126ff.

potestati, quia tale multum habere est nihilum habere. Merito ergo amoris aula mihi odiosa exsistit, quare aliunde te oportet amorem petere, frater.

(216) Homo ait: Liberius nulli potest esse arbitrium, quam si ab eo, quod quis tota mentis intentione desiderat, velle separari non possit. Gratum namque cuilibet esse debet, si illud nolle non possit, quod tota virtute desiderat, si tantum res illa sit appetibilis. (217) Sed amore in orbe nihil appetibilius reperitur, quum ex eo omnis boni procedat instructio, et sine eo nihil boni aliquis operetur in orbe. Ergo illius videtur curia utrisque amplectenda lacertis. Illius igitur aula nullatenus vobis sit odiosa.

(218) Mulier ait: Cuicunque sub amoris clipeo ipsa videatur militare libertas et res apprehendenda, mihi tamen deterrima videtur servitus et res per omnia fugienda. In vanum ergo laboras, quia mundus universus me non posset ab isto proposito revocare.

will, als beladen mit ungarischem Silber[168] einer fremden Macht unterworfen zu sein, denn viel von solcher Art zu besitzen, heißt nichts besitzen. Mit Recht also ist mir der Liebeshof *(amoris aula)* verhaßt, weshalb du anderswo Liebe begehren mußt, Bruder."[169]

Freiheit der Liebesentscheidung und hoher Wert der Liebe

(216) Der Mann sagt: „Freier kann niemandes Entscheidung sein, als wenn von dem, was er mit dem ganzen Eifer seines Sinnes wünscht, getrennt zu werden er nicht wollen kann.[170] Willkommen nämlich muß es jedem sein, wenn er es nicht vermag, jenes nicht zu wollen, was er mit ganzer Kraft wünscht, wenn nur jene Sache erstrebenswert ist. (217) Aber auf der Erde findet man nichts Erstrebenswerteres als die Liebe, da aus ihr jegliche Unterweisung im Guten hervorgeht und ohne sie niemand etwas Gutes auf der Welt zustandebringt.[171] Daher besteht offenbar Anlaß, ihren Hof mit beiden Armen zu umarmen. Also möge Euch ihr Hof keineswegs verhaßt sein."

Liebe als Sklaverei

(218) Die Frau sagt: „Wem auch immer es als Freiheit und erstrebenswerte Sache scheinen mag, unter dem Schild der Liebe zu dienen, mir scheint es dennoch übelste Sklaverei und eine in jeder Hinsicht zu fliehende Sache zu sein. Vergebens bemühst du dich daher, weil die ganze Welt mich nicht von diesem Vorsatz abzubringen vermöchte."

---

168 *aere modico Franciae contenta – Ungarico quidem onusta argento:* „en France en me contentant de quelque mauvaise monnaie – comblée d'argent de Hongrie" B, „content with the restricted clime of France – laden with Hungarian silver" W, *di poco rame di Francia stare contenta – avere l'argento d'Ungheria* TT, *genügig mit dem frantzosischen clainen geschmeyd mit dem ungrischen silber beladen* II. Die unglückliche Entscheidung Trojels, die antike *ae*-Schreibung dem mittelalterlichen Text aufzuzwingen, hat W dazu verführt, hier *aëre* (zu *aër* „Luft") statt *aere* (zu *aes* „Erz, Kupfer, Geld") in den Text zu setzen. Die mittelalterlichen Übersetzer lasen natürlich *ere* und waren vor dem Irrtum gefeit. Inhaltlich liegt hier höchstwahrscheinlich eine Anspielung auf die Verbindung der französischen Königstochter mit dem ungarischen König im Jahre 1186 vor (siehe Nachwort).

169 „Bruder" und „Schwester" sind im Altfranzösischen die üblichen vertraulichen Anredeformen auch unter Liebesleuten.

170 Das entspricht der Definition der christlichen Freiheit bei Anselm von Canterbury und Thomas von Aquin, wie W vermerkt.

171 Das beruht auf der augustinischen Psychologie.

(219) Homo ait: Si tali curaveritis via ambulare, intolerabilis vos poena sequetur, cui nulla similis reperitur, et quam erit recitare difficile.

(220) Mulier ait: Quaeso, ut mihi asseras, quae sint illae poenae, quae propter hoc imminere videntur, ut, quum praevisae fuerint, earum me minus valeant iacula laedere, quia praevisa minus iacula ferire dicuntur.

(221) Homo ait: Haec a vobis a longe praevisa iacula vos minus ferire non possunt, nisi praefatum curaveritis errorem deponere. Poenas tamen, si placet, audire potestis, sed primitus vos exorare cupio, ut me docere dignetur gratia vestra, quis amoris vobis palatii locus est constitutus?

(222) Fertur enim et est verum, in medio mundi constructum esse palatium quattuor ornatissimas habens facies, et in facie qualibet est porta pulcherrima valde. In ipso autem palatio solus amor et dominarum meruerunt habitare collegia. Orientalem quidem portam solus sibi deus appropriavit amoris, aliae vero tres certis dominarum sunt ordinibus destinatae. (223) Et dominae portae meridianae ianuis semper morantur apertis et ostii semper

Androhung von Strafe für Liebesverächter

(219) Der Mann sagt: „Wenn Ihr darauf bedacht seid, auf solchem Weg zu wandeln, wird Euch unerträgliche Pein verfolgen; dergleichen findet man keine sonst, und es wird schwierig, sie kundzutun.“[172]

(220) Die Frau sagt: „Bitte, zähle mir auf, welche Qualen[173] das sind, die deswegen zu drohen scheinen, damit, wenn sie vorhergesehen werden, ihre Pfeile[174] mich weniger verletzen können, denn man sagt, daß vorhergesehene Pfeile weniger durchschlagen.“[175]

Einleitung der Erzählung vom Liebespalast

(221) Der Mann sagt: „Diese von Euch von weitem vorausgesehenen Pfeile können Euch nur dann weniger durchbohren, wenn Ihr darauf bedacht seid, den vorher erwähnten Irrtum abzulegen. Dennoch könnt Ihr, wenn es Euch gefällt, die Qualen hören, aber zuerst möchte ich mir von Euch ausbitten, daß Eure Gnaden geruhen möge, mich darüber zu unterrichten, welcher Ort des Liebespalastes für Euch bestimmt ist.

Allegorie des Liebespalasts und der dort befindlichen Damengruppen

(222) Man erzählt nämlich und es ist wahr, daß in der Mitte der Welt ein Palast errichtet ist,[176] der vier prächtig geschmückte Schauseiten hat; und an jeder Schauseite ist eine wunderschöne Tür. In dem Palast aber verdienten nur die Liebe und Gemeinschaften der Damen zu wohnen. Die östliche Tür freilich hat sich allein der Liebesgott angeeignet, die drei anderen aber sind für bestimmte Ränge der Damen vorgesehen. (223) Und die Damen der südlichen Tür halten sich immer an den offenen Türflügeln[177] auf

---

172 *recitare:* Es ist also an das laute Rezitieren eines Textes aus einem Buch oder dem Gedächtnis gedacht.

173 Die hier nun ständig genannten *poenae* übersetze ich fast durchgehend mit „Qualen, Pein“, obwohl die ursprüngliche Bedeutung „Strafe“ (hier verhängt durch den Liebesgott) ständig durchscheint und mitunter auch dominieren mag.

174 *iacula:* im Mittellatein nicht nur „Wurfspieße“, sondern auch „Pfeile“ (Niermeyer).

175 Das Sprichwort bei Walther 31172–74; Johann von Salisbury, *Policraticus* 3,11, etc.

176 Beschreibungen von Cupidos prächtigem Palast finden sich u.a. bei Apuleius, Claudian und im *Carmen Buranum 92* (W). Romanische Parallelen verzeichnet B.

177 *ianuis apertis:* „les battants ouverts“ B, „the open doors“ W, *colla porta aperta* TT. Ich vermag die Bedeutung „Türflügel“ nicht nachzuweisen. Der

reperiuntur in limine, sicut et dominae occidentalis portae, sed ipsae extra ipsius limina portae semper reperiuntur vagantes. Quae vero septentrionalis meruerunt portae custodiam, semper clausis morantur ianuis et extra palatii terminos nihil aspiciunt. In quarum ergo istarum contenditis vos esse consortio?

(224) Mulier ait: Hi mihi sunt nimis sermones obscuri nimisque verba reposita, nisi ipsa tua faciat interpretatio manifesta.

(225) Homo ait: Quae semper ianua morantur aperta et ostii semper reperiuntur in limine, sunt illae mulieres et dominae, quae, dum aliquis petit ingressum, diligenter indagare noverunt, quibus sit meritis dignus ac quam probitatem retineat, qui patentis ianuae desiderat aditum, et post meritorum habitam fidem plenariam cum omni dignos honore admittunt, indignos vero procul ab amoris aula repellunt. (226) Quae vero locum sibi portae vindicant occidentalis, sunt illae mulieres communes, quae neminem reiiciunt, sed omnes indifferenter admittunt et universorum sunt expositae voluptati. Quae autem septentrionalis custodiae mancipantur et clausa semper porta morantur, sunt illae feminae, quae nemini pulsanti aperiunt, sed denegant ad amoris palatium cunctis ingressum. (227) Meridianae sunt illae igitur, quae amare volunt et dignos non repellunt amantes, et merito, quia, quum sint in meridie cunctae dispositae, ab ipsius in oriente habitantis amoris meruerunt radio coruscari. Occidentales vero sunt meretrices, quae vix aliquem amant nec ab aliquo probo inveniuntur amari, et me-

und befinden sich immer auf der Türschwelle, wie auch die Damen der westlichen Tür, aber diese befinden sich immer in Bewegung außerhalb der Türschwellen. Die aber von der nördlichen Tür haben den Anspruch auf die Bewachung erworben, sie halten sich immer an den geschlossenen Türflügeln auf und erblicken nichts außerhalb der Palastgrenzen. Zu der Gemeinschaft von welchen wollt Ihr also gehören?"

(224) Die Frau sagt: „Diese Aussagen sind mir allzu dunkel und die Worte allzu entlegen, wenn deine Erklärung sie mir nicht klar machen kann."

Allegorese der Damengruppen

(225) Der Mann sagt: „Welche immer am offenen Eingang verweilen und immer auf der Türschwelle sich befinden, das sind diejenigen Frauen und Damen, welche, sobald jemand Einlaß begehrt, sorgfältig zu erforschen wissen, aufgrund welcher Verdienste er würdig ist und welchen inneren Wert derjenige besitzt, der Zutritt zum offenen Eingang wünscht, und welche, nachdem sie volles Vertrauen in ihre Verdienste gewonnen haben, die mit aller Ehre ausgestatteten Würdigen einlassen, die Unwürdigen aber fern vom Liebeshof zurückweisen. (226) Die aber für sich den Platz an der westlichen Tür behaupten, sind jene gemeinen[178] Frauen, die niemanden zurückweisen, sondern alle ohne Unterschied einlassen und der Begierde aller ausgeliefert sind. Die aber im Norden das Wächteramt versehen sollen und sich an der immer verschlossenen Tür aufhalten, sind jene Frauen, die niemandem, der anklopft, öffnen, sondern allen den Zugang zum Palast der Liebe verwehren.

Rechte und unrechte Liebe und Liebesverweigerung

(227) Die im Süden sind also diejenigen, welche lieben wollen und würdige Liebende nicht zurückweisen und mit Recht, weil sie, da sie alle im Süden aufgestellt sind, es verdient haben, von dem Strahl der im Osten wohnenden Liebe in schimmerndes Licht getaucht zu werden. Die im Westen aber sind die Huren, die kaum jemanden lieben und von keinem wertvollen Mann geliebt befunden

---

Plural scheint aber sonst kaum einen Sinn zu geben und wird auch gleich darauf (§ 225) offenbar ohne Bedeutungsunterschied durch den Singular ersetzt.

[178] *mulieres communes:* „femmes vulgaires" B, „promiscuous women" W, *femmine comuni* TT.

rito, quia, quum in occidente ipsarum reperiatur habitatio sita, igneus amoris radius ab oriente ad illas usque pervenire non potest. (228) Septentrionales vero sunt illae mulieres, quae amare recusant, quamvis illae amentur a multis, et merito, quia in sinistra positas deus non respicit ipsas, quia sunt maledictae. Ex his vero verbis amoris patet palatii dispositio manifesta.

Mulier ait: Intra septentrionalem portam me profiteor esse securam, non maledictam.

(229) Homo ait: Audias igitur poenas tibi sine fine paratas:

Quum cuiusdam enim mei domini nobilissimi viri Roberti armiger adessem et die quadam in aestu magni caloris per regiam Franciae silvam cum ipso et multis aliis militibus equitarem, in quendam nos amoenum valde locum et delectabilem via silvestris direxit. Erat quidem locus herbosus et nemoris undique vallatus arboribus. (230) In quem quum descenderemus omnes, equis per pascua dimissis et nobis aliquantum somni refectis sopore, excitati postmodum vagantes festinanter stravimus equos. Sed quum meus parumper equus longius cunctis per pascua divertisset, tam diu me detinuit equi praeparatio proprii, quod me solum in ipso prato conspexi relictum. (231) Quumque viam ignorans errabundus per prata vagarer, undique diligenter aspiciens a longe prospexi multi-

werden, und mit Recht, denn kein feuriger Strahl der Liebe kann, weil man ihre Wohnstatt im Westen gelegen findet, vom Osten bis zu ihnen gelangen. (228) Die im Norden aber sind diejenigen Frauen, welche sich weigern zu lieben, obwohl sie von vielen geliebt werden, und mit Recht, denn der Gott beachtet die zur Linken Befindlichen nicht, weil sie verflucht sind. Aus diesen Worten aber geht die Ordnung des Liebespalastes klar hervor."[179]

Die Frau sagt: „Ich gestehe, daß ich innerhalb der nördlichen Pforte sicher bin, nicht, daß ich verflucht bin."

Allegorie von der Bestrafung der Liebesverweigerung

(229) Der Mann sagt: „Vernimm also die Strafen, die dir ohne Ende bereit stehen:[180]

Als ich nämlich als Schildknappe im Dienste meines Herrn, eines gewissen hochadeligen Herrn Robert[181] stand und an einem Tag in großer Sommerhitze durch den königlichen Wald von Frankreich[182] mit ihm und vielen anderen Rittern[183] ritt, führte uns der Waldpfad an einen sehr lieblichen und reizvollen Ort. Der Ort war nämlich mit Gras bedeckt und von allen Seiten umgeben von den Bäumen des Hains. (230) Als wir alle dort abgestiegen waren, die Pferde zum Weiden freigelassen und uns eine gute Weile durch Schlaf erquickt hatten, wachten wir auf und sattelten bald darauf eilig die frei laufenden Pferde. Aber da mein Pferd sich ein wenig weiter als alle übrigen auf der Weide abgesondert hatte, hielt mich das Aufzäumen meines eigenen Pferdes so lange auf, daß ich mich allein auf der Wiese zurückgelassen sah. (231) Als ich in Unkenntnis des Weges irrend auf den Wiesen umherstreifte, erblickte

---

179 Der Liebesgott rückt hier in die Rolle Christi beim Jüngsten Gericht (Mt 25,41). Zudem entspricht Amors eigenes Tor im Osten der Lage des irdischen Paradieses im Osten des Erdkreises. Allerdings liegt vom Osten aus der Norden zur rechten Hand. Der Autor hat sich offenkundig von der eigenen Sicht auf die im Mittelalter geostete Landkarte irreleiten lassen.

180 Zu der folgenden Erzählung siehe Nachwort, S. 615.

181 Jede bisher vorgeschlagene Identifikation mit einem historischen Adeligen des Namens Robert aus der Zeit (z. B. mit einem Cousin der Gräfin Marie von Champagne) bleibt ohne Gewähr.

182 *Francia* meint hier wie stets die Krondomäne, also speziell die Ile de France.

183 Im folgenden wechseln nun mehrfach die Ausdrücke *milites/militantes* und *equites/equitantes*. Ob sie wirklich bedeutungsmäßig auseinanderzuhalten sind, wie hier in der Übersetzung versucht, ist fraglich.

tudinem equitantium infinitam per ipsius pascui deambulantem extremitates. Quum autem vehementer crederem, meum inter ipsos dominum equitare, non modice gavisus, prout poteram, nitebar praedictae appropinquare militiae. (232) Intuens autem diligenter oculorum ipsum visu nullatenus percipere potui, quia non aderat inter ipsos, quumque magis equitantibus appropinquarem et attentius decoram valde multitudinem intuerer aspiciens, vidi hominem praecedentem et in spectabili equo nimis formoso sedentem aureo diademate coronatum. Hunc autem sequebatur primo loco ingens mulierum chorus atque venustus, quarum quaelibet in equo pinguissimo et formoso et svavissime ambulante sedebat. (233) Pretiosissimis et variis erat vestibus et deauratis amicta chlamydibus et uno a dextris et altero a sinistris decorata militibus et tertium habebat militem in obsequio, qui pedes incedebat coram ipsius aspectu eiusque semper frenum tenebat in manu, ut sine laesionis offendiculo svavius equitaret in equo. Cuiuslibet primi ordinis mulierum talis erat cultus atque incessus. Postea vero equitum ornatorum acies sequebatur infinita, qui ab omni eas sequentium strepitu tuebantur et laesione. (234) Secundo sequebatur loco mulierum non modica multitudo, quarum obsequiis varia hominum genera insistebant peditum ac mili-

ich, da ich mich überall sorgfältig umsah, von weitem eine unendliche Menge von Reitern, die am Rande dieser Weide ritten. Da ich aber fest glaubte, mein Herr reite unter ihnen, freute ich mich nicht wenig und bemühte mich, soweit ich konnte, mich der erwähnten Ritterschar zu nähern.

Die geehrten Damen

(232) Aber sorgfältig spähend konnte ich ihn keineswegs mit dem Blick der Augen erfassen, weil er nicht unter ihnen dabei war, und als ich mich mehr den Reitern näherte und aufmerksamer die besonders geschmückte Menge betrachtete, sah ich einen Mann an ihrer Spitze, der auf einem herrlichen, sehr wohlgestalteten Pferd saß und mit einem goldenen Stirnreif[184] gekrönt war. Diesem aber folgte an erster Stelle eine gewaltige und liebliche Schar von Frauen, von denen jede auf einem bestens genährten,[185] schönen und sanft gehenden Pferd saß. (233) Jede war angetan mit den kostbarsten und verschiedenfarbigen Kleidern und goldverbrämten Schleiern[186] und geschmückt mit einem Ritter zur Linken und einem anderen zur Rechten und hatte einen dritten zu ihren Diensten, der zu Fuß vor ihren Augen einherschritt und immer ihren Zügel in der Hand hielt, damit sie ohne Gefahr einer Verletzung angenehmer auf dem Pferd reiten könne. Solcher Art waren Tracht und Aufzug einer jeden der Frauen der ersten Ordnung. Danach aber folgte eine unendliche Reihe von geschmückten Reitern, die sie vor jeglichem Lärm und jeglicher Belästigung durch die Nachfolgenden schützten.

Die bedrängten Damen

(234) An zweiter Stelle folgte eine nicht geringe Menge von Frauen, zu deren Diensten verschiedene Arten von Männern zu

---

[184] *aureo diademate coronatum:* „portant une coronne d'or" B, „crowned with a golden diadem" W, *coronato d'una corona d'oro* TT, *Auf seinem haubtt furt er ain guldein kron* H.

[185] *(equo) pinguissimo:* „bien nourri" B, „seekest" W, *grasso* TT. W kann nicht recht haben, da die kontrastierenden häßlichen Pferde in § 235 *macilenti* sind.

[186] *chlamys* kann im Mittelalter sowohl das Obergewand wie eine Kopfbedekkung (für Frauen) bezeichnen. Die modernen Übersetzungen entscheiden sich für das erste; die mittelalterlichen bemühen sich hier nicht um genaue Wiedergabe. Den Ausschlag gibt aber wohl der hier gebrauchte Plural *chlamydibus*, da kaum eine Frau mehr als einen Umhang getragen haben dürfte.

tantium; sed tantus erat servire volentium strepitus tantaque multitudo nociva, quod nec ipsae obsequia capere nec illi commode poterant esse servire parati, et sic servitii copia in maximam eis vertebatur inopiam atque angustiam, et pro magno quidem solatio sibi reputarent, si suis propriis relinquerentur obsequiis. (235) Tertio vero loco sequebatur quarundam mulierum vilis et abiectus exercitus. Erant enim mulieres pulcherrimae valde, sed vestimentis erant opertae turpissimis et temporis qualitati contrariis. Nam, quum in validiori aestatis essent constitutae calore, vulpinis invitae vestibus utebantur; praeterea turpes nimis et indecentes indecenter equitabant caballos scilicet macilentos valde et graviter trottantes et neque frena neque sellas habentes et claudicantibus pedibus incedentes. (236) Istarum labores nullorum iuvabantur auxiliis, omnium quidem erant suffragiis destitutae, et praeterea tantum praecedentes pedites et equitantes commotum pedibus immittebant pulverem, quod se ipsas videre vix poterant, quia oculos ex pulvere gravatos habebant et labia impedita.

(237) Haec autem omnia quum diligenter aspicerem, et, quid hoc esset, vehementi coepissem animo cogitare, domina quaedam solemni forma composita, quae post omnium sequebatur incessum habens equum macerrimum et turpem et tribus pedibus claudicantem, proprio me vocavit nomine et etiam ad se me ire praecepit. Ad quam quum venissem et eius venustam cernerem faciem atque decoram et eam in tam turpi equo sedere, meum sibi statim obtuli equum. (238) Sed quum eum recusasset accipere, talia mihi verba coepit proponere: Dominum petis tuum; sed hic illum invenire non poteris, quia longius ab eius digressus es itinere.

Et ego respondi: Rogo, domina, ut rectam mihi, si placet, viam indicare digneris.

Fuß und zu Pferde sich drängten; aber das so große Getöse der Dienstbeflissenen und die so große Menge waren schädlich, weil weder diese die Dienste annehmen noch jene bequem zum Dienst bereit sein konnten, und so verkehrte sich ihnen die Fülle des Dienstes in die größte Hilflosigkeit und Not, und sie würden es gerade für eine große Erleichterung für sich gehalten haben, wenn sie ihrem eigenen Gefolge überlassen worden wären.

Die verachteten Damen

(235) An dritter Stelle aber folgte ein gemeines und verächtliches Heer gewisser Frauen. Die Frauen waren nämlich überaus schön, aber mit schändlichen Kleidern bedeckt, die der Beschaffenheit der Jahreszeit widersprachen. Denn obwohl sie sich in der heftigen Hitze des Sommers aufhalten mußten, benutzten sie wider Willen Fuchspelze; außerdem ritten sie auf unziemliche Weise sehr häßliche und unziemliche Mähren, nämlich sehr magere und schwer dahertrottende, ohne Zügel und Sattel und auf lahmen Beinen daherkommende. (236) Niemand half ihren Mühen ab, sie waren ja von der Unterstützung aller verlassen, und außerdem schleuderten die Fußtruppe und die Reiter vor ihnen so viel von den Beinen aufgewirbelten Staub auf sie, daß sie kaum sich selbst sehen konnten, weil sie die Augen beschwert vom Staub und die Lippen verklebt hatten.

Erklärung aus dem Mund einer Dame

(237) Als ich dies alles aber genau betrachtete und intensiv zu überlegen begann, was das bedeute, rief mich eine Dame von feierlichem Aussehen, die nach dem Aufzug aller folgte und ein abgemagertes, häßliches und auf drei Beinen hinkendes Pferd hatte, bei meinem Namen und befahl auch, mich zu ihr zu begeben. Als ich zu ihr gekommen war und ihr liebliches und schönes Gesicht sah und wie sie auf einem so häßlichen Pferd saß, trug ich ihr sofort mein Pferd an. (238) Nachdem sie aber die Annahme verweigert hatte, begann sie mir solche Worte vorzutragen: ‚Du suchst deinen Herrn, wirst ihn aber hier nicht finden können, weil du dich zu weit von seinem Weg entfernt hast.‘

Und ich antwortete: ‚Ich bitte, Madame, du mögest geruhen, wenn es gefällig ist, mir den rechten Weg zu zeigen.‘[187]

---

[187] Die Fülle der Höflichkeitsfloskeln ist bemerkenswert, steht aber in seltsamem Gegensatz zur Anrede mit Du. Die Worte *si placet* könnten schon ganz dem franz. *s'il vous plaît* entsprechen.

(239) Cui et ipsa respondit: Nisi primo praesentem militiam in propriis positam castris aspexeris, securam tibi viam indicare non possum.

Et ego sic respondi: Rogo igitur, ut mihi cures, si libet, asserere, cuius sit haec, quam cerno, militia, et quare mulier tam formosa adeo vilem equum et tam sibi abiecta praeelegit vestimenta portare.

(240) Cui et ipsa mulier respondit: Hic, quem vides, est exercitus mortuorum. – Quod quum audissem, meus statim ultra modum turbatus est animus et facies alterata, et mea cuncta de propriis sedibus coeperunt ossa moveri. Tremebundus igitur factus et nimis exterritus libenter volui ab hac societate discedere; sed haec me coepit statim suo confortare sermone et ab omni me periculo illaesum conservare promisit. (241) Sic enim ait: Securior hic et tutior permanebis quam in domo paterna. Quo audito iam quasi emissum vivificantem resumpsi spiritum et ei propius accedens de omnibus coepi diligenter inquirere, et ipsa seriatim cuncta narrare ita dicens:

(242) Miles, quem vides cuncto populo aureo diademate coronatum praecedere, deus est amoris, qui singulis septimanis una die praesenti cernitur adiunctus militiae et cuique, prout bene vel male gessit in vita, mirabiliter pro cuiusque retribuit meritis.

(243) Mulieres igitur, quae tam ornatae et honorificae primo loco post ipsum sequuntur, sunt illae beatissimae feminae, quae, dum viverent, sapienter se amoris noverunt praebere militibus et amare volentibus cunctum praestare favorem et sub commento amoris subdole amorem petentibus digna praenoverunt responsa tribuere, pro quo nunc plenariam consequuntur mercedem et infinitis muneribus honorantur. (244) Quae vero secundo loco sequuntur et tantorum affliguntur obsequiis, sunt mulieres istae immundae, quae, dum viverent, non sunt veritae cunctorum se

(239) Und darauf antwortete sie: ‚Wenn du nicht zuerst die hier gegenwärtige Ritterschaft *(militia)*, nachdem sie ins eigene Lager eingerückt ist, gesehen hast, kann ich dir den sicheren Weg nicht zeigen.‘

Und ich antwortete so: ‚Bitte, sei also darauf bedacht, mir, wenn es beliebt, zu erklären, wem diese Ritterschaft, die ich sehe, gehört und warum eine so wohlgestaltete Frau sich ein so billiges Pferd und so verächtliche Kleider zum Tragen ausgewählt hat.‘

Das Totenheer

(240) Und darauf antwortete die Frau: ‚Dieses Heer, das du siehst, ist das Heer der Toten.‘ – Als ich das gehört hatte, erschrak mein Herz über alle Maßen, mein Gesicht verfärbte sich und alle meine Gebeine begannen, aus ihrer eigentlichen Lage wegzurükken. Schlotternd und zu Tode erschrocken, wollte ich mich daher gerne von dieser Gesellschaft davonmachen. Aber sie begann mich sofort mit ihren Worten zu ermutigen und versprach, mich von jeder Gefahr unbehelligt zu bewahren. Sie sagte nämlich so: (241) ‚Du wirst hier sicherer und geschützter verweilen als in deinem väterlichen Haus.‘ Nachdem ich das gehört hatte, schöpfte ich wieder belebenden Atem, den ich gleichsam schon ausgehaucht hatte, trat näher zu ihr heran und begann zu allem sorgfältig Fragen zu stellen, sie aber alles Wort für Wort zu erzählen, indem sie so sprach:

Lohn des Liebesgottes

(242) ‚Der Ritter, den du dem gesamten Volk voranreiten siehst, mit dem goldenen Stirnreif gekrönt, ist der Gott der Liebe, der wöchentlich an einem Tag zusammen mit der gegenwärtigen Ritterschaft zu sehen ist und jedem je nachdem, wie er sich im Leben gut oder schlecht aufgeführt hat, auf wunderbare Weise entsprechend seinen Verdiensten sich erkenntlich erweist.

Die sorfältig wählenden, liebesbereiten und die wollüstigen Frauen

(243) Demnach sind die Frauen, die so geschmückt und ehrenvoll an erster Stelle ihm nachfolgen, diejenigen seligsten Frauen, welche, solange sie lebten, den Rittern der Liebe verständig entgegenzukommen wußten, ihre Gunst ganz denen, die lieben wollten, zu schenken und denen, die unter dem Vorwand der Liebe arglistig Liebe forderten, im voraus die gehörige Antwort zu erteilen wußten, wofür sie nun den vollen Lohn erreichen und mit grenzenlosen Vergünstigungen geehrt werden. (244) Die aber an zweiter Stelle folgen und von den Dienstleistungen so vieler bedrängt werden, sind jene unreinen Frauen, die, solange sie lebten, sich nicht

voluptati exponere, sed petentium omnium fuerunt annuentes libidini et nulli petenti suae ianuae negaverunt ingressum. Et ideo talia in hac curia meruerunt praemia capere, ut pro immoderata sui largitione et hominum indiscreta susceptione indiscrete et sine modo innumerabilium fatigantur personarum obsequiis, et talia sibi servitia in nociva convertuntur contraria et in summam valde angustiam et contumeliam. (245) Quae vero ultimo loco sequuntur tam vili compositione dispositae et habitu incedentes abiecto et quibuslibet carentes auxiliis omnique poenarum genere fatigatae, ut manifeste potes oculis conspicere propriis, in quarum et ego sum inserta collegio, sunt illae omnium mulierum miserrimae, quae, dum viverent, cunctis amoris intrare palatium clausere volentibus nec aliquibus bona facientibus vel ab iis benefaciendi causam et favorem petentibus voluerunt pro meritis respondere, sed omnes amoris postulantes deservire militiae abiecerunt et tanquam sibi odiosos repulerunt eum non recolentes omnino, qui deus amoris dicitur, cui militare quaerebant, qui postulabant amari, et ideo nunc merito haec patimur et ab amoris digna rege factis suscepimus praemia, per quem universus regitur mundus, et sine ipso nihil boni aliquis operatur in orbe. (246) Praeterea tot sumus aliis poenarum addictae generibus, quas nullus posset nisi per experientiam scire docentem, quod mihi narrare imposibile tibique satis esset audire difficile. Caveant ergo mulieres in saeculo viventes, ne harum sint nobis consortes poenarum, quia post mortem nulla sibi poterit poenitudine subveniri.

(247) Et ego mulieri respondi: Ut video et manifeste cognosco, qui amori elegerit beneplacita facere, centuplicata illa retributione suscipiet, et, eundem qui offendere fuerit ausus, commissum impune transire non poterit, sed, ut mihi videtur, ultra millecuplum,

gescheut haben, sich der Begierde aller hinzugeben, sondern der Wollust aller Begehrlichen nachgaben und den Eintritt über ihre Schwelle keinem, der ihn begehrte, verweigerten. Und so haben sie verdient, an diesem Hof solchen Lohn zu bekommen, daß sie für ihre maßlose Freizügigkeit und ihre wahllose Aufnahme von Männern wahllos und ohne Maß belästigt werden durch Dienstleistungen zahlloser Personen und solche Dienste sich ihnen ins schädliche Gegenteil verkehren und in höchste Bedrängnis und Schande.

Die liebesfeindlichen Frauen

(245) Die aber an letzter Stelle folgen, daherkommend in so wertloser Verfassung und verächtlicher Tracht und ohne jegliche Hilfe und von Qualen jeder Art belästigt, so daß du es mit eigenen Augen klar sehen kannst, in deren Kreis auch ich eingereiht worden bin, sind jene erbärmlichsten aller Frauen, die, solange sie lebten, allen, die den Palast der Liebe betreten wollten, ihn verschlossen und nicht denen, die Gutes taten oder die von ihnen einen Anlaß und Wink, Gutes zu tun, forderten, ihren Verdiensten entsprechend antworten wollten, sondern alle, die in den Liebesdienst zu treten heischten, abwiesen und sie wie ihnen Verhaßte zurückstießen, ohne überhaupt dessen zu gedenken, welcher Gott der Liebe genannt wird, dem zu dienen suchten, welche geliebt zu werden heischten. Und so erdulden wir nun mit Recht dies und haben die unserer Taten würdige Belohnung vom König der Liebe empfangen, von dem die gesamte Welt gelenkt wird und ohne den niemand etwas Gutes auf Erden wirkt. (246) Außerdem sind wir so vielen anderen Arten von Qualen preisgegeben, die man nur aus der Lehre der Erfahrung kennen kann. Denn es wäre mir unmöglich, sie aufzuzählen, und dir fiele es sehr schwer, sie anzuhören. Es mögen sich also die in der Welt lebenden Frauen hüten, daß sie nicht derselben Qualen teilhaftig werden wie wir, weil nach dem Tod ihnen durch keine Reue geholfen werden kann.'[188]

Gerechter Lohn und gerechte Strafe

(247) Und ich antwortete der Frau: ‚Wie ich sehe und klar erkenne, wird der, der die Wahl getroffen hat, der Liebe Wohlgefälliges zu tun, jenes hundertfach zurückbekommen,[189] und wer gewagt hat, sie zu beleidigen, wird nicht der Strafe für die Schuld

---

[188] Vgl. Ps 6,6.

[189] Vgl. Mt 13,8; 23.

quam fuerit commissum in eum, constat vindicari delictum. Talem igitur deum non est offendere tutum, sed in omnibus est sibi servire tutissimum, qui talibus suos novit praemiis munerare et suos contemptores tam gravibus poenis affligere. (248) Rogo itaque, domina mea, et pro viribus supplico, ut recedendi mihi licentiam largiaris, ut haec valeam dominabus, quae vidi, ita narrare.

(249) Et ipsa mihi taliter respondit: Recedendi licentiam habere non potes, nisi de nobis maiores et duriores poenas cognoveris et maius aliarum gaudium atque beatitudinem aspexeris.

(250) Dum igitur talia conferendo longum transitum fecerimus, in locum delectabilem valde pervenimus, ubi erant prata pulcherrima meliusque disposita, quam unquam mortalium viderit ullus. Erat enim undique locus omnium generum pomiferis et odoriferis circumclusus arboribus, quarum quaelibet iuxta sui generis qualitatem fructibus decorabatur egregiis. (251) Praeterea in rotunditatis modum locus erat redactus trinisque distinctus partibus. Prima pars quidem in interiori erat loco reposita et a media parte undique cirumsaepta. Tertia vero pars, in extremis posita, inter se et primam ex omni parte mediam perfecte circumeundo vallabat. (252) In prima igitur et interiori parte in medio loci sedebat quaedam mirae altitudinis arbor universorum generum abundanter proferens fructus; cuius rami usque ad interioris partis prolongabantur extremitates. Ad arboris quidem radices surgebat fons quidam mirabilis mundissimam habens aquam, quae nectaris svavissimum praelibantibus inducebat saporem; in qua etiam omnium

entgehen können. Vielmehr wird, wie mir scheint, das Verbrechen mit Gewißheit tausendfach mehr, als gegen sie gesündigt wurde, gesühnt. Deshalb ist es nicht ratsam, einen solchen Gott zu beleidigen,[190] sondern am ratsamsten, ihm in allen Dingen zu dienen, der die Seinen mit solchem Lohn beschenken kann und seine Verächter mit so schweren Strafen quälen kann. (248) Ich bitte daher, meine Dame, und flehe entsprechend meinen Kräften, gib mir die Erlaubnis, mich zu entfernen, damit ich das, was ich sah, den Damen so erzählen kann.'

Allegorie der Orte des Lohnes und der Strafe

(249) Und sie antwortete mir so: ,Du kannst die Erlaubnis, dich zu entfernen, nur erhalten, wenn du die uns betreffenden größeren und härteren Strafen kennengelernt hast und die größere Freude und Seligkeit der anderen gesehen hast.'

Der Lustgarten der Lieblichkeit

(250) Als wir so während des Gesprächs einen langen Weg zurückgelegt hatten, gelangten wir an einen sehr liebenswürdigen Ort,[191] wo die schönsten Wiesen waren und besser ausgestattete, als irgendein Sterblicher sie je gesehen hat. Der Ort war nämlich von allen Seiten mit fruchttragenden und duftenden Bäumen aller Art eingeschlossen, von denen jeder gemäß der Beschaffenheit seiner Art mit hervorragenden Früchten geziert war. (251) Außerdem war der Ort nach Art einer Rundung hergerichtet und in drei Teile unterteilt. Der erste Teil nämlich war im Innersten verborgen und vom mittleren Teil von allen Seiten umgeben. Der dritte Teil aber, am äußeren Rand gelegen, umgab schützend den mittleren, zwischen ihm und dem ersten gelegenen von allen Seiten in vollständiger Rundung. (252) Im ersten und im innersten Teil also in der Mitte des Platzes stand ein Baum von erstaunlicher Höhe, der reichlich Früchte aller Arten hervorbrachte; dessen Zweige reichten bis zu den äußeren Rändern des inneren Teils. An den Wurzeln des Baumes nämlich entsprang eine wunderbare Quelle von sauberstem Wasser, das den Kostenden den süßesten Geschmack von Nektar verschaffte; darinnen erschienen auch Fischarten aller

---

[190] Vgl. Ovid, *Heroides* 4,11 (= Walther 25263).

[191] Ein nach den Regeln der *Artes poeticae* eingerichteter *locus amoenus* mit paradiesischen Zügen (vgl. Bs Kommentar), die jedoch durch die in antipoetischer Exaktheit durchgezogene allegorische Geometrie wieder zerstört werden.

generum pisciculorum species apparebant. (253) Iuxta praedictum autem fontem in throno quodam ex auro et omni lapidum ornatu constructo regina sedebat amoris splendidissimam suo capite gerens coronam, et ipsa pretiosissimis sedebat vestimentis ornata auream manu virgam retinens. Ad cuius dextram sedes erat parata omni pretiositate refulgens et claritudine, in qua nemo quidem sedebat. (254) Pars autem ista videlicet interior vocabatur amoenitas, quia in ea omnia inveniebantur delectabilia atque svavia. In hac autem parte interiori tori erant parati quam plurimi, qui miro erant modo perornati, siricinis scilicet ex omni parte operti palliis et purpureis ornamentis. Ex praedicto autem fonte undique quam plurimi derivabantur rivuli atque ramusculi, qui ex omni parte rigabant amoenitatem, et singuli tori singulis decorabantur rivulis.

(255) Pars vero secunda vocabatur humiditas, cuius erat dispositio talis: Rivuli quidem, qui propriis contenti alveis irrigabant amoenitatem, in hac parte secunda suas nimio vires ostendebant et totam inundabant humiditatem ita scilicet, quod herba mixta simul apparebat cum aqua, sicut tempore veris solet in pratis pluvialibus apparere diebus. (256) Aqua vero ista, postquam in hanc fluebat partem, adeo fiebat frigida, quod nullus posset eam tactu tolerare vivens; desuper vero calor solis intolerabilis descendebat, nullis enim locus obumbrabatur arboribus. Haec quidem aqua ultra partis istius non extendebatur terminos.

(257) Tertia vero pars et extrema vocabatur siccitas et merito, quia omnis deerat humiditas, omnisque locum occupabat ariditas, et solaris radius caloris erat acutus et igneo vapori nequaquam absimilis, terrae autem superficies quasi solum fornacis calidae. (258) Locus autem iste undique habebat infinitos spinarum fasciculos colligatos et in quolibet fasciculo lignum erat quoddam pertractum per medium, excedens ex utraque parte fasciculum pro duorum cubitorum mensura, et ex utroque capite ligni vir quidam stabat fortissimus ligni tenens caput in manibus. Erat autem ibi via quaedam pulcherrima, per siccitatem et humiditatem ad amoeni-

Gattungen. (253) Neben der oben erwähnten Quelle aber saß auf einem aus Gold gefertigten und mit jeglichen Edelsteinen gezierten Thron die Königin der Liebe, die auf ihrem Haupte eine funkelnde Krone trug, und sie saß mit kostbaren Kleidern geschmückt und hielt einen goldenen Stab in der Hand. Zu ihrer Rechten war ein Sitz bereitet, der von strahlenden Kostbarkeiten glänzte, auf dem aber niemand saß. (254) Dieser innerste Teil hieß verständlicherweise ‚Lieblichkeit' *(amoenitas)*, weil in ihm alles erfreulich und süß befunden wurde. In diesem innersten Teil aber wurden sehr viele Lager bereitgehalten, die auf wunderbare Art geschmückt waren, auf jeder Seite nämlich mit seidenen Decken bedeckt und mit purpurroten Verzierungen. Von der oben erwähnten Quelle aber verzweigten sich auf allen Seiten sehr viele Bäche und Wasseradern, die überall die ‚Lieblichkeit' bewässerten, und je ein Lager wurde von einem Bach geschmückt.

Der Sumpf der Feuchtigkeit

(255) Der zweite Teil aber hieß ‚Feuchtigkeit', dessen Einteilung die folgende war: Die Bäche nämlich, die, mit ihrem eigenen Bett zufrieden, die ‚Lieblichkeit' bewässerten, zeigten in diesem zweiten Teil allzusehr ihre Kräfte und überschwemmten die ganze ‚Feuchtigkeit', und zwar so, daß das Gras vermischt mit dem Wasser erschien, wie es zur Frühlingszeit auf den Wiesen an Regentagen zu erscheinen pflegt. (256) Dieses Wasser aber wurde, sobald es in diesen Teil floß, so kalt, daß keiner seine Berührung lebend ertragen konnte; von oben aber kam unerträgliche Sonnenhitze herunter, denn der Ort wurde von keinen Bäumen überschattet. Dieses Wasser verbreitete sich jedoch nicht über die Grenzen dieses Teiles.

Die Wüste der Trockenheit

(257) Der dritte und äußerste Teil aber hieß ‚Trockenheit' und mit Recht, weil jegliche Feuchtigkeit fehlte, völlige Dürre den Platz beherrschte und der Strahl der Sonnenhitze stechend war und keinesfalls dem Feuerqualm unähnlich, die Erdoberfläche aber wie der Boden eines heißen Ofens. (258) An diesem Platz gab es aber überall unzählige gebündelte Dornenbüschel, und durch jedes Büschel war in der Mitte ein Holz durchgezogen, das an beiden Seiten das Büschel überragte in der Länge von zwei Ellen, und an beiden Enden des Holzes stand ein sehr kräftiger Mann, der das Ende des Holzes in Händen hielt. Es gab aber dort einen wunderschönen Weg, der durch die ‚Trockenheit' und die ‚Feuchtig-

tatem deducens, in qua nullum omnino praedictorum sentiebatur incommodorum.

(259) Quum vero ad ista devenerimus loca, viam primus rex amoris ingressus in amplexu ab amoris est regina susceptus et ea iuvante in parata sibi sede receptus crystallinam sua manu tenens virgam, et eum per eandem viam universus primi ordinis mulierum ac militantium est chorus secutus. Et cuique mulierum ornatissimi erat sedes lecti parata; militantes vero suo sibi eligebant sedes arbitrio. (260) Quanta quidem istis erat beatitudo et gloria, humana non posset vobis lingua referre. Nam totus amoenitatis locus istarum est voluptatibus assignatus, et cuiuslibet coram eis generis ludebant ioculatores atque psallebant, et omnia instrumentorum ibi musicae genera resonabant. (261) Secundo per eandem intravit viam totus sequentis ordinis mulierum communium et eisdem servire volentium masculorum chorus, et usque ad amoenitatis circulum pervenerunt; quem quum pertransire non possent, per humiditatem coeperunt sua frena laxare et, quae poterant, ibi solatia capere, quia ille sibi erat locus ab amoris curia deputatus; ubi quantus stridor erat et gemitus, satis esset narrare difficile. (262) Multum etiam istarum mulierum poenarum erat augmentum gloria, quam habere videbant in amoenitate morantes. Tertio subintrabat per eundem locum mulierum chorus posterior, quae amoris compati militibus noluerunt, et usque ad humiditatis circulum devenerunt. (263) Sed quum eis non pateret

keit' zur ‚Lieblichkeit' führte und auf dem man überhaupt keine der oben erwähnten Unannehmlichkeiten spürte.

Auftritt des Königs und der Königin im Lustgarten

(259) Als wir aber zu dieser Gegend gekommen waren, beschritt zuerst der König der Liebe den Weg, wurde von der Königin der Liebe mit einer Umarmung willkommen geheißen und mit ihrer Hilfe auf dem für ihn bereiteten Sitz empfangen,[192] in der Hand einen Stab aus Kristall; und ihm folgte auf demselben Weg die gesamte Schar des ersten Standes von Frauen und Rittern. Und für jede der Frauen war ein Sitz auf einem prächtig geschmückten Bett bereitet worden; die Ritter aber wählten für sich Sitze nach ihrem Gutdünken. (260) Das Ausmaß ihrer Seligkeit und ihres Ruhmes könnte Euch gewiß keine menschliche Zunge nennen. Denn der ganze Ort der ‚Lieblichkeit' ist zu ihrer Ergötzung bestimmt; und vor ihnen spielten und sangen Spielleute jeder Art, und alle Arten von Musikinstrumenten ertönten dort.

Die feuchten und die dürren Sitze der Damen

(261) An zweiter Stelle betrat denselben Weg die ganze Schar des folgenden Standes der gemeinen Frauen und der Männer, die ihnen dienen wollten, und sie gelangten bis zum Kreisrand der ‚Lieblichkeit'. Als sie den nicht überschreiten konnten, begannen sie auf der ‚Feuchtigkeit' ihre Zügel zu lockern und dort, soweit möglich, Erholung zu suchen, weil ihnen jener Ort vom Liebeshof zugewiesen worden war. Wie groß dort Zähneknirschen und Klagen[193] waren, wäre sehr schwierig zu erzählen. (262) Wesentlich verschärfte auch die Strafen dieser Frauen der Ruhm, den vor ihren Augen die in der ‚Lieblichkeit' Verweilenden genossen. An dritter Stelle betrat denselben Ort die letzte Schar der Frauen, die mit den Rittern der Liebe nicht Mitleid haben wollten, und gelangten bis zum Kreisrand der ‚Feuchtigkeit'. (263) Aber da ihnen

---

[192] *in parata sibi sede receptus:* Der Ausdruck ist seltsam, aber keineswegs einfach ein Synonym für „gesetzt werden, sich setzen", worauf alle Übersetzungen ausweichen.

[193] *stridor et gemitus:* „des cris et des lamentations" B, „the gnashing and wailing" W, *stridore e pianto* TT. Das erinnert an Mt 8,12 u. 24,51 *fletus et stridor dentium*, wo allerdings das mehrdeutige *stridor* näher bestimmt wird. Die Assoziation mit dem Höllenszenario liegt auch deshalb äußerst nahe, weil der folgende Satz deutlich an das Gleichnis vom reichen Prasser und dem armen Lazarus (Lc 16,19ff.) erinnert, wo die Höllenqual durch den Anblick der Seligen gesteigert erscheint.

ingressus, coeperunt per siccitatis circumfluere partes, quia ille sibi erat locus ab antiquo paratus. Ibi autem cuilibet illarum super spinarum fuit sedes parata fasciculo et per viros ibi, ut supra dictum est, deputatos semper fasciculus movebatur, ut acrius spinarum dilacerarentur aculeis, et nudis plantis ignitum pertingebant solum. Tantus quidem dolor tantaque ibi erat afflictio, quantam vix crederem inter ipsas Tartareas potestates adesse.

(264) Haec autem quum vidissem, licentiam abeundi quaesivi. Et ipsa mihi dixit: Licentiam ego tibi dare non possum, sed tuum hic equum relinque; unde rex intravit amoris, ad ipsum ire festina et ab eo tanquam domino licentiam petere cura, et, quae tibi praecipiet, studeas diligenter attendere. Etiam pro me ipsa non sis exorare obliviosus. (265) Quo percepto per praedictam viam ad regis amoris sum deductus aspectum et ei dixi: Rex potens et gloriose, omnimodas tibi gratias ago, quia tua mihi magnalia et mirabilia tuique regni dignatus es revelare secreta. (266) Tuae igitur indesinenter clementiae supplico, ut, quae tibi placet, mihi tuo digneris servo praecipere et, quae sint in amore praecepta principalia, veraciter indicare et illam mulierem, per cuius sum operationem tali visione beatus, meae intercessionis iuvamine a poenis gravioribus propitius liberare et cum istis, quas hic tam honorifice collocatas aspicio, intra huius amoenitatis misericorditer loca reponere, postmodum vero mihi commeatum praestare, si placet. (267) Ipse vero mihi talia responsa porrexit: Nostra tibi sunt concessa videre magnalia, ut per te nostra valeat ignorantibus gloria revelari, et ut

der Zugang nicht offenstand, begannen sie auf dem Gebiet der ‚Trockenheit' herumzuirren, weil jener Ort ihnen von alters her bereitet worden war.[194] Dort aber war für eine jede von ihnen ein Sitz auf einem Dornenbüschel bereitet, und dort wurde das Büschel immer von Männern, die, wie oben erwähnt, dazu bestimmt waren, bewegt, damit sie heftiger von den Stacheln der Dornen zerfleischt wurden; und sie berührten mit den nackten Fußsohlen den glühenden Boden. So groß war ja dort der Schmerz und so groß die Qual, wie ich sie kaum bei den höllischen Mächten für möglich halten würde.

Audienz beim Liebeskönig

(264) Als ich aber das gesehen hatte, bat ich um die Erlaubnis wegzugehen. Und sie sagte mir: ‚Ich kann dir die Erlaubnis nicht geben, aber lasse hier dein Pferd zurück, gehe auf dem Weg, wo der König der Liebe hereinkam, schnell zu ihm, suche von ihm als dem Herrn die Erlaubnis zu erlangen und trachte sorgfältig zu beachten, was er dir auftragen wird. Vergiß nicht, auch für mich selbst zu bitten.' (265) Von diesen Worten, die ich vernommen hatte, wurde ich auf dem oben erwähnten Weg vor das Antlitz des Königs der Liebe geleitet und sagte zu ihm:[195] ‚Mächtiger und ruhmreicher König, ich danke dir in jeder Hinsicht, daß du geruht hast, mir deine großen und wunderbaren Taten und die Geheimnisse deines Königreichs zu enthüllen. (266) Daher flehe ich unaufhörlich deine Milde an, daß du mich, deinen Knecht, nach Belieben zu unterrichten und mir die Hauptlehren in der Liebe wahrheitsgemäß anzuzeigen geruhst, sowie jene Frau, durch deren Mühewaltung ich mit einem solchen Anblick beglückt worden bin, kraft meiner Fürsprache von den besonders schweren Qualen gnädig zu befreien und sie unter diesen, die ich hier so ehrenvoll gelagert erblicke, innerhalb des Ortes dieser ‚Lieblichkeit' unterzubringen, danach aber, bitte, mir Urlaub zu gewähren.'

Auftrag des Liebeskönigs zur Warnung vor der Liebesverweigerung

(267) Er aber richtete folgende Antwort an mich: ‚Unsere großartigen Taten zu sehen, ist dir gestattet, damit durch dich unser Ruhm den Unwissenden entdeckt werden kann und damit deine

[194] Vgl. Mt 25,34.

[195] W hört aus den folgenden Worten einen liturgischen Ton heraus, ohne jedoch konkrete Belege zu liefern.

tua praesens visio sit multarum dominarum salutis occasio. Tibi ergo firmiter mandamus atque iniungimus, ut, ubicunque dominam alicuius valoris inveneris a nostra semita deviare amoris recusando subire certamina, hanc sibi visionem narrare procures et eam ab erroris proposito revocare, ut poenas possit tam gravissimas evitare et in praesenti valeat gloria collocari.

(268) Duodecim autem scias esse principalia quae sequuntur amoris praecepta:

I. Avaritiam sicut nocivam pestem effugias et eius contrarium amplectaris.

II. Castitatem servare debes amanti.

III. Alterius idonee copulatam amori scienter subvertere non coneris.

IV. Eius non cures amorem eligere, cum qua naturalis nuptias contrahere prohibet tibi pudor.

V. Mendacia omnino vitare memento.

VI. Amoris tui secretarios noli plures habere.

(269)

VII. Dominarum praeceptis in omnibus obediens semper studeas amoris aggregari militiae.

jetzige Schau[196] vielen Damen die Möglichkeit des Heils eröffnet. Wir tragen und erlegen dir also mit Nachdruck auf, darauf bedacht zu sein, daß du, wo immer du eine Dame von irgendwelchem Wert findest, welche durch die Weigerung, die Kämpfe der Liebe auf sich zu nehmen, von unserem Weg abweicht, ihr von dieser Schau erzählst und sie vom Vorhaben des Irrtums abhältst, damit sie die so überaus schweren Strafen vermeiden und in der hier gegenwärtigen Glorie Platz finden kann.

Zwölf Hauptvorschriften der Liebe

(268) Du sollst aber wissen, daß es folgende zwölf Hauptvorschriften in der Liebe *(principalia praecepta amoris)*[197] gibt:

I. Habsucht meide wie eine verderbliche Pest und schließe ihr Gegenteil ins Herz.

II. Keuschheit *(castitas)* sollst du wahren für die Geliebte *(amanti)*.[198]

III. Die der Liebe eines anderen Mannes angemessen *(idonee)* Verbundene versuche nicht wissentlich abspenstig zu machen.

IV. Sei nicht darauf bedacht, die Liebe einer Frau zu erwählen, mit der dir die natürliche Scham den Eheschluß verbietet.

V. Denke daran, Lügen überhaupt zu vermeiden.

VI. Du sollst nicht mehrere Mitwisser *(secretarii)* deiner Liebe haben.

(269)

VII. Den Vorschriften der Damen in jeder Hinsicht gehorsam trachte am Liebesdienst *(amoris militia)* teilzunehmen.

---

[196] *visio:* Die allegorische Fiktion wird mit einer Bezeichnung belegt, die sonst eher für religiöse Visionen üblich ist. W erinnert an den Ausgangspunkt der zahlreichen christlichen Visionen, die Schilderung einer solchen im zweiten Korintherbrief 12.

[197] Sie stimmen nur zum Teil mit den *regulae amoris* in II,viii,44ff. überein. Die Vorschriften 1, 2, 3, 4, 6, 12 entsprechen den Regeln 10, 12, 8, 11, 13, 5. Die Vorschriften 5, 7, 9 und 11 finden sich dort nicht wieder. Der von W vermutete Widerspruch der Vorschrift 8 zur Regel 27 ist wohl keiner. Siehe Anm. 199.

[198] Das geschlechtsneutrale *amans* ist in den an den Mann gerichteten Vorschriften auf die Geliebte festzulegen.

VIII. In amoris praestando et recipiendo solatia omnis debet verecundiae pudor adesse.

IX. Maledicus esse non debes.

X. Amantium noli exsistere propalator.

XI. In omnibus urbanum te constituas et curialem.

XII. In amoris exercendo solatia voluntatem non excedas amantis.

Sunt et alia amoris praecepta minora, quorum tibi non expediret auditus, quae etiam in libro ad Gualterium scripto reperies.

(270) Mulier autem, pro qua rogasti, intra istius non potest amoenitatis moenia, sicut postulas, collocari, quia propria opera contradicunt intra tam gloriosa domicilia permanere. Tuae tamen intercessionis gratia pinguem equum et svavem cum freno et sella concedimus, et ut nullos habeat ministros circa spinarum fasciculum frigidumque de nostra licentia teneat sub pedibus lapidem. (271) Accipias ergo hunc crystallinum baculum et cum nostra recedas gratia; in priori autem fluvio, quem inveneris, eum proiicias.

VIII. Beim Spenden und Empfangen der Freuden der Liebe *(amoris solatia)* soll jede Rücksicht auf das Schamgefühl genommen werden.[199]

IX. Du sollst nicht schmähsüchtig *(maledicus)* sein.

X. Du sollst Liebende nicht der Öffentlichkeit preisgeben.

XI. Erweise dich in allen Dingen als höflich *(urbanus)* und höfisch *(curialis)*.[200]

XII. Wenn du dich den Freuden der Liebe hingibst, gehe nicht über das hinaus, was die Geliebte will.

Es gibt auch noch andere, geringere Liebesvorschriften, die zu hören dir nichts nützen würde, die du auch in dem an Walter gerichteten Buch finden wirst.[201]

Strafmilderung für die auskunftsbereite Dame

(270) Die Frau aber, für die du gebeten hast, kann nicht innerhalb der Mauern dieser ‚Lieblichkeit', wie du forderst, Platz finden, weil ihre eigenen Taten dagegen sprechen, an einer so ruhmreichen Wohnstatt zu verweilen. Wir gestehen ihr jedoch auf deine Fürsprache hin ein wohlgenährtes und sanftes Pferd mit Zügel und Sattel zu und daß sie keine Diener bei dem Dornenbüschel[202] und mit unserer Erlaubnis einen kalten Stein unter ihren Füßen hat. (271) Nimm also diesen Stab aus Kristall und entferne dich mit unserer Huld; in den ersten Fluß aber, den du findest, wirf ihn hinein.[203]

---

[199] *debet verecundiae pudor adesse:* „prends garde de toujours respecter la pudeur" B, „there should be the utmost modesty and decent restraint" W, *Sempre studia di giugnerti e di stare con cavalleria d'amore* TT. W faßt *verecundiae* offenbar als explikativen Genitiv auf, woraus sich dann ein allgemeiner Aufruf zur scheuen Zurückhaltung in sexuellen Dingen und so ein scheinbarer Widerspruch zur Liebesregel 27 ergeben.

[200] Zu diesen Qualitätsmerkmalen s. o. Anm. 53.

[201] Der Gott der Liebe verweist hier auf das vorliegende Buch *De amore*, so wie Ovid ihn in seinen *Remedia amoris* (V. 1 ff.) lesen läßt. Warum nur diese Vorschriften für den männlichen Dialogpartner nützlich sein sollen, wäre aber erst zu klären. Der männliche Adressat der Vorschriften reicht zur Erklärung nicht aus.

[202] *nullos habeat ministros circa spinarum fasciculum* – ein recht ungeschickter Ausdruck. Gemeint ist, daß niemand das Folterwerkzeug bedient.

[203] W hält den Stab gewiß mit Recht für den mythischen Talisman, welcher die Rückkehr ins Diesseits ermöglicht (vgl. den goldenen Zweig in der *Aeneis* VI,136 ff.).

(272) Accepto vero ad recedendum itinere et ad eam, quae me duxerat, dominam reverso, eam inveni super fasciculo sine ministris sedentem et super recenti lapide suos pedes svavissime tenentem ac pinguissimum et valde ornatum equum iuxta se habentem et modicam satis poenam patientem; quae mihi grates immensas obtulit atque subiunxit: (273) Cum superna gratia recedas, amice, quia de huius curiae negotiis amplius videre non potes. Est enim ultra duplum, quam videris, earum gloria maior nostraque poena intensa, quae nulli viventi sunt videre concessa. Post haec autem equum ascendi proprium et in momento oculi circa fluenta sum deductus aquarum. Ibi crystallina virga dimissa illaesus ad propria remeavi.

(274) Aspicias ergo, domina mea, quanta est amare afflictio nolentis, quantisque subiiciatur angustiis, et quantum decus mereantur et gloriam, quae amoris portam intrare non clausere volentibus, ut vestrae opinionis errore deposito praedicta mereamini suscipere praemia et praefatas angustias declinare. Indecens enim esset et desperabile malum induceret, si mulier tam sapiens tamque venusta specie decorata inveniatur poenis subiacere tam gravibus totve pericula sustinere. (275) Quantum igitur ad vestram videtur spectare personam, amoris sum delegationis onere liberatus; vos autem taliter eius studeatis exaudire praecepta, ut ad eius beatitudinis mereamini gloriam introire.

(276) Mulier ait: Si vera sunt, quae tua proponit assertio, amoris est gloriosum deservire ministeriis, et eiusdem est periculosum

Heimkehr des Berichterstatters

(272) Nachdem ich mich rasch auf den Weg gemacht hatte,[204] um mich zu entfernen, und zu der Dame, die mich geleitet hatte, zurückgekehrt war, fand ich sie sitzend auf dem Büschel ohne Diener, ihre Füße aufs angenehmste aufgesetzt auf den neuen Stein, verfügend über ein äußerst wohlgenährtes und reich geschmücktes Pferd an ihrer Seite und (so) eine sehr mäßige Strafe erleidend. Sie stattete mir großen Dank ab und fügte hinzu: (273) ‚Entferne dich mit himmlischer Gnade, Freund, weil du von den Staatsangelegenheiten dieses Hofes *(huius curiae negotia)* nichts weiter sehen kannst. Ihr Ruhm ist nämlich mehr als doppelt so groß wie du gesehen hast, und unsere Strafe hart, was keinem Lebenden zu sehen gestattet ist.‘ Danach aber bestieg ich mein eigenes Pferd und wurde im Augenblick zu einem Wasserstrom geführt. Nachdem ich dort den Stab aus Kristall hineingeworfen hatte, kehrte ich unverletzt nach Hause zurück.

Warnende Schlußfolgerung des Berichterstatters

(274) Nimm also wahr, Madame, wie groß die Bedrängnis für die Liebesunwillige ist und wie großen Nöten sie unterworfen wird und wie große Auszeichnung und wieviel Ganz und Glorie diejenigen verdienen, welche den Einlaß Begehrenden die Pforte der Liebe nicht verschlossen haben, damit Ihr, nachdem Ihr Eure irrige Ansicht abgelegt habt, Euch würdig erweist, die erwähnten Auszeichnungen zu empfangen und die genannten Nöte zu vermeiden. Es wäre nämlich unschicklich und würde hoffnungsloses Unglück bringen, wenn eine so kluge und mit so anmutiger Schönheit gezierte Frau so schweren Qualen unterworfen sein und so viele Gefahren erdulden sollte. (275) Was also Eure Person zu betreffen scheint, bin ich von der Last des Auftrages der Liebe[205] befreit. Ihr aber möget trachten, ihren Regeln auf solche Weise Gehör zu geben, daß Ihr verdient, in die Glorie ihrer Seligkeit einzutreten.“

Versprechen der bekehrten Dame, sich einen würdigen Liebhaber zu suchen

(276) Die Frau sagt: „Wenn es wahr ist, was deine Behauptung vor Augen stellt, ist es ruhmreich, sich den Diensten der Liebe zu

---

[204] Ich folge hier der Lesung Ws nach ADEFH *arrepto itinere.* Trojel liest mit den anderen Hss. *accepto itinere.*

[205] Hier ist nicht zu entscheiden, ob *amor* personifiziert erscheint, da dem Wortlaut nach den Auftrag ja der Gott der Liebe *(amoris rex)*, nicht Gott Amor erteilt hat. Der Doppelsinn ist im Deutschen nicht nachzuahmen.

valde refragari mandatis. Sive igitur vera sint sive falsa, quae proponis, terribilium me deterret poenarum relatio, et ideo ab amoris nolo militia exsistere aliena, sed eius affecto consortio copulari et in meridiana mihi porta domicilium invenire. (277) Oportet me igitur meridianae portae dominarum consvetudinem per omnia reservare, ut nec quemlibet reiiciam nec quemlibet ad amoris portam pulsantem admittam. Curabo igitur cognoscere, quis dignus reperiatur ingressu, et ipsum examinata et cognita veritate suscipiam.

(278) Homo ait: Gratias ago amoris potentissimo regi, qui vestrum dignatus est revocare propositum dirumque fugavit errorem; sed quod velle deliberare contenditis, utrum clamans ad palatii portam amoris sim admittendus, res amara nimis verbumque satis mihi videtur acerbum. Nam si de meae vobis constat probitate personae, deliberationi non potest locus de iure patere. (279) Quia tamen non omnia benefacta facile possunt ad omnium devenire notitiam, esse potest, quod mea vobis facta sunt incognita, et ideo forte, quo ad conscientiam vestram, iuste fuit a vobis postulata deliberatio. Adeo tamen de meae confido probitatis operibus et de vestrae nobilitatis libramine, quod licet, quam quaero, differatur mihi largitio, non tamen credo, obsequia diu posse suis meritis defraudari. (280) Velit ergo Deus, ut meae spei fructum sentiam efficacem, et sicut mihi recedenti de vobis assidua cogitatio permanebit, ita de me absente divina vos faciat cogitare potentia.

widmen, und sehr gefährlich, ihren Geboten zu widerstreben. Sei es also wahr oder falsch, was du darlegst, mich schreckt die Erzählung der furchtbaren Strafen; und so will ich nicht vom Liebesdienst ausgeschlossen sein und mich ihrer ergebenen Gemeinschaft[206] anschließen und für mich eine Wohnstatt an der südlichen Pforte finden. (277) Ich muß also die Lebensart der Damen der südlichen Pforte in allem bewahren, so daß ich weder jeden zurückweise noch jeden, der an die Pforte der Liebe klopft, einlasse. Ich werde also darauf bedacht sein zu erfahren, wer des Eintritts für würdig befunden wird, und ich werde ihn, wenn ich die Wahrheit untersucht und erfahren habe, aufnehmen."

Hoffnung des Mannes, vielleicht der Erwählte zu sein

(278) Der Mann sagt: „Ich danke dem großmächtigen König der Liebe, der geruht hat, Euren Vorsatz zu widerrufen, und den schrecklichen Irrtum verscheuchte. Aber daß Ihr angestrengt überlegen wollt, ob ich, der ich rufe an der Pforte des Palastes der Liebe, einzulassen sei, scheint mir sehr bitter und das Wort sehr unfreundlich. Denn wenn bezüglich des inneren Werts meiner Person bei Euch Gewißheit herrscht, kann für Überlegung von Rechts wegen kein Raum bleiben. (279) Weil dennoch nicht alle guten Taten leicht zur Kenntnis aller gelangen, kann es sein, daß meine Taten Euch unbekannt sind; und so habt Ihr vielleicht nach Eurem Wissensstand zu Recht Überlegung gefordert. So vertraue ich jedoch den Werken meines inneren Werts und der Urteilsfähigkeit Eures Adels, daß, mag auch die Großmut, die ich suche, aufgeschoben werden, ich dennoch nicht glaube, daß Dienste lange um ihren Lohn betrogen werden können. (280) Wolle also Gott, daß ich einen wirklichen Ertrag meiner Hoffnung erfahre und so, wie das beständige Denken an Euch mir, der ich scheide, verbleiben wird, die göttliche Macht Euch an mich, der ich fern bin, denken läßt."

[206] *affecto consortio:* „sa troupe" B, „his devoted company" W, *sua compagnia* TT. Die Bedeutung „eifrig, ergeben" für das Adjektiv *affectus* belegt das Mlat. Wb. I s. v.

F. Loquitur nobilior plebeiae.

(281) Si nobilior plebeiae petat amorem, eundem potest retinere stilum, quo usus est nobilis, quum loqueretur plebeiae. Potest etiam commode sub hac alia forma procedere: A longinquis retro temporibus diem istam desideravi et plenarie in mente gessi propositum meam vobis aperire mentem et intentionem et, quanta mihi sit de vobis assidue cogitatio. (282) Temporis tamen inopportunitas usque nunc distulit amantis eloquium. Sciatis igitur, me totius mentis in vobis cogitationem et ancoram posuisse, nihilque me posse in saeculo isto beare nisi pretiosissimum personae vestrae thesaurum. Nam sine ipso nihil mihi videtur in saeculo possidere, et omnium saecularium rerum abundantia pro summa mihi reputatur inopia. (283) Solus vester amor regis me posset diademate coronare et in summa rerum inopia me cunctis facere divitiis abundare. Spes vestri amoris me vivum conservat in orbe, de quo desperatus sum coactus de vita migrare. Suis igitur obsequiis me conservare dignetur gratia vestra et comitis non repellat amorem. (284) Comes enim solus vel eo superior tanto reperitur dignus amore. Absit enim, ut tantus decor tantaque morum probitas ex plebe sibi curet amantem eligere. Cogitet ergo prudentia vestra super loquentis comitis fide atque devotione et ei digna suis meritis responsa retribuat.

(285) Mulier ait: Illa quidem plebeia esset vere beata, quae comitis digna reperiretur amore: Sed vos attente inspicite, qua reperiatur laude vel praemio dignus comes vel marchio, qui plebeiae

F. Es spricht ein Hochadeliger zu einer Bürgerin

(281) Wenn ein Hochadeliger sich um die Liebe einer Bürgerin bewerben sollte, kann er denselben Stil beibehalten, den der Adelige verwendete, da er mit der Bürgerin sprach. Ebenso angemessen kann er auf folgende andere Art vorgehen:

Liebesbekenntnis und Liebesantrag

„Seit lange vergangenen Zeiten habe ich diesen Tag ersehnt und in meinem Sinn den festen Vorsatz gefaßt, Euch mein Sinnen und Trachten und die Fülle und Beständigkeit meiner auf Euch gerichteten Gedanken zu eröffnen. (282) Der Mangel eines günstigen Zeitpunkts hat dennoch bis jetzt die Rede des Liebenden aufgeschoben. Wisset also, daß meine gesamte gedankliche Beschäftigung bei Euch vor Anker gegangen ist und daß auf Erden mich nichts selig machen kann als der wertvollste Schatz Eurer Person. Denn ohne ihn dünkt es mich, nichts auf Erden zu besitzen, und der Überfluß an allen irdischen Dingen gilt mir als der größte Mangel. (283) Nur Eure Liebe allein könnte mich mit dem Königsdiadem krönen und mitten im größten Besitzmangel an allen Schätzen Überfluß haben lassen. Die Hoffnung auf Eure Liebe hält mich am Leben auf der Erde. Wenn ich an ihr verzweifle, bin ich gezwungen, aus dem Leben zu scheiden. Ihr zu dienen, geruhe also Eure Gnaden mich zu bewahren[207] und nicht die Liebe eines Grafen zurückzuweisen. (284) Denn nur ein Graf oder ein noch höher Gestellter wird einer so großen Liebe für würdig befunden. Gott behüte, daß ein so großer Liebreiz und ein so großer sittlicher Wert darauf bedacht seien, sich einen Liebhaber aus dem Volk zu erwählen! Eure Klugheit möge also über Treue und Hingabe des Grafen, der zu Euch spricht, nachdenken und ihm eine seinen Verdiensten entsprechende Antwort erteilen."

Zweifel an den ehrlichen Absichten des Hochadeligen

(285) Die Frau sagt: „Jene Bürgerin wäre freilich wahrhaft selig, die der Liebe eines Grafen für würdig befunden würde: Aber betrachtet aufmerksam, welchen Lobes oder Preises ein Graf oder

[207] *Suis igitur obsequiis me conservare dignetur gratia verstra:* „Que votre Grace daigne donc me retenir à son service" B, „So I pray that in your kindness you may deign me to preserve me for your service" W, *Adunque, la grazia vostra alli suoi propri servigi mi conservi* TT. Ws Version entfernt sich zu stark vom Text.

deposcit amorem. O, quam mirabilis astur debet ille iudicari, qui, perdicibus omissis gruibus et fasianis, ex parvis passeribus et gallinarum filiis sibi curat quaerere victum. (286) Gaudeo ergo, si comitis amore digna reperiar; timeo tamen hominis alti et grandis genere tam parvae mulieris petentis amorem eligere. Videtur namque, quod ex sola cordis illud procedat inopia. Magnanimes enim soli merentur dominarum scire secreta et earum amore potiri. (287) Si meum igitur vobis amorem fuero largita, et eorum quae in amore exiguntur in vestra persona defectus reperiatur et ego ipsa, generis hoc proprii prohibente natura, forsan habere non possem, non diu noster amor recte gubernari valeret. Melius est ergo ab initio abstinere quam post causam iam inceptam poenitudine coartari.

(288) Homo ait: Ibi quisque debet sibi postulare amorem, ubi amoris svasione constringitur. Ille enim est amor electus, qui in quocunque ordine ex placibilitate et delectatione formae cuiusque solummodo sumpsit originem, non qui ob generis tantum quaeritur praerogativam. Amoris itaque non subverto praecepta, si ex minori ordine mihi curem amorem eligere, sed eius in hoc videor mandatis obsecundare. (289) Est namque tale praeceptum amoris: Qui vero cupit amore potiri, propriae fines non audeat voluntatis

Markgraf für würdig befunden wird, der Liebe von einer Bürgerin fordert. Oh, welche Bewunderung muß jener Habicht wecken, welcher Rebhühner, Kraniche und Fasane links liegen läßt und darauf bedacht ist, sich seine Nahrung aus kleinen Sperlingen und Hühnerküken auszusuchen! (286) Ich freue mich also, wenn ich der Liebe eines Grafen für würdig befunden werde; ich fürchte dennoch die Liebe eines hohen Mannes von bedeutender Abstammung, der die Liebe einer so niedrigen Frau zu erwählen begehrt. Es scheint nämlich, als ob jenes nur aus Kleinmut *(cordis inopia)* entspringe. Die Hochherzigen *(magnanimes)*[208] nämlich allein verdienen die Geheimnisse der Damen zu kennen und ihre Liebe zu erlangen. (287) Wenn ich also Euch meine Liebe geschenkt haben werde und sich in Eurer Person ein Mangel an dem in der Liebe Erforderlichen finden würde und ich selbst es vielleicht nicht haben könnte, da die Natur der eigenen Abkunft dies verwehrt, könnte unsere Liebe nicht lange richtig gesteuert werden. Es ist daher besser, von Anfang an Abstinenz zu üben als nach Beginn der Affäre[209] bestraft zu werden."

Bedeutungslosigkeit von Standesgrenzen in den Augen der Liebe

(288) Der Mann sagt: „Dort soll ein jeder für sich die Liebe fordern, wo er durch die Überzeugungskraft der Liebe festgehalten wird. Jene nämlich ist die auserwählte Liebe, die allein aus Gefallen und Ergötzen an irgendeiner Schönheit in welchem Stand auch immer entsprungen ist, und nicht diejenige, welche man nur wegen des Vorzugs der Herkunft sucht. Ich bringe also nicht die Regeln der Liebe zu Fall, wenn ich darauf bedacht bin, mir eine Liebe aus geringerem Stand auszuwählen, sondern scheine dabei ihren Geboten zu willfahren. (289) Es lautet nämlich die Regel der Liebe so: Wer aber Liebe erlangen will, wage nicht die Grenzen des eige-

---

[208] Die Tugend der *magnanimitas* und ihr Gegensatz sind begrifflich schwer zu fassen. Der TT behält einfach den lateinischen Ausdruck und übersetzt für *cordis inopia: povertá di cuore*, was ebenfalls mehrdeutig ist. Stehen hier Kühnheit vs. Feigheit im Vordergrund, oder ist hier eher von „großen Seelen" und „Kleingeist(ern)" die Rede („grandes âmes" vs. „esprit médiocre" B, ähnlich W)?

[209] *causa:* Im klassischen Latein „Anlaß, Grund, Umstand, Angelegenheit, Rechtsgegenstand, Sache, Freundschaftsverhältnis, Beziehung," etwa entsprechend dem Begriffsumfang von engl. *affair* (so W), im Deutschen nicht mit einem gleich polysemen Wort wiederzugeben.

excedere nec ordines discernat amori, qui ex quolibet genere suum vult exornare palatium, et omnes in sua curia aequaliter militare nulla ordinum praerogativa servata. Plebeia ergo in amoris curia aequali cum comite vel comitissa meruit ordine permanere. (290) Quum in vos tota mei animi dirigatur voluntas, sine omni vos possum reprehensione eligere, nec ex hoc parva sed valde magna petere iudicabor. Nam quum honorabili amoris curia digna permaneatis [honore] et ad vestrum voluntas me cogit amorem, inter magnanimes vestra me debet prudentia reputare. (291) A meo igitur non est abstinendum vobis amore, nisi bonis me videritis moribus destitutum et a bonis actibus alienum. Praeterea pulchrius accipiter suo volatu ingeniosam capit alaudam quam pigram qualiam et linea recta volantem.

(292) Mulier ait: Etsi dictis rationibus ad vestrum forte me possetis amorem coartare, alia me ratio ab hac necessitate defendit, quia, etsi omnia nostris succederent amplexibus prospera, si illud vulgi deveniret ad aures, omnes aperte meam famam reprehensione confunderent, quasi ultra modum propriae naturae metas excesserim. (293) Praeterea maioris altitudinis homo feminam ordinis inferioris fideliter non solet amare, sed, si amet, cito eius fastidit amorem et ipsam pro levi causa contemnit, quod manifesta ratione cognoscitur amoris obviare mandatis, in cuius curia generis nunquam potuit sibi locum vindicare discrimen, sed, ordinis cuiuscunque reperiantur amantes, aequali ordine consveverunt in amoris aula militiam promereri et nullius generis maioritatis prae-

nen Willens zu überschreiten und trenne nicht die Stände für die Liebe, die aus jedem Geschlecht ihren Palast schmücken will und die alle in gleicher Weise an ihrem Hof kämpfen lassen will – ohne Wahrung von Standesvorrechten. Die Bürgerin verdiente also am Hof der Liebe mit einem Grafen oder einer Gräfin im gleichen Range *(ordo)* zu verweilen. (290) Wenn der ganze Wille meines Herzens zu Euch gelenkt wird, kann ich ohne Tadel Euch wählen, und das Urteil wird aufgrund dessen lauten, ich würde nichts Geringes, sondern sehr Großes begehren. Denn wenn Ihr würdig des ehrenvollen Hofes der Liebe seid und der Wille mich zu Eurer Liebe drängt, soll mich Eure Klugheit unter die Hochherzigen zählen. (291) So dürft Ihr nicht auf meine Liebe verzichten, außer Ihr sähet, ich sei von den guten Sitten verlassen und den guten Taten abgeneigt. Außerdem ist's schöner, wenn der Falke die im Flug geschickte Lerche als die träge und gerade dahinfliegende Wachtel schlägt."

Angst vor Tadel der Gesellschaft und vor Untreue des hochadeligen Mannes

(292) Die Frau sagt: „Wenn Ihr mich auch durch die vorgebrachten Argumente vielleicht zu Eurer Liebe zwingen könntet, ein anderes Argument verteidigt mich gegen diese Notwendigkeit, nämlich daß, wenn auch alles Glück unseren Umarmungen folgen sollte, alle, wenn es dem Volk[210] zu Ohren käme, meinen Ruf öffentlich mit Tadel überhäufen würden, als ob ich maßlos die Grenzen der eigenen Natur überschritten hätte. (293) Außerdem pflegt ein Mann von höherem Rang eine Frau von geringerem Stand nicht in Treue zu lieben, sondern, wenn er sie lieben sollte, wird er rasch ihrer Liebe überdrüssig und verachtet sie aus geringem Grund.[211] Daß dies den Regeln der Liebe widerspricht, erkennt man klar, an deren Hof niemals der Unterschied der Geburt für sich einen Platz beanspruchen konnte, sondern die Liebenden, von welchem Stand auch immer sie sein mögen, im gleichen Range am Hof der Liebe den Dienst abzuleisten und sich keines Vorrechtes

[210] Ob *vulgus* hier allgemein die Öffentlichkeit, die Leute (so B, TT) oder nur das gemeine Volk (so W) meint, muß offenbleiben. Die abschätzige Charakteristik in § 294 spricht wohl eher für die gemeinen Leute.

[211] Ein schlagendes Argument aus allgemeiner Erfahrung undemokratischer, insbesondere feudaler Zeiten. Eindrucksvollen künstlerischen Ausdruck findet sie weit später etwa in da Pontes und Mozarts ‚Don Giovanni'. Die Frau spielt sie aber gegen das in *De amore* formulierte Liebesideal aus.

rogativa gaudere. Iusta igitur a vobis me tuetur defensionis occasio, † ne generis inaequalitas vestrum possit impedire propositum.

(294) Homo ait: Mirandum est nimis super prudentia vestra, quae tam incauta nititur se defensione munire. Qualis enim esset amor ille, qui populo teste perficitur et vulgi dilaniatur affatibus? Nonne amoris praecepto testante in amore non licet secretarios plures habere? Praeterea valentiae alicuius vel probitatis mulier non debet aliquem hac intentione amare, ut propter assueta vaniloquia vulgi et insidiantium suspectos rumores retro ab incepti amoris tramite cedat, et malorum ex hoc voluntas optatum capiat effectum. (295) Nam, ut bene novistis, reproborum est hoc propositum semper et cunctis intentio manifesta, ubi libet, facta impedire bonorum et amantium solatiis adversari. Vestra igitur discat serenitas malorum turpiloquia dolosa contemnere et eorum declinare insidias, ne malorum facta bonis inveniantur esse nociva. Maius enim pravis hominibus non posset praemium exhiberi, quam si suas persenserint fraudes vias impedire bonorum.

(296) De fide autem mea et legalitate amoris nec ego nec alius plenam vobis fidem facere posset, quia Deus ipse solus humani cordis est scrutator et testis; ei soli hominum est cogitatio manife-

einer höheren Geburt zu erfreuen pflegen. So schützt mich eine gerechte Gelegenheit zur Verteidigung vor Euch, daß nicht die Ungleichheit der Abstammung Euren Vorsatz behindern kann.

Geheimhaltung der Liebe und Verachtung mißgünstigen Klatsches

(294) Der Mann sagt: „Man muß sich sehr über Eure Klugheit wundern, die sich mit einer so unbedachtsamen Verteidigung zu schützen bemüht. Was für eine Liebe wäre nämlich eine solche, die sich vor den Augen des Volkes abspielt und durch Worte des Volkes zerfleischt wird? Ist es etwa nach dem Zeugnis der Liebesvorschrift in der Liebe gestattet, mehrere Mitwisser zu haben?[212] Außerdem soll eine Frau von irgendwelcher Vortrefflichkeit[213] oder innerem Wert nicht in der Absicht lieben, daß sie wegen des üblichen leeren Geredes der Leute und der argwöhnischen Gerüchte der Hinterhältigen[214] vom Pfad der begonnenen Liebe zurückweicht und der Wille der Bösen so die gewünschte Wirkung erreicht. (295) Denn, wie Ihr gut wißt, ist dies stets der Vorsatz und die für alle offensichtliche Absicht der Nichtswürdigen, die Taten der Guten, wo's beliebt, zu behindern und den Freuden der Liebenden im Weg zu sein. Eure Durchlaucht *(vestra serenitas)* möge also lernen, die arglistigen Schandreden der Bösen zu verachten und ihren Nachstellungen auszuweichen, damit nicht die Taten der Bösen den Guten zum Schaden gereichen. Eine größere Belohnung könnte nämlich den schlechten Menschen nicht zuteil werden, als wenn sie deutlich sehen, daß ihre Intrigen die Wege der Guten behindern.

Beteuerung eigener Treue

(296) Aber in meine Treue und Aufrichtigkeit der Liebe könnten weder ich noch ein anderer Euch Vertrauen einflößen, da nur Gott selbst der Erforscher und Zeuge des menschlichen Herzens

---

[212] Vgl. praeceptum amoris VI (I,vi,268) und regula amoris XIII (II,viii,46).

[213] *valentiae alicuius mulier:* „femme qui a quelque force d'âme" B, „woman of capacity" W, *valente donna* TT, *fame qui riens vaille* D. Mit der antiken Bedeutung „Körperkraft" ist hier nichts anzufangen. Von den bei Niermeyer und Blaise verzeichneten zusätzlichen mlat. Bedeutungen „Gesundheit, Rechtsgültigkeit, Geldwert, Macht, Stattlichkeit" käme hier höchstens die letzte in Frage. Am ehesten liegt aber ein Französismus vor, da *vaillance* im Mittelalter meist „Wert, Trefflichkeit" heißt. Vgl. TL 11 (1989) 78.

[214] Dies beschreibt die üblen Schwätzer und Verleumder der okzitanischen Liebeslyrik, die *lauzengiers.* Vgl. z. B. Bernart de Ventadorn XIX,42. In der spätmittelalterlichen deutschen Literatur entsprechen ihnen die ständig erwähnten *bösen klaffer,* wie sie hier auch H nennt (I,13,70).

sta. Factis ergo et operibus exterioribus a femina sapienti interior debet cogitatio deprehendi. Si propria igitur facta vel opera vestro me constituunt indignum amore et iustam vobis afferunt suspicionem, rogo, ut nullam apud vos valeam misericordiam promereri. (297) Et, si proprios mihi actus noveritis de iure non posse nocere, plena vos exoro fiducia, ut ex vestro iudicio nulla mihi procedat iniuria. Nam, quum nullus alicui suam fidem ad plenum possit facere manifestam, eadem ratione quaelibet mulier unumquemque posset amantem repellere. (298) Videat ergo magna prudentia vestra et subtili indagatione perquirat, quid deceat ad proposita respondere. Nam, ut bene superius vestris reperitur insertum faminibus, quantumcunque unus amantium altero inveniatur nobilior, post amoris initia aequalibus eos oportet in amoris aula gradibus ambulare.

(299) Mulier ait: Quamvis malorum insidiis non deceat cursum impediri bonorum, non tamen sequitur, quod semper invenire debeat bonorum ancora ripas. Nam in cuiuslibet est positum mulieris arbitrio, ut, quum ab ea postulatur amor, recuset amare, si placet, nec ex hoc aliqua potest iniuria deprehendi, sicut vestris novistis dictis asserere. Quae enim potest iniuria aestimari, si quidquam ab aliquo postulanti petitae rei largitio denegatur?

(300) Homo ait: Vere profiteor in mulieris esse collatum arbitrium postulanti, si velit, amorem concedere, et, si non concedat, nullam videtur iniuriam facere; sed tunc sine dubio infertur iniuria amanti, quum ipse bonus propter facta malorum suis meritis defraudatur, vel quum propter vanam suspicionem eius non potest

ist; ihm allein liegt das Denken der Menschen offen. An den Taten also und den äußeren Werken soll von einer klugen Frau das innere Denken erkannt werden. Wenn also die eigenen Taten oder Werke mich Eurer Liebe als unwert erweisen und Euch berechtigten Zweifel einflößen, bitte ich, daß ich von Euch kein Mitleid verdienen kann. (297) Und wenn Ihr wißt, daß mir eigene Handlungen von Rechts wegen nicht schaden können, flehe ich Euch voll Vertrauen an, es möge mir aus Eurem Urteil keine Ungerechtigkeit entstehen. Denn da keiner irgendeiner Frau seine Treue offensichtlich machen kann, könnte aus diesem Grund jede beliebige Frau jeden beliebigen Liebenden zurückweisen. (298) So möge Eure große Klugheit sehen und mit scharfsinniger Nachforschung ergründen, was geziemend auf die Anträge zu antworten sei. Denn es müssen entsprechend Eurem Wort, welches sich in Eurer früheren Rede findet, um wieviel adeliger auch immer einer der Liebenden als der andere befunden werden mag, sie beide nach dem Beginn der Liebe mit gleichen Schritten im Hof der Liebe wandeln."

Freie Liebeswahl kein Unrecht

(299) Die Frau sagt: „Obwohl es sich nicht ziemt, wenn durch Nachstellungen der Bösen der Fortschritt der Guten behindert wird, folgt daraus dennoch nicht, daß der Anker der Guten immer die Ufer finden muß. Denn dem Urteil einer jeden Frau ist es anheimgestellt, sich, wenn von ihr Liebe gefordert wird, die Liebe zu verweigern, wenn sie will, und darin kann man kein Unrecht feststellen, wie ihr mit Euren Worten zu behaupten wißt.[215] Für welches Unrecht kann es nämlich gelten, wenn jemand einem, der etwas von ihm fordert, das Geforderte zu geben verweigert?"

Forderung klarer Liebeswahl ohne Rücksicht auf unbegründete Verdachtsmomente

(300) Der Mann sagt: „Ich gebe wahrlich zu, daß es dem Urteil der Frau überlassen ist, dem Fordernden, wenn sie will, Liebe zu gewähren, und sie scheint, wenn sie sie nicht gewährt, kein Unrecht zu begehen; aber dann wird zweifellos dem Liebenden Unrecht angetan, wenn der Gute wegen der Taten der Bösen um seine Verdienste betrogen wird oder wenn wegen nichtigen Verdachts seine Mühe nicht den gebührenden Erfolg zeitigen kann.

---

[215] *sicut vestris novistis dictis asserere:* „comme vous l'avez soutenu" B, „as you knowledgeably stated" W, *siccome isforzato siete per vostre parole* TT, *Et vous meimes dit l'avez Par deseur, si com vous savez* D. Vermutlich ist gemeint: Entgegen Eurer Behauptung liegt darin kein Unrecht.

capere dignum labor effectum. (301) Debet enim mulier, quae postulatur amari, vel suum amorem promittere vel prorsus denegare petenti, vel, si de postulantis dubitet probitate, dicat: Primo bona facias, quam bonorum praemia petas. – Non enim sub simulantium amare velamento fidelis est recusandus amator, quia satis videtur iniquum, aliquem alterius iniquitate gravari.

(302) Mulier ait: Postquam vobis magis placet, denegari prorsus amorem quam sub forsitaneo dubio respondere, vobis morem gerere curo et vos amare recuso.

Homo ait: Rogo, ut me certum reddat prudentia vestra, si alium in corde amare disponitis.

(303) Mulier ait: Nec me cogit amoris lex, nec consvetudo me cogit amantium, ut, quod corde gero, vobis faciam manifestum. Nam etsi alium amare disponerem, nec vos quaerere nec me vobis insinuare deceret.

(304) Homo ait: Ergo mihi nullum in disputatione praesenti reservatur auxilium nisi vobiscum pleno sermone certare atque disputando cognoscere, utrum vos deceat vel non mihi vestrum denegare amorem, si eum in neminem alium expendistis amantem. Probo ergo, quod me non recte potestis amore vestro privare. (305) Nam amare aut est bonum aut est malum. Quod sit malum, non est asserere tutum, quia satis omnibus constat et est manifestum, et amoris hoc nobis doctrina demonstrat, quod neque mulier neque masculus potest in saeculo beatus haberi nec curialita-

(301) Die Frau, von der Liebe gefordert wird,[216] soll nämlich ihre Liebe entweder dem Fordernden versprechen oder geradewegs verweigern oder, wenn sie bezüglich des inneren Werts des Fordernden Zweifel hat, sagen: ‚Erst sollst du Gutes tun, bevor du dafür den Lohn forderst.‘ Man darf nämlich nicht einen treuen Liebenden unter dem Vorwand der Liebesheuchler zurückweisen, weil es sehr ungerecht erscheint, wenn jemand mit der Schlechtigkeit eines anderen belastet wird.“

Abweisung des Liebesantrags

(302) Die Frau sagt: „Da es Euch mehr gefällt, wenn die Liebe ganz und gar zurückgewiesen wird, als eine Antwort unter einem möglichen Vorbehalt, bin ich darauf bedacht, Euch zu willfahren, und weigere mich, Euch zu lieben.“

Frage nach einer anderen Liebesbindung – ohne Antwort

Der Mann sagt: „Eure Klugheit möge mich, bitte, wissen lassen, ob Ihr im Sinne habt, einen anderen zu lieben.“

(303) Die Frau sagt: „Mich zwingt weder das Gesetz der Liebe noch der Brauch der Liebenden, daß ich Euch offenbare, was ich im Herzen trage. Denn wenn ich auch die Absicht hätte, einen anderen zu lieben, geziemte es weder Euch, zu fragen, noch mir, Euch einzuweihen.“

Liebe als Anlaß aller guter Taten und die Pflicht, den Edlen zu lieben

(304) Der Mann sagt: „Also bleibt für mich in der gegenwärtigen Streitfrage keine andere Hilfe übrig, als mit Euch in gründlicher Auseinandersetzung zu streiten[217] und in der Diskussion zu erfahren, ob es Euch ziemt oder nicht, mir Eure Liebe zu verwehren, wenn Ihr sie keinem anderen geschenkt habt. Ich beweise also, daß Ihr mich nicht mit Recht Eurer Liebe berauben könnt. (305) Denn es ist entweder gut oder schlecht zu lieben. Zu behaupten, es sei schlecht, ist gefährlich, weil es für alle[218] eine offensichtliche Tatsache ist und uns die Liebeslehre es zeigt, daß weder eine Frau noch ein Mann auf der Welt für glücklich gehalten wird und weder Höfisches noch irgendetwas Gutes vollbringen kann, wenn

[216] *mulier quae postulatur amari:* Alle Übersetzungen verfahren hier so wie die unsere, obwohl die wörtliche Übersetzung lauten müßte: „die Frau, von der gefordert wird, daß sie geliebt werde.“ Es liegt wohl eine unlateinische Konstruktion vor.

[217] *vobiscum pleno sermone certare:* „d'argumenter contre vous“ B, „to stage a full verbal confrontation“ W, *di combattere con voi di parole* TT.

[218] *satis omnibus:* Da *satis* bei Andreas offenbar nur steigernde Funktion im Sinne von „sehr“ hat, lassen es alle Übersetzungen bei „alle“ aus.

tem nec aliqua bona perficere, nisi sibi haec fomes praestet amoris. Unde neccessario vobis concluditur ergo, bonum esse amare et appetibile. (306) Satis ergo utriusque sexus homo amare tenetur, si bonus et laudabilis in orbe cupit haberi. Si autem amare tenemini, ergo aut malos aut probitate decoros. Malos quidem non, quia praeceptum contradicit amoris. Sequitur ergo, solis bonis vestrum esse largiendum amorem. Quare, si me moribus noveritis decoratum, improbe mihi vestrum denegatis amorem.

(307) Mulier ait: Fateor, bonum esse amare et bonis tantum largiendum amorem; sed licentiam cuilibet amanti ab amore concessam mihi vultis auferre. Nam unicuique licet amanti amorem non largiri petenti; ergo et ego amoris fulta doctrina meo vos possum sine reprehensione amore frustrare aliumque postulantem admittere.

(308) Homo ait: Licentia amandi in vestrum collata arbitrium vobis auferri non potest, sed vestrum aequum debet esse arbitrium, ut, quae debetis, amare curetis. Non enim ob hoc vobis amor liberum voluit conferre arbitrium, ut concessa debeatis abuti licentia, sed ut maioribus apud ipsum mereamini praemiis honorari, si in tali posita bivio sibi studueritis serviendi viam eligere; unde, si in aliam contigerit vos divertere semitam, eum non mediocriter credatis offensum. (309) Nec vos tueri potestis, si alii in petendo posteriori vestrum concedatis amorem; nam priori digno petenti improbe denegatur amor et minus probe posteriori annec-

ihm nicht dieser Zündstoff der Liebe zur Verfügung steht. Daraus wird also notwendigerweise geschlossen, daß es für Euch gut und erstrebenswert ist zu lieben.[219] (306) So ist der Mensch beiderlei Geschlechts durchaus gehalten zu lieben, wenn er für gut und lobenswert auf der Welt gelten will. Wenn Ihr aber gehalten seid, zu lieben, so entweder die Bösen oder die mit innerem Wert Ausgezeichneten. Die Bösen gewiß nicht, weil die Liebesvorschrift dagegen spricht. Es folgt also, daß Eure Liebe nur den Guten geschenkt werden darf. Daher verweigert Ihr mir, wenn Ihr wißt, daß ich mit guten Sitten ausgezeichnet bin, in tadelnswerter Weise Eure Liebe."

Beharrung auf der freien Liebeswahl

(307) Die Frau sagt: „Ich gebe zu, daß es gut ist zu lieben und daß die Liebe nur den Guten geschenkt werden darf. Ihr wollt mir aber die Freiheit, die von der Liebe einem jeden Liebenden gewährt wird, rauben. Denn es ist einem jeden Liebenden gestattet, seine Liebe einem Werbenden nicht zu schenken. Also kann auch ich, auf die Liebeslehre gestützt, Euch ohne Tadel um meine Liebe bringen und einen anderen, der sie fordert, erhören."

Mißbrauch der Freiheit durch ungerechte Wahl

(308) Der Mann sagt: „Die Eurem Urteil anheimgestellte Freiheit zu lieben kann Euch nicht geraubt werden, aber Euer Urteil soll gerecht sein, damit Ihr darauf bedacht seid zu lieben, was Ihr sollt. Denn nicht deswegen wollte Euch die Liebe ein freies Urteil übertragen, damit Ihr die gewährte Freiheit mißbrauchen sollt, sondern daß Ihr verdient, von ihr mit höheren Auszeichnungen geehrt zu werden, wenn Ihr an einem solchen Scheideweg Euch bemüht habt, für Euch den Weg des Liebesdienstes[220] zu wählen. Wenn es daher passieren sollte, daß Ihr auf den anderen Weg abweicht, glaubet nicht, sie wenig verletzt zu haben. (309) Ihr könnt Euch auch nicht verteidigen, indem Ihr Eure Liebe einem anderen später Werbenden gewährt; denn dem ersten würdigen Werbenden wird die Liebe tadelnswerterweise verweigert und dem nächsten

[219] *Unde necessario vobis concluditur ergo bonum esse amare et appetibile:* Mit W das *vobis* zu *concluditur* zu ziehen („So you must necessarily conclude that loving is therefore a good and a desirable thing") ist grammatisch sicher unzulässig. Irreführend hier wie oft die Wortstellung bei Andreas.

[220] *sibi (=amori) serviendi viam:* Gemeint ist natürlich der richtige Weg des Dienstes.

titur. Non enim amor voluit, de suis militibus aliquem cum alterius iactura sentire iuvamen. Sic nec vos, rogo, velitis alii erogare, quod alteri pleno iure debetur.

(310) Mulier ait: Ea quae dicitis, satis ratione nituntur, si cor meum propriae annueret voluntati. Mea namque voluntas esset, quae proponitis, adimplere, sed cor contradicit omnino et dissvadet per omnia fieri, quod plena voluntate desidero. Ergo, si cor contradicit amare, quaeso, ut mihi asseratis, cui potius sit favendum: cordi scilicet an voluntati.

(311) Homo ait: Hanc discordiam me amplius audisse, non recolo, quod aliud corde et aliud voluntate quaeratur. Sed si est, quod verbis asseritis, illud prorsus debetis eligere, quod iustitia et veritate defenditur.

(312) Mulier ait: Quod dicitis, stare non potest, quia coacta nemini sunt grata obsequia et nullis digna praemiis iudicantur. Quare igitur amori praestarem obsequia, si amoris praemia consequi non deberem? Praeterea qualis posset esse amor contra cordis voluntatem praesumptus? Nam, quod primitus corde ac voluntate appetitur, illud solum amoris debet amplecti muneribus; quod

weniger löblich zugebilligt. Die Liebe wollte nämlich nicht, daß irgendeiner von ihren Streitern auf Kosten eines anderen Unterstützung erfährt. So wollt, bitte, auch nicht dem einen spenden, was dem anderen mit vollem Recht geschuldet wird."

Widerspruch von Herz und Willen

(310) Die Frau sagt: „Was Ihr sagt, stützt sich durchaus auf die These, daß mein Herz mit meinem eigenen Willen übereinstimmte. Mein Wille nämlich wäre es, was Ihr vorschlagt, zu erfüllen, aber das Herz widerspricht völlig und rät in jeder Hinsicht ab, das geschehen zu lassen, was ich mit ganzem Willen wünsche. Wenn also das Herz der Liebe widerspricht, bitte, sagt mir, wem ich eher nachgeben soll: dem Herzen nämlich oder dem Willen."

Prinzip der Gerechtigkeit

(311) Der Mann sagt: „Ich erinnere mich nicht, je[221] von diesem Zwiespalt gehört zu haben, daß eines mit dem Herzen und anderes mit dem Willen gesucht wird. Aber wenn es das gibt, was Ihr mit Euren Worten behauptet,[222] sollt Ihr durchaus das wählen, was von Gerechtigkeit und Wahrheit verteidigt wird."

Ablehnung erzwungener Liebe und des Primats des ersten Werbenden

(312) Die Frau sagt: „Was Ihr sagt, kann nicht aufrecht bleiben, weil niemandem erzwungene Dienste angenehm sind und nicht als belohnenswert gelten. Warum also sollte ich der Liebe Dienste erweisen, wenn ich die Auszeichnungen der Liebe nicht zu erhalten verdiente? Des weiteren: Was für eine Liebe könnte denn eine gegen den Willen des Herzens[223] beanspruchte sein? Denn was man von Anfang an mit Herz und Willen erstrebt, nur das soll man mit Liebesbeweisen umarmen.[224] Wie ich aber, was

---

[221] *amplius non:* Es könnte auch die gewöhnliche lateinische Bedeutung „weiter, öfter" vorliegen. Vermutlich zu Recht übersetzen aber alle es hier als Teil der Negation („ne … jamais"; „not … ever"; „non … mai"). Dann hätten wir einen Romanismus vor uns (*amplius ~ magis*).

[222] *sed si est quod verbis asseritis:* „Mais, si ce que vous dites est vrai" B, „But if your statement is true" W, *Ma se sosì è come dite* TT. Das kann natürlich ebensogut gemeint sein.

[223] *cordis voluntatem:* Eine überaus ungeschickte Formulierung innerhalb der Opposition von *cor* und *voluntas.*

[224] *Nam, quod primitus corde ac voluntate appetitur, illud solum amoris debet amplecti muneribus:* „l'amour ne doit pourvoir de ses faveurs que ce que désirent d'abord et le cœur et la volonté" B, „Only the object initially sought by heart and will ought one to grasp by means of Love's gifts" W, *Solo quella cosa che la persona desidera primieramente col cuore e colla*

autem corde non peto, quo modo possem amare, non video. (313) Sed et dixistis, quod alteri non possum recte proprium largiri amorem, si ab aliquo primo fuerit postulatus. Sed nonne fera bestia, quae prioris venatoris fuerat venabulis sauciata, si eam posterior [non] apprehenderit, eius debet esse, qui cepit? Certe utique; ergo et secundus amator muneris perceptione potior est habendus in amore quam primus.

(314) Homo ait: Etsi grata regi non possimus exhibere servitia, ei tamen offensam non debemus inferre. Nam qui sola obsequii subtractione offenditur, multo magis [laeditur et] laesus provocatur ad iram. Laeditur autem amor, si uni ex suis militibus debitus alii impendatur honor. Ergo, si vestrum postulavi primus amorem, quamvis vester non sit animus inclinatus, eum tamen in alium tam festinanter non decet expendere, quia forte:

„Grata superveniet, quae non sperabitur hora".

(315) In brevi namque rex posset amoris vestram pietatis imbre superfundere mentem et vestri mihi amoris desperatum adducere fructum; quod fieri non posset, si alii vestra fuerit largitate concessus. Nec mihi obstare potest, quod de venatione dixistis, quia illud obtinere constat de quorundam speciali consvetudine satis iniqua. (316) Sed generalis per orbem consvetudo conservat, ut, si aliquis feram bestiam de propriis commoverit abditis et eam venando per-

ich mit dem Herzen nicht erstrebe, lieben könnte, sehe ich nicht. (313) Aber Ihr habt auch gesagt, daß ich einem nicht rechtmäßig meine Liebe schenken kann, wenn sie zuerst von jemand anderem verlangt wurde. Aber soll nicht ein wildes Tier, das von den Jagdspießen des ersten Jägers verwundet worden war, wenn ein späterer es gefaßt hat, dem gehören, der es gefangen hat? Doch gewiß![225] Daher soll auch in der Liebe dem zweiten Liebenden eher der Erwerb der Gunst zuerkannt werden als dem ersten."

Primat des ersten Werbenden und Warnung vor übereilter Abweisung

(314) Der Mann sagt: „Wenn wir auch dem König keine willkommenen Dienste leisten können, dürfen wir ihm dennoch keine Beleidigung antun. Denn wer allein schon durch einen vorenthaltenen Dienst beleidigt wird, wird (dadurch) umso mehr verletzt und durch die Verletzung in Rage gebracht.[226] Amor aber wird verletzt, wenn die einem seiner Ritter geschuldete Ehre einem anderen erwiesen wird. Daher geziemt es sich doch nicht, wenn ich als erster Eure Liebe gefordert habe, auch wenn Euer Sinn nicht zugeneigt ist, sie so schnell einem anderen zu schenken, denn vielleicht: ,wird eine glückliche Stunde kommen, die man nicht erhofft hat.'[227]

Hoffnung auf spätere Erhörung und Beharrung auf dem Primat des ersten Werbenden

(315) In Kürze nämlich könnte der König der Liebe Euren Sinn mit dem Regen der Milde übergießen und mir die nicht mehr erhoffte Frucht Eurer Liebe bringen; was nicht geschehen könnte, wenn sie einem anderen durch Eure Großzügigkeit gewährt wurde. Ein Hinderungsgrund kann auch nicht sein, was Ihr über die Jagd gesagt habt, weil es anerkanntermaßen nur nach einer eigentümlichen, sehr ungerechten Gewohnheit gewisser Leute Geltung besitzt. (316) Aber die weltweit allgemeingültige Gewohnheit hält fest, daß die allgemeine Gewohnheit, wenn einer ein

---

volontà, si dee abracciare con amore TT. Alle Übersetzungen setzen de facto voraus, daß *amplecti* hier passivisch verwendet wird. Vgl. Stotz 4, IX, § 72.7.

[225] W sieht hierin eine Anspielung auf Ovids Erzählung vom kaledonischen Eber in den *Metamorphosen* VIII,380ff.

[226] *multo magis laeditur et laesus provocatur ad iram:* Die Hälfte der Codices läßt *laeditur et* aus. Will man es mit W im Text halten, ist wohl in Gedanken *illa offensa* „durch diese Beleidigung" zu ergänzen.

[227] *Grata superveniet quae non sperabitur hora:* Horaz, *Episteln* I,iv,14 (vgl. Walther 10396).

sequitur, quamvis ipsam apprehenderit alter, priori tamen eam generalis consvetudo reservat. Ergo, quum alium in petendo praecessi, vestro de iure non possum amore privari.

(317) Mulier ait: Inurbanum satis esse videtur et a bonis moribus manifeste deviare cognoscitur, si bonum, quod quisque sibi habere non potest, alteri prorsus velit denegare petenti. Ergo, quum meum habere non potestis amorem, dilectionis et cordis affectionis hoc inhibente defectu, alios amandi mihi non debetis praecludere viam. (318) Nam, quum ipse amor me nolit adversus vos amoris inflammatione perfundere, sed adversus alium mihi spiraculum infundat amandi, ipsum sine aliqua possum blasphemia diligere. Ut tamen vobis contra me omnis removeatur occasio, vestri gratia amori non curabo vacare, et videbo, an peccatrix virgo conceperit et peperit mitis gallina draconem.

(319) Homo ait: Quae proponitis verba, quamvis humanas videantur aures mulcere, tamen veritatis perquisita indagine sophistica palliatione teguntur. Numquid enim peccator, quia Deus sibi

wildes Tier aus seinem Versteck getrieben hat und es im Jagen verfolgt, auch dann, wenn es ein anderer gefaßt hat, es dem ersten vorbehält.[228] Daher kann ich, wenn ich einem anderen beim Werben zuvorgekommen bin, nicht von Rechts wegen Eurer Liebe beraubt werden."

Völlige Absage an den Liebesdienst

(317) Die Frau sagt: „Es zeugt von großer Unhöflichkeit *(inurbanum)* und hat mit guten Sitten *(boni mores)* nichts zu tun, wie man klar sieht, wenn ein jeder das Gut, das er für sich nicht haben kann, einem anderen Bittenden geradewegs verweigern will. Wenn Ihr also meine Liebe nicht haben könnt, da es der Mangel an zärtlicher Zuneigung des Herzens verbietet, dürft Ihr mir nicht den Weg, andere zu lieben, versperren. (318) Denn da Amor selbst mich nicht mit Glut der Liebe zu Euch erfüllen will, sondern mir den Hauch der Liebe zu einem anderen einflößt, kann ich ihn ohne irgendeine üble Nachrede[229] lieben. Damit Euch jedoch jeder Vorwand mir gegenüber genommen wird, will ich Euretwegen nicht darauf bedacht sein, mich der Liebe zu widmen, und werde sehen, ob die sündige Jungfrau empfangen wird und das friedliche Huhn einen Drachen gebären wird."[230]

Erinnerung an die dafür vorgesehene Strafe

(319) Der Mann sagt: „Obwohl die Worte, die Ihr vorbringt, die menschlichen Ohren zu besänftigen scheinen, werden sie nach dieser Treibjagd auf die Wahrheit[231] nichtsdestowneiger mit dem Mantel der Sophisterei zugedeckt. Bleibt denn etwa ein Sünder,

---

[228] Eine besonders ungeschickte Wiederholung des Subjekts *(generalis consuetudo)* aus dem übergeordneten im untergeordneten Satz, die durch die (im Deutschen hier grammatisch nicht mögliche) Schlußstellung nur notdürftig verschleiert wird.

[229] *blasphemia:* Vgl. Niermeyer s. v.

[230] *an peccatrix virgo conceperit et pepererit* [W für das überlieferte *peperit*] *mitis gallina draconem:* Vermutlich steht hier der Konjunktiv des Perfekts in futurischer Bedeutung. TT wählt hier seltsamerweise das Plusquamperfekt, das Andreas aber wohl nicht gemeint hat. B weist auf eine inhaltliche Parallele in einem Vers der *Alexandreis* Walthers von Châtillon (X,353) hin, wo *peperit gallina draconem* als ein wunderbares Vorzeichen genannt wird. Die erste Satzhälfte halte ich dagegen für eine Parodie auf den in der Exegese und Liturgie auf Maria gemünzten Jesaja-Vers Is 7,14 *Ecce virgo concipiet*. Maria gilt dabei als Antitypus der Sünderin Eva.

[231] *veritatis perquisita indagine:* „mais en les examinant pour y découvrir les vérités qu'elles recèlent" B, „if the truth is sought" W, *cercata la verità* TT.

gratiam non infundit, apud ipsum Deum permanserit excusatus? Certe nequaquam, sed aeternis erit suppliciis mancipatus. Ergo, si amoris vultis indignationem effugere et eius cupitis spiraculis inflammari, suscipiendi amoris gratiae vos habilem constituatis et dignam.

(320) Mulier ait: Et quantumcunque quisque bonum operetur in orbe quo ad aeternae beatitudinis praemia capienda sibi valere non potest, nisi ex caritatis illud procedat affectu. Eadem igitur ratione, quantumcunque actibus propriis et operibus studeam regi servire amoris, si illud non ex cordis affectione procedat et ex actu derivetur amandi, ad amoris mihi praemia valere non potest. Ergo quoadusque me radius non pertinget amoris, mei non potestis amoris largitate potiri.

(321) Homo ait: Et ego Deum flexis genibus exorabo semper, ut vos cogat amare, quod decet, et quod vestrae clareat celsitudini expedire.

weil Gott ihm die Gnade nicht eingießt, bei Gott selbst entschuldigt? Sicherlich auf gar keinen Fall. Vielmehr wird er den ewigen Qualen anheimgegeben. Wenn Ihr daher dem Unmut Amors entkommen wollt und von seinem Hauch entflammt zu werden wünscht, verhaltet Euch lenkbar und würdig, um die Gnade der Liebe zu empfangen."[232]

Keine gute Tat ohne gute Intention

(320) Die Frau sagt: „Und wieviel Gutes ein jeder auf Erden auch wirkt, kann es ihm für die Erlangung des Lohnes der ewigen Seligkeit nichts nützen, wenn jenes nicht aus dem Gefühl der Nächstenliebe *(caritas)* hervorgeht.[233] Daher kann es aus demselben Grund, wie sehr auch immer ich trachte, durch eigene Taten und Handlungen dem König der Liebe zu dienen, mir nicht zum Lohn der Liebe verhelfen, wenn es nicht aus dem Gefühl des Herzens hervorgeht und sich nicht aus der Realität der Liebe[234] herleitet. Solange folglich der Strahl der Liebe mich nicht erreicht, könnt Ihr nicht das Geschenk meiner Liebe erhalten."

Gebet um Erleuchtung der Dame

(321) Der Mann sagt: „Und ich werde Gott auf Knien immer anflehen, daß er Euch zwingt zu lieben, was sich geziemt und was offenkundig für Eure Hoheit förderlich ist."[235]

---

[232] *suscipiendi amoris gratiae vos habilem constituatis et dignam:* Unsere Übersetzung geht ziemlich mit den anderen konform. Wörtlich heißt es allerdings „würdig der Gnade der zu empfangenden Liebe" – wohl ein Fall von Hypallage.

[233] Vgl. I Cor 13,3.

[234] *ex actu amandi:* „de l'impulsion de l'amour" B, „from the act of loving itself" W, *da atto d'amore* TT. Ich meine, Andreas verwendet hier den aristotelischen Gegensatz von Akt und Potenz. Vom Liebesakt ist gewiß nicht die Rede.

[235] *et quod vestrae clareat celsitudini expedire:* „et ce dont Votre Altesse, manifestement, tirerait profit" B, „and to enhance the fame of your high status" W, *e richiede la vostra grandezza* TT. Vgl. Stotz 4, X § 14.4.

G. Loquitur nobilior nobili.

(322) Quum nobilior nobilem feminam sui alloquatur affatu, quo nobilis et nobilior sunt usi sermone plebeiae, eodem utatur et ipse eo excepto, quod ad generis cognoscitur pertinere commendationem, et quod nobilis non est multum laudibus insistendum. Praetera sub hac formula poterit exordiri: Maiores mihi restant Deo gratiae referendae quam cuiquam in orbe viventi, quia hoc, quod meus animus videre super omnia cupiebat, nunc corporali mihi visu est concessum aspicere, et hoc mihi Deum credo praemium concessisse propter nimium desiderii mei affectum, et quia mei voluit exaudire preces importune precantis. (323) Non enim poterat diei vel noctis hora pertransire continua, qua Deum non exorarem attentius, ut corporaliter vos ex propinquo videndi mihi concederet largitatem. Nec est mirum, si vos videndi tam magno agebar affectu et tam grandi voluntate angebar, quia vestri decoris ac sapientiae laudes mundus universus attollit, et per infinitas mundi partes curiae probitatis vestrae relatione quasi cibo quodam corporali pascuntur. (324) Et ego nunc aperta veritate cognosco, quod nec lingua nec animus hominis vestram speciem atque prudentiam esset narrare vel cogitare sufficiens. Et ideo maxima, quam habebam, vos videndi ac serviendi voluntas non modica suscipit augmenta et maiora ulterius incrementa cognoscet, quia liquide mihi constat et est manifestum, quod vobis servire solum est cunctis in hac vita regnare, et sine ipso nihil posset ab aliquo

G. Es spricht ein Hochadeliger zu einer Adeligen

(322) Wenn ein Hochadeliger eine adelige Frau persönlich[236] anspricht, mag er auch dieselben Worte verwenden, die der Adelige und der Hochadelige gegenüber der Bürgerin verwendet haben, mit Ausnahme dessen, was sich erkennbar auf die Hervorhebung der Abstammung bezieht, und zwar deshalb, weil man auf das Lob einer Adeligen nicht viel Gewicht legen muß. Im übrigen wird er mit dieser Formel beginnen können: Redeeinleitung

„Ich habe[237] Gott größeren Dank abzustatten als irgendjemand, der auf Erden lebt, weil das, was mein Sinn vor allem zu sehen wünschte, mir nun mit eigenen Augen zu erblicken gestattet ist, und ich glaube, daß Gott mir diesen Lohn wegen der übermächtigen Sehnsucht, welche ich empfand, zuerkannt hat und in der Absicht, die Bitten des ungestüm Bittenden zu erhören. (323) Es konnte nämlich keine volle Stunde des Tages oder der Nacht vergehen, in der ich nicht Gott inständig anflehte, daß er mir das Geschenk, Euch leibhaftig aus der Nähe zu sehen, gewähre. Und es ist nicht verwunderlich, wenn ich von so großem Verlangen aufgewühlt und so großem Wunsch gequält wurde, Euch zu sehen, denn die ganze Welt preist Eure Schönheit und Klugheit, und in unzähligen Teilen der Welt ernähren sich die Höfe von der Erzählung Eures inneren Wertes wie von einer wirklichen Speise. Liebesbekenntnis und Schmeichelei

(324) Auch ich erkenne nun, da die Wahrheit offen zutage liegt, daß weder Zunge noch Geist eines Menschen ausreichen könnten, Eure Schönheit und Klugheit zu schildern oder zu ermessen. Und so steigert sich der übergroße Wille, Euch zu sehen und zu dienen, den ich hatte, nicht wenig und wird noch weiterhin größeren Zuwachs erfahren, weil es für mich mit völliger Gewißheit feststeht und offensichtlich ist, daß der Dienst für Euch allein bedeutet, über alle in diesem Leben zu herrschen, und ohne ihn auf Erden Anerbieten des Liebesdienstes

---

[236] *sui affatu* „mit der Anrede seiner (selbst)", von den meisten Übersetzern ausgelassen. Nur W schreibt „with his own lips" und erklärt „i.e., not with an intermediary".

[237] *mihi restant* + Gerundivum offenbar eine der vielen Ersatzformen für die Formen von *esse*, wie alle Übersetzer annehmen.

in hoc saeculo dignum laudibus adimpleri. (325) Deum quidem exoro coelestem, ut id mihi solum ex sua gratia concedat propriis actibus semper operari, quod vestrae debeat omnino dignitati placere. Nulla enim me posset demum perturbare adversitas vel sinistrum impedire fortunae. (326) Et ego bona semper cuncta, quae fecero, vestris volo laudibus indulgere et per omnia vestro nomini deservire. Nam quidquid boni peregero, intuitu vestri et assidua contemplatione noveritis esse perfectum.

(327) Mulier ait: Grates vobis multas constringor offerre, quod tantis me vultis commendare praeconiis tantisque vobis placuit me laudibus exaltare. Vester ergo mihi, sciatis, gaudium inducit adventus, vestraque mihi satis est grata praesentia eo, quod dicitis grande vobis esse remedium, quod corporali me potestis visu percipere. Gaudeo itaque, si tanta beatitudine digna merear inveniri, ut vobis vel aliis causa esse valeam vel benefaciendi occasio. (328) Volo tamen quandam vobis admonitionem dare praecipuam, ut neminem vestris tantum debeatis laudibus exaltare, quod postea vobis verba pudeat detractione supprimere; et nullius curetis tantum famae vestro derogare sermone, ut ipsum proinde non possitis nisi verecunde laudare. Praeterea nullam debetis tam effuso sermone laudare, ut alterius probitati vestro derogetur affatu. (329) Nam ex eo, quod mihi dicitis tantum servire esse in hac vita regnare, aliis dominabus omnibus iniuriam videmini patenter inferre, quibus forte aeque ut mihi vel plus quam mihi est servire laudandum. Vestra igitur nulli fas esset feminae recusare obse-

von niemandem etwas Rühmenswertes zustande gebracht werden kann. (325) Ich bitte ja Gott im Himmel, daß er in seiner Gnade mir dies allein mit meinen Taten immer zu bewirken gestatte, daß ich gänzlich Eurer Hoheit gefallen dürfte. Mich könnte nämlich kein widriger Umstand stören noch die Ungunst des Schicksals hindern. (326) Und ich will alles Gute, das ich tun werde, immer Eurem Ruhm weihen und in allem Eurem Namen dienen. Denn Ihr sollt wissen, daß, was immer Gutes ich tun werde, kraft Eures Anblicks und ständigen Denkens an Euch ausgeführt wurde."

Höflicher, unbestimmter Bescheid

(327) Die Frau sagt: „Ich bin gezwungen, Euch großen Dank abzustatten, daß Ihr mich durch so große Lobpreisungen auszeichnen wollt und es Euch gefiel, mich durch so große Lobsprüche zu erheben. Wisset, Eure Ankunft erfreut mich, und Eure Anwesenheit ist mir sehr angenehm, weil Ihr es ein großes Heilmittel für Euch nennt, daß Ihr mich mit eigenen Augen sehen könnt. Daher freue ich mich, wenn ich verdiene, so großer Seligkeit[238] für würdig befunden zu werden, daß ich Euch und anderen Grund und Gelegenheit, Gutes zu tun, sein kann.

Warnung vor übertriebenem Lob einer Frau auf Kosten anderer

(328) Trotzdem möchte ich Euch eine treffliche Ermahnung zuteil werden lassen: Ihr sollt niemand mit Euren Lobsprüchen so sehr emporheben, daß Ihr Euch später schämen müßtet, die Worte durch Herabsetzung zu widerrufen; und Ihr sollt nicht darauf bedacht sein, jemandes Ruf mit Euren Worten so sehr zu schmähen, daß Ihr ihn in der Folge nur mit Scham loben könnt. Außerdem sollt Ihr keine mit so sprudelnden Worten loben, daß durch Eure Anrede der innere Wert einer anderen geschmäht wird.[239] (329) Denn mit der Behauptung, daß der Dienst für mich allein bedeute, in diesem Leben zu herrschen, scheint Ihr allen anderen Damen offen Unrecht anzutun, denen zu dienen vielleicht ebenso lobenswert ist wie mir oder mehr als mir.

Annahme des Liebesdienstes

Es hätte also keine Frau das Recht, Eure Dienste zurückzuweisen, weil Ihr, wie es festzustehen scheint, ein Mann von außeror-

---

[238] *tanta beatitudo* ist vermutlich ein eher ungeschickter Ausdruck für das, was W als „so blessed a role" interpretiert.

[239] Das erinnert an die Kritik Walthers von der Vogelweide an Reinmars unüberbietbarem Lob seiner Dame *Ich wirbe um allez daz ein man* MF X/159,1ff. in *Ein man verbiutet âne phliht* Lachmann 111,22ff./ Cormeau Nr. 81.

quia, quia, ut constare videtur, homo estis nimiae probitatis et multa urbanitate praeclarus ac generositate refulgens. (330) Et ideo recte agitis, si ea vestris actibus facere studeatis, quae vestro generi et probitati respondeant. Nobiliores enim viri nobiliores tenentur mores habere quam alii, et magis eorum fama modica rusticitate et a beneficiis abstinendo gravatur quam ignobilis viri [et pravae naturae progeniti] satis graviora committendo. Gaudeo ergo, si vobis causa et origo bonorum exsisto, et in quibus potero benefaciendi semper vobis in cunctis praestabo favorem.

(331) Homo ait: Omnia quidem esse vera, quae de vobis narrata sunt per orbem, certissimo nunc experimento cognosco. Nam vestra liquide responsione docetur, quantus in vobis sapientiae viget effectus, quantaque probitatis vos doctrina decoret. Vestra igitur curastis admonere prudentia, ut in laude vel detractione cuiusque modificatam studeam adhibere mensuram; in quo apparet vestra plenitudo scientiae manifesta. (332) Sed absit, me in evidenti fallacia reperiri, ut, quod a cunctis laudatur hominibus, mea debeat obumbrare facundia, quum, sive malorum sive bonorum hominum famae quis si reperiatur propria relatione detrahere, eius, de quo loquitur, nullo modo possit apud prudentes allidere famam, sed suam ipsius affatu noscatur opinionem gravare. Quidquid ergo vultis dicere vel facere mihi, secure potestis, nullam meae linguae sinistram timentes relationem. (333) In hoc tamen plurimum est vobis negotio praecavendum, quia, si bona feceritis, vestrae personae laudes nullorum ora tacebunt, sin autem mala,

dentlichem innerem Wert seid und berühmt für feines Benehmen *(urbanitas)* und leuchtend durch Adel der Geburt.[240] (330) Und so handelt Ihr richtig, wenn Ihr das in Euren Taten zu vollbringen trachtet, was Eurer Herkunft und Eurem inneren Wert entspricht. Hochadelige Männer nämlich sind verpflichtet, edlere Sitten zu haben als andere, und ihr Ruf wird mehr durch geringfügiges bäurisches Benehmen *(rusticitas)* und Abstinenz von guten Taten beschädigt als der eines gemeinen Mannes, wenn er viel Schlimmeres begeht. Ich freue mich also, wenn ich für Euch Ursache und Ursprung guter Taten bin, und ich werde für Euch in allem, was in meiner Macht steht, immer eine Förderin guter Taten sein."

Unverfänglichkeit von Schmähungen bei den Weisen

(331) Der Mann sagt: „Daß gewiß alles wahr ist, was man über Euch auf dem Erdkreis erzählt hat, lerne ich nun aus eigenster Erfahrung kennen. Denn aus Eurer Antwort lernt man eindeutig, wie stark bei Euch die Wirkung der Weisheit ist und welch intensive Ausbildung inneren Werts Euch schmückt.[241] So wart Ihr in Eurer Klugheit auf die Ermahnung bedacht, daß ich mich bemühen möge, bei Lob oder Tadel einer jeden Maß zu halten; dabei tritt Eure Fülle des Wissens offen in Erscheinung. (332) Aber Gott verhüte,[242] daß ich bei einem offenkundigen Betrug ertappt werde, daß meine Beredsamkeit etwas, das von allen Leuten gelobt wird, verdunkeln müßte; denn wenn einer ertappt wird, wie er den Ruf schlechter oder guter Menschen durch seine Aussagen schmälert, so kann er den Ruf dessen, über den er spricht, bei den Klugen auf keine Weise schädigen, sondern offenbart sich als einer, der die Meinung über sich selbst durch seine Nachrede belastet. Was auch immer Ihr wollt, könnt Ihr unbehelligt mir sagen und tun, ohne böse Aussage meiner Zunge zu fürchten.

Warnung vor Schmähsüchtigen

(333) In dieser Angelegenheit müßt Ihr Euch dennoch besonders in Acht nehmen, denn wenn Ihr Gutes tut, werden die

[240] *generositate refulgens:* S. u. Anm. 244.

[241] *quantaque probitatis vos doctrina decoret:* „et combien vous rehaussent les principes de la vertu" B, „and how your schooling in moral virtue adorns you" W.

[242] Die gängige lateinische Redewendung *absit* drückt schon der toskanische Übersetzer des 14. Jh.s mit *non voglia iddio* (ähnlich dann B) aus. Unbedenklich ist es dennoch nicht, hier eine christliche Floskel hineinzubringen.

etsi a vobis mala perpetrata reticeam, quia neminem decet probum de aliquo sinistra referre, at tamen vestras desistam attollere laudes. Et postea maledici, quibus in maledicendo nulla reperitur norma praefixa, sed aliorum est eis cibus et potus inique supprimere famam, non cessabunt more consveto iniqua facta referre. (334) Quod autem dixi, solum servire vobis esse in hac vita regnare, nullam ex hoc credo aliis dominabus iniuriam exoriri [vel fieri], quia aliis subtrahendo servitia vobis nequaquam possem obsequia pretiosa praestare, et aliarum voluntatibus obsequendo vestrum credo protinus desiderium adimpleri, maxime ubi aliis vestra gratia dominabus impendantur obsequia. (335) Vestra me praeterea dulcis ac svavis doctrina commonuit, ut propriis studeam actibus exercere, quod meo possit generi convenire et meae per omnia naturae congruere, quam vestram svasionem omnimoda me sciatis alacritate suscipere et esse penitus obedire paratum. Neminem etenim quacunque generositate praeclarum decet suis actibus a tramite deviare bonorum, sicut vestra satis superius fecit relatio manifestum. (336) Sic ergo assimili videtur modo vestrae probitati congruere, ut vos sanguinis naturae, a qua vestra manifeste propagatur origo, propriis curetis actibus deservire. Nobilitati autem vestrae constat nihil magis esse conveniens, quam ut id vestris studeatis actibus operari, quo vos respicientibus benefa-

Lippen aller das Lob Eurer Person nicht verschweigen, wenn aber Schlechtes, werde ich zwar Eure schlechten Taten verschweigen, weil es niemandem von Wert ziemt, über irgendjemand Schlechtes zu erzählen, allerdings jedoch aufhören, Euer Lob zu singen. Und danach werden die Schmähsüchtigen, für welche es keine vorgegebene Grenze bei Schmähreden gibt, sondern es Speise und Trank bedeutet, den Ruf anderer auf ungerechte Art herabzuwürdigen, nicht aufhören, auf die übliche Weise von schimpflichen Handlungen zu erzählen.

Dienst für die eine Dame als Dienst für alle Damen und umgekehrt

(334) Was aber meine Behauptung betrifft, der Dienst für Euch allein bedeute, in diesem Leben zu herrschen, so glaube ich, daß den anderen Damen dadurch kein Unrecht geschieht, denn ich könnte, wenn ich den anderen meine Dienste entzöge, Euch keineswegs wertvolle Dienste leisten, und indem ich den Wünschen der anderen willfahre, glaube ich, daß Euer Wunsch geradewegs erfüllt wird, besonders wo anderen Damen um Euretwillen Dienste geleistet werden.

Noblesse oblige

(335) Mich ermahnte außerdem Eure süße und sanfte Unterweisung, mit meinen Taten auszuführen, was meiner Abstammung gemäß sein und in allem mit meiner Natur übereinstimmen könnte. Diese Eure Empfehlung, wisset, bin ich bereit, mit jeglicher Schnelligkeit[243] aufzunehmen und vollkommen zu befolgen. Niemandem nämlich, der für seinen wie auch immer beschaffenen Geburtsadel[244] berühmt ist, geziemt es, durch seine Taten vom Pfad des Guten abzuweichen, wie es Eure früheren Worte sehr deutlich gemacht haben. (336) So scheint es also in ziemlich ähnlicher Weise mit Eurem inneren Wert übereinzustimmen, daß Ihr darauf bedacht sein sollt, mit Euren Taten der Natur des Blutes, von der Euer Ursprung offensichtlich herkommt, zu dienen.

Bitte um gerecht geschuldete Lohngewährung für den Liebesdienst

Ganz gewiß entspricht aber Eurem Adel nichts mehr, als daß Ihr das durch Eure Taten vollbringen sollt, wodurch bei denjeni-

[243] *omnimoda alacritate:* Alle Übersetzer versuchen diesen Unsinn zu übertünchen. Er steht aber da. Stotz verzeichnet *omnimodus* „von aller Art, jederlei" 3, VI 157,9; 174,3.

[244] *generositas:* „mérite" B, „gentility" W, *nobiltà* TT. Der Ausdruck hat hier offenbar (entgegen Bs Ansicht) die alte lateinische Bedeutung bewahrt. Auch H paraphrasiert: *wie vasst edler er ist.*

ciendi semper valeat augmentari propositum et plena conservari voluntas. (337) Scio enim, quod, si homo quisquam in orbe propter fidei puritatem et promptum serviendi affectum vestrum dignus inveniretur promereri solatium et vestram gratiam pro suis meritis impetrare, apud vos ego prae omnibus maioribus praemiis merebor honorari. Vos enim inter omnes alias meliori electione mihi dominam praefeci potentem, cuius volo semper obsequiis mancipari, et cuius laudi desidero universa benefacta referre. (338) Vestram autem clementiam pleno cordis affectu deposco, ut me vestrum specialem hominem reputetis, sicut vestris singulariter sum mancipatus obsequiis, et ut mea facta praemium mereantur coram vobis invenire, quod opto.

(339) Mulier ait: Nihil in orbe sedet, quod meus tam avide desideret animus ut evidenter fạcere possim, quam quod laudibus sit et praemio dignum. Et quidem in Deo patre confidentiam gero plenariam, quod, usque quo largitum mihi sensum conservabit illaesum, nil studebo perficere, quod omni non sit argutioni suppositum. (340) Malorum autem detractionibus obviare mihi videtur impossibile prorsus et durum continere laborem, quia satis esset facilius fluvium naturaliter ad ima currentem per eundem alveum ad originis fontem veloci cursu reducere quam maledicorum ora compescere vel eorum insidias cohibere. Ideoque ipsos credo suo

gen, welche auf Euch schauen,[245] der Vorsatz, Gutes zu tun, immer sich verfestigen und der Wille voll bewahrt werden kann. (337) Ich weiß nämlich, daß, wenn irgendein Mann auf der Welt wegen der Reinheit der Treue und der Bereitschaft, Euch zu dienen, würdig befunden würde, Beglückung von Euch *(vestrum solatium)* zu verdienen und Eure Gunst *(vestra gratia)* für seine Verdienste zu erlangen, ich vor allen verdienen werde, von Euch mit größerer Belohnung *(praemia)* geehrt zu werden. Ich habe nämlich Euch unter allen anderen durch beste Wahl zu meiner mächtigen Herrin gemacht, in deren Diensten ich immer stehen will und deren Lobpreis ich alle guten Taten zuschreiben will. (338) Von Eurer Milde *(clementia)* aber verlange ich dringend aus ganzem Herzen, daß Ihr mich als Euren besonderen Lehnsmann[246] erachtet, so wie ich nur in Eure Dienste genommen worden bin, und daß meine Taten verdienen, vor Euch die Belohnung zu finden, die ich ersehne."

Unvermeidlichkeit und Verächtlichkeit übler Nachrede

(339) Die Frau sagt: „Nichts gibt es auf Erden, was mein Sinn so begierig vor aller Augen zu vollbringen ersehnt wie das, was des Ruhmes und der Auszeichnung würdig ist. Und ich habe gewiß volles Vertrauen in Gott, den Vater, daß ich, solange er mir den geschenkten Verstand unverletzt bewahrt, trachten werde, nichts auszuführen, was nicht jeglicher Prüfung standhält.[247] (340) Es erscheint mir aber geradezu unmöglich und äußerst mühevoll, den Schmähungen der Schlechten zu begegnen, denn es wäre viel leichter, einen Fluß, der von Natur aus hinunterströmt, durch dasselbe Flußbett zur Ursprungsquelle in raschem Lauf zurückzuführen als die Mäuler von Schmähsüchtigen zu stopfen oder ihre Anschläge abzuwehren. Und so glaube ich eher, daß diese ihrem

---

[245] *vos respicientibus:* „ceux qui vous observent" B, „those who look to your help" W, *in quelli che guardano a voi* TT.

[246] *vestrum specialem hominem:* „vôtre homme lige" B (mit Anm.), „your special man" W, *ispeziale vostro servo* TT, *ewren sundern, lieben, aigen man* H. Zu *homo* vgl. auch Schlösser, S. 69 („Lehnsmann"). *specialis* wird im Mittelalter aber auch für den Vertrauten gebraucht (s. Niermeyer, s. v.).

[247] *nil … quod omni non sit argutioni suppositum:* „rien que puisse prêter le flanc à quelque critique" B, „nothing which is not controlled by abundant sense" W, *cosa la quale dagli uomini possa essere degnamente ripresa* TT. Die *argutio* ist im antiken kirchlichen Latein nur die Beweisführung, während das Verb *arguere* sowohl auf den positiven Beweis oder die Behauptung als auch auf die Widerlegung und den Tadel zielt.

potius arbitrio relinquendos quam eorum insistere correctioni, quos a malis dictis ipsa natura prohibuit emendari. (341) Eorum igitur prorsus sunt vaniloquia contemnenda et conversatio declinanda, quia cuiuscunque modi fuerint facta bonorum, maledicorum semper relatio ea faciet sua interpretatione sinistra. Et ideo cuilibet homini probo sufficiat conscientia pura defendi et per bonam famam hominum bonorum arbitrio sustentari. (342) Ad haec verum esse profiteor, quod aliarum dominarum voluntatibus obsequendo mihi videntur obsequia exhiberi; sed quod ad me universa debeant benefacta referri, incompetens videtur, et iniuria videretur non modica, quum aliae quam plurimae aequali forte vel maiori gaudeant probitate maiorique dignae reperiantur honore. Meam praeterea nobilitatem tali cupio moderamine gubernare, ut vobis et cuilibet alii pro me bona facienti per orbem benefaciendi propositum semper valeat augmentari et plena conservari voluntas. (343) Dicitis etiam, per omnia vos meis mancipari obsequiis multisque apud me prae omnibus dignum esse praemiis honorari propter nimium serviendi affectum, et quia me dominam vobis specialem elegisse contenditis. Sed absit, ut a vobis vel quolibet alio impensa mihi obsequia diu possint irremunerata iacere, si quacunque fuerint notitia mihi indicata. (344) Quod autem rogatis, ut meum vos hominem specialem debeam reputare, sicut specialiter meis estis mancipati obsequiis, et ut optatum vobis curem praemium exhibere, qualiter possit adimpleri, non video. Talis enim specialitas aliis forte posset praeiudicium generare, quibus forsitan aequalis vel maior quam vobis est mihi serviendi voluntas.

eigenen Urteil überlassen werden müssen, als daß man auf der Besserung derer bestehen soll,[248] denen die Natur selbst die Reinigung von bösen Worten verwehrt hat. (341) Ihre nichtigen Reden sind also durchaus zu verachten und der Umgang mit ihnen zu vermeiden, weil der Bericht der Schmähsüchtigen immer die Taten der Guten, von welcher Art auch immer sie gewesen seien, kraft ihrer Deutung schlecht machen wird. Und so möge es jedem wertvollen Menschen genügen, von einem reinen Gewissen verteidigt und durch einen guten Ruf nach dem Urteil guter Menschen unterstützt zu werden.

Verweis auf den Wert anderer Frauen

(342) Überdies erkläre ich es für zutreffend, daß mir Dienste geleistet zu werden scheinen, wenn den Wünschen anderer Damen willfahren wird. Aber es scheint unpassend, alle guten Taten mit mir in Verbindung zu bringen, und es würde kein kleines Unrecht bedeuten, da sehr viele andere sich vielleicht eines gleichen oder höheren inneren Wertes erfreuen und größerer Ehre für würdig befunden werden. Ferner wünsche ich, meinen Adel nach einer solchen Richtschnur zu lenken, daß in Euch und jedem anderen, der meinetwillen Gutes tut, der Vorsatz, auf Erden Gutes zu tun, immer sich verfestigen und der Wille voll bewahrt werden kann.

Bitte um genaue Definition des Dienstlohns

(343) Ihr sagt auch, daß Ihr in allem mir zu Diensten steht und daß Ihr Eures großen Diensteifers wegen vor allen würdig seid, bei mir durch viele Belohnungen geehrt zu werden, und weil Ihr behauptet, mich als Eure besondere Herrin *(domina)* auserwählt zu haben. Gott aber möge verhüten,[249] daß von Euch oder irgendeinem anderen für mich geleistete Dienste lange unbelohnt ruhen können, wenn sie mir durch irgendeine Nachricht bekanntgemacht wurden. (344) Auf welche Weise jedoch Eure Bitte, daß ich Euch so als meinen besonderen Lehensmann ansehen soll, wie Ihr besonders meinen Diensten ergeben seid, und daß ich darauf bedacht sein soll, Euch die ersehnte Anerkennung zu erweisen, erfüllt werden kann, sehe ich nicht. Eine solche Aussonderung könnte nämlich vielleicht anderen gegenüber ein Vorurteil schaffen, die vielleicht einen gleichen oder größeren Wunsch, mir zu

---

[248] So oder ähnlich alle Übersetzungen. Aber die lateinische Konstruktion ist sehr seltsam.

[249] Siehe Anm. 242.

Praeterea, quid sit illud, quod a vobis apud me praemium exoptatur, non est mihi per omnia notum, nisi vestra illud primo mihi faciat indicatio manifestum.

(345) Homo ait: Quod vobis de maledicis enarravi, non illud asserui, quasi vellem vobis onus inferre animos cohibendi malorum, sed ut vestra vos talem sedula facta demonstrent, ut malorum inde invidia semper sua possit incrementa cognoscere, et ab eorum insidiis bonorum vos defendat opinio, sicut etiam vestra prudentissime superius indicavit auctoritas. Sufficit enim cuilibet apud bonos pura conscientia reservari. (346) Illud autem, quod in aliarum dixistis iniuriam retorqueri, si vestris scilicet omnia benefacta laudibus referantur, nullius iura videtur allidere nullamque continere offensam. Quamvis enim a femina bonum cuiuslibet factum debeat approbari, quilibet tamen homo laudandus cuncta sua facta unius debet mulieris specialiter laudibus indulgere, et mulierum quaeque prudentium, quamvis singulorum sibi debeant beneficia placere, unius tamen laudabiliter potest actus approbare et suis ea debet specialiter laudibus reputare. (347) Ex hoc enim nulli procedit iniuria, si me propriosque actus universos et singulos vestris specialiter servitiis deputavi vosque mihi dominam recognovi praecipuam. Aliis igitur sufficiat ceterorum specialiter obsequiis honorari. (348) Nihil enim earum videtur expedire utilitatibus hac vos pro eis sollicitudine fatigari, quum vestris per omnia ministeriis mea sit annexa voluntas, cui imperari non potest peritissimi hoc Donati vobis insinuante doctrina: In tantum enim liberrima reperitur humana voluntas, quod nullius eam posset a firmiter

dienen, haben als Ihr. Außerdem ist mir ganz und gar nicht bekannt, was das ist, was von Euch bei mir als Belohnung *(praemium)* gewünscht wird, wenn nicht Euere Preisangabe[250] es mir zuerst bekannt macht."

Alleiniger Wert des Urteils der Guten

(345) Der Mann sagt: „Was ich Euch über die Schmähsüchtigen erzählt habe, das habe ich nicht behauptet, als ob ich Euch die Last auferlegen wollte, den Sinn der Bösen zu zügeln, sondern damit Eure eifrigen Taten Euer Wesen aufzeigen, so daß daraus der Neid der Bösen immer sein Wachstum erfahren kann, die Meinung der Guten Euch aber gegen ihre Anschläge verteidigt, wie auch Euer autoritativer Ausspruch *(auctoritas)* sehr klug schon zuvor gezeigt hat. Es genügt nämlich einem jeden, vor den Guten mit einem reinen Gewissen zu bestehen.

Berechtigung des Liebesdienstes für eine Auserwählte ohne Beleidigung anderer

(346) Was aber nach Euren Worten anderen zum Unrecht ausschlagen könnte, wenn nämlich alle guten Taten Eurem Ruhm zugerechnet werden, scheint das Recht von niemandem zu verletzen und keine Beleidigung zu enthalten. Obwohl nämlich die gute Tat eines jeden Mannes von einer Frau anerkannt werden muß, soll dennoch jeder lobenswerte Mann alle seine Taten im besonderen dem Ruhm einer einzigen Frau widmen, und jede einzelne kluge Frau kann, obwohl ihr die guten Taten jedes einzelnen gefallen sollen, lobenswerterweise die Handlungen eines einzigen anerkennen und soll sie in besonderer Weise ihrem Ruhm zurechnen. (347) Daraus entsteht nämlich für niemanden ein Unrecht, wenn ich mich und meine Handlungen, insgesamt und im einzelnen, in besonderer Weise bestimmt habe, Euch damit zu dienen, und Euch für mich als besondere Herrin anerkannt habe. Anderen möge es also genügen, mit den Diensten anderer Männer in besonderer Weise geehrt zu werden. (348) Denn es scheint ihnen gar nichts zu nützen, wenn Ihr Euch ihretwegen mit dieser Besorgnis quält, da mein Wille in jeder Hinsicht Euren Diensten verbunden ist, dem nichts befohlen werden kann, wie Euch die Lehre des sehr erfahrenen Donatus nahelegt: Soweit nämlich gilt der menschliche Wille als der freieste, daß ihn niemandes Mühe von einem fest be-

---

[250] *indicatio:* Alle Übersetzungen fassen das Wort nur im Sinne von „Angabe, Aussage, Erklärung". Ich halte es dagegen für möglich, daß hier wirklich der Terminus aus der antiken Geschäftssprache gemeint ist.

concepta dispositione conatus avertere. (349) Aliae igitur dominae nil mihi possunt ex debito postulare, nisi ut vestrae contemplationis intuitu mea sibi debeam beneplacita largiri obsequia et obsequiorum originem cauto reticere silentio; vobis autem tantum debiti obligatione constringor in cunctis laudabilia meis actibus operari et nullius improbitatis macula vitiari. Mihi autem a vobis hoc restat ex debito largiendum, sicut vestra novistis sponsione firmare, ut exhibita pro vobis obsequia non diu valeant muneris viduitate gravari. (350) Dixistis autem, dominationem vestram, si in me speciali affectione resideat, aliis praeiudicium generare, quibus forte maior quam mihi vel aequalis est vobis serviendi voluntas. Et sic respondeo: Si vobis serviendi cuiquam maius sit quam mihi vel aequale propositum, rogo, ut nulla me possint apud vos iuvamina suffragari nec rationis aliqua iura tueri. (351) Dixistis autem, exoptatum a me non plenius intelligere praemium, ad quod mea cuncta procedit intentio. Sed vestram cupio clementiam edoceri, quod talis apud vos praemii largitionem promereri deposco, quo intolerabilis est poena carere, et illud possidere largi-

schlossenen Vorsatz abbringen könnte.[251] (349) So können andere Damen mir nichts als Pflicht abverlangen, außer daß ich ihnen um Euretwillen[252] wohlgefällige Dienste schenken und die Quelle der Dienste mit klugem Schweigen übergehen soll. Nur Euch aber bin ich durch das Band der Pflicht verbunden, mit allen meinen Handlungen Lobenswertes zu bewirken und durch keinen Makel der Schlechtigkeit befleckt zu werden. Nun ist es aber noch an Euch, mir dies pflichtgemäß zu gewähren, daß sich – wie Ihr in Eurer Zusage zuzusichern wißt – die Euch geleisteten Dienste nicht lange durch das Fehlen des Lohnes vernachlässigt fühlen können.[253]

Behauptung eigener unüberbietbarer Dienstbereitschaft

(350) Ihr sagtet aber, daß Eure Stellung als Herrin *(vestra dominatio)*, wenn sie auf der besonderen Zuneigung zu mir beruhe, anderen gegenüber ein Vorurteil schaffe, die vielleicht einen größeren Wunsch als ich, Euch zu dienen, haben oder einen gleichen. Darauf antworte ich: Wenn irgendjemand einen festeren Vorsatz hat, Euch zu dienen, als ich oder einen gleichen, so bitte ich um keine von Euch zu leistende Unterstützung noch um eine Verteidigung mit irgendwelchen Vernunftsgründen.

Bitte um Gegenliebe als Dienstlohn

(351) Ihr sagtet aber, daß Ihr den von mir ersehnten Lohn nicht ganz versteht, worauf all mein Streben hinzielt. Euer Gnaden *(vestra clementia)* sei aber nach meinem Wunsche darüber unterrichtet, daß ich fordere, bei Euch das Geschenk einer solchen Belohnung zu verdienen, die zu entbehren unerträgliche Pein bereitet, und daß jenes Geschenk zu besitzen bedeuten würde, alle Reich-

---

[251] Diese Lehre hat sich bisher weder bei dem Grammatiker Aelius Donatus (ca. 310–380) noch bei dem *Aeneis*-Kommentator Tiberius Claudius Donatus (um 400) nachweisen lassen. Auch mit der Häresie der Donatisten kann sie nichts zu tun haben.

[252] *vestrae contemplationis intuitu:* „par ègard pour vous“ B, „stimulated by my gazing at and pondering on you“ W, *per vostra grazia* TT, „per riguardo a voi“ I, *durch ewren willen* H. Tatsächlich macht es der Vergleich mit I,vi,326 und 540, wo *intuitu et contemplatione* als Synonyme gekoppelt erscheinen, wahrscheinlich, daß die seltsame Phrase mit innerem Genitiv auch hier für *intuitu et contemplatione vestri* steht.

[253] *exhibita pro vobis obsequia non diu valeant muneris viduitate gravari:* Ein Musterbeispiel für Andreas' verqueren Manierismus. Der Mann versucht, die prinzipielle verklausulierte Lohnzusage § 343 stilistisch noch zu übertrumpfen.

tum cunctis esset divitiis abundare. (352) Idque vobis esset mihi satis exhibere svave, nisi vestra mihi forte reperiatur obviare voluntas. Vester igitur amor est illud, quod mihi salutis quaero remedium, et quod mea studeo venatione percipere.

(353) Mulier ait: Multum videmini a recto quodam amoris tramite deviare et optimae [et opportunae] amantium consvetudinis transgressor exsistere, quod tam festinanter postulatis amorem. Sapiens enim et instructus amator, quando aliquam dominam sibi antea prorsus incognitam prima visitatione alloquitur, non explicito debet affatu amoris postulare donaria, sed propria debet industria sui notitiam applicare amanti et in cunctis suis dictis se illi svavem et placabilem exhibere; post vero id agere curet, ut ipsum quoque absentem pleno iure valeant amanti sua facta laudare; tertio vero loco securius accedat postulaturus amorem. (354) Sed hunc vos ordinem manifesta transgressione turbastis, quod ideo vos fecisse recogito, quod nimis me facilem ad concedendum, quod petitis, credidistis, vel quia non estis in amoris arte peritus. Unde vester quidem amor est merito suspectus habendus.

(355) Homo ait: Si verum est, me amoris ordinem perturbasse, hoc mihi vestra videtur indulsisse licentia. Nam quum ex his, quae cauto et implicato sermone narrabam, mea vobis posset esse intentio manifesta, quasi, quid peterem, nullatenus intelligentes postulastis, evidentiori vobis illud explicari sermone. Non ut ergo credens vestram facilitatem vel vestri repentinam amoris postu-

tümer im Überfluß zu haben. (352) Und dies zu gewähren wäre auch für Euch sehr angenehm,[254] außer Euer Wille würde vielleicht als dem meinen entgegengesetzt befunden. Eure Liebe ist es also, was ich für mich als Medizin für meine Genesung suche und auf meiner Jagd zu erlangen trachte."

Vorwurf übereilter Forderung

(353) Die Frau sagt: „Ihr scheint erheblich vom rechten Pfad der Liebe abzuweichen und ein Übertreter der besten Gewohnheit[255] der Liebenden zu sein, weil Ihr so eilig Liebe fordert. Der kluge und unterwiesene Liebhaber soll nämlich, wenn er eine ihm vorher durchaus unbekannte Dame bei der ersten Begegnung anspricht, nicht unverblümt die Geschenke der Liebe fordern, sondern mit besonderem Fleiß sich der Geliebten bekannt machen und sich in allen seinen Worten ihr gefällig und sanft erweisen; danach aber soll er darauf bedacht sein, daß seine Taten ihn, auch wenn er abwesend ist, bei der Geliebten mit vollem Recht loben können; auf der dritten Stufe aber möge er sich dann zuversichtlicher nähern, wenn er Liebe fordern will. (354) Aber diese Reihenfolge habt Ihr in offensichtlicher Übertretung durcheinandergebracht. Das habt Ihr, denke ich, so gemacht, weil Ihr glaubtet, ich sei allzu leicht bereit, Eure Forderung zu erfüllen, oder weil Ihr in der Kunst der Liebe nicht erfahren seid. Aufgrund dessen muß man sicher gegen Eure Liebe mit Recht Verdacht hegen."

Erlaubte Verkürzung der Stufenfolge der Liebesgewährung in Notfällen

(355) Der Mann sagt: „Wenn es wahr ist, daß ich die Reihenfolge der Liebe durcheinandergebracht habe, scheint mir das Eure Erlaubnis zugestanden zu haben. Denn obwohl aus der Darstellung meiner vorsichtigen und verwickelten Rede[256] Euch meine Absicht einsichtig sein konnte, fordertet Ihr, als verstündet ihr meine Bitte gar nicht, sie solle Euch in deutlicheren Worten erklärt werden. Nicht wie einer also, der Euch für leichtfertig hält oder

[254] *Idque vobis esset mihi satis exhibere suave:* „Qu'il vous plaise de m'en gratifier" B, „It would be quite pleasant for you to grant me this" W, *lo qual merito leggermente dare mi potete* TT, *vnd das ew süß vnd mynnsam ist zw geben* H. Die völlig willkürliche Wortstellung bei Andreas erschwert hier wie so oft das klare Verständnis.

[255] Der *consuetudinis transgressor* soll vermutlich an den biblischen *transgressor legis* (Iac 2,11) erinnern.

[256] Der Terminus *cautus et implicatus sermo* kennzeichnet insgesamt die Redeweise der Gesprächspartner, insbesondere aber des Mannes.

lans largitatem, talem volui petitionem emittere, sed meum propositum vobis cupiens quaerentibus indicare. (356) Praeterea, licet ordo debeat ille servari, quem dicitis, iusta tamen potest interveniente causa turbari. Nam si nimius me cogit affectus, et intrinseco vulnere sum sauciatus amoris, iusta me necessitas ab hac improbitate tuetur. Importuna namque necessitas nulla potest iuris regula coartari. (357) Sed et, si aliquid mihi desit in amoris industria, necessario me oportet magnae sapientiae vel valoris amorem exigere, ut per hoc mea valeat imperitia removeri et amoris penitus edoceri doctrina. Nam si imperitus imperitae deposcat amorem, talium non posset amor idonea incrementa cognoscere nec in competenti diu posset statu durare. (358) Nam marinis angustiis exposita navis et aquarum subiugata procellis, licet iucundus sit ventus exortus, si sine instructo reperiatur gubernatore atque remige, inter ipsa ventorum prospera modica quidem aura submergitur et ad ima decurrit aquarum. Utraque igitur a vobis supposita ratio optima iacet responsione sopita et in nullo meis dictis valet obviare propositis.

(359) Mulier ait: Etsi per omnia inveniamini dignus amari, nimis tamen ampla et aspera terrarum intercapedo nos disiungit, ut amoris vicissim praestandi solatia locum sibi valeat et tempus ido-

der das sofortige Geschenk Eurer Liebe fordert, wollte ich die Bitte vorbringen, sondern wie einer, der Euch auf Eure Fragen meine Absicht darlegen will. (356) Außerdem kann jene Reihenfolge, von der Ihr sprecht, obwohl sie an sich eingehalten werden soll, doch, wenn ein gerechter Grund vorliegt, gestört werden. Denn wenn eine heftige Leidenschaft mich zwingt und ich von einer tiefen Wunde der Liebe verletzt wurde, schützt mich eine gerechte Notwendigkeit vor dem Vorwurf dieser Schlechtigkeit. Eine ausweglose Notwendigkeit nämlich kann durch keine Rechtsnorm geregelt werden.

Notwendigkeit der Belehrung durch die erfahrene Frau

(357) Aber auch, wenn mir noch irgendetwas im Liebeseifer abgeht, muß ich notwendigerweise eine Liebe von großer Weisheit oder Kraft[257] fordern, damit dadurch meine Unerfahrenheit beseitigt und gründlich durch die Liebeslehre unterrichtet werden kann. Wenn nämlich ein Unerfahrener die Liebe einer Unerfahrenen fordert, könnte deren Liebe keinen geeigneten Zuwachs erfahren und nicht lange in passendem Zustand andauern. (358) Denn ein Schiff, das der Seenot ausgesetzt und den Meeresstürmen unterworfen ist, wird, auch wenn sich ein angenehmer Wind erhoben hat, ohne geübten Steuermann und Ruderer selbst bei glücklichen Winden gewiß von einem geringen Hauch versenkt und fährt in die Tiefen der Wasser hinab. So liegen beide von Euch beigebrachten hervorragenden Argumente auf dem Boden, von der Entgegnung eingeschläfert, und können in keinem Punkt den von mir vorgebrachten Worten Paroli bieten."[258]

Hindernis der räumlichen Entfernung

(359) Die Frau sagt: „Wenn Ihr auch in allem würdig befunden würdet geliebt zu werden, trennt uns dennoch eine allzu weite und mißliche Entfernung der Länder, daß sich ein passender Ort und Zeitpunkt für die Gelegenheit, einander die Freuden der Liebe zu

---

[257] *magnae sapientiae vel valoris amorem:* „celui d'une femme de grande experience ou de grand mérite" B, „the love of one of great wisdom or resource" W, *amore di gran sapienza* TT, „amore molto saggio e valoroso" I, *einer weisen, wolkünenden, auskürnden* („kundigen, wählerischen") *frawen ... lieb* H. Das Folgende verlangt wohl eine personalisierende Deutung. Nur die Italiener geben aber wieder, was wirklich dasteht.

[258] Einer der seltenen Fälle, wo der Sieg eines Gesprächspartners im Redestreit dadurch eindeutig markiert wird, daß der andere Gesprächspartner nicht mehr repliziert, sondern abrupt das Thema wechselt.

neum opportunitas invenire. Amantes enim ex propinquo degentes poenarum, quae ex amore procedunt, alternatim sibi possunt esse remedia et in suis se compassionibus adiuvare et suum amorem mutuis vicibus ac laboribus enutrire; distantes vero suas non possunt mutuas agnoscere poenas, sed unumquemque oportet suis mederi angustiis et poenarum suarum esse remedium. (360) Ideoque noster non videtur amor perficiendus, quia regula nobis demonstrat amoris, quod amantium quotidianus aspectus crescere facit amorem, unde ex contrario sensu percipio, amorem contrahi et distantia deficere, et ideo sibi quisque ex propinquo lucrari curet amorem.

(361) Homo ait: Vos illud quidem curatis asserere, quod omni videtur rationi contrarium. Cunctis enim claret hominibus, quod facilis rei optatae perceptio vilitatis parit originem et contemptibile facit haberi, quod totus prius mentis desiderabat affectus. Sed econtra: bonum, quodcunque praestationis difficultate differtur,

spenden, finden könnten.[259] Liebende, die in der Nähe wohnen, können sich nämlich gegenseitig Heilmittel spenden für die Qualen, die aus der Liebe folgen, und sich durch ihr Mitleiden helfen und ihre Liebe mit gemeinsamen Schicksalen und Mühen nähren;[260] wenn sie aber getrennt sind, können sie ihre beiderseitigen Qualen nicht kennen, sondern jeder einzelne muß von seinen Ängsten geheilt werden und die Medizin für seine Qualen sein. (360) Folglich scheint unsere Liebe nicht durchführbar, weil uns die Liebesregel[261] zeigt, daß der tägliche Anblick die Liebe der Liebenden wachsen läßt, woraus ich im Gegenteil entnehme, daß die Liebe durch die Entfernung verringert wird und abnimmt und so ein jeder darauf bedacht sein soll, für sich eine Liebe in der Nähe zu gewinnen."

Schwierigkeit der Vereinigung als Erprobung und Steigerung der Liebe

(361) Der Mann sagt: „Ihr seid ja darauf bedacht, das zu behaupten, was jeder Vernunft zu widersprechen scheint. Allen Menschen nämlich ist es klar, daß der problemlose Erhalt einer ersehnten Sache Geringschätzung erzeugt und das verächtlich erscheinen läßt, was vorher die ganze Leidenschaft des Herzens ersehnte. Vielmehr im Gegenteil empfangen wir gewiß jedes Gute,

---

[259] *ut amoris vicissim praestandi solatia locum sibi valeat et tempus idoneum opportunitas invenire:* Kein Übersetzer sah sich offenbar in der Lage, die Personifizierung der *opportunitas* zu übernehmen.

[260] *et in suis se compassionibus adiuvare et suum amorem mutuis vicibus ac laboribus enutrire:* „ils peuvent se porter secours dans leur souffrances et nourrir leur passion de leurs confidences et de leurs efforts" B, „They can aid each other in their sufferings, and nourish their love because of the fortunes and afflictions they share" W, *e per compassione sovenire, e in tal guisa loro amore nutricare* TT, „e sentire compassione e nutrire amore in alterne vicende e fatiche" I. Es kann kaum ein Zweifel bestehen, daß B und W *compassio* falsch übersetzen. Das Wort kommt zwar nur hier in dem Werk vor, kann aber trotz des Plurals nicht mit *passio* gleichbedeutend sein. Schwieriger sind die *mutuae vices et labores* zu deuten, da *mutuus* an sich die Wechselseitigkeit, nicht die Gemeinsamkeit zum Ausdruck bringt. Dementsprechend haben wir I,ii,1 die *mutuas vices reddendas amoris* übersetzt. Andererseits können auch die *mutuae poenae* des nächsten Satzes wohl nur beiderseitige, kaum wechselseitige Qualen sein.

[261] Diese Regel fehlt im großen Katalog des zweiten Buchs. Auch die Regeln 15–16, auf welche W verweist, bringen nichts wirklich Einschlägiges. Daß vielmehr die Gegenposition des Mannes (§ 361) die richtige ist, wird II,ii,1 bestätigt.

maiori quidem illud aviditate suscipimus et diligentiori studio reservamus. (362) Rarus igitur atque difficilis amantis amplexus ferventiori cogit amantes mutuo amoris vinculo colligari et eorum animos propensiori et adstrictiori affectione vinciri. Constantia namque in ipsius turbationis inundatione perficitur, et perseverantia in adversis cognoscitur manifeste. (363) Dulcior enim quies sapit multis fatigato laboribus quam in otio continuo commoranti, et magis umbra recens videtur anxiato vapore conferre quam in aëris assidua degenti temperie. Non est igitur amoris regula, quam dixistis, quum falsa reperiatur et fallax, scilicet ut amantium rarus aspectus amoris faciat attenuari potentiam. (364) Unde propter locorum distantiam longam atque prolixam ab amore vestro me iuste non potestis excludere, sed potius mihi quam habitationem propinquam habenti vos decet gerere morem, nam et facilius inter absentes occultatur amor quam inter frequenti conversatione connexos.

(365) Mulier ait: Amoris occultandi respectu nunquam credo distantis eligendum amorem sive praesentis. Nam si sapiens invenitur et ingeniosus amator, sive longinquus sive propinquus amanti, adeo suos actus moderabitur et voluntatem, quod nemo poterit amoris secreta perpendere. Et econtra neque longinquus neque propinquus amator stultus sui unquam poterit amoris occultare arcana. Cessat ergo ratio vestra evidentissima ratione collisa. (366) Praeterea quoddam est aliud non modicum, quod me contradicit amare. Habeo namque virum omni nobilitate urbani-

das durch die Schwierigkeit der Gewährung aufgeschoben wird, mit größerem Verlangen und bewahren es mit gewissenhafterem Eifer. (362) So nötigt die seltene und schwer zu erreichende Umarmung des Geliebten die Liebenden dazu, mit einem wechselseitigen Liebesband verbunden zu sein, und ihre Herzen, in hingebungsvollerer und festerer Zuneigung gefesselt zu sein.[262] Denn Standhaftigkeit verwirklicht sich im Meer der Drangsal, und in Widrigkeiten gibt sich Beständigkeit klar zu erkennen. (363) Die Ruhe schmeckt nämlich demjenigen süßer, welcher von vielen Mühen ermüdet ist, als dem, der in dauernder Muße verweilt, und mehr scheint der frische Schatten dem von der Hitze Gequälten zuträglich zu sein als einem, der ständig in lauer Luft lebt. Es ist also keine Regel der Liebe, die Ihr benannt habt, da sie als falsch und trügerisch befunden wird, nämlich daß das seltene Wiedersehen der Liebenden die Macht der Liebe schwächen könnte. (364) Daher könnt Ihr mich wegen der langen und weiten Entfernung der Orte nicht gerechterweise von Eurer Liebe ausschließen, sondern es geziemt sich für Euch, eher mir denn einem, der nahe wohnt, zu willfahren, denn die Liebe zwischen Abwesenden wird auch leichter geheimgehalten als eine zwischen denen, die in häufiger Unterredung verbunden sind."

Gewährleistung der Geheimhaltung der Liebe nur durch Klugheit

(365) Die Frau sagt: „Ich glaube, was die Geheimhaltung der Liebe betrifft, darf man niemals zwischen der Liebe eines Abwesenden und der eines Anwesenden eine Wahl treffen. Denn wenn einer als kluger und begabter Liebhaber befunden wird, mag er sich weit weg von der Liebenden oder in ihrer Nähe befinden, so wird er seine Handlungen und sein Begehren so abstimmen, daß niemand die Geheimnisse der Liebe ergründen wird können. Und im anderen Fall wird ein dummer Liebhaber, ob fern, ob nah, niemals die Geheimnisse seiner Liebe verbergen können. Daher weicht Euer Argument zurück, da es mit einem vollkommen einsichtigen Argument zusammengestoßen ist.

Eheliche Bindung als Hindernis für die außereheliche Liebe

(366) Außerdem gibt es etwas anderes von nicht geringer Bedeutung, was dagegenspricht, daß ich liebe. Ich habe nämlich

[262] Vgl. Ovid, *Ars amatoria* III,579 *Quod datur ex facili, longum male nutrit amorem.*

tateque ac probitate praeclarum, cuius nefas esset violare torum vel cuiusquam me copulari amplexibus. Scio namque, ipsum me toto cordis affectu diligere, et ego sibi cuncta cordis devotione constringor. Tanti ergo amoris praemio decoratam ab alterius amore ipsa iura praecipiunt abstinere.

(367) Homo ait: Fateor et est verum, virum vestrum omni probitate gaudere nec non prae cunctis in orbe viventibus beatitudinis gaudiis honorari, qui vestrae celsitudinis gaudia suo meruit amplexu percipere. Vehementer tamen admiror, quod maritalem affectionem quidem, quam quilibet inter se coniugati adinvicem post matrimonii copulam tenentur habere, vos vultis amoris sibi vocabulum usurpare, quum liquide constet inter virum et uxorem amorem sibi locum vindicare non posse. (368) Licet enim nimia et immoderata affectione coniungantur, eorum tamen affectus amoris non potest vice potiri, quia nec sub amoris verae definitionis potest ratione comprehendi. Quid enim aliud est amor nisi immoderata et furtivi et latentis amplexus concupiscibiliter percipiendi ambitio? Sed quis esse possit, quaeso, inter coniugatos furtivus amplexus, quum ipsi se adinvicem possidere dicantur et cuncta sine contradictionis timore suae voluntatis desideria vicissim valeant adimplere? (369) Nam et ipsa excellentissima principum doctrina demonstrat, suae rei neminem posse usum furtiva fruitione percipere. Nec vobis videatur absurdum, quod dixerim, quamvis omnimoda coniugati dilectionis affectione iungantur, eorum ta-

einen Ehemann, der durch vollkommenen Adel, feines Benehmen und hohen inneren Wert berühmt ist. Dessen Ehebett zu schänden oder mich jemandes Umarmungen hinzugeben wäre Unrecht. Ich weiß nämlich, daß er mich mit der ganzen Zuneigung seines Herzens *(cordis affectus)* hochschätzt *(diligere)* und ich ihm mit der ganzen Hingabe meines Herzens verbunden bin. Daß also eine mit dem Geschenk einer so großen Liebe Ausgezeichnete von der Liebe zu einem anderen Abstand nimmt, schreiben die Gesetze selbst vor."

Unvergleichbarkeit von ehelicher Zuneigung und Liebe

(367) Der Mann sagt: „Ich bekenne und es ist wahr, daß Euer Mann sich jeglichen inneren Werts erfreut und vor allen auf Erden Lebenden mit gesegneten Freuden ausgezeichnet ist, der es verdient hat, die Freuden Eurer Hoheit *(vestra celsitudo)* in seiner Umarmung zu empfangen. Dennoch staune ich sehr darüber, daß ihr den Anspruch akzeptieren wollt, den die eheliche Zuneigung *(maritalis affectio)*, die ja alle Eheleute untereinander nach der Eheschließung zu hegen gehalten sind, für sich auf den Namen Liebe *(amor)* erhebt, obwohl es eindeutig feststeht, daß zwischen Ehemann und Ehefrau Liebe keinen Platz für sich beanspruchen kann. (368) Denn mögen sie auch durch eine tiefe und grenzenlose Zuneigung verbunden sein, kann dennoch ihr Gefühl *(affectus)* nicht die Stelle der Liebe einnehmen, weil es nicht der richtigen Definition der Liebe entsprechen kann.[263] Was nämlich ist die Liebe anderes als das maßlose Streben, eine verstohlene und heimliche Umarmung lustvoll zu erlangen? Aber was für eine verstohlene Umarmung könnte es, bitte schön, zwischen Ehegatten geben, wenn sie anerkanntermaßen einander besitzen und alle Wünsche ihres Willens ohne Furcht vor Widerspruch gegenseitig erfüllen können? (369) Denn auch die hervorragendste Fürstenlehre zeigt, daß niemand den eigenen Besitz heimlich genießen kann. Und mein Wort möge Euch nicht abwegig erscheinen, daß das Gefühl der Eheleute, auch wenn sie in aller zärtlichen Zu-

[263] *quia nec sub amoris verae definitionis potest ratione comprehendi:* „car il ne peut entrer dans la véritable définition de celui-ci" B, „because they cannot be gathered under the heading of any true definition of love" W.

men affectum amoris non posse vice perfungi; quia videmus idem in amicitia evenire. (370) Licet enim mutua se in omnibus pater et filius diligant affectione, vera tamen inter eos amicitia non consistit, quia Ciceronis hoc traditione testante sanguinis sola propago inter eos dilectionis conservat affectum. Tantum igitur distare constat inter omnimodam coniugatorum affectionem et amantium obligationem, quantum distat inter patris et filii mutuam dilectionem et firmissimam duorum virorum amicitiam, quia, sicut nec ibi dicitur esse amor, ita et amicitia hic fertur abesse. (371) Sic ergo manifeste videtis, amorem nullatenus posse suas inter coniugatos interponere partes, sed penitus voluit, sua privilegia derogari. Sed alia iterum ratio coniugatis mutuum contradicit amorem, quia ipsius amoris substantia, sine qua verus amor esse non potest, scilicet zelotypia inter eos scilicet coniugatos per omnia reprobatur et ab eis tanquam pestis debet semper nociva fugari; amantes vero illam oportet semper tanquam matrem et amoris amplexari nutricem. (372) Unde liquide vobis constat, inter vos et virum vestrum amorem nullatenus posse vigere. Ergo, quum cuilibet probae expediat mulieri prudenter amare, sine vestra igitur iniuria potestis petentis preces admittere et vestro postulantem amore ditare.

neigung *(dilectionis affectio)*[264] verbunden sein mögen, dennoch nicht die Stelle der Liebe einnehmen kann.

Vergleichbare Differenz zwischen Freundschaft und Verwandtenliebe

Denn wir sehen, daß dasselbe sich bei der Freundschaft ereignet. (370) Mögen einander nämlich Vater und Sohn in jeder Hinsicht in gegenseitiger Zuneigung zugetan sein, besteht dennoch zwischen ihnen nicht wirkliche Freundschaft, weil nach dem Zeugnis der Lehre Ciceros[265] nur das Band des Blutes das Gefühl der Zuneigung *(affectus dilectionis)* zwischen ihnen aufrechterhält. Es steht also fest, daß ein ebenso großer Unterschied zwischen jeglicher Zuneigung von Ehegatten und der Verbundenheit *(obligatio)* von Liebenden besteht wie zwischen der gegenseitigen Zuneigung von Vater und Sohn und der festesten Freundschaft von zwei Männern, denn so wie keine Rede davon ist, daß es dort Liebe gibt, spricht man hier vom Fehlen der Freundschaft.

Rechte Eifersucht nur zwischen Liebenden möglich

(371) So seht Ihr also offensichtlich, daß zwischen Verheirateten die Liebe keineswegs eine Rolle spielen kann, sondern daß nach ihrem Wunsche ihre Vorrechte abgeschafft werden. Aber noch ein anderes Argument spricht den Ehegatten die gegenseitige Liebe ab: Die Substanz der Liebe selbst, ohne die es wirkliche Liebe nicht geben kann, nämlich die Eifersucht *(zelotypia)*, wird zwischen ihnen, d.h. den Ehegatten, in jedem Fall getadelt und soll von ihnen wie eine schädliche Seuche immer vertrieben werden; die Liebenden aber sollen jene immer gleichsam als Mutter und Amme der Liebe umarmen. (372) Daher steht es für Euch klar fest, daß zwischen Euch und Eurem Mann keineswegs Liebe herrschen kann. Da es also jeder Frau von innerem Wert zustatten kommt, auf verständige Art zu lieben *(prudenter amare)*, könnt Ihr also ohne Unrecht von Eurer Seite Bitten eines Werbenden erfüllen und den Werbenden mit Eurer Liebe reich machen."

---

[264] Hier wie im folgenden muß die naheliegende Übersetzung von *dilectio* mit „Liebe" gemieden werden, da Andreas *dilectio* und *amor* nicht synonym verwendet.

[265] An der hier offenbar angezogenen Stelle aus *Laelius de amicitia* (VIII,27) stellt Cicero die beiden Empfindungen einander keineswegs antinomisch gegenüber, sondern die *caritas* zwischen Eltern und Kindern neben die „ähnliche Empfindung der Liebe" *(similis sensus amoris)*, welche uns ergreift, wenn wir jemand finden, mit dem wir in Sitten und Wesensart übereinstimmen.

(373) Mulier ait: Vestra quidem nitimini protectione tueri, quod inter omnes constat etiam ab antiquo reprehensibile plurimum iudicari et tanquam odibile reprobari. Quis enim recte possit invidam zelotypiam commendare vel suo ipsam sermone tueri, quum zelotypia nil sit aliud quam turpis et sinistra de muliere suspicio? Absit ergo, probum aliquem cuiuscunque zelotypia detineri, quia cunctis invenitur prudentibus inimica et universis bonis odiosa per orbem. (374) Praeterea sub amoris definitionis velamine inter coniugatos amorem damnare contenditis dicentes, eorum esse non posse furtivos amplexus, quod sine contradictionis metu adinvicem sua possunt desideria adimplere. Sed si recte definitionem intelligatis, ea inter coniugatos amor impediri non potest. (375) Nam quod in ea ponitur „latentis amplexus", expositionem denotat termini praecedentis translate prolati, et latentes amplexus sibi vicissim porrigere coniugatos non videtur impossibilitatis ratio prohibere, nec obstare potest sua cuncta sine contradictionis timore omnimoda perficiendi facultas. (376) Ille enim amor ab omnibus est eligendus, quem obsequendi securitas assiduis facit amplexibus enutriri, immo, quod maius est, qui sine crimine quotidianis potest actibus exerceri. Talis igitur est meis fruiturus amplexibus eligendus, qui mecum valeat mariti et amantis

Verwerflichkeit jeder Eifersucht

(373) Die Frau sagt: „Ihr strengt Euch freilich an, mit Eurem Schutz das zu verteidigen, was nach allgemeiner Überzeugung schon von Alters her als am meisten tadelnswert beurteilt und als hassenswert verworfen wird. Wer nämlich könnte mit Recht die neidische Eifersucht empfehlen oder sie mit seiner Rede verteidigen, obwohl Eifersucht nichts anderes ist als schimpflicher und böser Verdacht der Frau gegenüber?[266] Gott möge also verhüten, daß jemand von innerem Wert von der Eifersucht auf irgendjemandem beherrscht sei, weil sie allen Klugen feindlich und allen Guten auf der ganzen Erde verhaßt befunden wird.

Ablehung der einseitigen Definition der Liebe und Plädoyer für den Primat der sexuellen Vereinigung

(374) Außerdem bemüht Ihr Euch, unter dem Deckmantel der Definition von Liebe diejenigen zu verdammen, welche von Liebe zwischen Ehegatten sprechen, indem Ihr behauptet, daß deren Umarmungen nicht verstohlen sein können, weil sie ohne Furcht vor Einspruch ihre Wünsche gegenseitig erfüllen können. Aber wenn Ihr die Definition richtig begriffet, kann durch sie die Liebe zwischen Ehegatten nicht behindert werden. (375) Denn was darin von einer heimlichen Umarmung steht, weist auf ein Verständnis des ersten Wortes als eines metaphorisch gebrauchten hin;[267] und das Argument der Unmöglichkeit[268] scheint nicht zu verbieten, daß Ehegatten einander heimliche Umarmungen gewähren, und ihre allseitige Möglichkeit, alles ohne Furcht vor Einspruch vollbringen zu können, kann dem nicht im Wege stehen. (376) Denn jeder soll diejenige Liebe wählen, welcher die Sicherheit der Hingabe durch ständige Umarmungen Nahrung gibt, ja sogar, was wichtiger ist, welche ohne Schuld in täglichem Tun[269] geübt werden kann. Einen solchen also muß für den Genuß meiner Umarmungen meine Wahl treffen, der bei mir die Stelle

---

[266] Man beachte, daß nur von der Eifersucht des Mannes die Rede ist.

[267] *Nam quod in ea ponitur ‚latentis amplexus', expositionem denotat termini praecedentis translate prolati:* Keine Übersetzung versucht hier eine wörtliche Wiedergabe, die die lat. Konstruktion klar machen würde. Daß hier poetisches *latentis* für *latentes* steht, scheidet wohl aus. Da mit *ea* die *definitio* gemeint sein muß, kann der Genitiv nur von *quod* abhängen.

[268] *impossibilitatis ratio:* ein Beweisgrund, der aus einer übergeordneten Unmöglichkeit abgeleitet wird.

[269] *quotidianis actibus: actus* und *agere* dienen auch als synekdochische Euphemismen für den Geschlechtsakt.

vice potiri, quia, quidquid definitio tradat amoris, non videtur aliud esse amor nisi de aliquo habita immoderata carnalis dilectionis ambitio, quam nil inter coniugatos contradicit haberi.

(377) Homo ait: Si plenius esset vobis amoris manifesta doctrina, et amoris vos unquam venabula tetigissent, re vera vestra sententia confirmasset, sine zelotypia verum amorem non posse consistere, quia, ut plenius est vobis superius enarratum, zelotypia invenitur ab omni inter amantes amoris commendata perito et inter coniugatos in universis mundi partibus reprobata; quod quare contingat, zelotypiae descriptione percepta lucidissima vobis veritate constabit. (378) Est igitur zelotypia vera animi passio, qua vehementer timemus, propter amantis voluntatibus obsequendi defectum amoris attenuari substantiam, et inaequalitatis amoris trepidatio ac sine turpi cogitatione de amante concepta suspicio. Unde manifeste apparet, tres species in se zelotypiam continere. (379) Nam verus zelotypus semper timet, ne ad suum conservandum amorem propria non valeant sufficere obsequia, et ut, qualiter amet, ametur, atque recogitat, quanto cogeretur anxiari dolore, si coamans eius alteri copularetur amanti, quamvis hoc credat posse nullatenus evenire. Hanc autem ultimam speciem coniugatis convenire non posse, satis patet et est manifestum. (380) Nam maritus de uxore sine turpi cogitatione suspicionem habere non pot-

des Gatten und des Liebenden ausfüllen kann,[270] denn was immer die Definition der Liebe enthalten mag, so scheint die Liebe nichts anderes zu sein als das auf jemanden gerichtete maßlose Streben nach fleischlicher Hingabe *(carnalis dilectio)*, das unter Ehegatten durch nichts unmöglich gemacht wird.“

Definition rechter Eifersucht

(377) Der Mann sagt: „Wenn Euch die Liebeslehre klarer wäre und Euch je die Jagdspieße der Liebe getroffen hätten, hätte Euer Votum wahrhaft bestätigt, daß wirkliche Liebe ohne Eifersucht nicht existieren kann, weil die Eifersucht zwischen Liebenden, wie Euch ausführlicher weiter oben dargelegt wurde, von jedem Lieberfahrenen empfohlen und unter Ehegatten in allen Teilen der Erde verpönt wird. Der Grund dafür wird bei Euch in strahlendster Wahrheit Anerkennung finden, wenn Ihr die Beschreibung der Eifersucht erhalten habt. (378) Die Eifersucht ist nämlich ein seelisches Erleiden *(animi passio)*, wodurch wir heftig fürchten, die Substanz der Liebe könne wegen mangelnder Erfüllung der Wünsche der Geliebten *(amans)*[271] geschwächt werden, und eine Ängstlichkeit vor der Ungleichheit der Liebe und ein Verdacht, der sich gegen die Geliebte *(amans)* ohne niedrige Gedanken erhebt. Daraus geht klar hervor, daß die Eifersucht von dreierlei Art ist. (379) Denn der wirklich Eifersüchtige fürchtet immer, daß seine eigenen Dienste nicht ausreichen, um seine Liebe zu bewahren, und daß er nicht geliebt wird, wie er liebt, und er überlegt, von einem wie großen Schmerz er gequält werden müßte, wenn seine Liebespartnerin *(coamans)* sich einem anderen Liebhaber *(amans)* verbindet,[272] obwohl er glaubt, daß dies keinesfalls geschehen könne. Daß aber diese letzte Art Ehegatten nicht widerfahren kann, liegt klar zutage und ist offensichtlich. (380) Denn ein Gatte kann ohne niedrige Gedanken gegen seine Gattin keinen

---

[270] Dieser Maxime scheint auch das vielumrätselte Lied IV Wolframs von Eschenbach *Der helden minne ir klage* zu huldigen.

[271] Hier wie sonst ist *amans* natürlich geschlechtsneutral. Die männliche Perspektive geht aber aus einigen Textsignalen hervor (s. schon Anm. 266).

[272] Cicero, *Tusculanae disputationes* IV,18, definiert die Eifersucht als *aegritudo ex eo quod alter quoque potiatur eo quod ipse concupiverit.* Augustinus, *Enarrationes in Psalmos* XXXIII,6, sieht die Eifersucht als Folge der Konkupiszenz, wie W vermerkt. Zur Weckung von Eifersucht als Mittel zur Steigerung der Liebe s. u. II,ii,1.

est. Pura namque zelotypia applicata marito ex ipsius subiecti vitio maculatur et desinit esse, quod erat. Nam et aqua omnimoda limpiditate praeclara, si alveo incipiat arenoso decurrere, obscuritatem ab ipsa noscitur arena contrahere, et naturalis claritudo eam destituit, sicut ipsa elemosyna, quamvis aeternae beatitudinis praemia sui mereatur natura, ab hypocrita tamen vel vanae gloriae cupido pauperibus erogata suum naturale perdit officium et rem ipsam cum praemio facit amitti. (381) Satis igitur constat, evidenter esse probatum, zelotypiam inter coniugatos naturalem sibi locum vindicare non posse, et per consequentiam inter eosdem amorem est cessare necesse, quia haec duo pariter se per omnia comitantur. Inter amantes vero ipsa zelotypia amoris conservativa narratur, quia omnes tres partes supra zelotypiae attributae necessariae iudicantur amanti; ergo zelotypia inter amantes ipsos non damnatur. Multi tamen in hoc reperiuntur esse decepti, qui turpem suspicionem zelotypiam esse, asserentes falluntur. [Sicut etiam saepe saepius quam plurimum optimum esse stagnum mentiuntur argentum.] (382) Unde non pauci zelotypiae originis et descriptionis ignari decipiuntur saepissime et in durissimum trahuntur errorem. Nam et inter non coniugatos falsa sibi potest zelotypia locum vindicare, qui postea non dicuntur amantes, sed amicus et amica vocantur. Quod autem voluistis vestra respon-

Verdacht hegen. Die reine Eifersucht nämlich wird, wenn sie auf den Gatten übertragen wird, von dem Fehlverhalten des Subjekts selbst befleckt und hört auf zu sein, was sie war. Denn auch Wasser von aller herrlichen Klarheit wird bekanntlich, wenn es in einem sandigen Flußbett hinabzufließen beginnt, vom Sand Dunkelheit annehmen, und die natürliche Klarheit weicht davon – so wie selbst die milde Gabe, obwohl sie naturgemäß den Lohn der ewigen Seligkeit verdient, dennoch, wenn sie von einem Heuchler oder nach eitlem Ruhm Strebenden den Armen gespendet wurde, ihre natürliche Aufgabe verliert und die Sache selbst zusammen mit dem Lohn verloren gehen läßt.[273] (381) Es steht also als glasklar bewiesen fest, daß die Eifersucht unter Eheleuten keinen natürlichen Platz für sich beanspruchen kann und daß konsequenterweise Liebe zwischen denselben notwendig ausbleiben muß, weil diese zwei[274] einander in allem begleiten. Unter Liebenden aber, sagt man, ist die Eifersucht selbst die Bewahrerin der Liebe, weil alle drei oben der Eifersucht zugeordneten Teile als notwendig für einen Liebenden beurteilt werden; daher wird Eifersucht unter Liebenden nicht verurteilt. Viele findet man dennoch, die sich in dieser Hinsicht täuschen. Sie behaupten nämlich, Eifersucht sei ein gemeiner Verdacht, [wie auch allermeistens Zinn für bestes Silber ausgegeben wird.][275] (382) Daher täuschen sich nicht wenige sehr oft, die den Ursprung und die Beschreibung der Eifersucht nicht kennen, und werden in den empfindlichsten Irrtum verstrickt. Denn auch unter nicht Verheirateten kann falsche Eifersucht einen Platz beanspruchen, die hernach nicht Liebende, sondern Freund und Freundin *(amicus et amica)* genannt werden.

Wollust auch in der Ehe eine Sünde

Was Ihr aber mit Eurer Antwort bekräftigen wolltet, daß durchaus eine Liebe, die ohne Sünde[276] ausgeübt werden kann, ge-

---

[273] Man beachte, daß durch den Vergleich eine Wesensverwandtschaft von Eifersucht und Almosen suggeriert wird.

[274] Nämlich Eifersucht und Liebe.

[275] Der Vergleich fehlt in Handschrift B, weshalb Trojel an der Echtheit zweifelt. Der vermutlich scherzhafte Ausdruck *saepe saepius quam plurimum* „oft, öfter, am meisten“, den ich nicht wörtlich wiedergegeben habe, ist in der Tat sonst bei Andreas nicht nachzuweisen.

[276] W vergleicht Ovid, *Metamorphosen* IX,24 und *Carmen Buranum 88*,10, wo *crimen* speziell den Ehebruch meint.

sione firmare, talem esse penitus eligendum amorem, qui possit sine crimine exerceri, stare non posse videtur. (383) Nam quidquid solatii ab ipsis coniugatis ultra prolis affectionem vel debiti solutionem alterna vice porrigitur, crimine carere non potest, immo satis acrius vindicatur, si sacrae rei usum deformet abusus, quam si consveta utamur abusione. Gravius est in uxore, quam in alia reperitur. Nam vehemens amator, ut apostolica lege docetur, in propria uxore iudicatur adulter. (384) Interpretatio autem vestra, quae super definitione processit amoris, a nullis approbanda videtur, quia ab ipsis maioribus traditum constat auctoribus, expositiva verba non esse in ipsis rerum definitionibus adhibenda. Unde cunctis liquide constat, interpretationem vestram rationis veritate

wählt werden müsse, scheint nicht Bestand haben zu können. (383) Denn was auch immer selbst von Ehegatten an Ergötzung *(solatium)* gegenseitig gewährt wird, was über die Erzeugung von Nachkommenschaft und die Einlösung der Pflicht hinausgeht,[277] kann nicht der Sünde entbehren, ja wird sogar schärfer bestraft, wenn der Mißbrauch den Gebrauch der heiligen Sache herabwürdigt, als wenn wir den üblichen Mißbrauch begehen. Schlimmer ist es bei der Ehegattin, als es bei einer anderen befunden wird. Denn ein stürmischer Liebhaber wird entsprechend der Lehre des apostolischen Gesetzes bei der eigenen Gattin als Ehebrecher beurteilt.[278]

Formallogische Einwände

(384) Eure Ausdeutung aber, die von der Definition der Liebe ausging,[279] scheint von niemandem gebilligt werden zu dürfen, weil bekanntermaßen von den größten Autoritäten[280] selbst überliefert wird, daß Worte der Erklärung bei Definitionen der Dinge nicht angewendet werden dürfen. Daher steht für alle klar fest,

---

[277] *ultra prolis affectionem vel debiti solutionem:* über die paulinisch-augustinischen Eheziele hinaus. Der Ausdruck *affectio*, sonst auch bei Andreas für die Zuneigung gebraucht, hier für *generatio* ist allerdings seltsam.

[278] Das ist nahezu die Ehelehre des Hieronymus, *Adversus Iovinianum* I,49 (MPL 23,281): „Ein zu lüsterner Liebhaber ist ein Ehebrecher mit der eigenen Frau. Mit der fremden Ehefrau ist jede Liebe schmutzig, mit der eigenen die übertriebene. Der Weise muß die Ehefrau mit Bedacht lieben, nicht in Leidenschaft. Nichts ist schändlicher als die eigene Ehefrau wie eine Ehebrecherin zu lieben.“ Den Mittelsatz übergeht der Mann hier allerdings geflissentlich. Die meisten Theologen gingen nicht einmal so weit wie Hieronymus. Allenthalben unbestritten waren jedoch die beiden paulinischen Eheziele, Hoffnung auf Nachkommenschaft und Vermeidung von Unzucht. Vgl. u.a. Ps.-Hugo von St. Victor, *Summa sententiarum* VII,1 MPL 176,153. Zur Ansicht der Kanonisten siehe Schnell, Andreas Capellanus, S. 148 ff.

[279] *quae super definitione processit amoris:* „que vous avez tirée de la définition de l'amour“ B, „which went beyond the definition of love“ W, *che faceste dell'amore* TT, „della definizione d'amore“ I. Trojel korrigiert seinen Druckfehler *supra* für überliefertes *super* am Ende des Buches, was W übersehen hat. Seine Übersetzung scheint gleichwohl bei beiden Varianten möglich. Andreas dürfte aber vermutlich doch eher das gemeint haben, was die anderen Übersetzer haben. Den Gebrauch von *super* für *de* oder *ex* im Sinne von „aus“ vermag ich aber nicht zu erklären.

[280] *ab ipsis maioribus auctoribus:* Der Komparativ vermutlich wie oft für den Superlativ gebraucht.

destitui, quia contra mentem videtur definitionis inducta. Sed nec definitio vestra, quam constat vos de amore tulisse, aliqua potest ratione subsistere. (385) Nam ea caecus continetur et amens, quos ab amoris curia penitus esse remotos amatoris Andreae, aulae regiae capellani, evidenter nobis doctrina demonstrat. Quum meis igitur intentionibus vestra rationabili non potestis responsione obsistere, vobis nullus hominum reputabit honori, si vestro me feceritis amore languere et tanta pro vobis subire tormenta.

(386) Mulier ait: Nulla quidem a vobis videtur ratio demonstrata, quae meam possit infirmare sententiam vel iure me cogat vestrae annuere voluntati. Verum, quia hinc inde verisimilia videntur iura proposita, ut vobis accusationis prorsus omnis tollatur occasio, cuiuscunque vultis dominae vel probi viri de positis a nobis capitulis non recuso iudicium, scilicet: an inter coniugatos amor sibi locum valeat vindicare, et an inter amantes zelotypia valeat iuste laudari. Haec enim altercationis dissensio mihi videtur suum per nos non posse accipere finem vel calculo recto sopiri.

(387) Homo ait: Nullius in hac lite requirere curo arbitrium, si vestra vultis dicta recta indagatione perquirere.

daß Eurer Ausdeutung die Wahrheit der Vernunft abgeht, weil sie gegen den Geist der Definition eingeführt scheint.

Widerlegung der Liebesdefinition der Frau durch Gegenbeispiele

Aber auch Eure Definition, welche ihr bekanntermaßen von der Liebe gegeben habt, kann aus keinem vernünftigen Grund standhalten.[281] (385) Denn in ihr ist der Blinde und der Wahnsinnige enthalten, die, wie die Lehre des Liebhabers Andreas, des königlichen Hofkaplans,[282] uns deutlich zeigt, vom Hof der Liebe gänzlich ausgeschlossen sind.[283] Wenn Ihr meinen Intentionen also durch eine vernünftige Entgegnung nicht entgegentreten könnt, wird es Euch kein Mensch zur Ehre anrechnen, wenn Ihr mich durch die Liebe zu Euch verschmachten und Euretwegen so große Qualen leiden laßt."

Vorschlag der Anrufung eines Schiedsgerichts

(386) Die Frau sagt: „Offensichtlich ist von Euch kein Argument vorgelegt worden, das meine Meinung schwächen oder von Rechts wegen mich zwingen könnte, Eurem Willen nachzugeben. Da aber von beiden Seiten anscheinend glaubwürdige Rechte geltend gemacht wurden, sperre ich mich, damit für Euch jede Gelegenheit zur Anklage völlig aufgehoben wird, nicht gegen das Urteil einer Dame oder eines edlen Mannes Eurer Wahl über die von uns aufgestellten Sätze, nämlich ob unter Verheirateten die Liebe für sich einen Platz behaupten kann und ob unter Liebenden die Eifersucht mit Recht gelobt werden kann. Denn dieser Dissens im Rechtsstreit kann offenbar durch uns nicht beendet werden oder durch eine richtige Entscheidung[284] zur Ruhe kommen."

(387) Der Mann sagt: „Ich bin nicht darauf bedacht, in diesem Streit ein Schiedsgericht anzurufen, wenn Ihr Eure Worte in rechter Abwägung[285] überdenken wollt."

---

[281] *Sed nec definitio vestra, quam constat vos de amore tulisse, aliqua potest ratione subsistere:* „Mais même la définition de l'amour que vous avez donnée ne peut s'appuyer sur aucun argument valable" B, „Moreover your definition, which you are seen to have applied to love, cannot rest on any rational basis" W, *Nè la definizione la quale deste d'amore [...] per nessuna ragione si può sostenere* TT. Wenn Andreas wirklich *definitionem ferre de aliqua re* für „etwas definieren" gebraucht, bleibt *constat* rätselhaft.

[282] Siehe Nachwort, S. 596f.

[283] Vgl. oben I,v,1 u. 6.

[284] Siehe Niermeyer s. v. *calculus.*

[285] *recta indagatione:* „exactement" B, „to just investigation" W, *diritto* TT.

Mulier ait: Inauditum videtur a saeculo, aliquem in sua causa iudicem consistere, ideoque hic meas interponere partes recuso et alii personae istud committendum relinquo.

(388) Homo ait: Arbitrum super hac discordia nominandi vobis plena sit concessa potestas. Verumtamen non masculi sed feminae volo stare iudicio.

(389) Mulier ait: Si vobis placet, mihi videtur Campaniae comitissa super hoc honoranda negotio ac discordia sopienda.

Homo ait: Huius iudicium per omnia profiteor in perpetuum stabilito tenore servare et illibatum penitus custodire, quia de eius sapientia ac iudicii libramine nullus recte unquam poterit dubitare. Utriusque igitur nostrum consensu ac voluntate scribatur epistola litis demonstrans tenorem et compromissionem in eam factam significans. Sic etenim fiat:

Die Frau sagt: „Unerhört scheint es seit Anfang der Welt, daß jemand in eigener Sache den Richter stellt, und so weigere ich mich hier meinesteils, mich in die Mitte zu stellen[286] und überlasse es einer anderen Person, das zu tun."

(388) Der Mann sagt: „Die Vollmacht, einen Schiedsrichter für diesen Streitfall zu benennen, sei Euch ganz und gar zugestanden. Aber ich will mich nicht dem Urteil eines Mannes, sondern einer Frau stellen." Wahl der Schiedsinstanz

(389) Die Frau sagt: „Wenn es Euch zusagt, so wäre meines Erachtens die Gräfin der Champagne[287] der Ehre wert, diese Aufgabe zu übernehmen und den Streit zur Ruhe zu bringen."

Der Mann sagt: „Ich verspreche, ihr Urteil in allem für immer geradewegs[288] zu befolgen und völlig unversehrt zu bewahren, weil an ihrer Weisheit und ihrer Abwägung des Urteils niemand je wird rechtmäßig zweifeln können. Nach Übereinkunft und Wunsch von uns beiden also möge ein Brief geschrieben werden, der den Verlauf des Streites aufzeigt und das darin abgelegte Versprechen[289] bezeichnet. So nämlich möge er verfertigt werden:"

[286] *meas interponere partes recuso:* „je refuse donc de m'engager sur ce point" B, „I refuse to intrude on this matter" W, „refiuto la mia parte" I. Die Phrase konnte ich nicht nachweisen. Du Cange registriert als Sonderbedeutung von *interponere* nur *recipere.*

[287] Siehe Nachwort, S. 599.

[288] *stabilito tenore:* wörtlich „mit festgehaltenem Sinn (Fortgang)", „de ne point m'en écarter" B, „in its full import" W, „una volta stabiliti i termini" I.

[289] *compromissionem in ea* (so W [und auch der Cod. Vind. 5363], *eam* die bei Trojel registrierten Hss.) *factam:* „la convention que nous avons prise de nous référer à son arbitrage" B, „the promise contained in it" W, *la promessione par noi fatta di servare la sua sentenzia* TT. Das mlat. *compromissio* hat nach den Wörterbüchern die Bedeutung des antiken *compromissum* „Kompromiß, Übereinkunft". Hier liegt aber wohl synonymer Gebrauch mit *promissio* vor.

[Epistola missa ad comitissam Campaniae.]

(390) Illustri feminae ac sapienti M. Campaniae comitissae mulier nobilis A. et comes G. salutem et quidquid in orbe iucundius.

Antiqua nobis consvetudo aperte demonstrat, et veterum illud ordo deposcit, ut inde iustitiae praecipue inquiratur effectus, ubi sapientia ipsa manifeste cognoscitur sibi domicilium invenisse, et rationis veritatem potius ex fontis quaerere plenitudine quam ex parvorum tenuitate rivorum emendicata postulare suffragia. (391) Summa namque rerum egestas vix poterit alicui copiam propinare bonorum vel fertilitatis abundantiam derivare. Magna namque domino inopia fatigato erit impossibile prorsus, divitiis abundare vasallum.

(392) Quadam ergo die, dum sub mirae altitudinis et extensae nimis latitudinis umbra pini sederemus et amoris essemus penitus otio mancipati eiusque svavi et acerrimo disputationis conflictu studeremus investigare mandata, duplicis dubitationis nos coepit instigare discretio et laboriosi fatigare sermones, an scilicet inter coniugatos verus amor locum sibi valeat invenire, et an inter

Brief an die Gräfin von Champagne

(390) Der vornehmen und klugen Frau M., Gräfin von Champagne, (entbieten) die adelige Frau A. und der Graf G. ihren Gruß und alles, was auf der Welt noch angenehmer ist.[290] Grußformel

Ein alter Brauch zeigt uns offenkundig, und die Ordnung der Alten fordert es, dort vor allem die Wirkung der Gerechtigkeit zu suchen, wo die Weisheit selbst offen zu erkennen gibt, daß sie ihr Domizil gefunden hat, und die Wahrheit der Vernunft eher aus der Fülle der Quelle zu gewinnen als erbettelte Unterstützung aus dem Rinnsal kleiner Bäche zu fordern.[291] (391) Denn die äußerste Bedürftigkeit an Besitz wird kaum einem eine Fülle an Gütern gewähren oder Überfluß an Fruchtbarkeit abgeben[292] können. Wenn nämlich ein Lehnsherr durch großen Mangel erschöpft ist, wird es seinem Lehnsmann völlig unmöglich sein, Reichtümer im Überfluß zu haben. Lob der Weisheit der Adressatin

(392) Eines Tages also, während wir im Schatten einer Pinie von wunderbarer Höhe und gewaltiger Breite saßen[293] und uns vollkommen dem Müßiggang der Liebe ergeben hatten und im süßen und schärfsten Widerstreit der Disputation trachteten, ihre Befehle aufzuspüren, begannen uns die Entzweiung in einer doppelten Zweifelsfrage aufzuregen und die mühsamen Gespräche uns zu erschöpfen, nämlich ob unter Verheirateten die wahre Liebe für sich Platz finden kann und ob unter Liebenden die Darlegung des Streitfalls

---

290 *salutem et quidquid in orbe iucundius:* Die mittelalterlichen Übersetzer geben die Grußformel wieder mit *salute, e tutto quello che nel mondo più si può avere d'allegrezza* (TT) bzw. *hail vnd freüd vnd was in der welt freydenreicher dann freüd ist* (H). Ganz nachahmen läßt sich das im Nhd. wohl nicht.

291 Im Original ein Anakoluth, da von *deposcere* einmal ein *ut*-Satz, dann ein Infinitiv abhängt. In der freieren Syntax der mittelalterlichen Volkssprachen ist so etwas dagegen ganz gewöhnlich.

292 *derivare:* „distribuer" B, „distribute" W, „produrre" I. Ich vermag allerdings nur die Bedeutung „ableiten" (transitiv) nachzuweisen.

293 W glaubt hier an einen Zusammenhang mit den ländlichen Philosophengesprächen bei Platon oder Cicero. Es handelt sich aber wohl um den *locus amoenus* der Liebesbegegnungen in mittelalterlicher Lyrik und Epik, wie auch B meint.

amantes vigens sit zelotypia comprobanda. (393) Quarum quidem dubitationum quum frequens inter nos valde disputatio verteretur, et uterque nostrum suam partem videretur rationabili sententia roborare, neuter alterius voluit acquiescere voluntati vel productis rationibus consentire. Super quo vestrum postulamus arbitrium utriusque vobis partis plenarie disputatione transmissa, ut sic a vobis subtiliter veritate discussa nostrum valeat iurgium competenti fine sopiri et iusta definitione sedari. (394) Nam liquide et manifesta veritate scientes, sapientiae vos omnimodam plenitudinem possidere ac neminem iustitia velle decipere, decipi nullatenus credentes, Excellentiae vestrae instantissime iudicium imploramus et animi pleno desideramus affectu, praesenti vobis devotissime supplicantes affatu, ut huius negotii pro nobis frequens vos sollicitudo detentet, vestraeque prudentiae iustum super hoc procedat arbitrium, nulla temporis dilatione prorogante iudicium.

[Epistola remissa a comitissa Campaniae].

(395) Prudenti ac nobili feminae A. et viro illustri atque praeclaro G. comiti M. Campaniae comitissa salutem. Quoniam cunctorum iustas tenemur exaudire petitiones, et nullis digna quaerentibus nostrum decet denegari auxilium, maxime ubi in amoris oberrantes articulis nostro postulant arbitrio revocari, quod litterarum vestrarum series indicavit, cuiuslibet intensae di-

starke Eifersucht zu billigen sei. (393) Da nun unter uns die Disputation über diese Zweifelsfragen intensiv und heftig geführt wurde, und jeder von uns seinen Parteistandpunkt durch eine vernünftige Aussage zu bekräftigen schien, wollte keiner dem Willen des anderen zustimmen noch den vorgebrachten Gründen zustimmen.

Bitte um Entscheidung

Euch wurden die Diskussionsbeiträge beider Seiten vollständig übermittelt, und wir fordern Eure Entscheidung in der Sache, damit unser Streit, sobald von Euch die Wahrheit feinsinnig diskutiert wurde, mit einem angemessenen Ende zur Ruhe kommen und mit einer richtigen Definition beigelegt werden kann. (394) Denn da wir eindeutig und wahrhaftig wissen, daß Ihr die ganze Fülle der Weisheit besitzt, und glauben, daß ihr niemanden in der Rechtsprechung täuschen wollt und auch keineswegs getäuscht werdet,[294] flehen wir dringend um das Urteil Eurer Exzellenz und wünschen es aus ganzem Herzen. Wir legen uns mit vorliegender Anrede Euch demütigst zu Füßen, auf daß Euch die heftige Besorgnis um diese Aufgabe für uns ergreifen und die gerechte Entscheidung Eurer Klugheit in dieser Sache ohne zeitlichen Aufschub des Urteils fallen möge.

Antwortbrief der Gräfin der Champagne

Grußformel und Bekundung guten Willens

(395) Der klugen und adeligen Dame A. und dem durchlauchtigen und berühmten Grafen G. (entbietet) M., Gräfin von Champagne, ihren Gruß. Da es unsere Aufgabe ist, gerechte Bitten zu erhören, und es sich ziemt, unsere Hilfe niemandem, der Würdiges fordert, zu verwehren, besonders wenn (irgendwelche) in den Liebeskasus *(amoris articuli)* Irrenden fordern, durch unser Urteil zurückgerufen zu werden, waren wir darauf bedacht, der Erledigung der vom Inhalt Eures Briefes angezeigten Angelegenheit mit äußerster

[294] *scientes sapientiae vos omnimodam plenitudinem possidere, ac neminem iustitia velle decipere, decipi nullatenus credentes:* Ich folge hier Ws Übers., welche voraussetzt, daß *vos* der Subjektsakkusativ zu *possidere, velle* und *decipi* ist. I ergänzt zum letzten Kolon *nos*, TT, H und B lassen dieses Kolon einfach aus.

lationis mora reiecta diligenti sollicitudine suo curavimus effectui mancipare.

(396) Vestra igitur pagina demonstravit, talem inter vos dubitationis originem incidisse: Utrum inter coniugatos amor possit habere locum, et an inter amantes zelotypia reprobetur, et in ambobus dubiis utrumque vestrum in suam declinare sententiam et alterius adversari opinioni, et cuius de iure mereatur obtinere sententia, nostro velle vos iudicio definiri. Ideoque utriusque diligenter assertione perspecta et ipsa veritate omnimoda inquisita indagine praesens litigium tali voluimus iudicio terminare. (397) Dicimus enim et stabilito tenore firmamus, amorem non posse suas inter duos iugales extendere vires. Nam amantes sibi invicem gratis omnia largiuntur nullius necessitatis ratione cogente. Iugales vero mutuis tenentur ex debito voluntatibus obedire et in nullo se ipsos sibi invicem denegare. (398) Praeterea quid iugalis crescit honori, si sui coniugalis amantium more fruatur amplexu, quum neutrius inde possit probitas augmentari, et nihil amplius [augmento] videantur habere nisi, quod primitus iure suo tenebant? Sed et alia istud ratione asserimus, quia praeceptum tradit

Sorgfalt zu dienen, ohne uns Zeit für irgendeine große Verzögerung zu lassen.[295]

Wiederholung des Streitfalls und Urteilsankündigung

(396) Euer Schriftstück zeigte also, daß unter Euch ein Zweifel entstanden ist, ob unter Verheirateten die Liebe Platz haben könne oder ob unter Liebenden die Eifersucht getadelt werde, und daß in beiden Zweifelsfällen jeder von Euch zu seiner Meinung neige und der Meinung des anderen abgeneigt sei und daß Ihr wollt, daß mit unserem Urteil festgelegt werde, wessen Meinung rechtsmäßig verdiene zu bestehen. Nachdem wir also sorgfältig die Argumentation von beiden Seiten durchgegangen sind und die Wahrheit selbst durch allseitige Erforschung gesucht haben, wollten wir den vorliegenden Streitfall mit folgendem Urteil beenden.

Unmöglichkeit wahrer Liebe und wahrer Eifersucht zwischen Ehegatten

(397) Wir sagen nämlich und bekräftigen eindeutig,[296] daß die Liebe ihre Kräfte nicht zwischen zwei Ehegatten entfalten kann. Denn Liebende schenken einander wechselseitig alles umsonst ohne Zwang durch eine begründete Notwendigkeit. Eheleute aber sind schuldig und verpflichtet, den gegenseitigen Wünschen zu gehorchen und sich in nichts gegenseitig zu verweigern. (398) Außerdem: Was für einen Zuwachs erhält die Ehre des Verheirateten, wenn er die Umarmung seines Ehepartners[297] nach Art der Liebenden genießt, obwohl davon der innere Wert keines von beiden vermehrt werden kann und sie nichts weiter zu haben scheinen, als sie von Anfang an gemäß ihrem Recht besaßen? Aber wir behaup-

---

[295] *quod litterarum vestrarum series indicavit, cuiuslibet intensae dilationis mora reiecta, diligenti sollicitudine suo curavimus effectui mancipare:* „ce que la teneur de votre lettre nous a montré [bezieht sich auf das Vorangehende], nous nous sommes efforcées de vous donner notre sentiment sans retard en vous accordant toute notre sollicitude et toute notre diligence“ B, „Accordingly we have avoided the delay of an extended postponement, and with sedulous care have sought to bring to its proper outcome the issue revealed by the course of your letter“ W, *quello che per le vostre lettere mandato n'avete, studieremo tosto di menare a debito fine* TT.

[296] *stabilito tenore:* s.o. Anm. 288.

[297] Die Eheleute werden mit *iugalis* und *suus coniugalis* bezeichnet. W spricht von *husband* und *his wife.* Das *suus* bezeichnet aber eindeutig ein Maskulinum, obwohl offenbar die Frau gemeint ist. Ich übernehme das mißverständliche grammatische Geschlecht. Die anderen Übersetzer weichen in den Plural aus.

amoris, quod nulla etiam coniugata regis poterit amoris praemio coronari, nisi extra coniugii foedera ipsius amoris militiae cernatur adiuncta. (399) Alia vero regula docet amoris, neminem posse duorum sauciari amore. Merito ergo inter coniugatos sua non poterit amor iura cognoscere. Sed et alia quidem ratio eis obstare videtur, quia vera inter eos zelotypia inveniri non potest, sine qua verus amor esse non valet ipsius amoris norma testante, quae dicit: Qui non zelat, amare non potest.

(400) Hoc igitur nostrum iudicium cum nimia moderatione prolatum et aliarum quam plurimarum dominarum consilio roboratum pro indubitabili vobis sit ac veritate constanti.

Ab anno MCLXXIIII Kal. maii. Indictione VII.

H. Loquitur nobilior nobiliori.

(401) Si nobilior a nobiliori femina petat amorem, hanc primo debet servare doctrinam, ut dulcia prae cunctis ac svavia verba proponat, sibique quam plurimum in verbi prolatione praecaveat, ne aliqua proferat, quae digna reprehensione cernantur. Nobilis enim mulier sive nobilior promptissima reperitur et audax hominis nobilioris facta vel sermones arguere multumque laetatur, si suis ip-

ten auch aus einem anderen Grund, nämlich einer überlieferten Vorschrift der Liebe, daß keine Verheiratete mit der Auszeichnung des Königs der Liebe gekrönt werden könnte, wenn sie nicht außerhalb des Ehevertrags dem Dienst der Liebe ergeben erkannt wird. (399) Eine andere Regel der Liebe aber lehrt, daß niemand von der Liebe zu zwei Personen verwundet werden kann. Die Liebe wird also rechtens unter Ehegatten seine Rechte nicht erkennen können. Aber auch ein anderer Grund scheint ja diesen zu widersprechen, nämlich daß wahre Eifersucht unter ihnen nicht gefunden werden kann, ohne die es keine wahre Liebe zu geben vermag, gemäß dem Zeugnis des Liebesgesetzes, das besagt: ‚Wer nicht eifersüchtig ist, kann nicht lieben.'[298]

Schlußformel

(400) Dieses unser Urteil also, mit großer Besonnenheit vorgelegt und durch den Rat sehr vieler anderer Damen bekräftigt, möge für Euch von unbezweifelbarer und beständiger Wahrheit sein.

Im Jahre 1174, am 1. Mai in der 7. Indiktion.[299]

H. Es spricht ein Hochadeliger zu einer Hochadeligen

Redeeinleitung

(401) Wenn ein Hochadeliger von einer hochadeligen Frau Liebe fordert, soll er zuerst diese Lehre einhalten, daß er vor allem süße und sanfte Worte vorbringt und sich beim Vortrag der Rede möglichst hütet, irgendetwas zu äußern, was eines Tadels würdig erkannt wird. Eine adelige oder hochadelige Frau wird nämlich sehr leicht bereit und mutig befunden, die Taten oder Worte eines hochadeligen Mannes zu tadeln, und freut sich sehr, wenn sie ihn

---

[298] Diese Liebesregeln sind die ersten drei in II,viii,44.

[299] Die Indiktion ist eine Terminierung aus der römischen Steuergesetzgebung und im Mittelalter oft zur Datierung im Gebrauch, hier aber überflüssig, da die vorhergehende Datierung ausreicht. Es ergibt sich (nach W) die Zahl 7 aus den Rechnungen a) 1174–312=862, b) 15×57=855, c) 862–855=7. Zu der Grundlage der Berechnung vgl. H. Grotefend, Taschenbuch der Zeitrechnung des deutschen Mittelalters und der Neuzeit, Hannover [13]1991. S. 8f.

sum pulchre possit dictis illudere. (402) Ad multa igitur superius enarrata poterit hic praesens articulus adaptari, sicut diligens facile poterit lector advertere. Sed et hanc suis dictis poterit annectere formam:

(403) Credo quidem et est verum, bonos omnes ob hoc a Deo in hac vita disponi, ut vestris et aliarum dominarum voluntatibus obsequantur, et lucidissima videtur mihi ratione constare, quod homines nil esse possunt nilque de bonitatis valent fonte praelibare, nisi dominarum hoc fecerint svadela commoti. Sed quamvis ex mulieribus cuncta videantur bona procedere, et multam eis Dominus praerogativam concesserit, et omnium dicantur esse causa et origo bonorum, necessitas sibi tamen evidenter incumbit, ut tales se debeant bona facientibus exhibere, ut eorum probitas earum intuitu de virtute in virtutem modis omnibus crescere videatur. (404) Nam, si nulli lucem ipsarum claritudo contulerit, erit tanquam candela sub modio latenter abscondita, cuius radius nullius meruit tenebras propulsare nec cuiusquam splendere profectui. Patet ergo, quod quilibet toto debet elaborare conatu sua dominabus impartiri ministeria, ut earum possit gratia coruscari. Ipsae autem plurimum tenentur esse sollicitae in bonis actibus corda servare bonorum et quemlibet pro suis meritis honorare. (405) Nam quidquid boni faciunt dicuntque viventes, totum mulierum solent laudibus indulgere et eis obsequendo ea perficere, ut earum possint gloriari muneribus, sine quibus nemo posset in hac

mit eigenen Worten[300] trefflich verspotten kann. (402) Somit wird dieser vorliegende Abschnitt vielem weiter oben Gesagtem angeglichen werden können, wie der aufmerksame Leser leicht bemerken kann. Aber er wird seinen Worten auch diese Redeweise[301] hinzufügen können:

Pflicht der Damen, zu edlen Taten anzuspornen

(403) „Ich glaube gewiß und es ist wahr, daß alle Guten von Gott deswegen in die Welt gesetzt werden, daß sie Eurem und den Wünschen anderer Damen gehorchen, und es scheint mir aus klarster Überlegung festzustehen, daß Männer nichts sein können und nichts aus der Quelle des Guten kosten können, wenn sie es nicht auf Zureden von Damen tun werden. Aber obwohl von den Frauen alles Gute auszugehen scheint und der Herr ihnen einen großen Vorzug gewährt hat und sie Grund und Ursprung alles Guten genannt werden, ist ihnen gleichwohl fraglos die Notwendigkeit auferlegt, daß sie sich als solche denen, die Gutes tun, zeigen sollen, damit deren innerer Wert durch ihren Anblick von Tugend zu Tugend in allen Bereichen einen Zuwachs erkennen läßt. (404) Denn wenn ihr Strahlen niemandem Licht bringt, wird es wie eine Kerze heimlich verborgen unter dem Scheffel sein,[302] deren Strahl es nicht gelungen ist, jemandes Dunkelheit zu durchdringen, noch zu jemandes Nutzen zu leuchten. Es liegt also offen zutage, daß ein jeder sich bemühen soll, seine Dienste den Damen zukommen zu lassen, damit er kraft ihrer Huld leuchten kann. Diese selbst aber sind am meisten zum Eifer verpflichtet, die Herzen der Guten zu guten Handlungen anzuhalten und jeden seinem Verdienst entsprechend auszuzeichnen. (405) Denn was immer Gutes sie im Leben tun und sagen, pflegen sie vollständig dem Lobe der Frauen zu weihen und in ihrem Dienste so weit zu kommen, daß sie sich ihrer Belohnungen rühmen können, ohne die niemand in diesem Leben Erfolg haben noch irgendeines Lobes für würdig gehalten werden könnte.

[300] *suis … dictis:* Im Mittellatein und in den romanischen Sprachen wird der personale Bezug nicht klar. W meint, es seien die eigenen Worte des Mannes gemeint, was möglich, aber keineswegs sicher erscheint.

[301] *hanc formam:* „parler de cette façon“ B, „this form of argument“ W, *questa forma di parlare* TT.

[302] Zitat aus Mt 5,15 par.

vita proficere nec aliqua laude dignus haberi. Plurimos autem scio, qui amoris noverunt perfectione ditari, alios vero novi, qui solius spei nutrientis lacte aluntur; ego vero amoris perfectione et spei largitione nudatus, sola et pura de vobis cogitatione possessa sustentor prae omnibus amatoribus † habendo solatia infinita. (406) Pietas ergo vestra conversa respiciat et meae solitariae cogitationi adminiculum praestet augmenti. Et vos quidem attentissima prece deposco, ut amoris non studeatis curiam evitare. Nam ab amoris aula semotae sibi tantummodo vivunt ex earum vita nemine sentiente profectum; prodesse autem nulli volentes pro mortuis saeculo reputantur, et earum fama nullatenus est digna relatu sed momento prorsus silentii subhumanda. (407) Quae vero amoris student vacare solatiis, suae videntur probitatis incremento studere et aliorum profectui deservire. Unde merito dignissimae multo iudicantur honore, et ipsarum universi nituntur attollere famam. Haec autem me vobis non credatis asserere, quasi ad haec vos bona perficienda meis intendam provocare sermonibus, quia toto corde confido et fide credo plenaria, quod nulla vos posset

Liebesbekenntnis und Bitte um Gewährung von Liebeshoffnung

Ich kenne aber viele, die das Geschenk der vollendeten Liebe *(amoris perfectio)* kennenlernten, von anderen aber weiß ich, daß sie sich von der Milch der nährenden Hoffnung allein nähren; ich aber, von der vollendeten Liebe und dem Geschenk der Hoffnung *(spei largitio)* entblößt, werde einfach und allein durch die Gedanken, die Ihr beherrscht, aufrechterhalten,[303] wobei ich unbegrenzte Freuden allen Liebhabern voraushabe.[304] (406) Daher möge Eure Güte *(pietas vestra)* sich herwenden, hersehen und eine Stütze der Förderung für mein einsames Denken gewähren.

Aufforderung zum gesellschaftlich verdienstvollen Dienst am Liebeshof

Ja, auch Euch fordere ich mit inbrünstiger Bitte auf, daß Ihr nicht den Hof der Liebe meiden wollt. Denn die vom Hof der Liebe Entfernten leben nur für sich, und niemand zieht einen Nutzen aus ihrem Leben; da sie aber niemandem nutzen wollen, werden sie in dieser Welt[305] für tot gelten, und ihr Ruf ist keineswegs der Rede wert, sondern muß fortan im Grabmal des Schweigens beigesetzt werden. (407) Die sich aber den Freuden der Liebe widmen wollen, scheinen nach der Vermehrung ihres inneren Wertes zu trachten und dem Nutzen anderer zu dienen. Daher werden sie mit Recht als besonders würdig großer Ehre beurteilt, und alle bemühen sich, ihren Ruhm in den Himmel zu heben. Glaubt aber nicht, daß ich Euch dies gleichsam in der Absicht versichere, um Euch durch meine Rede aufzurufen, Gutes zu vollbringen, weil ich aus ganzem Herzen sicher bin und mit voller Zuversicht glaube, daß Euch kein Umstand davon abbringen könnte, Gutes zu tun.

---

[303] *sola et pura de vobis cogitatione possessa sustentor:* „je ne suis soutenu que par cette pensée de vous, si pure, qui m'habite" B, „I am sustained solely by the chaste thoughts I entertain of you" W, *sol mi nutrico col pensare di voi* TT, „mi tengo in vita al puro e semplice pensiero di voi" I. Die Verbindung *sola et pura* spricht für die Bedeutung „unvermischt" für *pura*, die spätere Erwähnung des *amor purus* I,vi,470 für „rein" (nicht einfach „keusch"!). Daß *possessa* hier einfach für *habita* steht, dünkt unwahrscheinlich. Unsere Übersetzung setzt allerdings den (nicht unüblichen) Einsatz von *de* für *a* voraus.

[304] *prae omnibus amatoribus habendo solatia infinita:* Die Hss. CDF, die Editio princeps und der Cod. Vind. 5363 haben *habundo* statt *habendo.* Dieser Lesart folgt offenbar auch TT. Trojel hält beides für verderbt und vermutet *avendo* „verlangend".

[305] *saeculo:* „pour ce monde-ci" B, „in the eyes of the world" W, *nel mondo* TT.

occasio ab ea, quae bona sunt, faciendo subvertere. (408) Sed ideo me sciatis in hac parte vos admonere curasse, quia saepius repetita placebunt, maiori solididate firmantur et attentiori memoria servantur, ac, quum fuerit opportunum, exercentur.

(409) Mulier ait: Quamvis vestra verba sint alta nimis et profunda et amoris subtilitatis attingentia muros, pro ingenii tamen capacitate curabo illis competenti respondere sermone. Quia igitur Tullii nobis insinuante peritia quae recentiori sunt dicta colloquio, facilius possunt memoriae gremio commendari, vestris novissime dictis primitus respondere insistam. (410) Nam, quod vestra me suadela commonuit, ut ea facere studeam, quae mihi et aliis esse possint probitatis augmento, gratum mihi fuit et acceptabile satis, quia cordi mihi erat sine cuiusquam istud admonitione perficere. Scio ergo, mulieres, ut vestra notavit assertio, esse debere causam et originem bonorum, ut hilari scilicet facie et urbanitatis quemlibet receptu suscipiant, et cuilibet pro suae qualitate personae verba competentia dicant et omnibus patenter svadeant curialitatis opera exercere et omnia habentia rusticitatis instar de-

(408) Aber so wisset, daß ich in diesem Teil[306] darauf bedacht war, Euch zu ermahnen, da öfter Wiederholtes Gefallen finden,[307] dauerhafter gefestigt,[308] in stärkerer Erinnerung bewahrt und bei passender Gelegenheit in die Tat umgesetzt wird."

Bereitschaft zu höfischer Geselligkeit und zum Ansporn guter Taten

(409) Die Frau sagt: „Obwohl Eure Worte sehr erhaben und profund sind und bis zu den Mauern der Subtilität der Liebe reichen, werde ich auf sie dennoch, soweit meine Geisteskraft reicht, mit einer angemessenen Rede antworten. Weil also, wie es die Kunst Ciceros uns beibringt,[309] das, was im kürzer zurückliegenden Gespräch gesagt wurde, leichter dem Schoß der Erinnerung anvertraut werden kann, werde ich darauf bestehen, zuerst auf Eure letzten Worte zu antworten. (410) Denn Euer Zureden und Eure Ermahnung, daß ich trachten sollte, das zu tun, was mir und anderen zur Steigerung des inneren Werts gereichen könnte, waren mir willkommen und durchaus akzeptabel für mich, weil es mir am Herzen lag, es unermahnt von irgendjemandem zu vollbringen. Ich weiß also, daß die Frauen, wie Eure Darlegung klargemacht hat, der Grund und der Ursprung des Guten sein sollen, d.h. daß sie mit heiterem Antlitz und mit höflichem Empfang jeden aufnehmen,[310] an jeden Worte richten, welche dem Wert seiner Person entsprechen, und allen offen raten sollen, Werke der

---

[306] *in hac parte:* „en cette matière" B, „on this matter" W, fehlt in den ital. Übersetzungen. Es scheint ein Redeteil gemeint zu sein.

[307] Vgl. Walther 1963,2060, Horaz, *Ars poetica* 365.

[308] *maiori soliditate firmantur:* „elle fixe mieux les choses dans l'esprit" B, „get more firmly there (i.e. in the memory)" W, *la verità si ferma meglio* TT, „si fissano con piu forza" I. Die *memoria* ist wohl noch nicht angesprochen, sondern erst im nächsten Kolon.

[309] *Rhetorica ad Herennium* III,18 (im Mittelalter als Ciceros zweite und größere Rhetorikschrift angenommen).

[310] *urbanitatis quemlibet receptu suscipiant:* „lui réserver un accueil courtois" B, „welcome any individual ... with civility" W, *ciascuno ricevere cortesemente* TT, *mit ... hofflichen gepärden lieplich vnd schön yen guten man entpfahent* H. Die antike Bedeutung von *receptus* kommt hier gar nicht in Frage. Aber auch die gewöhnliche mittellat. Bedeutung „Beherbergung (aufgrund des Gastungsrechts)" (Niermeyer) liegt hier nicht vor, sondern ein Synonym von *receptio*, wie die Variante in § 417 *hilari receptione suscipitis* zeigt. Der Genitivus qualitatis *urbanitatis* ist seltsam. Zum Begriff der *urbanitas* s.o. Anm. 53.

clinare, et ut suam famam propriarum rerum non valeat tenacitas denigrare. (411) Amorem autem exhibere est graviter offendere Deum, et multis mortis parare pericula. Et praeterea ipsis amantibus innumeras videtur inducere poenas et assidua parare quotidiana tormenta. Quod ergo bonum esse potest in eo facto, in quo coelestis sponsus offenditur, et ipse proximus laeditur, et ipsi actores mortis inde noscuntur pericula sustinere et poenis cruciari assiduis? (412) Quamvis igitur amor cogat omnes curiales exsistere et a qualibet homines rusticitate constituat alienos, tamen propter magna, quae sequuntur, inconvenientia et poenas gravissimas imminentes res timenda videtur et a nullis optanda sapientibus et praecipue odio habenda militibus. Nam quibus ex fortuitu proeliorum eventu mortis quotidie videntur instare pericula, maximo debent studio praecavere, ne talia committant, propter quae supernae patriae regi iudicantur offensi. (413) Nobis igitur expedire videbitur ab amore vacare et amantium laboriosas angustias evitare. Amantes enim non solum inter ipsas vigilias variis poenarum languoribus fatigantur, sed etiam dormiendo modis quam plurimis anxiantur. Sic asserunt, quos amoris labor exagitat et quotidie in amoris aula versantur; amoris enim penitus inexperta fortassis eius indicare naturam non possem, nisi in quantum aliena potui relatione doceri.

Höfischheit *(curialitas)* zu vollbringen und alles, was bäurischem Wesen *(rusticitas)* gleicht, abzulehnen, auch damit[311] das geizige Festhalten an ihrem Besitz ihren Ruf nicht schmälern kann.

Gefährlichkeit der Liebe für Seele und Leib

(411) Die Liebe aber zu gewähren heißt Gott schwer zu beleidigen und viele in Todesgefahr zu bringen.[312] Und außerdem scheint sie den Liebenden selbst zahllose Qualen zu bringen und unablässige tägliche Foltern zu bereiten. Was also kann gut sein an einer Sache, wodurch der himmlische Bräutigam[313] beleidigt, selbst der Nächste verletzt[314] und die Handelnden selbst, wie man erfährt, in Todesgefahr geraten und von ständigen Qualen gemartert werden? (412) Obwohl also die Liebe alle Menschen antreibt, höfisch zu leben *(curiales existere)*, und sie dem bäurischen Wesen entfremdet, scheint sie dennoch wegen der großen Unannehmlichkeiten, die folgen, und der schweren drohenden Qualen eine Sache zu sein, die zu fürchten, von niemand Klugem zu erstreben und vor allem von Rittern mit Haß zu verfolgen ist. Denn wem durch ein zufälliges Kampfereignis täglich Todesgefahren zu drohen scheinen, der soll sich mit größtem Fleiß hüten, solches zu begehen, wodurch er als ein dem König des himmlischen Vaterlandes Verhaßter gilt. (413) Uns wird es daher dienlich zu sein scheinen, sich der Liebe zu enthalten und die qualvollen Ängste der Liebenden zu vermeiden. Die Liebenden werden nämlich nicht nur während der durchwachten Nächte von verschiedenen kraftraubenden Peinigungen ermattet, sondern ängstigen sich sogar im Schlaf auf sehr viele Arten. So versichern diejenigen, welche die Mühsal der Liebe nicht zur Ruhe kommen läßt und die sich täglich am Hof der Liebe aufhalten. Denn ich, die ich völlig unerfahren in der Liebe bin, könnte vielleicht ihre Natur nur aufzeigen, insoweit ich durch Erzählung anderer unterrichtet werden konnte."

---

311 Andreas schließt hier einfach einen *ut*-Satz mit *et* an. Die Übersetzer glätten hier regelmäßig durch Ergänzung oder Umformung.

312 W will dies nur auf den Tod der Seele beziehen. Es sind aber wohl zuerst einmal Gefahren im Minnedienst gemeint, wovon so viele höfische Romane erzählen.

313 Vgl. Mt 25,10.

314 Damit ist wohl Ehrenkränkung durch den Ehebruch gemeint, schwerlich der Kampf zweier Liebhaber um eine Frau.

(414) Homo ait: Vos talia dicitis, qualia qui verbis tantum suos ditare studet amicos, rei autem ipsos intendit penitus effectu frustrare. Nam hilari vultu in suo quemlibet adventu suscipere et svavia sibi responsa praestare et ipsum necessitatis imminente periculo factis nullatenus adiuvare ac svadere, ut in curialitatis ipse per omnia versetur operibus, nil aliud est quam ille, qui blandi sermonis dulcedine confidentem fallit amicum atque se ipsum gloriari contendit. (415) Est enim malo similis sacerdoti, qui de ipso plurima bona simulando et alios aeternae vitae opera commonendo propria se ipsum damnat sententia et aliis modum remunerationis ostendit. Nec obstare potest, quod Deum in amore narratis offendi, quia cunctis liquido constare videtur, quod Deo servire summum bonum ac peculiare censetur; sed qui Domino contendunt perfecte servire, eius prorsus debent obsequio mancipari et iuxta Pauli sententiam nullo saeculari debent adimpleri negotio. (416) Ergo, si servire Deo tantum vultis eligere, mundana vos oportet cuncta relinquere et coelestis patriae solummodo contemplari secreta. Non enim Deus voluit, aliquem dextrum in terris pedem et in coelo tenere sinistrum, quia nemo potest duorum intendere competenter obsequiis. (417) Unde quum, alterum vos pedem in terrenis habere, ex eo sit manifestum, quod ad vos venientes hilari receptione suscipitis et curialitatis verba secum adinvicem confertis et amoris eis opera svadetis, credo, vobis esse consultius efficaciter amori vacare quam Deo sub alicuius coloris palliatione mentiri. Credo tamen, in amore Deum graviter offendi

Schöne Reden als kümmerlicher Ersatz der Liebesgewährung

(414) Der Mann sagt: „Ihr redet wie jemand, der seine Freunde nur an Worten reich machen will, sie aber um die Wirkung der Sache völlig zu betrügen trachtet. Denn einen jeden bei seiner Ankunft mit heiterer Miene aufzunehmen, ihm süße Antworten zu geben und ihn überhaupt nicht in drohender unvermeidbarer Gefahr mit Taten zu unterstützen und ihm zu raten, daß er sich allenthalben in höfischem Tun üben soll, heißt nicht anders handeln als einer, der den vertrauensvollen Freund durch die Süße einschmeichelnder Rede täuscht und sich selbst zu rühmen trachtet. (415) Er ist nämlich einem schlechten Priester gleich, der, indem er viel Gutes von sich selbst behauptet und andere zu Werken des ewigen Lebens ermahnt, sich selbst durch das eigene Urteil verdammt und den anderen den Weg zur Belohnung zeigt.

Weltflucht als einzige gültige Alternative zur Liebe

Und was ihr von der Beleidigung Gottes in der Liebe sagt, kann kein Hindernis sein, da es für alle klar festzustehen scheint, daß Gott zu dienen als höchstes und ganz besonderes Gut betrachtet wird; aber die dem Herrn vollkommen dienen wollen, sollen völlig seinem Dienst zu eigen gegeben und nach dem Wort von Paulus[315] von keiner weltlichen Aufgabe erfüllt sein. (416) Wenn Ihr also den Gottesdienst wählen wollt, müßt Ihr alles Weltliche zurücklassen und nur die Geheimnisse des himmlischen Vaterlandes betrachten. Gott wollte nämlich nicht, daß einer den rechten Fuß auf Erden und den linken im Himmel hat, denn niemand kann sich dem Dienst von zweien ausreichend widmen.[316] (417) Weil also die Tatsache, daß Ihr den anderen Fuß auf Erden habt, daraus ersichtlich ist, daß Ihr diejenigen, welche zu Euch kommen, mit heiterem Empfang aufnehmt, höfische Worte wechselseitig mit ihnen austauscht und ihnen die Werke der Liebe anratet, glaube ich, daß es für Euch ratsamer ist, Euch effektiv der Liebe zu widmen als Gott unter dem Vorwand irgendeiner Beschönigung[317] zu täuschen.[318]

---

315 Vgl. I Cor 7,32ff.

316 Vgl. Mt 6,24 par.

317 *color:* die Farbe, das farbgebende, übertünchende, beschönigende Mittel, namentlich der Rede, das hier von beiden Seiten ständig zum Einsatz kommt, in diesem Falle sogar Gott gegenüber unterstellt wird.

318 Beträchtlich weiter geht Ulrich von Liechtenstein in seinem *Frauenbuch* von 1257, worin er den Frauen ihr frommes Leben in Abkehr vom höfischen Ideal schlechtweg zum Vorwurf macht (V. 230ff.).

non posse; nam quod natura cogente perficitur, facili potest expiatione mundari. (418) Praeterea fas nullatenus esse videtur, id inter crimina reputare, a quo bonum in hac vita summum habet initium, et sine quo nullus in orbe posset laude dignus haberi. Ad haec ex amore proximus nullam sentit iniuriam, id est: sentire non debet, quia, quod quisque ab alio exigit, id est: exigere debet, ab alio exactus libenter sufferre tenetur. (419) Multi tamen suae ascribunt iniuriae, quod nullam videtur iniuriam continere. Nec vobis videatur absurdum, quod taliter vobis exposui: „exigit, id est: exigere debet", quia quoddam evangelicae legis verbum, ex quo tota lex et prophetae pendere dicuntur, eodem modo docemur exponere. Sic enim dicimus: „Quod tibi non vis fieri, id est: velle non debes, alii non facias". – (420) Dixistis autem, amorem a cunctis esse vitandum, quia ex eo poenae sequuntur et pericula graviora. Sed illud sollicitius tenemur appetere, quod maiori instante periculo denegatur, et quod sine gravi non possumus labore percipere; nam post triste malum dulcior ipsa salus. Nulla igitur potestis vos ratione tueri, quod amare non sit cunctis appetibile bonum, ad quod omnes tenemur tota virtute conari. (421) Quem autem debeatis amare, vobis incognitum esse non credo. Ille namque vobis

Liebe: ein naturgegebenes Gut, das höchste in dieser Welt

Dennoch glaube ich, daß in der Liebe Gott nicht schwer gekränkt werden kann; denn was aufgrund natürlichen Dranges ausgeführt wird, kann mit leichter Buße gesühnt werden.[319] (418) Außerdem scheint es keineswegs recht zu sein, das unter die Verbrechen zu zählen, von dem das höchste Gut in diesem Leben seinen Ausgang nimmt und ohne das niemand auf der Welt für lobenswert gehalten werden könnte.

Liebe: kein Unrecht gegen den Nächsten

Zudem erfährt der Nächste von der Liebe kein Unrecht, d.h. er soll es nicht erfahren, denn was ein jeder vom anderen fordert, d.h. fordern soll, ist er gehalten, gerne zu ertragen, wenn es vom anderen gefordert wird. (419) Viele halten es dennoch für ein ihnen zugefügtes Unrecht, was kein Unrecht zu enthalten scheint. Und es möge Euch nicht abwegig erscheinen, was ich Euch mit den Worten ‚Er fordert, d.h. er soll fordern', ausgelegt habe. Denn wir werden belehrt, ein gewisses Wort des Gesetzes des Evangeliums, von dem das ganze Gesetz und die Propheten abhängen, wie es heißt, auf dieselbe Art auszulegen. So nämlich sagen wir: ‚Was du nicht willst – d.h. nicht wollen darfst –, daß man dir tue, das füge auch keinem anderen zu.'[320]

Wertsteigerung der Liebe durch überwundene Drangsale

(420) Ihr aber habt gesagt, daß alle die Liebe meiden sollen, weil aus ihr Qualen und schwerwiegendere Gefahren folgen. Aber wir sind gehalten, das mit größerem Eifer anzustreben, was durch eine größere drohende Gefahr verweigert wird und was wir ohne schwere Anstrengung nicht erreichen können; denn nach einem traurigen Übel ist die Rettung süßer. So könnt Ihr mit keinem Argument verteidigen, daß zu lieben nicht für alle ein erstrebenswertes Gut ist, an das wir uns alle mit ganzer Kraft wagen sollen.

Preis der eigenen Vorzüge

(421) Wen Ihr aber lieben sollt, ist Euch, glaube ich, nicht unbekannt. Anscheinend sollt Ihr den lieben, der das ganze Gefühl

---

319 Dieser Gedanke ist schon in der älteren mittellateinischen Liebeslyrik beheimatet. Auf die Spitze treibt ihn dann Jean de Meun im *Roman de la Rose*. Vgl. z.B. J.-C. Payen, La rose et l'utopie, Paris 1976; P. Nykrog, L'amour et la rose, Lexington 1986.

320 Vgl. Mt 7,12. Die sophistische Folgerung ex contrario soll offenbar die Bereitschaft insinuieren, den Ehebruch mit der eigenen Frau zu dulden, wenn man selbst auch einen begehen würde.

videtur amandus, qui totum in vobis habet suae devotionis affectum et cuncta bona pro vobis agere studet. (422) Sed si fama zelo adversus me non duceretur invidiae, vestro nullus me dignior inveniretur amore, quia pro vobis omnibus humilis et devotus reperior et cunctis mearum rerum largus exsisto donator, et quaecunque bona sub coelo ab aliquo possunt excogitari, pro meis studeo viribus adimplere. Discat ergo prudentia vestra meritis favere cuiuslibet, quia non solum iuris facundus [verus] assertor sed etiam mutus dignus invenitur fidelis obsequii mercedem suscipere.

(423) Mulier ait: Vanam quidem mundi gloriam non affecto nec sine re verbis propriis quaero ditare amicos, sed ad melioris vitae merita vos invitare nitebar, non quasi amoris volens damnare ministeria, sed mundanis rebus superiores causas esse praelatas cupiens demonstrare. Sed divinarum rerum ad praesens disputatione omissa, stilum ad amoris vertamus iudicium. Gauderem igitur plurimum, si vestra lingua tacente propria solummodo vos facta laudarent, quia Salomone testante omnis laus in proprio ore vanescit. (424) Praeterea quid exspectavit tam magna et effusa lar-

seiner Hingabe auf Euch richtet und alles Gute für Euch zu tun trachtet. (422) Denn wenn meine Reputation nicht aus Eifersucht auf mich zum Neide Anlaß gäbe, würde keiner gefunden werden, der Eurer Liebe würdiger ist als ich, weil ich Euretwegen allen gegenüber als demütig und ergeben befunden werde, für alle ein freigebiger Spender meiner Besitztümer bin und trachte, was immer an Gutem unter dem Himmel von irgendjemandem ersonnen werden kann, meinen Kräften gemäß zu erfüllen. Eure Klugheit also möge lernen, den Verdiensten eines jeden Huld zu schenken, weil nicht nur ein beredter Vertreter des Rechts, sondern sogar ein stummer Getreuer für würdig befunden wird, den Lohn für seinen Dienst zu empfangen."[321]

Abwehr der Kritik

(423) Die Frau sagt: „Gewiß begehre ich nicht eitlen Ruhm der Welt, noch suche ich Freunde mit meinen Worten ohne Taten zu beschenken, sondern ich bemühe mich, Euch zu den Verdiensten eines besseren Lebens zu ermuntern, nicht als ob ich die Dienste der Liebe verdammen wollte, sondern weil ich zeigen möchte, daß die himmlischen Dinge den weltlichen vorgezogen werden.[322]

Kritik am Selbstlob des Mannes

Aber lassen wir für den Moment die Diskussion über göttliche Dinge beiseite und richten wir die Darstellung auf das Urteil der Liebe.[323] Ich würde mich also ganz besonders freuen, wenn Euch nur die eigenen Taten lobten, während Eure Zunge schweigt, weil nach dem Zeugnis Salomons jedes Lob im eigenen Munde zunichte wird.[324] (424) Worauf wartete außerdem Eure so große und

---

321 *mutus dignus invenitur fidelis obsequii mercedem suscipere:* „l'amant muet, mais fidèle est tout aussi digne de recevoir le prix de ses services," B, „the dumb man is adjudged worthy to obtain the reward of faithful service" W. Angesichts der willkürlichen Wortstellung bei Andreas ist nicht zu entscheiden, ob *fidelis* zu *mutus* oder zu *obsequii* zu ziehen ist.

322 *mundanis rebus superiores causas esse praelatas:* „les choses de ciel sont préferable à celles de la terre" B, „heavenly motives are preferred to wordly things" W, *le cose di sopra essere da volere, e non le mondane* TT. Lat. *causa* ist hier offenbar schon völlig synonym mit *res* wie im Romanischen.

323 *stilum ad amoris vertamus iudicium:* Andreas kennt offenbar die römische Redensart *stilum vertere* „das Geschriebene löschen", nämlich auf der Wachstafel mit Benutzung des stumpfen Endes des Griffels, nicht mehr.

324 Prov 27,2.

gitas vestra? Quam diu tardavit haec, quae video, interpola et attrita vestimenta donare? Numquid divitiis abundant milites universi, et nullus reperitur egenus?

(425) Homo ait: [Verbo] auctori praedicti proverbii rabiem vultis imponere, quum perperam eius dictum interpretari contenditis. Non enim decet, aliquem probum virum in aliorum aspectu vel coetu vulgarium propria facta laudare. Sed, si aliquis velit, quaecunque laudabilia fecit, in alicuius dominae, pro qua ipsa bona profitetur egisse, [in] secreto aspectu referre, istud nulla videtur ratione negatum, et hoc non sine causa noveritis esse permissum. (426) Homines enim singuli in amoris negotio sibi invicem sunt aemulantes et summa inter se detinentur invidia, et vix unquam tam dilectus aliquis tamque reperitur amicus, qui in mulieris aspectu alterius velit probitates referre vel eius libenter laudabilia facta recolere. Et hoc est illud generale vitium, quod cunctos inficit homines, et quod causam dedit edicto, ut praefato proverbio haec induceretur exceptio. (427) Nam si alicuius litigatoris iudici sint incognita iura, merito contrarii calculi statuta reportat. Prae-

überströmende Freigebigkeit? Wie lange hat sie es hinausgeschoben, diese abgeschabten und abgetragenen Kleider, die ich sehe, zu verschenken?[325] Haben denn etwa alle Ritter Überfluß an Reichtum und findet man keinen Bedürftigen?“[326]

Berechtigung des Selbstlobs vor der Angebeteten

(425) Der Mann antwortet: „Ihr wollt dem Schöpfer des vorher erwähnten Spruches Raserei andichten, wenn Ihr sein Wort falsch zu deuten trachtet. Es ziemt sich nämlich nicht, daß ein Mann von innerem Wert vor anderen oder vor versammelter Volksmenge seine eigenen Taten rühmt. Aber wenn einer, was immer er Lobenswertes vollbracht hat, in Zweisamkeit mit der Dame, für die er ebendiese guten Taten vollbracht zu haben bekennt, erzählen will, scheint dies keineswegs verboten, und Ihr wißt, daß dies nicht ohne Grund erlaubt ist. (426) Die einzelnen Männer sind nämlich bei Liebeshändeln einer der Rivale des anderen und werden von größtem Neid aufeinander ergriffen, und kaum findet sich jemals ein so enger Freund,[327] der vor einer Frau die Vorzüge eines anderen berichten oder dessen lobenswerte Taten gern aufzählen will. Und dies ist jener allgemeine Fehler, der alle Männer befällt und der die Ursache für das Edikt[328] gab, daß diese Ausnahme von dem vorher erwähnten Spruch eingeführt werden sollte. (427) Denn wenn dem Richter die Rechte irgendeiner Prozeßpartei unbekannt sind, übernimmt er mit Recht die Feststellungen des gegenteiligen Votums.[329]

---

[325] B erinnert an die Satire des Vagantenprimas Hugo von Orléans *In nova fert animus*, worin die Reichen verspottet werden, die getragene Kleider nicht verschenken.

[326] Ein interessantes Zeugnis für den Usus, getragene Kleider auch an arme Ritter zu verschenken. Vgl. Gislebert von Mons, Hennegauische Chronik, hg. v. L. Vanderkindere, Monumenta Germaniae Historica, Scriptores rerum Germanicarum XXIX, S. 143.

[327] *tam dilectus aliquis tamque amicus:* wörtlich „irgendein so Geliebter und so Befreundeter“. Gemeint ist aber sicher ein Freund, der seinen Freund besonders liebt.

[328] Dieser erfundene Rechtsspruch taucht nicht einmal unter den Liebesregeln dieses Buchs auf.

[329] *merito contrarii calculi statuta reportet:* „il rend naturellement un jugement favorable à la partie adverse“ B, „he rightly passes judgement against him“ W, *la sentenzia li viene incontra* TT A, *ha ragione de la sentenzia la parte incontro* TT B, „a ragione la sentenza gli sarà contraria“ I.

terea haec attrita, quae videtis indumenta portavi, ut liquido cognoscere possem, utrum apud vos homo probus per indumenta an indumenta per hominis probitatem mereantur honorem. Et ex vestra mihi videtur liquere sententia, magis apud vos vestium cultum quam morum ornamenta placere. (428) Quam rem noveritis vestrae detrahere probitati. Nam feminae rusticanae totam spem suam in vestimentorum ornatu disponunt; nobiles vero atque prudentes indumentorum ornatum sine probitatis cultu reiiciunt et solummodo morum in homine credunt reverendam culturam. (429) Praeterea satis mihi sufficere credo meam plenarie inter alios emittere largitatem. Nam si aliquis alienos penitus negligendo labores in suae personae cultura quam plurimos studet expendere sumptus, nunquam inde potest aliquid suae crescere laudi. Si quis enim ex eo, quod in se ipso impendit plurima bona, dignus laudis praemio diceretur, multorum memoriam scimus esse damnandam, quorum fama praeclara viget in orbe et a cunctis est merito commendata. (430) Sed eorum praecipue a cunctis reperitur fama laudibus efferenda, qui suas penitus utilitates omittunt, ut aliorum necessitates sufficienter valeant et penurias adiuvare. Hac ergo verborum inopia rusticanis, ut dictum est, mulieribus derelicta altiora verba quaeratis, ut non solum habitu et incessu sed etiam ipsa loquela vestri generis possit apparere nobilitas atque prudentia deprehendi. (431) Proverbia vel vaniloquia vobis respondere nolo, quia saepius auditoris animum rubore perturbant, et nullum

Zweitrangigkeit äußeren Prunks

Außerdem habe ich diese gebrauchten Kleidungsstücke, die Ihr seht, getragen, um klar erkennen zu können, ob bei Euch ein Mann von innerem Wert kraft seiner Kleidung oder die Kleidung durch den inneren Wert des Mannes Ehre verdienen. Und aus Eurem Urteil scheint mir klar zu sein, daß bei Euch mehr die Kleidermode als die Zierde der Sitten Gefallen findet. (428) Daß dieser Umstand Eurem inneren Wert abträglich ist, werdet Ihr einsehen. Denn bäurische Frauen richten ihre ganze Hoffnung auf den Schmuck der Kleidung; aber adelige und kluge weisen den Schmuck von Kleidungsstücken ohne Ausbildung inneren Werts *(probitatis cultus)* zurück und glauben, daß bei einem Mann nur sittliche Bildung *(morum cultura)* zu verehren ist.

Vorzug der Freigebigkeit vor eigener Prachtentfaltung

(429) Außerdem halte ich es für völlig ausreichend, wenn ich meine Freigebigkeit vollkommen unter anderen ausgieße. Denn wenn jemand sich um fremde Mühsal gar nicht kümmert und nur trachtet, einen möglichst großen Aufwand bei der Pflege der eigenen Person zu treiben, kann daraus niemals etwas für seinen Ruhm herauskommen. Wenn nämlich einer aufgrund dessen, daß er den meisten Reichtum für sich selbst verwendet, des Lobpreises würdig erklärt würde, wissen wir, daß das Andenken vieler zu tilgen ist, deren Ruf in der Welt ganz hell leuchtet und von allen mit Recht empfohlen wird. (430) Vielmehr sollen alle insbesondere den Ruhm derer preisen, die ihren Nutzen vollkommen außer acht lassen, damit sie anderen in Not und Elend genügend zu Hilfe kommen können. Überlaßt also, wie gesagt, solche armselige Rede *(verborum inopia)* den bäurischen Frauen und suchet erhabenere Rede *(altiora verba)*, damit nicht nur an Eurem Äußeren[330] und Gang, sondern gerade auch an der Rede der Adel Eurer Herkunft augenscheinlich und Eure Klugheit erkannt werden.

Wert und Unwert von Sprichwörtern

(431) Ich will Euch nicht Sprichwörter oder Nichtigkeiten zur Antwort geben, weil sie zu oft das Gemüt des Zuhörers vor Scham aus der Fassung bringen[331] und durch sie keine Steigerung des in-

---

[330] *habitu:* „mise" B, „dress" W, *abito* TT. Vermutlich bezieht sich der mehrdeutige Ausdruck auf den zuvor genannten Kleiderluxus, nicht allgemein auf die Lebensweise, was nach dem mittelalterlichen Wortgebrauch durchaus möglich wäre.

[331] *auditoris animum rubore perturbant:* „ils ne provoquent que honte dans l'esprit de celui qui les écoute" B, „cause the reflecting listener to blush

per ea probitatis cognoscitur augmentum; sed amoris donum superius enarratum instanter postulare non cesso.

(432) Mulier ait: A multis retro temporibus scio in vulgo narratum, quod illusiva proverbia, quae veritatis colore nituntur, magis animum provocant auditoris ad iram, quam quae transitoriae ac fictitiae proferuntur ambages, et ideo me talia proposuisse poenitet in futurum, quia ipsa vestrum animum concitasse cognosco. Unde proverbiorum mutua collatione omissa vestrae aliter postulationi respondere curabo. (433) Dico enim, quod in hac vita nil est laudabilius quam sapienter amare, et nullus ad plenum potest ea, quae homines dignos laude constituunt, adimplere, nisi amoris haec faciat compulsione svasus. Et ideo recte agitis, si vobis idoneum amorem curatis appetere, per quem semper vobis possit benefaciendi propositum augmentari. (434) Mei tamen amoris fructum nullatenus invenire potestis, quia quidam mei dolores occulti denegant mihi prorsus amare. Sed, etsi absoluta mihi esset amandi licentia, quiddam tamen adhuc restat, quod vobis meum cogit denegari amorem, quia alterius fuistis anticipati obsequiis et in amo-

neren Werts erkennbar wird.[332] Doch ich höre nicht auf, das oben erwähnte Geschenk der Liebe dringend zu fordern."

(432) Die Frau sagt: „Seit längst vergangenen Zeiten heißt es, wie ich weiß, im Volk, daß täuschende Sprichwörter, die sich auf den Anstrich der Wahrheit stützen, eher das Gemüt des Zuhörers zum Zorn verleiten als flüchtige und erdichtete Rätselworte,[333] die man vorbringt; und so reut es mich künftig, daß ich so etwas geäußert habe, weil ich erkenne, daß sie Euer Gemüt aufgebracht haben. Daher will ich den Austausch von Sprichwörtern beiseitelassen und darauf bedacht sein, anders auf Eure Forderung zu antworten.

Anerkennung des Werts der Liebe

(433) Ich sage nämlich, daß in diesem Leben nichts rühmenswerter ist, als auf kluge Art zu lieben *(sapienter amare)*; und keiner kann das, was die Männer rühmenswert macht, voll erfüllen, außer er tue dies auf Rat und Antrieb der Liebe. Und so handelt Ihr recht, wenn Ihr darauf bedacht seid, die für Euch geeignete Liebe zu erstreben, durch die Euer Vorsatz, Gutes zu tun, stets wachsen kann.

Zwei Hinderungsgründe zu lieben

(434) Dennoch könnt Ihr keineswegs den Genuß meiner Liebe finden, weil gewisse geheime Schmerzen mir verbieten, überhaupt zu lieben. Aber wenn ich auch die völlige Freiheit zu lieben hätte, bleibt dennoch noch etwas, was dazu zwingt, Euch meine Liebe zu

---

with embarrassment" W, *turbano spesse volte l'animo dello auditore di troppo vergogna* TT.

[332] Das hört sich wie ein Spott auf den Usus der Versromanautoren der Zeit an, die Werke mit einer Sentenz oder einem Proverb beginnen zu lassen. Besonders berühmt muß der Beginn von Chrétiens *Erec et Enide* mit dem Volkssprichwort „Man verachtet manches, was viel mehr wert ist, als man glaubt" gewesen sein.

[333] *quae transitoriae ac fictitiae proferuntur ambages:* „les récits fictifs qu'on relate incidemment" B, „a short and fictitious digression" W, *altre ciancie che si dicano per passare tempo* [B *da non aver piato*] TT, *erdichte und schimpfliche rede* H. In der Antike zielt *ambages* (wörtliche Bedeutung „Herumtreiben, -gehen") auf das Irrende, Weitschweifige, Täuschende oder Rätselhafte einer (meist sprachlichen) Aktion, so wohl auch im Mittelalter. Worauf es hier zielt, wird nicht klar, jedenfalls gewiß nicht auf die altfranzösischen *aventures*, wie an der berühmten Stelle über die Artusromane bei Dante Alighieri, *De vulgari eloquentia* I,10: *Arturi regis anbages pulcerrime.*

ris petitione praeventi, et ideo merito vobis in amoris consecutione praefertur.

(435) Homo ait: Qui sunt hi dolores occulti, quibus vos asseritis detineri, et amandi vobis auferri licentiam, mihi non est penitus expeditum. Nam amoris solatia cunctorum sunt expulsiva medicina dolorum et totius restaurativa laetitiae, nisi forte vos amantis defuncti tristitia detineret, ad cuius luctuosam conservandam memoriam ipsius amoris praecepto biennalis metae tempora superstiti praescribuntur amanti. (436) Sed quum nullius, ut mihi videtur, unquam amoris iacula persensistis, pro amante vos non credo deperdito luctuosam gerere curam. Quod autem me alterius obsequiis et amoris petitione asseritis praeveniri, non videtur meis posse rationibus obviare, quia omnino confertur vestro arbitrio eum alteri praeferre, quem maiora constituunt merita potiorem, etsi alter a vobis spem largitam suscepisset amoris. Non enim in amore ille creditur praeferendus, qui prior obsequia praestitisse et amorem postulasse asseritur, sed qui meritis maioribus adiuvatur. (437) Praeterea minus proprie dicor ab ipso in amore praeventus, qui sola me postulatione praecedit. Sed ille in amore dicitur tantum alium praevenire, qui amoris promeruit prior percipere fructus. Nam si alicuius probi petitio postulationem tardiorem excluderet probioris, perniciosum esset exemplum et inde magna sequeretur iniquitas. Non enim, quando quid petatur, sed a quo

verweigern: Euch ist im Dienst und im Liebeswerben ein anderer zuvorgekommen und wird so mit Recht Euch in der Reihenfolge der Liebe vorgezogen.“

Zweifel an der Trauer der Dame um einen Geliebten

(435) Der Mann sagt: „Welche diese verborgenen Schmerzen sind, von denen Ihr, wie Ihr behauptet, abgehalten und der Freiheit beraubt werdet zu lieben, ist mir gar nicht erklärt worden. Denn die Liebesfreuden *(amoris solatia)* sind die Medizin, die alle Schmerzen vertreibt und die volle Freude wiederbringt, außer Euch würde etwa die Trauer um einen verstorbenen Geliebten abhalten, zu dessen in Trauer zu bewahrendem Gedächtnisse dem hinterbliebenen Liebenden eine Frist von zwei Jahren[334] von der Anweisung der Liebe selbst vorgeschrieben wird. (436) Aber wenn Ihr, wie mir scheint, niemals die Pfeile irgendeiner Liebe gefühlt habt, glaube ich nicht, daß ihr für einen verlorenen Geliebten Trauerpflichten erfüllt.

Entscheidung der Dame nicht nach der Priorität, sondern der Meliorität des Werbenden

Eure Behauptung aber, mir sei ein anderer im Dienst und im Liebeswerben zuvorgekommen, scheint nicht meinen Argumenten Paroli bieten zu können, denn es bleibt ganz Eurer Entscheidung überlassen, einen, dem die größeren Verdienste Überlegenheit verleihen, einem anderen vorzuziehen, selbst wenn der andere das Geschenk der Hoffnung auf Eure Liebe von Euch erhalten hätte. In der Liebe gilt nämlich nicht jener als der zu Bevorzugende, der, wie es heißt, als erster Dienste geleistet und Liebe gefordert hat, sondern der von den größeren Verdiensten unterstützt wird. (437) Außerdem trifft es auf mich im eigentlichen Sinne gar nicht zu, daß mir einer in der Liebe zuvorgekommen ist, wenn er mir nur in der Werbung voranging. Vielmehr soll derjenige in der Liebe nur dem anderen zuvorkommen, welcher es früher verdient hat, die Früchte der Liebe zu ernten. Denn wenn die Werbung irgendeines Mannes von innerem Wert den späteren Antrag eines Mannes von höherem innerem Wert ausschlösse, gäbe das ein verderbliches Beispiel, und große Ungerechtigkeit wäre die Folge davon.

[334] *biennalis metae tempora:* „une période de deux ans“ B, „a limited period of two years“ W, *spazio di due anni* TT. Wieder ein Fall von Genitivus inhaerentiae, denn *meta* bedeutet hier wohl wie auch sonst bisweilen nicht das Ende eines Zeitabschnitts, sondern diesen als ganzen (vgl. Stotz 2, V § 93.2).

petatur, est inspiciendum, [nisi forte amoris iam esset concessa largitio et eius secutus effectus. (438) Et hoc est, quod egregie supra reperitur insertum, dominam quamlibet post spei largitionem et post osculi exhibitionem et amplexus fruitionem, si non sit ultra processum, sine blasmo posse largitis prioribus similia denegare petenti]. Mea igitur postera non potest mihi obesse petitio, si me potiora merita tueantur.

(439) Mulier ait: Quid est hoc, quod creditis, me nullius amoris unquam iacula persensisse? Numquid me tam vilem reputatis et probitatis moribus destitutam, ut meus non mereatur animus amoris solatia capere? Ad haec verba vestra videntur obvia legi et omni rationi contraria. Sufficit enim cuilibet, si dignus decernatur amari, quamvis eo dignior alius postea secundus accedat. (440) Nullius enim melioritas alterius debet praeiudicium bonitati generare. Unde, si aliquis bonus et dignus amari in amoris vos postulatione praecedat, licet vos gaudeatis probitate maiori, illius tamen potius videtur admittenda petitio. Nam, si aliud defensare contenditis, suis nitimini probitatem iniuste meritis defraudare.

(441) Homo ait: Absit domina mea, quod unquam credere possim, vos non esse [in] amoris aula dignissimam. Sed ideo vobis talia verba dixi, quia, ut mihi videtur, vix aliquis vestro dignus reperitur amore. Sed, si dignus aliquis inveniatur, vix tam audax degit

Denn nicht, wann etwas gefordert wird, sondern von wem es gefordert wird, ist zu beachten, es sei denn, das Geschenk der Liebe *(amoris largitio)* wäre vielleicht schon gewährt worden und ihre Erfüllung *(effectus)* bereits erfolgt. (438) Und das ist es, was man trefflicherweise oben vermerkt findet,[335] nämlich daß jede Dame nach dem Geschenk der Hoffnung und nach der Gewährung eines Kusses und dem Genuß einer Umarmung, wenn nichts weiter geschehen ist, dem Werbenden ohne Tadel Gaben, welche den vorhergehenden gleichen, verwehren kann.[336] Mein späteres Werben kann mir also nicht schaden, wenn mich meine bedeutenderen Verdienste verteidigen."

Anerkennung des Prinzips der Priorität

(439) Die Frau sagt: „Was soll das, daß Ihr glaubt, daß ich nie die Pfeile einer Liebe empfunden habe?[337] Haltet Ihr mich etwa für so verächtlich und bar sittlichen Wertes, daß mein Herz nicht verdient, die Ergötzungen der Liebe zu empfangen? Zudem scheinen Eure Worte dem Gesetz zuwiderzulaufen und jeder Vernunft entgegenzustehen. Es reicht nämlich für jeden aus, wenn er der Liebe würdig erkannt wird, mag auch ein anderer, der würdiger als er ist, später als zweiter kommen. (440) Denn die Überlegenheit *(melioritas)* irgendeines anderen darf kein Präjudiz der Vortrefflichkeit *(bonitas)* gegenüber erzeugen. Deshalb scheint, wenn ein Vortrefflicher *(bonus)* und der Liebe Würdiger Euch beim Liebeswerben zuvorkommt, sein Werben, auch wenn Ihr Euch eines höheren inneren Werts erfreut, dennoch eher der Erhörung wert. Denn wenn Ihr anderes verteidigen wollt, bemüht Ihr Euch ungerechtfertigter Weise, den inneren Wert um seine Verdienste zu betrügen."

Vorzug des Prinzips der Meliorität

(441) Der Mann sagt: „Gott behüte, Madame, daß ich jemals glauben könnte, daß Ihr nicht des Liebeshofes vollends würdig seid. Aber ich habe solche Worte zu Euch gesprochen, weil, wie mir scheint, kaum jemand Eurer Liebe für würdig befunden wird. Aber sollte jemand für würdig befunden werden, lebt kaum ein so

---

[335] Siehe I,vi,54.

[336] Diesen Satz und den Konzessivsatz davor hält Trojel aus ungenannten Gründen für unecht.

[337] Dagegen hatte die Dame § 413 behauptet, daß sie „völlig unerfahren in der Liebe" sei. Nimmt man den noch viel krasseren Widerspruch § 444 hinzu, fragt es sich, ob der Text vom Autor unzureichend überarbeitet wurde.

in orbe, qui sua coram vobis non dubitaret proponere iura vel amoris munera postulare. Quod autem dixistis, melioritatem alterius non debere praeiudicium generare probitati, nulla potestis ratione tueri. Nullius enim probi festina petitio posterioris recte poterit petitionem excludere probioris. (442) Quamvis enim trium aemulantium dearum quaelibet pomi satis sit digna susceptione, iudex tamen aequissimus [Priami Alexander], duarum licet digne petentium non exaudita petitione, digniorem [scilicet Venerem] et ultimo loco petentem pomi voluit susceptione gaudere. Ergo, quis sit dignior, exquisita debetis veritate cognoscere et propria sibi iura servare.

(443) Mulier ait: Si vos falsa voluptatis abundantia non vexaret, nunquam pulcherrimae vestrae uxoris reiectis solatiis extranearum quaereretis amorem.

(444) Homo ait: Confiteor, me pulchram satis habere uxorem, et ego quidem ipsam totius mentis affectione diligo maritali. Sed quum sciam, inter virum et uxorem posse nullatenus esse amorem, Campaniae hoc comitissae sententia roborante, et in hac vita nullum posse fieri bonum, nisi illud ex amore originis sumpserit incrementa, non immerito extra nuptialia mihi foedera postulare cogor amorem. [Quae huius desunt responsioni articuli, in nobilioris et nobilis colloquio egregie inserta reperies].

Kühner auf Erden, der nicht zögerte, seine Rechte vor Euch darzulegen oder Gunstbeweise der Liebe *(amoris munera)* zu fordern. Eure Aussage, daß die Überlegenheit eines anderen kein Präjudiz gegenüber der Vortrefflichkeit erzeugen dürfe, könnt Ihr mit keinem Argument verteidigen. Die schnelle Werbung eines Wertvollen wird die spätere Werbung eines Wertvolleren nicht ausschließen können. (442) Denn obschon jede der drei wetteifernden Göttinnen durchaus würdig ist, den Apfel zu empfangen, wollte der gerechteste Richter, Alexander, der Sohn des Priamus, die Bewerbung der zwei, mochten sie sich auch würdig bewerben, nicht erhören, sondern die Würdigere, aber in der Reihe der Bewerbungen Letzte (nämlich Venus)[338] sich des Empfanges des Apfels erfreuen lassen.[339] Daher sollt Ihr die Wahrheit erforschen, dadurch erkennen, wer würdiger ist, und ihm die ihm gehörenden Rechte wahren."

Vorwurf des Ehebruchs

(443) Die Frau sagt: „Wenn Euch nicht ein verwerfliches Übermaß an Wollust quälte, würdet Ihr niemals die Vergnügungen *(solatia)* mit Eurer wunderschönen Gattin zurückweisen und die Liebe fremder Frauen suchen."[340]

Inkommensurabilität von Ehe und Liebe

(444) Der Mann sagt: „Ich bekenne, daß ich eine sehr schöne Gattin habe, und ich schätze sie mit ehelicher Zuneigung von ganzem Herzen. Aber da ich weiß, daß es zwischen Ehemann und Ehegattin überhaupt keine Liebe geben kann, was durch das Urteil der Gräfin der Champagne bekräftigt wird,[341] und daß in diesem Leben Gutes nur getan werden kann, wenn es von Anfang an der Liebe entwachsen ist, bin ich nicht zu Unrecht gezwungen, außerhalb des Ehebündnisses um Liebe zu ersuchen."

[Im Gespräch des Hochadeligen mit der Adeligen wirst du hervorragende Einfügungen finden, die der Antwort dieses Artikels fehlen.][342]

---

338 Trojel hält die beiden Namensnennungen (des Paris und der Venus) für sekundäre erklärende Einschübe, W nur die zweite.

339 Vgl. Ovid, Heroides XVI,53ff.

340 Eine besonders grobe Inkonsequenz, denn ab § 478 tritt der Mann als unbeweibter Kleriker auf.

341 S. o. § 397.

342 Trojel hält diesen Hinweis für Leser, zurückzublättern, für einen unechten Zusatz, ebenso B. W läßt ihn in der Übersetzung aus, nicht aber TT.

(445) Mulier ait: Licet amor sit res utilis valde ac iuvenibus appetenda et eis, quos gloria mundana delectat, mihi, quasi iam aetate confectae, res videtur inutilis et per omnia respuenda; immo, etsi alia cuncta mihi amare svadeant, viduitas tamen et optimi amissi mariti tristitia omnia mihi vitae solatia contradicunt.

(446) Homo ait: Si cor vestrum senectute non reperiatur attritum, in personae habitu satis videtur iuvenilis forma vigere, ex quo satis evidenter apparet, quod florens vigeat in corde vestro iuventus. Exterior enim habitus manifeste demonstrat, qualis sit intus dispositio mentis. Sed nec amissi mariti tristitia mihi potest de iure nocere, quia id vobis svadeo, quod continuam vobis laetitiam restaurabit et eam vobis conservabit illaesam. (447) Amor enim est, qui dolorum claustra disrumpit et laeta solus meruit gaudia subrogare et svavia delectationis solatia ministrare. Res est igitur amor ab omnibus appetenda et a cunctis diligenda per orbem, qui universorum meruit tristitiam propulsare et alacritatis statum cui-

Verbot der Liebe für Witwen

(445) Die Frau sagt: „Mag die Liebe auch eine sehr nützliche Sache sein und für junge Leute erstrebenswert und für diejenige, welche weltlicher Ruhm erfreut, mir, die ich schon in ziemlich reifem Alter bin,[343] scheint die Sache ohne Nutzen und in jeder Hinsicht abzulehnen. Im Gegenteil verbietet mir, auch wenn mir alles andere zur Liebe raten sollte, dennoch die Witwenschaft und die Trauer über den besten Gatten, den ich verloren habe, alle Lebensfreuden."[344]

Bewunderung für das jugendliche Aussehen der reiferen Frau

(446) Der Mann sagt: „Wenn man Euer Herz nicht vom Alter erschöpft findet – die Erscheinung Eurer Person *(personae habitus)* scheint jedenfalls von überaus jugendlichem Aussehen zu strotzen, woraus ganz deutlich klar war, daß in Eurem Herzen die Jugend blüht und gedeiht. Die äußere Erscheinung zeigt nämlich deutlich, wie im Innern der Zustand des Gemüts *(dispositio mentis)* ist.[345]

Beschränkung der Witwentrauer auf das kanonische Maß und Empfehlung neuer Fröhlichkeit durch die Liebe

Aber mir kann auch von Rechts wegen nicht die Trauer um den verlorenen Gatten einen Nachteil verschaffen, denn mein Rat wird Euch die fortwährende Freude wiederherstellen und sie Euch unversehrt bewahren. (447) Die Liebe ist es nämlich, die die Ketten des Schmerzes sprengt und es allein zustandegebracht hat, Freude und Fröhlichkeit zu bringen[346] und süße Wonnen der Lust darzureichen. Die Liebe ist also etwas, was alle erstreben und alle auf der Welt schätzen sollen. Sie hat das Recht erworben, die Trauer aller zu vertreiben und jeden in den Zustand der Fröhlichkeit zu-

---

[343] *mihi, quasi iam aetate confectae:* „car je suis trop agée" B, „I as one of mature age" W, *a me ch'oggimai vegno in tempo a me* TT A, *che sono quasi di etade compiuta* TT B.

[344] Jetzt erscheint die Dame sogar auf einmal als Witwe. Sollte dahinter eine Anspielung auf die Witwenschaft Maries de Champagne ab 1181 stehen? W hält dies immerhin für möglich.

[345] Im Mittelalter herrschte weithin die Ansicht von der Übereinstimmung von Außen und Innen des Menschen. Das wird offenbar auch hier artikuliert. Im übrigen scheint die Ausdrucksweise aber reichlich verquer, zumindest grob tautologisch. Nur TT und W folgen daher wie wir dem Text. B und I übersetzen dagegen so, als ob die Negation im Konditionalsatz *(Si … non …)* zu Anfang des Paragraphen fehlte. Die Überlieferung ist aber nach Trojel ganz einheitlich. Auch der Cod. Vind 5363 hat denselben Text.

[346] *subrogare* heißt in der Antike „durch Neuwahl ersetzen", im Mittelalter auch „abordnen, bereitstellen, unterordnen" (Niermeyer).

libet reformare. Unde secundum legalem observationem maritalis luctus elapsis curriculis licenter potestis lugubria cuncta reiicere et amantium vos militiae copulare. (448) Nam ultra tempus legibus praestitutum lugere maritum est quidem legalia iura contemnere et animo rebelli divinae obsistere voluntati et contra eius facta temerario animo cogitare. Praeterea ultra legalia tempora lugere nil mortuo videtur expedire marito, et vestra inde persona quam plurima damna consequitur.

(449) Mulier ait: Audacia multa videmini legis resistere voluntati, quum dicitis temerarie fieri, si aliquis ultra modum propter hominum imbecillitatem lege mirabiliter definitum legis studeat adimplere mandatum, quum evangelica veritate dicatur hospiti vulneratum recipienti Samaritanum, certo illi pondere oblato ar-

rückzuversetzen. Daher könnt Ihr gemäß der gesetzlichen Einhaltung der ehelichen Trauer nach Ablauf der Jahre ungehindert alle Trauerkleider ablegen und Euch dem Heer der Liebenden anschließen. (448) Denn über das gesetzlich festgelegte Maß hinaus den Gatten zu betrauern heißt ja die gesetzlichen Vorschriften mißachten, mit trotzigem Herzen *(temerario animo)* dem Willen Gottes widerstreben und gegen sein Handeln verwegene Gedanken hegen.[347] Außerdem scheint die Trauer über die gesetzliche Zeit hinaus keinem toten Gatten zu nützen, und Eure Person nimmt dadurch sehr großen Schaden wie nur möglich."

Verdienstvolle Übererfüllung der Pflicht

(449) Die Frau sagt: „Ihr scheint mit großer Kühnheit dem Willen des Gesetzes Widerstand zu leisten, da Ihr es Trotz nennt, wenn jemand trachtet, den Auftrag des Gesetzes über das Maß hinaus zu erfüllen, welches um der Schwäche der Menschen willen auf wunderbare Weise gesetzlich festgelegt[348] ist. Denn in der Wahrheit des Evangeliums heißt es, der Samariter habe zu dem Wirt, der den Verwundeten aufnahm, nachdem er ihm eine gewisse Summe Silbers gegeben hatte, gesagt:[349] ‚Wenn du darüber

---

[347] *legalia iura contemnere et animo rebelli divinae obsistere voluntati et contra eius facta temerario animo cogitare:* „mépriser leurs préceptes, montre une âme rebelle à la volonté divine et vouloir témerairement s'opposer à ses décisions" B, „to spurn legal rights, to resist God's will with rebellious mind, and to entertain rash notions against his acts" W, *(pare) che si dispregino le leggi, e (non pare) che vi contentiate di quello che a fatto Iddio* TT A, *si è contra la legge e contrastare al volere di Dio e pensare contra i suoi fatti mattamente* TT B. Welche *facta Dei*, Taten, Handlungen Gottes, hier gemeint sein können, ist unklar. Sollen Entscheidungen gemeint sein (so B und I: „le sue disposizioni")? Wenn ja, welche? Gebote? Soll man gar *eius facta iura* ergänzen? Das wäre nicht nur grammatisch problematisch, da wohl eher irdisches Recht gemeint ist. H (der das fragliche Kolon ausläßt) spricht ausdrücklich von *kayserlich recht.*

[348] *lege mirabiliter definitum:* B und W stellen das Adverb, der Wortstellung im lat. Text entsprechend, hierher, und übersetzen es daher mit „remarquablement" bzw. „admirably". Es ist aber zu überlegen, ob hier nicht wiederum eine der üblichen gewaltsamen Hyperbata vorliegen könnte, so daß das Adverb doch zu *adimplere* „erfüllen" gehört.

[349] *quum evangelica veritate dicatur ⟨dixisse⟩ hospiti vulneratum recipienti Samaritanum […]:* Ich folge hier der Ergänzung von *dixisse* im Text von W. Der überlieferte Text ergibt schwerlich einen rechten Sinn. B wird durch

genti: „Si aliquid supererogaveris, ego reddam tibi". (450) Ergo, si lex modicum mihi statuit tempus ad lugendum, meae scilicet volens infirmitati consulere, et ego aliquid huic tempori supererogando adiungam propter uberiorem legis obsecundationem, supereffluentem mereor consequi retributionem et munere maiori gaudere.

(451) Homo ait: Lex quidem humana luctus tempora mulieribus observanda praefixit non quasi earum volens infirmitati consulere sed humani generis cupiens providere utilitati, ut sanguinis non posset provenire turbatio vel diversorum simul genera commisceri. Nam, ubi cessaret turbatio sanguinis, evidenter permisit apostolus mortuo viro alterius statim nuptias contrahere. Multo ergo magis et vobis ultra ipsius temporis metas amare conceditur.

(452) Mulier ait: Quamvis appetibile satis cunctis videatur amare, virginali tamen videtur plurimum obviare pudori. Nam, ut bene novistis, virgo cito perdit honorem, et eius fama modico rumore brevique dissolvitur aura. Immo nec mihi plena suffragatur aetas, ut amoris ancoram debita possim industria gubernare. Fer-

hinaus Geld ausgeben wirst, werde ich es dir zurückgeben.' (450) Wenn mir also das Gesetz eine bescheidene Zeit für die Trauer bestimmt hat, in der Absicht nämlich, auf meine Schwäche Rücksicht zu nehmen, und ich dieser Zeit in Überzahlung etwas zur reichlicheren Befolgung des Gesetzes hinzufügen werde, so verdiene ich, übermäßigen Lohn zu erhalten und mich einer größeren Anerkennung zu erfreuen."

Rein praktische Begründung der kanonischen Trauerzeit

(451) Der Mann sagt: „Das menschliche Gesetz hat gewiß die einzuhaltende Trauerzeit für die Ehefrauen festgesetzt, nicht etwa in der Absicht, auf ihre Schwäche Rücksicht zu nehmen, sondern in dem Wunsch, für den Nutzen des Menschengeschlechts Vorsorge zu treffen, so daß nicht eine Verwirrung des Blutes eintreten oder die Nachkommen von verschiedenen Männern zusammengemischt werden können. Denn sobald die Verwirrung des Blutes aufhörte, erlaubte augenscheinlich der Apostel nach dem Tode des Mannes sofort die Ehe mit einem anderen zu schließen.[350] Daher ist auch Euch umso mehr gestattet, jenseits dieses Zeitpunkts zu lieben."

Besondere Gefährdung der Jungfrau durch die Liebe

(452) Die Frau sagt: „Obwohl es für alle sehr erstrebenswert scheint zu lieben, scheint es doch der jungfräulichen Scham am meisten zuwiderzulaufen.[351] Denn, wie Ihr gut wißt, verliert eine Jungfrau rasch ihre Ehre, und ihr Ruf ist dahin durch ein kleines Gerücht und einen kurzen Hauch.[352] Ja, nicht einmal das volle Alter kommt mir zu Hilfe, um den Anker der Liebe mit gebührender

ihn verleitet, den Verwundeten und den Samariter entgegen dem hier nach Lc 10,35 zitierten biblischen Gleichnis gleichzusetzen. Der Toskaner sieht sich genötigt, den Samariter in seiner Übersetzung einfach wegzulassen.

350 Vgl. I Cor 7,39. Natürlich bezieht sich Paulus hier nicht auf die eben von Andreas zitierte Verordnung des römischen Rechts zur Vermeidung der *turbatio sanguninis*. Es handelt sich also um einen juristischen Witz. Siehe Schnell, Andreas Capellanus, S. 108–112.

351 Wiederum ändert sich die angenommene Ausgangslage des Gesprächs total. Nun erscheint die Dame nicht mehr als Witwe, sondern als Jungfrau.

352 *brevique … aura:* „au moindre souffle" B, „by slight rumour" W, *per piccol[a] voce* TT B. Ob hier die Luftschwingung durch die menschliche Rede oder bloß die kurze Dauer eines Lufthauchs gemeint ist, bleibt unklar. Der moderne Leser fühlt sich unwillkürlich an das „Lüftchen der Verleumdung" in Rossinis *Barbiere di Seviglia* erinnert: 1. Akt, 8. Szene, Nr. 6 *La calunnia è un venticello.*

tur enim, quod ante plenam cuiuslibet pubertatem amor non potest firma stabilitate durare. Unde nullatenus mihi congruere videtur amare.

(453) Homo ait: Si aliqua prudenter amare curaverit, inani nunquam debet poenitudine remorderi, et in nullo suae famae poterit pati dispendium. Nam si prudentem virum atque discretum suo studeat amori coniungere, secreto conservabitur amor et nulli divulgabitur unquam, nullumque inde suus pudor poterit sentire gravamen. Quod autem de aetate dixistis, locum sibi poterit in masculis conservare. Nam [et] masculus vix potest ante decimum octavum annum firmus amator exsistere. (454) Secus autem ipsa operante natura dignoscitur in mulieribus evenire; mulier enim ab anno duodecimo firma potest securitate et invariabili amare tenore. Quare autem aliud in femina quam in masculo ex ipsa natura contingat, evidenti potestis ratione videre. (455) Nam mulieris constantia inter ipsius pubertatis initia robore solidiore firmatur et invariabilis certissime perseverat, et ipsius Veneris citius ei actus natura concedit quam maribus ipsis, et hoc ideo contingit, quia in mulieribus frigiditas dominatur, masculis naturalis est inserta caliditas; et, quod frigidum est, citius sibi modica caliditate adiuncta calescit, quam si caliditati caliditas aggregetur. Quod tali potest exemplo patere. (456) Nam, si in argenteo vel alterius vase metalli alicuius calidi substantia ponatur, maiori et citius vas metallinum incipit calore fervere quam vas ligneum, si calidissimus in eo liquor mittatur. Praeterea mulieres citius senio conteruntur quam masculini sexus vigore detenti, et ideo non est mirum, si citiori constantia solidentur. (457) Nam omnium rerum saecularium,

Energie lenken zu können. Man sagt nämlich, daß vor jemandes voller Reife die Liebe nicht in fester Beständigkeit anhalten kann. Daher scheint es für mich keineswegs angemessen zu lieben."

Schutz durch Geheimhaltung

(453) Der Mann sagt: „Wenn eine Frau darauf Bedacht genommen hat, klug zu lieben, braucht sie sich nie mit sinnlosen Gewissensbissen zu quälen, und sie wird in keinem Punkt einen Verlust ihres Rufes erdulden können. Denn wenn sie einen klugen und diskreten Mann ihrer Liebe verbinden will, wird die Liebe geheimgehalten und niemandem jemals bekannt werden und ihre Scham sich nicht verletzt fühlen können.

Geschlechtsspezifische Reife für die Liebe und die medizinische Begründung dafür

Was Ihr aber über das Alter gesagt habt, wird (nur) bei den Männern eine Rolle spielen können. Denn ein Mann kann kaum vor dem achtzehnten Jahr ein beständiger Liebhaber sein.[353] (454) Anders aber, erkennt man, wirkt sich eben die Natur bei den Frauen aus: Eine Frau nämlich kann ab dem zwölften Jahr mit beständiger Sicherheit und in unwandelbarem Fortgang lieben.[354] Warum aber eben von Natur aus anderes bei der Frau als beim Mann eintritt, könnt Ihr aus klarem Grunde erkennen. (455) Denn die Beständigkeit der Frau wird während des Beginns der Reife mit soliderer Kraft gefestigt und hält mit Gewißheit unwandelbar an, und die Natur erlaubt ihr eher die Akte der Venus als den Männern; und das geschieht deshalb, weil in den Frauen die Kälte herrscht, den Männern (aber) die Hitze von Natur aus eingeflößt ist; und was kalt ist, wird schneller warm, wenn ihm ein bißchen Hitze beigefügt wird, als wenn zur Hitze Hitze hinzukommt.[355] (456) Das kann aus folgendem Beispiel erhellen. Wenn nämlich in ein Gefäß aus Silber oder aus einem anderen Metall die Substanz von irgendetwas Warmem gelegt wird, beginnt das metallische Gefäß stärker und rascher vor Hitze zu glühen als ein hölzernes Gefäß, wenn eine sehr heiße Flüssigkeit hineingegossen wird. Außerdem werden die weiblichen Menschen rascher vom Alter verzehrt als die von der Lebenskraft des männlichen Geschlechts erhaltenen, und so ist es nicht verwunderlich, wenn jene rascher in ihrer Beständigkeit gestärkt werden. (457) Denn wir

---

353 Siehe I,v,4.

354 Siehe I,v,3.

355 Vgl. Pseudo-Aristoteles, Problemata IV,24ff.

quae vita vel spiritu vegetantur, talem possumus aspicere casum, quod, quanto res quaelibet citius natura ministrante perficitur, tanto velocius aetate, ipsa eadem operante, consumitur, quo simpliciter quasi converso eadem in aperto veritas apparebit.

(458) Mulier ait: Haec, quae [in] physicalibus rationibus mihi narratis, vobis indiscussa relinquo, nullius medela responsionis adhibita. Physicalis enim nunquam mihi sedet inquisitio rei, nisi quum aegrotat infirmus, et ideo illam expedit silentio praeterire. Sed vestra mihi svasione consulitis sapienter amare; quod qualiter valeam adimplere consilium, non est mihi penitus expeditum. (459) [Nemo enim ita grandis simulator invenitur amoris vel tam fraudulenter amare, qui quum ipsius Cupidinis attingitur armis, eius fides cunctis non appareat explorata, et nullius plicae macula vitiari et qui suas non studeat improbitates obtegere.] Quamvis

können in allen Dingen dieser Welt, die durch das Leben oder den Geist gedeihen, sehen, daß eben dies der Fall ist: Je rascher eine beliebige Sache durch die Gabe der Natur ausgeformt wird, desto flinker wird sie kraft eben derselben vom Alter aufgezehrt. Wenn man den Fall gleichsam einfach umkehrt, wird dieselbe Wahrheit zutage treten."

Unerkennbarkeit der trügerischen Absicht des Verführers

(458) Die Frau sagt: „Eure medizinische[356] Argumentation überlasse ich Euch ohne weitere Diskussion und ohne die Anwendung des Heilmittels einer Antwort. Denn die medizinische Erforschung einer Sache gefällt mir niemals,[357] außer wenn einer krank ist;[358] und so empfiehlt es sich, jene mit Stillschweigen zu übergehen. Aber Ihr gebt mir den Rat, klug zu lieben; auf welche Weise ich diesen Rat erfüllen kann, ist mir nicht vollkommen klar. (459) Es findet sich nämlich kein so großartiger Heuchler oder Betrüger in der Liebe, dessen Treue, wenn er von den Waffen Cupidos selbst getroffen worden ist, nicht allen erprobt und vom Makel keiner Verheimlichung befleckt[359] erscheinen würde und der nicht

[356] *physicalis:* Im Mittelalter bezeichnet *physica* zwar wie in der Antike die Wissenschaft von den natürlichen Dingen (im Gegensatz zur Metaphysik), daneben aber auch im speziellen die Medizin (Blaise), was hier v.a. gemeint sein dürfte.

[357] *Physicalis enim nunquam mihi sedet inquisitio rei:* „Je n'ai jamais été encline à approfondir mes connaissances dans le domaine de la physiognomie" B, „I never inquire about physical matters" W, *ché di fisica non bisogna trattare* TT, „perchè la fisica non ha senso per me". Was den Übersetzern hier solche Schwierigkeiten macht, ist wiederum ein Französismus, den auch Stotz 2 V § 29.4 verzeichnet. Schon im antiken Latein sagte man von Kleidern, daß sie „sitzen", *sedent*, ebenso im modernen Französisch. *Il me sied* heißt aber auch „es schickt sich für mich" (unpersönlich, meist negiert), so schon im Mittelalter, wo die Bedeutung aber auch auf „es gefällt mir" ausgedehnt wird (TL IX 495).

[358] *nisi quum aegrotat infirmus:* Höchstwahrscheinlich liegt hier schon die unklassische Bedeutung „krank" für *infirmus*, also ein tautologischer Ausdruck vor.

[359] *nullius plicae macula vitiari:* „ne soit souillée par aucun vice" B, „unsullied by the mark of any deceit" W, *(non pare) che abbia vizio* TT. Vermutlich ist hier *plica* nicht synonym mit *macula* verwendet, was die gelegentliche Verwendung von *ploi* für „Fehltritt" im Afrz. nahelegen könnte (TL VII 1163), sondern als kaum zu übersetzende Metapher, die von der Verdekkung in einer Falte des Gewandes ausgeht. Ich kann den Gebrauch aber sonst nicht nachweisen.

enim prorsus sit animi fallacis amator et amoris studeat ingenio suo dehonestare militiam, tempore tamen voluptatis instantis per omnia suis actibus se verum mentitur amantem et animo fallaci nititur credentis fallere fidem. (460) Cuius igitur industria in tanta sibi veritatis imagine posset praecavere et latentes agnoscere fraudes? Vix enim ista perfecte posset sapientia Salomonis praevidere vel Catonis praenotare peritia. Nam, etsi alicuius astutia mulieris, quae aliquantulum in aetate processerit et Cupidinis iam persenserit arma, talibus quandoque sufficiat fraudibus obviare, mihi tamen ad istud non suffragatur aetatis auxilium, nec experientia sum edocta.

(461) Homo ait: Verba quam plurimum confertis admiranda. Quae namque posset falsitas in argento latere, si ab argentario fortiter lapide confricetur vel ignis purgatione probetur? Sicut enim in igne ac lapide auri et argenti veritas exploratur, sic cuiusque diu pro amore luctando fides et veritas demonstratur. Nec enim in mundo vivit tam modicae sapientiae domina vel domicella, cui, si dominarum vel domicellarum numero computetur, non sit facilis eius fidei et veritatis agnitio, qui quaerit amari, si ipsa in amoris investigatione procedat. (462) Sunt tamen quam plurimae dominae vel domicellae, quae mendaciter sibi nomen usurpant, se dominas vel domicellas ex eo solo fallaciter esse credentes, quod a nobiliori sunt sanguine propogatae vel viro nobiliori coniunctae, quum sola morum probitas et sapientia feminas constituat tali nomine dignas. Unde non immerito saepissime reperitur incauta cir-

trachtete, seine Schlechtigkeiten zu verbergen.[360] Auch wenn einer nämlich ein Liebhaber mit betrügerischer Absicht ist und mit seiner List den Liebesdienst entehren will, täuscht er dennoch zum Zeitpunkt seiner drängenden Begierde allenthalben in seinen Handlungen den wahrhaft Liebenden vor und strengt sich in betrügerischer Absicht an, das Vertrauen, das man in ihn setzt, zu täuschen. (460) Wessen eifriges Bemühen könnte sich also vor einem so großen Anschein der Wahrheit hüten und die verborgenen Betrügereien erkennen? Kaum nämlich könnten es vollständig die Weisheit Salomons voraussehen oder die Erfahrung Catos[361] vorher bemerken. Denn mag auch die Schlauheit einer Frau, die im Alter etwas fortgeschritten ist und schon die Waffen Cupidos gefühlt hat, irgendeinmal hinreichen, solchen Listen zu begegnen, steht mir jedoch dazu die Hilfe des Alters nicht bei, noch habe ich aus Erfahrung gelernt."

Notwendigkeit genauer und geschickter Prüfung des Werbenden

(461) Der Mann sagt: „Ihr bringt Worte hervor, die sehr verwunderlich sind. Welche Falschheit könnte sich nämlich im Silber verbergen, wenn es vom Silberschmied fest auf dem Prüfstein gerieben oder durch die Reinigung im Feuer erprobt wird? Wie nämlich mit Feuer und Stein die Echtheit des Goldes und Silbers erforscht wird, so erweisen sich Treue und Wahrheit eines jeden im langen Ringen um die Liebe. Denn auf der Erde lebt keine Dame oder kein Edelfräulein von so bescheidener Klugheit, die nicht, wenn sie denn unter die Damen oder Edelfräulein gerechnet werden darf, leicht die Treue und Echtheit dessen erkennen würde, der geliebt zu werden begehrt, wenn sie in der Untersuchung seiner Liebe fortschreitet. (462) Es gibt sehr viele Damen oder Edelfräulein, die sich betrügerisch diesen Titel anmaßen, da sie fälschlicherweise glauben, nur deshalb Damen oder Edelfräulein zu sein, weil sie von hochadeliger Abstammung oder einem hochadeligen Mann angetraut sind, obwohl nur der hohe sittliche Wert und die Klugheit die Frauen eines solchen Titels würdig macht. Daher findet man nicht ohne gerechten Grund sehr oft eine Unvorsichtige

[360] Trojel hält diesen Satz für interpoliert.

[361] Cato, der angebliche Verfasser der *Disticha Catonis*, metrischer Spruchweisheiten des 3. Jh.s n. Chr., oft gleichgesetzt mit Cato Censorius (234–149 v. Chr.).

cumventa iuventus, quum sanguini attribuitur, quod est sapientiae proprium et probitatis. (463) Non ergo debet statim mulier petentis annuere voluntati, sed infinitis eum primo caute ditare promissis et cum competenti moderatione bona differre promissa, et, ut eius fidei puritatem agnoscat, debet quandoque a promissis prioribus se prorsus annuere alteratam et nolle, quod promiserat, adimplere. Nullus enim tam cautus invenitur et ingeniosus amator, si diu sibi fructus differantur amoris, et quandoque plurima sit ad tempus sponsione deceptus, qui vel ex eo probus non fiat vel eius non appareat in aperto dolositas. (464) Nam si propter variationes eum viderit ab incepto desistere vel mulieris statum sinistris rumoribus diffamare vel suam in pecuniae promissione fiduciam ponere, praesumere debet, quod non sit fidus amator. Sed, si eum in diutina noverit probatione proficere, longa non debet dilatione tardare promissa, ne suum sibi sentiat minime prodesse laborem. (465) Physicalis autem rei et scientiae cuiuslibet habere doctrinam nihil cuiusquam deperire poterit bonitati, sed ex cuiuslibet scientiae fructu hominis probitas incrementa cognoscit, et semper sumit sapientis prudentia augmentum. Et amoris vos monet evidenter auctoritas eligere sapientis amorem et non sapientis penitus declinare.

(466) Mulier ait: Quod cupit quisque et mentis pleno desiderat affectu percipere, omni nititur ratione illud svadere nolenti. Sed non verus iudicatur amicus, qui amici utilitate neglecta propria tantum suis consiliis commoda quaerit, nec talis est amici se-

in ihrer Jugend betrogen, weil der Abstammung zugebilligt wird, was der Klugheit und dem inneren Wert eigen ist.

Mittelmaß zwischen zu früher und zu später Gewährung des Liebeslohns

(463) Daher soll eine Frau nicht sofort dem Wunsch eines Werbenden willfahren, sondern ihn zuerst vorsichtig mit unbestimmten Versprechen beschenken und mit angemessener Zurückhaltung die versprochenen Wohltaten aufschieben, und sie soll, damit sie die Reinheit seiner Treue erkennt, mitunter zu verstehen geben, daß sie sich von den früheren Versprechen völlig abgewendet habe und nicht erfüllen wolle, was sie versprochen hatte. Es gibt nämlich keinen so vorsichtigen und gewitzten Liebhaber, der nicht, wenn sein Liebeslohn lange aufgeschoben wird und er irgendwann durch ein häufiges Versprechen für den Augenblick[362] getäuscht wird, entweder dadurch edelmütig *(probus)* wird oder seinen Betrug offenbart.[363] (464) Denn wenn sie sieht, daß er wegen ihrer Sinnesänderungen von seinem Beginnen Abstand nimmt oder die Stellung der Frau durch üble Gerüchte diffamiert oder seine Zuflucht zu Geldversprechen nimmt, muß sie annehmen, daß er kein treuer Liebender ist. Aber, wenn sie herausbekommen hat, daß er bei der langanhaltenden Prüfung Fortschritte macht, darf sie die Erfüllung der Versprechen nicht mehr lange verzögern, damit er nicht das Gefühl erhält, ihm würde seine Mühe gar nichts nützen.

Wert eines gelehrten Liebhabers

(465) Aber Kenntnis in einem medizinischen Problem und in irgendeiner Wissenschaft zu haben, kann der Vortrefflichkeit von niemandem abträglich sein, sondern der innere Wert eines Mannes erfährt Zuwachs aus dem Ertrag jeder Wissenschaft, und die Einsicht eines Gelehrten *(prudentia sapientis)* nimmt immer zu. Und Euch ermahnt eindeutig die Autorität der Liebe, die Liebe eines Gelehrten *(sapiens)* zu wählen und die Liebe eines Unwissenden *(non sapiens)* völlig abzulehnen."

Untilgbare Schande durch Verlust der Jungfräulichkeit

(466) Die Frau sagt: „Was ein jeder aus vollem Drange seines Herzens sehnlich zu empfangen wünscht, das bemüht er sich mit jedem Argument dem Widerstrebenden einzureden. Aber den hält man nicht für einen wahren Freund, der nur den eigenen Vorteil

[362] *ad tempus:* „finalement" B, fehlt W, *per più tempo* TT, „per lungo tempo" I. Die hier eingesetzte klassische Bedeutung ist keineswegs zu sichern, noch weniger aber die der anderen Übersetzer.

[363] Im Original hier ein Anakoluth oder verderbter Text.

quenda voluntas, qui quaerit solummodo, quae sua sunt. Amare igitur, cuicunque sit mulieri securum, virginibus videtur prorsus timendum atque probrosum. (467) Mulier enim quum in ipsa maritali susceptione sit a viro credita virgo, corruptionis veritate comperta proprio semper odiosa marito et ei contemptibilis permanebit, ob quam causam sequitur repudii summa iniquitas et divortii causa perennis, et sic in immensum mulieris infamia crescit, et contumeliosa cunctis exsistit. Indecenter ergo vestra mihi svavitas amare svadet.

(468) Homo ait: Error quidem maximus ex vestra videtur doctrina procedere, quum in virginibus expresse damnatis amorem, quia infinitae et omni probitate gaudentes leguntur amasse, ut de Amphelice et Ysotta et Blanciflore et multis aliis virginibus reperitur Nam, nisi virgo amoris instinctu suam studeat attollere fa-

mit seinen Plänen sucht, ohne auf den Nutzen für den Freund zu achten, und dem Wunsche eines solchen Freundes, der nur das Seine sucht, darf man nicht folgen. Zu lieben scheint also für alle Frauen unbedenklich, für Jungfrauen aber durchaus beängstigend und schmachvoll. (467) Denn eine Frau wird, wenn ein Mann sie im Vertrauen auf ihre Jungfräulichkeit zur Gattin genommen, dann aber die Wahrheit ihres Makels erfahren hat, ihrem Gatten für immer verhaßt und verachtenswert bleiben.[364] Daraus folgen das schlimmste Unglück,[365] die Verstoßung und der Rechtsgrund der dauernden Trennung, und so steigt die Schande für die Frau ins Unermeßliche, und sie gilt allen für verächtlich. Es verstößt also gegen die Schicklichkeit, wenn Eure liebliche Rede mir zu lieben rät."[366]

Wert einer liebeskundigen Jungfrau für den künftigen Gatten

(468) Der Mann sagt: „Ein ganz großer Irrtum scheint aus Eurer Lehre herauszukommen, wenn Ihr bei Jungfrauen die Liebe ausdrücklich verurteilt. Denn wir lesen ja, daß unzählige geliebt haben, die sich jeglichen inneren Wertes erfreuten, wie man von Anfelis,[367] Isolde[368] und Blancheflor[369] und vielen anderen Jungfrauen erfährt. Denn wenn nicht eine Jungfrau durch den Anreiz zur Liebe ihren Ruf zu erhöhen trachtet, wird sie nicht verdienen,

---

[364] Um dies zu vermeiden, inszenieren Tristan und Isolde den Betrug an Marke. Ihm wird die Jungfrau Brangäne in der Brautnacht unterschoben. Auf Isolde spielt dann § 468 an.

[365] *summa iniquitas:* „le pire de péchés" B, „a situation most hard to bear" W, *vil ubels* H.

[366] *vestra mihi suavitas amare suadet:* „vos flatteries m'invitent à vous aimer" B, „your enticing exhortation to love" W, *vostro suave parlare mi conforta ad amare* TT.

[367] Anfelis (hier latinisiert als Amphelix) ist die Heldin der Chanson de geste *Folque (Foucon) de Candie* von Herbert Duc de Dammartin aus dem 12. Jh.

[368] Die Anspielung kann sich auf die verlorene „Urfassung" des französischen Tristanromans aus der Jahrhundertmitte, aber auch schon auf die jüngeren Fassungen von Thomas von England oder Beroul beziehen, erscheint aber in jedem Fall wenig glücklich, da der Schein von Isoldes Jungfräulichkeit bei ihrer Eheschließung mit Marke nur durch einen moralisch bedenklichen Betrug aufrechterhalten werden kann.

[369] Bezieht sich eher auf den Roman von *Floire et Blancheflor* als auf Percevals Geliebte Blancheflor in Chrétiens *Graalroman*, da dieser erst aus den achtziger Jahren des 12. Jh.s stammt.

mam, nec maritum merebitur habere laudabilem nec aliquid grande pleno poterit effectu percipere. (469) Sed nec inde bono poterit esse odiosa marito; bonus enim semper hoc cogitabit in corde maritus, quod nunquam tantae probitatis potuisset invenire uxorem, nisi amoris esset experta doctrinam eiusque secuta mandata. Nam si improbo fuerit destinata marito, potius sibi expedit tali exsistere odio quam ei aliqua cordis affectione coniungi, nec ex hoc probae mulieris laeditur diu fama laudata, sed odiosi mariti semper magis denotescit improbitas. (470) Ego quoddam aliud vobis cupio reserare, quod mente gero, quod multorum scio corda latere, vos tamen ignorare non credo, quod amor quidam est purus, et quidam dicitur esse mixtus. Et purus quidem amor est, qui omnimoda dilectionis affectione duorum amantium corda coniungit. (471) Hic autem in mentis contemplatione cordisque consistit affectu; procedit autem usque ad oris osculum lacertique amplexum et verecundum amantis nudae contactum, extremo praetermisso solatio; nam illud pure amare volentibus exercere

einen rühmenswerten Gatten zu haben und wird keine große Erfahrung durch die volle Auswirkung (der Liebe) machen können.[370] (469) Aber daher wird sie einem guten Gatten auch nicht verhaßt sein können; ein guter Gatte[371] nämlich wird immer dies in seinem Herzen bedenken, daß er niemals eine Gattin von so großem innerem Wert hätte finden können, wenn sie keine Erfahrung mit der Lehre der Liebe gemacht hätte und ihren Geboten nicht gefolgt wäre. Denn wenn sie einem Gatten ohne inneren Wert bestimmt sein wird, ist es für sie besser, ihm verhaßt als in irgendeiner Zuneigung des Herzens verbunden zu sein; und davon wird nicht lange der gute Ruf einer Frau von innerem Wert verletzt, sondern immer mehr der Mangel des gehässigen Gatten[372] an innerem Wert offenbart.

Reine und gemischte Liebe – Vorzug der reinen Liebe

(470) Ich will Euch etwas anderes eröffnen, das ich im Sinn habe. Ich weiß, es ist den Herzen vieler Männer verborgen, glaube aber nicht, daß es Euch unbekannt ist, nämlich daß es eine reine Liebe *(amor purus)* gibt und eine andere, die gemischte *(mixtus)* genannt wird. Und die reine Liebe nämlich ist diejenige, welche die Herzen zweier Liebender mit aller zärtlichen Zuneigung[373] verbindet. (471) Sie besteht aber in seelischer Betrachtung und Neigung des Herzens, geht aber bis zum Kuß und zur Umarmung und schamhaften Berührung der nackten Geliebten *(verecundus amantis nudae contactus)*; die letzte Wonne *(extremum solatium)* aber

---

[370] *nec aliquid grande pleno poterit effectu percipere:* „ne peut pleinement concevoir quelque grand projet" B, „nor to achieve the full effect of any great experience" W, „nè potrà ottenere niente di assolutamente grande" I. Ich vermute, daß in dem rätselhaften Ausdruck an den *effectus amoris*, die Auswirkung der versprochenen oder geschenkten Liebe, gedacht ist.

[371] Unter einem *bonus maritus* ist selbstverständlich kein braver, treuer Gatte gemeint, sondern einer von innerem Wert *(probitas)* und höfischer Lebensart *(curialitas)*. H paraphrasiert das mit *fromer, erber eeman*.

[372] *odiosi mariti:* „de son odieux mari" B, „of her hateful husband" W, *dello odioso marito* TT. Aus dem Zusammenhang ergibt sich eher eine aktive Bedeutung des Adjektivs, die bei Du Cange s. v. gut belegt ist („qui odit, invidiosus, inimicus").

[373] Zu den Ungereimtheiten dieser Liebestheorie gehört, daß der Mann hier just den Ausdruck *dilectionis affectio* verwendet, den der Mann im vorangehenden Dialog § 369 für die eheliche Zuneigung reserviert hat, wo es um die Kontrastierung mit der echten Liebe ging.

non licet. Hic quidem amor est, quem quilibet, cuius est in amore propositum, omni debet amplecti virtute. (472) Amor enim iste sua semper sine fine cognoscit augmenta, et eius exercuisse actus neminem poenituisse cognovimus; et quanto quis ex eo magis assumit, tanto plus affectat habere. Amor iste tantae dignoscitur esse virtutis, quod ex eo totius probitatis origo descendit, et nulla inde procedit iniuria, et modicam in ipso Deus recognoscit offensam. Ex tali nempe amore neque virgo † nunquam corrupta nec vidua vel coniugata potest aliquod sentire gravamen vel propriae famae dispendium sustinere. (473) Hunc ergo colo amorem, hunc sequor et semper adoro et instanter vobis postulare non cesso. Mixtus vero amor dicitur ille, qui omni carnis delectationi suum praestat effectum et in extremo Veneris opere terminatur. Qui qualis sit amor, ex superiori potestis notitia manifeste percipere. Hic enim cito deficit et parvo tempore durat, et eius saepe actus exercuisse poenituit; per eum proximus laeditur, et Rex coelestis offenditur, et ex eo pericula graviora sequuntur. (474) Hoc autem dico non quasi mixtum amorem damnare intendens sed ostendere cupiens, quis ex illis alteri sit praeferendus. Nam et mixtus amor verus est amor atque laudandus et cunctorum esse dicitur origo bonorum, quamvis ex eo immineant pericula graviora. (475) Ergo tam purus quam mixtus amor mihi probatus exsistit, sed puri

wird ausgelassen; denn dies auszuführen ist denen, die rein lieben wollen, nicht gestattet.[374] Diese Liebe ist es unstreitig, welcher sich jeder, dessen Absicht auf die Liebe gerichtet ist, mit ganzer Kraft befleißigen soll. (472) Diese Liebe nämlich erfährt immer ohne Ende ihre Steigerung und nach unserem Wissen hat es niemanden gereut, ihre Handlungen vollzogen zu haben; und je mehr sich einer davon nimmt, desto mehr begehrt er davon zu haben. Anerkanntermaßen besitzt diese Liebe so große Vorzüge *(virtus)*, weil von ihr aller innere Wert seinen Ursprung nimmt und daraus kein Unrecht hervorgeht und Gott in ihr eine geringe Kränkung sieht. Aus einer solchen Liebe kann denn weder eine unberührte Jungfrau noch eine Witwe oder Gattin irgendeine Unannehmlichkeit erfahren oder eine Beeinträchtigung ihres Rufes erleiden. (473) Diese Liebe pflege ich also, dieser folge ich, sie verehre ich immer und höre nicht auf, sie inständig von Euch zu fordern.

Gefährlichkeit und Wert der gemischten Liebe

Die gemischte Liebe aber wird jene genannt, die der ganzen Fleischeslust ihre Ausübung gewährt[375] und sich im letzten Werk der Venus vollendet. Von welcher Art diese Liebe ist, könnt Ihr aus der obigen Bemerkung offen erkennen. Denn diese läßt schnell nach und dauert kurze Zeit, und oft hat es gereut, ihre Handlungen ausgeführt zu haben; durch sie wird der Nächste verletzt und der himmlische König beleidigt, und sie hat ernste Gefahren zur Folge.[376] (474) Dies sage ich aber nicht, als ob ich die Absicht hätte, die gemischte Liebe zu verdammen, sondern um zu zeigen, welche von ihnen der anderen vorzuziehen ist. Denn auch die gemischte Liebe ist wahre Liebe und lobenswert und wird der Ursprung alles Guten genannt, obwohl von ihr ernste Gefahren drohen. (475) Daher heiße ich sowohl die reine wie die gemischte

---

[374] Zum *amor purus* vgl. das Nachwort, S. 612f.

[375] *qui omni carnis delectationi suum praestat effectum:* „qui se réalise dans tous les plaisirs de la chair" B, „which affords its outlets to every pleasure of the flesh" W, *il quale è fatto a ogne desiderio della carne* TT B.

[376] Vgl. Alanus ab Insulis, *Summa de arte praedicatoria* XLV (MPL 210, 193): „O welche Gefahr im Ehebruch, wo man wider Gott sündigt, den Nächsten kränkt, oft einen Mord begeht, wo oft ein ehelicher Sohn sein Erbe verliert, wo oft die Tochter dem Vater beiliegt, die Schwester dem Bruder!" Vgl. auch Wolfram von Eschenbach, *Parzival* 291,1ff. Siehe auch Buch III,9ff.

amoris actuum magis placet exactio. Vanitatis ergo penitus timore depulso de duobus amoribus alterum vos decet eligere.

(476) Mulier ait: Inaudita et incognita verba profertis, et quae vix ab aliquo credibilia iudicantur. Miror enim, si in quoquam tanta sit abstinentia carnis inventa, ut unquam voluptatis promeruerit impetum refrenare et corporis motibus obviare. Monstrosum namque iudicatur a cunctis, si quis in igne positus non uratur. (477) Si quis tamen in hac fide, quam dicitis, fuerit amoris puritate repertus et in praefata, quam dixistis, continentia carnis, huius laudo et plenius confirmo propositum et ipsum censeo omni honore dignissimum, mixtum tamen amorem nullo modo damnare contendens, quo mundus fere fruitur universus. (478) Sed, licet uterque sit amor electus, vos tamen neutrius decet affectare militiam; clericus enim ecclesiasticis tantum debet vacare ministeriis et

Liebe gut, aber der Vollzug der Handlungen der reinen Liebe sagt mir mehr zu. Da nun die Angst vor einem leeren Schein[377] ganz und gar vertrieben ist, geziemt es Euch also, von den zwei Arten der Liebe eine von beiden zu wählen."

Zweifel an der für die reine Liebe nötigen Selbstbeherrschung der Männer

(476) Die Frau sagt: „Ihr bringt unerhörte und unbekannte Worte vor und solche, die kaum von jemandem für glaubwürdig gehalten werden. Ich frage mich nämlich, ob man bei irgendjemandem so große Enthaltsamkeit des Fleisches gefunden hat, daß er es jemals über sich gebracht hat, den Ansturm der Lust zu zügeln und den Trieben des Körpers zu widerstehen. Von allen wird es nämlich für wundersam *(monstrosum)* gehalten, wenn einer im Feuer nicht verbrennt.[378] (477) Wenn einer dennoch ausgestattet, wie Ihr sagt, mit solcher Ehrenhaftigkeit und Reinheit der Liebe befunden wird[379] und mit der zuvor erwähnten, von Euch genannten Selbstbeherrschung des Fleisches, so lobe ich sein Vorhaben und unterstütze es in noch höherem Grad und halte ihn für den Würdigsten, alle Ehre zu erlangen, ohne dennoch die gemischte Liebe auf irgendeine Weise verdammen zu wollen, woran sich fast die ganze Welt labt.

Verurteilung der Liebe der Kleriker

(478) Doch mag jede Liebe von den beiden ausgewählt werden,[380] so geziemt es Euch dennoch, den Dienst für keine von beiden anzustreben; ein Kleriker soll sich nämlich nur den kirch-

---

[377] *vanitatis timor:* „la crainte d'être abusée" B, „empty fear" W, „ogni pregiudizio" I.

[378] *Si quis in igne positus non uratur* – vgl. Archipoeta 10,8 *quis in igne positus igne non uratur?* In ganz anderer Formulierung begegnet der Gedanke schon Prov 6,27f.

[379] *Si quis tamen in hac fide quam dicitis fuerit amoris puritate repertus:* „Si pourtant existait quelqu'un qui respectât fidèlement la pureté dont vous parlez" B, „But if a man were found to practice chaste love with the good faith which you mention" W, *Sicché se alcuno in quella purità di fede che voi dite si truova* TT, „Se però qualcuno crede, come dite, nella purezza d'amore" I. Ich halte die Lesung von Trojel (danach W) für unhaltbar, ergänze *et* vor *amoris* und sehe mich nachträglich durch den Cod. Vind. 5363 bestätigt.

[380] *licet uterque sit amor electus:* „s'il leur [den Leuten in der Welt] est permis de se décider pour l'une ou l'autre espèce d'amour" B, „granted, that both kinds of love win approval" W, *pognamo che ciascuno di questi sia appovato* TT, *wie wol yetliche lieb auserbelt ist* H.

omnia carnis desideria declinare; ab omni enim debet delectatione alienus exsistere et suum prae omnibus corpus immaculatum Domino custodire, quum tanta fuerit a Domino dignitatis et ordinis praerogativa concessa, ut eius carnem et sanguinem propriis mereatur manibus consacrare et suis sermonibus peccantium crimina relaxare. (479) Nam, si ad carnis lapsum meum videritis animum inclinare, vos tamen ex indulto a Domino vobis officio me a conceptis teneremini erroribus revocare et in cunctis mihi castimoniam svadere et talia de vobis exempla monstrare, ut libera voce possitis aliorum crimina castigare. Primo namque iuxta evangelicam veritatem proprio trabem gestans in oculo ipsam debet prius eiicere, quam de fratris oculo festucam conetur evellere. (480) Derisui enim humano generi patebit, si pariter ligatus colligatorum studeat vincula relaxare. Non est ergo mulieribus tutum illos carnis contagio maculare, quos Deus sibi elegit ministros et puros voluit in cunctis atque castos suis obsequiis conservare.

(481) Homo ait: Quamvis clericorum sim sorti coniunctus, homo tamen sum in peccatis conceptus et carnis lapsui sicut et ceteri homines naturaliter pronus exsistens. Licet enim Dominus in suis ministeriis et verbi nuntiatione divini clericos sua voluit fungi

lichen Diensten widmen und alle Begierden des Fleisches ablehnen;[381] denn er soll jedem Vergnügen abhold sein und allen voran seinen Leib unbefleckt für den Herrn bewahren,[382] da ihm von Gott ein so großes Vorrecht der Würde und des Standes gewährt worden ist, daß er dessen Fleisch und Blut mit den eigenen Händen zu konsekrieren und mit seinen Worten die Verfehlungen der Sünder zu lösen verdient. (479) Denn wenn Ihr meinen Sinn zu einer Verfehlung des Fleisches geneigt sehen solltet,[383] wäret Ihr doch kraft des Euch vom Herrn übertragenen Amtes gehalten, mich von den von mir gehegten Irrtümern[384] zurückzurufen, in jeder Hinsicht mir zur Keuschheit zu raten und an Euch solche Beispiele zu zeigen, daß Ihr frank und frei die Verfehlungen anderer tadeln könnt. Denn gemäß der Wahrheit des Evangeliums[385] soll einer, der einen Balken im eigenen Auge hat, ihn zuerst herausziehen, ehe er versucht, den Splitter aus dem Auge des Bruders herauszureißen. (480) Wenn ein in gleicher Weise Gefesselter die Fesseln der mit ihm Gefesselten lösen will, gibt er sich nämlich dem Spott des Menschengeschlechts preis. Daher ist es für Frauen nicht gefahrlos, diejenigen mit fleischlicher Berührung zu beflekken, welche Gott für sich als Diener erwählt hat und in jeder Hinsicht rein und keusch für seine Dienste bewahren wollte."

Keine Beschränkung der Fleischeslust und des Keuschheitsgebots auf den Klerus

(481) Der Mann sagt: „Obwohl ich das Los der Kleriker teile, bin ich dennoch ein in Sünden empfangener Mensch und von Natur aus geneigt zum Fehltritt des Fleisches wie auch die übrigen Menschen.[386] Obwohl der Herr wollte, daß die Kleriker bei seinen

---

[381] Wiederum ändern sich die Voraussetzungen des Gesprächs radikal. Der Mann ist nun ein Weltkleriker und damit endlich ein Vertreter jenes Standes, dem der Adressat des Werkes offenbar angehört.

[382] Vgl. Jac 1,27.

[383] Die konsistenteste Konstruktion ergibt sich bei der Lesart von F *videretis*, welche auch W in den Text nimmt. Bei der laxen Verwendung der Modi in *De amore* läßt sich aber auch die in den Hss. überwiegende und von Trojel übernommene Lesung *videritis* verteidigen.

[384] *a conceptis … erroribus:* „des erreurs que je m'apprêtais à commetre" B, „the errors I had committed" W, *di tale errore* TT, „dai peccati" I.

[385] Mt 7,5; Lc 6,42.

[386] Anders als das Lateinische, Englische und die romanischen Sprachen unterscheidet das moderne Deutsche auf der Ausdrucksebene eindeutig zwischen Mensch und Mann. Ob an dieser Stelle des Traktats speziell die

legatione et honore ipsos magno gravavit, eorum tamen in hoc noluit condicionem facere meliorem, ut carnis ab eis stimulum et peccati fomitem removeret. (482) Unde non credo, ipsos Deum maiori voluisse carnis abstinentia colligare et duplici eos sarcina fatigare. Quare igitur magis clericus quam quilibet laicus castimoniam tenetur corporis conservare? Nec enim soli clerico corporalem credatis delectationem inhibitam, quum cuilibet etiam christiano praecipiatur a Deo ab omni suum corpus immunditia custodire et carnis desideria penitus evitare. (483) Ergo aeque laicum sicut et clericum vestra posset argutio remonere. Nam proximum admonendi et eius ab erroribus animum revocandi non tantum clericis a Deo creditur attributa potestas sed etiam cuilibet christiano a Domino ista necessitas iniuncta probatur. Sic enim evangelicae veritatis disciplina edicit: „Si peccaverit in te frater tuus, corripe illum inter te et ipsum solum“ etc. Non enim dixit: „Si peccaverit in clericum frater suus“, sed generali est sermone lo-

Diensten und bei der Verkündigung des göttlichen Wortes seine Sendung erfüllen, und ihnen die Last einer großen Ehre auferlegte, wollte er doch ihre Lage nicht dadurch verbessern, daß er ihnen den Stachel des Fleisches[387] und den Zündstoff für die Sünde wegnahm. (482) Daher glaube ich nicht, daß Gott sie durch größere Enthaltsamkeit des Fleisches fesseln und sie durch eine doppelte Last müde machen wollte. Warum also ist ein Kleriker mehr als irgendein Laie gehalten, die leibliche Keuschheit zu bewahren? Glaubt nämlich nicht, daß nur einem Kleriker die körperliche Lust verboten ist. Denn es wird auch jedem beliebigen Christen von Gott aufgetragen, seinen Leib vor jeder Unreinheit zu schützen und die Begierden des Fleisches vollkommen zu meiden.[388] (483) Daher könnte in gleichem Maß Eure Argumentation einen Laien wie einen Kleriker treffen.[389] Denn die Macht, den Nächsten zu ermahnen und seinen Sinn von Irrtümern zurückzurufen, ist dem Glauben entsprechend von Gott nicht nur den Klerikern verliehen, sondern auch jedem Christen ist vom Herrn diese Notwendigkeit auferlegt worden. So nämlich sagt die Lehre der evangelischen Wahrheit: ‚Wenn dein Bruder gegen dich gesündigt hat, ermahne jenen nur unter vier Augen‘ usw.[390] Sie sagte nämlich nicht: ‚Wenn gegen einen Kleriker sein Bruder gesündigt hat.‘ Vielmehr verwendete (Jesus) eine allgemeine Ausdrucksweise,[391] in

---

fleischliche Begierde des Mannes herausgehoben werden soll, läßt sich nicht sagen. H verwendet jedenfalls die Worte *mensch* und *leut*.

[387] II Cor 12,7.

[388] Vgl. Rom 13,13f.

[389] *Ergo aeque laicum sicut et clericum vestra posset argutio remonere:* „Vos reproches peuvent ainsi s'adresser aussi bien au laïc qu'au clerc“ B, „So your reproof could equally be a warning to the layman as to the cleric“ W, *sicché per igual modo i cherici e i laici riprendere potreste* TT, *mugt ir gleichen ayn briester als ayn layen mit gewissen haben* H. Im klass. Latein heißt *remonere* „(immer) wieder erinnern“, hier aber doch eher soviel wie das gleich folgende *admonere*. Zu *argutio* s. o. Anm. 247.

[390] Mt 18,15.

[391] *sed generali est sermone locutus:* „Ces paroles ont une portée générale“ B, „it made a general statement“ W, *anzi parla di generale sermone* TT, *Er hat mit gemayner red geredt* H. Grammatisches Subjekt kann keinesfalls die *disciplina* wie zwei Sätze zuvor sein, vielmehr nur ein männliches, also gewiß der evangelische Lehrer, der aber versehentlich ausgespart bleibt.

cutus tradere volens singulis generale mandatum. (484) Bene enim facit clericus et bene laicus, si ab omni saeculari delectatione abstineat et in bonis operibus proximorum corda confirmet. Confiteor tamen et negare non possum, quod clericus ex iniuncto sibi officio quadam specialitate tenetur, ut in divina domo vel populo adstante viam veritatis annuntiet et ad veram catholicam fidem plebem suam admonendo confirmet. (485) Quod si negligenter omittat, aeterna nunquam poterit vitare supplicia, nisi forte poenitentiae delictum fructigerae medicina contemperet. Si vero in linguae opere suum recte gerat officium, ab hoc est onere liberatus. Nam alia commissa crimina nequaquam in eo gravius quam in quolibet laico vindicantur, quum ita[que] carnis incentivo naturaliter instigetur sicut et reliqui universi mortales. (486) Et hoc est, quod evangelica clamat auctoritas; videns enim Dominus, suos clericos iuxta humanae naturae infirmitatem in varios lapsuros excessus, ait in evangelio: „Super cathedram Moisi sederunt scribae et pharisaei; omnia, quaecunque dixerint, vobis servate et facite, secundum autem opera illorum nolite facere", quasi dicat: „Credendum est dictis clericorum quasi legatorum Dei, sed quia carnis tentationi sicut homines ceteri supponuntur, eorum non inspiciatis opera, si eos contigerit in aliquo deviare". (487) Sufficit ergo mihi, si altari assistens meae plebi Dei studeam verbum annuntiare. Unde, si ab aliqua petam muliere amari, sub clericali me non

der Absicht, jedem einzelnen das allgemeine Gebot aufzuerlegen. (484) Gut handelt also der Kleriker und gut der Laie, wenn er sich jeder weltlichen Lust enthält und die Herzen seiner Nächsten in guten Werken festigt.

Ausnahmestellung des Klerus nur in Gottesdienst und Verkündigung – Trennung von Worten und Werken

Ich bekenne dennoch und kann es nicht leugnen, daß ein Kleriker kraft seines ihm übertragenen Amtes auf besondere Weise gehalten ist, im Gotteshaus oder vor dem Volk den Weg der Wahrheit zu verkünden und sein Volk zum wahren katholischen Glauben zu ermahnen und (darin) zu festigen. (485) Wenn er dies aus Sorglosigkeit unterläßt, wird er niemals die ewigen Strafen vermeiden können, außer das Heilmittel[392] der fruchtbringenden Buße mildert vielleicht das Vergehen. Wenn er aber mit dem Werk der Zunge sein Amt richtig ausführt, ist er von dieser Last befreit. Denn andere begangene Sünden werden bei ihm keineswegs schwerer geahndet als bei irgendeinem Laien, wenn er von dem Reizmittel[393] des Fleisches naturgemäß angestachelt wird so wie auch alle übrigen Sterblichen. (486) Und das ist es, was die Autorität des Evangeliums laut verkündet; angesichts der verschiedenen Ausschweifungen, in welche seine Kleriker infolge der Schwäche der menschlichen Natur verfallen werden, sagt der Herr nämlich im Evangelium: ‚Auf dem Stuhl Moses haben sich die Schriftgelehrten und Pharisäer gesetzt; alles, was immer sie euch sagen, bewahrt und tut es, aber handelt nicht nach ihren Werken‘,[394] als ob er sagen wollte: ‚Den Worten der Kleriker als der Boten Gottes müßt Ihr glauben, aber weil sie wie die übrigen Menschen der Versuchung des Fleisches ausgesetzt sind, betrachtet nicht ihre Werke, wenn sie zufällig irgendwie vom Weg abirren.‘ (487) Es reicht also für mich, wenn ich trachte, am Altar stehend, meinem Volk das Wort Gottes zu verkünden.

---

[392] *medicina*, das Heilmittel, könnte auch (mit B, W) als Ablativus instrumentalis, der Sünder dann als Subjekt des Konditionalsatzes verstanden werden.

[393] *carnis incentivo:* „sous l'aiguillon de la chair“ B, „by the exitement of the flesh“ W, *di carnalità* TT. Der gelehrte Ausdruck *incentivum* stammt schon aus der Spätantike.

[394] Mt 23,2f.

potest praetextu repellere; immo inevitabili vobis necessitate probabo, quod magis in amore clericus quam laicus est eligendus. Clericus enim in cunctis cautior et prudentior quam laicus invenitur et maiori moderamine se suaque disponit et competentiori mensura solitus est omnia moderari, et quia clericus omnium rerum scientiae habet scriptura referente peritiam. (488) Unde potior ipsius quam laici amor est iudicandus, quia nil in mundo tam necessarium invenitur, quam omnium industria rerum amorosum esse peritum. Et ideo, si alias me vestro dignum amore noveritis hac me causatione non recte potestis abiicere, quod me clericorum videtis militiae deputari.

(489) Mulier ait: Miranda sunt plurimum dicta vestra, quibus asseritis, non magis clericum quam laicum mundi voluptates exercendo puniri, quum in sacris scriptis reperiatur insertum, quod quanto cuiusque maior est ordinis et dignitatis praerogativa viven-

Vorzüge des Klerikers in Liebesdingen: Klugheit und Gelehrsamkeit

Wenn ich daher von irgendeiner Frau fordere, geliebt zu werden, kann sie mich nicht unter dem Vorwand, ich sei Kleriker,[395] zurückweisen; ja ich werde Euch sogar mit unabweisbar notwendiger Schlußfolgerung *(inevitabili necessitate)* beweisen, daß in der Liebe ein Kleriker einem Laien vorzuziehen ist.[396] Der Kleriker wird nämlich in allen Dingen vorsichtiger und klüger befunden als der Laie, und er richtet sich und seine Angelegenheiten mit größerer Beherrschung ein und ist gewohnt, alles mit treffenderem Maß zu beherrschen, auch weil er als Kleriker durch Vermittlung der Schrift die Kenntnis der Wissenschaft von allen Dingen hat.[397] (488) Daher muß man seine Liebe höher als die eines Laien einschätzen, weil es nichts auf der Welt so Notwendiges gibt, wie daß ein Verliebter geflissentlich in allen Dingen Bescheid weiß.[398] Und so könnt Ihr mich, wenn Ihr mich in anderer Hinsicht Eurer Liebe wert wißt, nicht rechtmäßig mit dem Argument abweisen, daß Ihr seht, daß ich zum Dienst der Kleriker bestimmt bin."

Nachteile des Klerikers: Habit, Kampfuntüchtigkeit, Besitzlosigkeit, Müßiggang

(489) Die Frau sagt: „Am meisten muß man sich über Eure Worte wundern, in denen Ihr behauptet, daß ein Kleriker nicht mehr als ein Laie bestraft wird, wenn er den Begierden der Welt folgt, obwohl man in den Heiligen Schriften geschrieben findet, daß je höher das Vorrecht an Stand und Würde *(ordo et dignitas)*

---

395 *sub clericali … praetextu:* „sous prétexte que je suis un homme d'Église" B, „on the excuse that I am a cleric" W, *per dire: ‚tu se' cherico'* TT. Ich schließe mich dieser freien Wiedergabe nicht ganz ohne Bedenken an. Wörtlich ist nur von einem „geistlichen Vorwand" die Rede.

396 Zum Wettstreit von Kleriker und Ritter um den Vorzug in der Liebe s. Nachwort S. 611.

397 Ich folge dem Text Trojels nach allen Hss. außer B (und dem Cod. Vind. 5363). B hat statt *scientiae habet scriptura referente peritiam* folgenden Text: *scientiam atque peritiam habet ipsa scriptura testante.* W liest: *scientiam habet scriptura referente peritiam* und verweist auf den Propheten Malachi 2,4, wo es heißt: *labia enim sacerdotis custodient scientiam.*

398 *quam omnium industria rerum amorosum esse peritum:* „que d'être versé dans la technique de tout ce qui touche à l'amour" B, „as that the lover should have experience in diligent application to all things" W, *come l'amante essere savio in tutte cose* TT. Bs Wiedergabe ist unhaltbar, aber auch vermutlich W irregeleitet durch die unbegründete Wortstellung von *industria,* welches sich schwerlich auf *omnium … rerum* bezieht, sondern eher als adverbieller Ablativ fungiert.

tis, tanto maior est ipsius delinquentis occasus. Sed, etsi non maius in clerici amore quam laici ponamus versari delictum, aliud tamen est, quod vehementer feminis clerici contradicit amorem. (490) Nam, quum amor de sui natura corporis placabilem et pulchrum quaerat ornatum hominemque tempore congruo sua cunctis exigat largiri paratum et contra rebelles animosum et omnimoda in proelio strenuitate gaudentem et bellorum assiduo labori suppositum, clericus quidem muliebri apparet ornatu vestitus et capite deformiter incedit abraso, neminem potest largitatis praemiis adiuvare, nisi bona velit aliena surripere, et continuo reperitur otio deditus et ventris solummodo mancipatus obsequiis; (491) et ideo, si adversus alicuius probitatis feminam aliquid de amore sit ausus exprimere, in ipso suae locutionis primordio prudenter debet ab ipsa muliere compesci et ignominiosam ac verecundam meretur pati repulsam, ut non solum ipse rubore perfusus ab huiusmodi cogatur illicitis abstinere, sed alii similem verentes ruborem timeant similia postulare. Multi enim magis propter mundanam verecundiam prohibita vitant atque nefanda committere quam propter aeternae mortis evitanda supplicia.

(492) Homo ait: Verum est, quod dicitis, quod quanto maior alicuius dignitas invenitur, tanto maior est delinquentis occasus non quidem quo ad Deum sed quo ad male loquentis vulgi opinionem. Magis enim ad unius clerici modicum valde commissum universus populus concitatur et eius delictum exagerat vitamque blasphemat, quam si mille de populo reperiantur immanissima

eines Lebenden, desto tiefer sein Fall ist, wenn er sündigt.[399] Aber auch gesetzt den Fall, es wohne der Liebe eines Klerikers keine größere Sünde inne als der eines Laien, ist es doch etwas anderes, was den Frauen die Liebe mit einem Kleriker heftig verbietet. (490) Denn wenn die Liebe von ihrem natürlichem Wesen her eine gefällige und schöne Kleidung des Körpers sucht und verlangt, daß ein Mann bereit sei, allen zu passender Zeit das Seine zu schenken, kühn *(animosus)* gegen Widersacher sei, sich im Kampf jeglicher Tüchtigkeit *(strenuitas)* erfreue und sich ständigen Kriegsstrapazen aussetze, tritt ja ein Kleriker in weibliches Gewand gekleidet auf und kommt mit häßlich abrasiertem Kopf daher; er kann niemanden mit großzügigen Geschenken unterstützen, außer er will fremde Güter an sich raffen; und er ist nur ständiger Muße und dem Dienst seines Bauchs ergeben.[400] (491) Daher soll er, wenn er gewagt hat, gegenüber einer Frau von irgendeinem inneren Wert etwas von Liebe zum Ausdruck zu bringen, schon am Beginn seiner Rede von der Frau klug in die Schranken gewiesen werden und verdient, eine schimpfliche und beschämende Zurückweisung[401] zu erdulden, damit er nicht nur selbst, von Schamröte übergossen, sich gezwungen sieht, von Verbotenem dieser Art Abstand zu nehmen, sondern auch andere aus Angst vor ähnlicher Scham sich fürchten, ähnliches zu fordern. Viele nämlich meiden mehr wegen der Schande in der Welt, Verbotenes und Ruchloses zu begehen, als um die Strafen des ewigen Todes zu vermeiden."

Mißgunst der Laien gegenüber dem Klerus

(492) Der Mann sagt: „Es ist wahr, was Ihr sagt, daß je größer die Würde von irgendjemandem befunden wird, desto tiefer der Fall des Sünders ist, freilich nicht vor Gott, sondern nach Meinung des Volkes, welches schlecht über ihn redet. Mehr nämlich gerät das gesamte Volk bei einer sehr kleinen Verfehlung eines einzigen Klerikers in Wut und übertreibt sein Vergehen und schmäht sein Leben, als wenn tausend aus dem Volk nachweislich rie-

---

[399] Vgl. Lc 12,48; vgl. *Carmen Buranum 36*,36.

[400] Vgl. *Carmen Buranum 92*,16ff. u. 29.

[401] *ignominiosam et verecundam … repulsam:* „a humiliating and shamful rejection" W, *commiato villano e brutto* TT B, „insultante rifiuto" I, völlig mißverstanden von B.

scelera commisisse. (493) Quod quare contingat, ad praesens vobis recitare subsisto. Muliebris autem indulta clericis cultura mihi nullatenus potest esse nociva, quia talis secundum ordinem ab antiqua prudentia patrum mihi mandatur ornatus, ut habitu etiam et incessu ab aliis hominibus clerici distinguantur. Unde, si in re tam modica patrum praecepta subverterem sive mandata negligerem, nec vos credere deberetis, me vestris quasi alienigenae maioribus obsecundare mandatis, et praeterea mihi possetis obiicere: „Vade, apostata, et tui ordinis manifeste transgressor exsistens“. (494) Quod autem de largitate dixistis, ex magno videtur erroris fomite processisse. Nam, quum ab ipso veritatis auctore largitas universis praedicetur hominibus, et avaritiae prorsus cunctis sit inhibita via, nescio qua fronte vos quaeritis clericis largitatis opera denegare, nisi de illis forte clericis vestros velitis interpretari sermones, quos mundo penitus et mondi rerum proprietati renuntiasse constiterit. (495) Sed nec in illis, veritate subtiliter inquisita, vestra videtur sententia veritate subnixa. Proeliorum autem actus a Deo nobis est interdictus et hoc ideo, ut a sanguinis effusione manus semper valeamus innocentes habere, ne propter sanguinis

sige Verbrechen begangen haben. Warum das geschieht, verzichte ich[402] für jetzt, Euch zu verkünden.[403]

(493) Die weibliche Tracht aber, die den Klerikern gestattet ist, kann mir keineswegs zum Nachteil gereichen, weil ein solcher Ornat mir standesgemäß von der Klugheit der alten Väter aufgetragen wird, damit die Kleriker sich auch durch äußere Erscheinung und Auftreten von den anderen Männern unterscheiden.[404] Wenn ich deshalb in einer so geringfügigen Angelegenheit die Vorschriften der Väter umstieße oder ihre Gebote vernachlässigte, dürftet Ihr auch nicht glauben, daß ich größeren Geboten von Euch, einer Außenstehenden, willfahre,[405] und könntet mir außerdem entgegnen: „Hebe dich hinweg, Abtrünniger und offensichtlicher Überschreiter deines Standes.“

Würde des Habits

(494) Was Ihr aber über die Freigebigkeit gesagt habt, scheint aus großem Zündstoff des Irrtums hervorgegangen zu sein. Denn da die Freigebigkeit vom Urheber der Wahrheit selbst allen Menschen gepredigt wird und der Weg des Geizes allen gänzlich verboten ist,[406] weiß ich nicht, mit welcher Stirn Ihr den Klerikern die Werke der Freigebigkeit abzusprechen sucht, außer Ihr wollt vielleicht Eure Worte mit Bezug auf jene Kleriker verstehen, die eindeutig der Welt und dem Besitz weltlichen Vermögens vollkommen entsagt haben.[407] (495) Aber nicht einmal bei jenen scheint, wenn man die Wahrheit genau untersucht, Euer Urteil auf Wahrheit zu beruhen.

Beschränkung der Besitzlosigkeit auf das Mönchtum

Kriegstaten sind uns allerdings von Gott verboten, und das deshalb, damit wir immer vom Blutvergießen unbefleckte Hände

Verbot des Blutvergießens für den Klerus

---

[402] *subsisto* + Infinitiv kann ich nicht nachweisen; „je m'abstiens de …“ B, „I refrain from …“ W, *non curo di* TT, *lass ich … under wegen* H.

[403] Die Animositäten zwischen den beiden Ständen sind im Mittelalter notorisch und daher auch Gegenstand vieler geistlicher und weltlicher Literaturgattungen. Der lüsterne Kleriker ist etwa ein Lieblingsthema der schwankhaften Versnovellen.

[404] Vgl. *Carmen Buranum 92*,37.

[405] Gemeint ist offenbar: Der Ungehorsam im Kleinen gegenüber der Kirche müßte die Dame am Gehorsam im Großen auch ihr gegenüber zweifeln lassen.

[406] Vgl. Mt 5,42; 10,8. S. auch o. §§ 149ff.

[407] Also die Mönche.

effusionem ab eius ministerio repellamur indigni. Nam sanguinis effusione pollutus divino repellitur ministerio. (496) Unde rex David sanctissimus Domino templum aedificare non potuit, quia humanum effuderat sanguinem; sed ab ipso Domino audivit: „Non aedificabis mihi templum, quia vir sanguinis es". Nam si mihi haec ratio non obstaret, nil in orbe mihi resideret acceptius quam actus bellicos exercere et cordis audaciam demonstrare. (497) Quod vero de ventris voluistis obsequio recitare, nulla potest mihi ratione nocere, quia nec laicus potest nec clericus reperiri, masculus nec femina nec parvulus vel adultus, qui ventris non inveniatur libenter inservire ministeriis. Sed, si illud immoderate ab aliquo fiat, coram Deo et omni homine tam laicis quam clericis constat esse perniciosum et omnimoda reprehensione dignissimum. (498) Nec enim propter otia multa, quibus clerici deputantur, est contra eos ventris ingluvies praesumenda. Nam si propter otia magis in aliquo ventris obsequia praesumuntur, super omni ratione viventi de mulieribus talis esset omnibus praesumptio violenta, quum ipsae semper in continua et corporali quiete moren-

haben können und nicht um des Blutvergießens willen als Unwürdige von seinem Dienst zurückgewiesen werden. Denn ein vom Blutvergießen Befleckter wird vom göttlichen Dienst zurückgewiesen. (496) Daher konnte der heiligste König David nicht den Tempel für den Herrn bauen, weil er Menschenblut vergossen hatte; sondern er hörte vom Herrn selbst: „Du wirst den Tempel für mich nicht bauen, weil du ein Mann des Bluts bist.“[408] Denn wenn mir dieser Grund nicht hinderlich wäre, wäre mir auf der Welt nichts willkommener, als kriegerische Taten zu vollbringen und Kühnheit des Herzens zu zeigen.

Schlemmerei der Kleriker geringer als der Frauen

(497) Was Ihr aber von dem meinem Bauch geleisteten Dienst anführen wolltet, kann mir aus keinem Grunde schaden, weil weder Laie noch Kleriker, weder Mann noch Frau, weder Kind noch Erwachsener gefunden werden können, die nicht gerne dem Bauch Dienste leisten. Wenn aber jemand dies unmäßig tut, ist es sicherlich vor Gott und vor jedem Menschen sowohl für Laien wie für Kleriker verderblich und jeden Tadels besonders würdig. Denn auch nicht der vielen Muße wegen, welche den Klerikern unterstellt wird, darf ihnen die Unersättlichkeit des Bauches unterstellt werden. (498) Denn wenn der Muße wegen bei jemandem mehr dem Bauch geleistete Dienste vorausgesetzt werden, so würde sich vor jeder lebenden Vernunft bei allen Frauen eine solche Unterstellung aufdrängen,[409] da sie immer in andauernder und körper-

---

[408] II Sam 16,8; I Par 22,8; Hieronymus, *Adversus Iovinianum* I,24 (MPL 23,243).

[409] *super omni ratione viventi de mulieribus talis esset omnibus praesumptio violenta:* „vous êtes bien évidemment contrainte d'affirmer cela de toutes les femmes“ B, „there would be a harsh presumption of this kind stronger than every living reason against women“ W, *si credesse ciò sovra tutti che vivano e ch'hanno ragione, le femmine sono quelle che l'hanno, contra le quali è da presumere che …* TT B, „si dovrebbe immediatamente pensare sopra tutti i viventi alle donne“ I. Die Ausdrucksweise bleibt dunkel. Schon *violenta* will in keiner seiner bezeugten Bedeutung passen: „gewaltsam, heftig; unnatürlich, unvernünftig“ (Blaise). Vollends unklar die *ratio vivens.* Die Schreiber hatten auch schon ihre liebe Mühe damit. Manche lassen es aus oder schreiben ganz Sinnloses (wie F). E und H haben *super omni quod ratione uiuit.* Wenn der Toskaner dieser Lesart folgte, können wir uns nicht auf ihn berufen, wenn wir metonymischen Ersatz von *ratio vivens* für *ani-*

tur. (499) Immo magis contra feminas quam contra clericos vel laicos potest in hac parte inspecta veritate praefiniri, quia ventri primo mulier quam masculus contra Dei mandatum legitur obsequia praestitisse et Dei praecepta propter gulam fuisse transgressa. Immo nec ipse masculus ventris unquam ministerio deservisset, nisi forte primitus ab ipsa muliere fuisset nimia svasione compulsus et ipsa instigante deceptus.

(500) Mulier ait: Si ex meis dictis vester sit animus concitatus, mihi soli debetis proverbia convitiosa rependere, et pro unius offensa contra omnes non decet vos mulieres generaliter desaevire. Nam, quod mulier primo fuit propter gulam divina transgressa mandata, hoc fecit daemonis calliditate decepta non quasi ventris appetitum cupiens refrenare, qui nullus erat, sed tanquam stulta decipientis daemonis dicta credendo, boni cupiens et mali Domino prohibente scientiam possidere.

(501) Homo ait: Quare ergo mulier primo fuit in cibi assumptione tentata quam masculus, quum maiori de masculo fuisset daemoni victoriae reputatum, nisi quia proniorem ad gulae appetitui concedendum mulierem quam masculum praevidebat?

(502) Mulier ait: Hoc ideo contigit, quia mulieres omnia facilius credunt ex ipsa natura quam masculi. Innocentes enim inveniuntur et simplices et ideo credunt omni verbo. Unde videns daemon masculum non tam facilem et pronum omnia credere, quia callidus et dolosus in cunctis exsistit, suam ad mulierem voluit tentationem emittere. Nam, si incepisset a viro tentatio et in eo omni

licher Ruhe verweilen. (499) Ja, die Annahme kann sich sogar eher gegen Frauen als gegen Kleriker oder Laien bei Einsicht in die Wahrheit auf diesem Gebiet richten, weil die Frau dem Bauch früher als der Mann entgegen dem Gebot Gottes, wie man liest, Dienste geleistet und die Vorschriften Gottes wegen ihrer Freßgier überschritten hat. Ja, der Mann selbst wäre niemals in den Dienst des Bauches getreten, wenn er nicht etwa zuerst von der Frau durch große Überredungskunst dazu gedrängt und durch ihre Reizrede getäuscht worden wäre.“[410]

Verführung Evas durch den Satan

(500) Die Frau sagt: „Wenn durch meine Worte Euer Gemüt in Wallung geraten ist, sollt Ihr mir allein die tadelnswerten Sprüche vergelten, und es geziemt sich nicht, daß Ihr für die Kränkung durch eine einzige gegen alle Frauen im allgemeinen wütet. Denn daß eine Frau zuerst aus Eßgier die göttlichen Gebote übertreten hat, tat sie getäuscht durch die Schlauheit des Dämons, nicht etwa in der Absicht, des Bauches Appetit zu stillen, den es nicht gab, sondern, dank ihres dummen Vertrauens auf die Worte des trügerischen Dämons, aus dem Wunsche, das Wissen um Gut und Böse zu besitzen, obwohl der Herr es verbot.“

Angeblicher Ansatz der Versuchung bei Evas Eßlust

(501) Der Mann sagt: „Warum also wurde die Frau früher bei der Aufnahme der Speise in Versuchung geführt als der Mann, obwohl dem Dämon der Sieg über den Mann höher angerechnet worden wäre, wenn nicht deshalb, weil er voraussah, daß die Frau geneigter ist, der Eßgier nachzugeben als der Mann?“

Ansatz der Versuchung bei Evas Leichtgläubigkeit

(502) Die Frau sagt: „Das kam daher, daß die Frauen von Natur aus alles leichter glauben als die Männer. Unschuldig werden sie nämlich befunden und naiv, und so vertrauen sie jedem Wort. Da daher der Dämon sah, daß der Mann nicht so einfach und bereitwillig alles glaubt, weil er schlau und listig in allem ist, wollte er seine Versuchung gegen die Frau richten.[411] Denn wenn die Ver-

---

mal rationale annehmen. Ich vermag diesen Gebrauch auch nicht nachzuweisen, obschon er auch bei der *viva ratio* I,vi,1 vorliegen könnte. Auch die Annahme der Bedeutung „vor, über, mehr als“ für *super* + Ablativ ist hier nicht über jeden Zweifel erhaben.

[410] Vgl. Gn 3,6.

[411] Vgl. I Tim 2,14; Hieronymus, *Adversus Iovinianum* 1,27 MPL 23,248f.; Thomas von Aquin, *Summa theologica* II–II, q. 165 a. 2.

prorsus caruisset effectu, suum viri exemplo mulier animum confirmasset.

(503) Homo ait: Super praesenti articulo cito nobis disputandi materia non deesset, et ideo hac verborum altercatione dimissa ad principale mihi peto propositum responderi. Nam a vobis obiecta superius nullo mihi videntur iure contraria.

(504) Mulier ait: Etsi forte vos propria merita constituant tali dignum amore, aliud tamen viam vobis praecludit amandi. Est namque alius, tam probitate quam genere vobis coaequalis nec in obsequiorum voluntate dissimilis, qui servitiis solummodo petit amorem, lingua tamen illud indicare recusat, qui etiam meritissime vobis in amore praefertur. (505) Nam, qui spem suam totam atque fiduciam in meae fidei puritate disponit et importuna me non inquietat instantia, sed ex mea tantum liberalitate spem suam capere confidit effectum, magis apud me censetur id meritus impetrare, quod cupit, quam qui dictis expresse cordis mihi secreta vulgavit et totam spem suam in sermonis facundia collocavit magis scilicet de proprii sermonis nitore ac verborum duplicitate quam de mei arbitrii sinceritate confisus. (506) Potius enim iudex illius litigatoris tenetur exprimere iura, qui nullius advocatione iuvatur, sed totius suae causae merita in iudicis voluit conferre clementiam, quam qui prudentum patrocinio fultus et multorum auxilio roboratus coram litigaturus accessit.

suchung beim Mann begonnen hätte und bei ihm jeglicher Wirkung völlig entbehrt hätte, hätte die Frau nach dem Beispiel des Mannes ihren Sinn gefestigt."

(503) Der Mann sagt: „Über das vorliegende Problem *(articulus)* zu disputieren würde uns das Material nicht bald ausgehen, und so bitte ich den Wortstreit fallenzulassen und meine erste These zu beantworten. Denn mir scheinen Eure obigen Einwände rechtlich in keiner Weise einen Gegensatz zu bilden."

Rivalität eines stummen Verehrers

(504) Die Frau sagt: „Wenn Euch vielleicht auch eigene Verdienste bestimmen, einer solchen Liebe würdig zu sein, verschließt Euch dennoch etwas anderes den Weg zur Liebe. Es gibt nämlich einen anderen, nach innerem Wert so wie nach Abstammung Euch ebenbürtig und in der Dienstbeflissenheit nicht unähnlich, der nur durch Dienstleistungen nach der Liebe strebt, mit der Zunge sich jedoch weigert, es anzuzeigen, der Euch sogar mit vollem Recht in der Liebe vorgezogen wird. (505) Denn wer seine ganze Hoffnung und sein Zutrauen auf die Reinheit meiner Treue setzt und mich nicht mit unverschämter Beharrlichkeit belästigt, sondern darauf vertraut, daß seine Hoffnung sich nur dank meiner Großzügigkeit erfüllen könnte, hat nach meiner Meinung eher verdient, von mir zu erlangen, was er wünscht, als wer mir ausdrücklich die Geheimnisse seines Herzens verkündet und seine ganze Hoffnung auf seine Beredsamkeit gesetzt, d.h. mehr auf den Glanz seiner eigenen Rede und die Doppeldeutigkeit seiner Worte *(verborum duplicitas)*[412] als auf die Aufrichtigkeit meines Urteils vertraut hat. (506) Eher nämlich ist der Richter gehalten, die Rechte derjenigen Streitpartei zu vertreten,[413] welche keine Unterstützung durch einen Rechtsbeistand genießt, sondern ihre ganze gerechte Sache[414] der Milde des Richters anheimstellen wollte, als derjenigen, welche gestützt auf kluge Verteidiger und gestärkt durch die Hilfe vieler zum öffentlichen Rechtsstreit erschienen ist."

---

[412] Ein weiteres Indiz für das Wissen des Autors und des Publikums um den sophistischen Charakter dieser Werbungsreden.

[413] *illius litigatoris exprimere iura:* „faire valoir les droits d'une partie" B, „to declare in favour of the disputant" W, *de' favoreggiare quello* TT

[414] *totius suae causae merita:* „les mérites de sa cause" B, „The merits of his entire case" W, „tutte le colpe in causa" I.

(507) Homo ait: Vestra mihi penitus in hac parte videtur arguenda opinio. Quis enim sapiens dixerit unquam, potius mutum dignum impetrare, quod obscuris nititur corporis nutibus indicare, et id consequi debere, quod cupit, quam qui summo sapientiae verbo et ornatu linguae satagit postulare, quod eius desiderat animus possidere. Nam inter vulgaria solet proverbia recitari: Non habeas mutum in quacunque nave pro nauta. (508) Praeterea, quod cupio et instanter desidero postulare, omni videtur ratione permissum, ipso etiam veritatis auctore testante, qui dicit: „Petite et accipietis, pulsate et aperietur vobis". Talis enim excrevit consvetudo per orbem, quod nedum silendo, verum etiam vix instantissime postulando possumus impetrare quaesita vel plenarie consequi, quod optamus. (509) Immo maioribus vobis argumentis ostendo, magis mihi quam praedicto tacenti deberi, quod peto. Nam illud mihi non obsequia tantum, sed etiam multa facit petitionis instantia debitum. Res enim pluries quam semel a quocunque petito carissimae videtur emptionis iure deberi, et ideo meae potius quam suae debetis petitioni favere, quia, quod peto, unica sibi, mihi vero duplici ratione debetur. Sed nec unquam fuit, ut credo, in mundo femina visa, quae huius rei largitionem non pe-

(507) Der Mann sagt: „In diesem Punkt, scheint mir, muß Eure Meinung von Grund auf widerlegt werden. Denn welcher kluge Mensch würde jemals sagen, daß eher ein Stummer würdig ist zu erlangen, was er mit Mühe durch unklare Gesten seines Körpers verständlich macht, und daß er das erreichen soll, was er wünscht, als derjenige, welcher mit Worten von höchster Weisheit[415] und sprachlichem Schmuck zu fordern trachtet, was sein Herz zu besitzen wünscht. Denn unter den Sprichwörtern des Volkes pflegt man das folgende herzusagen: ‚Du sollst keinen Stummen als Seemann auf irgendeinem Schiff haben.'[416]

Wert der Redekunst

(508) Des weiteren: Was ich wünsche und inständig ersehne, scheint aus jedem Grunde zu fordern erlaubt, da es sogar der Urheber der Wahrheit bezeugt, der sagt: ‚Bittet, und ihr werdet empfangen, klopft an, und es wird euch aufgetan.'[417] So nahm die Sitte auf der ganzen Welt überhand, daß wir sogar durch inständigstes Bitten kaum, geschweige denn durch Schweigen, Gefordertes erreichen oder Gewünschtes vollständig erlangen können. (509) Ja, ich demonstriere Euch durch gewichtigere Argumente, daß mir mehr als dem erwähnten Schweigenden geschuldet wird, was ich erbitte. Denn diese Schuldigkeit resultiert nicht nur aus meinen geleisteten Diensten, sondern auch aus der großen Dringlichkeit meiner Bitten. Etwas mehr als einmal von wem auch immer Erbetenes scheint ihm nämlich nach dem Recht des höchsten Kaufgebots geschuldet zu sein, und so müßt Ihr eher mein als sein Werben erhören, weil, was ich erbitte, ihm aus einem einzigen, mir aber aus einem doppelten Grund geschuldet wird. Aber man sah, wie ich glaube, auch niemals auf der Welt eine Frau, die dieses Ge-

Notwendigkeit und Verdienstlichkeit inständiger Bitten gemäß dem Wort des Evangeliums

[415] *summo sapientiae verbo:* Hier, wo vom *ornatus linguae* die Rede ist, wird als rhetorisches Beispiel gleich die als besonders ausgefallen geltende Hypallage verwendet. Vgl. etwa Vergil, Aeneis 1,7: *altae moenia Romae* für *alta moenia Romae.*

[416] *Non habeas mutum in quacunque nave pro nauta:* W kann das Proverb ebensowenig wie B nachweisen, hält es aber der falschen Prosodie halber für mittelalterlich.

[417] Mt 7,7; Lc 11,9.

tentibus voluerit sponte offerre, solito istud feminarum contradicente pudore.

(510) Mulier ait: Ideo nautae recusant mutos nave deferre, quia turbationis instante periculo audire non possunt, quid sibi a sociis iniungatur agendum, nec aliis exprimere, quid sibi videatur utilitati navis expediens. Nam et muti labor non debet suis meritis defraudari, quamvis, quod optat, eius sermo nullatenus valeat indicare, nec potest obstare introductum evangelici sermonis exemplum. (511) Ille namque quo ad aeterni regis iudicium iudicatur petere instanter et ad ostium propulsare indesinenter, cui propria merita suffragantur fideique puritate iuvatur. Si enim potestatem vultis coartare vocabuli et eius simpliciter attendere sonum, oportet instanti vos ratione asserere, mutis omnibus paradisi penitus introitum denegari, quum nunquam valeant id, quod corde petunt, articulatis vocibus indicare, naturalis linguae officii sibi istud inhibente defectu. (512) Quod autem dicitis, magis vos debere, quod petitis, impetrare, quia duplici vobis illud esse iure debitum enarratis, non potest iusta ratione defendi. Illud enim

schenk[418] denjenigen, welche es nicht erbaten, freiwillig anbieten wollte, da die übliche Scham der Frauen es verbietet."

Korrektur der Auslegung des Evangeliums

(510) Die Frau sagt: „Es weigern sich Seeleute deshalb, Stumme auf dem Schiff mitzunehmen, weil sie bei drohender Gefahr eines Unwetters nicht hören können, was ihnen von den (stummen) Gefährten zu tun auferlegt wird, und (diese) anderen nicht klarmachen können, was ihnen zum Nutzen des Schiffes günstig scheint.[419] Denn auch die Arbeit eines Stummen darf nicht um ihre Erfolge betrogen werden, obwohl seine Rede keineswegs anzeigen kann, was er wünscht. Das angeführte Exempel aus dem Evangelium kann dem auch nicht entgegenstehen. (511) Denn gemäß dem Urteil des ewigen Königs heißt hartnäckig bitten und unablässig an die Tür klopfen, wenn einen seine eigenen Verdienste empfehlen und die Reinheit des Glaubens unterstützt. Wenn Ihr nämlich die Bedeutung des Wortes[420] einengen und lediglich den lautlichen Klang beachten[421] wollt, müßt Ihr aus zwingendem Grund behaupten, allen Stummen werde der Zutritt zum Paradies gänzlich verwehrt, da sie niemals das, was sie im Herzen bitten, mit artikulierten Worten anzeigen können, behindert durch den Defekt der natürlichen Funktion ihrer Zunge.[422]

Unterschied zwischen Handelsgeschäften und der Liebe

(512) Eure Aussage aber, daß Ihr eher erreichen müßt, was Ihr erbittet, weil es Euch nach Eurer Rede aus zwiefachem Recht geschuldet werde, kann mit keinem gerechten Argument verteidigt

---

[418] *huius rei largitionem:* „une chose" B, „the gift of love" W, *questo* TT, *lieb vnd mynn* H.

[419] Im lat. Text fehlt die Angabe der Subjekte im Kausalsatz. Auch die Gefährten *(socii)* werden nicht näher spezifiziert. Ohne die in Klammern vorgenommene Präzisierung müßte man annehmen, Andreas habe unter *muti* Taubstumme verstanden.

[420] *potestatem vocabuli:* Da bereits die Antike in solchen Fällen unter *potestas* die „Bedeutung" eines Wortes versteht (*Rhetorica ad Herennium* 4,67; Seneca, *De beneficiis* II,xxxiv,5), ist Ws Übersetzung „the power of speech" sicher unrichtig.

[421] *attendere sonum:* „tenir compte ... de leur sens littéral" B, „listen ... to its sound" W. Bs Übersetzung ist sicher falsch. W scheint für *attendere* bereits die französische Bedeutung vorauszusetzen.

[422] *naturalis linguae officii sibi istud inhibente defectu:* „Privés naturellement de l'usage de la parole" B, „since natural weakness of their tongues impedes this function" W, *per naturale difetto di lingua* TT.

verum esse asseritur in rebus, quae hominum mercimonio supponuntur; absit autem, quod aliquis unquam amorem pretii venalitate mercetur. (513) Amor enim res est gratiosa et ex sola cordis nobilitate procedens et pura mentis liberalitate, et ideo cunctis debet gratis nullius scilicet muneris interveniente figura largiri, quamvis liceat amantes solatiandi causa quibusdam se adinvicem muneribus honorare. Si tamen muneris contemplatione solummodo amoris reperiantur vacare ministeriis, non verus postmodum iudicatur sed falsificatus amor. (514) Praeterea propter vestram petitionem, mea non debet suum liberalitas amittere meritum [liberalitas], fieret quod quidem, si illud, quod quaeritis, vestra vobis faciat postulatio debitum; ubi enim aliquid ex debito postulatur, ibi suum liberalitas non agnoscit officium. (515) Quod autem dicitur, saepius rem petitam penitus esse comparatam, verum est quo ad petentem non autem quo ad possidentem. Nam, si aliquid ad solam cuiusque petitionem debitum iudicetur, multis divitiae abundanter affluerent, quos perpetua detinebit egestas et iniqua fatigabit inopia. [Ergo pulchre voluit auctor proverbio alludere. Nam, quum aliquis, ut rem quamlibet consequatur, pecuniam multam expendit vel labore plurimo fatigatur, sic de eo solet

werden. Daß sie wahr sei, wird nämlich bei Angelegenheiten behauptet, die zum Handel unter Menschen gehören; aber Gott behüte, daß jemand jemals Liebe käuflich erwirbt. (513) Die Liebe nämlich ist etwas gnadenhalber Erteiltes und nur aus dem Adel des Herzens und aus der reinen freimütigen Gesinnung *(mentis liberalitas)*[423] Kommendes, und so muß sie allen umsonst, d.h. ohne Hilfe einer Gabe in irgendeiner Form,[424] geschenkt werden, obwohl es Liebenden gestattet ist, zu ihrem Vergnügen sich mit irgendwelchen Geschenken ihre gegenseitige Wertschätzung zu zeigen. Wenn man jedoch findet, daß sie sich den Liebesdiensten nur mit Blick auf das Geschenk widmen, wird die Liebe hernach als nicht echt, sondern als gefälscht beurteilt.[425]

Liebe: eine reine Gnadengabe

(514) Außerdem soll wegen Eurer Bitte meine Großzügigkeit ihr Verdienst nicht verlieren, was gewiß einträte, wenn Eure Forderung das, was Ihr verlangt, zu etwas machen könnte, was Euch geschuldet wird; wo nämlich irgendetwas aufgrund einer Verpflichtung gefordert wird, dort sieht die Großzügigkeit keine Aufgabe. (515) Die Behauptung aber, daß etwas, was öfter erbeten wird, völlig erworben wird, stimmt, soweit es den Bittenden betrifft, nicht aber den Besitzer. Denn wenn man etwas nur auf jemandes Bitte hin diesem als geschuldet zuspräche, würde vielen Leuten Reichtum im Überfluß zufließen, die (jedoch) in fortdauernder Not verbleiben und übermäßigen Mangel leiden werden.

[Der Autor wollte also hübsch auf ein Sprichwort anspielen.[426] Denn wenn irgendeiner, um etwas zu erlangen, viel Geld ausgibt

---

[423] Vgl. Anm. 85. Vielleicht ist aber doch wie an anderen Stellen die Freigebigkeit oder Großzügigkeit gemeint (s. u.).

[424] *nullius scilicet muneris interveniente figura:* „en banissant tout troc" B, „that is without the intervention or manifestation of any gift" W, *e non per alcuna figura di doni* TT.

[425] Die Sätze nehmen den Inhalt des Kapitels 9 vorweg.

[426] *Ergo pulchre voluit auctor proverbio alludere:* „Et un ancien a voulu justement illustrer cela par un proverbe" B, *Dunque bellamente lo fattore del proverbio volle dare dui intendimenti* TT B, „Dunque, a bella posta l'autore del proverbio volle essere allusivo" I. Die Übersetzer bemühen sich vergeblich, einen Anschluß an das Vorhergehende herzustellen. Der ganze Absatz ist aber wohl nichts anderes als eine in den Archetypus geratene Marginalnotiz, daher zu Recht von Trojel als unecht eingeklammert worden und von W unübersetzt geblieben.

in vulgo narrari: „Homo iste rem illam care plurimum comparavit; res tamen illa iure sibi nullo debetur".] (516) Sed nec illud nostris potest sermonibus obviare, quod dicitis, mulieris pudori obsistere, si ipsa suum offerat non petitum amorem; mulieribus enim nullo reperitur iure negatum suum sponte cuilibet probo largiri amorem. Potest ergo mulier, si ab aliquo provocetur amare, eum ad suum pulchre et curialiter invitare amorem, si cognoverit virum illud ob aliquam non exprimere causam. (517) Huic autem opinioni argumentum praestat validum Caroli Magni regis filia, quae ab Ugone Alverniae expressissime postulavit amari; ipse tamen, quia alterius eiusdem regis filiae ligabatur amore, ipsam quidem recusavit amare nolens incestus scienter incurrere crimen. Ergo nulla mihi ratione negatur praedictum amare tacentem.

(518) Homo ait: Gauderem plurimum, si vestra in hac parte a cunctis mulieribus comprobaretur opinio, quia satis exinde om-

oder sehr viel Mühe aufwendet, so pflegt im Volk über ihn gesagt zu werden: „Dieser Mann hat jene Sache sehr teuer erworben, jene Sache wird ihm dennoch mit keinem Recht geschuldet.“[427]]

Erlaubte Erhörung auch ohne ausdrückliche Bitte

(516) Aber unseren Worten kann auch Eure Behauptung nicht im Weg stehen, daß es dem Schamgefühl der Frau widerspricht, wenn sie selbst ihre nicht erbetene Liebe anbietet; man findet nämlich in keinem Recht ein Verbot, daß Frauen ihre Liebe von sich aus keinem Edelmütigen *(probus)* schenken dürfen. Eine Frau kann also, wenn sie von einem Mann zur Liebe angeregt wird, ihn fein und höfisch einladen, sie zu lieben, wenn sie in Erfahrung gebracht hat, daß der Mann sich aus irgendeinem Grund nicht äußert. (517) Für diese Ansicht aber liefert die Tochter König Karls des Großen ein schlagendes Argument, die von Hugo von der Auvergne ausdrücklich Liebe forderte; er jedoch, da er durch die Liebe einer anderen Tochter desselben Königs gebunden war, weigerte sich, sie zu lieben, weil er nicht wissentlich das Verbrechen der Blutschande begehen wollte.[428] Also ist es mir aus keinem Grund verwehrt, den vorher erwähnten Schweigenden zu lieben.“

Wiederum: Verdienstlichkeit inständiger Bitten

(518) Der Mann sagt: „Ich würde mich am meisten freuen, wenn Eure Meinung in diesem Punkt von allen Frauen gebilligt

[427] *res tamen illa iure sibi nullo debetur:* „mais personne n'était obligé, en droit, de le lui accorder“ B, *ma non gli si fa per niuna guisa* TT B, „e tuttavia quella cosa non gli è dovuta per nessuna ragione“ I. H ersetzt den schwer verständlichen Satz einfach durch: *wann lieb lät sich nit kauffen!*

[428] Andreas bezieht sich hier offenbar auf eine verlorene Chanson de geste. Erhalten hat sich nur ein franko-italienisches Versepos des 14. Jh., *Ugo d'Alvernia (Huon d'Auvergne)*, hg. v. Carla Giacon, Diss. Padua 1961 (Padova Seminario 32) [non vidi]. Kleine Auszüge mit einer kurzen Einleitung bietet Antonio Viscardi, Letteratura franco-italiana, Modena 1941, S. 129–137. Es handelt sich hier offenbar um eine oberitalienische Originaldichtung nach Motiven der älteren französischen Heldendichtung und anderer, auch gattungsfremder Werke. Hier wird erzählt, wie Sofia, die Tochter Karl Martells und Gattin Sanguinos, sich in Ugo verliebt, von diesem aber abgewiesen wird, ihn daraufhin ihrerseits des Verführungsversuches bezichtigt, jedoch schließlich diese Verleumdung, nachdem sich Ugo von der Anklage reingewaschen hat, mit dem Tod auf dem Scheiterhaufen büßt. Die Geschichte verläuft ähnlich wie die von Andreas angezogene, aber nicht gleich, wie sich schon in der Person des Vaters zeigt.

nium hominum amare volentium labor esset attenuatus et eorum melior effecta conditio. In hoc tamen vobis consentire non possum, quod maiorem aliquis tantummodo tacendo quam sua vota sapienter et curialiter exprimendo mereatur honorem; (519) nec vestra inde liberalitas suum perdit officium, quia, quod de emptionis iure et amoris debito praenarravi, non illud asserui quasi amorem vestrum mihi credens proprie debitum vel largitione dehonestandum pecuniae, sed vehementer excogitans, vestram mihi gratiam instanter petenti debere gratiosiorem exsistere quam improvida taciturnitate silenti.

(520) Mulier ait: Instantia mihi vestra nimis importuna videtur, quae tam repente quaerit amoris consequi largitatem. Nam, etsi vos propria merita constituant omni honore dignissimum, exigere non tamen debetis amoris repentina concessione ditari. (521) Non enim alicuius debet femina probitatis nimis velociter amantis acquiescere voluntati; amoris enim cita et festina largitio contemptum parit amantis et optatum diu vilescere facit amorem, et eiusdem per tempora multa perceptione dilata etiam simulatus purificatur amor, et omnis in eo removetur aerugo. Multis ergo femina debet prius argumentis viri percipere probitatem et eius liquido cognoscere fidem.

(522) Homo ait: Aegroto, cui finalia videntur imminere praeludia, assveta non debet ciborum diaeta servari vel medicina regularis adiungi; sed, quidquid eius desiderat appetitus assumere, quamvis regulariter sit eius infirmitati contrarium, misericorditer tamen hoc sibi sapiens consvevit medicus indulgere. Poenae igitur continuique dolores, qui pro vestro mihi amore languenti mortem regulariter minantur amaram, me violenter cogunt huius mortis irregulatiter et importune remedia postulare; nec superius enar-

würde, weil in der Folge die Mühe aller Männer, die lieben wollen, beträchtlich erleichtert und ihre Situation verbessert würde. Darin kann ich Euch jedoch nicht zustimmen, daß einer lediglich durch Schweigen größere Ehre erwirbt, als wenn er seine Wünsche klug und höfisch zum Ausdruck bringt; (519) daher verliert auch Eure Großzügigkeit nicht ihre Aufgabe. Denn was ich über Kaufrecht und Liebesschuld vorhin gesagt habe, habe ich nicht behauptet in dem Glauben, daß Eure Liebe mir im eigentlichen Sinne geschuldet werde oder durch ein Geldgeschenk entehrt werden solle, aber durchaus in der Meinung, daß mir, dem inständig Bittenden, Eure Huld eher entgegenkommen werde als einem, der in gleichgültigem Schweigen[429] verharrt."

Notwendigkeit langer Prüfung des Werbenden

(520) Die Frau sagt: „Euer Drängen scheint mir äußerst unverschämt, das so unvermittelt das Geschenk meiner Liebe zu erlangen trachtet. Denn selbst wenn Eure Verdienste Euch zu dem aller Ehre Würdigsten bestimmen mögen, dürft Ihr dennoch nicht fordern, mit einer so unvermittelten Gewährung meiner Liebe beschenkt zu werden. (521) Eine Frau von irgendeinem inneren Wert nämlich darf nicht allzu schnell den Willen des Liebenden befriedigen; denn ein rasches und eiliges Geschenk der Liebe ruft Verachtung von Seiten des Liebenden hervor und macht die lange ersehnte Liebe wertlos; und wenn der Erhalt derselben lange Zeit aufgeschoben wird, läutert sich sogar die vorgetäuschte Liebe, und jeglicher Eigennutz darin verflüchtigt sich. Eine Frau muß also zuerst durch viele Beweise den inneren Wert eines Mannes wahrnehmen und klar seine Treue kennenlernen."

Gebot des Maßes bei der Verzögerung der Huld für den qualvoll Liebenden

(522) Der Mann sagt: „Bei einem Kranken, dem die letzte Stunde zu drohen scheint, darf man nicht die gewohnte Speisendiät einhalten oder die übliche Medizin verabreichen; vielmehr pflegt der kluge Arzt ihm doch mitleidig alles zu gestatten, worauf er Appetit hat, mag es auch normalerweise seine Krankheit verschlimmern. Nun zwingen mich heftig die Qualen und ständigen Schmerzen, welche mir, der sich nach Eurer Liebe verzehrt, regelrecht den bitteren Tod androhen, regelwidrig und rücksichtslos

---

[429] *quam improvida taciturnitate silenti:* „qu'à un homme taciturne qui s'attend à rien de votre part" B, „than if I maintained a blinkered silence" W, *che a colui che con silenzio tace* TT, „che all'incauto muto" I.

rata vos poterit defensare ratio, quam dixistis, indecens mulieribus esse, suum amorem alicui repente largiri. (523) Nam talia responsa mulieribus debetis relinquere rusticanis, quae consveverunt suo semper habere in ore: „Uno quidem ictu non inciditur penitus arbor“. Mulier enim sapiens et discreta rei petitae modificare indutias sagaciter consvevit, quia, si minus provide animus suspendatur amantis, et ipse graviter est mulieris percussus amore, abstinere se non potest amator ab ipsius loci frequentatione assidua et concupiscibili oculorum aspectu. (524) Unde saepe contingit, quod ex tali conversatione amantium status a vulgi detrectationibus turpiter diffamatur, et quandoque vix inceptus quasi perfectus divulgatur amor, et bonorum propositum impeditur. Debet ergo mulier, cuius amor exigitur, moderate tempora prorogare petenti, si ipsum disponat amare.

(525) Mulier ait: Poenas magnas et graves, quas dicitis imminere, angustias patienter sustinere debetis propter bona, quae grandia postulatis; non enim potest bonum plenarie cognosci nisi mali prius percepta notitia. Quod autem dicitis, mulierem indutias debere sapienter modificare petenti, verum est, ubi mulier firmiter

Heilmittel gegen diesen Tod zu fordern. Auch Euer oben vorgebrachtes Argument, daß es für Frauen unziemlich sei, ihre Liebe jemandem unvermittelt zu schenken, wird Euch nicht verteidigen können. (523) Denn solche Antworten sollt Ihr Bäuerinnen überlassen, die immer im Mund zu führen pflegen: „Mit einem einzigen Schlag wird ein Baum gewiß nicht ganz gefällt!“[430] Eine kluge und rücksichtsvolle[431] Frau nämlich hat die Gewohnheit, den Aufschub von etwas Erbetenem klug zu bemessen. Denn wenn das Herz *(animus)* eines Liebenden zu unvorsichtig auf die Folter gespannt wird[432] und dieser selbst von der Liebe zu der Frau schwer getroffen ist, kann der Liebende sich nicht von dem häufigen Besuch jenes Ortes und dem begierigen Blick seiner Augen zurückhalten. (524) Daher passiert es oft, daß infolge eines solchen Umgangs miteinander der Status[433] der Liebenden von Schmähungen des Volkes schimpflich untergraben wird, und mitunter ihre Liebe, obwohl kaum begonnen, als vollzogene Tatsache öffentlich gemacht und der Vorsatz der Guten[434] verhindert wird. Es soll also eine Frau, von der Liebe gefordert wird, für den Werbenden die Frist[435] in Maßen verlängern, wenn sie ihn zu lieben beabsichtigen sollte.“

Verbot trügerischer Verheißung ohne Absicht der Erfüllung

(525) Die Frau sagt: „Ihr müßt die großen Qualen und schweren Drangsale, die nach Euren Worten drohen, geduldig aushalten um der großen Güter willen, welche Ihr fordert; man kann das Gute nämlich nur voll erkennen, wenn man vorher Bekanntschaft mit dem Übel gemacht hat. Euer Wort aber, daß eine Frau den

430 Vgl. *Proverbes aux vilains* 5: *Au premier coup ne chiet pas li chaisnes* (Tobler, S. 2); Walther 32221 (u. ö.): *uno quidem ictu non iacitur penitus arbor.*

431 *discreta:* „rücksichtsvoll, vorsichtig, redlich, höflich, bescheiden, erlaucht, hochrangig“ Niermeyer.

432 *si minus provide animus suspendatur amantis:* „si elle abandonne à l'incertitude le cœur d'amoureux“ B, „if the lover has no forsight and is on tenterhooks“ W, *se indiscretamente procede* TT, „se per prudenza l'animo dell'amante non si lasca sospeso“ I.

433 *status:* „relations“ B, „reputation“ W, *stato* TT, „comportamento“ I.

434 Daß die *boni* hier „good lovers“ sind, wie W meint, liegt nahe, steht aber nicht da und wird auch von den anderen Übersetzern daher nicht einfach vorausgesetzt.

435 *tempora:* „l'instant de lui accorder ses faveurs“ B, „the period of trial“ W, *indugio* TT, „i tempi“ I. Liegt hier ein Französismus vor?

concepit amare. Ubi autem ipsa plenum habet petentem non amandi propositum, pulchre debet atque prudenter et curialiter ipsum suo sermone reiicere et eius animum nullius dicti asperitate turbare vel aliqua promissione suspendere. (526) Ergo, quum vos non amandi immutabilis mihi dispositio perseveret, molestum vobis esse non debet, si ego recusem vos fallaci dilatione frustrare. Sed, ut istud aegre vester non perferat animus, non amandi vobis edissero causam, quia scilicet amori sum alterius colligata et indissolubilibus illigata catenis.

(527) Homo ait: Dulcissima mihi saperet cuiuslibet angustia poenae, si aliqua indicia futuri boni perpenderem. Sed quod dicitis, vos alterius amore ligari, credo, vos indubitanter petere fugam et loquendi vobis mihi penitus obstruere viam, quia mandatum tradit amoris, ne aliquis alterius idonee copulatam amori scienter subvertat. Sed quum istud nullius indicii valeam argumento praesumere rei huius non immerito alienus exsistens, non videor mandati transgressor amoris. (528) Sed, etsi in veritate cognoscerem, amori vos alterius obligari, et crederem, vos amori minus idonee copulari, si meis possem vos sermonibus a tali copula removere, nunquam ex hoc credo amoris me praecepta corrumpere sed eius fideliter parere mandatis; quia illud amoris praeceptum, de quo praesenti disputatione narramus, de idonee loquitur copulatis, [et

Aufschub für den Bittenden klug bemessen soll, trifft zu, sobald die Frau sich fest vorgenommen hat zu lieben. Sobald sie aber die volle Absicht hat, den Bittenden nicht zu lieben, soll sie ihn wohlgefällig, klug und höfisch mit ihren Worten zurückweisen und sein Herz weder durch die Härte eines Worts in Bestürzung versetzen noch durch irgendein Versprechen auf die Folter spannen. (526) Da nun mein Beschluß, Euch nicht zu lieben, unveränderlich bleibt, darf es Euch nicht verdrießen, wenn ich es ablehne, Euch durch trügerischen Aufschub zu enttäuschen. Aber damit es Euch nicht schwer aufs Gemüt fällt, setze ich Euch den Grund des Nichtliebens gründlich auseinander: Ich bin nämlich an die Liebe eines anderen gebunden und mit unlösbaren Ketten gefesselt."

Zweifel an der angeblichen Bindung der Frau an einen anderen

(527) Der Mann sagt: „Sehr süß würde mir das Erleiden einer beliebigen Pein schmecken, wenn ich irgendwelche Anzeichen einer guten Zukunft erwägen dürfte. Aber weil Ihr sagt, daß Ihr durch die Liebe eines anderen gebunden seid, glaube ich zweifelsfrei, Ihr tretet die Flucht an und verlegt mir vollständig den Weg, mit Euch zu sprechen, weil ein Gebot der Liebe überliefert, daß keiner die der Liebe eines anderen Mannes angemessen *(idonee)* Verbundene wissentlich abspenstig machen darf.[436] Aber da ich dies[437] als jemand, der schuldlos mit dieser Sache nicht vertraut ist, aufgrund keines Indizienbeweises voraussetzen kann, scheine ich das Gebot der Liebe nicht zu überschreiten.

Vermutung einer unangemessenen Bindung und Defintion derselben

(528) Aber wenn ich auch in Wahrheit erkennte, daß Ihr der Liebe eines anderen verbunden seid, und glaubte, daß Ihr unangemessen[438] der Liebe verbunden seid, glaube ich niemals, wenn ich Euch von einer solchen Verbindung mit meinen Worten zurückhalten könnte, deswegen die Vorschriften der Liebe zu korrumpieren, sondern ihren Geboten treu zu gehorchen. Denn jene Vorschrift der Liebe, über die wir in der gegenwärtigen Diskussion

436 Vgl. I,vi,268.

437 Gemeint ist: Eure Liebesbindung.

438 *minus idonee:* Andreas liebt die Verbindung von *minus* mit Adjektiven. An vielen Stellen – nicht nur bei Andreas – besteht der Verdacht, daß es seine Bedeutung über „zu wenig" bis „nicht" ausgedehnt hat. Hier scheint es kaum anders möglich, was auch B (in seiner Paraphrase) und W („unsuitable") voraussetzen. Stotz scheint die Erscheinung aber nicht zu registrieren.

hoc ostendit adverbium idonee, quod ibi expressius exaratur]. (529) Minus autem idonee tunc femina copulatur amori, quum hominis probitas non aequaliter mulieris probitati respondet, vel quum pura cordis non aequaliter utrinque procedit affectio. Sed, etsi plenius scirem vos idonee copulatam amori, quamvis me amorem a vobis non deceret exposcere, amoris scilicet istud inhibente mandato, mihi tamen. ut credo, licitum esset implorare, ut ex vestra concessione mihi pro vobis cor bonum liceat habere, et ut vos mea laudabilia facta suscipiendo laudetis, et, si minus provide in aliquo deviavero, secreta me correctione debeatis arguere. Ergo, si alicuius estis amore ligata, quod nullatenus credere possum, subtiliter disquirat prudentia vestra, an talis vobis amor exsistat idoneus.

(530) Mulier ait: Fidem quidem huius plenarie facere veritatis nisi propria vobis assertione non possum, quia nemini sui licet amoris pluribus aperire secreta, amoris hoc traditione docente. Unde credo esse penitus inurbanum, vos in hac parte dicere, meis vel alterius dominae fidem non esse habendam sermonibus.

reden, spricht von angemessen Verbundenen, [und dies zeigt das Adverbium „angemessen", das dort überdeutlich hingeschrieben wird.][439] (529) Unangemessen aber ist dann eine Frau einer Liebe verbunden, wenn der innere Wert des Mannes nicht auf gleicher Höhe dem inneren Wert der Frau entspricht oder wenn nicht in gleichem Maße eine reine Zuneigung des Herzens von beiden Seiten ausgeht.

Bitte um Erlaubnis weiteren Dienstes

Aber selbst wenn ich nur zu gut[440] wüßte, daß Ihr angemessen einer Liebe verbunden seid, wäre mir, obwohl von Euch Liebe zu fordern mir nicht ziemen würde, da ja das Gebot der Liebe es verbietet, dennoch, wie ich glaube, die Bitte gestattet, daß ich von Eurer Gunst die Einwilligung erhalte, Euch ergeben zu sein,[441] und daß Ihr meine lobenswerten Taten lobt, indem Ihr sie annehmt, und daß Ihr mich pflichtgemäß, wenn ich weniger vorausschauend irgendwie vom rechten Weg abgewichen bin, in vertraulicher Zurechtweisung[442] rügt.[443] Wenn Ihr also an jemanden in Liebe gebunden seid, was ich keineswegs glauben kann, soll Eure Klugheit gründlich erforschen, ob Euch eine solche Liebe angemessen ist."

Diskretionsgebot der Liebe

(530) Die Frau sagt: „Ich kann Euch von der Wahrheit dessen freilich nur mit meiner eigenen Behauptung vollkommen überzeugen, weil niemand die Geheimnisse seiner Liebe mehr Leuten eröffnen darf, wie es die Überlieferung der Liebe lehrt.[444] Daher halte ich Eure diesbezügliche Äußerung für ganz und gar bäurisch *(inurbanum)*, meinen Worten oder denen einer anderen Dame brauche man keinen Glauben zu schenken.

---

439 *[et hoc ostendit adverbium idonee, quod ibi expressius exaratur]:* Trojel hält das von ihm Eingeklammerte für unecht. W läßt es daher aus. Tatsächlich könnte es sich um eine Randglosse handeln, die versehentlich in den Text geraten ist.

440 *plenius:* „parfaitement" B, „quite definitely" W, *certamente* TT.

441 *pro vobis cor bonum … habere:* „vous être tout dévoué" B, „to remain well-disposed to you" W, *che io per voi abbia buon cuore* TT.

442 Trojel liest mit der Mehrheit der Hss. *correctione*, W nach CDEH *correptione.* Dies auch die Lesart im Cod. Vind. 5363. Der semantische Unterschied ist ziemlich gering. Die Wiederaufnahme in § 531 spricht aber für das letztere.

443 Die vorangehende lange Periode ist ein Musterbeispiel nichtssagender amplifizierender Rede.

444 Vgl. I,vi,268; II,viii,46.

(531) Cor autem bonum habere vobis largiri esset concedere nihil, nam illud ex vestro solummodo procedit arbitrio; laudabiliter tamen a vobis facta libenter laudare promitto. Correptionis autem officium non assumam, quia illud amantibus dumtaxat debetur obsequium. (532) Utrum autem idonee copulentur amori, non est cognoscere leve, nec multum decere videtur, utrinque amore librato huiusmodi inquisitioni insistere, nisi nimia supradictorum appareat inaequalitas manifesta, et mulieris in his admonitio non valeat aliquem sentire profectum. Deus igitur vobis tribuat, quod vestrae possit esse placitum voluntati, et inde nunquam aliquis probus valeat sentire iacturam.

(533) Quoniam tamen ex his, quae mecum adinvicem contulistis, vos plurimum exercitatos in amoris doctrina cognosco, super quodam amoris negotio vestrum exquiro consilium. Nam, quum mulier quaedam mirae probitatis industria duorum amorem petentium alterum vellet ex propria electione repellere et alterum prorsus admittere, taliter in se ipsa amoris est partita solatia. Ait enim: „Alteri vestrum mei sit pars superior electa dimidia, et pars

Annahme des Liebesdienstes ohne eigene Verpflichtung

(531) Aber Euch zu gestatten, (mir) ergeben zu sein, hieße nichts zugestehen, denn das kommt nur durch Euer Urteil zustande; doch die von Euch lobenswert vollbrachten Taten verspreche ich gerne zu loben. Das Amt der Rüge aber werde ich nicht übernehmen, weil dieser Dienst nur Liebenden gebührt. (532) Ob sie aber angemessen einer Liebe verbunden sind, ist nicht leicht zu erkennen, und es scheint auch, wenn sich die Liebe auf beiden Seiten die Waage hält, nicht sehr ziemlich, auf einer Befragung dieser Art zu bestehen, es sei denn, es trete ein zu offensichtliches Ungleichgewicht[445] zwischen den Genannten zutage und die Ermahnung der Frau vermöchte darin keinen Fortschritt zu verspüren.[446] Gott möge Euch also zuteilen, was Eurem Wunsch gefällig sei, und davon möge niemals ein Edelmütiger *(probus)* eine Einbuße erleiden.

Liebeskasus: Wahl zwischen der oberen und unteren Hälfte einer Frau

(533) Da ich jedoch aus dem Gespräch, das Ihr mit mir geführt habt, ersehe, daß Ihr in der Liebeslehre äußerst geübt seid, erbitte ich in einer Liebesangelegenheit Euren Rat. Denn als eine Frau von bewundernswertem innerem Wert von zwei mit Eifer um Liebe Werbenden den einen aus eigener Wahl verschmähen, den anderen geradewegs erhören wollte, teilte sie die von ihr selbst zu erlangenden Genüsse der Liebe so auf. Sie sagte nämlich: „Für den einen von Euch sei mein halber, oberer Teil ausgewählt, und der untere Teil sei für den anderen Werbenden bestimmt.“[447]

[445] Der Mann hatte § 529 zwei *inaequalitates* erwähnt. Da das Gleichgewicht der Gefühle eben schon eingeräumt worden ist, kann hier nur von der *inaequalitas probitatis* die Rede sein.

[446] *et mulieris in his admonitio non valeat aliquem sentire profectum:* „et que les exhortations de la femme n'amène en ce cas aucun progrès“ B, „and the warnings of the woman cannot achieve any approvement in this matter“ W, *e in ciò l'amonizione della femmina non possa sentire alcun profitto* TT, „e il rimprovero della donna non produce nessun effetto“ I. Die Bedeutung „erreichen, bewirken“ für *sentire* kann ich nicht nachweisen.

[447] Diese Wahlmöglichkeit eröffnet sich auch dem Helden der mittelhochdeutschen Versnovelle *Die Heidin*. Er, ein deutscher Graf, wählt geschickterweise die obere Hälfte der Dame, gebietet dieser Hälfte aber, ihrem Gatten, einem Heidenkönig, den Gehorsam zu verweigern, worauf sie Prügel erhält und zu dem Liebhaber flieht. Da sich bisher keine französische Quelle hat finden lassen, hält es Klaus Grubmüller für möglich, daß *Die*

inferior sit alteri designata petenti". (534) Quorum uterque morae cuiuslibet intermissione reiecta propriam sibi partem elegit, et uterque potiorem se partem elegisse fatetur et altero se digniorem in amoris perceptione pro dignioris partis electione contendit. Praenarrata vero mulier suum nolens improvide praecipitare arbitrium, litigantium consensu, uter istorum sit potior in eo, quod postulaverat, iudicandus, meo quidem quaerit iudicio definiri. Quaero igitur, quis vobis videatur in sua magis electione laudandus.

(535) Homo ait: Quum a vobis petam amari, et vos mihi non amandi occasionem rependitis, nulla debet inurbanitas reputari, si nocivam mihi causationem modis studeam quibuslibet removere vel propriis illam irritare sermonibus. Praeterea nil amantis alicuius iuri cognoscitur derogari, si meos improvidos actus vestra velit coercere prudentia. Studeatis igitur agere, quod debetis, quia nunquam a vos amandi proposito segregabor.

(536) Ad hoc petitis a me vobis super eo consilium exhiberi, super quo neminem decet haesitare prudentem. Quis enim dubitat partis eminentioris solatii electorem inferiora praeferendum petenti? Quantum enim ad partis pertinet inferioris solatia, a brutis in nullo sumus animalibus segregati, sed eis nos hac parte ipsa natura coniungit. Superioris vero partis solatia tanquam propria humanae sunt attributa naturae et aliis animalibus universis ab ipsa

(534) Beide von ihnen wählten ohne jeden Verzug sich einen eigenen Teil aus, und beide bekennen, den besseren Teil gewählt zu haben, und behaupten, sie seien des Gewinns der Liebe würdiger als der andere entsprechend der Wahl des würdigeren Teils. Die vorher erwähnte Frau aber, da sie ihre Entscheidung nicht unbedacht übereilen will, bittet, und zwar in Übereinstimmung mit den streitenden Parteien, daß durch mein Urteil festgelegt wird, welcher von diesen als Überlegener zu beurteilen sei angesichts dessen, was er verlangt hatte. Daher frage ich, wer Euch in seiner Wahl lobenswerter erscheint."

Beteuerung beständigen Dienstes

(535) Der Mann sagt: „Da ich von Euch Liebe erbitte und Ihr mir nicht die Gelegenheit zu lieben gewährt, darf man es nicht für eine Unhöflichkeit halten, wenn ich einen für mich unvorteilhaften Vorwand[448] mit irgendwelchen Mittel abzuwehren oder ihn mit meinen Worten zunichte zu machen trachte. Außerdem wird sichtlich keinem Liebenden ein Recht vorenthalten, wenn Eure Klugheit meine unvorsichtigen Handlungen zügeln will. Trachtet also zu tun, was Ihr sollt, weil ich niemals von der Absicht, Euch zu lieben, abweichen werde.

Entscheidung des Kasus: Vorzug der Wahl des oberen Teils

(536) Überdies bittet Ihr mich, Euch in einer Angelegenheit einen Rat zu geben, in der es keinem Klugen gut ansteht, unsicher zu sein. Wer nämlich zweifelt, daß, wer den oberen Teil zu seiner Wonne *(solatium)* erwählt, einem, der den unteren erbittet, vorzuziehen ist? Denn was die Wonnen des unteren Teils betrifft, sind wir von den unvernünftigen Tieren in nichts verschieden, sondern die Natur selbst vereint uns mit ihnen durch diesen Teil. Die Wonnen aber des oberen Teils sind eigens der menschlichen Natur zugeteilt und allen anderen Lebewesen von der Natur selbst ver-

---

Heidin direkt aus *De amore* oder aus einer ähnlichen ‚theoretischen' Quelle geschöpft haben könnte (Novellistik des Mittelalters. Märendichtung, hg., übers. u. komm. v. K. G., Bibliothek deutscher Klassiker 138, Frankfurt a. M. 1996, Kommentar, S. 1157). Vgl. das Nachwort S. 616.

448 *nocivam mihi causationem:* „cette excuse qui me désavantage" B, „the source of damage to myself" W, *la nociva cagione* TT, „una causa che non mi dà vantaggi" I. Das Wort *causatio* kommt im Werk nur hier vor. Im Spätlatein heißt es „Vorwand, Entschuldigung" oder „Klage, Beschwerde", im Mittellatein auch „Streitfall, Gerichtsverfahren" (Blaise, Niermeyer).

natura negata. (537) Ergo inferioris partis elector tanquam canis ab amore repellatur indignus, et superioris tanquam naturae amplexator admittatur elector. Praeterea nullus unquam fuit superioris solatii fatigatus inventus vel eius usibus satiatus; inferioris vero delectatio partis cito fastidit utentem et operis peracti poenitere cogit agentem.

(538) Mulier ait: Vestra multum in hoc iudicio videtur errare sententia et a veritatis tramite deviare. Quaecunque enim homines interponunt solatia curis, ex eo, quod in parte latitat inferiori, sua semper initia sumunt, et eorum omnium inde procedit origo. Si enim sit aliqua mulier, cuius forma cunctis vigeat in orbe praeclara, Veneris autem operibus omnino reperiatur inutilis, eius nul-

weigert.[449] (537) Wer also den unteren Teil wählt, soll wie ein unwürdiger Hund[450] von der Liebe vertrieben und, wer den oberen Teil wählt, zugelassen werden, da er die Natur hochhält *(naturae amplexator)*. Außerdem ist niemals jemand der Wonne des oberen Teils überdrüssig oder durch seinen Gebrauch übersättigt befunden worden; das Ergötzen *(delectatio)* am unteren Teil aber läßt den Nutznießer rasch Ekel empfinden und zwingt den, der den Akt ausübt, über den Vollzug Reue zu empfinden."[451]

Plädoyer für die Wahl des unteren Teils, des letzten Ziels aller Liebenden

(538) Die Frau[452] sagt: „Eure Meinung scheint bei diesem Urteil sehr in die Irre zu gehen und vom Pfad der Wahrheit abzuweichen. Denn alle von den Menschen gegen ihre Sorgen eingesetzten Ergötzungen *(solatia)* nehmen ihren Anfang immer von dem im unteren Teil Verborgenen, und von da geht ihrer aller Ursprung aus. Wenn es nämlich irgendeine Frau geben sollte, deren Schönheit vor allen auf der Welt Ruhm und Ansehen genösse,[453] sie aber für die Werke der Venus als gänzlich nutzlos befunden würde,

---

[449] W sieht hier eine Parallele zum Liebestraktat des Avicenna (Ibn Sina, *A Treatise on Love,* engl. Übers. v. F. Fackenheim, in: Medieval Studies 7, 1945, S. 208–228, hier S. 221 f.).

[450] Vgl. Aulus Gellius, *Noctes Atticae* XIX,ii,3; Macrobius, *Saturnalia* II,viii,12 etc.

[451] *operis peracti poenitere cogit agentem:* „l'on est contraint de regretter d'y avoir cédé" B, „makes him repent of what he has done" W, *quando l'ha usato se ne pente* TT B, „constringe a pentimento qui consuma l'atto" I, *rewig rew denselben an kumpt, so er aller seiner lüst ersatt ist* H. Hier liegt offenkundig, anders als B und W annehmen, ein eindeutiger sexueller Euphemismus vor. *agere* und *actus* sind die üblichen Ausdrücke für den Koitus, vgl. I,vi,437 u. ö., *Carmen Buranum 88*, Str. 8, V. 5 *quintum, quod est agere.*

[452] Man beachte, daß hier gerade die Frau als Vertreterin einer weitgehend sinnlichen Liebesauffassung erscheint. H hat hier denn auch die Rollen vertauscht. – In derberer Weise demonstriert die kleine deutsche Verserzählung des 14. Jahrhunderts vom *Rosendorn* die Unattraktivität der schönsten Frau ohne ihr Genitale für die Männerwelt (Der Codex Karlsruhe 408, hg. v. Ursula Schmid, Basel 1974, S. 562–568).

[453] *cuius forma cunctis vigeat in orbe praeclara:* „dont la beauté est célèbre dans le monde entier" B, „whose beauty flourished outstandingly before all men in the world" W, *la fama della quale per tutto il mondo isplendesse* TT. Ich vermute, daß Andreas *cunctis praeclara* für *prae cunctis clara* verwendet.

lus vellet solatia capere, sed tanquam immunda reprobaretur a cunctis. (539) Superioris autem delectatio partis nulla penitus esset, nisi partis esset intuitu inferioris assumpta et eius contemplatione porrecta. Et, si huic vultis resistere veritati, necessitatis cogit ratio profiteri, duos masculos sibi adinvicem posse amoris solatia exhibere, quod satis esset narrare nefandum et agere criminosum. (540) Sed et, si homo sit frigidus vel alias impotens ad Veneris opera peragenda repertus, nullas affectat carnis delectationes assumere, quia efficiens amoris causa in eodem defecisse cognoscitur, quae in parte procul dubio regnat inferiori. Causa enim efficiente remota eius merito cessabit effectus. (541) Nec obstat, sicut dicitis, nobis cum bestiis communicata natura, quia illud est in rebus omnibus principale ac naturale censendum, in quo aliquid rebus sui generis ministerio naturae concordat et reperitur unitum. Sed nec eo vestra potest firmari sententia, quod dicitis, superiori

würde keiner Wonnen *(solatia)* von ihr empfangen wollen, sondern sie würde von allen wie eine Unreine zurückgewiesen. (539) Es gäbe überhaupt keine Ergötzung am oberen Teil, wenn sie nicht durch die Aussicht auf den unteren Teil ausgelöst und durch das Denken an ihn weiter genährt worden wäre.[454] Und wenn Ihr Euch dieser Wahrheit verschließen wollt, zwingt die notwendige Einsicht *(necessitatis ratio)* zum Eingeständnis, daß zwei männliche Wesen sich gegenseitig die Wonnen der Liebe spenden können, was zu sagen sehr ruchlos und zu tun verbrecherisch wäre.[455] (540) Aber auch in dem Fall, wenn ein Mann kalt *(frigidus)* oder sonstwie unfähig befunden wird, die Werke der Venus auszuführen, strebt er nach keinerlei Freuden des Fleisches, weil die ohne Zweifel im unteren Teil regierende Wirkursache für die Liebe bei demselben ersichtlich versagt hat. Bei Ausschaltung der Wirkursache wird nämlich ihre Wirkung aus gutem Grund aussetzen.[456]

Naturgesetzlicher Primat sexueller Lust

(541) Auch steht nicht, wie Ihr sagt, die Natur, die uns mit den Tieren gemeinsam ist, entgegen, weil in allen Dingen das als das Grundsätzliche und Natürliche zu betrachten ist, worin irgendetwas mit den Dingen seiner Art im Dienste für die Natur übereinstimmt und vereint erscheint.[457] Aber Ihr könnt Eure Meinung

[454] *nisi partis esset intuitu inferioris assumpta et eius contemplatione porrecta:* „si elles n'avaient pour fin le plaisir physique, et si l'on ne goûtait sans tenir compte de celui-ci" B, „if it were not undertaken with an eye on the lower part, and extended with thoughts of it" W, *se, per contemplazione della parte di sotto, presa e data non fosse* TT, „senza la parte bassa che lo sostiene e rafforza" I. Die Wörter *intuitus* und *contemplatio* können sowohl körperlich wie seelisch aufgefaßt werden.

[455] Die logische Konsequenz wird als tatsächlich zwingend dargestellt, aber eben nur aufgrund einer falschen Prämisse. Die Möglichkeit homosexueller Liebeserfüllung wird jedoch geleugnet, allerdings unlogischerweise nicht mit naturphilosophischen, sondern moralischen Argumenten.

[456] Zur aristotelischen Lehre von den Ursachen s. u. zu § 544.

[457] *in quo aliquid rebus sui generis ministerio naturae concordat et reperitur unitum:* „En ce domaine, chaque chose, de par sa fonction, s'accorde avec la nature de celle qui sont de la même espèce, et se trouve en union avec elles" B, „in which an object is in harmony and recognisably united with the things of its kind by the service of nature" W, *che nel servigio della sua generazione naturalmente s'accorda e con natura si truova congiunto* TT, „al

homines non satiari solatio, inferiori vero cito fastidiri asseritis. (542) Ille namque cibus a cunctis reiiciendus iudicatur, qui appetitum nunquam repellit edendi sed corpus invenitur absque nutrimenti virtute replere et eius male occupare intrinseca; et econtra ille singulis esse debet cibus electus, qui corpus replet assumptus ac recreando satiat digestusque esurire permittit. Praeterea nemini debet in dubium devenire, quod partes inferiores digniores superioribus approbantur. Nam istud in ipsis saecularibus videmus aedificiis evenire, quod in eis dignior pars fundamenta dicuntur. (543) Idem etiam contingere scimus in illis, quae terrae constat alimento nutriri, quod secundum partes inferiores adiudicantur hominibus. Immo amplius dico, quod, quidquid agunt amantes, ad hoc solummodo tendunt, ut inferioris partis valeant potiri solatiis; ibi enim totus amoris completur effectus, ad quem cuncti principaliter moventur amantes, et sine eo nil nisi quaedam amoris iudicantur habere praeludia. Partis igitur inferioris elector sua magis est electione laudandus, quasi dignioris partis elegerit fruitione gaudere, quam qui superioris partis voluit praeludia postulare.

auch nicht durch die Behauptung stützen, daß die Männer der Ergötzung am oberen Teil nicht überdrüssig werden, sich aber vor dem unteren rasch ekeln. (542) Es herrscht nämlich die Ansicht, daß jene Speise von allen zurückgewiesen werden muß, die niemals den Appetit auf das Essen vertreibt, sondern den Körper ersichtlich ohne Nährkraft anfüllt und seine Eingeweide in übler Weise okkupiert; es soll im Gegenteil jene Speise für jeden einzelnen gewählt werden, welche, einmal aufgenommen, den Körper anfüllt und durch Erquickung sättigt und, dann verdaut, zu hungern erlaubt. Außerdem soll niemand in Zweifel verfallen, daß die unteren Teile als würdiger denn die oberen anerkannt werden. Denn das sehen wir an den weltlichen Gebäuden, weil bei ihnen der würdigere Teil das Fundament genannt wird. (543) Dasselbe passiert, wie wir wissen, auch bei jenen Wesen, die sich eindeutig von der Nahrung der Erde ernähren, weil sie entsprechend ihren unteren Hälften den Menschen zugeteilt werden.[458] Ich sage sogar des weiteren, daß Liebende, was immer sie tun, nur danach trachten, die Wonnen des unteren Teils zu erlangen; dort nämlich erfüllt sich die ganze Wirkung der Liebe, zu der sich alle Liebenden von Anfang an bewegen und ohne die sie nach allgemeiner Ansicht nur ein gewisses Vorspiel der Liebe haben. So ist also, wer den unteren Teil wählt, mehr für seine Wahl zu loben, wie wenn er sich für die Freude am Genuß des würdigeren Teils entschieden habe, als einer, der das Vorspiel des oberen Teils fordern wollte."

---

quale una cosa si accorda e si congiunge naturalmente a tutte le altre di specie uguale" I. Die Übersetzungen weichen hier besonders stark ab. Ich fasse das *ministerium naturae* als Parallele zu den ständig erwähnten *ministeria amoris*, also *naturae* als Genitivus obiectivus auf.

[458] *in illis quae terrae constat alimento nutriri, quod secundum partes inferiores adiudicantur hominibus:* „pour toutes les choses qui tirent leur substance de la terre, car les hommes les jugent en fonctions de leurs racines" B, „in plants known to be nurtured by the earth; men judge them according to their lower parts" W, *nelli àlbori e nelle piante, che, secondo le radici, vive e morte sono giudicate* TT. Das Wort *adiudicare* kommt im Werk nur hier vor, doch wird es kaum einfach soviel wie *iudicare* bedeuten. Zudem ist bei Andreas die Verwendung des Dativus auctoris außer beim Gerundiv nicht üblich. Die vorliegenden Übersetzungen können also kaum richtig sein. Es wird aber wohl von Nutzpflanzen die Rede sein, deren Wurzeln den Menschen als Nahrung dienen. Aber absolut sicher scheint mir nicht einmal dies.

(544) Homo ait: Vere mentis laboraret ineptia, qui hoc, quod dicitis, ex cordis deliberatione asserere vellet. Quamvis enim ad inferioris partis solatia quilibet principaliter tendat amator, et ibi sit amoris causa finalis, turpis tamen et inepta videtur nimis gestio corporis et plurimum feminae verecundum, inferiora sine superioribus solatiis exercere. (545) Immo inferioris delectationis impossibilis sine superiori videtur assumptio, nisi indecens corporis dispositio nimis inde ac verecunda sequatur. Superioris autem solatia portionis commodissime ac curialiter et agentium utriusque salvo pudore sumuntur, etiam delectatione inferiori omissa. Immo rationis istud ordo poscit amandi, ut superioris primo partis aliquis ad multam instantiam lasciva solatia consequatur, postmodum vero gradatim ad inferiora procedat. (546) Mulieres enim tantum sui corporis volentes facere quaestum et quae publico sunt Veneris mercimonio prostitutae inferioris tantum impetunt solatia partis et superiora cuncta contemnunt. Ergo praedictus quasi naturalis est ab omnibus ordo sequendus, nec proverbio teneamur antiquo: Non studeas a cauda equi ponere frenum.

(544) Der Mann sagt: „Wahrlich würde an Abwegigkeit des Verstandes leiden, wer das, was Ihr sagt, aus der Überlegung seines Herzens heraus behaupten wollte. Obwohl nämlich jeder Liebende nach den Wonnen des unteren Teils von Anfang an trachtet, und darin die Zweckursache *(causa finalis)* der Liebe liegt,[459] erscheint es dennoch als ein sehr häßliches und ungehöriges Benehmen *(gestio)* des Körpers und am meisten beschämend für die Frau, sich den unteren ohne die oberen Vergnügungen *(solatia)* zu widmen. (545) Ja es scheint unmöglich, die untere Ergötzung zu erreichen ohne die obere, es sei denn, es folge daraus ein sehr unziemliches und schamloses Verhalten *(dispositio)* des Körpers. Die Wonnen des oberen Anteils werden aber auf sehr angemessene und höfische Weise und mit unverletztem Schamgefühl beider Akteure genossen, auch wenn die untere Ergötzung weggelassen wird.

Geziemender Beginn mit den Freuden des oberen Teils

Ja, die logische Ordnung der Liebe fordert sogar dies,[460] daß einer zuerst die ergötzlichen Wonnen des oberen Teils mit viel beharrlichem Insistieren erreicht, dann aber sukzessive zu den unteren fortschreitet. (546) Denn Frauen, die nur ihren Körper verkaufen wollen und sich dem öffentlichen Geschäft der Venus ausliefern, erstreben nur die Ergötzungen des unteren Teils und verschmähen alle oberen. Daher soll von allen die vorhin erwähnte als die natürliche Ordnung befolgt werden, und wir sollen nicht vom antiken Sprichwort überführt werden: ‚Trachte nicht das Pferd vom Schwanz her aufzuzäumen.‘[461]

Natürliche Ordnung der Liebe

---

[459] Die vier Kategorien der Ursachen nach Aristoteles sind: *causa materialis, formalis, efficiens, finalis.* Der Mann ersetzt hier die von der Frau genannte *causa efficiens,* welche den Ursprung bezeichnet, durch die *causa finalis,* die den letzten Zweck benennt.

[460] *rationis istud ordo poscit amandi:* „l'ordre logique en amour exige“ B, „the order of loving demands the procedure“ W, *ordine di ragione questo domanda* TT.

[461] *Non studeas a cauda equi ponere frenum:* Ein im vierten Fuß unvollständiger Hexameter, vielleicht deshalb als *proverbium antiquum* eingestuft, bisher aber nicht nachgewiesen. L. Röhrich, Lexikon sprichwörtlicher Redensarten, Taschenbuchausgabe Freiburg 1994, IV, S. 1164f., kennt das Sprichwort nur aus der Neuzeit im Deutschen, Niederländischen und Französischen (*brider son cheval par la queue*).

(547) De cibo autem inductum non recte procedit exemplum, quia cibus, ut corpus satietur, assumitur, illa vero ideo solatia exercentur, ut carnis semper delectatio crescat et amoris conservativa voluntas. Voluistis autem dictis vestris superioribus generaliter inferiora praeferre, sed superiores causas inferioribus esse praelatas, nemini sapientum licet ulterius dubitare. Nam coelum terrae, paradisus inferno et hominibus angeli praeferuntur. (548) Sed et superior hominis portio [scilicet caput] dignior in homine iudicatur, quia secundum faciem ad imaginem creatoris homo dicitur esse formatus, et ibi homo dicitur sepultus haberi, ubi caput requiescit humanum. Praeterea hominis cervice remota, cuius fuerit truncus, penitus ignoratur, et truncatam intuenti cervicem statim erit trunci notitia manifesta. (549) Sed et ipsa, quae induxistis, aedificia mundana ex superiorum partium non autem fundamentorum formositate laudantur, et ipsae arbores fructuum productione et ramorum ordinata dispositione suas meruerunt ab hominibus suscipere laudes. Vestra igitur in hac parte sententia recusata superioris partis ad amorem potius est admittendus elector.

(547) Das von der Speise angeführte Beispiel aber paßt nicht richtig, weil man eine Speise zu sich nimmt, damit der Körper satt wird, jene Wonnen aber so genossen werden, damit das Entzücken des Fleisches und die liebesbewahrende Lust[462] immer wächst. Ihr wolltet aber mit Euren Worten generell die Unteren den Oberen vorziehen. Doch keinem Klugen ist es fortan gestattet zu zweifeln, daß die oberen Dinge den unteren vorgezogen werden. Denn es werden der Himmel der Erde, das Paradies der Hölle und die Engel den Menschen vorgezogen. (548) Aber auch der obere Teil des Menschen, [nämlich das Haupt,][463] wird beim Menschen für würdiger erachtet, weil es mit Bezug auf das Antlitz vom Menschen heißt, er sei nach dem Bild des Schöpfers geformt worden,[464] und es heißt, dort werde der Bestattungsort eines Menschen angenommen, wo das menschliche Haupt ruht. Außerdem ist es, wenn man den Kopf[465] eines Menschen abgetrennt hat, völlig unbekannt, wem der Rumpf gehört hat; und der Betrachter des abgeschnittenen Kopfes wird das abgeschnittene Stück sofort erkennen.[466]

Beweisgang mit Vergleichen (Himmel, Paradies, Engel, Kopf)

(549) Aber auch die weltlichen Gebäude, die Ihr angeführt habt, werden wegen der Schönheit der oberen Teile, nicht aber der Fundamente gerühmt, und auch die Bäume haben wegen ihres Früchteertrags und der regelmäßigen Anordnung ihrer Zweige verdient, von den Menschen Lob zu erhalten. Nachdem Eure Ansicht also in diesem Punkte zurückgewiesen wurde, muß derjenige, welcher den oberen Teil für die Liebe wählt, eher akzeptiert werden."

Weitere Vergleiche (Gebäude, Bäume)

---

[462] *amoris conservativa voluntas:* W konjiziert gegen alle bei Trojel verzeichneten Hss. *voluptas*, was sich durch den Cod. Vind. 5363 erhärten läßt. Dem TT lag diese Lesung allerdings nicht vor, wie seine Übersetzung zeigt.

[463] *scilicet caput* fehlt in Hs. B, von Trojel als unecht eingeklammert; dagegen W.

[464] Gn 1,26f. Vom Antlitz ist da aber keine Rede.

[465] Das Wort *cervix* bedeutet in der Antike nur „Nacken, Hals", im Mittelalter auch „Kopf" – s. Mlat. Wb. II s. v.

[466] Ich vermute, daß Andreas mit *truncus* beide Male die noch vorhandene Partie des zerschnittenen Körpers meint, wähle also zwei deutsche Ausdrücke. W verwendet beide Male „trunk", meint also offenbar, es gehe im zweiten Fall um die Wiedererkennung des Rumpfes nach Hinzufügung des Kopfes. Die anderen umschreiben frei.

(550) Mulier ait: Licet opinio vestra multis videatur rationibus impugnari, quia tamen omnimoda cernitur aequitate iuvari et rationabiliori firmitate vallari, meo iudicatur arbitrio comprobanda et tanquam subnixa veritate sequenda. Sed adhuc me non piget super alio quodam negotio plenitudinis vestrae consilium explorare: (551) Cuiusdam enim mulieris nobilis amator quum in regiam esset expeditionem profectus, falsis inter omnes ferebatur rumoribus, ipsum decessisse; quo percepto et subtiliter inquisito consvetam et rationabilem gessit tristitiam, et quam pro mortuis credidit debitam amorosis; deinde alii se copulavit amori. (552) Post modica vero temporis elapsa curricula revertitur primus amator et solitos sibi quaerit exhiberi amplexus; secundus autem exhiberi contradicit sibi amator. Dicit enim, quod secundus est amor perfectus atque libratus utrinque. Ergo neuter amantium suo sine culpa debet amore privari. (553) Nam et, si primo praesente amoris instinctu mulier alterius amatoris postularet amplexus, quamvis talis amor alteri exsistat iniuriosus, mulieris tamen qualis qualis poterit excusatio esse, quod amoris hoc fecerit incitatione compulsa. Amare etenim alibi nemo potest, nisi ubi spiri-

Zustimmung der Frau

(550) Die Frau sagt: „Da Eure Meinung zwar anscheinend von vielen Argumenten attackiert, jedoch sichtlich von jeglicher Gerechtigkeit unterstützt und von größerer argumentativer Festigkeit geschützt wird, wird nach meinem Urteil entschieden, daß sie zu billigen und als die auf die Wahrheit gestützte zu befolgen ist.[467]

Weiterer Liebeskasus: Wiederkehr des totgeglaubten Liebhabers

Aber es verdrießt mich nicht, noch bezüglich einer anderen Angelegenheit den Rat Eurer Vollkommenheit[468] einzuholen: (551) Der Liebhaber einer adeligen Frau nämlich wurde, als er zu einer königlichen Heerfahrt aufgebrochen war, allenthalben durch falsche Gerüchte für tot erklärt. Als sie das vernommen und sorgfältig überprüft hatte, trug sie Trauer, wie es üblich und verständlich war und wie sie es für verstorbene Liebhaber für pflichtgemäß hielt;[469] schließlich verband sie sich einer anderen Liebe. (552) Nach Ablauf eines kurzen Zeitraums aber kehrt der erste Liebhaber zurück und fordert, daß ihm die üblichen Umarmungen gewährt werden; der zweite Liebhaber aber erhebt Einspruch gegen diese Gewährung. Er sagt nämlich, daß die zweite Liebe vollständig vollzogen ist und sich auf beiden Seiten die Waage hält.[470] Daher kann keiner der Liebenden seiner Liebe ohne Schuld beraubt werden. (553) Denn wenn die Frau in Anwesenheit des ersten, getrieben von der Liebe, nach den Umarmungen des zweiten Liebhabers verlangte, obwohl eine solche Liebe für den anderen verletzend ist, könnte es dennoch für die Frau eine wie immer geartete Entschuldigung geben, weil sie dies tat vom Anreiz der Liebe getrieben. Lieben kann nämlich niemand anderswo, als wohin der Geist der Liebe *(spiritus amandi)* zieht und der Wille treibt, weswegen zu

---

[467] Wiederum einer der seltenen Fälle, wo ein Streitpunkt endgültig entschieden ist.

[468] *plenitudinis vestrae consilium:* „la profondeur de votre jugement“ B, „your detailed advice“ W, *vostro consiglio* TT, „il vostro autorevole consiglio“ I, *ain ander ler von ew, wann ich verstee, das aller weishait überflüssigkeit an ew ist* H. Hier liegt vermutlich weder eine poetische Hypallage (wie B meint) noch ein Genitivus qualitatis vor, da man sonst *plenitudinis vestrum consilium* erwarten würde, sondern eine schmeichelnde (ironische?) Höflichkeitsfloskel wie *vestra gratia, vestra prudentia.* Hs. B ersetzt auch *plenitudinis* durch *prudentie.*

[469] Vgl. I,vi,435 und II,viii,45.

[470] Vgl. I,vi,532.

tus trahit amoris et voluntas cogit, unde merito et hic secundus amator debet in sua firmitate durare.

(554) Homo ait: Instantis quidem enodatio quaestionis ex mulieris potius pendet arbitrio vel voluntate quam ex regularis intellectu praecepti vel amoris speciali mandato. Credo namque, dominam illam, de qua praesenti confabulatione narramus, recte agere, si se ipsam penitus priori restituat amatori, si quocunque tantum adversus eum vinculo movetur affectionis. (555) Quod si nullus adversus eum nec etiam modicus in ipsa spiritus movetur amandi, dico tamen adhuc, ipsam suam violenter debere cogere voluntatem ad id petendum, quod maxima primitus aviditate suscepit et cordis desiderio comprobavit. Summae namque sapientiae est, aliquem suum animum ab eo, cui errando consenserat, revocare. Nec istud iuste poterit secundus amator iniuriae propriae reputare, quia nil sibi creditur deperire, si, quod alterius est, † facti fuerit consecutus errore, illud errore comperto relinquat.

Recht auch dieser zweite Liebhaber in seiner festen Position bleiben soll."[471]

Gebot des Versuchs der Rückkehr zum ersten Liebhaber

(554) Der Mann sagt: „Eine Lösung der anstehenden Frage hängt sicherlich eher von der Entscheidung oder dem Willen der Frau ab, als vom Verständnis der regulären Vorschrift oder dem speziellen Gebot der Liebe. Ich glaube nämlich, daß jene Frau, über die wir im vorliegenden Gespräch reden, richtig handelt, wenn sie sich selbst dem ersten Liebhaber vollkommen wiedergibt, wenn sie nur mit irgendeinem Band der Zuneigung zu ihm bewegt wird.[472] (555) Wenn aber kein, nicht einmal ein schwacher Geist der Liebe *(spiritus amandi)* in ihr sich für ihn regt, sage ich dennoch noch immer, sie solle ihren Willen gewaltsam zwingen, um das zu erstreben, was sie zu Anfang mit größtem Verlangen begann und mit dem Wunsch ihres Herzens billigte. Es zeugt nämlich von höchster Klugheit, wenn jemand seinen Sinn von einer Zustimmung, die er im Irrtum gegeben hat, zurückruft. Selbst das wird der zweite Liebhaber gerechtermaßen nicht als ein ihm angetanes Unrecht ansehen können, denn es herrscht die Ansicht, ihm gehe nichts verloren, wenn er das Eigentum eines anderen, welches er durch einen Irrtum in der Sache[473] erworben hat, nach Aufdekkung des Irrtums wieder aufgibt.

---

[471] *unde merito et hic secundus amator debet in sua firmitate durare:* „le second amant a donc bien raison de vouloir rester ferme sur ses positions" B, „so by rights the second lover too should remain steadfast" W, *Sicchè pare che l'amore secondo debbia nella sua fermezza durare* TT. Offenbar ist hier nicht von der subjektiven Qualität des Liebhabers, sondern seiner objektiven Lage die Rede.

[472] Schon die älteren Kommentare haben hier auf Ps.-Hugo von St. Victor, *Summa sententiarum* VII,7 MPL 170,161 verwiesen, der einer Wiedervermählten die Rückkehr zu einem früheren, totgeglaubten Gatten vorschreibt, wenn dieser wiederkehrt und seine Frau zurückhaben möchte. Bei Zuwiderhandeln soll die Frau exkommuniziert werden. Schnell, Andreas Capellanus, S. 50–61, hat die ganze juristische Diskussion des Falls verglichen, kann aber keine Entscheidung der Kanonisten finden, die der eben zitierten Ansicht Pseudo-Hugos widerspricht, wie es der Mann hier tut.

[473] *facti ... errore:* Alle Übersetzungen lassen *facti* als selbstverständlich aus. Es handelt sich aber offenbar um eine juristische Wendung.

(556) Sed, si ipsa viderit, suam voluntatem nullius coactionis sentire fomenta, et, exstinctum adversus amantem primum spiritum reviviscere non posse, cognoverit, amantem potest servare secundum. Nam dicere, quod ad primum debeat praecise redire, nisi hoc faciat amoris compunctione svasa, esset asserere turpe et amoris praecepta fraudare. (557) Non autem mihi obstare potest regula, quam dixistis, neminem amore suo debere sine culpa privari, quia primus eam pro se introducit amator, qui suo sine culpa invenitur amore privatus. Praedictae igitur amoris regulae intellectum a iuris peritis amandi taliter subaudiri percepi, ut, quod dicitur „sine culpa" intelligatur „vel sine alia iusta causa". (558) Ergo non potest recte procedere, quod dixistis, mulieri licere unius amore contempto alterius se amori coniungere, si ad hoc amoris compunctione cogatur; sed si aliquis eius studeat subvertere fidem, eum curialiter conetur reiicere; si nimia fuerit instantis improbitas, ultimo sibi loco respondeat, quod alterius se iam colligavit amori, eius autem dictis corde non debet annuere nec eius narrationes recolere nec personae gestus imaginari, nec de eo saepius cogitare, ne propter mulieris defectum amoris pateat subintrandi

Bei Scheitern dieses Versuchs Zugeständnis der freien Wahl der Frau

(556) Aber wenn sie gesehen hat, daß ihr Wille von keinem Zwange Zunder bekommt,[474] und erkannt hat, daß sie das ausgelöschte Feuer *(spiritus)* für ihren ersten Geliebten nicht wiederbeleben kann, kann sie den zweiten Liebhaber behalten. Denn zu sagen, daß sie zum ersten zurückkehren solle, bedingungslos, also auch ohne Antrieb des Liebesstachels, hieße Schimpfliches behaupten und die Vorschriften der Liebe verletzen.

Ausnahmeregelung für das grundsätzliche Treuegebot

(557) Die von Euch zitierte Regel aber, daß niemand ohne Schuld seiner Liebe beraubt werden darf, kann mir nicht entgegenstehen, weil (auch) der erste Liebhaber sie für sich ins Feld führt, der ohne Schuld seiner Liebe beraubt befunden wird. Ich habe vernommen, daß die vorhin erwähnte Liebesregel daher von den Experten des Liebesrechts *(iuris periti amandi)* gedanklich so ergänzt wird, daß die Worte „ohne Schuld" mit der Interpretation versehen werden: „oder ohne einen anderen gerechten Grund". (558) Daher kann Eure Behauptung nicht für richtig gelten, daß es der Frau frei steht, die Liebe des einen zu verschmähen und sich hierauf der Liebe eines zweiten zu verbinden, wenn sie dazu nicht[475] vom Liebesstachel gezwungen wird; wenn aber irgendeiner trachtet, ihre Treue zu untergraben, möge sie versuchen, ihn höflich zurückzuweisen; wenn die Schändlichkeit des Drängenden zu groß wird, möge sie ihm endlich antworten, daß sie sich schon der Liebe eines anderen verbunden hat; sie darf aber seinen Worten nicht im Herzen zustimmen, sich seiner Worte erinnern, sich sein persönliches Auftreten vorstellen noch an ihn öfter denken, damit nicht wegen einer Schwäche der Frau sich die Gelegenheit für die Liebe eröffnet, heimlich einzutreten und ihren Sinn auf sich

[474] *suam voluntatem nullius coactionis sentire fomenta:* „sa volonté n'est plus affectée par ces stimulants qui la contraignaient d'aimer son premier amant" B, „her will experiences no warmth of attraction" W, „il suo desiderio non sopporta costrizioni" I. Hier liegt gewiß, anders als W meint, eine Wiederaufnahme des Gedankens vom Anfang von § 555 vor. Zu *fomenta* vgl. I,ii,7; I,vi,200; I,vii,7 u. 17.

[475] *et si ad hoc* Hss. EH, *si ad hoc* übrige Hss., Trojel, *nisi ad hoc* W. Es bleibt wohl nichts anderes übrig, als hier einen Fehler im Archetypus anzunehmen und W zu folgen, da sonst ein völliger logischer Widerspruch in der Argumentation des Mannes entstünde. Auch Schnell, Andreas Capellanus, S. 61, hat ihn bemerkt, kann ihn aber natürlich auch nicht lösen.

materia et eius animum advertendi. (559) Nam, si ex assidua et immoderata de aliquo cogitatione cum delectationis actuum imaginatione suam in muliere amor non sumit originem, in aeternum novum alterius amorem non curabit appetere.

(560) Mulier ait: Vestra mihi placent in utraque dubitatione responsa, quia omni videntur doctrinae sapientia roborari. Ut cunctis igitur ex confabulatione prolixa male suspicandi tollatur occasio, placet, ut hic sumat nostra disputatio finem.

(561) Homo ait: Placet mihi multum, quod asseritis. Sed, postquam in hoc vestro paretur arbitrio, rogo, ut et vos primitus in quodam mihi sitis in respondendo benigna: utrum scilicet amator, qui ad aliam accessit feminam, non tamen ipsam amandi vel priorem deserendi affectu, debeat amoris amissione puniri. Videtur, quod, quidquid unus facit amantium, si in eo facto amandi non est attenuatus affectus, illud debet patienter tolerare coamans et sua ipsum increpatione corrigere.

(562) Mulier ait: Nec ego quidem in hoc vobis ero avara responso. Miror tamen, cur in hoc vestra potuit prudentia dubitare, quum amoris evidenter regula doceatur, quod amans pudicitiam tenetur amanti conservare, unde non immerito ex ipsius rationabili intellectu mandati coniicio, quod in articulo praesenti amans sit amoris amissione multandus, et sufficere satis credo, istud esse

zu ziehen. (559) Denn wenn die Liebe nicht durch dauernde und unmäßige gedankliche Beschäftigung mit jemandem, verbunden mit der Vorstellung von den genußvollen Tätigkeiten *(delectationis actuum imaginatio)*, bei einer Frau ihren Anfang nimmt, wird sie in alle Ewigkeit nicht darauf bedacht sein, eine neue Liebe zu einem anderen anzustreben."

Zustimmung der Frau

(560) Die Frau sagt: „Mir gefallen in beiden Zweifelsfällen Eure Antworten, weil sie anscheinend vom ganzen Wissen um die Lehre gestärkt werden. Um daher allen die Gelegenheit zu üblen Vermutungen aufgrund unserer ausgedehnten Unterredung zu nehmen, halte ich es für gut, wenn hier unsere Diskussion ein Ende nimmt."[476]

Dritter Liebeskasus: ‚Seitensprung' des Mannes

(561) Der Mann sagt: „Eure Meinung gefällt mir sehr. Aber wenn ich in diesem Punkt Eurer Entscheidung gehorche, bitte ich, daß auch Ihr zunächst so freundlich seid, mir in einem Punkte zu antworten: ob nämlich ein Liebhaber, der sich einer anderen Frau nähert, aber nicht in dem Wunsch, sie zu lieben oder die frühere zu verlassen, mit Verlust der Liebe bestraft werden soll. Es scheint, daß, was immer einer der Liebenden tut, die Liebespartnerin *(coamans)*, wenn durch diese Tat die Liebesleidenschaft *(amandi affectus)* nicht vermindert wird, das geduldig ertragen und ihn mit ihrer Rüge bessern soll."

Strafbarkeit jeglicher Untreue

(562) Die Frau sagt: „Gewiß werde ich nicht begierig sein, Euch darauf zu antworten. Ich wundere mich jedoch, warum Eure Klugheit in diesem Punkt Zweifel hegen konnte, obwohl in der Liebesanweisung *(amoris regula)* eindeutig gelehrt wird, daß der Liebende gehalten ist, der Geliebten seine Keuschheit zu bewahren.[477] Daher schließe ich nicht zu Unrecht aus dem vernünftigen Verständnis dieses Gebots, daß im vorliegenden Fall[478] der Liebende mit dem Liebesverlust gestraft werden muß, und halte es für durchaus ausreichend, daß das durch das Gebot der Liebe unter-

---

[476] Hier ist das Ende des Dialogs (wie in andern Dialogen) auch deutlich markiert. Das folgende muß wohl sekundärer Zusatz einer Überarbeitung sein.

[477] Vgl. II,viii,45 (regula 12), I,vi,268.

[478] *articulus* hat hier wie meist in diesem Traktat die scholastische Bedeutung „Fall, Situation" (Blaise). Danach auch B u. W.

amoris mandato prohibitum. Credo tamen coamanti licere, si velit, delinquentis excessibus indulgere.

(563) Homo ait: Dura mihi plurimum videtur interpretatio vestra; tantae tamen auctoritati timeo refragari. Sed adhuc inquietat animum secunda dubitatio talis, utrum amoris amissione multetur amator, si ad aliam accessit non amandi affectu, eius tamen nullum habuit voluntas effectum. Videtur enim, quod ob tam modicum excessum non debet tam gravem iacturam sustinere, quum aliter coamans nullam persenserit iacturam.

(564) Mulier ait: Et iste quoque meretur superiori sententia condemnari, nisi forte poenitudo spontanea delicti et secura omnimoda fidei confirmatio delinquentis animum mitigent coamantis. Non enim iuxta praeceptum amoris castitatem videtur amanti servasse, cuius impudicus conatus mentem detegit impudicam.

Capitulum VII: De amore clericorum.

(1) Quoniam igitur in superioribus de tribus hominum gradibus scilicet plebeiorum, nobilium et nobiliorum tractatum constat haberi, et inter ipsius tractatus initia de nobilissimorum id est clericorum gradu mentionem recolimus habuisse, de ipsorum breviter tractemus amore, et, unde quarti gradus nobilitas processit hominibus, videamus. Clericus ergo nobilissimus iudicatur ordinis praerogativa sacrati, quam nobilitatem ex Dei constat gremio processisse et divina clericis voluntate fuisse largitam, ipso eodem te-

sagt ist. Ich glaube dennoch, daß es der Liebespartnerin gestattet ist, wenn sie will, die Fehler des Schuldigen zu verzeihen."

Vierter Liebeskasus: Erfolgloser ‚Seitensprung' des Mannes

(563) Der Mann sagt: „Eure Interpretation scheint mir äußerst hart; dennoch fürchte ich, mich einer so großen Autorität zu widersetzen. Aber noch beunruhigt meinen Sinn ein solcher zweiter Zweifel: Soll der Liebhaber mit dem Liebesverlust bestraft werden, wenn er sich einer anderen ohne Liebesleidenschaft genähert hat, sein Wunsch jedoch keinen Erfolg hatte? Es scheint nämlich, daß er wegen eines so geringen Fehlers nicht einen so schwerwiegenden Verlust erleiden soll, wenn doch andererseits seine Liebespartnerin keinen Verlust gespürt hat."[479]

Möglicher Verzicht auf die gerechte Sanktion

(564) Die Frau sagt: „Auch dieser verdient, mit dem oben erwähnten Spruch verurteilt zu werden, außer wenn vielleicht eine spontane Reue über das Vergehen und eine sichere und völlige Bekräftigung der Treue des Schuldigen das Herz der Liebespartnerin milde stimmen. Es hat nämlich anscheinend nicht entsprechend der Liebesvorschrift die Keuschheit für die Geliebte derjenige bewahrt, dessen schamloser Versuch den schamlosen Sinn aufdeckt."

7. Kap.: Von der Liebe der Geistlichen

Gottgegebener höchster Adel des Klerikers

(1) Da also bekanntermaßen im vorhergehenden über drei Stände von Menschen gehandelt wurde, nämlich über Menschen aus dem Volk, dem Adel und dem Hochadel, und wir uns erinnern, am Beginn dieser Abhandlung den Stand der Edelsten, nämlich der Geistlichen, erwähnt zu haben,[480] laßt uns kurz deren Liebe behandeln, und laßt uns sehen, woher der Adel der Leute des vierten Standes gekommen ist. Ein Geistlicher wird also wegen des Vorzugsrechtes des heiligen Standes als vornehmster eingeschätzt, dessen Adel fraglos aus dem Schoß Gottes hervorgegangen und durch den göttlichen Willen den Geistlichen geschenkt worden

[479] Wo ich zweimal „Verlust" übersetzt habe, hat das Original zweimal *iactura*. Alle anderen Übersetzungen haben verschiedene Ausdrücke („loss – injury" etc.), vielleicht zu Recht.

[480] Siehe I,vi,20.

stante, qui dicit: „Qui vos tangit, me tangit", et „Qui vos tangit, pupillam mei oculi tangit". (2) Sed quo ad hanc nobilitatem ad amorem clericus spectare non potest; hac enim nobilitate inspecta clericus non debet amoris operibus deservire, sed omnem carnis delectationem tenetur penitus declinare et ab omni corporis inquinamento immaculatum se Domino custodire, cuius creditur gestare militiam Clerico igitur nobilitatem non sanguinis propinat origo, nec saecularis valet removere potestas, sed ex Dei gratia tantum concessa probatur et eo ministrante largita, et a Deo solo huiusmodi possunt nobilitatis pro sui tantum excessibus privilegia denegari. (3) Unde manifeste apparet, clericum, quantum ad clericalem pertinet claritudinem nobilitatis, amare non posse. Ideoque satis videretur ineptum, si secundum ipsius gradus dignitatem et ordinis nobilitatem de ipsius tractaremus amore. Ab omnibus igitur clericus amoris actibus alienus exsistat, et omnis corporalis

ist, was er selbst bezeugt, der sagt: „Wer Euch anrührt, rührt mich an",[481] und „Wer Euch anrührt, rührt die Pupille meines Auges an."[482]

Verlust dieses Adels durch die Liebe

(2) Aber mit Rücksicht auf diesen Adel kann der Geistliche nicht nach Liebe streben; in Anbetracht dieses Adels nämlich darf der Geistliche nicht den Werken der Liebe dienen, sondern er ist gehalten, jegliche fleischliche Ergötzung gänzlich abzulehnen und sich vor jeglicher Beschmutzung des Körpers unbefleckt für den Herrn zu bewahren, für den er ritterlichen Dienst leistet, wie man glaubt.[483] Nicht die blutsmäßige Abstammung also gewährt dem Geistlichen den Adel, und keine weltliche Gewalt kann sie ihm nehmen, sondern sie wird ihm erwiesenermaßen ausschließlich von der Gnade Gottes gewährt und mit seiner Hilfe geschenkt, und nur von Gott allein können die Privilegien eines derartigen Adels nur wegen seiner Sünden[484] aberkannt werden. (3) Deshalb erscheint es offensichtlich, daß ein Geistlicher, in Anbetracht der erlauchten Herkunft des geistlichen Adels,[485] nicht lieben kann. Es würde daher einen sehr törichten Eindruck erwecken, wenn wir in Übereinstimmung mit der Würde seines Ranges und dem Adel seines Standes über seine Liebe handelten. So möge denn der Geistliche allen Handlungen der Liebe fern stehen, und es möge von

[481] Wohl eine freie Kombination von Lc 10,16 mit Io 20,17 und dem folgenden Zitat aus dem alten Testament.

[482] Vgl. Za 2,8.

[483] *cuius creditur gestare militiam:* „dont il accompli le service selon notre foi" B, „whose service he is assumed to have undertaken" W, *de quale è cavaliere* TT, *wann der briester allain gotes ritter ist* H. Vgl. auch oben Anm. 2.

[484] *pro sui tantum excessibus:* „quand il viole ses commandements" B, „only for transgressions against him" W, *per suo fallire* TT, „esclusivamente per i suoi peccati" I. Die Bedeutung „Vergehen, Verbrechen" für *excessus* ist im Mittelalter gewöhnlich (Niermeyer). Daß der Genitiv *sui* aber „gegen ihn (d.h. Gott)" heißen kann, dünkt sehr unwahrscheinlich. Er steht wohl wie auch sonst (vgl. z.B. I,vi,76;322) als Gegensatz zu *eius* (was sich hier auf Gott beziehen müßte), hier statt *suis.* Hs. B ersetzt es durch *ipsius.*

[485] *quantum ad clericalem pertinet claritudinem nobilitatis:* „dans la mesure ou il veut respecter la distinction propre à la noblesse des hommes d'Église" B, „in his role as possessor of his clerical distinction of nobility" W, „in base alle leggi della nobilità clericale" I. Ich rechne hier mit Hypallage des Adjektivs.

immunditia eum relinquat, alias enim sua speciali et a Deo sibi nobilitate largita merito privatus exsistat. (4) Quia vix tamen unquam aliquis sine carnis crimine vivit, et clericorum sit vita propter otia multa continua et ciborum abundantiam copiosam prae aliis hominibus universis naturaliter corporis tentationi supposita, si aliquis clericus amoris voluerit subire certamina, iuxta sui sanguinis ordinem sive gradum, sicut superius edocet plenarie de gradibus hominum insinuata doctrina, suo sermone utatur et amoris studeat applicari militiae.

Capitulum VIII: De amore monacharum.

(1) Sed sollicitus quaerere posses, quid de monacharum fateamur amore. Sed dicimus, earum solatia tanquam animae pestem penitus esse vitanda, quia maxima inde coelestis sequitur indignatio patris, et publica inde iura potenter armantur et supplicia minantur extrema, et totius ex hoc crescit in populo mortificativa infamia laudis. Immo et in ipsius praecepto monemur amoris, ne illius mulieris eligamus amorem, cuius de iure nuptias nobis interdicitur affectare. (2) Sed, si aliquis sui ipsius et iuris utriusque contemptor, monialis quaerat amorem, ab omnibus meretur contemni et est tanquam detestabilis belua fugiendus. Non de ipsius potest fide immerito dubitari, qui propter momentaneae delectationis actus gladii non veretur incurrere crimen nec Deo vel hominibus fieri

ihm jegliche körperliche Unreinheit weichen, denn ansonsten möge er seines speziellen und von Gott ihm geschenkten Adels mit Recht verlustig gehen.

Konzession an die fleischliche Versuchung der Kleriker

(4) Weil jedoch kaum jemals ein Mann ohne fleischliches Vergehen lebt und das Leben der Geistlichen wegen der vielen ununterbrochenen Mußestunden und des reichlichen Überflusses an Speisen vor allen anderen Männern von Natur aus der Versuchung des Leibes ausgesetzt ist, möge, wenn irgendein Geistlicher die Kämpfe der Liebe auf sich nehmen will, er gemäß dem Stand oder Rang seines Blutes, wie die oben verkündete Lehre über die Rangstufen der Menschen ausführlich darlegt,[486] seine Worte gebrauchen und den Anschluß an den Liebesdienst suchen.[487]

8. Kap.: Von der Liebe der Nonnen

Liebe der Nonnen: eine Pest der Seele

(1) Aber beunruhigt könntest du fragen, was wir über die Liebe der Nonnen verkünden. Aber wir sagen, daß Vergnügungen mit ihnen *(earum solatia)* wie eine Pest der Seele vollkommen zu meiden sind, denn der größte Zorn des himmlischen Vaters ist die Folge davon, das öffentliche Recht rüstet sich daher (dagegen) mit Macht und droht die Todesstrafe an, und daraus erwächst eine tödliche Beschimpfung des ganzen Ansehens bei den Leuten. Ja, wir werden sogar in einer Vorschrift der Liebe selbst ermahnt, nicht die Liebe einer Frau zu erwählen, mit der eine Heirat anzustreben uns von Rechts wegen verboten ist.[488]

Warnung vor diesem todeswürdigen Verbrechen

(2) Aber wenn einer, der sich selbst und beiderlei Recht verachtet, nach Nonnenliebe strebt, verdient er, von allen verachtet zu werden, und man soll ihn wie ein abscheuliches Ungeheuer fliehen. Nicht zu Unrecht besteht Anlaß, an der Treue desjenigen zu zweifeln, welcher sich nicht scheut, sich für Handlungen augen-

---

[486] Die Art der Werbung hängt also vom Geburtsstand ab, nicht vom Tugendadel, was ein bezeichnendes Licht auf diesen wirft, der ja so emphatisch propagiert wird.

[487] *amoris studeat applicari militiae:* „s'efforce d'accomplir son service" B, „seek to apply himself to love's service" W, *studiasi di congiungersi a cavalleria d'amore* TT.

[488] Liebesregel XI in II,viii,45.

scandalum erubescit. Monacharum igitur penitus contemnamus amorem et earum solatia quasi pestifera refutemus. (3) Non autem haec dicimus, quasi monacha non possit amari, sed quia utriusque inde provenit damnatio mortis. (4) Et ideo ad ipsarum sollicitationem pertinentia verba te volumus penitus ignorare. Nam tempore quodam quum quandam monacham nobis pervenerit opportunitas alloquendi, monacharum sollicitationis doctrinae non ignari facundo artis eam sermone coegimus nostrae acquiescere voluntati; et nos tanquam mentis caecitate prostrati et, quid deceret, nullatenus recolentes, quia: „Quid deceat, non videt ullus amans" et iterum: „Nil bene cernit amor, videt omnia lumine caeco", statim coepimus ipsius attrahi pulchritudine vehementi et dulciori facundia colligari. (5) Interim tamen eam, qua ducebamur, vesaniam cogitantes a praedicta mortis dormitione summo sumus excitati labore. Et quamvis multum credamur in amoris arte periti

blicklichen Lustgewinns in ein todeswürdiges Verbrechen zu stürzen, und nicht davor errötet, bei Gott oder den Menschen Anstoß zu erregen.

Laßt uns also die Liebe der Nonnen von Grund auf verachten und Vergnügungen mit ihnen als verderbenbringend zurückweisen. (3) Wir sagen dies aber nicht, als ob eine Nonne nicht geliebt werden könnte, sondern weil daraus für beide Seiten die Verurteilung zum Tode folgt.[489] (4) Und so wollen wir, daß du die Worte, die zu ihrer Verführung gehören, überhaupt nicht kennst.

Bericht eigener Versuchung und Errettung

Denn als sich einstmals für uns die Gelegenheit ergab, mit einer Nonne zu sprechen, brachten wir,[490] wohl bewandert in der Lehre der Verführung von Nonnen, sie mit einer kunstfertigen Rede dazu,[491] sich unserem Willen zu fügen; und wie von geistiger Blindheit geschlagen und ohne jede Erinnerung an das, was sich ziemt – denn: „Was sich ziemt, sieht kein Liebender," und ebenso: „Die Liebe erkennt nichts gut; sie sieht alles mit blindem Auge",[492] – begannen wir sofort von ihrer überwältigenden Schönheit angezogen und von ihrer noch süßeren Beredsamkeit umstrickt zu werden. (5) Inzwischen kam uns aber doch dieser Wahnwitz zu Bewußtsein, von dem wir verführt wurden, und wir wurden mit größter Mühe aus dem erwähnten Todesschlaf aufgeweckt. Und wenn wir auch in der Liebeskunst für sehr erfahren und über die Heilmittel gegen die Liebe[493] zuvor unterrichtet ge-

[489] *utriusque inde provenit damnatio mortis:* Alle Übersetzungen (auch die alte toskanische) beziehen dies auf den Tod des Leibes und der Seele bis auf Hartlieb, der übersetzt: *das yetwederm tail ewig pein vnd marter dauon komen.* Auch wenn wir ihm hier folgen, können wir die andere Möglichkeit natürlich nicht ausschließen.

[490] Die erste Person des Plurals der Bescheidenheit wirkt hier im Deutschen besonders unpassend. Schon Hartlieb hat ihn durch den Singular ersetzt, so auch W, D und I, nicht allerdings B und TT, denen wir, wenngleich zögernd folgen.

[491] Eine solche Verführungsrede findet sich in der *Rota Veneris* des Buoncompagno da Signa, Kap. V. Siehe Nachwort S. 611.

[492] Ovid, Heroides IV,154 (= Walther 1963, 25000); Pseudo-Ovid, Remedia 51 (= Walther 1963, 16676).

[493] *amoris praedocti remedia:* So die Hss. bis auf B *(amoris noscentes remedi)*, H *(amoris predicti remedio)*. Auch wenn Trojel und W den Text akzeptieren, scheint ein Accusativus Graecus schwer denkbar. Obwohl *remedia* na-

et amoris praedocti remedia, vix tamen eius novimus pestiferos laqueos evitare et sine carnis contagione removere. (6) Cave igitur, Gualteri, cum monialibus solitaria quaerere loca vel opportunitatem desiderare loquendi, quia, si lascivis ludis locum ipsa persenserit aptum, tibi non crastinabit concedere, quod optabis, et ignita solatia praeparare, et vix unquam poteris opera Veneris evitare nefanda scelera sinistra committens. Nam quum nos, omni astutos ingenio et qualibet amoris doctrina vigentes, earum coegit vacillare svavitas, qualiter sibi tua imperita poterit obstare iuventus? Amor igitur talis tibi sit fugiendus, amice.

Capitulum IX: De amore per pecuniam acquisito.

(1) Nunc videamus, an interventu pecuniae vel alterius muneris verus possit amor acquiri. Verus igitur amor ex sola cordis affectione procedit et ex pura gratia et mera liberalitate conceditur.

halten werden, wußten[494] wir dennoch kaum ihre verderbenbringenden Fallstricke zu vermeiden und uns ohne Ansteckung des Fleisches wegzubegeben.[495]

Warnung vor jedem Umgang mit Nonnen

(6) Hüte dich also, Walter, gemeinsam mit Nonnen einsame Orte aufzusuchen oder Gelegenheit zur Unterhaltung zu suchen, denn wenn sie merkt, der Ort sei für laszive Spiele geeignet, wird sie es nicht auf Morgen aufschieben, dir die Erfüllung deines Wunsches zu gewähren und heiße Wonnen zu bereiten; und kaum jemals wirst du die Werke der Venus vermeiden können, obwohl du dabei ruchlose, widerwärtige Verbrechen begehst. Denn wenn uns, die wir aufgrund unserer gesamten Anlage gewitzt sind und in dem hohen Rufe stehen, alles von der Liebe zu wissen *(qualibet amoris doctrina vigentes)*, ihr süßes Wesen ins Wanken bringen konnte, wie wird ihm deine unerfahrene Jugend widerstehen können? Eine solche Liebe also mußt du fliehen, mein Freund.

9. Kap.: Über die mit Geld gekaufte Liebe

Verdammung aller irgendwie erkauften, nicht gratis geschenkten Liebe

(1) Nun laßt uns sehen, ob die wahre Liebe durch Vermittlung des Geldes oder eines anderen Geschenks erworben werden kann.[496] Die wahre Liebe also kommt nur aus einer Neigung des Herzens *(cordis affectio)* und wird aus reiner Gnade und unverfälschter

---

türlich die Lectio difficilior ist, bin ich geneigt, der Konjektur des Drucks von 1610 *(amoris predocti remedio)* zu folgen. Irgendwie könnte sich der Titel des ovidianischen Werkes *Remedia amoris* in den Archetypus geschmuggelt haben. Andreas geriert sich hier ja auch mit der Anspielung auf die beiden Werktitel als zweiter Ovid.

[494] *novimus* kann hier kaum die antike Präsensbedeutung haben. Dementsprechend alle Übersetzungen.

[495] *sine carnis ⟨nos⟩ contagione removere:* So der von W konjizierte Text. Ihm entspricht aber nicht nur die Übersetzung von W, sondern auch von B, TT B und H. Nur I gibt den überlieferten Text (ohne *nos*) wieder mit: „a tagliarli senza carnale contagio".

[496] Vgl. Bernart de Ventadorn XV, 22–25 *S'eu en volgues dire lo ver, / en sai de ben cui mou l'enjans: / d'aquelas c'amon per aver. / e son merchadandas venaus* (Wenn ich die Wahrheit darüber sagen wollte, weiß ich wohl, von wem der Trug kommt: von denen, die für Geld und Gut lieben. Sie sind käufliche Krämerinnen!).

Pretiosissimum namque munus amoris nullius potest pretii aestimatione pensari vel argenti dehonestari substantia. (2) Sed, si aliqua mulier avaritiae tanto detineatur ardore, ut muneris gratia se ipsam largiatur amanti, haec a nemine reputetur amatrix sed falsificatrix amoris et immundarum mulierum prostibulis adiungenda. Immo magis istarum luxuria quam publico quaestu meretricantium est profananda voluptas. (3) Illae namque, quod suum est, agunt neminemque decipiunt, [etiam] quum earum sit intentio manifesta. Istae vero, dum se dominas mentiuntur egregias et omni urbanitate praeclaras, pro suo cogunt homines amore languescere et sub falsis velamentis amoris eos Cupidinis sagitta pertactos cunctis gaudent spoliare divitiis. (4) Homines ipsarum specie fallaci decepti et nutibus circumventi dolosis et subdola et ingeniosa exactione coacti plura bona satagunt sibi largiri, quam possunt, et dulcius eis sapit, quod constat esse largitum, quam quod propriis habent usibus reservatum. Et ipsae quidem omnes habent exigendi modos; et quam diu hominem vident suae desideriis avaritiae posse muneribus respondere, tam diu dilectum sibi profiten-

Großzügigkeit gewährt. Der wertvollste Gunstbeweis der Liebe kann nämlich um keinen festgesetzten Preis erkauft noch[497] durch Geldvermögen entehrt werden. (2) Aber wenn eine Frau von so brennender Habsucht eingenommen ist, daß sie sich um eines Geschenkes willen dem Geliebten hingibt, soll diese von niemandem für eine Liebende, sondern eine Heuchlerin der Liebe gehalten werden, die den Bordellen unkeuscher Frauen zuzuordnen ist. Ja ihre Ausschweifung *(luxuria)* muß sich sogar noch schändlicher erweisen als die Fleischeslust der ihr öffentliches Gewerbe treibenden Dirnen.[498] (3) Denn diese tun, was ihnen eigen, und täuschen niemanden, da ihre Absicht offensichtlich ist. Jene aber bringen mit der Vorspiegelung, sie seien erlesene und für ihre völlig höfische Lebensart berühmte Damen, Männer dazu, nach ihrer Liebe zu schmachten, und sie haben Freude daran, sie, wenn sie von Cupidos Pfeil getroffen wurden, unter dem Deckmantel der Liebe aller Reichtümer zu berauben. (4) Die Männer, durch ihr trügerisches Aussehen getäuscht, von tückischen Winken umgarnt und durch eine hinterlistige und ausgeklügelte Forderung dazu genötigt, mühen sich ab, ihnen mehr Geschenke zu machen, als sie können, und süßer kommt ihnen das vor, was offensichtlich verschenkt wurde, als was sie für den eigenen Bedarf bewahrt haben.

Unersättliche Habgier von Frauen

Und sie kennen freilich alle Arten des Forderns; und so lange sie sehen, daß ein Mann den Wünschen ihrer Habsucht mit Ge-

[497] Andreas setzt hier einfach *vel*, nicht *nec*, obwohl keine weitere Negation folgt, welche alle Übersetzer ergänzen. Vielleicht hat ihn irregeleitet, daß im Altfranzösischen *ne … ne* „weder … noch" und „sowohl … als auch" heißen kann.

[498] *Immo magis istarum luxuria quam publico quaestu meretricantium est profananda voluptas:* „Bien plus, la débauche de telles femmes est bien plus abjecte que la luxure des courtisanes qui font publiquement commerce de leurs charmes" B, „Indeed, the degenerate life of such women is more to be despised than the sensuality of those who prostitute themselves for money in public" W, *È piu da vituperare la lussuria di queste che la carnalità delle meretrici palese* TT, „e addirittura bisogna disprezzare la lussuria di queste donne più della voluttà delle meretrici che fanno il loro mestiere" I. Andreas verwendet das Wort *profanare* noch zweimal in diesem Kapitel, aber nur in der üblichen Bedeutung „entweihen, schänden" (§§ 11 u. 19). Die offenbar von allen Übersetzern angenommene Bedeutung „schmähen, verachten" vermag ich nicht nachzuweisen.

tur amantem et eius non cessant substantiam exhaurire et usque eliciendo corrodunt. (5) Eius vero defecta substantia et patrimonii exhausta virtute eis contemptibilis et odiosus exsistit et ab ipsis tanquam apes infructifera reprobatur, et illae manifeste incipiunt apparere, quod erant. Qui vero ad talium conatur amorem, impudicis debet canibus computari et nullius meretur auxilio sublevari. (6) Cunctis igitur liquere hominibus debet, quod amor, qui munera quaerit, amor ab aliquo vocari non debet sed turpe scortum et luxuriantis ardor avarus, quem nullius posset satiare facultas nec alicuius quantumcunque divitis largitatis humanitas mitigare. Quilibet ergo marium soliditate firmati studere debent talium declinare insidias et fraudes damniferas evitare. (7) Amans enim mulier semper spernit et odit munera coamantis, et eius studet augmentare divitias, ut semper habeat, unde possit largiendo attollere famam, et nihil aliud ab eo sibi largiendum exspectat nisi svavis-

schenken entsprechen kann, so lange verkünden sie, daß der Liebhaber ihnen lieb und teuer sei, hören nicht auf, sein Vermögen zu erschöpfen, und zernagen es durch ständiges Herauslocken. (5) Aber wenn sein Besitz aufgebraucht und die Kraft seines Erbes erschöpft sind, ist er ihnen verächtlich und verhaßt, und er wird von ihnen gleichsam als unproduktive Biene verworfen; und jene beginnen offen als das zu erscheinen, was sie (tatsächlich) waren. Wer sich aber um die Liebe von solchen bemüht, soll unter die unzüchtigen Hunde gerechnet werden und verdient durch keines Menschen Hilfe unterstützt zu werden.

Warnung vor solchen Frauen

(6) Daher soll es allen Leuten klar sein, daß eine Liebe, die Geschenke verlangt, von niemandem Liebe genannt werden darf, sondern schimpfliche Hurerei und inbrünstige Habgier einer Ausschweifenden, die keines Mannes Mittel zufriedenstellen noch die Überfülle der Freigebigkeit irgendeines noch so Reichen[499] lindern könnten. Alle männlichen Wesen müssen sich also mit Standhaftigkeit wappnen und den Hinterhalt von solchen Frauen zu umgehen und ihre unheilbringenden Tücken zu vermeiden trachten.

Rechtes Verhältnis reicher und armer Frauen zu materiellen Gaben des Liebhabers

(7) Eine liebende Frau nämlich verachtet und haßt immer Geschenke des Liebespartners und trachtet, seinen Reichtum zu vermehren, damit er immer etwas hat, womit er durch Wohltaten seinen Ruhm heben kann, und erwartet von ihm für sich kein an-

[499] *alicuius quantumcumque divitis largitatis humanitas:* „aucun homme … si généreux soit-il“ B, „the kindly generosity of no one, however rich“ W, *umanità d'alcuna larghezza* TT, „generosità di ricco“ I. Der Text Trojels kann hier unmöglich stimmen. Die Überlieferung geht auch weit auseinander. Nach dem nicht ganz vollständigen Apparat bei Trojel haben Hs. AC *alicuius quantumcumque diuitiis largitatis humiditas,* B (und Cod. Vind. 5363) *alicuius quantumcumque diuitis largitatis humiditas,* D *alicuius quantumcumque diuitis largitas huitas,* E *alicuius quantumcumque diuitiis largitatis humiditas,* F *alicuius quantumcumque diuitiis humiditatem largitas,* G *alicuius quantumcumque diuitis largitatis humanitas,* H *alicuius quantumcumque diuitiis habundet largitatis humiditas.* Das unsinnige *humanitas* steht also nur in G (und in I?). Es muß ebenso wie das gleicherweise unsinnige *humiditas* aus einer Abkürzung verlesen sein, die ursprünglich am ehesten *(h)abundantia* „Überfluß, Übermaß“ bedeutet haben wird. Oder sollte am Ende Andreas doch dafür die Metapher der „Nässe“, mlat. *humiditas,* gebraucht haben?

sima solatia carnis, et ut eius inter omnes sua † crescat fama laudanda. Suae namque mulier proficere substantiae credit, quod intuitu sui et acquirendae laudis gratia aliis a coamante cognoverit erogatum. (8) Immo etsi multa mulierem temporalium rerum cogat necessitas, si amoris ipsa ducatur affectu, gravissimum sibi reputat coamantis attenuare substantiam. Coamans tamen pati non debet, ut aliquarum ipsa rerum laboret inopia, si quocunque potest auxilio suffragari. Vehementer etenim ad verecundiam pertinet amatoris, si rerum ipse fertilitate beatus patiatur coamantem necessitate aliqua detineri. (9) Nec ad mulieris unquam noscitur pertinere pudorem, si tempore opportunitatis instantis munera coamantis agnoscat et plenaria ipsius largitione fruatur. Sufficit ergo mulieri copiose divitiis abundanti, quod eius gratia aliis a suo, prout decet, largitur amante.

(10) Mulier, quam amoris respectu cognoveris affectare pecuniam, sit tibi penitus inimica et eam tanquam animal venenosum, quod cauda ferit et ore blanditur, evitare memento. Si enim tanta corporis te petulantia cogat, ut soldatas quaerere velis feminas, magis tibi expedit cum mulieribus publice in prostibulo commo-

deres Geschenk außer den süßesten Wonnen des Fleisches und dem Wachsen seines preisenswerten Ruhmes bei allen um ihretwillen.[500] Die Frau sieht nämlich das als Gewinn für ihre eigene Existenz[501] an, was ihres Wissens kraft ihres Anblicks von ihrem Liebespartner für andere ausgegeben wurde, um Ruhm zu erwerben. (8) Im Gegenteil, selbst wenn ein schwerer Mangel an zeitlichen Gütern eine Frau bedrängt, ist es für sie, wenn sie vom Gefühl der Liebe geleitet wird, am schwersten, den Besitz des Liebespartners anzugreifen. Dennoch soll der Liebespartner nicht dulden, daß sie selbst Mangel an irgendwelchen Gütern leidet, wenn er sie durch irgendwelche Hilfe unterstützen kann. Es reizt nämlich gewaltig das Schamgefühl des Liebhabers, wenn er, selbst mit Überfluß an Gütern gesegnet, seine Geliebte in irgendeiner Notlage beläßt. (9) Man sieht aber niemals einen Anlaß zur Scham für eine Frau darin, wenn sie in einer akuten Notlage Geschenke ihres Liebespartners akzeptiert und seine vollkommene Großzügigkeit genießt. Es genügt also für eine mit Reichtümern großzügig und übermäßig bedachte Frau, daß um ihretwillen andere von ihrem Geliebten, soweit es sich ziemt, beschenkt werden.[502]

Vorzug von Dirnen vor käuflichen Damen

(10) Eine Frau, die deines Wissens im Hinblick auf die Liebe nach Geld trachtet, betrachte ganz und gar als deine Feindin und denke daran, sie wie ein giftiges Tier, das mit dem Schwanz zuschlägt[503] und mit dem Mund schmeichelt, zu meiden. Wenn dich nämlich so große körperliche Unbeherrschtheit *(corporis petulantia)* dazu bringt, daß du Frauen für Lohn aufsuchen willst, ist es für dich besser, mit Frauen, die sich öffentlich in einem Bordell

---

[500] *ut eius inter omnes sua ⟨gratia⟩ crescat fama laudanda:* Ich übernehme wie W die Ergänzung, welche gegen alle Hss. und mit Fragezeichen Trojel im Apparat erwägt.

[501] *substantia* könnte hier wie sonst in dem Kapitel auch „Vermögen" heißen, B setzt es jedoch mit der Person gleich, W übersetzt es mit „estate"; der TT beläßt es bei *sustanza.*

[502] *largiri* muß hier, wie schon in der Antike vereinzelt, passivisch oder medial verwendet sein.

[503] Gemeint ist offenbar der Skorpion. Vgl. Isidor von Sevilla, *Etymologien* VII,v,4. Zum Vergleich mit einem hinterlistigen Menschen verwendet das Tier Heinrich von dem Türlin, *Die Krone*, hg. v. F. P. Knapp/ M. Niesner (ATB 112), Tübingen 2000, V. 79ff.

rantibus negotiari et earum pretio corpus parvo mercari quam sub amoris figmento ab aliqua se dominam simulante meretricio more velle propriis exspoliari divitiis. (11) In tali namque mercimonio ille dicitur competentiori foro mercari, qui, quod optat, pretio minori consequitur. Vilius enim venalitati res exposita comparatur, quam si venditor ab emptore rogetur. Heu, dolemus, quia dominarum honorabile nomen meretricio cernimus opere profanari. Universae igitur armentur dominae probiores, [si], quum sua iura videant ab indignis feminis usurpari, et tam nefanda studeant scelera vindicare, ne tantae perditionis exemplum diutius per orbem valeat divagari.

(12) Non ergo te decipiat fallax cutis feminae circumspecta vel mulieris degenerantis origo, cuius priora blandimenta omni melle sunt dulciora, quia ipsius extrema plus felle vel absinthio reperiuntur amara. Quando enim vides mulierem alicuius benefacta recolere, qui suae plurima fuerit largitus amanti, vel eam videris alterius ornamenta laudare vel suarum rerum pignorationem esse factam queratur vel sub aliqua verborum palliatione aliqua petat ornamenta, ab eius te plurimum oportet artibus praecavere; haec enim non amare sed pecuniam haurire desiderat. (13) Sed, etsi aliud tibi super praesenti articulo non possit facere fidem, amoris tamen regulae nobis doctrina demonstrat, amorem et avaritiam in uno simul hospitio cohabitare non posse. Si enim amor largientis

aufhalten, ins Geschäft zu kommen und deren Körper für geringen Preis zu kaufen als von einer, die eine Dame zu sein vorgibt, unter der Vorspiegelung von Liebe, aber nach Dirnenart deines Vermögens beraubt werden zu wollen. (11) Denn bei einem solchen Handel, sagt man, kauft derjenige, welcher das Gewünschte um einen geringeren Preis erlangt, auf einem geeigneteren Markt. Eine Sache, die zum Verkauf ausgelegt ist, erwibt man nämlich billiger, als wenn der Verkäufer vom Käufer gefragt wird. Ach, wir sind untröstlich, wenn wir sehen, wie der ehrenhafte Name der Damen vom buhlerischen Handwerk entweiht wird. Alle Damen von höherem innerem Wert sollen daher zur Waffe greifen, wenn sie sehen, daß ihre Rechte von unwürdigen Frauen usurpiert werden, und sollen trachten, so ruchlose Verbrechen zu rächen, damit nicht ein Beispiel so großer Verderbnis sich länger auf der Erde verbreiten[504] kann.

Warnung vor weiblicher Habgier unter dem Mantel der Liebe

(12) Dich möge also nicht das trügerische Äußere eines weiblichen Wesens oder die Herkunft einer entartenden Frau täuschen, deren Schmeicheleien zuerst süßer als aller Honig sind, denn ihre letzten werden bitterer als Galle oder Wermut[505] befunden. Wenn du nämlich siehst, wie sich eine Frau an die Wohltaten von jemandem erinnert, der seiner Geliebten sehr viel geschenkt hat, oder wenn du gesehen hast, wie sie die Schmuckstücke einer anderen lobt oder sich über die erfolgte Pfändung ihres Vermögens beklagt oder unter einem verbalen Vorwand irgendwelchen Schmuck erbittet,[506] mußt du dich sehr vor ihren Künsten in Acht nehmen; sie begehrt nämlich keine Liebe, sondern Geldrafferei. (13) Aber selbst wenn nichts anderes dich in diesem vorliegenden Fall überzeugen kann, beweist uns doch die Lehre der Liebesregel, daß Liebe und Habsucht nicht zugleich unter einem Dach wohnen können.[507] Wenn sich nämlich Liebe nur aus der Gnade der Schenkenden herleitet und (doch) jemandem nicht umsonst geschenkt

504 *divagari:* ein spätlateinisches Wort mit der Bedeutung „überall herumschweifen“; „se répandre“ B, „remain“ W, *si ispanda* TT.

505 Vgl. Prv 5,3f.

506 Vgl. *Ars amatoria* I,417f.

507 Regula X in II,viii,45; vgl. auch Praeceptum I in I,vi,268.

sola gratia derivetur et non gratis alicui concedatur, non erit amor sed fallax figmentum amoris atque profanum.

(14) Licet ergo raro gratiosus amor valeat inveniri, quia multas ardor dehonestat avarus, studeas tamen summo labore coamantem quaerere talem, cuius fidem nec magna superveniens inopia rerum nec adversitas iniqua consurgens tibi [eam] possit facere alteratam. Nam, si captus fueris amore feminae cuiuscunque fallacis et ditari quaerentis, illius nunquam consequeris amorem, sed vulpino decipieris ingenio, quia, quum falsos tibi nutus extorquendi causa demonstrabit amoris, venti te aura ditabit inani, largiendi sibique tibi provocabit ingenium. (15) Et postea, quidquid in orbe carius possidebis, videbitur tibi modicum pro impensi nutus fallacis honore conferre, et sic mulieris captus ingenio ad inopiae compelleris litora navigare et in omnium devenire contemptum. Nihil enim tam contemptibile cunctis per orbem constat hominibus, quam pro carnis opere Venerisque solatio propriam aliquem dissipare substantiam. (16) Qualis ergo sit amor, qui pretii quacunque venalitate concedatur, apertissime tibi potest ex pagina liquere praesenti. Unde hoc tibi praeceptum semper servabis, amice, ut, quandocunque aliqua praesumptione cognoveris, mulierem soli-

wird,[508] so wird sie keine Liebe sein, sondern ein unheiliges Trugbild der Liebe *(fallax figmentum amoris atque profanum)*.

Verarmung durch den Trug einer habgierigen Liebesheuchlerin

(14) Wenn auch die umsonst gewährte Liebe selten gefunden werden kann, weil die inbrünstige Habgier viele Frauen entehrt, sollst du dennoch mit höchster Anstrengung trachten, eine solche Geliebte zu suchen, deren Treue weder aufkommende große Armut noch ein hereinbrechendes feindliches Mißgeschick dir abspenstig machen können. Denn wenn du gefangen genommen wurdest von Liebe zu irgendeiner tückischen und geschenksüchtigen Frau, wirst du deren Liebe niemals erlangen, sondern mit füchsischer Schlauheit getäuscht werden. Denn sie wird dich, wenn sie dir falsche Winke der Liebe gibt, um dich auszupressen, mit dem leeren Lufthauch des Windes beschenken, und für sich deine natürliche Freigebigkeit herausfordern.[509] (15) Und hernach wird dir dein teuerster Besitz auf der Welt als Zahlung gering erscheinen im Verhältnis zur Ehre des teuren, trügerischen Winks, und so wirst du, gefangen von der Schlauheit der Frau, notgedrungen zur Küste des Mangels segeln und von allen verachtet werden. Es gilt nämlich nichts bei allen Menschen auf der Welt für so verächtlich, als wenn jemand für das Werk des Fleisches und die Freuden der Venus seinen Besitz verschwendet.

Teuflische Schlauheit des betrügerischen Weibes

(16) Von welcher Art also eine Liebe ist, die um irgendeinen Kaufpreis gewährt wird, kann dir aus der vorliegenden Seite[510] völlig klar werden. Daher sollst[511] du für dich immer diese Vorschrift einhalten, mein Freund, daß du, wann immer du durch ir-

[508] Der mit *si* eingeleitete Konditionalsatz wird einfach mit *et* fortgesetzt, obwohl offenbar ein Gegensatz gemeint ist, nämlich: Da Liebe doch nur ein Gnadenakt ist, kann Liebe, für die man etwas verlangt, keine echte Liebe sein. So übersetzt der TT denn auch ganz frei: *Se amore si dà per largimento di doni e non si concede per grazia, non è amore [...].* B versucht die Inkonsequenz durch Verneinung beider Vordersätze zu vermeiden.

[509] *sibique largiendi tibi provocabit ingenium:* So wird man wohl mit W lesen müssen, statt mit Trojel die Lesart aller Hss. *largiendi sibique* zu bewahren. Ws Konjektur läßt sich auch durch den Cod. Vind. 5363 stützen.

[510] *ex pagina ... praesenti:* „en lisant ce livre" B, „from this section" W, *per questa scrittura* TT. Ich glaube, hier ist wirklich der unmittelbar vorangehende Text auf derselben Seite gemeint.

[511] Das hier im Original gebrauchte Futur steht wohl für die Befehlsform wie in den Zehn Geboten der lateinischen Bibel.

dorum esse coacervationi sollicitam, inter ipsa cognitionis initia illam sis evitare sollicitus et eius te insidiis nullatenus obligare. (17) Nam, si eius volueris obsecundare sermonibus eiusque plenius agnoscere fidem, propria te invenies cogitatione frustratum, quia fidem eius et propositum nulla poteris indagatione cognoscere, nisi quum plena fuerit cruoris hirudo et te semivivum divitiarum exhausto cruore dimittit. Vix enim alicuius industria sapientis agnoscitur, quid gerat interius dolus fallentis amicae, quia tantis novit artibus suas fraudes et ingenio colorare, quod vix unquam posset istud fidelis amatoris ingenio deprehendi. (18) Maius enim est avarae mulieris ingenium, quam antiqui fuerit hostis primi parentis animum callide subvertentis astutia. Unde te omni oportet ingenio praecavere, ne talis valeas mulieris insidiis supplantari, quia femina talis non amare sed tuis quaerit divitiis abundare. Si talium quidem correctioni vellemus insistere et earum vitam et facta recolere, primitus nostrae vitae tempora pertransirent, quam scribendi materia nobis deficeret copiosa. (19) Non autem haec asserimus quasi honorabilium volentes mulierum generi derogare, sed earum cupientes arguere vitam, quae reverendi mulierum coetus suis turpiter actibus non erubent dehonestare militiam et sub amoris commento profanare. Absit enim, nos unquam velle vel

gendeine Vorahnung erkannt hast, daß eine Frau auf Anhäufung von Geld aus ist, schon bei der ersten Einsicht jene zu meiden und dich keinesfalls infolge ihrer Heimtücke zu verpfänden trachtest. (17) Denn wenn du ihren Worten willfährig sein und ihre Treue ganz ernst nehmen willst, wirst du dich in deiner Überlegung getäuscht finden. Denn du wirst nicht imstande sein, ihre Treue und ihre Absicht durch Nachforschung kennenzulernen, außer wenn der Blutegel voll von Blut ist[512] und dich halbtot losläßt, wenn das Blut deines Reichtums ausgesaugt ist. Kaum nämlich erkennt man mit dem Eifer irgendeines Weisen, was die List im Innern einer hinterhältigen Freundin im Schilde führt, weil sie ihre Betrügereien mit so viel Künsten und Schlauheit zu verbrämen weiß, daß es kaum jemals durch die Schlauheit eines treuen Liebhabers entdeckt werden könnte. (18) Größer ist nämlich die Schlauheit einer habsüchtigen Frau als die Verschlagenheit des alten Feindes war, der den Sinn des ersten Ahnvaters schlau zu Fall brachte.[513] Daher mußt du dich mit ganzem Verstand davor hüten, daß du nicht in die Falle einer solchen Frau gehst, weil eine solche Frau nicht lieben, sondern kraft deines Reichtums im Überfluß leben will. Wenn wir auf der Besserung von solchen Frauen beharren und ihr Leben und ihre Taten ins Gedächtnis rufen wollten, würde gewiß früher unsere Lebenszeit dahin sein, ehe uns das reichliche Material zum Schreiben ausginge.

Die ehrenhaften, zu allen guten Taten anspornenden Frauen als Gegenbild

(19) Wir behaupten dies aber nicht etwa in der Absicht, das Geschlecht der ehrenhaften Frauen zu tadeln, sondern weil wir das Leben derer rügen wollen, die nicht erröten, durch ihre Handlungen den Kriegsdienst der verehrungswürdigen Gemeinschaft der Frauen schändlich zu entehren und unter der Vortäuschung von Liebe zu entweihen.[514] Gott behüte nämlich, daß wir jemals den

---

512 Horaz, *Ars poetica* 476 = Walther 1963, 18059.

513 Gn 3.

514 *quae reverendi mulierum coetus suis turpiter actibus non erubent dehonestare militiam et sub amoris commento profanare:* „qui, par leurs actes, ne rougissent point de jeter le discrédit sur la troupe de femmes estimables soucieuses du service d'Amour et n'ont pas honte de flétrir ce service tout en prétendant aimer“ B, „who do not blush basely to dishonour by their deeds the ranks of the venerable band of women and to debase them under

posse laudabilium feminarum actibus insidiari vel eis in aliquo praesenti derogare libello, quia per eas ad benefaciendum mundus disponitur universus, et divitibus rerum abundantia crescit, egenorum abundanter inopiae providetur, et ad viam rectitudinis reducuntur avari viamque largitatis cognoscunt. (20) Immo laudum decoratae virtute cuncta, quae in mundo bona fiunt, occasionem praestant agendi. Haec igitur, Gualteri, quae opulenta tibi brevitate notamus, si assidua lectione perceperis, facile non eris fallacis mulieris ingenio circumventus.

Capitulum X: De facili rei petitae concessione.

(1) Post haec videamus, an facilis petitae rei concessio ad amorem valeat pertinere. Sed primo videamus, quae sit petitae rei facilis concessio. Et quidem petitae rei facilis concessio tunc fieri asseritur, quando mulier nimia carnis voluptate cogente facile se ipsam petenti largitur, hoc idem alii facile concessura quaerenti nullo in ea post peractum opus amoris radio permanente et nullo munere mediante. (2) Talis quidem mulieris te noli vinculis colligare, quia ipsius amorem nullius posses sollicitudinis arte lucrari. Nam,

Handlungen rühmenswerter Frauen mißtrauen oder sie in irgendeinem Punkt in dem vorliegenden Buch tadeln wollten oder könnten, denn die ganze Welt ist ihretwegen zu guten Taten bereit, und die Reichen bekommen Zuwachs an Reichtum, der Armut der Bedürftigen wird reichlich abgeholfen, und die Habgierigen werden auf den rechten Weg zurückgeführt werden und lernen den Weg der Großzügigkeit kennen. (20) Ja, die mit dem Vorzug des Lobes ausgezeichneten Frauen liefern sogar die Gelegenheit, alles, was in der Welt Gutes geschieht, zu tun. Wenn du also, Walter, das, was wir dir in reichhaltiger Kürze zur Kenntnis bringen, durch eifrige Lektüre aufnimmst, wirst du nicht leicht durch die Schlauheit einer trügerischen Frau umgarnt werden.

10. Kap.: Über das leichtfertige Gewähren einer Bitte

Leichtfertige Hingabe aus übermäßiger Wollust

(1) Danach laßt uns sehen, ob das leichtfertige Gewähren einer Bitte zur Liebe gehören kann. Aber zuerst laßt uns sehen, was das leichtfertige Gewähren einer Bitte ist. Man behauptet ja, daß das leichtfertige Gewähren einer Bitte dann vorliegt, wenn eine Frau unter dem Zwange allzu großer fleischlicher Begierde *(carnis voluptas)* sich selbst leichtfertig einem Bittenden schenkt und bereit ist, dasselbe einem anderen Werbenden leichtfertig zu gewähren, ohne daß ein Strahl der Liebe nach vollzogenem Akt *(peractum opus)* bei ihr anhält und ohne daß ein Geschenk den Weg bereiten würde.

Warnung vor der Unersättlichkeit und Untreue wollüstiger Frauen

(2) Lasse dich daher nicht mit den Fesseln einer solchen Frau binden, weil du ihre Liebe mit keinem Geschick, keinem Eifer ge-

---

the lying pretext of love“ W, *che non si vergognano di dishonestare co' loro atti e di corrompere sotto velame d'amore la compagnia delle venerabili donne* TT. Im Mittellatein, und so auch bei Andreas, kann zwar *militia* auch die Mannschaft, Gefolgschaft, das Lehensaufgebot, das Ritterheer bedeuten, doch wäre der Genitivus inhaerentiae *militia coetus* sogar für Andreas etwas seltsam. Vielmehr liegt hier wohl eine parallele Wendung zu I,vi,132 *quae muneris gratia amoris nituntur mandata subvertere et ob lucrum eius dehonestare militiam* oder I,ix,19 *amoris studeat ingenio suo dehonestare militiam* vor, wo jeweils vom Liebesdienst die Rede ist. Vielleicht ist an unserer Stelle sogar *amoris* im Archetypus ausgefallen.

quum propter nimiam Veneris abundantiam huiusmodi mulier nullius se potest amoris vinculis colligare, sed multorum appetit libidine satiari, eius frustra quaeris amorem, nisi te in Veneris opere tam potentem agnoveris, ut eius valeas libidinem saturare, quo tibi facilius esset aquis penitus maria desiccare; unde merito credimus, ab ipsius tibi amore cessandum. (3) Licet enim iuxta tuae voluntatis affectum eius plenarie potiaris amplexu, sua tamen solatia intolerabilis poenae occasio et multorum tibi erunt origo dolorum. Nam, quum amantium more ipsius affectaveris solitarius sentire solatia et eam cognoveris alterius libidini commisceri et alium tibi adiunxisse participem, quanta inde tibi doloris amaritudo procedet, nullatenus posses nisi expertus plenius erudiri. (4) Ex his ergo, quae diximus, tibi debet esse plenarie manifestum, quod, ubi facilis rei petitae largitio reperitur, ibi amorem constat abesse. Nam, ubi feminam tanta libido detentat, quod unius se non potest vinculis obligare sed plurium desiderat voluptatibus commisceri, ibi amor locum sibi valet nullatenus invenire. (5) Amor enim verus tanto duorum corda dilectionis iungit affectu, quod aliorum non possunt desiderare amplexus, sed cunctorum tanquam horrenda student evitare solatia et mutuis se vicibus reservare. Et dicitur esse idem in femina facilis rei petitae concessio, quod in homine nimia voluptatis abundantia, quam constat ab amoris aula penitus exsulare. (6) Qui enim tanta carnis voluptate vexatur, ut ex cordis affectu nullius se valeat amplexibus colligare, sed quamcunque videt, impudico animo concupiscit, hic quidem non amator sed adulterator vocatur amoris ac simulator et erit cane deterior impudico. Immo impetuosus meretur asinus iudicari, quem tanta

winnen könntest. Denn wenn sich eine Frau wegen allzu großer sinnlicher Leidenschaft *(Veneris abundantia)* von solcher Art mit Fesseln keiner Liebe binden läßt, sondern durch die Begierde vieler Männer befriedigt zu werden wünscht, suchst du vergebens ihre Liebe, außer du hältst dich beim Werk der Venus für so potent, daß du ihre Begierde befriedigen kannst. Leichter als das wäre für dich aber, die Meere ganz auszutrocknen; daher glauben wir mit gutem Grund, daß du vor der Liebe zu ihr zurückschrekken sollst. (3) Magst du dich nämlich auch entsprechend dem Bestreben deines Willens vollkommen ihrer Umarmung bemächtigen, werden dennoch die Vergnügungen mit ihr *(sua solatia)* für dich zum Anlaß unerträglicher Pein und zum Ursprung vieler Schmerzen. Denn darüber, welche Bitterkeit des Schmerzes für dich daraus erwächst, wenn du nach Art der Liebenden trachtest, als einziger die Wonnen zu empfinden, und erkennst, daß sie sich der Begierde eines anderen hingibt und einen anderen dir als Teilhaber hinzugefügt hat, könntest du auf keinen Fall vollkommener außer durch eigene Erfahrung belehrt werden.

Promiskuität und wahre Liebe

(4) Aus unseren Worten also muß es dir vollkommen klar sein, daß, wo man leichtfertiges Gewähren einer Bitte findet, dort offensichtlich die Liebe fehlt. Denn, wo so große Begierde eine Frau beherrscht, daß sie sich nicht mit den Fesseln eines einzelnen binden kann, sondern wünscht, sich den Begierden mehrerer Männer hinzugeben, dort kann Liebe keineswegs für sich einen Platz finden. (5) Die wahre Liebe nämlich vereint die Herzen von zwei Menschen durch ein so großes Gefühl der Zuneigung, daß sie die Umarmungen von anderen nicht ersehnen können, sondern die Vergnügungen mit allen (anderen) als verabscheuungswürdig zu vermeiden und sich für einander zu bewahren trachten. Und man sagt, daß bei einer Frau das leichtfertige Gewähren einer Bitte dasselbe wie bei einem Mann die allzugroße sinnliche Leidenschaft ist, die mit Sicherheit vom Hof der Liebe verbannt ist. (6) Wer nämlich von so großer Begierde des Fleisches gequält wird, daß er aus der Neigung des Herzens heraus sich an die Umarmungen keiner Frau zu binden vermag, sondern jede, die er sieht, mit unzüchtigem Sinn begehrt, der wird gewiß nicht Liebender, sondern Verführer und Liebesheuchler genannt und wird übler als ein unzüchtiger Hund sein. Ja, er verdient als ein geiler

corporis petulantia movet, ut unius se non possit affectioni astringere. (7) Ergo tibi evidenter apparet, quod nimiam voluptatis abundantiam prorsus teneris abiicere et mulieris, in qua facilem petitae rei concessionem cognoveris, amorem tibi non expedit postulare.

Capitulum XI: De amore rusticorum.

(1) Sed ne id, quod superius de plebeiorum amore tractavimus, ad agricultores crederes esse referendum, de illorum tibi breviter amore subiungimus. Dicimus enim vix contingere posse, quod agricolae in amoris inveniantur curia militare, sed naturaliter sicut equus et mulus ad Veneris opera promoventur, quemadmodum impetus eis naturae demonstrat. (2) Sufficit ergo agricultori labor assiduus et vomeris ligonisque continua sine intermissione solatia. Sed, etsi quandoque, licet raro, contingat, eos ultra sui naturam amoris aculeo concitari, ipsos tamen in amoris doctrina non expedit erudire, ne, dum actibus sibi naturaliter alienis intendunt, humana praedia, illorum solita fructificare labore, cultoris defectu nobis facta infructifera sentiamus. (3) Si vero et illarum te feminarum amor forte attraxerit, eas pluribus laudibus efferre memento, et, si locum inveneris opportunum, non differas assumere, quod petebas et violento potiri amplexu. Vix enim ipsarum in tantum exterius poteris mitigare rigorem, quod quietos fateantur se tibi

Esel[515] bezeichnet zu werden, den eine so große körperliche Unbeherrschtheit antreibt, daß er sich nicht zur Zuneigung *(affectio)* zu einer einzelnen verpflichten kann. (7) Daher ist es offensichtlich klar, daß du ganz und gar gehalten bist, allzu große sinnliche Leidenschaft von dir zu weisen, und es für dich nicht gut ist, die Liebe einer Frau zu begehren, von der du weißt, daß sie eine Bitte leichtfertig gewährt.

11. Kap.: Von der Liebe der Bauern

Natürliche Bestimmung der Bauern zu reiner Sinnenlust und körperlicher Arbeit

(1) Aber damit du nicht glaubst, daß unsere obigen Ausführungen betreffend die Liebe der Bürger auf die Bauern zu übertragen sind, fügen wir dir über deren Liebe kurz etwas hinzu. (2) Wir sagen nämlich, daß es kaum gelingen kann, Bauern zu finden, die am Hof der Liebe Kriegsdienst leisten; sondern sie werden von Natur wie ein Pferd und ein Maultier zu den Werken der Venus getrieben,[516] wie es ihnen der Drang der Natur zeigt. Für den Bauern reichen also ständige Arbeit und die ständigen, ununterbrochenen Freuden der Pflugschar und der Harke.

Schädlichkeit der Liebe für die notwendige Feldarbeit

Aber wenn es auch manchmal, gleichwohl selten, vorkommt, daß sie außerhalb ihrer Natur vom Stachel der Liebe gereizt werden, ist es trotzdem nicht zuträglich, sie in der Liebeslehre zu unterrichten, damit wir nicht, wenn sie sich mit ihnen naturgemäß fremden Aktivitäten beschäftigen, erfahren, daß der Leute Güter, gewohnt durch ihre Arbeit Früchte zu tragen, für uns unfruchtbar werden, weil einer fehlt, der sie bebaut.

Empfehlung von Schmeicheleien und sanfter Gewalt bei der – grundsätzlich unziemlichen – Eroberung von Bäuerinnen

(3) Wenn dich aber vielleicht die Liebe auch zu jenen Frauen anzieht, denke daran, sie durch viele Lobsprüche stolz zu machen, und wenn du einen günstigen Ort findest, säume nicht zu nehmen, was du erbatest, und sie gewaltsam zu umarmen. Kaum nämlich wirst du ihre nach außen unbeugsame Haltung so weit mildern

---

[515] Zur Geilheit des Esels vgl. u.a. Hieronymus, MPL 24,362; Paulinus von Nola, *Carmina* 14,617 (W).

[516] B verweist auf eine Stelle in der Vulgata, wo von Eheleuten die Rede ist, welche „sich ihrer Lust so hingeben wie Pferd und Maultier, die keinen Verstand haben“ (Buch Tobit 6,17).

concessuras amplexus vel optata patiantur te habere solatia, nisi modicae saltem coactionis medela praecedat ipsarum opportuna pudoris. (4) Haec autem dicimus non quasi rusticanarum mulierum tibi svadere volentes amorem, sed ut, si minus provide ad illas provoceris amandum, brevi possis doctrina cognoscere, quis tibi sit processus habendus.

Capitulum XII: De amore meretricum.

(1) Si vero quaeratur, quid de meretricis sentiamus amore, dicimus omnes meretrices penitus esse vitandas, quia ipsarum foedissima commixtio est, et incestus cum eis crimen semper fere committitur. Praeterea meretrix raro se alicui concedere consvevit, nisi primo fuerit muneris susceptione gavisa. (2) Immo etsi quando

können, daß sie zugibt, sie werde dir heimliche Umarmungen zugestehen, oder es duldet, daß du die ersehnten Wonnen genießt, wenn nicht das gegen ihre Scham geeignete Heilmittel eines wenigstens sanften Zwanges vorausgeht.[517] (4) Dies sagen wir aber nicht, als ob wir dir zur Liebe zu Bauersfrauen raten wollten, sondern damit du, wenn du mangels Vorsicht dazu verleitet wirst, sie zu lieben, durch die kurze Belehrung in Erfahrung bringen kannst, welche Vorgangsweise du wählen sollst.

12. Kap.: Von der Liebe zu Dirnen[518]

Ablehnung des Umgangs mit Dirnen

(1) Wenn aber die Frage aufgeworfen wird, was wir über die Liebe zu einer Dirne denken, sagen wir, daß alle Dirnen gänzlich gemieden werden sollen, weil das Beilager mit ihnen besonders verabscheuungswürdig ist und mit ihnen in der Regel das Vergehen der Unzucht begangen wird.[519] Außerdem pflegt eine Dirne sich kaum je einem hinzugeben, wenn sie sich nicht zuerst einer Gabe erfreut hat.[520] (2) Ja, selbst wenn es irgendwann passiert, daß eine Dirne

---

517 Von diesen Voraussetzungen lebt die lyrische Gattung der Pastourelle. Siehe Nachwort S. 610.

518 Das Anstandsbuch *Facetus* (Inc. *Moribus et vita qusquis vult esse facetus*) 131 ff. spricht sich gleichermaßen gegen die Liebe zu Huren wie zu Nonnen und Ehefrauen aus, sondern favorisiert die Liebe zu Witwen und insbesondere Jungfrauen, die jedoch angeblich Gewalt benötigen, um sich nicht beim Beischlaf als Hure zu fühlen.

519 *incestus cum eis crimen semper fere committitur:* „l'on commet toujours en leur compagnie le péché d'impudicité" B, „the sin of lewd behaviour being almost invariably commited with them" W, *sempre quasi si commette con loro sozzo peccato* TT B. Die Stelle ist rätselhaft. Andreas verwendet sonst *incestus* und *incestuosus* nur zur Bezeichnung der Blutschande (I,vi,517; II,vii,19; III,31). Es ist aber nicht einzusehen, warum ausgerechnet weibliche Verwandte von Adeligen oder reichen Bürgern, an die sich das Buch ja richtet, sich der Prostitution ergeben sollten. Diese Bedeutung von *incestus* wird auch hier von keinem Übersetzer erwogen. Wieso mit Prostituierten „in der Regel, nahezu immer" *(semper fere)* dieses Vergehen begangen werden sollte, ist aber ebenso unklar. Entweder der sexuelle Umgang mit ihnen ist Sünde oder nicht. Oder sollte Andreas in der tatsächlichen Liebe einer Hure einen Entschuldigungsgrund sehen?

520 D. h. sie fällt unter das Verdikt von Kap. 9.

meretricem contingat amare, eius tamen amorem perniciosum constat esse hominibus, quia familiarem cum meretricibus conversationem habere ab omni sapientia reprobatur, et cuiuslibet inde fama supprimitur. Ad earum autem capessendum amorem doctrinam tibi non curamus exponere, quia, quocunque se affectu concedant petenti, haec semper sine precum instantia largiuntur; ergo ad hoc doctrinam postulare non debes.

liebt, ist ihre Liebe gleichwohl offensichtlich für die Männer verderbenbringend, weil mit Dirnen vertrauten Umgang zu haben von jeder Klugheit verurteilt und dadurch der Ruf eines jeden zerstört wird.

Überflüssigkeit einer diesbezüglichen Liebeslehre

Wir sind aber nicht darauf bedacht, dir die Lehre darzulegen, wie ihre Liebe zu erringen sei. Denn mit welcher Neigung auch immer sie sich dem Bittenden hingeben, sie gewähren das Geschenk immer ohne beharrliche Bitten;[521] daher darfst du darüber keine Belehrung fordern.

[521] D. h. sie fallen unter das Verdikt von Kap. 10.

Liber secundus:

Qualiter amor retineatur.

Capitulum I: Qualiter status acquisiti amoris debeat conservari.

(1) Quoniam igitur sufficienter superius a nobis est de amoris acquisitione tractatum, non immerito subsequenter videndum et addendum est, qualiter acquisiti debeat amoris status conservari. Qui suum igitur cupit amorem diu retinere illaesum, eum sibi maxime praecavere oportet, ut amor extra suos terminos nemini propaletur, sed omnibus reservetur occultus. (2) Amor enim postquam ad plurium coepit devenire notitiam, statim naturalia deserit incrementa et defectum prioris status agnoscit. Debet etiam amator in cunctis se coamanti ostendere sapientem, moderatum moribusque compositum et in nullo ipsius debet animum odiosis actibus irritare. (3) Sed et necessitatibus quisque tenetur occurrere coamantis et eius cunctis compatiendo laboribus et iustis eius voluntatibus obsequendo. Sed, etsi quandoque minus sciatur ipsius iusta voluntas, ei tamen esse debet obsecundare paratus revocationis primitus admonitione praemissa. (4) Praeterea, si aliquod ineptum ab aliquo minus provide fiat, unde coamantis forte animus concitetur, illico facie verecunda se male profiteatur egisse et occasionem animi praetendat irati vel causam aliam assi-

ZWEITES BUCH

Auf welche Weise Liebe festgehalten wird

1. Kap.: Auf welche Weise der Zustand erlangter Liebe bewahrt werden soll

Geheimhaltung der Liebe

(1) Da nun oben ausreichend von uns über die Erwerbung von Liebe gehandelt wurde, gilt es nicht zu Unrecht, in der Folge zu sehen und hinzuzufügen, auf welche Weise der Zustand erlangter Liebe bewahrt werden soll. Wer also seine Liebe lange Zeit unversehrt behalten will, muß sich vor allem vorsehen, daß die Liebe außerhalb ihrer Grenzen niemandem kundgetan wird, sondern allen verborgen bleibt.[1] (2) Denn eine Liebe gibt sofort, nachdem sie vielen zur Kenntnis gelangt ist, ihren natürlichen Zuwachs auf und erfährt eine Schwächung des früheren Zustandes.

Liebevolle Fürsorge für die Liebespartnerin

Auch soll sich ein Liebhaber seiner Liebespartnerin gegenüber in allen Belangen klug, maßvoll und sittlich hochstehend zeigen,[2] und er soll in keiner Hinsicht ihr Gemüt durch widerwärtige Handlungen reizen. (3) Aber ein jeder ist auch gehalten, den Notlagen der Liebespartnerin abzuhelfen, sowohl indem er für all ihre Leiden Mitleid empfindet als auch indem er ihren begründeten Wünschen Folge leistet. Aber selbst wenn manchmal ihr Wunsch als weniger berechtigt angesehen wird, soll er dennoch bereit sein, ihr zu helfen, nachdem er sie zuvor ermahnt hat, davon abzustehen.

Reuevolles Eingeständnis von Fehlern

(4) Des weiteren: Wenn einem mangels Vorsicht ein Fehltritt *(aliquod ineptum)* passiert, worüber vielleicht das Gemüt der Liebespartnerin sich erregt, soll er auf der Stelle mit Schamesröte gestehen, daß er schlecht gehandelt habe, als Anlaß ein erzürntes

---

[1] *Ars amatoria* II,602ff.

[2] *moribusque compositum:* „et réservé dans son conduite“ B, „and principled“ W, *e di costumi composto* TT, *plein de bonnes mours* D. Vgl. I,vi,183 *morum compositione.* Zum Inhalt vgl. *Ars amatoria* II,107ff.

gnet idoneam, quae illi possit recte negotio confirmari. (5) Ad haec moderate quisque debet inter homines laudibus insistere coamantis, nec eam prolixa vel saepius iterata ipsum decet memoria resonare et raro etiam debet ipsius frequentare viciniam. Immo etsi ipse cum aliis commorando suam viderit coamantem in aliarum collegio constitutam, ab omnibus debet corporis nutibus abstinere et eam quasi extraneam reputare, ne aliquis insidiator amoris male loquendi possit inde sumere modum. (6) Mutuos enim sibi nutus amantes exhibere non debent, nisi se ab omnium semotos insidiis recognoscant. Praeterea quisque placibilis debet esse ornatu amanti et suam moderate colere formam, quia corporis immoderata cultura taediosa cunctis exsistit, et naturalis inde sequitur contemptio formae. (7) Valet etiam ad statum amoris conservandum largitas coamantis abundans; amatores enim omnes terrenas debent contemptui habere divitias et eas necessitatem habentibus erogare. Nil namque in amante laude dignius approbatur, quam si largitatis virtute reperiatur indutus. (8) Omnis namque probitas ex avaritiae admixtione supprimitur, et multa inter homines toleratur improbitas, si largitatis inveniatur pulchritudine decorari. Sed et, si talis sit amator, cui congruat bellatorem

Gemüt vorschützen[3] oder einen anderen geeigneten Grund anführen, der zu Recht diesem Fall angepaßt werden kann.[4]

Vorsicht vor Denunzianten

(5) Überdies soll jeder mit geringem Eifer in Gesellschaft seine Liebespartnerin loben; und es geziemt sich nicht für ihn, mit ausführlichem oder häufig wiederholtem Gedenken um sie viel Lärm zu machen; und er soll sogar selten ihre Nähe suchen. Ja, auch wenn er, in Gesellschaft anderer, seine Liebespartnerin sieht, die sich im Kreise anderer Frauen aufhält, soll er sich aller körperlichen Winke enthalten und sie für eine Fremde ansehen, damit nicht irgendein Denunziant die Möglichkeit übler Nachrede daraus beziehen kann. (6) Wechselseitige Winke sollen sich nämlich Liebende nicht geben, außer sie wissen genau, daß sie vor allen Nachstellungen sicher sind.[5]

Maßvolle Körperpflege und verschwenderische Großzügigkeit

Des weiteren: Es soll ein jeder für die Geliebte durch seine Aufmachung attraktiv sein und sein Äußeres in Maßen pflegen, weil eine maßlose Pflege des Körpers bald allen auf die Nerven geht und daraus die natürliche Verachtung des Äußeren resultiert.[6] (7) Es vermag den Zustand der Liebe auch eine verschwenderische Großzügigkeit des Liebespartners zu bewahren; alle Liebenden nämlich sollen irdischen Reichtum verachten und ihn an die Notleidenden verteilen. Nichts Lobenswerteres preist man nämlich bei einem Liebenden, als wenn er mit der Tugend der Großzügigkeit versehen befunden wird. (8) Denn der ganze innere Wert wird durch eine Beimischung von Habsucht zerstört, und von den Leuten wird eine Menge an moralischer Schwäche toleriert, wenn sie sich mit der Schönheit der Großzügigkeit geziert findet.

---

[3] *occasionem animi praetendat:* „s'excuser d'avoir provoqué sa colère“ B, „seek an opportunity to palliate her anger“ W, *mostri cagione d'animo irato* TT. Auch D zielt mit seiner Paraphrase auf den Vorwand der eigenen Gemütsaufwallung.

[4] *quae illi possit recte negotio confirmari:* „qui puisse à ses yeux le justifier“ B, „which can fairly be adduced to account for this matter“ W, *la quale a quel fatto conformare si possa* TT. In I,vi,188 heißt es: *non videtur recte virili conformari astutiae* „es scheint nicht richtig zur männlichen Schlauheit zu passen“. Ich konjiziere daher *conformari* und sehe mich nun auch durch den Cod. Vind. 5363 bestätigt.

[5] Vgl. u.a. aus der Liebeslyrik Walther von der Vogelweide, Lied 27 II (L 50,27).

[6] Vgl. I,vi,8.

exsistere, studere debet, ut eius cunctis appareat animositas manifesta, quia plurimum cuiusque probitati detrahitur, si timidus proeliator exsistat. (9) Debet etiam amator sua cunctis dominabus libenter semper ministeria exhibere et obsequia quoque praestare, multumve ipsum decet humilitatis praemiis exornari superbiae funditus evulsa radice. Multum etiam studere debet, talem se cunctis exhibere, ut neminem pigeat ipsius benefacta recolere, nullusque valeat iuste suis actibus invidere. (10) Praeterea generali sit sibi regula comprehensum, quod, quidquid curialitatis ordo deposcit, eiusque doctrina svadet, illud non est ab amantibus omittendum sed sollicitiori studio faciendum. Retinetur quoque amor delectabilia et svavia carnis exercendo solatia, talia tamen et tanta, quae taediosa non videantur amanti. (11) Sed, quoscunque actus vel corporis gestus amator suae cognoverit esse placabiles coamanti, eos pulchre et viriliter studeat exercere. Clericus vero laicalia sibi exercitia sive habitum non assumat; nemo enim alieni habitus assumptione vel gestus suo non congruentes ordini exercendo suae sapienti facile posset amanti placere. (12) Praeterea omni conatu curare debet amator cum bonis assidue conver-

Tapferkeit im Krieg

Aber wenn der Liebende so geartet ist, daß die kriegerische Lebensweise zu ihm paßt, soll er auch danach trachten, daß allen seine Tapferkeit klar vor Augen steht, weil es dem inneren Wert eines jeden sehr schadet, wenn er sich als ein ängstlicher Krieger herausstellt.[7]

Dienstbereitschaft allen Damen gegenüber, Demut und tadelloses Verhalten

(9) Auch soll ein Liebender immer allen Damen bereitwillig Dienste leisten und sich auch willfährig erweisen, und es steht ihm auch sehr gut an, sich mit den Auszeichnungen der Demut zu schmücken, nachdem er die Wurzel des Hochmuts gänzlich ausgerissen hat. Auch soll er sehr danach trachten, sich allen so zu zeigen, daß es niemand verdrießt, seine guten Taten ins Gedächtnis zu rufen, und keiner gerechterweise ihn um seine Handlungen beneiden kann.

Höfisches Leben und sinnliche Freuden des Liebesaktes

(10) Des weiteren: Es soll für ihn die allgemeine Regel als Zusammenfassung gelten,[8] daß von den Liebenden, was immer die Ordnung des höfischen Lebens *(curialitatis ordo)* fordert und dessen Lehre rät, nicht außer acht gelassen werden darf, sondern mit sorgfältigem Bestreben ausgeführt werden muß. Auch wird die Liebe durch den Genuß der ergötzlichen und süßen Wonnen des Fleisches bewahrt, allerdings (nur) solcher und so großer, die der Geliebten nicht lästig erscheinen. (11) Aber alle Akte oder körperlichen Bewegungen *(actus vel corporis gestus)*, welche der Liebende als seiner Liebespartnerin angenehm erkannt hat, die soll er schön und männlich ausführen.[9]

Verbot standesfremder Kleidung für Kleriker

Ein Kleriker soll aber kein weltliches Verhalten oder Gewand annehmen; denn niemand könnte durch Annahme standesfremder Kleidung oder Ausführung von Handlungen, die mit seinem Stand nicht übereinstimmen, seiner klugen Geliebten leicht gefallen.[10]

Gute Gesellschaft

(12) Außerdem soll ein Liebender laufend versuchen und darauf bedacht sein, beständig mit guten Menschen zu verkehren und

---

[7] Vgl. I,vi,155.

[8] *generali sit sibi regula comprehensum:* „Il doit avoir à l'esprit la règle générale" B, „it should be understood as a general rule" W, *prendi questa regola generale* TT.

[9] Eine der Stellen, an denen Sexuelles am direktesten zum Ausdruck gebracht wird.

[10] Vgl. I,vi,490.

sari et malorum societatem penitus evitare. Vilium namque consortio amatoris iuncta persona sui ipsius contemptum parit amanti. Haec autem ad utriusque sexus amantem pertinere cognoscas, quae de amoris tibi retentione narramus. Sunt et alii forte quam plures modi, qui amoris possunt conservationi valere, quos attentus diligensque amator propria poterit investigatione cognoscere.

Capitulum II: Qualiter perfectus amor debeat augmentari.

(1) Qualiter autem perfectus amor valeat augmentari, breviter tibi curabimus indicare. Et quidem imprimis dicitur augmentari, si rarus et difficilis inter amantes visus interveniat et oculorum aspectus; quanto etenim maior difficultas accedit mutua praestandi ac percipiendi solatia, tanto quidem maior aviditas et affectus crescit amandi. Crescit etiam amor, si unus amantium alteri se ostendat iratum; statim etenim timet amans vehementer, ne perpetuo duret animus concitatus amantis. (2) Amor praeterea tunc quoque sumit augmentum, quum alterum amantium zelotypia vera detentat, quae quidem nutrix vocatur amoris. Immo et, si amans non zelotypia vera sed turpi suspicione laboret, amor semper tamen inde cognoscit augmentum et sua fit virtute potentior. Quae autem vera sit zelotypia, et quae suspicio turpis, in tractatu nobilioris et

die Gesellschaft von schlechten vollkommen zu meiden. Denn ein Liebhaber, der sich persönlich der Gemeinschaft von Wertlosen anschließt, fordert für sich selbst die Verachtung der Geliebten heraus.

Gültigkeit der Regeln für beide Geschlechter

Du mögest aber erkennen, daß das, was wir dir über die Erhaltung der Liebe sagen, sich auf Liebende beiderlei Geschlechts bezieht. Es gibt vielleicht auch noch viele andere Wege, die der Bewahrung der Liebe dienen können, die ein aufmerksamer und eifriger Liebhaber durch eigene Nachforschung in Erfahrung bringen kann.

2. Kapitel: Auf welche Weise eine vollkommene Liebe gesteigert werden soll

Hemmnisse der Liebeserfüllung, Zorn der Geliebten, Eifersucht

(1) Auf welche Weise aber eine vollkommene Liebe gesteigert werden kann, sind wir bedacht, dir kurz zu zeigen. Da sagt man nun, daß sie besonders gesteigert wird, wenn die Liebenden einander selten und unter schwierigen Umständen sehen und unter die Augen kommen. Um wieviel größer nämlich die Schwierigkeit ist, die Wonnen gegenseitig zu spenden und zu empfangen, um so mehr nehmen ja das Verlangen und die Neigung zu lieben zu.[11] Es nimmt auch die Liebe zu, wenn einer der Liebenden dem anderen sich zornig zeigt;[12] sofort nämlich ist der Liebende in großer Furcht, daß das erzürnte Gemüt der Geliebten ewig anhält. (2) Die Liebe nimmt außerdem auch dann zu, wenn wahre Eifersucht den einen der Liebenden im Griff hat. Sie wird ja die Nährerin der Liebe genannt. Ja sogar auch dann, wenn der Liebende nicht an wahrer Eifersucht, sondern an schimpflichem Verdacht leidet, erfährt dennoch die Liebe davon stets Zuwachs und wird stärker in ihrer Kraft. Was aber wahre Eifersucht und was schimpflicher Verdacht ist, wirst du in der Erörterung des Hochadeligen und der Adeligen klar erkennen können.[13]

---

[11] Vgl. I,vi,361ff.
[12] *Ars amatoria* II,451–461.
[13] Vgl. I,vi,378ff.

nobilis evidenter cognoscere poteris. (3) Crescit quoque amor, si divulgatus fuerit, et eum durare contingat; nam amor non solet durare vulgatus sed prorsus deficere consvevit, si fuerit propalatus. Praeterea, si coamantem somnium repraesentet amanti, oritur inde amor et ortus sumit augmenta. Sed et, si cognoveris, aliquem ad tuae amantis subversionem laborare, illico tibi sine dubio augmentatur amor, et maiori eam incipies affectione diligere. (4) Immo amplius tibi dico: etsi manifeste cognoveris, quod alius tuae coamantis fruatur amplexu, magis ex hoc eius incipies affectare solatia, nisi magnanimitas et cordis nobilitas ab hac te improbitate defendat. Augmentare consvevit amorem mutatio facta vel facienda locorum, nec non correctiones et verbera, quae a parentibus patiuntur amantes. (5) Verberum namque sive sermonis correctio non solum perfectum crescere facit amorem, sed etiam nondum coepto perfectam exsistendi praestat originem. Valet autem ad amoris augmentum frequens cogitatio de coamante cum dilectione assumpta et oculorum cum timore secretus aspectus et actuum amoris exactio cum aviditate suscepta. (6) Multam praeterea intensionem praestat amori gestus et incessus placabilis coamanti atque facundia pulchra loquendi svavitasque sermonis

Bewahrung der Liebe bei Bekanntmachung

(3) Es wächst auch die Liebe, wenn sie öffentlich gemacht wurde und es ihr anzudauern gelingt; denn öffentlich gemachte Liebe pflegt nicht anzudauern, sondern nimmt üblicherweise immer mehr ab, wenn sie offenbart wurde.[14] Des weiteren: Wenn ein Traum dem Liebenden die Liebespartnerin zeigt, entsteht daraus Liebe und nimmt, bereits entstanden, zu.

Existenz eines Rivalen

Aber auch, wenn du bemerkst, daß jemand sich mit der Abwerbung deiner Geliebten abmüht,[15] steigert sich ohne Zweifel sofort deine Liebe, und du wirst beginnen, sie mit größerer Zuneigung zu lieben. (4) Ja, noch mehr sage ich dir: Sogar wenn du eindeutig weißt, daß ein anderer sich der Umarmung deiner Liebespartnerin erfreut, wirst du infolgedessen beginnen, die Vergnügungen mit ihr mehr zu ersehnen, außer Großherzigkeit *(magnanimitas)* und Edelmut *(cordis nobilitas)* halten dich von dieser Schlechtigkeit ab.[16]

Ortswechsel; Zurechtweisungen durch die Eltern

Es steigern gewöhnlich die Liebe ein vollzogener oder geplanter Ortswechsel sowie auch Tadel und Schläge, die die Liebenden von den Eltern erdulden. (5) Denn der Tadel durch Schläge oder mit Worten läßt nicht nur eine schon zustande gekommene Liebe wachsen, sondern schenkt auch einer noch nicht begonnenen einen perfekten Anfang ihrer Existenz.

Zärtlichkeiten, Höflichkeiten, Liebenswürdigkeiten, Beredsamkeit

Zum Wachsen der Liebe beizutragen vermag auch häufiges, zärtliches Denken an die Liebespartnerin, heimliches, furchtsames Tauschen von Blicken und leidenschaftliche Ausführung der Liebeshandlungen. (6) Außerdem verleihen Gehabe und Auftreten, die der Liebespartnerin gefallen, schöne Beredsamkeit *(facundia pulchra loquendi)*,[17] angenehme Rede *(suavitas sermonis)*

---

[14] Vgl. II,i,2.

[15] *aliquem ad tuae amantis subversionem laborare:* „que quelqu'un essaie de séduire ta bien-aimée" B, „that someone is hard at work trying to undermine your partner" W, *che un altro la tua manza ti volesse levare* TT, „che qualcuno si dá da fare per toglerti l'amante" I. Der Ausdruck *subvertere* läßt alle diese Deutungen zu. Die Italiener scheinen mir am ehesten das Richtige zu treffen.

[16] Andreas unterstellt also dem Mann im Gegensatz zur Frau, die den untreuen Mann sogleich verstößt (s. u. II,iii,2), eine untreue Frau sexuell sogar noch mehr zu begehren, tadelt dieses Verhalten aber zugleich als unedel.

[17] *Ars amatoria* I,459 ff., II,121 ff.

atque laudum coamantis percepta relatio. Sed aliae sunt forte causae, quibus amor intenditur, quas tu ipse assidua poteris indagatione perquirere [et], si haec, quae notavimus, attentis auribus percepisti. Nam, quaecunque aliae ad hunc articulum sunt causae valentes, ex his, quae diximus, pendere videntur et suam ex eis originem sumunt.

Capitulum III: Qualiter amor minuatur.

(1) Videamus ergo, qualiter amor minuatur. Minuit autem amorem solatia percipiendi et amantem nimia videndi facilitas et copia multa loquendi, nec non ineptus cultus et incessus amantis et repente superveniens inopia rerum. Amator enim inopia multa detentus tanta rei familiaris et necessitatis instantis cogitatione quassatur, ut amoris non possit actibus inservire nec debita sibi incrementa praestare, et inde suos cuncti mores et vitam improbare nituntur, et omnibus contemptibilis et odiosus exsistit, et neminem cognoscit amicum, quia:

„Quum fueris felix, multos numerabis amicos,
Tempora quum fuerint nubila, solus eris".

(2) Unde propter haec omnia, incipit facies et forma mutari, et eum somni requies derelinquit, et sic vix esse poterit, quod ipse penitus non vilescat amanti. Minui quoque facit amorem de coa-

und Lobpreisungen der Liebespartnerin, welche an ihr Ohr gedrungen sind, der Liebe eine große Intensitätssteigerung[18].

Aber vielleicht gibt es noch andere Gründe, wodurch die Liebe intensiviert wird, die du selbst durch eifriges Forschen herausfinden kannst, wenn du das, was wir angemerkt haben, mit aufmerksamen Ohren aufgenommen hast. Denn was für andere Gründe auch immer für diese Frage bedeutend sind, sie scheinen von dem, was wir gesagt haben, abzuhängen und nehmen davon ihren Ausgang.

3. Kap.: Auf welche Weise Liebe abnimmt

Mangelnde Hindernisse, schlechtes Betragen, Verarmung

(1) Schauen wir also, auf welche Weise die Liebe abnimmt.[19] Die zu einfache Möglichkeit, Liebesfreuden *(solatia)* zu erlangen und die Geliebte zu sehen, die reichliche Gelegenheit zur Unterredung, sowie unpassende Ausstattung und Aufführung des Liebenden und plötzlich auftretende Armut vermindern nämlich die Liebe. Denn der Liebende, der von großer Armut betroffen ist, quält sich mit so vielen Gedanken an Besitz und drohende Not, daß er sich nicht den Handlungen der Liebe widmen und die ihr geschuldete Steigerung leisten kann, weshalb alle darauf aus sind, seine Lebensführung *(mores et vita)* zu tadeln, er allen verächtlich und verhaßt wird und er keinen Freund (mehr) kennt, denn:

„Wenn du glücklich bist, wirst du viele Freunde zählen,
Sind die Zeiten umwölkt, wirst du allein sein.“[20]

(2) Davon beginnen sich aus all den Gründen Antlitz und Erscheinung zu ändern, ihn verläßt die Ruhe des Schlafes, und so wird es schwerlich möglich sein, daß er für die Geliebte nicht jeden Wert verliert.

---

[18] Andreas verwendet hier den scholastischen Ausdruck *intensio*, welchen Blaise in dieser Bedeutung bei Thomas von Aquin nachweist. In der Antike hieß er nur „Spannung“.

[19] Das Folgende wiederholt vieles, was schon I,v, I,vi,149ff. und I,vii gesagt wurde.

[20] Ovid, *Tristia* I,ix,5f., vgl. Walther 4165.

mante percepta infamia et avaritiae malorumque morum et omnis improbitatis audita relatio, nec non cum alia muliere facta commixtio, licet amandi affectus ibi desit. (3) Minuitur etiam amor, si stultum et indiscretum suum mulier cognoscat amantem, vel si in amoris exactione ipsum viderit excedere modum vel de coamantis non cogitare pudore nec verecundiae ipsius velle ignoscere. Fidelis enim amator potius debet gravissimas amoris eligere poenas quam coamantis verecundia exactione potiri vel ipsius spreto rubore gaudere, quia non amator sed proditor appellaretur, qui propriae solummodo considerat voluptatis effectum suae coamantis utilitate neglecta. (4) Deminutionem quoque patitur amor, si perpendat mulier, quod amator timidus exsistat in bello, vel verbi ipsum impatientem agnoscat aut superbiae vitio maculatum. Nil enim congruentius in uniuscuiusque persona residere videtur amantis quam humilitatis ornatu vestiri et superbiae penitus nuditate ca-

Üble Nachrede, ‚Seitensprünge', Unbesonnenheit, Rücksichtslosigkeit, erotischer Egoismus

Auch wenn man vom Liebespartner schlecht reden hört,[21] von seiner Habgier, seinen üblen Sitten oder überhaupt einem Mangel an innerem Wert *(omnis improbitas)*, läßt dies die Liebe abnehmen, sowie wenn er ein Verhältnis mit einer anderen Frau hat, selbst wenn dabei die Liebesleidenschaft *(amandi affectus)* fehlt.[22] (3) Die Liebe nimmt auch ab, wenn die Frau ihren Geliebten für dumm und unbesonnen[23] erkennt oder wenn sie sieht, daß er beim Fordern von Liebe das Maß überschreitet, nicht die Scheu der Liebespartnerin bedenken oder nicht auf ihr Schamgefühl Rücksicht nehmen will. Ein treuer Liebender nämlich soll eher die schwersten Qualen der Liebe wählen als das Schamgefühl der Liebespartnerin im Akt überwältigen[24] oder sich über ihr mißachtetes Erröten freuen, weil nicht Liebhaber, sondern Verräter genannt würde, wer nur die Verwirklichung der eigenen Begierde bedenkt, ohne den Vorteil seiner Liebespartnerin zu beachten.

Feigheit, Unnachgiebigkeit, Hochmut

(4) Eine Abnahme erleidet die Liebe auch, wenn die Frau erwägt, daß der Geliebte feig im Krieg sei, oder sobald[25] sie bei ihm Unnachgiebigkeit[26] oder den Makel der Sünde des Hochmuts aus-

---

[21] *de coamante percepta infamia:* „quand une femme découvre quelque infamie chez son bien-aimé" B, „the realisation of the notoriety of one's lover" W, *udita infamia dello amante* TT.

[22] Die rasende, weibliche Eifersucht beschreibt Ovid, *Ars amatoria* II,373ff.

[23] *indiscretum:* „étourdi" B, „undiscerning" W, *indiscreto* TT, *nices* D, *unbescheiden* H. Vgl. Blaise, Niermeyer s. v.

[24] *coamantis verecundia exactione potiri:* „d'abuser de la pudeur de sa bienaimé" B, „by his demands cause his partner embarrassment" W, *sich schentlich mit seinem lieb erlusten* H. Die italienischen Übersetzungen sind noch ungenauer als die deutsche. Das Wort *exactio* bezeichnet bei Andreas sowohl „Forderung" (z.B. I,ix,4) als auch „Vollzug, Ausführung" (z.B. I,vi,475), das Wort *verecundia* sowohl „Schande" (z.B. I,vi,491) als auch „Scham" (z.B. II,iii,3). Mit welchem Ablativ *potiri* hier zu verbinden ist, läßt sich schwer entscheiden, da der jeweils übrig bleibende dann schwer zu deuten ist (*coamantis verecundia* „zur Schande der Liebespartnerin"?). Ich entscheide mich für *verecundia potiri* und fasse *exactio* als Variation von *actus* (Synekdoche für *coitus*) auf, kann aber die Bedeutung „Forderung" natürlich nicht ausschließen.

[25] Ich lese hier mit W *ubi* nach Hs. C. Trojel hat *verbi* nach AD (EH *si*). Die Abbreviatur für *verbi* kann ganz leicht für die von *ubi* verlesen werden.

[26] *impatientem:* „qu'il n'a aucune retenue dans ses propos" B, „that he has no patience" W, *che non sia paziente* TT. Die deutsche Bedeutung „ungedul-

rere. (5) Minuit quoque frequenter amorem stulti vesanique prolatio verbi. Multi namque student in mulieris aspectu amentia verba proferre, se illi placere credentes, si fatuis et indiscretis sermonibus utantur; qui re vera mirabili deceptione falluntur. Plurima namque sensus laborat inopia, qui, dum stulta gerit, se credit sapienti placere. (6) Attenuat etiam amorem blasphemia in Deum vel suos sanctos illata et ecclesiasticae religionis irrisio et elemosynarum studiose pauperibus facta detractio. Praeterea violenter amor decrescere invenitur, si infidelis aliquis exsistat amico, vel si aliud firmiter ore fateatur et aliud retineat fraudulenter in corde conceptum. (7) Decrescit etiam amor, si ultra, quam deceat, contingat amantem divitias congregare vel pro rebus modicis facile litigare.

macht. Keine passendere Eigenschaft einer Person scheint es nämlich zu geben als die Bekleidung mit dem Schmuck der Demut und die vollkommene Entkleidung von nacktem Hochmut.[27]

Albernheiten

(5) Es mindert auch häufig die Liebe, wenn man ein dummes und unsinniges Wort vorbringt. Viele nämlich trachten beim Anblick einer Frau sinnlose Worte vorzubringen, im Glauben, jener zu gefallen, wenn sie törichte und unbesonnene Reden führen; da unterliegen sie aber in Wirklichkeit einem unglaublichen Trugschluß. Größten Mangel an Verstand leidet nämlich, wer einer Klugen zu gefallen glaubt, wenn er sich dumm aufführt.[28]

Blasphemie, Mißachtung des Klerus und der Kirchengebote, Doppelzüngigkeit, Geiz, Streitsucht

(6) Auch die Lästerung Gottes oder seiner Heiligen, die Verspottung der Priesterschaft[29] und die Herabwürdigung eifriger Spenden für die Armen[30] schwächen die Liebe.[31] Außerdem findet sich ein rascher Schwund der Liebe, wenn jemand sich seinem Freund treulos erweist oder wenn er etwas anderes laut und fest bekennt, als er tückisch in seinem Herzen plant und zurückhält. (7) Es schwindet die Liebe auch, wenn es vorkommt, daß ein Lie-

---

dig" scheint hier auszuscheiden. Hartliebs Übersetzung (*das er ein rümer ist*) vermag ich nicht zu erklären.

[27] *superbiae penitus nuditate carere:* „absolument exempt de la nudité de l'orgueil" B, „utterly untouched by the nakedness of pride" W, *da superbia lontano* TT A, *gnudo di superbia* TT B, *mancare assolutamente di superbia* I, *alle hochuartt ganz ausslecht H.* B und W scheinen sich an dem schiefen Bild von der Nacktheit des Hochmuts nicht gestoßen zu haben, so wenig wie die mittelalterlichen lateinischen Schreiber. Der Autor scheint zuerst an den bildhaften Gegensatz von Bekleidung und Nacktheit gedacht, dann aber auch noch den von Schmuck und Schmucklosigkeit hineingebracht zu haben. Wenn aber B recht haben und hinter dem Ausdruck Ps 72,6 stehen sollte (*ideo tenuit eos superbia / operti sunt iniquitate et impietate sua*), müßte man *nuditate* als Verlesung im Archetypus verdächtigen.

[28] Vgl. I,vi,153f.

[29] *ecclesiasticae religionis:* „sur la religion" B, „scoffing at the religion of the church" W, *le ecclesiastiche cose* TT, *geistlich ding* H. Ich folge der von Niermeyer verzeichneten Bedeutung, s. v. (Nr. 9).

[30] *elemosynarum studiose pauperibus facta detractio:* Alle Übersetzungen verstehen die Phrase so, als stünde *factarum* da. Vermutlich ist vom Schreiber des Archetypus tatsächlich die Abbreviatur für *-rum* übersehen worden. Die Annahme einer Hypallage scheidet hier wohl aus.

[31] Vgl. I,vi,151.

Multa praeterea tibi possemus de amoris attenuatione narrare, quae tuae sollicitudini penitus derelinquimus indaganda. (8) Nam adeo te videmus negotiis omnibus aliis derelictis amoris exercitio deditum et in amandi proposito confirmatum, quod nil te poterit in amoris arte latere, quia in ea nil indiscussum relinques. Hoc tamen te nullatenus volumus ignorare, quod, postquam incipit amor evidenter decrescere, cito deficit, nisi aliquo sibi remedio succurratur.

Capitulum IV: Qualiter finiatur amor.

(1) Breviter de amoris deminutione discusso tractatu, qualiter ipse amor finiatur, subsequenter tibi curamus annectere. Et imprimis quidem amor finem agnoscit, si unus coamantium alteri frangat vel conetur frangere fidem, vel si in fide catholica deprehendatur errare. (2) Finitur quoque amor, postquam evidenter fuerit propalatus atque inter homines divulgatus. Sed et, si alteri coamantium necessitates maximas patienti et † opportunitate plurima laboranti abundans manus alterius non succurrat amantis, amor consvevit inde plurimum indignari et ignominiosum capere finem.

bender über das geziemende Maß hinaus Reichtümer anhäuft oder um geringfügige Dinge leicht streitet.

Existenzgefährdung der Liebe bei ihrer Minderung

Vieles könnten wir dir noch über die Verminderung der Liebe erzählen, was wir deinem Eifer zur völligen Erforschung überlassen. (8) Denn wir sehen, daß du alle anderen Geschäfte zurückgelassen, dich so der Beschäftigung mit der Liebe gewidmet und auf das Vorhaben zu lieben festgelegt hast, daß dir in der Liebeskunst *(amoris ars)* nichts verborgen bleiben können wird, weil du darin nichts unberührt lassen wirst. Wir wollen jedoch, daß du das auf jeden Fall weißt, daß die Liebe, nachdem sie eindeutig abzunehmen beginnt, schnell aufhört, wenn man ihr nicht mit irgendeinem Heilmittel zu Hilfe eilt.

4. Kap.: Auf welche Weise die Liebe beendet wird

Treuebruch; Ketzerei

(1) Nach der kurzen Abhandlung über die Abnahme der Liebe sind wir darauf bedacht, dir in der Folge hinzuzufügen, auf welche Weise die Liebe beendet wird. In erster Linie erfährt die Liebe gewiß ihr Ende, wenn einer der Liebespartner dem anderen die Treue bricht oder versucht, sie zu brechen, oder wenn er dabei ertappt wird, daß er im katholischen Glauben in die Irre geht.

Verletzung der Diskretion oder der Fürsorgepflicht

(2) Die Liebe wird auch beendet, nachdem sie offensichtlich bekannt und unter den Menschen öffentlich gemacht wird. Aber auch, wenn dem einen der Liebespartner, der größte Not leidet und sich in höchster Bedrängnis befindet,[32] die volle Hand des anderen Liebenden nicht zu Hilfe eilt, pflegt die Liebe darüber sehr entrüstet zu sein und ein schimpfliches Ende zu nehmen.

---

[32] *opportunitate plurima laboranti:* „pressé par multiples malheurs“ B, *che non ha quasi che manicare [=mangiare]* TT B, „è molto afflitto della sua situazione“ I. W vermutet hingegen hinter *opportunitas* die gewöhnliche und auch bei Andreas mehrfach gebrauchte Bedeutung „Gelegenheit“, zieht daher den Ablativ zum Hauptverbum des Satzes *succurrat* und übersetzt „is not aided in difficulty by the others's hand though plentiful opportunities present themselves“. In I,vi,9 ist er aber selbst von der dort unmöglichen Bedeutung „Gelegenheit“ zu „Notwendigkeit“ ausgewichen, die wohl auch hier vorliegen wird.

(3) Finitur quoque amor novo superveniente amore, quoniam affectioni nemo se potest colligare duorum. Amoris praeterea inaequalitas, fraudulenta cordis et dolosa duplicitas perpetuo fugare solet amorem. Amator namque dolosus ab omni meretur femina recusari et nullis ad hoc debet meritis adiuvari, quia, quantalibet sit aliquis probitate praeclarus, et quantalibet sapientia decoretur, si fraudulento in amore versetur ingenio, ab ipsius amoris meretur curia propulsari. (4) Amor enim duos quaerit fidei unitate coniunctos et voluntatum identitate concordes, alii autem quolibet amoris merito defraudantur et in amoris curia extranei reputantur. Sed et superveniens foederatio nuptiarum violenter fugat amorem, ut quorundam amatorum manifesta doctrina docetur. (5) Praeterea, si aliquo fortuito eventu contingat, ut alter amantium ad Veneris impotentiam deducatur, amor inter eos postea durare non potest, sed illos penitus derelinquit. Amorem etiam fugat et odit furor alteri superveniens coamanti et timor repentinus exortus. His tibi breviter et in summa notatis, amice, alios finales

Neue Liebe; Unaufrichtigkeit in der Liebe

(3) Beendet wird die Liebe auch, wenn eine neue Liebe überraschend auftritt, weil niemand sich an die Zuneigung zu zwei Partnern binden kann. Außerdem pflegt die Ungleichheit der Liebe, die trügerische und arglistige Zweideutigkeit des Herzens, die Liebe für immer in die Flucht zu schlagen. Ein arglistiger Liebender nämlich verdient von jeder Frau zurückgewiesen zu werden und darf dabei von keinen Verdiensten Hilfe erhalten, denn mag auch ein noch so hoher innerer Wert jemanden berühmt machen und noch so große Weisheit ihn auszeichnen, so verdient er doch, wenn er in der Liebe sich mit trügerischen Erfindungen abgibt, vom Hof der Liebe selbst vertrieben zu werden. (4) Die Liebe nämlich verlangt zwei durch die Einheit des Vertrauens Verbundene[33] und in der Gleichheit ihrer Wünsche Übereinstimmende, andere aber werden um jedes Verdienst der Liebe betrogen und am Hof der Liebe für Fremde gehalten.

Eheliche Verbindung des Liebespaares, Impotenz, Irrsinn

Aber auch wenn eine Verbindung durch eine Hochzeit hinzukommt, vertreibt sie die Liebe mit Macht,[34] wie in der Lehre gewisser Liebender klar dargelegt wird. (5) Des weiteren: Wenn es durch ein zufälliges Ereignis passiert, daß einen der Liebenden sexuelle Unfähigkeit *(Veneris impotentia)* befällt, kann hernach die Liebe zwischen ihnen nicht andauern, sondern verläßt sie vollkommen.[35] Raserei, die den einen Liebespartner ergreift, und plötzlich ausbrechende Furcht[36] vertreiben und hassen auch die Liebe.

Nach diesen kurzen und summarischen Bemerkungen überlassen wir es dir, mein Freund, andere Arten des Endes der Liebe zu

---

[33] *fidei unitate coniunctos:* „unis par une même fidelité“ B, „joined together in unity of faith“ W, *congiunte in una fè* TT, *in ganntzen trewen* H. Vom religiösen Glauben ist hier offenbar nicht die Rede.

[34] Vermutlich ist die eheliche Verbindung der beiden Liebespartner selbst gemeint, wie auch schon der TT annimmt, während D und H von der Heirat nur eines der beiden ausgehen. Dies würde aber der Liebesregel I (II,viii,44) widersprechen.

[35] Es ist unbeweisbar, aber naheliegend, daß Andreas hier an Abaelard und Heloise gedacht hat.

[36] *timor repentinus exortus:* „qu'il se montre soudain timide“ B, „with the sudden fear that arises from it“ W, *nato tremore di cuore* TT. Nur W denkt an eine Furcht vor der Raserei des anderen Liebespartners. Man sollte aber dann doch ein *inde* im Text erwarten.

modos amoris tibi relinquimus explorandos. Non enim tuo prorsus otio volumus indulgere nec te penitus exonerare labore.

(6) Hic tamen quaerere posses, utrum finitus amor valeat resumere vitam. Et, si quidem amoris defectus provenerit ex alicuius ignorantia facti, sine dubio reviviscere potest; si vero ex coamantis delicto procedat vel ipsius naturae defectu, eum aliquando revixisse, memores minime sumus, hoc tamen non impossibile iudicamus, nisi forte ubi naturae defectus occurrat. Sed, si quandoque contingat, amorem reviviscere, non tamen eum credimus amantium pura penitus fide vallari.

Capitulum V: De notitia mutui amoris.

(1) His ita dispositis et brevi satis eloquio peroratis ad mutui amoris habendam notitiam tractatum superioribus adiungamus, quem cunctis amantibus utilem credimus et opportunum. Nihil enim est magis amantibus necessarium quam indubitate cognoscere, qualis sit erga eos coamantis affectus. Nam, si in hac parte aliquo decipiantur errore, ex tali amore non magnum consequuntur honorem et facile inde possunt maximam sustinere iacturam. (2) Pluribus ergo modis amans potest fidem coamantis cognoscere et eius explorare

erforschen. Wir wollen nämlich nicht gänzlich deiner Untätigkeit Vorschub leisten[37] und dich nicht vollkommen von Arbeit entlasten.

Mögliches Wiederaufleben erloschener Liebe

(6) Hier könntest du jedoch fragen, ob beendete Liebe wieder zum Leben erwachen kann. Wenigstens wenn das Verschwinden einer Liebe aus der Unkenntnis irgendeines Faktums entstanden ist, kann sie ohne Zweifel wieder aufleben; wenn es aber aus dem Vergehen eines Liebespartners oder einem Defekt der Natur selbst entsteht, können wir uns nicht im geringsten erinnern, daß sie jemals wieder auflebte. Wir halten dies dennoch nicht für unmöglich, außer wo etwa ein Defekt der Natur auftritt. Aber wenn es der Liebe einmal gelingt, wieder aufzuleben, glauben wir dennoch nicht, daß sie durch das reine Vertrauen der Liebenden vollkommen geschützt ist.

5. Kap.: Vom Erkennen der gegenseitigen Liebe

Einleitung

(1) Nachdem wir dies so dargelegt und in sehr kurzen Worten durchbesprochen haben, wollen wir zu den vorhergehenden eine Abhandlung betreffend das nötige Erkennen der gegenseitigen Liebe hinzufügen, die wir für alle Liebenden für nützlich und brauchbar halten. Nichts nämlich ist für Liebende notwendiger, als zweifelsfrei zu erkennen, welcher Art die Zuneigung des Liebespartners ihnen gegenüber ist. Denn wenn sie sich in diesem Punkt durch irgendeinen Irrtum täuschen, erlangen sie von einer solchen Liebe keine große Ehre und können davon leicht den größten Verlust erleiden.

Kennzeichen schwindender Liebe: Ausreden, erotische Passivität, Meidung der Zusammenkunft

(2) Auf mehrere Arten also kann ein Liebender die Treue des Liebespartners kennenlernen und seine Absicht erforschen.[38]

---

[37] *tuo … otio … indulgere:* Hier ist Ws Wiedergabe „to occupy your leisure" sicher unrichtig. Alle anderen Übersetzungen stimmen mit unserer Deutung überein.

[38] Wiederum ergibt sich im Deutschen das Problem, die geschlechtsneutralen Ausdrücke *amans* und *coamans* auf ein Geschlecht festzulegen (im Gegensatz zum Englischen, wo *lover* und *partner* ebenfalls geschlechtsneutral sind). „Partner" kann zur Not auch im Deutschen so verwendet werden, „Liebende(r)" und „Geliebte(r)" aber nicht. Auch die Verwendung von

propositum. Si enim videris, amantem occasiones in coamantem requirere varias vel falsa impedimenta opponere, de ipsius non diu speres amore gaudere. Similiter si videris, coamantem sine causa in solita tibi exhibendo solatia tepidari, eius fidem vacillare cognoscas. (3) Sed, si coamantem cognoveris, se ultra solitum, ut eam non videas, absentare, eius non est firmum in veritate propositum. Sed et, si studeat internuntio se celare fideli, te sine dubio valida relinquit in unda et te subterfugit amare. Praeterea, si perpenderis, coamantem a solitis per nuntium visitationibus abstinere, vel eius fidelem internuntium et specialem in eo, quod referre solebat, cognoveris esse remissum vel tibi quasi alienum, eam tibi subversam credere debes [amantem]. (4) Sed et, si inter ipsa delectationis opera in svavia praestando solatia tibi magis solito per-

Wenn du nämlich siehst, daß die Geliebte verschiedene Ausreden dem Partner gegenüber sucht oder erfundene Hindernisse entgegenhält, sollst du nicht lange dich ihrer Liebe zu erfreuen hoffen. In ähnlicher Weise sollst du erkennen, daß ihre Treue wankt, wenn du siehst, daß die Liebespartnerin ohne Grund in der Gewährung der gewohnten Liebesfreuden lau wird.[39] (3) Wenn dir aber klar wird, daß die Liebespartnerin sich mehr als üblich fernhält, damit du sie nicht siehst, so ist ihre Absicht wahrlich ungewiß. Aber auch, wenn sie sich vor dem treuen Zwischenträger versteckt, läßt sie dich ohne Zweifel auf einer kräftigen Woge[40] zurück und entzieht sich deiner Liebe.

Nachlässigkeit beim Botenverkehr

Des weiteren: Wenn du beobachtet hast, daß die Geliebte von den üblichen Besuchen durch den Boten Abstand nimmt[41] oder du erkennst, daß ihr treuer, ausgewählter Zwischenträger bei dem, was er (sonst) zu berichten pflegte, nachlässig oder dir gegenüber wie ein Fremder ist, sollst du glauben, daß sie abspenstig gemacht wurde.[42]

Lustlosigkeit und Sprödigkeit beim Beischlaf

(4) Aber auch, wenn sie bei den Werken der Liebe selbst, obwohl sie dir die süßen Freuden *(solatia)* schenkt, mehr als gewöhnlich in bedrückter Stimmung verharrt[43] oder wenn du er-

---

eius und *ipsius* statt des Possessivums verschleiert das Geschlecht. Nur die Verwendung des Personalpronomens *ea(m)* in § 3 macht deutlich, daß auch dieser Abschnitt aus männlicher Perspektive geschrieben ist, es also um die Erprobung der Geliebten geht.

[39] *tepidari:* „elle montre de la tiédeur“ B, „cooling off“ W, *essere tiepido* TT. Das Verb (im Gegensatz zum Adjektiv *tepidus* „lau“) ist in der Antike nicht im übertragenen Sinn belegt. Es könnte ein Romanismus vorliegen.

[40] Metapher für die Angst vor der Untreue der Geliebten.

[41] *a solitis per nuntium visitationibus abstinere:* „s'abstient de communiquer avec toi comme à l'accoutumée par l'intermédieur de son messager“ B, „is refraining from sending her messenger on the usual visits“ W, *non ti incita per suo messo siccome suole* TT, „ti manda a dire con il messo che rifiuta gli abituali incontri“ I. Alle genannten Auslegungen scheinen möglich. Meine wörtliche Übersetzung ist so unklar und ungeschickt wie das Original.

[42] *eam tibi subversam:* Siehe II,ii,3 mit Anm. 15.

[43] *si ... praestando solatia tibi magis solito permanserit onerosa:* „Si ... elle t'accorde ses doux plaisirs avec plus d'ennui qu'à l'ordinaire“ B, „If ... when she is granting you sweet consolations, she persists in being more niggling towards you than usual“ W, *se ... a rendere solazzi, si mostra te-*

manserit onerosa, vel tua sibi cognoveris solatia taediosa, eius te destitutum amore non dubites. Praeterea, si ipsa tibi forte insolita convicia pendat vel aliqua exigat, quae non consveverat exigere, vel eam videris in praestando vel petendo solatia solito tardiorem, scias, quod amori tuo brevi est duratura momento. (5) Sed et, si ipsam agnoveris tecum vel cum quolibet alio saepe alterius et indiscrete facta recolere, vel ipsius sub cuiusque calliditatis ingenio attente vitam moresque disquirere, eam scias de amore alterius cogitare. Praeterea, si cognoveris, coamantem ultra, quam consveverat, corporis inservire culturae, aut ipsa in tuo crescit amore aut de alterius est amore sollicita. (6) Mulier autem, quae in sui coamantis aspectu pallescit, in vero procul dubio consistit amore. Ad haec qui coamantis fidem atque affectum vera cupit indagatione cognoscere, cautissime et subtiliter simulare debet amanti, quod alterius concupiscat amplexus, et eius ultra solitum incipiat frequentare viciniam. (7) Ob quam rem si suam cognoverit coamantem animo turbari, eam vero credat in amore firmatam et in eo constantissime solidari. Nam, quum unus amantium [aspiciatur] novi amoris amplexibus enutriri vel de eo quomodolibet cogitare suspicatur amantem, statim in corde et animo vehemter incipit iaculari et intolerabili quodam zelo intrinsecus vulnerari. Cuius animi dolorem intrinsecum eius statim evidenter incipit facies indicare. (8) Sed et simulatae indignationes quandoque pulchre inter amantes sibi locum possunt vindicare. Nam, si unus amantium alteri se

kennst, daß ihr deine Zärtlichkeiten *(solatia)* lästig sind, sollst du nicht daran zweifeln, daß du ihre Liebe verloren hast. Des weiteren: Wenn sie etwa gegen dich ungewohnte Spitzen richtet oder irgendetwas fordert, was sie nicht zu fordern pflegte, oder du siehst, daß sie säumiger als üblich die Liebesfreuden *(solatia)* erweist oder erbittet, sollst du wissen, daß sie in kurzer Zeit für deine Liebe unempfindlich sein wird.

Interesse an Leben und Taten eines anderen, Steigerung der Pflege des Äußeren

(5) Aber auch, wenn du bemerkt hast, daß sie mit dir oder mit irgendeinem anderen oft und ohne Unterschied über die Taten eines anderen redet oder unter irgendeinem schlauen Vorwand aufmerksam sein Leben und seinen Charakter durchforscht, sollst du wissen, daß sie an die Liebe zu einem anderen denkt. Des weiteren: Wenn du merkst, daß sich deine Geliebte mehr als sonst der Pflege ihres Äußeren *(corporis cultura)* widmet, wächst sie entweder in der Liebe zu dir oder ist mit der Liebe zu einem anderen beschäftigt.

Prüfung durch Erwecken von Eifersucht

(6) Eine Frau aber, die beim Anblick ihres Liebespartners erbleicht, liebt ohne Zweifel wahrhaftig.[44] Wer überdies Treue und Zuneigung der Geliebten durch echte Nachforschung kennenlernen will, soll der Geliebten ganz vorsichtig und gekonnt vormachen, daß er die Umarmungen einer anderen ersehnt und mehr als üblich ihre Nähe zu suchen beginnt. (7) Wenn er merkt, daß seine Liebespartnerin darüber im Herzen beunruhigt ist, soll er glauben, daß sie in der wahren Liebe verankert ist und in ihr unerschütterlich fest steht. Denn wenn einer der Liebenden Verdacht schöpft, daß der andere sich an den Umarmungen einer neuen Liebe ergötzt oder daran irgendwie denkt, beginnt er sofort heftig in seinem Herzen und Gemüt durchbohrt zu werden und in seinem Inneren durch unerträgliche Eifersucht verwundet zu werden. Sein Gesicht beginnt sofort eindeutig den inneren Schmerz seines Gemüts zu zeigen.

Prüfung durch angebliche Verstimmung

(8) Aber auch vorgetäuschte Verstimmungen können manchmal gut und gerne unter Liebenden für sich einen Platz beanspru-

---

diosa TT. Der Bezug des Adjektivs *onerosus* „lästig, beschwerlich, drükkend" auf eine Person ist sehr seltsam. Andreas kann hier nur etwas gemeint haben, was richtig etwa *gravatus* hätte heißen müssen.

[44] Vgl. II,viii,46; *Ars amatoria* I,729.

ostendat iratum et ob aliquam causam se indignatum demonstrat amanti, eius manifeste poterit cognoscere fidem. Verus enim amans semper pavidus pertimescit, ne perpetua sit indignatio coamantis, et ideo, licet quandoque indigno coamanti coamans se ostenderit indignatum, talis quidem modico tempore poterit durare commotio, si verus inter eos amor esse dignoscitur. (9) Ex talibus quidem indignationibus dilectionis vinculum vel amoris non credas attenuari substantiam, sed exinde omnis in eo purificatur aerugo. Praeterea, si unus amantium sit super rerum coamantis exactione sollicitus, nisi ad hoc summa fuerit propriarum rerum egestate compulsus, talis quidem, etsi se confingat amare, longe tamen est ab amantium dilectione remotus, quia non amare sed alienis abundare curat divitiis.

(10) Sunt fortassis et alii quam plures modi, qui ad mutui amoris habendam notitiam possunt valere doctrinae, quos ex his, quae praedixi, lector assiduus facillima poterit indagatione cognoscere.

Capitulum VI: Si unus amantium alteri fidem frangat amanti.

(1) Si unus amantium alteri fidem frangat amanti, si quidem vir fuit ille, qui fregit, et hoc novi peregit amoris intuitu, prioris efficitur penitus indignus amore atque ipsius frustrandus amplexu,

chen. Denn wenn einer der Liebenden sich dem anderen gegenüber erzürnt zeigt und aus irgendeiner Ursache eine Verstimmung demonstriert, wird er klar dessen Treue erkennen können. Der wahrhaft Liebende nämlich ist immer voll Angst und Furcht, die Verstimmung des Liebespartners könne andauern, und so, mag sich auch ein Liebespartner dem andern ohne dessen Schuld verstimmt zeigen, wird eine solche Stimmung gewiß nur kurz anhalten können, wenn die Existenz wahrer Liebe zwischen ihnen festgestellt wird. (9) Ja, glaube nicht, daß durch solche Verstimmungen die Fessel der Zuneigung oder die Substanz der Liebe geschwächt werden, sondern daß dadurch an ihr aller Rost[45] abgekratzt wird.

Materielle Interessen als Zeichen mangelnder Liebe

Des weiteren: Wenn einer der Liebenden eifrig Verlangen nach dem Vermögen des Liebespartners tragen sollte,[46] ohne vom völligen Mangel eigenen Vermögens dazu genötigt zu sein, hat ein solcher sich weit von der Zuneigung Liebender entfernt, auch wenn er vorgibt zu lieben, weil er nicht darauf bedacht ist zu lieben, sondern kraft fremden Reichtums im Überfluß zu leben.

(10) Es gibt vielleicht noch viele andere Wege, die zum Unterricht taugen können, um wechselseitige Liebe zu erkennen. Der eifrige Leser[47] kann sie aus dem bereits Gesagten durch sehr einfache Nachforschung kennenlernen.

6. Kap.: Wenn einer der Liebenden dem anderen die Treue brechen sollte

Ablehnung jeden ‚Dreiecksverhältnisses'

(1) Wenn einer der Liebenden dem anderen die Treue brechen sollte, und zwar wenn es der Mann ist, der sie gebrochen, und dies im Hinblick auf eine neue Liebe getan hat, wird er der früheren

[45] *aerugo:* „rouille“ B, „impurities“ W, *ruggine* TT. Das Wort bedeutet in der Antike im übertragenen Sinn nur „Mißgunst, Habsucht“.

[46] *sit super rerum coamantis exactione sollicitus:* „est trop porter à exiger de l'autre des présents“ B, „is keen to obtain the possessions of his partner“ W, *sollecito è di prendere le cose dell'altro* TT.

[47] Hier wird der Adressatenkreis deutlich über den sonst meist angesprochenen Freund Walter erweitert.

quia in eo prioris spiritus deficit amoris. Nam impossibile prorsus viva ratione probatur, ut assidua et immoderata de muliere cogitatio sumpta novo originem non praestet amori veteremque funditus non expellat. (2) Ipsius enim amoris naturali ac generali traditione docemur, neminem posse vere duplici amore ligari. Talis ergo amator, si solitos requirat amplexus et prioribus exigat gaudiis honorari, a prioris aula penitus excludatur amantis et longe quasi abiiciatur incognitus, quia nulla super hoc sibi possunt opitulari servitia, nisi mulier sibi velit exsistere gratiosa.

(3) Sed videamus, an mulier, si talem admittat amantem, in suo sit laudanda proposito. Et certe hoc cupio mulieribus indicare, quod multum probitati feminae videtur derogari, si talem ulterius admittat amantem, qui novum fuerit expertus amorem; omni namque misericordia iudicatur indignus, qui tanti honoris accepti obliviosus et ingratus exsistens de alterius non erubuit amplexibus cogitare. (4) Quid enim in hoc saeculo alicui potest gratius exhiberi quam optatae mulieris [divitiis] amore potiri? Si vero mulier, ut saepissime solitum est evenire, a praefati deceptoris amore suam non possit avertere mentem, et ille in novo persistat amore, firma sit veritate secura, quod diuturnas valde sustinebit angustias, antequam optatum capiat ipsius voluntas effectum. (5) Raro etenim contingere solet, ut recente amore admisso ad primum facile reducatur amator, quia vix unquam amor reviviscere posset

Liebe völlig unwürdig und muß um ihre Umarmung gebracht werden, weil in ihm der Geist der früheren Liebe abgestorben ist. Denn es wird von der lebendigen Vernunft[48] als völlig unmöglich erwiesen, daß das ständige und maßlose Denken an eine Frau nicht eine neue Liebe entstehen läßt und die alte nicht von Grund auf vertreibt. (2) Denn wir werden von der natürlichen und allgemeinen Überlieferung über die Liebe selbst belehrt, daß niemand wirklich von einer doppelten Liebe gebunden sein kann.[49] Ein solcher Liebhaber soll also, wenn er die gewohnten Umarmungen sucht und die Auszeichnung mit den früheren Freuden fordert, vom Hof der früheren Geliebten gänzlich ausgeschlossen und wie ein Unbekannter weit weggeschleudert werden, weil ihm dabei keine Dienste helfen können, es sei denn, die Frau wolle sich ihm gnädig erweisen.

Verfehlte Toleranz gegen den untreuen Geliebten

(3) Aber laßt uns sehen, ob eine Frau, wenn sie einen solchen Liebenden akzeptiert, für ihr Vorhaben zu loben ist. Da möchte ich dies gewiß den Frauen klar machen, daß der innere Wert einer Frau sehr zu leiden scheint, wenn sie einen solchen Liebenden, der die Erfahrung einer neuen Liebe gemacht hat, weiterhin akzeptiert; es gilt nämlich für unwürdig jeglichen Mitleids, wer, uneingedenk einer so hohen empfangenen Ehre und undankbar, sich nicht schämte, an die Umarmungen einer anderen zu denken. (4) Was kann nämlich auf dieser Welt jemandem Willkommeneres zuteil werden, als die Liebe der ersehnten Frau zu erlangen? Wenn aber eine Frau, wie es sehr oft zu geschehen pflegt, ihren Sinn nicht von der Liebe zu erwähntem Betrüger abkehren kann und jener auf der neuen Liebe besteht, mag sie wirklich und wahrhaftig sicher sein, daß sie langanhaltende Drangsale ertragen wird, bevor ihr Wille den erwünschten Effekt erlangt. (5) Es pflegt nämlich selten vorzukommen, daß ein Liebhaber, wenn eine neue Liebe in Gang gekommen ist,[50] leicht zu der ersten Liebe zurückgeführt

---

[48] *viva ratione:* „l'expérience" B, „reasoned experience" W, „ragione" I. Vgl. *ratio vivens* oben I,vi,498 mit Anm. 409.

[49] Vgl. Liebesregel III in II,viii,44.

[50] *recente amore admisso:* „(un amant) occupé d'une nouvelle passion" B, „when a lover takes on a new love" W, „dopo avere cominciato un nuovo amore" I. Es ist allerdings nicht auszuschließen, daß *admittere* hier auf die Erlaubnis der ersten Dame zielt.

exstinctus. Huic autem mulieri meum non possum denegare consilium: Si oberrantem igitur mulier talis tenere cupit amantem suum, ei studeat celare propositum et animi cogitationem penitus occultare ac cauta illi simulatione demonstret, quod ex amoris turbatione ipsius non sit animus concitatus, sed patienter, quod agit amator, ac quiete se tolerare confingat; et si perpenderit, eum per suam deambulare viciniam, ad loca visionis more solito non accedat, sed ei se penitus absentare laboret. (6) Sed, si ex hoc ingenio nullum sibi mulier cognoverit afferi profectum, cautissime fingat, se de alterius viri amplexibus cogitare, ut antiqua recolens amator et gaudiosa solatia, quae plurima consveverat aviditate suscipere, nunc extraneis exhiberi zelum in mente resumat amoris, et eius animus incipiat priora praecordialiter affectare solatia. Quod si nec istis ingeniis amor valeat revocari deperditus, saniori consilio mulier sibi poterit providere, si conetur penitus ipsius oblivisci et amoris illius penitus memoriam declinare. (7) Supradictis igitur, ut supra dixi, medelis sapienter adhibitis, si nulla exinde

wird, weil eine erloschene Liebe kaum jemals wieder aufleben kann.[51]

Ratschläge für die Wiedergewinnung des Untreuen: Vorgetäuschte Gleichgültigkeit, Distanz, Weckung von Eifersucht

Dieser Frau aber kann ich meinen Ratschlag nicht verweigern: Wenn also eine solche Frau ihren herumschweifenden Liebhaber behalten will, soll sie ihm das Vorhaben verheimlichen und ihre inneren Gedanken vollkommen verbergen und soll ihm mit kluger Verstellungskunst demonstrieren, daß ihr Gemüt durch seine Störung der Liebe[52] nicht erregt ist. Vielmehr soll sie vorgeben, daß sie, was der Liebhaber treibt, geduldig und ruhig erträgt; und wenn sie glaubt, daß er in ihrer Nähe umhergeht, soll sie nicht wie üblich die Orte ihres Stelldicheins aufsuchen, sondern sich bemühen, sich vollkommen von ihm fernzuhalten. (6) Aber wenn die Frau erkannt hat, daß ihr mit diesem Schachzug kein Erfolg beschieden ist, soll sie ganz vorsichtig vortäuschen, daß sie an die Umarmungen eines anderen Mannes denkt, damit ihr Liebhaber, wenn er sich klar macht, daß die alten und lustvollen Wonnen, welche er mit größter Begierde zu empfangen pflegte, jetzt anderen[53] gewährt werden, wieder in seinem Innern auf seine Liebe eifersüchtig wird[54] und daß sein Herz beginnt, die früheren Wonnen inniglichst zu ersehnen.

Empfehlung des Versuchs, ihn zu vergessen

Wenn aber auch durch diese Einfälle die verlorene Liebe nicht wieder zurückgerufen werden kann, wird sich die Frau mit einem klügeren Plan vorsehen können, indem sie versucht, ihn vollkommen zu vergessen und das Andenken an seine Liebe vollkommen auszulöschen. (7) Hat sie also die erwähnten Heilmittel klug angewandt, wie ich oben gesagt habe,[55] und haben davon ihre Wunden

---

[51] Vgl. Cicero, *Tusculanae disputationes* IV,75 (W).

[52] *ex amoris turbatione ipsius:* „par le changement de ses sentiments à son égard" B, „because of the upset to her love" W, *del turbamento* TT, fehlt bei I.

[53] *extraneis:* Der Plural ist seltsam und wird auch nur von W beachtet.

[54] *zelum in mente resumat amoris:* „sa jalousie renaîtra" B, „the lover may inwardly long jealously for his love again" W, *riprenda nella mente sua gelosia d'amore* TT.

[55] *Supradictis igitur, ut supra dixi, medelis sapienter adhibitis:* Eine besonders ungeschickte Doppelung des Ausdrucks, die von den Übersetzern ignoriert wird.

vulnera meliorationis fomenta resenserint, recte atque provide facit mulier, si pro tali esse desinat amore sollicita, quia in tali tempestate optatas nunquam inveniet ancora ripas. (8) Est igitur quam plurimum a mulieribus praecavendum talibus se amatoribus obligare, quia non vera gaudia ex tali consequentur amore sed innumerosis angustiis et infinitis doloribus exponuntur. Ergo, quum aliqua postulatur amari, antequam suum largiatur amorem, totis suis viribus elaboret postulantis mores et fidem agnoscere, ut nil in eo penitus derelinquat incognitum, quia post peractum incaute negotium, serotinum est sapientis desiderare consilium vel tarda poenitudine castigari. (9) Caveat itaque mulier fallacis amatoris insidiis supplantari, quia quam plurimi non amari sed solam quaerunt exercere libidinem vel suas de mulieribus in coetu laudes referre. Qui etiam, antequam a muliere sui valeant laboris percipere fructum, omnia videntur in svavitate sermonis recta fide proponere et puro corde narrare; post fructum vero laboris assumptum tergiversantur amanti, et occulta primitus cordis incipit duplicitas apparere, et misera simplexque ac nimium credula mulier letaliter se reperit fallacis amatoris ingenio circumventam.

keine Besserung durch die Linderungsmittel gefühlt,[56] handelt die Frau richtig und weise, wenn sie aufhört, sich um eine solche Liebe zu kümmern, weil ein Anker in einem solchen Unwetter niemals die erwünschten Ufer finden wird.[57]

Gründliche Prüfung vor der Bindung

(8) Frauen sollen sich also so sehr wie möglich davor hüten, sich an solche Liebhaber zu binden, denn nicht echte Freuden folgen aus einer solchen Liebe, sondern sie setzen sich zahlreichen Nöten und endlosen Schmerzen aus. Wenn also irgendeine eine Liebesforderung erhält, soll sie, bevor sie ihre Liebe verschenkt, sich mit allen ihren Kräften anstrengen, den Charakter und die Treue des Fordernden kennenzulernen, damit von ihm nichts ganz unbekannt bleibt. Denn nach dem unvorsichtigen Abschluß eines Handels ist es zu spät, den Ratschlag eines Weisen zu verlangen oder mit säumiger Reue gestraft zu werden.

Warnung vor Verführern

(9) Daher möge sich eine Frau davor hüten, sich durch die Nachstellungen eines trügerischen Liebhabers ein Bein stellen zu lassen, weil die allermeisten nicht suchen, geliebt zu werden, sondern ihre Lust zu büßen oder sich des Erfolgs bei Frauen im geselligen Kreis zu rühmen.[58] Diese scheinen auch, bevor sie bei einer Frau die Früchte ihrer Bemühung ernten können, alles in süßer Rede mit wahrer Treue vorzubringen und mit reinem Herzen zu erzählen; nachdem sie aber die Früchte ihrer Bemühung genossen haben, kehren sie der Geliebten den Rücken, die zuerst versteckte Doppelbödigkeit des Herzens beginnt ans Tageslicht zu kommen, und die bedauernswerte, naive und allzu leichtgläubige Frau findet sich von der Finte des trügerischen Liebhabers tödlich umgarnt.

---

[56] *si nulla exinde vulnera meliorationis fomenta resenserint:* „si elle aperçoit que ses blessures ne guérissent nullement“ B, „if her wounds experience from them no healing applications“ W, *se … la femmina vede che la sua feditè non abia medicina da megliorare* TT B.

[57] *optatas nunquam inveniet ancora ripas:* Ein Hexameter mit fehlendem erstem Versfuß, Herkunft unbekannt.

[58] *suas de mulieribus in coetu laudes referre:* „se vanter en société de leurs conquêtes“ B, „to recount their triumphs over women amongst their cronies“ W, *di vantarsi di femmina tra le genti* TT, *vnd vnder dem volkch gelobt sein* H. Ein in der höfischen Literatur immer wieder getadeltes unhöfisches männliches Verhalten, vgl. z.B. Heinrich von dem Türlin, *Die Krone* 1994ff.

(10) Quid ergo, si vir fidem frangit amanti non renovandi amoris intuitu, sed quia sic eum compulit ulterius non reversura voluptas? Quid enim, si loci opportunitas feminam ei representavit incognitam, vel quid, si meretricula vel cuiuscunque famula tempore Veneris incitantis huic, de quo loquor, occurrat amanti, numquid ob hoc coamantis debet amore privari, si secum lusit in herba? (11) Et secura quidem possumus responsione docere, quod ob hoc amator suae coamantis non iudicatur indignus amore, nisi saepius forte cum pluribus tales ipse committat excessus ita scilicet, ut nimia de eo voluptatis abundantia praesumatur. (12) Sed et, si, quamcunque feminam noverit, ad suam fuerit consecutus instantiam vel data opera fuerit suo labore lucratus, priori iuste meretur amore privari, quia violenter praesumitur, eum novi amoris id intuitu peregisse, maxime ubi pro nobili vel alias femina honorabili oberraverit.

(13) Sed quaeres forte, quid sit mulieri agendum, si suus dilectus amator pro alterius mulieris amplexibus licentiam ab ipsa precetur. Et firmiter quidem tenemur asserere, mulierem nullatenus debere licentiam concedere coamanti, ut alterius mulieris fruatur

Tolerierbarkeit eines einmaligen sexuellen Abenteuers

(10) Was also, wenn ein Mann der Geliebten die Treue bricht, nicht in der Absicht, diese Liebe wieder zu erneuern sondern weil ihn eine fürderhin nicht zurückkehrende Begierde dazu bringt? Was nämlich, wenn ihm eine günstige Gelegenheit eine unbekannte Frau an einem Ort präsentiert, oder was, wenn ein Dirnlein oder jemandes Dienerin diesem Liebenden, über den ich spreche, im Augenblick drängender Wollust begegnet? Soll er etwa deshalb der Liebe seiner Liebespartnerin verlustig gehen, wenn er mit jener im Grase gescherzt hat?[59] (11) Wir können gewiß eine eindeutige Antwort geben und lehren, daß deswegen der Liebhaber nicht für unwürdig der Liebe seiner Liebespartnerin gilt, außer wenn er vielleicht öfter solche Übertretungen mit mehreren begeht, nämlich dergestalt, daß sexuelle Unersättlichkeit bei ihm vorausgesetzt wird. (12) Aber auch, wenn er jede Frau, die er kennengelernt hat, bedrängt und verfolgt oder sie, weil er sich so angestrengt hat, durch seine Mühe gewonnen hat,[60] verdient er gerechterweise, seiner früheren Liebe beraubt zu werden, unter der zwingenden Annahme, daß er dies im Wunsch nach einer neuen Liebe getan hat, besonders sobald er zugunsten einer adeligen oder aus einem anderen Grund verehrungswürdige Frau vom Weg abgeirrt ist.

Erbetene Erlaubnis zur Untreue: eine abwegige Zumutung an die Geliebte

(13) Aber du wirst vielleicht fragen, was eine Frau tun soll, wenn ihr geliebter Liebhaber von ihr die Erlaubnis, eine andere Frau umarmen zu dürfen, erbittet. Da fühlen wir uns verpflichtet, kategorisch zu behaupten, daß eine Frau keineswegs ihrem Liebespartner die Erlaubnis erteilen darf, die Umarmung einer ande-

[59] Wiederum das Pastourellenmotiv. Da es sich bei den Frauen nicht um Standespersonen handelt, wird nach ihrer Einwilligung in das sexuelle Abenteuer auch dort nicht gefragt, wo es sich nicht um eine Prostituierte handelt.

[60] *Sed et si, quamcumque feminam noverit, ad suam fuerit consecutus instantiam vel data opera fuerit suo labore lucratus:* „Mais s'il fait la connaissance d'une femme et qu'il la poursuive de ses assiduités ou qu'il obtienne la récompense de son zèle" B, „But if he has attained his will with any woman of his acquaintance by insistence, or deliberately gained it by his pains" W, *ma se nuovamente uomo acquista femmina per suo prego e per mettervi studio* TT, „Se insegue ogni donna che incontra per fare la sua richiesta o si mette all'opera per godere della sua fatica" I.

amplexu. Immo debet pleno sibi ore negare alterius se mulieris amplexibus exhibere. Sed, si hanc fuerit mulier largita licentiam, si amator quidem ea licentia fuerit usus, adeo frustra pristinum requirit amorem, ac si istud nulla impetrata licentia peregisset. (14) Quamvis enim mulier talia concedendo manifeste in amore delinquit, eius tamen excessus amatoris non potest excusare malitiam aut obumbrare delictum. Si vero amator indulta sibi studuerit uti licentia, eius tamen non habuerit conatus effectum, non potest ob hoc sibi mulier solita denegare solatia, quum et hic mulieris denotetur excessus, et utrinque iuste valeant crimina compensari.

(15) Nunc autem discutiamus veterem errorem, et, si mulier fidem frangat amanti, quid fieri debeat, videamus. Et antiqua quorundam voluit praedicare sententia, ea penitus esse in muliere fallente servanda, quae sunt in fallaci amatore narrata. Cuius sententiae licet veteris non est veneranda senectus, quia maximum nobis propinat errorem. (16) Absit enim, quod tali unquam profiteamur mulieri esse parcendum, quae duorum non erubuit libidini sociari. Quamvis enim istud in masculis toleratur propter usum frequentem et sexus privilegium, quo cuncta in hoc saeculo etiam naturaliter verecunda conceduntur hominibus liberius peragenda, in muliere tamen propter verecundi sexus pudorem adeo iudicatur

ren Frau zu genießen. Ja, sie muß ihm sogar ausdrücklich verweigern, sich den Umarmungen einer anderen Frau hinzugeben. Aber wenn eine Frau diese Erlaubnis gegeben hat und der Liebhaber also von dieser Erlaubnis Gebrauch gemacht hat, soll er ebenso vergeblich wieder die frühere Liebe verlangen,[61] wie wenn er es ohne gegebene Erlaubnis getan hätte. (14) Obwohl nämlich eine Frau, die so etwas zuläßt, sich offensichtlich an der Liebe vergeht, kann dennoch ihre Verfehlung nicht die Schlechtigkeit des Liebhabers entschuldigen oder das Delikt verschleiern. Wenn aber der Liebhaber beabsichtigt hat, die gegebene Erlaubnis für sich zu nützen, sein Versuch jedoch keinen Erfolg hatte, kann eine Frau ihm deswegen nicht die üblichen Liebesfreuden verweigern, da auch die Übertretung der Frau deutlich geworden ist und die Vergehen von beiden Seiten gerechterweise einander aufwiegen können.

Noch weit engere Toleranzgrenzen bei Untreue der Frau

(15) Nun aber laßt uns den alten Irrtum zerstreuen[62] und sehen, was geschehen soll, wenn eine Frau dem Geliebten die Treue bricht. Ein altes Urteil bestimmter Leute wollte verkünden, man habe bei einer untreuen Frau ganz dasselbe einzuhalten, was über den untreuen Liebhaber gesagt wurde. Mag dieses Urteil auch alt sein, so ist sein Alter (doch) nicht verehrungswürdig, weil es uns den größten Irrtum beschert. (16) Denn Gott behüte, daß wir jemals verkünden, daß eine solche Frau, die sich nicht schämt, sich der Begierde zweier Männern hinzugeben, geschont werden darf. Denn bei den Männern wird es zwar wegen der gängigen Konvention *(propter usum frequentem)* und wegen des Vorrechts des Geschlechts *(propter sexus privilegium)* toleriert, dank dessen in dieser Welt den Männern alles, auch das von Natur aus nur mit Scham zu Nennende gestattet wird freizügiger auszuüben.[63] Doch

---

[61] Ich übernehme hier Ws Konjektur *requirat* gegen alle Hss. und Trojel, die *requirit* schreiben.

[62] *discutiamus veterem errorem:* „examinons une vielle erreur" B, „let us investigate the primeval sin" W, *vogliendo intendere ad istirpare il vecchio errore* TT. Die seit der Spätantike belegte Bedeutung „diskutieren" ist hier nicht auszuschließen, aber weniger naheliegend.

[63] *cuncta in hoc saeculo etiam naturaliter verecunda conceduntur hominibus liberius peragenda:* „the performance of all shameful acts in this world is naturally more freely permitted to men" W, *tutte cose di vergogna natural-*

esse nefandum, quod, postquam mulier plurium se voluptati commiscuit, scortum quasi reputatur immundum et reliquis dominarum choris associari a cunctis iudicatur indigna. (17) Unde si mulier ad priorem revertatur amantem, satis amatori creditur verecundum, si ulterius ipsius utatur amplexu; nam secura potest veritate cognoscere, quod amor in ea nullatenus perseverat. Quare igitur in ea suum ponit affectum?

(18) Sed dices forte: Adeo talis mulieris amore languescit amator, quod eius nullis potest artibus oblivisci vel suam ab ea retrahere mentem; huic ergo, magister, liberationis praesta remedium! Sed non gaudeat Andreas de eo, quod magis cupit in orbe, sine quo etiam diu non potest corporali vita beari, si suum unquam ediderit homini tam infortunato remedium. (19) Magis enim vide-

bei einer Frau wird es wegen der Scham des züchtigen Geschlechts als so ruchlos eingestuft, daß eine Frau, wenn sie sich der Wollust mehrerer Männer hingegeben hat, als eine schmutzige Hure eingeschätzt und von allen für unwürdig der übrigen Kreise der Damen gehalten wird. (17) Wenn daher eine Frau zu ihrem früheren Geliebten zurückkehrt, gilt es für den Liebhaber als sehr schändlich, wenn er weiterhin ihre Umarmung genießt; denn es ist wahr und wahrhaftig zu erkennen, daß die Liebe bei ihr keineswegs anhält. Warum also wendet er seine Zuneigung ihr zu?

Verweigerung aller Heilmittel für tolerante Liebhaber untreuer Frauen

(18) Aber du wirst vielleicht sagen: „So (aber) siecht der Liebhaber an der Liebe zu so einer Frau dahin, weil er sie mit keinen Künsten vergessen oder seinen Sinn von ihr wenden kann. Diesem also verschaffe, o Magister, ein Heilmittel!" Aber Andreas möge sich nicht dessen erfreuen, was er am meisten auf der Welt wünscht und ohne das er auch nicht lange mit dem körperlichen Leben beglückt werden kann, wenn er jemals einem so unglücklichen Mann sein Heilmittel gegeben haben sollte.[64] (19) Den In-

---

mente sono concedute di fare più liberamente a maschi che a femmine TT. So wie *verecundia* bei Andreas sowohl „Schande" (z.B. I,vi,491) als auch „Scham" (z.B. II,iii,3) bedeuten kann, so auch das Adjektiv *verecundus* sowohl „schändlich" (z.B. I,vi,117) als auch „schamvoll" (z.B. I,vi,471). Hier werden die *verecunda* (scil. *opera*) wohl in Analogie zu den *verecunda (membra corporis)*, den „Schamgliedern", den Gliedern, von denen nur mit Scham gesprochen werden kann, zu verstehen sein. Leider läßt es die willkürliche Wortstellung bei Andreas nicht zu, den Bezug des Adverbs *naturaliter* auf *verecunda, conceduntur* oder *peragenda* festzulegen. Der Sache nach kommt hier einmal mehr die ungleiche, männliche geprägte Sexualmoral zum Vorschein, die auch in den Volkssprachen viele literarische Parallelen hat. Vgl. etwa Albrecht von Johannsdorf MF 89,20 *man solz den man erlouben unde den vrouwen niht.*

[64] *Sed non gaudeat Andreas de eo quod magis cupit in orbe, sine quo etiam diu non potest corporali vita beari, si suum unquam ediderit homini tam infortunato remedium:* „Mais André peut bien indiquer un remède à un homme aussi infortuné: il ne jouira pas autant de ce qu'il désire le plus en monde, de ce sans quoi il ne peut plus connaître le bonheur en cette vie" B, „But Andreas would not rejoice in what he desires most in this world, and without which he cannot for long be happy in this life of the flesh, if ever he conferred his remedy on so unhappy a man" W, *Ma non possa godere Andrea di quella cosa la quale nel mondo desidera più, senza la quale non potrebbe vivere lungo tempo, se mai a uomo tanto sventurato darà suo remedio* TT A, *Ma non abbia allegrezza Andrea di quel che il maestro desidera in que-*

tur hominum utilitatibus expedire, si proprio illum relinquamus arbitrio et eius tanquam mortui vulnera negligamus intacta, quam amoris eum remedia doceamus. Qui enim in tantum ab hominum firmitate degenerare cognoscitur, ut talium mulierum vincatur affectu, omni penitus remedio iudicatur indignus et est homine defuncto deterior. Talem igitur hominem tali dignum muliere repertum tali semper placet amore gaudere.

(20) Sed quid, si mulier extraneo praestet oscula viro aut ipsum suscipiat amplectendo lacertis sibi nulla alia concedendo? Et huic volumus digna increpatione occurrere, et dicimus quidem, quia turpiter agit femina, si alicui extraneo sui osculi vel amplexus munera praestet, quum haec indicia semper credantur amoris et in signum futuri amoris soleant hominibus exhiberi.

teressen der Männer scheint es nämlich mehr zu dienen, wenn wir einen Mann seinem eigenen Urteil überlassen und seine Wunden wie bei einem Toten unberührt lassen, als wenn wir ihn die Heilmittel der Liebe lehren. Wer nämlich bekanntermaßen so weit von der Standhaftigkeit der Männer abfällt, daß er von der Zuneigung zu solchen Frauen besiegt wird, gilt als ganz unwert jeglichen Heilmittels und ist übler als ein toter Mann. Daher ist es richtig, daß ein solcher Mann, der einer solchen Frau für würdig befunden wurde, sich stets an einer solchen Liebe erfreut.

Tadel für alle, nicht dem Geliebten vorbehaltenen Gunstbeweise von Frauen

(20) Was aber, wenn eine Frau einem fremden Mann Küsse gewährt oder ihn mit den Armen umfängt, ohne ihm etwas anderes zu gestatten? Auch dieser wollen wir mit gehörigem Tadel begegnen; wir sagen nämlich, daß eine Frau schimpflich handelt, wenn sie einem Fremden die Gunstbeweise *(munera)* ihres Kusses oder ihrer Umarmung gewährt, weil diese immer für Anzeichen von Liebe gehalten werden und den Männern als Signum künftiger Liebe gewährt zu werden pflegen.[65]

---

sto mondo d'avere che gli piaccia, se dà il suo consiglio a così malaventuroso uomo TT B, „Ma Andrea non può rallegrarsi della cosa che più desidera al mondo e senza la quale non può avere felice vita corporale, se offre la sua medicina a un uomo tanto sfortunato" I. Die stark differierenden Übersetzungen zeigen an, daß hier ein eindeutiges Textverständnis vor allem durch die mangelnde Bezeichnung der Subjekte der Relativsätze nicht möglich ist. Das ist umso bedauerlicher, weil wir hier einen der wenigen Selbstbezüge des Verfassers vor uns haben. Wenn wir von der Annahme ausgehen, Andreas sei in allen Teilsätzen das Subjekt, hätten wir eine Art Selbstverfluchung vor uns. Was aber soll es sein, was er im irdischen, körperlichen Leben am meisten begehrt und sogar notwendigerweise zur Aufrechterhaltung dieses Lebens braucht? Im Sinne der idealistischen Liebestheorie könnte die Antwort sein: die Liebe der Geliebten. In Frage kommt aber bei dem bewußt verrätselten Ausdruck auch der konkrete sexuelle Sinn: das *membrum virile.* In beiden Fällen wäre Andreas dann jedenfalls der *amator Andreas* von I,vi,385. Man vgl. zudem die Erwägung des Falles körperlicher Unfähigkeit zur Liebe oben II,iv,6. – Buridant nimmt offenbar an, der Text sei verderbt und *Andreas* gehöre in den Konditionalsatz (den er allerdings nicht als solchen übersetzt). Der Schreiber der Hs. B ersetzt *Andreas* durch *talis* und streicht den halben Konditionalsatz. In beiden Fällen spricht dann der Text vom Lebensglück des unglücklich Verliebten. Soll dann aber *non gaudeat* im optativischen, potentialen oder futurischen Sinn zu verstehen sein?

[65] S. o. I,vi,60.

(21) Utrum autem mulier vel amator novum licenter petat amorem, praesenti opere tibi non laboramus exponere, quia sive licite sive minus licenter istud agatur, postquam novi quisquam radio fuerit pertactus amoris, violenta cogitur attractione propriis motibus obedire tanquam alieno subiectus arbitrio. Scio tamen mihi quandoque fuisse consulenti rescriptum, quod verus amans nunquam potest amorem exoptare novitium, nisi primitus ob certam iustamque causam prioris cognoverit advenisse defectum. (22) Quam regulam nostri quidem experimento cognoscimus esse verissimam. Nam et nos excellentissimi amoris concitamur aculeis, quamvis inde nullum sumpsimus nec speramus assumere fructum. Nam tantae altitudinis cogimur amore languescere, quod nulli licet exprimere verbo, nec supplicantium audemus iure potiri, et sic demum compellimur proprii corporis sentire naufragia. Sed quamvis in tanta sumus audacter et improvide tempestatis unda prolapsi, de novo tamen amore cogitare non possumus vel alium liberationis modum exquirere.

(23) Sed, quum diligens indagator inveniaris amoris, non sine causa quaerere posses, an purum amorem cum una possit aliquis

Bekenntnis des Verfassers zu seiner eigenen, unzerstörbaren, aber unerhörbaren und daher lebensbedrohenden Liebe

(21) Ob aber eine Frau oder ein Liebhaber erlaubterweise eine neue Liebe anstrebt, bemühen wir uns nicht, dir in dem gegenwärtigen Werk darzulegen. Denn mag es mit oder ohne Erlaubnis geschehen, so wird jeder, nachdem er vom Strahl der neuen Liebe[66] getroffen wurde, durch die Anziehungskraft gewaltsam gezwungen, den eigenen Antrieben zu gehorchen, als sei er einem fremden Willen unterworfen. Ich weiß allerdings, daß man mir einmal auf Anfrage die schriftliche Antwort gab,[67] ein wahrhaft Liebender könne niemals eine neue Liebe wünschen, außer er habe zuerst erkannt, daß aus einem sicheren und gerechten Grund eine Schwächung der ersten eingetreten ist. (22) Wir wissen[68] nämlich aus eigener Erfahrung, daß diese Regel der Wahrheit am nächsten kommt. Denn auch wir werden von den Stacheln einer herausragenden Liebe *(excellentissimus amor)* getrieben, obwohl wir daraus weder einen Gewinn gezogen haben noch hoffen, einen zu ziehen. Denn die Nötigung zu schmachten kommt von der Liebe zu einer so erhabenen Hoheit *(amor tantae altitudinis)*, daß man es überhaupt nicht aussprechen darf und wir auch nicht wagen, uns das Recht von Bittstellern anzumaßen; und so werden wir endlich dazu gezwungen, den Schiffbruch des eigenen Körpers zu erfahren. Aber obwohl wir uns von einer so gewaltigen Sturmwoge kühn und unvorsichtig dahinreißen ließen, können wir dennoch weder an eine neue Liebe denken noch einen anderen Weg zur Befreiung ausmachen.[69]

Unmöglichkeit der gleichzeitigen echten Liebe, gleich welcher Art, zu zwei Frauen

(23) Da du aber als gründlicher Erforscher der Liebe bekannt bist, könntest du nicht ohne Grund fragen, ob jemand mit einer

---

[66] Zum Strahl der Liebe *(radius amoris)* s. I,iv,2; I,vi,227 u. ö.

[67] Hier wird der Eindruck erweckt, als gäbe es einen gelehrten Briefverkehr über Fragen der Ars amandi.

[68] Hier wie öfter setzt Andreas *cognoscere* für *cognovisse*, wie alle Übersetzer annehmen.

[69] Der Verfasser stellt sich hier selbst in der typischen Situation der Hohen Minne vor. Der *amor tantae altitudinis* ist entweder abstrakt eine Liebe von so großer Höhe (so W, TT) oder konkret eine Frau in so hoher Stellung (so B; ich denke im speziellen an die Anrede *vestra altitudo* – vgl. I,vi,74), was de facto auf dasselbe hinauskommt. Daß die Höhe primär sozial gemeint ist, scheint klar. Wieweit das Publikum an eine bestimmt hochadelige Dame denken sollte, läßt sich natürlich nicht sagen. Vgl. das Nachwort.

muliere servare ac cum altera retinere mixtum sive communem. Et irrefragabili tibi auctoritate monstramus, neminem posse taliter duabus mulieribus cordis dilectione coniungi. (24) Licet enim purus et mixtus diversi videantur amores, recte tamen intuentibus purus amor quo ad sui substantiam idem cum mixto iudicatur amore et ex eadem cum ipso cordis affectione procedit. Eadem est in illis amoris substantia, sed varius est modus atque respectus amandi, ut in exemplo tibi poterit liquere praesenti. (25) Videmus enim aliquando aliquem purum bibendi vinum habere appetitum, et eidem postmodum aquam solam vel mixtum cum ea bibere vinum similiter svadet appetitus; quamvis huis sit varius appetendi respectus, ipsius tamen appetitus substantia eadem et invariata consistit. Sed et, ubi aliqui fuerint diu puro amore coniuncti, postea vero mixto si placet amore gaudere, eadem in istis perdurat substantia amoris, licet modus et forma atque respectus sit varius amandi.

(26) Sed quaeres forte, Gualteri, si mulier sit repellenda, quae violenter attracta alterius se voluptati commiscuit. Dicimus ergo, quod nemini iusta ratione poterit imputari, quod violenta coactione commisit, nisi postmodum illi rei priora iterando consenserit.

(27) Sed quaeris, an peccet illa mulier in amoris praecepto, quae alteri dominae, quam amori scit idonee copulatam, novum

Frau die reine Liebe *(purus amor)* und mit einer anderen die gemischte oder allgemeine *(mixtus vel communis)* aufrechterhalten kann.[70] Da zeigen wir dir kraft unbestrittener Autorität, daß niemand sich dergestalt in herzlicher Zuneigung *(cordis dilectio)* mit zwei Frauen vereinigen kann. (24) Mag es nämlich scheinen, daß die reine und die gemischte verschiedene Lieben seien, so wird dennoch aus dem richtigen Blickwinkel die reine Liebe, was ihre Substanz betrifft, als identisch mit der gemischten Liebe beurteilt, und sie geht mit dieser aus demselben Gefühl des Herzens hervor. Die Substanz der Liebe ist bei ihnen dieselbe, aber Art und Zielrichtung[71] des Liebens sind verschieden, wie dir an vorliegendem Beispiel klar werden kann. (25) Wir sehen nämlich, daß jemand einmal Appetit hat, reinen Wein zu trinken, und demselben bald darauf sein Appetit gleichermaßen rät, nur Wasser oder damit gemischten Wein zu trinken; obwohl die Zielrichtung seines Appetits verschieden ist, bleibt dennoch die Substanz des Appetits gleich und unverändert. Aber auch wo Personen lange Zeit in reiner Liebe verbunden waren, hält bei ihnen, wenn sie sich später doch gerne der gemischten Liebe erfreuen, dieselbe Substanz der Liebe an, wenn auch Art, Aussehen und Zielrichtung des Liebens verschieden sind.

Tolerierbarkeit eines einmaligen sexuellen Abenteuers auch bei der Frau

(26) Aber du wirst vielleicht fragen, Walter, ob eine Frau zurückzustoßen ist, die sich, triebhaft hingezogen *(violenter attracta)*, der Begierde eines anderen hingegeben hat. Wir sagen also, daß niemandem gerechterweise angerechnet werden kann, was er unter triebhaftem Zwang *(violenta coactio)* getan hat, außer er hat später jener Sache zugestimmt, indem er die frühere wiederholt.[72]

Verwerflicher weiblicher Rat zur Untreue

(27) Aber du fragst, ob diejenige Frau gegen die Liebesvorschrift[73] sündigt, welche einer anderen Dame, von der sie weiß,

[70] Vgl. oben I,vi,470.

[71] *respectus:* ausgelassen B, „aspect" W, *rispetto* TT, „considerazione" I.

[72] Dieser Paragraph zeugt im Gegensatz zu § 16 von einer erstaunlichen Gleichbehandlung der Geschlechter.

[73] Alle Übersetzer setzen sich wie wir darüber hinweg, daß Andreas hier *in* nicht, wie zu erwarten, mit dem Akkusativ, sondern mit dem Ablativ verbindet. Auch Stotz 4, IX § 18.2 führt nur Beispiele von *in* mit Ablativ statt Akkusativ bei Verben der Bewegung an.

svadet amorem. Et ex rationis quidem necessitate compellimur enarrare, nemini licere feminam amori idonee copulatam sibi vel alii sollicitare.

(28) Nunc autem quaerere posses, utrum mulier, quae falsitatis errore prolapsa indigno se praebuit amatori, licite valeat novi amoris solatia postulare et amatorem frustrare priorem. Et, si mulier quidem tali errore prolapsa indigno se obligavit amanti, omni debet inniti labore improbum coamantem bonis moribus reformare et a male consvetis penitus revocare. (29) Quod si videat mulier, quod coamantis improbitas suo non valeat mitigari labore, eum licite potest et sine reprehensionis timore dimittere et ab eius se penitus retardare amplexibus. Idem credimus in amatore dicendum, qui erroris umbra deceptus improbo se minus provide obligavit amori.

(30) Sed consules me forsitan, an, si unus coamantium, amoris nolens ulterius vacare solatiis, alteri se subtraxerit amanti, fidem videatur infringere coamanti. Et nullo istud praesumimus ausu narrare, ut a saeculi non liceat delectationibus abstinere, ne nostra videatur doctrina ipsius Dei nimis adversari mandatis.

daß sie einer angemessenen Liebe verbunden ist, zu einer neuen Liebe rät. Da sind wir sicher mit rationaler Notwendigkeit gezwungen zu sagen, daß es niemandem erlaubt ist, eine Frau, die einer Liebe angemessen verbunden ist, für sich oder jemand anderen zu verführen.

Pflicht zur Erziehung eines unwürdigen Partners und Recht zur Trennung bei fehlgeschlagener Erziehung

(28) Nun aber könntest du fragen, ob eine Frau, die durch eine betrügerische Täuschung gestrauchelt ist und sich einem unwürdigen Liebhaber hingegeben hat, erlaubterweise die Wonnen einer neuen Liebe fordern und den ersten Liebhaber verlassen kann. Da soll eine Frau, die durch eine solche Täuschung gestrauchelt ist und sich einem unwürdigen Liebenden verbunden hat, sich gewiß mit aller Mühe anstrengen, den Liebespartner ohne inneren Wert zu einem guten Lebenswandel zu bekehren[74] und ihn vollkommen von den schlechten Angewohnheiten abzubringen. (29) Wenn aber die Frau sieht, daß die Wertlosigkeit ihres Liebespartners durch ihre Mühe nicht verringert werden kann, kann sie erlaubterweise sowohl ihn ohne Furcht vor Tadel wegschicken als auch sich vollkommen seinen Umarmungen entziehen. Dasselbe ist, glauben wir, bei einem Liebhaber zu sagen, der sich, vom Schatten eines Irrtums getäuscht, ohne Vorsicht einer Liebe ohne inneren Wert verbunden hat.

Erlaubte Trennung bei der Wahl totaler Keuschheit und Rückkehrpflicht des Rückfälligen

(30) Aber du wirst mich vielleicht um Rat fragen, ob einer der Liebespartner, wenn er, weil er sich nicht weiterhin den Freuden der Liebe hingeben will, sich dem anderen Liebespartner entzogen hat, nicht augenscheinlich seinem Liebespartner die Treue bricht. Da wagen wir auf keinen Fall die Behauptung, es solle nicht gestattet sein,[75] sich den weltlichen Genüssen zu entziehen, damit nicht unsere Lehre allzusehr den Geboten Gottes zu widerspre-

---

[74] *bonis moribus reformare:* „ramener à la vertu“ B, „to convert … to good manners“ W, *si sforzare che … divegna pro e di buoni costumi* TT.

[75] *narrare, ut a saeculi non liceat delectationibus abstinere:* „affirmer que n'a le droit de s'abstraire des plaisirs de siècle“ B, „to say that a person is not permitted to renounce worldly pleasures“ W, *dire che a ciascuno licito non sia d'astenersi da le delettazioni del mondo* TT. Andreas setzt hier wie oft *narrare* für *dicere,* welches auch schon im klassischen Latein mit einem indirekten Wunschsatz verbunden werden kann. Andreas verneint ihn aber gegen die alte Regel nicht mit *ne.* Und selbst über die mittellateinische Lizenz geht dieses Hyperbaton von *a … delectationibus* hinaus.

(31) Nec esset enim credere tutum, non debere quemquam Deo potius quam mundi voluptatibus inservire. Sed si novo postmodum se coniungat amori, dicimus, quod dominarum iudicio ad prioris coamantis est reducendus amplexus, si prior coamans istud postulare voluerit.

(32) Sed dices forsan: Ergo illi amoris obviabitur regulae, quae dicit, amorem non esse propalandum. Cui taliter respondemus obiecto: Dicimus enim, quod coamantium personis exceptis tribus aliis potest amor licite propalari personis. Nam permittitur amatori sui amoris secretarium invenire idoneum, cum quo secrete valeat de suo solatiari amore, et qui ei, si contigerit, in amoris compatiatur adversis. (33) Sed et amatrici similem conceditur secretariam postulare. Praeter istos internuntium fidelem de communi possunt habere consensu, per quem amor occulte et recte semper valeat gubernari. Praedicti ergo secretarii de communi amantium voluntate dominas tenentur adire, ubi tale emerserit negotium, eisque recitare, quod contingit, amantium, qui litigant, personis penitus non expressis.

chen scheint. (31) Es wäre nämlich nicht ungefährlich zu glauben, daß jemand nicht eher Gott dienen darf als den Begierden der Welt. Aber wenn er sich danach einer neuen Liebe verbinden sollte, sagen wir, daß er nach dem Urteil der Damen[76] zu den Umarmungen der früheren Liebespartnerin zurückgeführt werden muß, wenn die frühere Liebespartnerin den Wunsch gehabt hat, das zu fordern.

Mitwisser der Liebe: je ein(e) Vertraute(r), ein Zwischenträger; Verhandlung des Liebesgerichts nur über anonyme Fälle

(32) Aber du wirst vielleicht sagen: „Demnach wird ein Widerspruch entstehen zu jener Liebesregel, die besagt, daß Liebe nicht öffentlich gemacht werden darf."[77] Auf diesen Einwurf antworten wir folgendermaßen. Wir sagen nämlich, daß die Liebe abgesehen von den Personen der Liebespartner erlaubterweise drei anderen Personen bekannt gemacht werden kann. Denn dem Liebhaber ist es gestattet, einen passenden Vertrauten *(secretarius)* für seine Liebe zu finden, mit dem er vertraulich tröstliche Gespräche über seine Liebe führen kann und der mit ihm im Falle von Widrigkeiten in der Liebe Mitleid hat. (33) Aber auch der Geliebten ist es zugestanden, eine vergleichbare Vertraute *(secretaria)* zu fordern. Außer diesen können sie im Einvernehmen einen treuen Zwischenträger *(internuntius)* haben, durch den die Liebe im Verborgenen stets in rechte Bahnen gelenkt werden kann. Die erwähnten Vertrauten sind dementsprechend gehalten, nach dem Willen beider Liebenden die Damen aufzusuchen, sobald ein einschlägiges Problem *(tale negotium)* aufgetaucht ist, und ihnen den Fall vorzutragen, ohne die Personen der streitenden Liebenden zu nennen.[78]

---

[76] Vgl. oben I,vi,389ff., unten § 33.

[77] Vgl. I,vi,5; II,i,1; viii,46 (regula XIII).

[78] Hier wird also ein veritabler Liebesgerichtshof adeliger Damen vorausgesetzt. Andreas behauptet, ein solcher habe in Tours (II,vii,40) und in der Gascogne (II,vii,43) existiert. Tours war eine der Residenzen des Grafen von Anjou, d.i. 1151–1189 Heinrich II. König v. England. Das Herzogtum Gascogne war damals Teil des Herzogtums Aquitanien, das Eleonore in die Ehe mit Heinrich II. eingebracht hatte, also südlichster Teil des angevinischen Reichs. – In der Vagantenlyrik fällt Frauen und Göttinnen das Urteil in Liebesfragen zu. Auch hier werden juristische Fachtermini gebraucht (vgl. *Carmen Buranum 59*). – Nicht klar wird bei Andreas, warum die Vertrauten nicht auch die Rolle des Zwischenträgers zwischen den Lie-

(34) Hic non immerito etiam quaeri posset, quum amor spei tantum largitione nutritur vel usque ad secundum vel in tertium gradum sua porrexit initia, sed mulier promissum frustravit amorem, an dicatur amanti frangere fidem. Et firmiter credimus esse tenendum, ut, si mulier alicui spem sui largiatur amoris vel alia sibi amoris primitiva concesserit, et ipse tali non reperiatur indignus amore, magna mulieris iudicatur offensa, si diu sperata denegare contendat. (35) Non enim probam decet feminam sua quaecunque sine causa retardare promissa, sed, si penitus petentem non exaudire disponat, spem vel alia primitiva non largiatur amoris, quia pro maxima sibi fallacia reputatur, si, quod sibi pepigerit, neglexerit adimplere. Turpissimum etenim in femina iudicatur, si de ipsa non curet exspectare promissa; nam talia meretricum consvevit fallacia cogitare, quae in cunctis suis actibus atque sermonibus sunt expositae falsitati et omnia in cordis duplicitate confingunt.

Verpflichtung der Frau zur Einhaltung von Liebesversprechen

(34) Hier könnte auch nicht zu Unrecht gefragt werden,[79] ob es heißt, der Geliebten die Treue zu brechen, wenn die Liebe nur durch das Geschenk der Hoffnung genährt wird oder bis zur zweiten oder dritten Stufe[80] ihren Anfang genommen, die Frau aber die versprochene Liebe verwehrt hat. Da glauben wir bestimmt, daran festhalten zu müssen, daß für den Fall, wenn eine Frau jemandem Hoffnung auf ihre Liebe schenkt oder ihm andere erste Gunstbeweise der Liebe *(primitiva amoris)* gestattet hat und er einer solchen Liebe nicht für unwürdig befunden wird, es als großer Verstoß der Frau gelten soll,[81] wenn sie das lange Erhoffte verweigern will. (35) Es ziemt sich nämlich nicht für eine Frau mit innerem Wert, irgendetwas, das sie versprochen hat, ohne Grund zu verzögern. Wenn sie aber ganz dazu entschlossen ist, den Werbenden nicht zu erhören, soll sie weder Hoffnung noch andere erste Gunstbeweise der Liebe spenden. Denn es wird ihr als größte Falschheit angerechnet, wenn sie verabsäumt zu erfüllen, was sie ihm versprochen hat. Als das Schimpflichste gilt es nämlich bei einer Frau, wenn sie nicht darauf bedacht ist, die von ihr gegebenen Versprechen zu berücksichtigen;[82] denn solches pflegt die Falschheit von Dirnen sich auszudenken, die in allen ihren Handlungen und Worten dem Trug ergeben sind und alles in der Zweideutigkeit ihres Herzens vortäuschen.

---

benden übernehmen, da sie ja auch den Kontakt zum Liebesgerichtshof herstellen. Dieser verhandelt die Fälle zwar gleichsam öffentlich, jedoch unter Wahrung der Anonymität der Betroffenen.

[79] Dieser Kasus wird in der Versnovelle von *Mauritius von Craon* durchgespielt. Siehe das Nachwort S. 616f.

[80] Vgl. I,vi,60.

[81] *iudicatur:* Diesen Indikativ nach konsekutivem/finalem/optativischem *ut* erwähnt Trojel in seinem Vorwort, S. XLVII, nicht, sondern nur den entsprechenden Fall I,vi,244. Ich halte dieses *fatigantur* jedoch ebenfalls eher für Verschreibung im Archetypus (für *fatigentur*) wie *iudicatur* für *iudicetur.*

[82] *si de ipsa non curet exspectare promissa:* „de ne pas se soucier de respecter ses engagements" B, „if she does not bother to await the promises made in her regard" W, *se di sé non serva promessa* TT, „che non cura di mantenere le promesse" I, *ob si ir gelubd vnd verhaissen nit hellt* H. Fast wörtliche Wiederholung einer Phrase aus I,vi,131. Siehe die Anm. zu jener Stelle.

(36) Unum te volumus specialiter in meretrice notare, quod, si quandocunque ipsam miraculose contingat amare, suo non potest coamanti frangere fidem; et hoc quidem Campaniae comitissam ex quibusdam suis dictis sensisse cognovimus, quod idem eam credimus retulisse, quia illius, qui meretricem venatur, voluit turpedinem denotare et ipsius punire scientiam. (37) Nam, qui tam immundo se copulavit amori, nullis, quum adversa patitur, amoris meretur privilegiis adiuvari sed patienter tolerare tenetur, quum ei scienter se copulavit. Istud, quod hic de meretricibus indicamus, non solum eas, quae in prostibulis commorantur, attingit sed etiam omnes, quae pro cuiuscunque muneris exspectatione se largiuntur amanti.

(38) Quaeris etiam, Gualteri, si duo coamantes puro concorditer amore fruantur, postmodum alter petit mixtum vel communem, an liceat alteri reluctari. Ad hoc igitur te volumus penitus edoceri, quod, licet purus amor potius quam mixtus sive communis sit cunctis hominibus eligendus, non tamen uni licet amantium sui coamantis rebellem exsistere voluntati, nisi forte inter amoris initia concorditer pepigerunt, quod nunquam mixto fruerentur amore, nisi libera utriusque voluntas et plena concordia postularet. (39) Sed quamvis talis conventio colligavit amantes, ut non liceat amatori ultra nisi plena concordia postulare, non tamen recte agit mulier, si sui coamantis in hoc parere voluntati recuset, si ipsum viderit in sua persistere voluntate. Singuli namque tenentur

Keine gerechte Erwartung der Treue bei erkaufter Liebe

(36) Eines sollst du dir nach unserem Wunsche speziell bei einer Dirne merken: Sie kann, wenn ihr es einmal wundersamerweise zu lieben gelingen sollte, ihrem Geliebten nicht die Treue brechen; und daß dies die Meinung der Gräfin der Champagne war, das wissen wir gewiß aus bestimmten Worten von ihr. Wir glauben, daß sie dasselbe bekanntgemacht hat, weil sie die Schmach dessen, der einer Dirne nachläuft, aufzeigen und sein bewußtes Handeln[83] strafen wollte. (37) Denn wer sich einer so schmutzigen Liebe verbunden hat, verdient von keinen Privilegien der Liebe zu profitieren, wenn er Widriges erleidet, sondern ist gehalten, geduldig auszuharren, wenn er sich ihr bewußt verbunden hat. Das, was wir hier von den Dirnen verraten, betrifft nicht nur diejenigen, welche sich in Bordellen aufhalten, sondern auch alle, die sich dem Geliebten in Erwartung eines Geschenks hingeben.

Unrechte Verweigerung des Beilagers nach vorher geübter ‚reiner' Liebe

(38) Du fragst auch, Walter, ob es gestattet ist, sich dem anderen zu widersetzen, wenn zwei Liebespartner im Einvernehmen die reine Liebe genießen, hernach aber der eine die gemischte oder allgemeine erbittet. In diesem Punkt also wollen wir, daß du vollkommen unterrichtet bist: Wenn auch die reine Liebe eher als die gemischte oder allgemeine von allen Menschen gewählt werden soll, ist es dennoch nicht dem einen der Liebenden gestattet, dem Willen seines Liebespartners Widerstand zu leisten, außer sie haben vielleicht am Beginn der Liebe einvernehmlich vereinbart, daß sie niemals die gemischte Liebe genießen wollen, wenn nicht ihrer beider freier Wille und vollkommenes Einvernehmen es fordern. (39) Aber selbst wenn eine solche Übereinkunft die Liebenden gebunden hat, daß es dem Liebhaber nicht gestattet sein soll, darüber hinaus Forderungen zu stellen außer bei vollkommenem Einvernehmen, handelt die Frau dennoch nicht richtig, wenn sie sich weigert, in diesem Punkt dem Willen ihres Geliebten nachzukommen, wenn sie sieht, daß er auf seinem Willen besteht. Alle Lieben-

[83] *punire scientiam:* „châtier une pratique parfaitement consciente" B, „to castigate his experience" W, *punire il suo fallo* TT B, „punirne la conoscienza" I. Die belegbaren Bedeutungen von *scientia* passen hier alle nicht. Es muß aber wohl etwa das gemeint sein, was der letzte Nebensatz des folgenden Satzes mit *quum ei scienter se copulavit* ausdrückt.

amantes in amoris exercendo solatia cunctis inter se mutuis voluntatibus obedire.

Capitulum VII: De variis iudiciis amoris.

(1) Nunc igitur ad amoris varia procedamus iudicia:

I.

Quidam dum cuiusdam dominae immoderate ligaretur amore, tota mentis intentione pro ea coepit esse sollicitus; mulier autem, quum istum videret pro suo amore sollicitum, ipsum penitus recusavit amare. Sed, quum eum cerneret nihilominus sui amoris sollicitudine detineri, die quadam sibi talia verba proposuit: In veritate cognosco, pro meo amore te diutius laborasse, sed nullo quidem tempore ipsum poteris impetrare, nisi primitus te firma mihi volueris sponsione ligare, te cunctis in perpetuum meis obedire mandatis, et, si in aliquo contraires, te velle meo penitus amore privari. (2) Cui taliter respondit amator: Absit, domina mea, quod unquam in tantum efficiar errabundus, ut tuis in aliquo deprehendar obviare mandatis, et ideo, quod postulas, tanquam mihi gratissimum impendo libenter. Quod quum factum esset, illi mulier in continenti mandavit, ut ulterius pro suo non laboraret

den sind nämlich gehalten, beim Gewähren der Liebesfreuden allen Wünschen des anderen zuzustimmen.[84]

7. Kap.: Von verschiedenen Liebesurteilen

(1) Nun laßt uns also zu verschiedenen Liebesurteilen übergehen.[85]

I

Durch List ringt die Dame (D.) dem Ritter (R.) ein unrechtes Versprechen ab und verstößt ihn, da er es gebrochen hat.

Ein Mann begann, da er maßlos von der Liebe zu einer Dame erfaßt wurde, sich mit der ganzen Intensität seines Denkens um sie zu bemühen. Die Frau dagegen weigerte sich, als sie sah, daß er sich um ihre Liebe bemühte, rundweg, ihn zu lieben. Aber als sie merkte, daß er nichtsdestoweniger auf dem Bemühen um ihre Liebe beharrte, trug sie ihm eines Tages folgende Worte vor: „Ich erkenne in Wahrheit, daß du dich sehr lange um meine Liebe abgequält hast, aber du wirst sie gewiß zu keiner Zeit erlangen können, wenn du dich nicht zuerst mir mit einem bindenden Versprechen verpflichten willst, für immer allen meinen Befehlen zu gehorchen und, wenn du in irgendeinem Punkt widersprechen solltest, vollkommen meiner Liebe verlustig gehen zu wollen.“ (2) Dem antwortete der Liebhaber folgendermaßen: „Gott behüte, meine Dame, daß ich jemals in einen so großen Irrtum verfallen sollte, daß ich bei einem Widerspruch gegen irgendeinen deiner Befehle ertappt würde, und so erfülle ich gerne deine Forderung als etwas, das mir sehr willkommen ist.“ Als das geschehen war, trug die Frau jenem sofort auf, daß er sich nicht weiterhin um

[84] Wiederum eine ganz partnerschaftliche Maxime (vgl. Liebesregel XXVI), die offenbar sogar noch Vorrang hat vor dem geforderten Gehorsam des Liebhabers und der Bevorzugung des *amor purus*.

[85] In den folgenden erzählten Liebeskasus tritt häufig, weit häufiger als sonst, das Präsens statt des Präteritums auf, das entweder als historisches oder als gnomisches zu fassen ist. Es wird hier nur beibehalten, wo der Tempuswechsel innerhalb eines Satzes die deutsche Syntax nicht überfordert.

amore, nec de ea inter aliquos auderet laudes efferre. Quod quamvis gravissimum foret, sustinuit tamen patienter amator. (3) Sed, quum quadam die praefatus amator in quarundam dominarum cum aliis militibus resideret aspectu, suos audiebat commilitones de sua domina turpia valde loquentes et eius famae contra ius et licitum suis inique sermonibus detrahentes. Quod quum graviter prius sustineret amator et eos in praedictae famae dominae cerneret detrahendo diutius immorari, in sermonis increpatione aspere contra eos invehitur et eos viriliter coepit de maledictis arguere et suae dominae defendere famam. (4) Quum praefatae istud dominae perveniret ad aures, eum suo penitus dicit amore privandum, quia eius insistendo laudibus contra eius mandata venisset.

Hunc vero articulum Campaniae comitissa suo taliter explicavit iudicio. Ait enim, quod talis domina nimis in suo fuit mandato severa, quae ipsum non erubuit iniqua sententia supprimere, qui penitus se illius subiugavit arbitrio, et cui spem sui porrexit amoris, quum eum sibi sponsione ligavit, quam nulli probae feminae licet sine causa frustrare. (5) Nec enim in aliquo praedictus peccavit amator, si suae dominae blasphematores iusta correctione conatus est arguere. Nam, quum iste ideo tali se sponsione ligavit, ut facilius eius posset impetrare amorem, iniuste videtur mulier tali eum ligasse mandato, ut pro suo ulterius amore non deberet esse sollicitus.

ihre Liebe bemühen und es nicht wagen dürfe, vor anderen über sie Lobreden zu halten. Dies ertrug der Liebhaber geduldig, obwohl es ihm am schwersten fiel. (3) Aber als der genannte Liebhaber eines Tages mit anderen Rittern irgendwelchen Damen gegenübersaß, hörte er, wie seine Gefährten über seine Dame sehr häßlich sprachen und ihren Ruf gegen Recht und Gebühr mit ihren Worten schmähten. Als der Liebhaber das zuerst mühsam ertrug und merkte, wie sie länger dabei verweilten, den Ruf erwähnter Dame zu schmähen, fuhr er sie mit einer Scheltrede hart an und begann, sie mannhaft wegen ihrer Schmähungen zu tadeln und den Ruf seiner Dame zu verteidigen. (4) Als genannter Dame das zu Ohren kam, sagte sie, ihre Liebe müsse ihm ganz genommen werden, weil er gegen ihre Gebote durch seinen Eifer für ihr Lob verstoßen habe.

Urteil im Sinne des R.s

Diesen Rechtsfall aber legte die Gräfin der Champagne folgendermaßen in ihrem Urteil auseinander. Sie sagt nämlich, daß eine solche Dame allzu streng in ihrem Gebot gewesen sei, die sich nicht gescheut hat, ihn mit einem ungerechten Spruch zu unterjochen, ihn, der sich vollkommen ihrem Wunsche unterworfen und dem sie die Hoffnung auf ihre Liebe gewährt hat, als sie ihn durch das Versprechen an sich band, welches ohne Grund um den Erfolg zu bringen keiner Dame von innerem Wert gestattet ist. (5) Denn der genannte Liebhaber hat auch in keinem Punkt gesündigt, wenn er versucht hat, die Verleumder seiner Dame durch gerechten Tadel zurechtzuweisen. Denn wenn er sich dergestalt durch ein solches Versprechen gebunden hat, um leichter ihre Liebe zu erlangen, scheint die Frau ihn ungerechterweise mit einem solchen Gebot gebunden zu haben, daß er sich nicht weiterhin um ihre Liebe bemühen dürfe.

II.

(6) Ad hoc: quidam alius quum optimi amoris frueretur amplexu, a suo petiit amore licentiam ut alterius mulieris sibi liceat potiri amplexibus. Qui tali accepta licentia recessit et diutius quam consveverat a prioris dominae cessavit solatiis. Post mensem vero elapsum ad priorem dominam redit amator dicens, se nulla cum alia domina solatia praesumpsisse nec sumere voluisse sed suae coamantis voluisse probare constantiam. (7) Mulier autem eum quasi indignum repellit a suo amore, dicens ad amoris sufficere privationem tali[s] postulata et impetrata licentia. Huic autem mulieri reginae Alinoriae videtur obviare sententia, quae super hoc negotio taliter consulta respondit. (8) Ait enim: Ex amoris quippe agnoscimus natura procedere, ut falsa coamantes saepe simulatione confingant, se amplexus exoptare novitios, quo magis valeant fidem et constantiam percipere coamantis. Ipsius ergo naturam offendit amoris, qui suo coamanti propter hoc retardat amplexus vel eum recusat amare, nisi evidenter cognoverit, amantem sibi fidem fregisse.

III.

(9) Quum duo essent viri tam genere quam vita et moribus, etiam aliis, per omnia coaequales eo excepto, quod opulentia rerum dissimili respondet eventu, dubitatum constat a multis, quis eorum

II

Prüfung einer D. durch vorgetäuschte Untreue des R.s. Dieser wird verstoßen.

(6) Des weiteren:[86] Ein anderer Mann, obwohl er die Umarmung der besten Liebe genoß, forderte von seiner Liebe die Erlaubnis, daß es ihm gestattet sei, sich der Umarmung einer zweiten Frau zu erfreuen. Als er eine solche Erlaubnis erhalten hatte, zog er sich zurück und enthielt sich länger als gewohnt der Liebesfreuden bei der ersten Frau. Nach einem Monat aber kehrt der Liebhaber zur ersten Dame zurück und sagt, daß er mit der anderen Dame keine Freuden genossen habe und auch nicht genießen, sondern die Beständigkeit seiner Liebespartnerin erproben wollte. (7) Die Frau aber weist ihn als unwürdig ihrer Liebe zurück und sagt, daß es für die Aufhebung der Liebe reiche, wenn er eine solche Erlaubnis gefordert und erhalten habe.

Verurteilung der D.

Dieser Frau aber scheint der Spruch der Königin Eleonore zu widersprechen, die, bezüglich dieses Problems konsultiert, folgende Antwort gab. (8) Sie sagt nämlich: „Es entspringt ja der Natur der Liebe, daß Liebespartner oft in Vorspiegelung falscher Tatsachen vorgeben, daß sie neue Umarmungen wünschen, um desto besser Treue und Beständigkeit des Liebespartners erkennen zu können. Eine Frau beleidigt folglich die Natur der Liebe selbst, wenn sie[87] ihren Liebespartner deswegen auf ihre Umarmungen warten läßt oder sich weigert, ihn zu lieben, außer wenn sie eindeutig in Erfahrung gebracht hat, daß ihr Geliebter ihr die Treue gebrochen hat."

III

Bei gleichem Wert zweier Werbenden soll die reiche D. den ärmeren R. wählen.

(9) Da zwei Männer sowohl in ihrer Abstammung wie in ihrer Lebensführung, sowie in anderem, ganz ebenbürtig waren, ausgenommen, daß dem ihr Reichtum in unterschiedlich gelungener

[86] Bei dem folgenden Liebeskasus, der Königin Eleonore von England vorgelegt wird, hat selbst Schnell, Andreas Capellanus, S. 68–74, die von ihm herangezogenen Parallelen aus der Kanonistik verworfen und die Nähe zu einem okzitanischen Partimen zwischen Gui und Elias festgestellt, wo allerdings die Rollen vertauscht sind.

[87] *quae* für übereinstimmend überliefertes *qui* konjiziert W. Das folgende männliche Objekt *eum* läßt wohl keine andere Lösung zu.

sit potius eligendus amator. Et exstat inde dictum Campaniae comitissae dicentis: Non esset asseveratio iusta, si nobilis et decora paupertas opulentiae postponatur incultae. (10) Immo nobilis etiam opulentia rerum non inepte egestati decorae postponitur, si mulieris amor opulentae petatur; femina etenim rerum fertilitate beata laudabilius inopem sibi nectit amorem quam divitias multas habentem. Nihil enim magis cunctis bonis hominibus debet esse onerosum, quam si probitas egestatis tenebris obscuretur vel alia

Weise entsprach,[88] bestand ein offensichtlicher Zweifel bei vielen, wer von ihnen eher zum Liebhaber gewählt werden solle. Diesbezüglich ist ein Ausspruch der Gräfin der Champagne überliefert: „Es ließe sich nicht im Ernst rechtfertigen, wollte man adelige und ehrenhafte Armut bäurischem Reichtum hintansetzen.[89] (10) Vielmehr setzt man sogar adeligen Reichtum ehrenhafter Armut geziemend hintan, wenn die Liebe einer reichen Frau erbeten wird; denn eine Frau, die mit Reichtum gesegnet ist, verbindet sich lobenswerter mit einer Liebe ohne Besitz als mit einer, die reiche Schätze hat. Nichts muß nämlich bedrückender für alle guten Menschen sein, als wenn der innere Wert durch die Finsternis der Armut verdunkelt wird oder an irgendeiner anderen Notlage lei-

---

[88] *Quum duo essent viri tam genere quam vita et moribus etiam aliis per omnia coaequales eo excepto, quod opulentia rerum dissimili respondet eventu:* „Deux hommes étaient égaux en tous points: par leur naissance, leur vie, leurs vertus, et bien d'autres choses. Une seule exception: l'un était plus riche que l'autre" B, „There were two men exactly equal in family, life and general character with the one exception that they fared very differently in material wealth" W, *Erano due di generazione e di vita e d'altre cose quasi iguali, salvo che di ricchezza* TT A, *Sono due amanti i quali sono iguali, altresi l'uno come l'altro, di gentilezza, di tempo, di senno e d'ogni altra cosa, salvo che l'uno era ricco e l'altro povero* TT B, *Es wären nu tzwen pueler, das ainer dem andern in siten vnd in tugenden gleich wär vnd in erberkait, dann allain daz güt vnd hab wär vngeleich* H. Der Satz enthält zwei seltsame Ausdrücke. Das nachgestellte *etiam aliis* wird wohl verderbt sein. Einfach dafür mit den Hss. CEFb *et ceteris* (Cod. Vind. 5363 *et in ceteris*) zu lesen, geht aber auch kaum an. Ws Lösung, *moribus etiam aliis* zusammenzuziehen, kann auch nicht stimmen. Die übliche Formel *vita et mores* verträgt keine solche Erweiterung. Dem verqueren Ausdruck am Schluß weichen alle Übersetzer durch freie Paraphrase aus. *dissimili eventu* heißt wörtlich soviel wie „mit/von unähnlichem Geschick/Erfolg/Gedeihen/Ausgang". Mit *respondere* ist es schwer zu verbinden. V. a. fehlt dem Verb aber das Dativobjekt. Die Ergänzung im Cod. Vind. 5363 *in utrisque dissimili responderet eventu* führt auch nicht viel weiter.

[89] *non esset asservatio iusta, si nobilis et decora paupertas opulentiae postponatur incultae:* „Il ne serait pas juste de prétendre qu'un riche sans érudition doit être préféré à un noble pauvre et de bonnes manières" B, „It would not be just to maintain that nobile and edifying poverty should come second to barbaric wealth" W, *Non sarebbe giusta cosa se la povertà nobile e bella alla ricchezza non adorna fosse posposta* TT. Der Satz erinnert an Seneca, *De beneficiis* IV,iii,1 *diviti importuno pauperem praeferimus.*

necessitate quacunque laboret. (11) Merito igitur mulier opulenta laudatur, si opulentia rerum omissa coamantem quaerat egenum, cui sua valeat opulentia subvenire. Nihil enim est, quod in tantum utriusque sexus amanti pertinere videatur ad laudem, quam si plenarie, sicut potest, necessitatibus coamantis occurrat. (12) Sed, si mulier inopiae obscuritate gravetur, licentius opulentis admittit amorem, quia, utroque coamantium in egestatis unda reperto, eorum erit amoris procul dubio constantia brevis. Inopia namque verecundiam summam probis cunctis adducit hominibus et eos in varias cogitationum deducit angustias et in somni etiam vehementer quiete fatigat et inde consequenter fugare consvevit amorem.

IV.

(13) Alia sic quidem occurrit quaestio talis: Duo erant in omnibus et per omnia coaequales, qui simul et aequaliter omni modo [his] servire coeperunt, qui etiam postulant, et instanter, amari; quaeritur ergo, quis in isto sit praeferendus amore. Sed eiusdem comitissae monitis edocemur, ut in tali eventu prior petitor potius mereatur audiri; si vero postulationes eorum tempore videantur aequales, non immerito [in] mulieris confertur arbitrio, ut amatorem illum studeat de duobus eligere, quem magis interior animi exigat explorata voluntas.

V.

(14) Miles quidam dominam suam immoderate amabat et eius plenarie fruebatur amplexu, ipsa tamen eum dilectione mutua non

det. (11) Mit Recht also wird eine reiche Frau gelobt, wenn sie den Reichtum außer Acht läßt und einen bedürftigen Liebespartner sucht, dem ihr Reichtum helfen kann. Es gibt nämlich nichts, was einem Liebenden oder einer Liebenden so sehr zum Ruhm gereichen kann, als wenn er oder sie so weit wie möglich den Notlagen des Liebespartners zu Hilfe kommt.

Die arme D. soll den reicheren R. wählen.

(12) Wenn aber eine Frau von der Finsternis des Mangels bedrückt wird, läßt sie unbedenklicher die Liebe eines Reichen zu; denn wenn beide Liebespartner im Gewoge der Not befunden werden, wird ohne Zweifel die Beständigkeit ihrer Liebe kurz sein. Denn die Armut stürzt alle Menschen von innerem Wert in höchste Beschämung, führt sie in verschiedene seelische Angstzustände, sucht sie sogar heftig heim während der Ruhe des Schlafs und pflegt daher als Folge die Liebe zu vertreiben."

IV

Bei gleichem Wert zweier Werbenden soll die Priorität, bei Gleichzeitigkeit die D. frei entscheiden.

(13) Doch so tritt eine andere derartige Frage auf: Es gab zwei in allem und in jeder Hinsicht Ebenbürtige, die zugleich und gleichwertig auf jede Art ihren Dienst begannen. Sie fordern auch, und zwar dringlich, geliebt zu werden. Es stellt sich also die Frage, wer bei dieser Liebe zu bevorzugen ist. Aber wir werden von den Ermahnungen derselben Gräfin belehrt, daß in einem solchen Fall der erste Bewerber verdient, erhört zu werden. Wenn aber ihre Werbungen gleichzeitig zu sein scheinen, wird es zu Recht dem Urteil der Frau übertragen, damit sie trachten soll, von den zweien jenen Liebhaber zu wählen, den der innere Wille ihres Herzens mehr fordert, nachdem sie diesen erforscht hat.[90]

V

Nur eigene wahre Liebe bedingt ein Recht auf Gegenliebe.

(14) Ein Ritter liebte seine Dame maßlos und genoß ihre Umarmung in vollen Zügen, sie aber liebte ihn jedoch nicht mit entsprechender Zuneigung. Er sucht sich von ihr zu trennen, die Frau

[90] Man beachte, daß der Wille der Frau erst ins Spiel kommt, wenn alle anderen Auswahlkriterien erschöpft sind. Tugendadel und Zeitpunkt der Werbung haben Vorrang.

amabat. Hic ab ea divertere quaerit, mulier vero ipsum in pristino retinere cupiens statu eiusdem voluntati contradicit.

(15) Huic negotio tale dedit comitissa responsum: Improba nempe satis intentio mulieris iudicatur, quae amari quaerit et ipsa recusat amare. Stultum est enim, aliquem illud ab aliis non reverenter exigere, quod ipse aliis penitus denegat exhibere.

VI.

(16) Insurgit etiam dubitatio talis: Iuvenis quidam nulla probitate decorus et miles adultus omni probitate iucundus amorem ab eadem muliere deposcunt. Contradicit quidem iuvenis, se praeferendum adulto, quia, si postulatum fuerit consecutus amorem, ex tali posset igitur morum probitatem assumere, et si per eam ad morum probitatem improbitas reducatur, laus esset mulieri non modica.

(17) Huic taliter Alinoria regina respondit: Licet probet iunior, ab amoris perceptione se ad morum posse ascendere probitatem, minus provide agit mulier, si improbitatem praeeligat amare, maxime, quum vir bonus ac morum cultura refulgens ab ea petit amorem. Posset enim propter merita improbi viri evenire, ut exoptata

aber will ihn im früheren Status festhalten und widerspricht seinem Wunsch.

(15) Für dieses Problem gab die Gräfin folgende Antwort: „Natürlich wird die Intention einer Frau als sehr unedel beurteilt, die geliebt zu werden sucht und selbst sich weigert zu lieben. Es ist nämlich töricht, wenn jemand das von anderen unverschämt fordert, was er selbst anderen zu gewähren vollkommen verweigert.“

VI

Ein bereits erwiesener Wert eines R.s verdient den Vorzug vor einem durch die Erziehungskraft der Liebe erst zu erwartenden Wert eines anderen.

(16) Es erhebt sich auch folgender Zweifel: Es fordern ein durch keinen inneren Wert ausgezeichneter Jüngling und ein sich jeglichen inneren Wertes erfreuender erwachsener Ritter Liebe von derselben Frau. Der Jüngling aber erhebt Einspruch: Er sei dem Erwachsenen vorzuziehen, weil er, wenn er die geforderte Liebe erlangt hätte, daraus sittlichen Wert *(morum probitas)* erlangen könnte; und wenn der Mangel an innerem Wert *(improbitas)* durch sie zum sittlichen Wert gewandelt würde, entstünde der Frau nicht geringer Ruhm.

(17) Diesem antwortet die Königin Eleonore folgendermaßen: „Mag auch der Jüngere nachweisen, daß er durch den Empfang der Liebe zu sittlichem Wert aufsteigen könne, handelt die Frau sehr wenig vorausschauend, wenn sie es vorzieht, den Unwert *(improbitas)* zu lieben, besonders wenn ein trefflicher *(bonus)* und durch sittliche Bildung *(morum cultura)* hervorstechender Mann von ihr Liebe fordert. Es könnte nämlich wegen der Belohnung des unwerten Mannes passieren,[91] daß sein Unwert, wenn er das ersehnte Gut empfängt, keine Besserung durch die Linderungs-

[91] *Posset enim propter merita improbi viri evenire:* „Il pourrait arriver en effet que la conduite de cet homme sans vertus soit telle“ B, „The acquired characteristics of the wicked man might ultimately result“ W, *Ché adivenire può* (sic!) TT, „Potrebbe accadere, proprio per mancanza di gentilezza“ I. Falls der Text stimmen sollte, kann hier kaum die von den Übersetzern offenbar angenommene aktive Bedeutung von *meritum* gemeint sein („die Tat, womit man sich verdient macht“), sondern nur die passive („Lohn einer Tat“ – vgl. z.B. I,vi,105).

bona percipiendo meliorationis improbitas fomenta non caperet, quia non semper iactata producunt semina fructum.

VII.

(18) Ad eiusdem reginae arbitrium defertur hic alius eventus amoris. Quidam quum ignoranter se agnatae copulasset amori, ab ea discedere comperto crimine quaerit. Mulier vero amoris vinculo colligata in amoris observantia ipsum retinere contendit, asserens, crimen penitus excusari, quasi ab initio coepissent amori sine culpa vacare.

(19) Cui negotio taliter regina respondit: Satis illa mulier contra fas et licitum certare videtur, quae sub erroris cuiuscunque velamine incestuosum studet tueri amorem. Omni enim tempore incestuosis et damnabilibus tenemur actibus invidere, quibus etiam ipsa iura humana poenis novimus gravissimis obviare.

mittel erfährt. Denn die ausgestreute Saat bringt nicht immer Frucht.“[92]

VII

Durch Irrtum ist eine inzestuöse Liebe zustandegekommen.

(18) Dem Urteil derselben Königin wird dieser weitere Liebeskasus vorgelegt: Als sich jemand, ohne es zu wissen, der Liebe zu einer Verwandten verbunden hatte, suchte er sich von ihr zu trennen, nachdem er das Verbrechen erfahren hatte. Die Frau aber, von der Fessel der Liebe gebunden, ist bestrebt, ihn im Liebesdienst *(amoris observantia)* festzuhalten, indem sie versichert, das Verbrechen werde gänzlich entschuldigt, weil sie angeblich am Anfang ohne Schuld begonnen hätten, sich der Liebe hinzugeben.[93]

Sie muß bei Aufdeckung des Irrtums sofort enden.

(19) Für dieses Problem gab die Königin folgenden Bescheid: „Jene Frau scheint sehr gegen göttliches Recht und Gebot zu verstoßen, die unter dem Schleier irgendeines Irrtums eine inzestuöse Liebe zu schützen trachtet. Zu jeder Zeit nämlich sind wir gehalten, inzestuöse und verdammenswerte Handlungen zu verabscheuen[94], denen auch die irdische Rechtssprechung, wie wir wissen, mit den härtesten Strafen entgegentritt.[95]

---

[92] Vgl. *Ars amatoria* II,513 (Walther 3690).

[93] Gemeint ist offenbar, daß die Unwissenheit eine Tat nicht nur subjektiv entschuldigt, sondern dazu berechtigt, nach Behebung dieser Unwissenheit den durch diese Tat herbeigeführten Zustand fortzusetzen – ein auch schon damals unhaltbarer juristischer Standpunkt.

[94] *invidere:* „blâmer“ B, „loathe“ W, *contradire* TT, *ir wider ist* H. In der Antike nur „mißgönnen, beneiden“. Du Cange, Niermeyer, Blaise bringen nichts. Habel/Gröbel verzeichnen jedoch „hassen, verachten; neidisch vorenthalten“, entsprechend afrz. *envier* „beneiden“ und „hassen“.

[95] Die deutlichste Übertragung des kanonischen Eherechts auf Liebesverhältnisse. Die Brücke schlägt expressis verbis Liebesregel XI: „Es geziemt sich nicht, Frauen zu lieben, mit denen man sich schämt eine Ehe anzustreben.“ Das kanonische Recht verbot die Ehe mit Verwandten bis ins siebente Glied. Siehe Schnell, Andreas Capellanus, S. 62–65. Gemäß diesem Gesetz erreichte auch Ludwig VII. von Frankreich 1152 eine Annullierung seiner Ehe mit Eleonore von Poitou.

VIII.

(20) Quum domina quaedam satis idoneo copularetur amori, honorabili postmodum [sine culpa] coniugio sociatur et suum coamantem subterfugit amare et solita sibi solatia negat. Sed huius mulieris improbitas Narbonensis Mengardae dominae taliter dictis arguitur: Nova superveniens foederatio maritalis non recte priorem excludit amorem, nisi forte mulier omnino penitus desinat amori vacare et ulterius nullatenus amare disponat.

IX.

(21) Quidam a praefata postulavit, ut ei faceret manifestum, ubi maior sit dilectionis affectus: inter amantes an inter coniugatos. Cui eadem domina philosophica consideratione respondit. Ait enim: Maritalis affectus et coamantium vera dilectio penitus iudicantur esse diversa et ex motibus omnino differentibus suam sumunt originem. Et ideo inventio ipsius sermonis aequivoca actus comparationis excludit et sub diversis ea facit speciebus adiungi.

VIII

Kein Liebesverhältnis kann rechtmäßig durch die Heirat mit einem anderen beendet werden.

(20) Obwohl eine Dame sich einer sehr passenden Liebe verband, geht sie später[96] eine ehrenvolle Ehe ein, entzieht ihrem Liebespartner ihre Liebe und verweigert ihm die üblichen Wonnen. Aber der Mangel an innerem Wert dieser Frau wird von den Worten der Dame Mengarda von Narbonne[97] folgendermaßen getadelt: „Die neu hinzukommende eheliche Verbindung schließt die frühere Liebe nicht rechtmäßig aus,[98] wenn nicht vielleicht die Frau überhaupt ganz aufhört, sich der Liebe zu widmen, und beschließt, weiterhin auf keinen Fall zu lieben."

IX

Philosophischer Beweis für die Homonymität von ehelicher und wahrer ‚Liebe'

(21) Ein Mann forderte von der eben Genannten, daß sie ihm klar machen sollte, wo das tiefere Gefühl der Zuneigung *(dilectionis affectus)*[99] sei: zwischen Liebenden oder zwischen Eheleuten. Ihm antwortet diese Dame mit einer philosophischen Betrachtung *(philosophica consideratio)*. Sie sagt nämlich: „Eheliche Zärtlichkeit *(maritalis affectus)* und die wahre Zuneigung *(dilectio)* Liebender werden als vollkommen verschieden beurteilt und leiten sich aus gänzlich verschiedenen Motiven ab. Und so schließt der homonyme Gebrauch des Ausdrucks[100] Vergleiche aus und bewirkt eine Einreihung unter zwei verschiedenen Gattungen.[101]

---

[96] Die Hss. A und B haben danach *sine culpa*. Trojel erklärt dies als Interpolation, die ursprünglich *siue copulata* hieß, dann aber als *sine culpa* verlesen wurde. Dem TT lag vermutlich ein Text ohne diesen Zusatz vor.

[97] Ermengarde, Vizegräfin von Narbonne (1143–1192), früh verwitwet, berühmteste Mäzenatin der Trobadors der Languedoc, gefeiert von Peire d'Alvernha, Bernart de Ventadorn und Peire Rogier, dessen Vida ihn zu ihrem Liebhaber macht.

[98] Vgl. Liebesregel I in II,viii,44.

[99] Vgl. I,vi,369.

[100] *inventio ipsius sermonis aequivoca:* „la création de ce mot à double sens" B, „the ambiguous nature of the language employed" W, „la duplicità di significato della stessa parola" I.

[101] *et sub diversis ea facit speciebus adiungi:* „entre des choses qu'il faut ranger dans des espèces différants" B, „but causes them to be associated though

(22) Cessat enim collatio comparandi per magis et minus inter res aequivoce sumptas, si ad commune nomen, cuius respectu dicuntur aequivocae, comparatio referatur. Non enim competens esset comparatio talis, si diceretur, nomen corpore simplicius esse vel propositio magis dictione composita.

(22) Der Vergleich nach der Kategorie ‚mehr oder minder' hört nämlich bei homonym ausgedrückten Gegenständen *(res aequivoce sumptae)* auf, wenn sich der Vergleich auf einen gemeinsamen Ausdruck, in Bezug auf welchen von Homonymen die Rede ist,[102] bezieht. Ein solcher Vergleich wäre nämlich inadäquat, wenn man sagen wollte, daß ein Ausdruck einfacher sei als ein Körper oder ein Vordersatz komplexer als eine Diktion."[103]

---

they are different in kind" W, „e le colloca sotto specie diverse" I. Der Ausdruck ist reichlich seltsam. *ea* kann nicht Akk. Neutr. sein, da es kein entsprechendes Bezugswort gibt, sondern nur Nom. Fem., also das Subjekt (=*inventio*).

[102] *ad commune nomen, cuius respectu dicuntur aequivocae:* „au nom qui leur est commun et en fonction duquel elles sont dites équivoques" B, „to the common term, in relation to which they are called ambiguous" W, „con la parola commune secondo la quale le cose risultano di duplice significato" I.

[103] *si diceretur nomen corpore simplicius esse vel propositio magis dictione composita:* „de dire que le nom est plus simple que ce qu'il recouvre, ou que le sujet est plus complexe que les mots qui l'exposent" B, „if it were stated that the expression is simpler than the object described, or if the proposition were more complex than the expression describing it" W, „se si dicesse il nome vale la cosa o che l'enunciato è più articolato del discorso" I. Meiner Ansicht nach gehen alle Übersetzer von der irrigen Ansicht aus, daß die verglichenen Begriffe derselben Kategorie angehören müssen. Vielmehr dürfen sie dies gerade nicht, um die Absurdität des Vergleichs zu demonstrieren. *nomen* ist ein Element der Ausdrucksseite der Sprache, *corpus* eines der Inhaltsseite. Daß *corpus* hier im abstrakten Sinne „Ganzheit, Objekt, Sache" oder dergleichen heißen soll, ist zu weit hergeholt. *propositio* ist vermutlich wie I,vi,15 ein Element des aristotelischen Syllogismus. Der Gegenbegriff wäre dieser selbst (lat. *ratiocinatio*). *dictio* kommt sonst in *De amore* nicht vor. Am ehesten ist der rhetorische Begriff für die rednerische Darstellung, den Stil, gemeint. Es wäre aber auch möglich, wiederum den Gegensatz von Inhalt und Ausdruck in Anschlag zu bringen: *propositio* „Thema" vs. *dictio* „Darstellung". Die alten italienischen Fassungen bieten keine direkte Verständnishilfe. TT A zieht alles in einen Satz zusammen. TT B paraphrasiert ganz frei, und geht am Ende in eine bloße Interpretation über: *Altresì come non si dee dire che'l nome che si deriva da l'altro che non si deriva, o che'l nome che non si deriva che si deriva.* D übersetzt ausnahmsweise ziemlich wörtlich, hilft uns aber gerade durch die Beibehaltung der Ausdrücke *nom, cors, diction, proposition* nicht weiter. H läßt

X.

(23) Idem ab eadem domina sub tali forma quaesivit: Mulierem quandam, quae primo fuerat uxor et nunc a viro manet divortio interveniente disiuncta, qui maritus fuerat, ad suum instanter invitat amorem. Cui domina praefata respondit: Si aliqui fuerint qualicunque nuptiali foedere copulati et postmodum quocunque modo reperiantur esse divisi, inter eos penitus nefandum iudicamus esse amorem.

XI.

(24) Quidam vir bonus et prudens ab aliqua domina petit amorem; postea vero accedit vir alius probior eo et ab eadem instanter petit amari. Quis ergo alteri praefertur amandus? Hanc autem litem taliter Narbonensis Mengarda definit: In mulieris confertur arbitrium, quem potius velit bonum an meliorem exaudire petentem.

X

(23) Derselbe Mann fragte dieselbe Dame in folgender Form:[104] Eine Frau, die zuerst verheiratet war und jetzt nach inzwischen erfolgter Scheidung[105] von ihrem Mann getrennt lebt, lädt ihr früherer Gatte dringend ein, ihn zu lieben. Diesem antwortete die erwähnte Dame: „Wenn Personen durch irgendeinen Ehevertrag verbunden und danach auf irgendeine Art getrennt befunden werden, urteilen wir, daß eine Liebe zwischen beiden vollkommen gegen das göttliche Gebot[106] ist.“

Liebe ist zwischen wieder getrennten Ehegatten nicht möglich.

XI

(24) Ein guter *(bonus)* und kluger Mann erbittet von einer Dame Liebe; danach aber tritt ein anderer Mann auf, der von größerem innerem Wert *(probior)* ist als dieser, und bittet dringend, von derselben geliebt zu werden. Wer also wird dem anderen in der Liebe vorgezogen? Diesen Streit aber legt Mengarda von Narbonne auf folgende Weise bei: „Es wird dem Urteil der Frau überlassen, welchen Bewerber sie lieber erhören will, den Guten oder den Besseren.“[107]

D. kann zwischen gutem und besserem R. frei wählen.

---

den Satz aus. – Wie dieser Ausflug in die Sprachphilosophie auf die zeitgenössischen Leser gewirkt haben mag, ist schwer abzuschätzen. Besonders professionell mutet er nicht an, riecht aber doch viel zu sehr nach Schule, als daß er zu einer höfischen Dame passen würde. Das liebeskasuistische Thema aber ist bei den Trobadors gut vertreten. W weist auf ein Tenzone zwischen Gui d'Ussel und Elie über dieses Thema hin. Vgl. Nachwort S. 616.

[104] *sub tali forma:* „en ces termes“ B, „in a case of this kind“ W. Wie W zu dieser Auffassung kommt, ist mir rätselhaft.

[105] *divortio interveniente:* Natürlich ist die Annulierung der Ehe nach den kanonischen Regeln gemeint, da es eine Scheidung nicht gab.

[106] *nefandum:* „ne … coupable“ (sic!) B, „wicked“ W, *non … licitamente* TT.

[107] W hält diesen elften Kasus für beinahe identisch mit dem vierten. Im elften besteht jedoch sowohl eine Differenz in der Zeit wie in der *probitas* der Werbenden. Vielmehr haben wir hier die Lösung der in I,vi,436–442 ausführlich diskutierten Frage vor uns.

XII.

(25) Aliud etiam iudicium tale procedit amoris: Quidam satis idoneo copulatus amori, alterius dominae instantissime petit amorem quasi alterius mulieris cuiuslibet destitutus amore; qui etiam iuxta sui desideria cordis plenarie consequitur, quod multa sermonis instantia postulabat. Hic autem fructu laboris assumpto prioris dominae requirit amplexus et secundae tergiversatur amanti. Quae igitur super hoc viro nefando vindicta procedet? In hac quidem re comitissae Flandrensis emicuit sententia talis:

(26) Vir iste, qui tanta fraudis fuit machinatione versatus utriusque meretur amore privari et nullius probae dominae debet ulterius amore gaudere, quum impetuosa credatur in eo regnare voluptas, quae penitus amoris est inimica, ut in capellani doctrina manifestius edocetur. (27) Mulier autem nullatenus sibi debet ad verecundiam reputare, quum quaelibet mulier, si mundi laudes optat habere, vacare teneatur amori, et interiorem hominis fidem et eius intrinseca cordisque ne mini sit facile perscrutari secreta, et ideo in palliatione sermonis multa saepe reperiatur sapientia circumventa. Si tamen iste ad priorem non redit amantem sed in se-

XII

Ein untreuer R. verdient, die Huld beider Damen ganz zu verlieren, die beide getäuscht wurden.

(25) Noch ein anderes Liebesurteil wird folgendermaßen gefällt: Ein Mann, einer sehr passenden Liebe verbunden, erbittet aufs dingendste die Liebe einer anderen Dame, so als wäre er ohne die Liebe irgendeiner anderen Frau; er erreicht sogar gemäß seinen Herzenswünschen vollkommen, was er mit vielen eindringlichen Worten gefordert hat. Da er aber die Frucht seiner Mühe genossen hat, verlangt er wieder nach den Umarmungen seiner ersten Dame und kehrt der zweiten Geliebten den Rücken. Welche Strafe nun wird über diesen ruchlosen Mann ergehen? In diesem Fall blitzte folgendes Urteil der Gräfin von Flandern[108] hervor:

(26) „Dieser Mann, der sich einer so argen trügerischen List bedient hat, verdient, der Liebe beider beraubt zu werden und darf sich weiterhin an keiner Liebe einer Dame von innerem Wert erfreuen, da man annimmt, in ihm regiere die wilde Wollust *(impetuosa voluptas)*, die durch und durch der Liebe feindlich ist, wie in der Doktrin des Kaplans ganz klar gelehrt wird.[109] (27) Die (erste) Frau aber soll sich dies keinesfalls zur Schmach anrechnen, denn jede Frau, wenn sie das Lob der Welt *(mundi laudes)* haben will, ist gehalten, sich der Liebe zu widmen,[110] und es ist für niemanden leicht, die innere Treue eines Mannes und die inneren Geheimnisse seines Herzens zu erforschen, und große Weisheit findet man daher oft durch die Bemäntelung der Rede[111] umgarnt. Wenn aber

---

108 Elisabeth von Vermandois, Gräfin von Flandern, † 1182, war die Nichte Eleonores von Poitou (und somit Cousine Maries von Champagne) und förderte ebenfalls die Trobadorlyrik. Ihrem Gatten, Philipp von Flandern (1164–1191) widmete Chrétien de Troyes seinen *Roman du Graal*.

109 Wieder ein Selbstbezug des Autors, der hier den Eindruck erweckt, als hielten die Fürstinnen sich an seinen Liebeskodex (vgl. *De amore* I,v,7–8). Ob Andreas sich für diesen Liebeskasus Nr. XII die Anregung bei der kirchlichen Verurteilung der Bigamie geholt hat, wie Schnell, Andreas Capellanus, S. 76–79, meint, scheint fraglich.

110 Wiederum wird das absolute Gebot zu lieben aufgestellt. Es ist aber eindeutig nur von der irdischen Liebe die Rede, und das Gebot gilt auch nur nach irdischen Maßstäben, wenn es um das Lob der Welt geht. Damit wird zugleich das klassische Prinzip „Gott und der Welt gefallen" außer Kraft gesetzt.

111 *in palliatione sermonis:* Zum mlat. Ausdruck *palliatio* s. Blaise, s. v.

cundae amatricis studet amore persistere, non habet unde prior contra istam queratur amatrix, si partum tueri studet amorem et aliam potius quam se ipsam patitur callida deceptione frustrari.

XIII.

(28) Affertur aliud tale iudicium: Miles quidam quum omni hominum probitate careret et ideo ab omni femina reprobaretur amari, a quadam domina tanta improbitate postulavit amorem, quod ei spem de suo amore est largita. Quae domina in probis moribus propria taliter doctrina suum confirmat amantem, oscula etiam et lacertorum ei largiendo amplexus, quod amans iam dictus ad summam per eam est morum probitatem deductus et omni probitate laudandus. (29) Quo in probitatis norma solide confirmato et qualibet curialitatis decorato virtute, alia quaedam domina ipsum ad suum instanter invitat amorem, cuius et ipse miles fuit obediens penitus voluntati, prioris scilicet dominae largitatis oblitus.

(30) Super hoc autem articulo adsunt nobis Flandrensis comitissae responsa. Ait enim: Laudandum videtur a cunctis, ut prior amatrix suum coamantem ex cuiuslibet mulieris valeat amplexibus

der Mann doch nicht zur ersten Geliebten zurückkehrt, sondern bei der Liebe der zweiten Geliebten zu verharren trachtet, hat die erste Geliebte keinen Grund, gegen sie Klage zu erheben, wenn sie die erworbene Liebe zu schützen trachtet und duldet, daß lieber eine andere als sie selbst durch schlaue Täuschung getäuscht wird."

XIII

Eine D., die durch Liebesversprechen einen R. erzieht, erwirbt einen Anspruch auf dessen treue Liebe.

(28) Ein anderes, folgendes Urteil wird beigebracht: Ein Ritter forderte, obwohl er jeglichen inneren Werts eines Mannes[112] entbehrte und so von allen Frauen für untauglich für ihre Liebe erklärt wurde, von einer Dame mit so großer Impertinenz[113] ihre Liebe, daß sie ihm die Hoffnung auf ihre Liebe schenkte. Diese Dame bestärkte durch ihre Belehrung[114] ihren Geliebten derart in guten Sitten *(probi mores)*, indem sie ihm sogar Küsse und Umarmungen schenkte, daß der schon erwähnte Liebende durch sie zum höchsten sittlichen Wert geführt und durch jeglichen inneren Wert des Lobes würdig wurde. (29) Nachdem dieser in der Norm des inneren Werts solide gefestigt und mit jeglichem Vorzug der Höfischheit ausgezeichnet war, lud ihn eine andere Dame dringend ein, sie zu lieben. Der Ritter gehorchte auch ganz ihrem Wunsche, vergaß allerdings leider die Großzügigkeit der ersten Dame.

(30) Für diesen Rechtsfall aber fehlt es uns nicht an einem Bescheid der Gräfin von Flandern. Sie sagt nämlich: „Es scheint des Lobes von allen Seiten wert zu sein, daß die erste Geliebte ihren

---

[112] *omni hominum probitate:* „de toutes les vertus qui sont propres aux hommes" B, „human worth" W, *d'ogni prodezza* TT.

[113] *tanta improbitate:* „avec tant d'audace" B, „with such importunity" W, *con tanta importunità* TT, „con tanta scortesia" I, *par grant instance* D. Hier kann *improbitas* schwerlich wie sonst den allgemeinen Mangel an innerem Wert bezeichnen. Die hier in unserer Übersetzung verwendete Bedeutung ist zwar schon in der Antike gut belegt, zeugt aber doch von der terminologischen Freizügigkeit in *De amore*, die der offenbar angestrebten quasiphilosophischen Exaktheit des Traktats widerspricht.

[114] Selbst die Vagantenlyrik kennt die Geliebte als Erzieherin. Vgl. *Carmen Buranum 61*,3.

revocare, quem ipsa per sui laboris industriam de improbitatis imo ad summum curialitatis ac probitatis culmen adduxit. Jus enim ac rationem in homine illo mulier habere creditur, quem ipsa morum probitate destitutum sua reddidit providentia [probum] atque laborum sollicitudine probiorem simul et morum consideratione compositum.

XIV.

(31) Quaedam domina, quum suus in ultramarina coamans expeditione maneret, nec de propinqua ipsius reditione confideret, immo quasi ab omnibus eius desperaretur adventus, alium sibi quaerit amantem. Quidam vero secretarius prioris amantis nimium condolens de mulieris fide mutata novum sibi contradicit amorem. Cuius mulier nolens assentire consilio tali se defensione

Liebespartner aus den Umarmungen irgendeiner Frau zurückholen kann, den sie selbst durch Fleiß und Mühe von der tiefsten Wertlosigkeit zum höchsten Gipfel der Höfischheit und des inneren Werts geführt hat. Man nimmt nämlich an, daß die Frau einen begründbaren Anspruch auf jenen Mann hat, den sie, obwohl er ohne sittlichen Wert war, durch ihre Vorsorge und eifrige Mühe zugleich zu einem besseren und in der Beachtung der Sitten Geschulten[115] gemacht hat."

XIV[116]

Eine D. wählt, da sie lange nichts aus dem Orient von ihrem R. hört, einen neuen Geliebten.

(31) Eine Dame suchte, als ihr Liebespartner auf einem Feldzug jenseits des Meeres verweilte[117] und sie nicht an seine baldige Rückkehr glaubte, ja sogar gleichsam von allen die Hoffung auf seine Ankunft aufgegeben wurde, für sich einen anderen Geliebten. Ein Vertrauter aber des ersten Geliebten, der über die veränderte Treue der Frau sehr trauerte, untersagt ihr die neue Liebe.[118] Die Frau, die seinem Rat nicht zustimmen will, verteidigt sich mit

---

[115] *morum consideratione compositum:* „(un homme) de bien respectueux de la moralité" B, „adorned with thoughtful manners" W, *di costumi composto* TT A, *ben costumato* TT B. Das Wort *consideratio* kommt sonst bei Andreas nur im vorangehenden neunten Liebesurteil vor und heißt dort „Betrachtung, Überlegung". *compositus* in der Bedeutung „ausgestattet mit" kann ich in dem Werk sonst auch nicht nachweisen.

[116] Das folgende Liebesurteil hat Parallelen in den (nicht ganz einheitlichen) zivilrechtlichen und kanonischen Ehevorschriften. Siehe Schnell, Andreas Capellanus, S. 50–62, der freilich annehmen muß, Andreas habe jene Vorschriften hier „humoristisch ‚höfisch' umgeformt" (S. 59). Bei der ähnlich gelagerten Diskussion I,vi,551–560 (s. d.) kann Schnell aber nur den Dissens mit der Kanonistik feststellen. – Die Treue der zurückgebliebenen Geliebten ist überdies auch ein zentrales Thema der Kreuzzugslyrik der Zeit.

[117] Im 12. und 13. Jahrhundert befanden sich fast ständig unzählige abendländische Ritter auf Kreuzzug in *Outremer*, wie die Franzosen sagten. Fast alle waren mindestens zwei, drei Jahre unterwegs, viele auch länger. Nicht wenige kamen nie zurück, da sie entweder fielen oder freiwillig im Heiligen Land blieben.

[118] *novum sibi contradicit amorem:* „s'opposa au nouvel amour" B, „opposed her new love" W, *le contradisse l'amore nuovo* TT. Andreas verwendet *contradicere* in unklassischer Weise transitiv, was dem üblichen mlat. Gebrauch entspricht (vgl. Niermeyer).

tuetur. (32) Ait enim: Si feminae, quae morte viduatur amantis, licet post biennii metas alium sibi amatorem appetere, multo magis ei debet mulieri licere, quae vivo [et ultra] viduatur amante et quae nullius nuntii vel litterae ab amante transmissae potuit a praefato tempore visitatione gaudere, maxime ubi non deerat copia nuntiorum. Quum igitur super hoc negotio longa esset utrinque assertione certatum, in arbitrio Campaniae comitissae conveniunt, quae hoc quidem certamen tali iudicio definivit: (33) Non recte agit amatrix, si pro amantis absentia longa suum derelinquat amorem, nisi primitus ipsum in suo defecisse amore vel amantium fregisse fidem manifeste cognoscat, quando scilicet amator abest necessitate cogente, vel quando est eius absentia ex causa dignissima laude. Nihil enim maius gaudium in amatricis debet animo concitare, quam si a remotis partibus laudes de coamante percipiat, vel si ipsum in honorabilibus magnatum coetibus laudabiliter immorari cognoscat. (34) Nam quod litterarum vel nuntiorum visitatione abstinuisse narratur, magnae sibi potest prudentiae reputari, quum nulli extraneo ei liceat hoc aperire secretum. Nam, si litteras

folgender Schutzwehr. (32) Sie sagt nämlich, es müsse, wenn es einer Frau, die durch den Tod des Geliebten verwitwet ist, erlaubt ist, nach der Frist von zwei Jahren sich nach einem anderen Liebhaber umzuschauen, noch viel eher einer Frau erlaubt sein, die zu Lebzeiten ihres Geliebten verwitwet ist und sich von besagtem Zeitpunkt an nicht der Ankunft[119] eines Boten oder eines vom Geliebten gesandten Briefes erfreuen konnte, besonders wenn es nicht an einer Menge von Boten fehlte. Nachdem also über dieses Problem in einer langen Argumentation[120] von beiden Seiten gestritten worden war, einigten sie sich auf einen Schiedsspruch der Gräfin der Champagne, die nämlich diesen Streit mit folgendem Urteil entschied:

Die D. muß auf die ehrenhaften Aufgaben ihres R.s und seine Diskretionspflicht Rücksicht nehmen und ihm die Treue halten.

(33) „Die Liebende handelt nicht richtig, wenn sie wegen der langen Abwesenheit des Geliebten ihre Liebe aufgibt, wenn sie nicht zuvor zur eindeutigen Erkenntnis gelangt, daß er zuerst in seiner Liebe versagt hat oder die Treue der Liebenden gebrochen hat, wenn nämlich der Liebhaber aus einem zwingenden Grund abwesend ist oder wenn seine Abwesenheit einen Grund hat, der größtes Lob verdient. Nichts nämlich soll größere Freude im Herzen einer Liebenden erregen, als wenn sie den Ruhm ihres Geliebten aus entfernten Gebieten vernimmt oder wenn sie erfährt, daß er sich auf lobenswerte Weise in ehrenvollen Kreisen der Großen aufhält. (34) Denn wenn gesagt wird, er habe sich der Sendung von Briefen[121] oder Boten enthalten, kann das seiner großen Klugheit angerechnet werden, da es ihm nicht gestattet ist, dieses Ge-

[119] *visitatione*: Wörtlich ist damit der Besuch, die „Heimsuchung" durch jemanden – vgl. *visitatio Mariae* – zu verstehen, der jedoch hier auch auf leblose Gegenstände wie einen Brief ausgedehnt wird. Noch freier ist der Gebrauch unten in § 34, wo gesagt wird, der Sender von Boten und Briefen habe sich dieser *visitatio* enthalten, was sich dann nur mit „Sendung" wiedergeben läßt. Dem entspricht ganz entfernt der mlat. Gebrauch des Ausdrucks für das Pflichtgeschenk des Bauern an den Fronhofverwalter (bzw. an den Gutsherrn) – vgl. Niermeyer.

[120] Diese erst mittellateinische Bedeutung von *assertio* auch schon I,vi,396. Vgl. Niermeyer, s. v. *assertio* „Aussage, Erklärung, Lehre".

[121] Obwohl Andreas sonst *litterae* „Brief" in klassischer Weise als Pluraletantum behandelt, vermute ich, daß er hier sowohl von Boten wie von Briefen im Plural spricht. *Littera* Sg. „Brief" begegnet auch schon bei Ovid.

emisisset, quarum tenor esset portitori celatus, nuntii tamen pravitate vel eodem in itinere mortis eventu sublato facile possent amoris arcana diffundi.

XV.

(35) Insurgit etiam alius eventus amoris: Amator quidam, quum proeliando viriliter oculum vel alium sui corporis amisisset ornatum, quasi indignus ac taediosus a sua coamante repellitur, et soliti sibi denegantur amplexus. Huic autem feminae Narbonensis dominae sententia contradicit, quae taliter super hac figura respondit: (36) Omni honore mulier censetur indigna, quae ob deformationem solito belli contingentem eventu, et quae solet viriliter evenire bellantibus, coamantem suo iudicavit amore privandum. Hominum enim audacia maxime mulierum concitare consvevit amorem et eas in amandi proposito diutius enutrire. Quare igitur membrorum deformitas, quae naturaliter ex audacia ipsa inevitabili procedit eventu, amoris damno afficere debet amantem?

heimnis einem Fremden zu eröffnen. Denn wenn er Briefe gesandt hätte, deren Inhalt dem Überbringer verheimlicht worden wäre, hätten doch durch die Schlechtigkeit des Boten oder im Falle, daß derselbe auf der Reise durch das Geschick des Todes hinweggerafft worden wäre, die Geheimnisse der Liebe leicht öffentlich werden können.“

XV

Es ist unehrenhaft, einem R., den eine Kampfverletzung entstellt hat, die weitere Liebe zu verweigern.

(35) Es taucht noch ein anderer Liebeskasus auf: Ein Liebhaber wird, nachdem er bei einem mannhaften Kampf ein Auge oder eine andere Zierde seines Körpers verloren hat, als unwürdig und widerwärtig von seiner Liebespartnerin zurückgewiesen, und es werden ihm die gewohnten Umarmungen verweigert.[122] Dieser Frau aber widerspricht der Spruch der Dame von Narbonne, die folgendermaßen bezüglich dieser Sachlage[123] entschieden hat: (36) „Aller Ehre für unwürdig gilt eine Frau, die sich aufgrund einer aus einem üblichen Kriegsunfall resultierenden Verunstaltung, wie sie mannhaft Kämpfenden zuzustoßen pflegt, entschieden hat, dem Liebespartner ihre Liebe entziehen zu sollen. Denn besonders die Tapferkeit der Männer pflegt Frauenliebe zu erregen und länger ihrem Liebesentschluß Nahrung zu geben. Warum also soll eine Verunstaltung der Glieder, die sich natürlicherweise und unweigerlich aus der Tapferkeit selbst ergibt, den Geliebten um seine Liebe bringen?“

---

[122] Dieses Sujet liegt auch dem Roman *Ille et Galeron* von Gautier d'Arras und der deutschen Versnovelle *Das Auge* zugrunde. Vgl. Nachwort S. 616 Schnell, Andreas Capellanus, S. 49f. verweist auf das Verbot im kanonischen Recht, die Ehe im Falle der Erkrankung oder Verstümmelung eines Ehepartners zu lösen.

[123] *super hac figura:* „dans ce litige“ B, „on this case“ W, *sopra questa figura* TT, „su questo punto“ I. Diese Bedeutung vermag ich nicht nachzuweisen, da der Gebrauch als scholastischer Terminus für eine Denkfigur, die Form des Syllogismus (s. Blaise), sich nur entfernt vergleichen läßt. Vielleicht liegt hier ein vager Anschluß an die Gerichtsformel des römischen Rechts *in figura iudicii* (s. Niermeyer) vor.

XVI.

(37) Alia deducitur in medio dubitatio talis: Miles quidam, dum pro cuiusdam dominae laboraret amore, et ei non esset penitus opportunitas copiosa loquendi secretarium in hoc sibi quendam facto de mulieris assensu adhibuit, quo mediante uterque alterius vicissim facilius valeat agnoscere voluntatem et suam ei secretius indicare, et per quem etiam occultius amor inter eos possit perpetuo gubernari. (38) Qui secretarius, officio legationis assumpto, sociali fide confracta, amantis sibi nomen assumpsit ac pro se ipso coepit sollicitus esse. Cuius praefata domina inurbane coepit fraudibus assentire. Sic tandem cum ipso complevit amorem et eius universa vota peregit. (39) Miles autem pro fraude sibi facta commotus Campaniae comitissae totam negotii seriem indicavit et de ipsius et aliarum dominarum iudicio nefas praedictum postulat iudicari, et eiusdem comitissae ipse fraudulentus collaudavit arbitrium. Comitissa vero, sexagenario accersito sibi numero domina-

XVI

(37) Ein anderer Zweifelsfall folgender Art wird vorgeführt: Ein Ritter zog, als er sich um die Liebe einer Dame bemühte und gar keine ausgiebige Gelegenheit zur Unterredung fand, in dieser Situation mit Zustimmung der Frau einen Vertrauten hinzu,[124] mit dessen Hilfe beide leichter gegenseitig den Wunsch des anderen kennenlernen und den eigenen dem anderen diskreter kundtun könnten und durch den auch die Liebe zwischen ihnen auf Dauer geheimer geleitet werden könnte. (38) Dieser Vertraute übernahm die Aufgabe des Botschafters, brach jedoch die Kameradschaftstreue, nahm den Namen des Liebenden an und begann, seine eigenen Interessen zu verfolgen. Dessen erwähnte Dame begann in unanständiger Weise *(inurbane)* den Betrug mitzumachen. So vollzog sie endlich mit ihm selbst die Liebe und erfüllte alle seine Wünsche. (39) Der Ritter aber, aufgebracht von dem an ihm begangenen Betrug, meldete die ganze Abfolge des Falles der Gräfin der Champagne und forderte von dem Gericht ihrer selbst und der anderen Damen die Aburteilung des erwähnten Verbrechens, und der Betrüger selbst stimmte dem Schiedsspruch derselben Gräfin zu.

Ein R. wirbt um eine D. Sein Vertrauter erobert diese trügerisch anstelle des R.s mit Einwilligung der Dame.

Die Gräfin aber, nachdem sie sechzig Damen bei sich versammelt hatte, entschied die Angelegenheit mit folgendem Urteil:

Verurteilung des doppelten Betruges

[124] *secretarium in hoc sibi quendam facto de mulieris assensu adhibuit:* „eut recours pour ce faire, avec l'assentiment de la dame, à un confident" B, „hired a confidant to win the woman's assent in this matter" W, *trovò un uomo, per volontade della donna e della sua, il quale dovesse portare e dire parole dell'uno all'altro* TT B, *do sannt er nu ainen boten mit der frawen willen vnd wissen* H. W steht mit seiner Deutung allein. Völlig auszuschließen ist sie nicht, da im andern Fall der Gebrauch von *de* hier seltsam ist. – So oder so liegt von seiten des Vertrauten im folgenden eine Täuschung vor, welche von Schnell wiederum mit einem Eherechtskasus in Zusammenhang gebracht wird (Andreas Capellanus, S. 79f.). Sollte hier wirklich ein Zusammenhang bestehen, so wäre die Umdeutung um so krasser. Im kanonischen Recht ist die auf solche Weise zustande gekommene Ehe unauflöslich, wenn sich beide Ehepartner des Unrechts gegenüber der dritten Person bewußt sind. Die Gräfin läßt die Verbindung bestehen, da die Betrüger einander ‚würdig' sind.

rum, rem tali iudicio definivit: (40) Amator iste dolosus, qui suis meritis dignam reperit mulierem, quae tanto facinori non erubuit assentire, male acquisito fruatur amore, si placet, et ipsa tali digna fruatur amico. Uterque tamen in perpetuum a cuiuslibet alterius personae maneat segregatus amore, et neuter ad dominarum coetus vel militum curias ulterius devocetur, quia ipse contra militaris ordinis fidem commisit, et illa contra dominarum pudorem turpiter secretarii consensit amori.

XVII.

(41) Ad haec: dum quidam miles mulieris cuiusdam ligaretur amore, quae amori erat alterius obligata, taliter ab ea spem est consecutus amoris, ut, si quandoque contingeret, eam sui coamantis amore frustrari, tunc praefato militi sine dubio suum largiretur amorem. Post modici temporis lapsum mulier iam dicta in uxorem se praebuit amatori. (42) Miles vero praefatus spei sibi largitae fructum postulat exhiberi; mulier autem penitus contradicit asserens, se sui coamantis non esse amore frustratam. Huic quidem negotio taliter regina respondit: Comitissae Campaniae obviare sententiae non audemus, quae suo iudicio definivit, non posse inter coniugatos amorem suas extendere vires. Ideoque laudamus, ut praenarrata mulier pollicitum praestet amorem.

(40) „Der betrügerische Liebhaber, der eine seiner Verdienste würdige Frau gefunden hat, die sich nicht geschämt hat, ein solches Verbrechen mitzumachen, möge, wenn's ihm beliebt, die übel erlangte Liebe genießen, und sie selbst, würdig eines solchen Freundes, ihn genießen. Beide jedoch sollen für immer von einer Liebe zu irgendeiner anderen Person ausgeschlossen bleiben, und keiner von ihnen soll weiterhin zu Damenzusammenkünften oder an Ritterhöfe gerufen werden. Denn er hat gegen die Treue des Ritterstandes gesündigt und jene in schimpflicher Weise entgegen dem damenhaften Schamgefühl der Liebe des Vertrauten zugestimmt."

XVII

Die Eheschließung eines Liebespaares beendet urteilsgemäß das Liebesverhältnis der beiden.

(41) Des weiteren: Als ein Ritter sich mit Liebe an eine Frau fesselte, welche der Liebe eines anderen verbunden war, erlangte er von ihr auf folgende Weise Hoffnung auf ihre Liebe: Wenn es einmal passieren sollte, daß sie die Liebe ihres Partners verlieren sollte, dann würde sie genanntem Ritter ihre Liebe ohne Zweifel schenken. Nachdem geringe Zeit verflossen war, bot die schon genannte Frau ihrem Liebhaber die Hand zum Ehebund. (42) Genannter Ritter aber fordert, ihm möge die Frucht der geschenkten Hoffnung zuteil werden; die Frau aber widerspricht vollkommen mit der Behauptung, daß sie nicht um die Liebe ihres Liebespartners gebracht wurde.

In eben diesem Fall gab die Königin[125] folgenden Bescheid: „Wir wagen nicht der Meinung der Gräfin der Champagne zu widersprechen, die in ihrem Urteil festgelegt hat, daß die Liebe unter Eheleuten ihre Kräfte nicht entfalten kann.[126] Und daher heißen wir es gut, daß erwähnte Frau die versprochene Liebe gewährt."

[125] Es kann damit kaum jemand anderes gemeint sein als Eleonore, Königin von England, auf die schon im siebenten Liebesurteil nur mit *regina* Bezug genommen wird, nachdem ihr Name im zweiten und sechsten Liebesurteil gefallen war: *Alinoria regina*.

[126] Vgl. I,vi,397ff.

XVIII.

(43) Quidam miles intima turpiter et secreta vulgavit amoris. Cuius excessum in castris omnes militantes amoris postulant severissime vindicari, ne tantae praevaricationis exemplum impunitatis inde sumpta occasione valeat in alios derivari. (44) Dominarum igitur curia in Guasconia convocata de totius curiae voluntatis assensu perpetua fuit constitutione firmatum, ut ulterius iste omni amoris spe frustratus exsistat et in omni dominarum sive militum curia contumeliosus cunctis ac contemptibilis perseveret. Si qua vero mulier haec dominarum ausa fuerit temerare statuta, suum ei puta largiendo amorem, eidem semper maneat obnoxia poenae et omni probae feminae maneat exinde penitus inimica.

XIX.

(45) His etiam adiungitur et aliud non inepte iudicium: Miles quidam dum cuiusdam dominae postularet amorem, et ipsum domina penitus reniteretur amare, donaria ei quaedam miles satis

XVIII[127]

(43) Ein Ritter machte auf schimpfliche Weise die intimen Geheimnisse seiner Liebe bekannt. Alle im Hoflager Amors Kriegsdienst Leistenden fordern, daß sein Vergehen strengstens bestraft werde, damit nicht das Beispiel von so großer Pflichtverletzung bei anderen Schule machen könnte, wenn sie die Gelegenheit, straflos zu bleiben, von hier ableiten.[128] (44) Nach Einberufung des Hofes der Damen in der Gascogne[129] ist folglich mit Zustimmung und Willen des ganzen Hofes in einer immerwährenden Verordnung festgesetzt worden, daß der Mann für die Zukunft jeglicher Hoffnung auf Liebe beraubt sein und an jedem Damen- oder Ritterhof der Schmähung und Verachtung aller ausgesetzt bleiben solle. Wenn aber eine Frau wagen sollte, diese Statuten der Damen zu verletzen, indem sie ihm etwa ihre Liebe schenkt, soll sie für immer desselben Strafe verfallen und von daher jeder Frau von innerem Wert völlig verhaßt bleiben.

Wer die eigene Liebe bekannt macht, muß vom Hof Amors vertrieben werden.

XIX[130]

(45) Diesen wird auch noch ein anderes Urteil in nicht unpassender Weise hinzugefügt: Als ein Ritter die Liebe einer Dame forderte und die Dame sich völlig weigerte, ihn zu lieben, schickte der

Die Annahme geziemender Geschenke verpflichtet die D. zur Gewährung des Liebeslohns.

---

[127] Das Urteil steht nur in den Hss. A, B, D, G und im Cod. Vind. 5363.

[128] *ne tantae praevaricationis exemplum impunitatis inde sumpta occasione valeat in alios derivari:* „de peur qu'en laissant impuni l'exemple d'une telle trahison, on ne donne aux autres l'occasion de le suivre" B, „so that no precedent of impunity for such dereliction of duty could spread to others if opportunity offered" W, *acciò che tale tradimento, se rimane impunito, non si possa più nelli altri trovare* TT A, *acciò che si rio esempio e malvaggio per innanzi non abbia luogo negli altri* TT B, „affinchè l'esempio di sì grave transgressione non possa danneggiare altre persone a causa dell'impunita" I. Die Übersetzer fassen entweder *impunitatis* als zu *occasione* oder zu *exemplum* gehörig auf. Eine Entscheidung fällt bei diesem vertrackten Stil sehr schwer. In beiden Fällen ist man zu Verrenkungen bei der Wiedergabe genötigt.

[129] Der Hof wird nur hier erwähnt. Die Gascogne *(Guasconia)* gehörte zu Eleonores Erbe (s. o. Anm. 78). Sie wird daher wohl auch hier als Vorsitzende dieses Liebesgerichtshofes zu denken sein.

[130] Das Urteil steht nur in den Hss. A, B, D, G und im Cod. Vind. 5363.

decentia misit, et oblata mulier alacri vultu et avida mente suscepit. Postea vero in amore nullatenus mansvescit sed peremptoria sibi negatione respondit. (46) Conqueritur miles, quasi mulier amori congruentia suscipiendo munuscula spem sibi dedisset amoris, quam ei sine causa conatur auferre. His autem taliter regina respondit: Aut mulier munuscula intuitu amoris oblata recuset aut munere compenset amoris aut meretricum sustineat patienter coetibus aggregari.

XX.

(47) Fuit etiam a regina quaesitum, quis magis esset eligendus amor, an scilicet iuvenis viri an in aetate provecti. Quae mirifica quidem subtilitate respondit. Ait enim: Viri scientia et probitate atque morum laudabili compositione bonus vel melior amor non autem aetatis ratione distinguitur. (48) Naturali tamen instinctu aspecto libidinis masculi iuniores aetate avidius solent mulieris adultae libidini commisceri quam iuvenculae, quae sit coaetanea sibi; aetate vero provecti iuvencularum potius affectant amplexus

Ritter ihr sehr geziemende Geschenke,[131] und die Frau nahm die angebotenen mit freudiger Miene[132] und begierigem Sinn. Hernach aber gibt sie keineswegs in der Liebe nach, sondern antwortet ihm mit einer vernichtenden Verweigerung. (46) Der Ritter führt Klage, daß[133] die Frau ihm, indem sie die zur Liebe passenden, kleinen Geschenke annahm, Hoffnung auf Liebe gegeben habe, die sie ihm ohne Grund (wieder) zu nehmen versuche. Ihnen[134] aber gibt die Königin folgenden Bescheid: „Entweder möge die Frau die mit Blick auf ihre Liebe angebotenen Geschenke zurückweisen oder mit dem Geschenk ihrer Liebe aufwiegen oder es geduldig auf sich nehmen, den Scharen der Dirnen zugesellt zu werden.“

XX

(47) Die Königin wurde auch gefragt, welche Liebe man eher wählen solle, nämlich die eines jungen Mannes oder eines im Alter Fortgeschrittenen. Diese antwortet mit geradezu bewundernswerter Feinsinnigkeit. Sie sagt nämlich: „Gute und bessere Liebe unterscheiden sich durch das Wissen *(scientia)*, den inneren Wert *(probitas)* und die lobenswerte sittliche Ausstattung *(morum laudabilis compositio)* des Mannes, nicht aber durch das Kriterium des Alters. (48) Wenn man allerdings den natürlichen Geschlechtstrieb *(naturalis instinctus libidinis)* betrachtet, so pflegen jüngere Männer begieriger den Geschlechtsverkehr mit der Sinneslust *(libido)* einer erwachsenen Frau als mit der einer jungen, die mit ihnen gleichaltrig ist; aber im Alter fortgeschrittene

Für die Qualität eines R.s ist sein innerer Wert, nicht sein Alter entscheidend. Der natürliche Geschlechtstrieb hat jedoch seine eigenen Ziele.

[131] Beispiele für solche *donaria decentia* werden gleich unten I,vii,49 genannt.

[132] *alacri vultu:* „(leur fit) bon visage“ B, „with an eager look“ W, *con allegro viso* TT.

[133] Andreas setzt hier völlig unpassend die Konjunktion *quasi*, als ob die Klage nicht eindeutig berechtigt wäre, obwohl doch gleich im Urteil solche Zweifel beseitigt werden.

[134] *His:* „sur ce point“ B, „To this complaint“ W, *A questo* TT. Dann müßte man aber in Gedanken *verbis* oder dergleichen ergänzen, was sonst bei Andreas nicht vorkommt, wenn dem *his* nicht eine Präposition oder ein Partizip zur Seite steht.

osculaque suscipere quam aetate mulieris adultae. Et econtra: Mulier sive sit iuvencula sive in aetate adulta magis amplexus appetit et solatia iuniorum quam provectorum virorum. Quod quare contingat, physicalis potius videtur inquisitio rei.

XXI.

(49) Quaesitum quoque fuit a Campaniae comitissa, quas res deceat amantes a coamantibus oblatas accipere. Cui taliter inquisitioni comitissa respondit: Amans quidem a coamante haec licenter potest accipere scilicet: orarium, capillorum ligamina, auri argentique coronam, pectoris fibulam, speculum, cingulum, marsupium, lateris cordulam, pectinem, manicas, chirothecas, anu-

Männer gelüstet es eher danach, Umarmungen und Küsse junger Frauen zu empfangen als die einer altersmäßig reiferen Frau. Und hinwiederum begehrt eine Frau, sei sie jung oder in reiferem Alter mehr die Umarmungen und Liebesfreuden mit jüngeren als mit älteren Männern. Die Frage nach dem Grund scheint eher die Untersuchung eines medizinischen Gegenstandes."[135]

XXI

Liste der geziemenden Geschenke, welche eine D. annehmen darf

(49) Die Gräfin der Champagne ist auch gefragt worden, welche Gegenstände Liebende von ihren Liebespartnern geziemenderweise annehmen dürfen. Auf diese Frage antwortete die Gräfin folgendermaßen: Eine Liebende kann vom Liebespartner folgendes erlaubtermaßen annehmen, nämlich: ein Taschentuch,[136] Haarbänder, einen Stirnreif aus Gold und Silber, eine Brustspange, einen Spiegel, einen Gürtel, einen Geldbeutel, eine Gürtelquaste,[137] einen Kamm, Ärmel,[138] Handschuhe, einen Ring, eine

---

[135] *Quod quare contingat, physicalis potius videtur inquisitio rei:* „C'est plutôt une explication physique qui peut rendre compte de ce phénomène" B, „The reasons for this seem to demand medical investigation rather than judgement from us" W, *Qual sia di ciò la cagione li fisichi lo debbono sapere* TT A, *Ma perchè adiviene, è cosa che apartiene più a fisica che a me* TT B. Daß man unter *physica* im Mittelalter sehr oft die Medizin verstand, unterliegt keinem Zweifel, nur einem geringen aber auch, daß *physicalis* weit eher mit *rei* als mit *inquisitio* verbunden werden muß. – W erwägt, ob thematisch in dem zwanzigsten Urteil eine Anspielung auf Eleonores Erfahrung mit dem älteren Ludwig VI. und dem jüngeren Heinrich II. vorliegen könnte.

[136] *orarium:* „un mouchoir" B, „a napkin" W, *discriminale* TT A, *ornamento da capo* TT B, „fazzoletti" I, *patenostres* D („Rosenkranz"), *korallen schnür* H. Niermeyer verzeichnet: „Taschentuch, Serviette; Stola; Halstuch, Schal; Kniekissen". Blaise nennt noch andere liturgische Bedeutungen, darunter „Gebetsbuch". Alles kommt darauf an, ob man das Wort, wie ursprünglich, von *os* oder von *orare* ableitet.

[137] *lateris cordulam:* „un cordon de vêtement" B, „tassel" W, *cordelle* TT, fehlt D und H.

[138] Ärmel von Damenkleidern waren häufig abnehmbar und wurden dann gerne als Liebespfand verschenkt (vgl. Bossuat in den Anmerkungen zu Drouart, S. 235).

lum, pyxidem, species, lavamenta, vascula, repositoria, vexillum causa memoriae, et, ut generali sermone loquamur, quodlibet datum modicum, quod ad corporis potest valere culturam vel aspectus amoenitatem, vel quod potest coamantis afferre memoriam, amans poterit a coamante percipere, si tamen dati acceptio omni videatur avaritiae suspicione carere. (50) Hoc tamen singulos volumus amoris milites edoceri, quod, si amans a coamante anulum amoris causa susceperit, ipsum in sinistra manu et in minuto debet digito collocare et anuli gemmam ab interiori manus parte semper portare absconsam, et hoc ideo, quia sinistra manus a cunctis ma-

Büchse, Spezereien,[139] Waschutensilien,[140] kleine Gefäße, Kästchen,[141] einen Wimpel zur Erinnerung.[142] Um es allgemein auszudrücken, jede bescheidene Gabe, welche zur Pflege des Körpers oder zur Schönheit des Anblicks dienen kann oder welche zur Erinnerung an den Liebespartner beitragen kann, wird eine Liebende vom Liebespartner annehmen können, wenn nur die Annahme der Gabe jeglichen Verdachts der Habgier zu entbehren scheint.

Vorschriften für das Tragen eines vom R. geschenkten Ringes

(50) Wir wollen jedoch, daß jeder einzelne Ritter der Liebe dies lernt, daß die Liebende, wenn sie von ihrem Liebespartner einen Ring aus Liebe annimmt, ihn an die linke Hand und an den kleinen Finger stecken[143] und den Schmuckstein des Ringes immer von der Innenfläche der Hand verhüllt tragen soll, und dies des-

---

[139] *species:* „des parfums“ B, „picture“ W, *spezie* TT, „spezie“ I, fehlt D, *gewurtz* H. Niermeyer verzeichnet die (schon spätlat.) Bedeutung „Gewürz“, nicht aber „Parfum“. Natürlich heißt *species* auch „Bildnis“. Der Plural gibt hier aber kaum einen Sinn, weshalb ihn W wohl auch verschleiert wie beim folgenden.

[140] *lavamenta:* „des bassins pour la toilette“ B, „bowl“ W, *lavamenti* TT A, *cose da liscio* TT B, „unguenti e belletti“ I, *un lavoir* D, *geschierr* H?.

[141] *repositoria:* „des plateaux“ B, „plates“ W, *cose da riporre* TT B, fehlt D?, *schreindel* H?. Bei Seneca und Plinius d. Ä. ist *repositorium* ein Tafelaufsatz, nach Niermeyer eine Schatztruhe. Beachtung verdient aber der Hinweis von Schnell, Andreas Capellanus, S. 66, auf Isidor von Sevilla, auch wenn dieser nur allgemein von *vasa repositoria* „Behältnissen“ spricht (*Etymologien* XX,ix,1). Andreas dürfte sich hier tatsächlich bei Isidor ausgiebig sprachlich bedient haben, konnte Schnell doch 10 von den 18 bei Andreas genannten Gegenständen bei Isidor XIX,xxix,2-XX,ix,5 nachweisen, leider gerade nicht die schwer zu identifizierenden (s. Anm. 136–140).

[142] Solche Wimpel trugen eingestickte Spruchbänder mit Liebessentenzen (vgl. Bossuat in den Anm. zu Drouart, S. 235).

[143] Johannes von Salisbury, *Policraticus* VI,12, erzählt nach Aulus Gellius, *Noctes Atticae* X,10, daß Griechen und Römer den Ring am Finger neben dem kleinen Finger (also am Ringfinger) trugen, weil man (gemäß ägyptischen Quellen) bei der Öffnung von Leichen einen ganz feinen Nerv von diesem Ringfinger zum Herzen gefunden habe, wodurch er sich als der wichtigste herausgestellt habe. Schnell, Andreas Capellanus, S. 67, bezweifelt, daß Andreas daher eine Anregung erhalten habe. Das Geschenk des Rings an die Geliebte hält er für eine Nachahmung des Verlobunsringes aus den kanonistischen Vorschriften.

gis consvevit tactibus inhonestis et turpibus abstinere, et in minuto digito prae cunctis digitis mors fertur hominis et vita manere, et quia singuli tenentur amantes suum amorem retinere secretum. (51) Similiter: si visitationis inter se amantes utantur epistolis, propriorum nominum etiam scriptione abstineant. Praeterea, si ob aliquam causam ad dominarum devenerint amantes iudicia, amantium personae nunquam debent iudicantibus indicari sed sub indefinita eis prolatione proponi. Sed et mutuas sibi invicem missas epistolas proprio non debent insignire sigillo, nisi forte habuerint secreta sigilla, quae nulli nisi sibi et suis sint secretariis manifesta, et sic semper illaesus conservabitur amor.

Capitulum VIII: De regulis amoris.

(1) Nunc ad amoris regulas accedamus. Regulas autem amoris sub multa tibi conabor ostendere brevitate, quas ipse rex amoris ore proprio dicitur protulisse et eas scriptas cunctis amantibus direxisse. (2) Nam quidam Britanniae miles dum solus causa videndi Arturum silvam regiam peragraret et ad eiusdem [domini] silvae fuisset interiora deductus, iuvencula quaedam mira pulchritudine decorata, ornato residens in equo in capillorum ligatura inopinate sibi occurrit, quam miles festinanti verbo salutat, et ipsa curiali

halb, weil sich die linke Hand mehr von allen unehrenhaften und schimpflichen Berührungen zurückzuhalten pflegt und im kleinen Finger vor allen Fingern, wie man sagt, Tod und Leben eines Menschen bleiben und weil jeder einzelne Liebende gehalten ist, seine Liebe geheimzuhalten.

Wahrung der Anonymität im Liebesbriefverkehr und bei Liebesgerichtsurteilen

(51) Desgleichen: Wenn Liebende untereinander Rendezvous-Briefe[144] verwenden, sollen sie auch den eigenen Namen vermeiden. Des weiteren: Wenn die Liebenden sich aus irgendeinem Grund an die Gerichte von Damen wenden, sollen die Personen der Liebenden den Richtern niemals angezeigt, sondern ihnen anonym vorgestellt werden. Aber auch die gegenseitig hin- und hergesandten Briefe sollen sie nicht mit dem eigenen Siegel kennzeichnen, außer sie haben zufällig Geheimsiegel, die nur ihnen und ihren Vertrauten bekannt sind; und so wird die Liebe immer unversehrt erhalten bleiben.“

8. Kapitel: Von den Regeln der Liebe

Einleitung

(1) Nun wollen wir uns den Regeln der Liebe zuwenden. Ich werde aber versuchen, dir die Regeln der Liebe in aller Kürze aufzuzeigen, die der König der Liebe selbst mit eigenem Mund vorgetragen und schriftlich an alle Liebenden gerichtet haben soll.

Erzählung vom Ritter aus Britannien: Begegnung mit der Dame des Waldes

(2) Als nämlich ein Ritter Britanniens[145] allein den königlichen Wald durchreiste, um Arthur aufzusuchen, und mitten in denselben Wald verschlagen worden war, begegnete ihm unvermutet ein junges Mädchen von wunderbarer Schönheit, sitzend auf einem Pferd, mit einem Band im Haar.[146] Der Ritter grüßte sie mit eiliger

---

[144] *visitationis … epistolis:* Alle Übersetzer vermeiden eine direkte Übersetzung bis auf I, welche *Lettere da visita* schreibt. Zu *visitatio* vgl. Anm. 119.

[145] Zur folgenden pseudoarthurischen Erzählung vgl. das Nachwort, S. 613–615. *Britannia* und *Brito* bezieht sich eher auf die Insel als die Bretagne, die doch meist im Lateinischen *Britannia minor* oder *Armorica* heißt.

[146] *residens in equo in capillorum ligatura:* „chevauchant un élégant coursier … occupée à nouer ses cheveux“ B, „seated on a caparisoned horse and binding her hair“ W, *in uno adornato cavallo, e in legatura di capelli* TT A, *ch'era in su uno adorno cavallo, e con troppa bella legatura di capelli* TT B,

sermone respondit. Ait enim puella: Quod quaeris, Brito, nulla poteris sollicitudine reperire, nisi nostro fueris suffragatus iuvamine. – (3) Quo audito repentino coepit eam rogare sermone, ut ei puella narraret, ob quam causam ipse veniret, et sic postea crederet, quod puella dicebat. Cui iuvencula dixit: Cuiusdam Britanniae dominae dum postulares amorem, ipsa dixit tibi, quod eius nunquam posses amorem lucrari, nisi ei primitus victoriosum reportares accipitrem, qui in Arturi curia super aurea dicitur pertica residere. – (4) Quae omnia Brito firma responsione fatetur. Ait ergo puella: Accipitrem, quem quaeris, habere non posses, nisi primitus in Arturi palatio proeliando convincas, quod dominae gaudes pulchrioris amore quam eorum aliquis, qui in curia, demorantur Arturi; palatium vero intrare non posses, nisi primo custodibus chirothecam demonstrares accipitris. Sed chirothecam non est habere possibile, nisi contra duos milites pugnando fortissimos in duplicis pugnae agone obtineas.

(5) Cui Brito respondit: Cognosco, me in hoc labore non posse proficere, nisi mihi vestrae manus auxilia porrigatis. Ideoque me vestro dominatui volo subiicere, supplici a vobis orationis affatu deposcens, ut vestra in hoc facto mihi iuvamina porrigatis, et ut de vestro mihi concedatis assensu, quatenus vestrae dominationis in-

Rede, und sie antwortete mit höfischen Worten. Das Mädchen sagte nämlich: „Was du suchst, Brite, wirst du mit keiner Anstrengung finden können, wenn du nicht unsere Unterstützung erhalten hast.“ (3) Als er das hörte, begann er sie unvermittelt[147] zu bitten, daß ihm das Mädchen erzählen solle, warum er komme, und so danach glauben könne, was das Mädchen sagte. Zu ihm sagte das junge Mädchen: „Als du die Liebe einer gewissen Dame aus Britannien fordertest, sagte sie dir, daß du ihre Liebe niemals gewinnen könntest, außer du würdest ihr zuvor einen siegreichen Sperber bringen, der am Hof Arthurs auf einer goldenen Stange sitzen soll.“

Nennung der Bedingungen für die Bewältigung des Abenteuers

(4) Das alles gibt der Brite in aufrichtiger Antwort zu. Daher sagt das Mädchen: „Den Sperber, den du suchst, kannst du nicht erlangen, wenn du nicht zuerst in Arthurs Palast im Kampf beweist, daß du dich der Liebe einer schöneren Dame erfreust als irgendeiner von denen, die am Hof Arthurs weilen. Den Palast aber könntest du nicht betreten, wenn du nicht zuerst den Handschuh[148] den Wächtern zeigtest. Aber es ist nicht möglich, den Handschuh zu erlangen, wenn du nicht gegen zwei im Kampf besonders tapfere Ritter im Wettstreit eines zweifachen Kampfes[149] siegst.“

Bitte um Hilfe der Dame des Waldes

(5) Ihr antwortete der Brite: „Ich sehe, daß ich bei dieser Bemühung nichts ausrichten kann, wenn Ihr mir nicht Eure Hand zur Hilfe reicht. Daher will ich mich Eurer Herrschaft unterwerfen, indem ich in flehentlicher Rede von Euch erbitte, daß Ihr mir bei dieser Tat Eure Hilfe schenkt und daß Ihr mir mit Eurer Erlaubnis

---

„sedata su un cavallo bello con la criniera tutta a trecce“ I. Ausdruck und Wortstellung sind befremdlich, so daß der Bezug auf die Frau oder das Pferd (so I) nicht klar wird. Als Nomen actionis kann ich *ligatura* nicht belegen, als welches es B und W auffassen. In diesem Sinn hatte aber schon Hs. B den Text geändert: *capillos ligando proprios.*

[147] *repentino … sermone:* „vite“ B, „subito“ I, sonst ausgelassen. Vermutlich hat Andreas wirklich dies gemeint, aber das falsche Wort gewählt.

[148] Gemeint ist natürlich der zur Falkenjagd nötige Jagdhandschuh.

[149] *in duplicis pugnae agone:* „en un double combat“ B, „in a double contest“ W, *combattendo in due battaglie* TT.

tuitu licenter valeam amorem mihi dominae pulchrioris adscribere.

(6) Cui iuvencula dixit: Si tanta tibi esset cordis audacia, ut ea, quae diximus, non timeas perscrutari, posses a nobis, quod postulas, impetrare. – Cui Brito respondit: Si mihi volueritis postulata concedere, omnia mihi successus prosperitatis optata cognoscerem.

(7) Cui iuvencula dixit: Sit ergo, quod quaeris, tibi plenaria securitate largitum. – Sic tandem ei osculum porrexit amoris et equum illi, super quo residebat, exhibuit atque subiunxit. – Hic equus ad omnia te optata loca perducet; te autem oportet sine omni trepidatione procedere ac tibi repugnantibus cum audacia summa resistere. (8) Hoc autem studeas diligenti memoria conservare, ut de duobus prioribus, qui chirothecam defendunt, assumpta victoria ab eis chirothecam non accipias, sed eam tu ipse ex aurea columna pendentem accipias; alias enim in proelio non

gewährt, daß ich kraft Eurer Stellung als meine Herrin[150] rechtens die Liebe der schönsten Dame für mich beanspruchen kann.“

Aufnahme des Ritters als Minnediener der Dame und Übergabe des Zauberpferdes

(6) Zu ihm sagte das junge Mädchen: „Wenn du eine so große Kühnheit des Herzens besitzt, daß du nicht fürchtest, das Genannte zu versuchen, könntest du von uns erlangen, was du forderst.“ Ihr antwortete der Brite: „Wenn du mir das Geforderte gewähren wolltest, würde ich erfahren, daß alle Wünsche für mich glücklich in Erfüllung gehen.“[151]

(7) Zu ihm sagte das junge Mädchen: „Es soll dir das Gesuchte mit völliger Sicherheit geschenkt werden.“ So gab sie ihm schließlich einen Kuß der Liebe[152] und zeigte jenem das Pferd, auf dem sie saß, und fügte hinzu: „Dieses Pferd wird dich an jeden gewünschten Ort führen; du mußt dich aber furchtlos auf den Weg machen und allen, die dich bekämpfen, mit größter Kühnheit Widerstand leisten. (8) Dies aber behalte sorgfältig im Gedächtnis, daß du von den zwei ersten, die den Handschuh verteidigen, wenn du sie besiegt hast, den Handschuh nicht annimmst, sondern daß du selbst ihn von der goldenen Stange nimmst, wo er hängt; anders könn-

---

[150] *vestrae dominationis intuitu:* „en vertu du pouvoir que vous avez sur moi“ B, „under your directing eye“ W, *per lo favore della vostra signoria* TT A, *per amore di vostra signoria* TT B, „per riguardo alla vostra signoria“ I, *von ewren wegen* H. Hier geht W sicher in die Irre, denn I,vi,350 ist mit *vestra dominatio* eindeutig eine Stellung als Minnedame gemeint, die auf Zuneigung beruht. Trotz der ungemein gewundenen Ausdrucksweise kann auch hier nur die Unterwerfung eines Minnedieners gemeint sein, die allerdings im erzähllogischen Widerspruch zu der Tatsache steht, daß der Ritter schon eine Minnedame hat, der er den Sperber bringen soll. Daher wohl die verschleiernde Diktion.

[151] *omnia mihi successus prosperitatis optata cognoscerem:* „je reconnaîtrais que tous mes souhaits sont réalisés“ B, „I should know that all the success I prayed for would come my way“ W, *in tutte cose prosperità ispero* TT, *ich wurd alle ding nach allem glukch vollenden* H. Der grobe Sinn scheint klar. Doch der übereinstimmend überlieferte Text muß verderbt sein. W konjiziert *successura*, doch dann ist der Genitiv *prosperitatis* gar nicht mehr unterzubringen. *successus prosperitatis* statt *prosperos successus* scheint gerade noch möglich (vgl. *fortunationis eventus* II,viii,28, *amoenitatis loca* II,viii,34). In III,119 sagt der Verfasser von Walter, er könne *prosperos successus habere.* Am ehesten fehlt auch hier das Verb *habere.*

[152] Das sichtbare Zeichen der Aufnahme in den Minnedienst!

posses palatii obtinere nec, quod desideras, adimplere.

(9) Quibus ita peractis sua Brito induit arma et commeatu accepto coepit deambulare per silvam. Tandem per agrestia nimis atque ferocia loca decurrens ad fluvium quendam devenit, qui mirae latitudinis atque altitudinis erat unda profundus, et cuius prae nimia sublimitate riparum cuilibet denegabatur introitus. (10) Iuxta ripae tamen extrema diutius ambulando devenit ad pontem, qui tali erat forma compositus. Pons quidem erat aureus et in duabus utrinque ripis capita tenens, medium vero pontis residebat in aqua et saepius vacillando procellarum videbatur unda submersum. (11) Ab illo autem capite, unde Britonis erat accessus, miles quidam residebat in equo, qui ferocis erat aspectus. Quem Brito urbano satis verbo salutat, sed ipse resalutare Britonem contempsit. Ait enim: Quid quaeris, armate Brito, ex tam longinquis partibus absens?

test du nämlich nicht im Palastkampf die Oberhand behalten und nicht das Gewünschte erreichen."

Ankunft bei der Unterwasserbrücke

(9) Nachdem dies so abgemacht war, legte der Brite seine Waffen an, nahm Abschied und begann, durch den Wald zu streifen. Endlich gelangte er nach Durchquerung von sehr wilden und rauhen Gegenden[153] an einen Fluß, der unergründlich war infolge seines Wassers von staunenswerter Breite und Tiefe und zu dem der Zutritt durch besonders steile Ufer jedem verwehrt wurde. (10) Indem er sich auf der Höhe des Ufers längere Zeit weiterbewegte, gelangte er zu einer Brücke, die von folgendem Aussehen war: Die Brücke war nämlich aus Gold und mit den Enden an beiden Ufern befestigt; der mittlere Teil der Brücke aber lag im Wasser und schien sehr oft schwankend von der Sturmwoge überflutet zu werden.[154] An jenem Brückenkopf aber, wo der Brite sich näherte, saß ein Ritter von wildem Aussehen auf einem Pferd.[155] (11) Diesen grüßt der Brite mit höflichen Worten, aber er selbst verachtete es, dem Briten den Gruß zurückzugeben. Er sagte nämlich: „Was suchst du, bewaffneter Brite, der du von so weit herkommst?"[156]

---

[153] *agrestia nimis atque ferocia loca:* „des lieux incultes, désolés et sauvages" B, „a most wild and uninviting region" W, *salvatichi luoghi e aspri* TT. Andreas dürfte *ferox* mit *ferus* gleichgesetzt haben, obwohl er sonst *ferox* ganz richtig gebraucht, so im folgenden Paragraphen.

[154] *saepius vacillando procellarum videbatur unda submersum:* „les flots tempétueux l'ébranlaient très souvent" B, „appearing to have become submerged by the quite frequent buffeting of storms" W, *spesse volte menandosi parea che fosse affondato per l'onda che dava il fiume* TT B, „e spesso oscillando sotto la spinta delle onde impetuose pareva affondare" I. Andreas verwendet sonst *vacillare* nur im Sinne von „wanken, schwanken", so daß es sich nur auf die Brücke, nicht die Stürme beziehen kann.

[155] *miles quidam residebat in equo, qui ferocis erat aspectus:* Der Relativsatz bezieht sich schwerlich auf das Pferd, auch wenn er ungeschickterweise hier plaziert ist. TT behält zwar die Wortstellung bei: *istava un cavaliere a cavallo di feroce aspetto.* Doch könnte auch dies in unserem Sinne übersetzt werden.

[156] *ex tam longinquis partibus absens:* „pour venir de si lointaines régions" B, „a stranger from such distant parts" W, *venuto di parte si lontana* TT, *der so verr herkomen vnd von diesem landt frömt bist* H. Diesen Gebrauch von *absens* (das sonst nur „abwesend" heißt) kann ich sonst bei Andreas nicht finden und auch nicht erklären.

(12) Cui Brito respondit: Fluvium per pontem transire laboro. Cui pontanus ait: Immo quaeris mortem, quam nullus hic potuit extraneus evitare. Si tamen retro velis abire armaque cuncta dimittere, tuae iuventuti misericorditer indulgebo, quae te in aliorum rura et extranea regna improvida simplicitate deduxit.

(13) Cui Brito respondit: Si arma deponerem, nulla tibi foret digna victoria laude, si armatus repellas inermem; sed, si armato poteris transitum prohibere communem, tunc gloriosa esset tibi victoria iudicanda. Nam, si pacificus mihi non patuerit pontis ingressus, viam aperire non nisi gladio conabor. – (14) Pontanus vero hoc audiens, quod iuvenis gladio transitum postulabat, coepit fremere dentibus et magno furore versari et ait: Male huc te, iuvenis, Britannia misit, quia in hac solitudine gladii morte peribis, nec tuae unquam dominae huius regni scies redicere nova. (15) Heu tibi, miser Brito, qui non es veritus ad feminae cuiuscunque svasum tuae mortis appetere loca –, et cogens contra Britonem calcaribus equum ipsum acuto coepit impetere gladio et crudeli verberatione concutere, quin etiam Britonis clipeo vehementer alliso per eius lateris carnem sibi viam gladius transeundo peregit binas etiam plicas loricae confringens, sicque sanguis coepit abundanter vulneris emanare. (16) Iuvenis vero vulneris dolore pertactus versus pontis militem lanceae direxit acumen et eius acriter pugnando perforavit intrinseca et ipsum ex

(12) Ihm antwortete der Brite: „Ich mühe mich, den Fluß auf der Brücke zu überqueren." Zu ihm sagte der Brückenwächter: „Vielmehr suchst du den Tod, dem kein Fremder hier entgehen konnte. Wenn du aber umkehren und alle Waffen ablegen willst, werde ich voll Mitleid Nachsicht haben mit deiner Jugend, die dich mit unbekümmerter Einfalt in die Gefilde anderer Leute und in fremde Reiche geführt hat."

Wortwechsel mit dem Brückenwächter

(13) Ihm antwortete der Brite: „Wenn ich die Waffen ablegte, wäre dein Sieg nicht des Lobes wert, wenn du bewaffnet einen Unbewaffneten zurückschlägst; aber wenn du einem Bewaffneten den freien Übergang verwehren kannst, dann müßte man deinen Sieg ruhmreich nennen. Denn wenn mir nicht das friedliche Betreten der Brücke offensteht, werde ich eben mit dem Schwert versuchen, mir den Weg zu öffnen."

Sieg über den Brückenwächter

(14) Als aber der Brückenwächter das hörte, daß der junge Mann mit dem Schwert den Übergang forderte, begann er mit den Zähnen zu knirschen und sich überaus wütend zu gebärden und sagte: „Zu deinem Verderben hat dich Britannien hierher geschickt, Jüngling, weil du in dieser abgelegenen Gegend durch das Schwert sterben wirst und niemals deiner Dame Neuigkeiten aus diesem Königreich wirst berichten können. (15) Wehe dir, armseliger Brite, der du dich nicht gescheut hast, auf Betreiben irgendeiner Frau den Ort deines Todes aufzusuchen!" Und sein Pferd mit den Sporen gegen den Briten treibend, begann er ihn mit seinem scharfen Schwert anzugreifen und mit grausamen Schlägen zu bedrängen. Ja, das Schwert fand, nachdem es den Schild des Briten heftig durchbohrt hatte, sogar sein doppeltes Kettenhemd durchbrechend,[157] den Weg hindurch durch das Fleisch seiner Seite, und so begann reichlich das Blut aus seiner Wunde zu fließen. (16) Der Jüngling aber, vom Schmerz der Wunde erfüllt, richtete die Spitze seiner Lanze auf den Brückenritter, durchbohrte mit einem hefti-

[157] *binas etiam plicas loricae confringens:* „transperça deux plis de son haubert" B, „cutting through two folds of his hauberk" W, *(passato) l'arme doppie* TT A, *spezzando in doppio l'ospergo* TT B. Gemeint kann hier wohl nur ein Ringelpanzer sein, bei dem jeweils zwei Eisenringe übereinander lagen, denn „Falten" gab es da keine.

equo turpiter prostravit in herbam. Cui quum vellet caput Brito penitus amputare, humillima utens prece pontanus veniam a Britone meruit impetrare quaesitam. (17) Ex altera vero fluminis parte quidam stabat immensae magnitudinis homo, qui, quum vidisset pontanum a Britone superari et eundem Britonem pontis transitum cerneret ascendisse, pontem [scilicet] aureum tanta coepit fortitudine agitare, quod saepissime sub aquis non poterat apparere submersus. (18) Brito vero plurimum super equi bonitate confisus in pontis transitu viriliter procedere non desistit, qui post multi laboris angustias plurimasque submersiones per equi conamina tandem est ad pontis extrema deductus ibique pontis agitatorem suffocavit in aqua et sibi proprii lateris, prout melius potuit, vulnera colligavit.

(19) Post haec Brito per prata coepit equitare pulcherrima et post decem stadiorum iter in pratum devenit amoenum, ubi omnia florum genera redolebant. In hoc autem prato erat palatium mira dispositione compositum, rotundum scilicet et omni formositate decorum. (20) Ex nulla tamen palatii parte potuit conspicere portam vel habitatorem quemcunque videre; ac in eisdem pratis mensas invenit argenteas et super illis omnia ciborum potusque genera praeparata et albissimis circumventa gausapibus. In eodem vero prato iucundo concha residebat argenti purissima, in qua suffi-

gen Stoß[158] seine Eingeweide und streckte ihn zu seiner Schande vom Pferd herunter ins Gras. Als der Brite ihm das Haupt gänzlich abtrennen wollte, gelang es dem Brückenwächter, durch demütiges Bitten die Gnade, die er suchte, vom Briten zu erhalten.

Überquerung der Unterwasserbrücke auf dem Zauberpferd

(17) Auf der anderen Seite des Flusses aber stand ein Mann von ungeheuerer Größe, der, als er gesehen hatte, daß der Brückenwächter von dem Briten überwunden wurde und derselbe Brite zum Brückenübergang hinaufstieg, begann, die goldene Brücke mit so großer Kraft hin- und herzubewegen, daß sie meist im Wasser versenkt wurde und nicht mehr sichtbar werden konnte. (18) Der Brite aber vertraute besonders auf die Vorzüglichkeit seines Pferdes und ließ nicht ab, mannhaft die Brücke zu überqueren. Er gelangte nach vielen mühevollen Drangsalen und vielfachem Untertauchen kraft der Anstrengung seines Pferdes endlich ans andere Ende der Brücke, versenkte dort den Brunnenbeweger im Wasser und verband sich die Wunde in seiner Seite, so gut er konnte.

Ankunft bei einem scheinbar leeren Palast und Mahl an einem gedeckten Tisch auf der Wiese

(19) Danach machte sich der Brite auf, durch wunderschöne Wiesen zu reiten, und kam nach einem Ritt von zehn Stadien[159] auf eine liebliche Wiese, wo alle Arten von Blumen dufteten. Auf dieser Wiese aber stand ein Palast von staunenswerter Architektur, nämlich rund und prangend von jeglicher Schönheit. (20) Dennoch konnte er auf keiner Seite des Palastes ein Tor erblicken oder irgendeinen Bewohner sehen; und auf derselben Wiese fand er Tische aus Silber und auf ihnen alle Arten von Speisen und Getränken vorbereitet und bedeckt mit schneeweißen Tüchern. Auf derselben lieblichen Wiese aber stand ein Gefäß aus

---

[158] *acriter pugnando:* „d'un coup violent" B, „with spirited thrust" W, fehlt TT, „combattendo aspramente" I, *mit grosser sterkch* H. Wenn B und W recht haben sollten, was ich glaube, so läge hier ein Französismus vor. Denn die mittellateinische Entwicklung fügt der Bedeutung von *pugnare* nur die Nuance des ritterlichen Zweikampfes *(joste, joûte, tjoste)* hinzu. Im Afrz. jedoch überschneiden sich *poignier* (<*pugnare*) „kämpfen" und *poindre* (<*pungere*) „stechen, spornen, heransprengen", aber auch „Angriff, Kampf", formal und inhaltlich.

[159] Das griechische Längenmaß Stadion umfaßt ca. 200 Meter.

cienter equi potus et pabula consistebant. (21) Equo igitur ad pastum appulso omni palatium circuivit ex parte; sed, quum domus ingressum indiciis nullis posset agnoscere locumque cerneret penitus habitatione vacare, edendi appetitus † inequitate compulsus ad mensam accessit et inventum avidissime coepit assumere cibum. (22) Et statim adhuc modico [tempore] ab eo comestionis assumpto porta velociter est aperta palatii, quae sui apertura conquassatione tanta resonuit, quod quasi tonitrua videbantur ex propinquis partibus orta, et confestim per eandem exiit portam homo quidam staturae similis giganteae cuprinam ponderis immensi clavam manibus gestans, quam velut festucam sine labore corporeis instrumentis agitabat; qui etiam discumbenti iuveni dixit: Quis tu tantae praesumptionis homo, qui ad haec regia veritus non es accedere loca, et in regia mensa militum tam audacter et irreverenter stipendia sumis?

(23) Cui Brito respondit: Cunctis abundanter regia debet esse exposita mensa, nec cibum regiumque potum decet alicui denegari. Nam et mihi licet de stipendiis, quae militibus sunt parata, praesumere, quia militaris sola me cura detentat, meque per has partes militaris labor exagitat. Duplici ergo ratione inurbane conaris regiam mihi contradicere mensam.

reinstem Silber,[160] in dem sich ausreichend Trank und Futter für das Pferd befanden. (21) Nachdem er also das Pferd zur Fütterung getrieben hatte, ging er auf jeder Seite um den Palast herum; aber als er an keinen Anzeichen einen Hauseingang erkennen konnte und sah, daß der Ort völlig unbewohnt war, ging er, von allzu großem Hunger getrieben,[161] zum Tisch und begann die vorgefundene Speise sehr gierig zu verzehren. (22) Und kaum hatte er nur ein wenig von der Speise verzehrt, da öffnete sich rasch ein Tor zum Palast. Als es sich öffnete, ertönte es von so großer Erschütterung,[162] daß es schien, als ob es in der Nähe donnerte; und sofort trat ein Mann aus demselben Tor heraus, von riesenähnlicher Statur, in den Händen eine gewaltige Keule aus Kupfer, die er mit seinem körperlichen Rüstzeug ohne Mühe wie einen Grashalm schwang. Er sprach zu dem Jüngling, der noch tafelte: „Wer bist du, Mann von solchem Fürwitz, daß du dich nicht gescheut hast, in dieses Königreich zu kommen, und an der königlichen Tafel so kühn und respektlos die Speiserationen der Ritter[163] zu dir nimmst?“

Auftritt und Vorwürfe des riesigen Türhüters

(23) Ihm antwortete der Brite: „Allen soll die königliche Tafel reichlich bereitet sein, und es geziemt sich nicht, jemandem Speise und Trank des Königs zu verweigern. Denn auch mir ist es gestattet, Speiserationen zu mir zu nehmen, die für die Ritter bereitet wurden, weil mich ausschließlich eine ritterliche Sorge erfüllt und eine ritterliche Aufgabe mich in diese Gegend treibt. Auf unhöfliche Art also versuchst du mir mit doppelter Begründung die königliche Tafel zu verbieten.“

---

[160] *concha … argenti purissima:* „une conque du plus pur argent“ B, „a spotless silver basin“ W, *una conca d'argente purissima* TT.

[161] *edendi appetitus iniquitate* (so Trojel vermutungsweise und W für überliefertes *in equitate* A, *in quietate* B, *inequitatione* CDEFH, *in equietacione* Cod. Vind. 5363) *compulsus.* Eventuell denkbar wäre auch eine Lesung *edendi appetitu in equitatione.* So hat die Stelle offenbar TT verstanden: *avendo voglia di mangiare per lo cavalcare che fatto avea.*

[162] *conquassatione tanta resonuit:* Alle Übers. lassen das Substantiv entweder aus oder übersetzen es mit „Lärm“ oder ähnlich. Das liegt zwar äußerst nahe, doch kann ich diese Bedeutung nicht nachweisen.

[163] *militum … stipendia:* „les mets réservés aux chevaliers“ B, „the portion of the knights“ W, „il cibo dei cavalieri“ I. Vgl. Niermeyer s. v. *stipendium.*

(24) His ostiarius ita respondit: Licet ista sit regia mensa, non tamen in ea decet, discumbere quemquam nisi illos, qui huic sunt palatio deputati, qui etiam neminem ulterius transire permittunt, nisi primitus pugnam cum palatii custodibus committat et vincat. Nam, si aliquis hic pugnando succumbit, nullum sibi posset esse remedium. A mensa ergo resurgens ad propria remeare festina vel ultra pugnando transire ac, quae tui causa fuerit adventus, mihi veraciter indicare.

(25) Cui Brito ait: Ego quidem chirothecam quaero accipitris, et haec fuit mei adventus occasio. Chirotheca vero accepta ulterius transire contendo et in Arturi curia accipitrem victor assumere. Ubi est dictus palatii custos ad ulteriora mihi loca contradicturus accessum?

(26) Ostiarius vero respondit: O stulte! Quanta te ducit insania, Brito! Prius enim mortuus decies reviviscere posses quam ea, quae asseris, obtinere. Et ego quidem sum ille palatii custos, qui tua te faciam penitus opinione frustrari et tua iuventute Britanniam viduari. Tanta enim sum fortitudine potens, quod vix ducenti meliores Britanniae milites possent irato mihi resistere.

(27) Cui Brito respondit: Quamvis te asseras multa fortitudine potentem, tamen tecum cupio committere pugnam, ut cognoscere valeas, quales producit Britannia viros; licet non congruat, militem cum pedite proeliari.

(24) Darauf antwortete der Türhüter so: „Mag das auch die königliche Tafel sein, so ist es dennoch für niemanden ziemlich, daran zu speisen, außer für diejenigen, welche Diener dieses Palastes sind, die auch niemand erlauben zu passieren, wenn er nicht zuvor mit den Hütern des Palastes gekämpft und gesiegt hat. Denn wenn einer hier im Kampf unterliegt, könnte ihm nichts mehr helfen. Erhebe dich also von der Tafel und beeile dich, in deine Heimat zurückzukehren oder den Durchgang zu erstreiten und mir wahrheitsgemäß zu erzählen, was der Grund deines Kommens gewesen ist."

(25) Ihm sagte der Brite: „Ich suche den Handschuh des Sperbers, und dies ist der Grund für mein Kommen. Nach Erhalt des Handschuhs trachte ich weiter zu gehen und als Sieger am Hof Arthurs den Sperber an mich zu nehmen. Wo ist besagter Wächter des Palastes, der mir den Zutritt zu den weiteren Orten verwehren wird?"

Wortwechsel mit dem Türhüter

(26) Der Türhüter aber antwortete: „O Dummkopf! Welcher Wahnsinn leitet dich, Brite! Denn eher könntest du als Toter zehnmal wieder lebendig werden als das, was du beanspruchst, erhalten. Ich bin nämlich jener Wächter des Palastes, der dich völlig um deine Einbildung bringen wird[164] und Britannien deiner Jugend berauben wird. Meine Kraft ist nämlich so gewaltig, daß mir zweihundert der besten Ritter Britanniens kaum Widerstand leisten könnten, wenn ich in Wut geraten bin."

(27) Ihm antwortete der Brite: „Obwohl du behauptest, daß deine Kraft groß und gewaltig ist, wünsche ich gleichwohl, mit dir einen Kampf auszufechten, damit du erfahren kannst, welche Männer Britannien hervorbringt; mag es auch gegen die Regel sein, wenn hier ein Ritter (zu Pferd) gegen einen zu Fuß kämpft."

---

[164] *qui tua te faciam penitus opinione frustrari:* „Je te dépouillerai de ta réputation" B, „who will rob you of your entire fame" W, *lo quale della oppinione tua ti farò rimanere ingannato* TT, „che ti farò cambiare idea" I, *der … dir dein sinn wenden wird* H. Obwohl Niermeyer die mittelalterliche Bedeutung „Ruf, Ruhm" für *opinio* belegt, vertraue ich den beiden alten Übersetzungen.

(28) Huic ostiarius ait: Video, quod tuae fortunationis eventus ad haec te loca voluit adducere morti, ubi plus quam mille mea dextra trucidavit. Et licet non militantium sim numero deputatus, tecum tamen cupio equitante pugnare, quia, si peditis virtute succumbes, non immerito crederis qualis qualis militis audacia superandus.

(29) Cui Brito sic ait: Absit, quod unquam eques cum pedite certem; nam peditem quemque decet cum pedite committere pugnam –, et arma sumens viriliter in obstantem irruit hostem, cuius clipeum ensis ictu modica laesione damnavit. Palatii vero custos multam incitatus ad iram exigua Britonis statura contempta, tanta aëneam clavam ferocitate vibravit, quod Britonis clipeus vi penitus est concussionis attritus, atque Brito fuit magno timore perterritus. Cogitans vero custos Britonem ictu secundo perimere feriendi causa iterum arma levavit in altum. (30) Sed, antequam arma in Britonem reprimere posset, velocissime Brito et occulto ingenio ense custodem in brachio repercussit, eius dextram amputatam simul cum clava emisit in terram, et, quum eum penitus interimere vellet, exclamavit custos et ait: Numquid te solum inurbanum mi-

(28) Ihm antwortete der Türhüter: „Ich sehe, daß dein Geschick[165] dich an diesem Ort in den Tod führen wollte, wo meine Rechte mehr als tausend hingemetzelt hat. Und wenn ich auch nicht in die Schar der Ritter aufgenommen wurde, wünsche ich dennoch mit dir, einem Reiter, zu kämpfen, weil man, wenn du durch die Kraft eines zu Fuß Kämpfenden unterliegst, dich nicht zu Unrecht für einen halten wird, der der Kühnheit eines Ritters nicht standhalten kann."

(29) Zu ihm redete der Brite so: „Gott behüte, daß ich als Ritter mit einem zu Fuß Kämpfenden streite; es ziemt sich nämlich, daß ein zu Fuß Kämpfender mit einem zu Fuß Kämpfenden den Kampf ausficht!" Und er ergriff seine Waffen und stürzte sich mannhaft auf den im Weg stehenden Feind, dessen Schild er mit einem Hieb seines Schwertes ein wenig beschädigte. Der Hüter des Palastes aber, zu heftigem Zorn angestachelt, weil er die kleine Statur des Briten verachtete, schwang mit so großer Wildheit die Keule aus Erz, daß der Schild des Briten durch die Gewalt des Aufpralls vollkommen zunichte und der Brite von großer Furcht eingeschüchtert wurde. Da aber der Wächter vorhatte, den Briten mit einem zweiten Schlag zu vernichten, hob er die Waffe wiederum zum Schlag in die Höhe. (30) Aber bevor die Waffe den Briten wieder erreichen[166] konnte, traf der Brite blitzschnell kraft einer geheimen Finte mit dem Schwert den Arm des Wächters, dessen abgetrennte Rechte er zugleich mit der Keule zu Boden schickte, und als er ihm vollkommen den Garaus machen wollte, schrie der Wächter und sagte: „Erzog[167] dich etwa das süße Bri-

Sieg über den Türhüter

[165] *eventus fortunationis:* „ton mauvais destin" B, „destined fate" W, *tua isventura* TT, *dein trost* H. Die mittelalterlichen Übersetzer deuten die Wendung ganz gegensätzlich. Ich kann *fortunatio* gar nicht nachweisen. Da es aber nur von *fortunare* abgeleitet sein kann, müßte es „Beglückung, Segnung" heißen, was hier nur als krasse Ironie in Frage käme.

[166] *reprimere:* „retomber" B, „bring it down" W, *scendesse* TT. Gemeint ist offenbar *recidere*, nicht *reprimere* „zurückdrängen", das mit *in Britonem*, wie es hier steht, gar nicht verbunden werden kann.

[167] *duxit:* „ait engendré" B, „has bred" W, *ha* TT, „generato da" I, *getragen hat* H. Vermutlich ein Französismus nach *duire*, das auch „erziehen, bilden" heißen kann (TL II 2096).

litem dulcis Britannia duxit, quoniam victum gladio perimere quaeris? Nam, si meae volueris parcere vitae, quod quaeris, modico te faciam labore lucrari, ac sine me nil poteris impetrare.

(31) Cui Brito ait: Vitam tibi, ostiarie, indulgebo, si id, quod promittis, volueris adimplere.

Ait ergo custos: Si modicum exspectare velis, chirothecam tibi festinanter dabo accipitris.

(32) Cui Brito respondit: Latro hominumque deceptor! Nunc veraciter agnosco, quod me decipere quaeris. Si tuam cupis igitur defendere vitam, locum mihi studeas solummodo indicare, ubi vestra chirotheca reponitur.

(33) Custos vero Britonem in palatii secreta deduxit, ubi aurea columna pulcherrima residebat, quae universam palatii congeriem sustinebat, in qua etiam quaesita chirotheca pendebat. Qua viriliter apprehensa et in sinistra manu firmata ingens rumor, ululatus et clamor nemine viso per singulas palatii partes resonare coepit: Heu, heu, nobis invitis hostis victor cum praeda recedit.

(34) Et egressus de palatio stratum ascendit equum arreptoque itinere ad amoenitatis loca devenit, ubi alia erant prata pulcherrima omnique ornata decore, in quibus palatium aureum consiste-

tannien[168] als einzigen bäurischen Ritter, daß du einen Besiegten mit dem Schwert umbringen willst? Denn wenn du mein Leben verschonen wolltest, werde ich dich das mit geringer Mühe gewinnen lassen, was du suchst, und ohne mich wirst du nichts erreichen können."

Vergeblicher Betrugsversuch des Besiegten

(31) Zu ihm sagte der Brite: „Ich werde dir das Leben schenken, Türhüter, wenn du das, was du versprichst, erfüllen willst."

Darauf sagte der Wächter: „Wenn du ein bißchen warten willst, werde ich dir rasch den Sperberhandschuh geben."

(32) Ihm antwortete der Brite: „Räuber und Leutebetrüger! Nun erkenne ich wahrhaftig, daß du mich zu täuschen suchst. Wenn du also dein Leben verteidigen willst, trachte nur, mir den Ort zu verraten, wo euer Handschuh aufbewahrt wird."

Gewinn des Sperberhandschuhs im Palast

(33) Der Wächter aber führte den Briten in die geheimen Gemächer des Palastes, wo sich die wunderschöne Säule aus Gold befand, die die ganze Masse des Palastes trug und an der auch der gesuchte Handschuh hing. Nachdem er diesen mannhaft ergriffen und in der linken Hand sichergestellt hatte,[169] begannen ein gewaltiges Schreien, Heulen und Lärmen durch die einzelnen Teile des Palastes zu tönen, ohne daß man jemand sah: „Ach weh, gegen unseren Willen entfernt sich der Feind siegreich mit der Beute."

Ankunft beim Palast Arthurs

(34) Und nachdem er den Palast verlassen hatte, bestieg er sein gesatteltes Pferd,[170] machte sich auf den Weg und gelangte in eine liebliche Gegend, wo andere wunderschöne Wiesen waren, geschmückt mit jeder Zier, auf denen ein goldener Palast von erlese-

---

[168] *dulcis Britannia:* Der auffallende Ausdruck ist im Munde des Wächters zwar krasser Schmeichelei verdächtig, doch die Fee wird ihn § 42 wiederholen. So könnte der Ausdruck als offensichtliche Kontrafaktur zur *dulcis Francia, la douce France* doch als Affront gegen den Pariser Hof aufgefaßt werden. Siehe das Nachwort S. 602 f.

[169] *Qua … in sinistra manu firmata:* „le tint fermement dans sa main gauche" B, „placed it securely on his left hand" W, *se lo mise nella mano sinistra* TT. Der Ausdruck läßt keine Entscheidung zu, ob *in* hier „in" oder „an der Hand" bedeutet.

[170] Daß es sein Pferd ist, sagt der Text nicht, wird aber von den Übersetzern angenommen. Warum der Ritter das Pferd aber vor dem Besteigen satteln sollte, wie W übersetzt, ist unerklärlich, da er es ja offenbar gesattelt zurückgelassen hatte.

bat optima dispositione compositum. Erat enim palatii longitudo cubitorum sexcentorum, latitudo vero ducentorum. Tectum autem et exteriora cuncta palatii erant argentea, interiora vero aurea quidem omnia et pretiosis ornata lapidibus. (35) Palatium etiam variis multum erat receptaculis distinctum. In digniori vero parte palatii in aureo throno rex sedebat Arturus, et circa eum residebant dominae pulchriores, quarum mihi non potuit esse numerus manifestus, et stabant coram eo milites multi et decori aspectus. In ipso namque palatio erat aurea pertica pulchra nimis atque formosa, in qua optatus residebat accipiter, et ibi prope duo canes accipitris ligati iacebant. (36) Sed, antequam ad praedictum posset devenire palatium, obstabat antemurale quoddam munitissimum ad palatii † nituram adstructum, ad cuius custodiam milites erant duodecim fortissimi deputati, qui neminem ulterius pertransire sinebant, nisi chirothecam demonstraret accipitris, vel nisi gladio pugnando vellet assumere viam. Quos quum vidisset Brito, chirothecam eis festinanter ostendit accipitris. Qui ei aperto itinere dicunt: Haec quidem via non est tuae vitae salubris sed penitus inductiva doloris. – (37) Brito autem quum ad interiora palatii pervenisset, regem salutavit Arturum. Qui, quare venisset, diligenter a militibus interrogatus dixit, se causa reportandi accipitrem accessisse. Cui unus de militibus curiae ait: Ob quam causam accipitrem accipere quaeris? Cui Brito respondit: Quia dominae

ner Architektur stand. Die Länge des Palastes betrug nämlich 600 Ellen, die Breite aber 200. Das Dach aber und alle Außenwände waren aus Silber, das ganze Innere aber war dagegen gewiß aus Gold und mit kostbaren Steinen verziert.

(35) Der Palast war auch in sehr verschiedene Räume aufgeteilt. Im vornehmsten Teil des Palastes aber saß König Arthur auf einem goldenen Thron, und rund um ihn saßen die schönsten Damen, deren Anzahl ich nicht erfahren konnte, und vor ihm standen viele und stattliche Ritter. Im Palast selbst war denn auch die goldene Stange, sehr schön und wohlgestaltet, auf der der ersehnte Sperber saß, und dort lagen in der Nähe zwei angebundene Sperberhunde.[171]

Durchritt durch ein Schutzbollwerk nach Vorweisung des Handschuhs

(36) Aber bevor er zu dem erwähnten Palast gelangen konnte, bildete noch ein Bollwerk[172] ein Hindernis, das, schwer befestigt, zur Abschirmung[173] des Palastes errichtet war. Zu dessen Schutz waren zwölf sehr kampfstarke Ritter abgeordnet, die jeden am Durchgang hinderten, wenn er nicht den Sperberhandschuh vorzeigte oder den Weg im Kampf mit dem Schwert nehmen wollte. Als sie der Brite sah, zeigte er ihnen eilig den Sperberhandschuh. Nachdem diese ihm den Weg freigegeben hatten, sagten sie: „Dieser Weg ist gewiß für dein Leben nicht heilbringend, sondern tief in Schmerz führend."

Anspruch auf den Sperber für die schönste Frau, die Dame des Waldes

(37) Als aber der Brite ins Innere des Palastes gelangt war, grüßte er König Arthur.[174] Auf die dringliche Frage der Ritter, warum er gekommen sei, sagte er, daß er angereist sei, um den Sperber zu holen. Zu ihm sagte einer der Ritter des Hofes: „Aus welchem Grund willst du den Sperber haben?" Ihm antwortete der

[171] *canes accipitris:* „chiens de fauconnerie" B, „dogs assigned to it [scil. the hawk]" W, *cani di quelle isparviere* TT A, *bracchi dello sparviere* TT B, „cani del falcone" I. Es handelt sich um Habichthunde für die Beizjagd. Vgl. S. Schwenk im LMA V (1991), S. 271. Sie werden wohl nur in laienaristokratischen Kreisen wirklich gut bekannt gewesen sein.

[172] *antimurale:* „une barbacane" B, „wall" W, *un muro* TT, *polberch* H.

[173] *ad nituram:* „pour sa protection" B, „to defend" W, *per guardia* TT. Ich kann das gewiß vom Verb *niti* abgeleitete Substantiv nicht nachweisen, außer in der hier nicht einschlägigen Bedeutung *genitura* bei Du Cange.

[174] Man beachte, daß Arthur eine reine Statistenrolle hat. Er wird auch nirgends mit dem Liebeskönig identifiziert.

gaudeo pulchrioris amore quam aliquis istius curiae miles. – (38) Cui ille respondit: Ergo, ut accipitrem valeas reportare, primo te oportet istud, quod asseris, pugnando tueri. – Et ait Brito: Libenter! Et clipeo competenti Britoni praeparato, armati ambo constituti sunt intra palatii munimina, et compulsis calcaribus equis sibi invicem vehementer occurrunt et confractis clipeis lanceisque disruptis sibi gladiis repugnando resistunt ac ferri vestimenta conscindunt. (39) Post diutinam ergo luctam palatii miles bino Britonis ictu summo ingenio in capite sine intermissione percussus tanta coepit oculorum turbatione gravari, quod nihil poterat penitus visu percipere. Quod persentiens Brito insultum audacter et velociter fecit in eum atque victum ipsum prostravit de equo. (40) Et apprehenso accipitre simulque et canibus aspiciens vidit chartulam conscriptam, quae aurea catenula praedictae inhaerebat perticae colligata, de qua quum diligenter exquireret, tale promeruit audire responsum: Haec est [enim] chartula, in qua regulae scribuntur amoris, quas ipse amoris rex ore proprio amatoribus edidit. Hanc te asportare oportet et regulas amantibus indicare, si pacificum volueris accipitrem reportare. – (41) Qua etiam sumpta et abeundi curialiter accepta licentia ad silvae dominam modico temporis spatio sine alicuius contradictione reversus

Brite: „Weil ich mich der Liebe einer schöneren Dame als irgendein Ritter dieses Hofes erfreue."

Sieg über einen Ritter des Hofes zum Beweis seines Anspruchs

(38) Ihm antwortete jener: „Infolgedessen mußt du, damit du den Sperber mitnehmen kannst, zuerst das, was du behauptest, im Kampf beweisen." Und es sagte der Brite: „Gerne!" Und nachdem ein passender Schild für den Briten bereitgestellt worden war, stellten sich die beiden Bewaffneten innerhalb der Mauern des Palastes auf. Sie geben den Pferden die Sporen und gehen heftig aufeinander los. Wenn ihre Schilde zunichte geworden und die Lanzen zersplittert sind, leisten sie einander im Schwertkampf Widerstand und zerschneiden die Rüstungen aus Eisen. (39) Nach langem Ringen erlitt in der Folge der Ritter des Palastes, von zwei unmittelbar aufeinander folgenden höchst geschickten Schlägen des Briten am Kopf getroffen, eine so große Trübung seiner Sehkraft, daß er überhaupt nichts mehr wahrnehmen konnte. Da der Brite dies bemerkte, machte er kühn und rasch gegen ihn einen Ausfall und streckte den Besiegten nieder vom Pferd.

Erwerb des Sperbers und des Schriftstücks mit den Liebesregeln

(40) Und nachdem er den Sperber gemeinsam mit den Hunden an sich genommen hatte, sah er ein Schriftstück,[175] das, angebunden mit einem Goldkettchen, an der erwähnten Stange hing. Als er es genau untersuchte, gelang es ihm, folgenden Bescheid zu vernehmen: „Dies ist das Schriftstück, in dem die Regeln der Liebe aufgeschrieben sind, die der König der Liebe selbst den Liebenden mit eigenem Mund verkündet hat. Du sollst sie forttragen und den Liebenden die Regeln verkünden, wenn du den friedenbringenden Sperber mitnehmen willst."[176]

Rückkehr zur Dame des Waldes

(41) Nachdem er auch dieses an sich genommen und auf höfische Art die Erlaubnis, sich zu entfernen, erhalten hatte, kehrte er

[175] *chartulam conscriptam:* Unter *charta* oder *chartula* ist grundsätzlich jedes Schriftstück unabhängig vom Material (Papyrus oder Pergament) gemeint (vgl. Niermeyer s. v.). Papyrus scheidet hier aber sicher aus. Papier ist in Frankreich erst ab ca. 1220 nachweisbar, weshalb W („a scroll of paper") falsche Assoziationen weckt.

[176] *si pacificum volueris accipitrem reportare:* Alle Übersetzungen bis auf TT A übersetzen *pacificum*, als sei es Adverb („in Frieden") zu *volueris*. Das ergibt tatsächlich den viel besseren Sinn. Ich kann aber keinen Grund sehen, warum sich Andreas dann so ausgedrückt haben sollte.

est. Quam in eodem quidem nemoris loco repperit, in quo primitus eam ambulando dimisit. (42) Quae quidem de accepta victoria non mediocriter gaudens Britonem abire dimisit et ait: De licentia mea recede, carissime, quia dulcis te Britannia quaerit. (43) Rogo tamen, ne gravis tibi videatur abscessus, quia quandocunque ad haec volueris solus accedere loca, me semper poteris habere praesentem. [Qui osculo assumpto atque ter decies repetito Britanniam versus gaudens iter direxit amoenum. Postmodum vero regulas, quae in charta reperiuntur adscriptae, conspexit, et eas iuxta superioris responsi tenorem cunctis amatoribus divulgavit.] (44) Sunt autem regulae tales:

I. Causa coniugii ab amore non est excusatio recta.

II. Qui non zelat, amare non potest.

III. Nemo duplici potest amore ligari.

in kurzer Zeit ohne Behinderung zur Dame des Waldes zurück. Diese fand er am selben Ort des Hains, wo er sie zuvor auf der Reise zurückgelassen hatte. (42) Sie freilich freute sich nicht wenig über den errungenen Sieg, entließ den Briten und sagte: „Mit meiner Erlaubnis kehre heim, Teuerster, denn das süße Britannien verlangt nach dir. (43) Bitte lasse dir jedoch den Abschied nicht schwer erscheinen, weil du, wann immer du allein in diese Gegend kommen willst, mich hier finden können wirst."

Heimkehr nach Britannien

Er aber machte sich, nachdem er einen Kuß erhalten hatte und dieser dreißigmal wiederholt wurde, froh auf die ergötzliche Reise nach Britannien. Danach aber betrachtete er die Regeln, die in dem Schriftstück aufgeschrieben waren, und machte sie allen Liebenden gemäß dem Auftrag des erwähnten Bescheids bekannt.[177]

Die 31 Regeln der Liebe

(44) Die Regeln sind aber folgender Art:[178]

I. Der Rechtsgrund der Ehe ist keine gültige Entschuldigung für die Ablehnung der Liebe.[179]

II. Wer nicht eifersüchtig ist, kann nicht lieben.[180]

III. Niemand kann durch eine zweifache Liebe gebunden sein.[181]

---

[177] Dieser Absatz ist nur in A und B überliefert und daher nach Trojel vermutlich unecht. Er fehlt auch in der toskanischen und der deutschen Übersetzung Hartliebs.

[178] Diese Regeln wurden alle schon irgendwie an früherer Stelle aufgestellt, was in den folgenden Fußnoten jeweils vermerkt ist. – Hier macht die geschlechtsneutrale Übersetzung von *amans* – *coamans* besondere Schwierigkeiten. Da es sich bei den Regeln um einen quasi juristischen Text handelt, setze ich die unschönen Doppelformen mit Schrägstrich, und zwar auch dort, wo vielleicht doch die männliche Sicht durchschlägt.

[179] *Causa coniugii ab amare non est excusatio recta:* „Le marriage n'est pas une excuse valable pour ne pas aimer" B, „Marriage does not constitute a proper excuse for not loving" W, *Per cagione di matrimoni non si può iscusare alcuno d'amare* TT, *Niemant mag sich von mynn vnd lieb rechtlich scheiden* H. Der Sinn ist nicht zweifelhaft: Wahre Liebesbeziehungen sind außerehelich, von der Verheiratung eines Liebespartners, wann immer sie eintreten mag, gänzlich unberührt (siehe I,vi,367ff., 398). Niemand darf sich daher mit dieser Begründung dem Liebespartner entziehen. Das grammatische Verständnis des Satzes hängt aber davon ab, ob man *causa* als Nominativ oder Ablativ auffaßt.

[180] I,vi,371ff.; 399.

[181] II,iv,3: vi,2; vgl. I,vi,399.

IV. Semper amorem crescere vel minui constat.

V. Non est sapidum, quod amans ab invito sumit coamante.

VI. Masculus non solet nisi plena pubertate amare.

(45)

VII. Biennalis viduitas pro amante defuncto superstiti praescribitur amanti.

VIII. Nemo sine rationis excessu suo debet amore privari.

IX. Amare nemo potest, nisi qui amoris svasione compellitur.

X. Amor semper consvevit ab avaritiae domiciliis exsulare.

IV. Es steht fest, daß die Liebe immer wächst oder abnimmt.[182]

V. Nichts Süßes ist es,[183] was ein Liebender vom anderen gegen dessen Willen nimmt.[184]

VI. Der Mann pflegt erst bei voller Geschlechtsreife *(plena pubertate)* zu lieben.[185]

(45)

VII. Eine zweijährige Witwenschaft/Witwerschaft wird nach dem Tode eines Liebespartners/einer Liebespartnerin dem/der überlebenden vorgeschrieben.[186]

VIII. Niemand soll ohne Verfehlung der Vernunft seiner Liebe beraubt werden.[187]

IX. Niemand kann lieben, wenn er nicht durch die Überzeugungskraft der Liebe *(amoris suasione)* dazu getrieben wird.[188]

X. Die Liebe pflegt immer aus den Behausungen der Habsucht verbannt zu sein.[189]

---

182 I,ii,7.

183 *Non est sapidum:* „n'a aucune saveur" B, „[is] bitter" W, *Non a favore* TT, *Es ist nit pillich noch wolgesmach* H.

184 I,ii,8.

185 I,v,4; vgl. I,vi,453.

186 I,vi,435; II,vii,32.

187 *Nemo sine rationis excessu suo debet amore privari:* „Personne ne doit être privé de l'objet de son amour sans la meilleure des raisons" B, „No man should be deprived of his love save for a most compelling reason" W, *Nessuno senza cagione dee essere privato del suo amore* TT, *Nus ne doit … S'amie perdre sans raison* D, *Niemand sol seiner lieb vnd mynn an vrsach beraubt sein* H. An den Parallelstellen I,vi,55; 557 steht *sine culpa* statt *sine rationis excessu.* Dieser Ausdruck kommt im Werk nur hier vor, *excessus* allein dagegen häufig in der Bedeutung „Übertretung, Vergehen, Verfehlung, Sünde, Ausschweifung". Am ehesten ist hier dasselbe gemeint wie in II,vi,10f.: Ein einmaliges sexuelles Abenteuer, wo eine plötzliche Begierde die Vernunft überwältigt, ist kein ausreichender Grund, einen Liebhaber zu verstoßen. Wirklich sichern läßt sich aber auch das nicht.

188 I,vi,180; 288.

189 I,ii,8; vi,268.

XI. Non decet amare, quarum pudor est nuptias affectare.

XII. Verus amans alterius nisi sui coamantis ex affectu non cupit amplexus.

(46)

XIII. Amor raro consvevit durare vulgatus.

XIV. Facilis perceptio contemptibilem reddit amorem, difficilis eum carum facit haberi.

XV. Omnis consvevit amans in coamantis aspectu pallescere.

XVI. In repentina coamantis visione cor contremescit amantis.

XVII. Novus amor veterem compellit abire.

XVIII. Probitas sola quemque dignum facit amore.

(47)

XIX. Si amor minuatur, cito deficit et raro convalescit.

XX. Amorosus semper est timorosus.

XXI. Ex vera zelotypia affectus semper crescit amandi.

XI. Es geziemt sich nicht, Frauen zu lieben, mit denen man sich schämt eine Ehe anzustreben.[190]

XII. Der/die wahrhaft Liebende begehrt aus Neigung ausschließlich die Umarmungen seines Liebespartners/seiner Liebespartnerin, keines/keiner anderen.[191]

(46)

XIII. Die Liebe pflegt selten anzudauern, wenn sie öffentlich gemacht worden ist.[192]

XIV. Leichte Erlangung macht die Liebe verächtlich, eine schwierige läßt sie wertvoll erscheinen.[193]

XV. Jeder/jede Liebende pflegt beim Anblick des Liebespartners/der Liebespartnerin zu erbleichen.[194]

XVI. Beim plötzlichen Anlick des Liebespartners/der Liebespartnerin klopft das Herz des/der Liebenden heftig.[195]

XVII. Eine neue Liebe nötigt die alte zu weichen.[196]

XVIII. Nur der innere Wert macht jemanden der Liebe würdig.[197]

(47)

XIX. Wenn die Liebe abnimmt, hört sie rasch auf und erholt sich selten wieder.[198]

XX. Ein Verliebter/eine Verliebte ist immer voll Furcht.[199]

XXI. Durch wahre Eifersucht wächst immer das Gefühl der Liebe.[200]

---

190 I,viii,1; vgl. II,vii,19.

191 I,vi,562; I,x,5.

192 I,vi,5; II,1,1.

193 I,vi,361 f.

194 II,v,6

195 Diese Beobachtung ist zuvor in dem Werk offenbar genau so noch nicht gemacht worden, jedoch bloß eine Erweiterung von Regel XV und der Liebeslyrik natürlich nicht unbekannt.

196 II,v,5.

197 I,vi,107 u. ö. Die von W angegebene Stelle I,vi,47 paßt nur bedingt.

198 II,iiif.

199 I,i,2.

200 I,vi,371.

XXII. De coamante suspicione percepta zelus et affectus crescit amandi.

XXIII. Minus dormit et edit, quem amoris cogitatio vexat.

XXIV. Quilibet amantis actus in coamantis cogitatione finitur.

(48)

XXV. Verus amans nil bonum credit nisi, quod cogitat coamanti placere.

XXVI. Amor nil posset amori denegare.

XXVII. Amans coamantis solatiis satiari non potest.

XXVIII. Modica praesumptio cogit amantem de coamante suspicari sinistra.

XXIX. Non solet amare, quem nimia voluptatis abundantia vexat.

XXX. Verus amans assidua sine intermissione coamantis imaginatione detinetur.

XXII. Regt sich ein Verdacht gegen den Liebespartner/die Liebespartnerin, so wachsen Eifersucht und Liebesgefühl.[201]

XXIII. Wen Liebesgedanken quälen, der schläft und ißt weniger.[202]

XXIV. Jede Handlung eines/einer Liebenden mündet in das Denken an den Liebespartner/die Liebespartnerin.[203]

(48)

XXV. Der/die wahrhaft Liebende hält nur das für gut, was seiner Meinung nach dem Liebespartner/der Liebespartnerin gefällt.[204]

XXVI. Liebe könnte der Liebe nichts verweigern.[205]

XXVII. Der/die Liebende kann von den Liebesfreuden mit seinem Liebespartner/seiner Liebespartnerin *(coamantis solatia)* nie genug bekommen.[206]

XXVIII. Eine schwache Vermutung bringt den Liebenden/die Liebende dazu, von dem Liebespartner/der Liebespartnerin schlecht zu denken.[207]

XXIX. Wen allzu große Wollust quält, der pflegt nicht zu lieben.[208]

XXX. Der/die wahrhaft Liebende wird ununterbrochen von der beständigen Vorstellung seines Liebespartners/seiner Liebespartnerin *(coamantis imaginatione)* in Beschlag genommen.[209]

---

201 II,ii,2.

202 II,iii,3; III,57.

203 I,ii,2.

204 Am nächsten steht I,vi,213. Die von W genannte Stelle II,i,10f. bringt nur annähernd Vergleichbares.

205 II,i,3.

206 Der Verweis bei W auf I,ii,5 führt in die Irre. Bei der Erörterung des Vorzuges des oberen oder unteren Teils der Frau I,vi,538ff. behauptet der Mann, nur des unteren Teiles werde man bald überdrüssig, was die Frau bestreitet. Die Regel XXVII scheint zwar für die Frau Partei zu nehmen, schränkt aber die Liebe nicht auf die Sexualität ein.

207 Diese Regel greift weniger den Gedanken von I,vi,381f. (W), sondern von II,v,7 auf.

208 I,v,7.

209 I,i,1; I,iv,2.

XXXI. Unam feminam nil prohibet a duobus amari et a duabus mulieribus unum.

(49) Has autem regulas, ut dixi, secum Brito praefatus adduxit et ex parte regis amoris illi dominae, pro cuius amore tantas fuerat passus angustias cum ipso repraesentavit accipitre. Quae etiam ipsius militis agnita fide plenaria ac eiusdem strenuitatis audacia plenius intellecta labores illius suo remuneravit amore, et curia dominarum plurimarum atque militum convocata regulas praedictas patefecit amoris et eas singulis amantibus sub regis amoris interminatione firmiter conservandas iniunxit. (50) Quas quidem universae curiae plenitudo suscepit et sub amoris poena in perpetuum conservare promisit. Singuli etiam, qui ad curiam vocati convenerant, regulas iam dictas in scriptis reportaverunt et eas per diversas mundi partes cunctis amantibus ediderunt.

XXXI. Nichts verbietet einer Frau, von zwei Männern, und nichts einem Mann, von zwei Frauen geliebt zu werden.[210]

Empfang des Ritters durch seine Dame, Erhalt des Liebeslohns, Verkündung der Liebesregeln

(49) Diese Regeln aber führte, wie ich gesagt habe, erwähnter Brite mit sich herbei und präsentierte sie im Namen des Königs der Liebe zusammen mit dem Sperber jener Dame, für deren Liebe er so große Unbilden erlitten hatte. Diese vergalt auch, da sie seine vollkommene Treue erkannt und den entschlossenen Wagemut[211] desselben klar erfahren hatte, seine Mühen mit ihrer Liebe, veröffentlichte auf einem von ihr einberufenen Hoftag sehr vieler Damen und Ritter die erwähnten Liebesregeln und trug den einzelnen Liebenden unter Strafandrohung von seiten des Königs der Liebe auf, sie streng einzuhalten. (50) Diese Regeln empfing die Menge des ganzen Hofes und versprach, sie bei Liebesstrafe *(sub amoris poena)* immerfort einzuhalten. Alle, die an den Hof gerufen und gekommen waren, nahmen, jeder für sich, die schon erwähnten Regeln auch schriftlich mit und machten sie in den verschiedenen Gegenden der Erde allen Liebenden bekannt.

---

[210] W vergleicht *Eliduc* von Marie de France und *Ille et Galeron* von Gautier d'Arras. Doch dies könnte zu dem Irrtum verleiten, es ginge wie in jenen französischen Erzählungen um einen seelischen Konflikt eines Mannes zwischen zwei Frauen. Davon ist hier gewiß nicht die Rede, denn dies widerspräche der auch sonst im Text immer wieder apostrophierten Liebesregel III *Nemo duplici potest amore ligari.* Erlaubt wird hier nur, von zwei Liebenden umworben zu werden, nicht sie gleichzeitig zu erhören. Und solche Fälle werden im Werk mehrfach vorgeführt, v. a. in den Liebeskasus.

[211] *strenuitatis audacia:* „his intrepid efforts" W, *l'ardimento della sua prodezza* TT, *sein manhait vnd vnuerzagten müt* H.

Liber tertius:

De reprobatione amoris.

(1) Si haec igitur, quae ad nimiam tuae petitionis instantiam vigili cogitatione conscripsimus, Gualteri amice, attenta curaveris aure percipere, nil tibi poterit in amoris arte deficere. Nam propter nimiae dilectionis affectum tuis penitus cupientes annuere precibus confertissimam plenamque amoris doctrinam in hoc tibi libello edidimus. Quod nos ideo fecisse cognoscas, non quod amare tibi vel alicui hominum expedire credamus, sed ne nostram in aliquo valeas arguere tarditatem; immo totam illius credimus deperire utilitatem, qui suos in amore labores expendit. (2) Taliter igitur praesentem lege libellum, non quasi per ipsum quaerens amantium tibi assumere vitam, sed ut eius doctrina refectus et mulierum edoctus ad amandum animos provocare a tali provocatione abstinendo praemium consequaris aeternum et maiori ex hoc apud Deum merearis munere gloriari. Magis enim Deo placet, qui opportunitate non utitur concessa peccandi, quam cui delinquendi non est attributa potestas.

DRITTES BUCH

Von der Verwerfung der Liebe

Rechtfertigung der Liebeslehre mit dem Wunsch des Adressaten

(1) Wenn du also darauf bedacht bist, das, was wir auf deine sehr dringliche Bitte hin, mein Freund Walter, schlaflos grübelnd zusammengeschrieben haben, mit gespitzten Ohren aufzunehmen, wird dir nichts in der Liebeskunst mangeln können. Denn aus dem Gefühl sehr großer Zuneigung wollten wir deinen Bitten vollständig nachkommen und haben dir eine sehr gedrängte und umfassende Liebeslehre[1] in diesem Büchlein vorgelegt. Du mögest einsehen, daß wir das nicht deshalb gemacht haben, weil wir glauben würden, daß es dir oder irgendeinem Menschen zuträglich sei zu lieben, sondern damit du dich nicht in irgendeiner Hinsicht über unsere Trägheit beschweren kannst; ja wir glauben sogar, daß es niemandem Nutzen einbringt,[2] wenn er seine Mühen auf die Liebe verwendet.

Empfehlung der Kenntnis der Liebeslehre zum Zweck der Liebesverachtung

(2) Lies also das vorliegende Büchlein auf folgende Art, nicht in der Absicht, gleichsam dadurch das Leben Liebender aufzunehmen, sondern, durch seine Lehre erquickt und in Kenntnis gesetzt, wie man die Herzen der Frauen zur Liebe verführt, durch Enthaltung von solcher Verführung ewigen Lohn zu erlangen und es aufgrunddessen zu verdienen, dich bei Gott eines größeren Gunstbeweises *(munus)* zu rühmen. Gott gefällt nämlich derjenige besser, welcher die gewährte Gelegenheit zu sündigen nicht nützt, als derjenige, welchem die Möglichkeit zu sündigen nicht gegeben war.[3]

---

[1] *confertissimam plenamque amoris doctrinam:* „dans ses moindres détails toute la théorie d'amour" B, „details teaching of love" W, *abontantissima dottrina d'amore* TT.

[2] *totam illius credimus deperire utilitatem:* „pour nous … celui … gaspille ses forces" B, „I believe that the man … applies all his talents vainly" W, *e perduta crediamo la fatico di quello* TT, „credo … perde il bene chi …" I.

[3] Der Autor führt seine eigene erste Entschuldigung mit dem Topos der Fremdbestimmtheit durch den Adressaten hier selbst ad absurdum, wenn er nunmehr behauptet, nur Verführungskünste gelehrt zu haben, damit es verdienstvoller sei, sie zu vermeiden. Einem solchen Verfahren stünde schon die Vaterunserbitte „Führe uns nicht in Versuchung" entgegen.

(3) Sapiens ergo quilibet amoris cunctos pluribus ex causis actus tenetur abiicere et eius semper obviare mandatis et imprimis ea scilicet ratione, cui nulli resistere fas est. Nullus enim posset per aliqua benefacta Deo placere, quousque voluerit amoris inservire ministeriis. (4) Odit namque Deus et utroque iussit testamento puniri, quos extra nuptiales actus agnoscit Veneris operibus obligari vel quocunque voluptatis genere detineri. Quod ergo bonum ibi poterit inveniri, ubi nihil nisi contra Dei geritur voluntatem? (5) Heu, quantus inest dolor, quantave nos cordis amaritudo detentat, quum dolentes assidue cernimus propter turpes et nefandos Veneris actus hominibus coelestia denegari! O miser et insanus ille ac plus quam bestia reputandus, qui pro momentanea carnis delectatione gaudia derelinquit aeterna et perpetuae gehennae flammis se mancipare laborat! (6) Cernas ergo, Gualteri, et acuto mentis disquiras ingenio, quanto sit praeferendus honore, qui coelesti rege contempto eiusque neglecto mandato pro mulierculae cuiusdam affectu antiqui hostis non veretur se vinculis alligare. Nam, si voluisset Deus sine crimine actus fornicationis exerceri, sine causa praecepisset, matrimonia celebrari, quum magis per illum modum quam per matrimonia Dei posset populus multiplicari. (7) Cuiuslibet igitur hominis satis est admiranda stultitia, qui

Argumente gegen die Liebe: Verstoß gegen Gottes Gebot und Verlust der ewigen Seligkeit

(3) Es ist also jeder Weise[4] gehalten, sich aus mehreren Gründen von allen Handlungen der Liebe fernzuhalten und immer ihren Geboten Widerstand zu leisten, und vor allem nämlich aus einem Grund, dem sich entgegenzustellen keiner ein Recht hat. Keiner nämlich könnte Gott durch irgendwelche gute Taten gefallen, solange er Liebesdiensten nachgehen will. (4) Gott haßt nämlich und befahl in beiden Testamenten diejenigen zu bestrafen, welche er außerhalb der ehelichen Handlungen den Werken der Venus ergeben oder von welcher Art von Begierde auch immer eingenommen sieht.[5] Welches Gute wird man also dort finden können, wo nur gegen den Willen Gottes gehandelt wird? (5) Ach, wie groß ist der Schmerz im Innern oder wie große Bitternis des Herzens erfaßt uns, wenn wir fortwährend schmerzlich erkennen, daß Menschen wegen schimpflicher und ruchloser Handlungen der Venus das Himmelreich verweigert wird! Oh wie erbärmlich und wahnsinnig und schlimmer als ein Tier einzuschätzen[6] ist derjenige, welcher für das momentane Entzücken des Fleisches die ewigen Freuden aufgibt und sich darum müht, sich den Flammen der ewigen Hölle zu überantworten!

Verletzung des Ehegebots und Undankbarkeit gegen Gott

(6) Erkenne also, Walter, und untersuche mit scharfem Verstand, welchen Vorzug an Ehre einer verdient, der sich nicht scheut, unter Mißachtung des himmlischen Königs und seines Gebots zugunsten der Leidenschaft für irgendeine Weibsperson[7] sich mit den Fesseln des alten Feindes zu binden. Denn wenn Gott gewollt hätte, daß die Akte der Unkeuschheit *(actus fornicationis)* ohne Sünde ausgeübt werden, hätte er ohne Grund befohlen, daß Ehen gefeiert werden, da auf jene Art das Volk Gottes sich stärker vermehrt hätte als durch Ehen. (7) So muß man sich über jeder-

---

[4] Man beachte, daß hier nicht mehr schlechthin vom Menschen, sondern vom Weisen *(sapiens)* die Rede ist.

[5] Vgl. Lv 20,10; Prv 6,32; Mt 19,18 etc.

[6] *plus quam bestia reputandus:* ausgelassen B, „assuredly infra-bestial" W, *e da riputare più che bestia* TT, *plus que beste, non mie home* D, *viehisch vnd vnuernünfftig* H. Gemeint ist vermutlich nicht „erbärmlicher und wahnsinniger als ein Tier", sondern entweder *potius ut bestia repundandus* oder *peior quam bestia reputandus.*

[7] *mulierculae cuiusdam:* „de quelque donzelle" B, „for some unimportant woman" W, *per una giovinetta* TT, *une chaitive fame* D, *ains weybs* H.

pro vilissimis Veneris † amplectendo terrenis hereditatem amittit aeternam, quam ipse Rex coelestis cunctis hominibus proprio sanguine recuperavit amissam. Immo ad summam scimus verecundiam pertinere viventis et Dei omnipotentis iniuriam, si carnis illecebras et corporis voluptates secutus ad Tartareos iterum laqueos elabatur, ex quibus laqueis pater ipse coelestis semel eum unigeniti filii sui sanguinis effusione salvavit.

(8) Praeterea constat, amatoribus rationem quoque obstare secundam. Nam ex amore proximus laeditur, quem ex mandato divino quisque tanquam se ipsum iubetur diligere. Immo et sine legis iussu mundana scilicet inspecta utilitate proximos amare tenemur; nemo enim modico etiam tempore proximorum posset necessitate carere.

(9) Tertia quoque ratio amorem cunctis evitare svadet. Nam exinde unus ab altero divertitur amicus, et inimicitiae inter homines capitales insurgunt, nec non et homicidia malave multa se-

manns Dummheit sehr wundern, der für die völlig wertlosen irdischen Freuden der Venus[8] das ewige Erbe verliert, welches der himmlische König selbst durch sein eigenes Blut allen Menschen wiedererworben hat, da es verlorengegangen war. Ja wir wissen sogar, daß es zur größten Schande und zum größten Unrecht wider den lebendigen und allmächtigen Gott gehört, wenn einer, der den Verlockungen des Fleisches und den Begierden des Körpers gefolgt ist, ein zweites Mal in die Fallstricke des Tartarus fällt, aus denen ihn der himmlische Vater selbst einmal mit dem vergossenen Blut seines eingeborenen Sohnes gerettet hat.

Verletzung des Gebots der Nächstenliebe

(8) Außerdem steht fest, daß auch ein zweites Argument den Liebenden im Wege steht. Denn durch die Liebe wird der Nächste verletzt, den zu lieben wie sich selbst einem jeden durch das göttliche Gebot befohlen wird.[9] Ja sogar auch ohne Befehl des Gesetzes, d. h. wenn wir den weltlichen Nutzen beachten, sind wir gehalten, unsere Nächsten zu lieben; niemand nämlich könnte auch nur geringe Zeit der Verbindung mit seinen Nächsten entbehren.

Zerstörung von Freundschaft

(9) Auch ein drittes Argument rät allen, die Liebe zu meiden. Denn durch sie wird ein Freund vom Freund getrennt,[10] tiefe Feindschaften entstehen zwischen Menschen, und es folgen sogar

---

[8] *pro vilissimis Veneris amplectendo terrenis* überliefern hier die Hss. AC DEFHI, was nicht stimmen kann. Die Ausgabe von 1610 ergänzt *gaudiis*, der Cod. Vind. 5363 korrigiert zu *amplectendis*, was beides wenig hilft. Nur B hat einen sinnvollen Text: *pro vilissimis amplexibus et terrenis solatiis momentaniis.* TT übersetzt *per vilissimi diletti di lussuria e per altra cosa terrena*, was wohl *pro vilissimis Veneris solatiis et aliis terrenis* vorraussetzt. W tilgt *amplectendo*, ergänzt nichts, übersetzt aber, als hätte er *gaudiis* oder *solatiis* eingesetzt: „for the sake of the most tawdry earthly joys of Venus". Ich übernehme die Übersetzung, da ich den Text auch nicht zu heilen vermag.

[9] Lc 10,25. In I,vi,418 hatte dagegen der Mann in gewundenen dunklen Worten erklärt, niemand könne bei entsprechender Toleranz hier wirklich ein Unrecht erleiden. Das war wohl als Aufruf, unter Männern und Standesgenossen gegenseitig den Ehebruch zu dulden, zu verstehen.

[10] W vergleicht Juvenal VI,214f. Doch ist da nur vom Pantoffelhelden die Rede, dem die Frau eine Freundschaft verbietet. Hier ist aber gewiß nur an Nebenbuhlerschaft gedacht. Vgl. Wolfram von Eschenbach, der *Parzival* 291,23ff. der Minne vorwirft, *daz manec hêrre an sînem man /von iuwer kraft hât missetân /unt der friunt an sîme gesellen/.../unt der man an sîme hêrren.*

quuntur. Nullus enim tanto dilectionis alicui vel amicitiae vinculo colligatur, si cognoverit, ipsum pro suae uxoris vel filiae vel propinquae instanter esse amore sollicitum, quin statim contra ipsum incipiat odii livore moveri et indignationis venena concipere. (10) Sed, qui propter obsequia carnis honorem praetermisit amici, sibi tantum vivere creditur, et ideo tanquam humani generis inimicus ab omni videtur homine deserendus et ad instar bestiae venenosae fugiendus. Quid enim tam necessarium tamve utile hominibus invenitur quam amicos habere securos? Nam, Cicerone testante, non ignis neque aquae usus videtur in tantum hominibus necessarius quantum amicorum solatia. (11) Nam, si unus inter cunctos homines alicui reperitur amicus, super omni thesauro pretiosior invenitur; nihil enim in orbe tantum valet, quod vero possit comparari amico. Multi tamen nomine vocantur amici, qui nominis vacuantur effectu, quia ipsorum amicitia temporis opportunitate resolvitur. Verus autem amicus in amici adversitatibus fidelior

Mord und viele Übel daraus. Niemand nämlich ist einem anderen mit einem so festen Band der Zuneigung oder Freundschaft verbunden, daß er nicht, wenn er erfahren hat, daß jener sich heftig um die Liebe seiner Gattin oder Tochter oder einer Verwandten bemüht, sofort anfängt, gegen ihn lodernde Haßgefühle zu hegen oder giftigen Unmut zu entwickeln.[11] (10) Aber wer aus Gehorsam dem Fleisch gegenüber die Ehre eines Freundes außer Acht gelassen hat, gilt als einer, der nur für sich lebt, und muß daher, wie es scheint, als Feind des Menschengeschlechts von jedem Menschen verlassen und gleich einem giftigen Tier geflohen werden. Was nämlich wird so notwendig oder so nützlich für die Menschen befunden als verläßliche Freunde zu haben? Denn, wie Cicero bezeugt,[12] nicht der Gebrauch des Feuers noch des Wassers ist für die Menschen so notwendig wie die ergötzliche Gesellschaft von Freunden *(amicorum solatia)*. (11) Denn wenn jemand unter allen Menschen einen einzigen als Freund entdeckt, wird dieser kostbarer als jeder Schatz befunden; nichts nämlich auf der Welt hat so viel Wert, daß es sich einem wahren Freund vergleichen könnte. Viele freilich werden dem Namen nach Freunde genannt, die der Realisierung des Ausdrucks entbehren, weil ihre Freundschaft sich im entscheidenden Zeitpunkt verflüchtigt.[13] Ein wahrer Freund wird dagegen bei widrigen Lebensumständen des

---

[11] *statim contra ipsum incipiat odii livore moveri et indignationis venena concipere:* „nous commençons aussitôt à être animés à son égard d'une jalousie haineuse ou à en concevoir une rage fielleuse" B, „(er hält sich nicht zurück) from developing malicious hatred and harbouring poisonous anger against him" W, *contro di lui non porti veleno d'odio e gran disdegno di cuore* TT A.

[12] Cicero, *Laelius de amicitia* VI/22: *non aqua, non igni, ut aiunt, locis pluribus utimur quam amicitia.* Auffallend, daß Andreas ausgerechnet das bei ihm meist unklassisch verwendete *solatia* hinzufügt. – Der hier von Andreas aufgestellte diametrale Gegensatz zwischen Frauenliebe und Freundschaft stützt die von manchen Forschern vertretene Ableitung der Liebesideologie des 12. Jahrhunderts aus der älteren geistlichen Freundschaftsideologie nicht.

[13] *quia ipsorum amicitia temporis opportunitate resolvitur:* „car leur amitié se dissout suivant les circonstances" B, „because their friendship vanishes if the occasion requires" W, *perchè nel bisogno vengono meno* TT.

invenitur et efficitur in omni turbatione constantior. (12) Huic autem sententiae proverbium illud alludit antiquum:

„Quum fueris felix, multos numerabis amicos,
Tempora quum fuerint nubila, solus eris".

Quid ergo valeat vel prosit amicus, eloquens tibi Tullius in amicitiae libro demonstrat. Unde amicitiae utilitate atque opportunitate percepta manifeste cognoscere poteris, qualis vel quantus inter homines sit reputandus, qui amicitiam carnis voluptati luxuriando postponit.

(13) Alia quoque ratio crimen nobis contradicit amoris. Nam, quum omnia crimina ipsam animam tantum de sui soleant inquinare natura, istud crimen solum animam simul cum corpore foedat, ergo super omnibus est criminibus evitandum, unde non immerito evidenter divina clamat auctoritas, crimen nullum esse gravius fornicatione repertum.

(14) Sed alia quoque ratione amor fugiendus videtur. Qui amat enim, vehementi quadam servitute ligatur et quasi omnia suo nocitura timet amori, et eius animus pro modica vehementer suspicione gravatur, et cor suum interius graviter iaculatur. Omnem namque extraneorum collocutionem vel deambulationem aut insolitam commorationem amans in coamante ex amoris zelo times-

Freundes umso treuer befunden und wird bei jedem Schicksalsschlag beständiger. (12) Darauf spielt jenes alte Sprichwort an:

„Wenn du glücklich bist, wirst du viele Freunde zählen,
Sind die Zeiten umwölkt, wirst du allein sein.“[14]

Was also ein Freund vermag oder nützt, zeigt dir der redegewandte Tullius in seinem ‚Buch über die Freundschaft‘. Wenn du daraus den Nutzen und Vorteil der Freundschaft erfahren hast, wirst du deutlich erkennen können, was und wieviel von einem unter den Menschen zu halten ist, der die Freundschaft der schrankenlosen Fleischeslust hintansetzt.

Beschmutzung von Leib und Seele

(13) Auch ein anderes Argument (IV)[15] verbietet uns die Sünde der Liebe. Denn während alle Sünden kraft ihrer Natur nur die Seele zu beflecken pflegen, beschmutzt allein diese Sünde zugleich Seele und Körper;[16] sie muß also vor allen Sünden gemieden werden, weshalb die göttliche Autorität zurecht unmißverständlich verkündet, daß keine Sünde schwerwiegender befunden wird als die Unzucht.[17]

Sklaverei und Qualen der Liebe

(14) Aber auch aus einem anderen Grund (V) scheint die Liebe zu meiden zu sein. Denn wer liebt, wird durch harte Knechtschaft gefesselt und fürchtet gleichsam alles, was seiner Liebe schaden könnte;[18] sein Gemüt leidet bei geringem Verdacht schwer,[19] und sein Herz wird im Inneren heftig getroffen. Denn jedes Gespräch oder jeden Spaziergang oder jedes ungewohnte Verweilen[20] bei

---

[14] Ovid, *Tristia* I,ix,5f.; schon zitiert II,iii,1.

[15] Hier zählt der Autor nicht weiter, bezieht sich aber später (§ 30) auf ein ungezähltes Argument als das siebente, meint aber das sechste. Wir fügen die Nummern in Klammern hinzu.

[16] Ganz ähnlich Petrus Lombardus im Kommentar zum Ersten Korintherbrief 6,18 MPL 191,1583.

[17] Genau dies tut die Heilige Schrift nicht – selbst Prv 6,29ff nicht, worauf W verweist –, auch wenn sie natürlich die Unzucht verurteilt. Erst eine bestimmte Richtung der exegetischen Tradition verschärft laufend die Sexualfeindlichkeit. Andreas greift sie hier parteiisch auf, wie er zuvor entlastende Stimmen zu Wort kommen ließ.

[18] Vgl. I,i,2.

[19] Vgl. II,vii,48 (regula XXVIII).

[20] *insolitam commorationem:* „retard inhabituel“ B, „unusual tarrying“ W, *non … usato … stare coll'amante* TT, „sta(re) con (persone estranee)“ I.

cit, quia: „Res est solliciti plena timoris amor“. (15) Nil enim facere vel cogitare audet, quod modice voluntati adversetur amantis, quia semper timet amans, ne sui voluntas atque fides alteretur amantis, et hanc cogitationem amanti non potest vigilia neque somnus auferre. Quem enim vere gladius pertingit amoris, de coamantis cogitatione continua sine intermissione quassatur nullisque divitiis nullove in hoc saeculo tantum posset honore beari vel aliqua dignitate, quantum si iuxta proprii animi voluntatem suo recte fruatur amore. (16) Nam, etsi mundum universum lucretur amator, sui autem amoris detrimentum vel aliquod patiatur adversum, omnia tamen pro summa reputaret inopia, nihilque sibi credit [ad] egestatem posse nocere, donec suae voluntati bene concordaverit amor, omniaque timet amans agere vel narrare, unde quacunque ratione coamantis animus concitari posset ad iram vel qualibet occasione moveri. (17) Quis ergo tam fatuus reperitur et amens, qui conetur illud appetere, quod tam feroci servitute cogit hominem alienae se potestati subiicere et alterius in cunctis penitus arbitrio colligari. Praeterea, etsi ex amore quandoque non offendatur amicus, quia forte in extraneam personam extenditur

Fremden fürchtet der Liebende aus Eifersucht bei der Liebespartnerin, denn: „Die Liebe ist ein Geschäft voll Zittern und Bangen."[21] (15) Nichts nämlich wagt er zu tun oder zu denken, was nur in geringem Maß dem Willen der Geliebten widersprechen könnte,[22] weil der Liebende immer fürchtet, daß Wille und Treue seiner Geliebten sich ändern, und diesen Gedanken können weder Wachen noch Schlaf dem Liebenden nehmen. Wen nämlich wirklich das Schwert der Liebe trifft, den zerrüttet ohne Unterlaß das ständige Denken an die Liebespartnerin und könnten kein Reichtum, keine Ehre oder keine Würdigung in dieser Welt so glücklich machen wie der richtige, dem Willen seines Herzens entsprechende Genuß seiner Liebe. (16) Denn wenn der Liebhaber auch die ganze Welt gewönne, aber Schaden an seiner Liebe litte[23] oder irgendetwas Abträgliches, würde er dennoch alles für den schwersten Mangel halten. Und er glaubt, ihm könne Bedürftigkeit in keiner Weise schaden, solange die Liebe mit seinem Willen gut übereinstimmt; und der Liebende fürchtet, irgendetwas zu tun oder zu sagen, wodurch aus irgendeinem Grund das Herz der Liebespartnerin zum Zorn gereizt oder aus irgendeinem Anlaß erregt werden könnte.[24]

Gesellschaftsfeindlicher Egoismus der Liebe

(17) Wen also findet man, der so dumm und verrückt ist, daß er das anzustreben versucht, was mit so wilder Knechtung den Menschen zwingt, sich einer fremden Macht zu unterwerfen und sich in allem vollkommen an das Urteil eines anderen zu binden?[25] Des weiteren: Wenn auch der Freund manchmal nicht durch die Liebe beleidigt wird, weil sich die Liebe seines Freundes vielleicht auf eine fremde Person erstreckt, könnte dennoch der Freund nicht

---

[21] *Res est solliciti plena timoris amor* = Ovid, *Heroides* I,12 (Walther 26666).

[22] Vgl. II,vii,48 (regula XXV).

[23] Parodie von Mt 16,26.

[24] Dergleichen als Barometer echten Liebesgefühls wird II,v,8 beschrieben.

[25] Hier ist mit der *servitus amoris* vermutlich nicht dieselbe Minnesklaverei gemeint, die in der mittelalterlichen Literatur als Topos gelten kann, die bedingungslose Auslieferung an die schrankenlose und oft grausame Willkür der Geliebten, sondern die grundsätzliche Orientierung an den Wünschen der (des) Geliebten. So oder so steht natürlich der reale prinzipielle soziale Gegensatz von Herren und Knechten dahinter.

amor amici, mutuas tamen amicitiae vices agnoscere non posset amicus, donec in amico verus dominabitur amor. (18) Quem enim amoris iacula tangunt, nil aliud cogitat nec sibi utile credit nisi coamanti placere et eius semper ministeriis inservire, et in amore neglectum vel amissum sibi male compensat amicum. Sibi ergo et coamanti suae tantum miser ille vivere iudicatur, qui aliorum omnium utilitatem et amicitiam negligendo eam in unius mulieris amore compensat, et ideo non immerito ab omni videtur negligendus amico, immo penitus ab omni homine declinandus.

(19) Alia iterum ratio inimica videtur amori. Nam ex amore detestabilis procedit egestas, et ad inopiae carcerem devenitur. Amor hominem inevitabili quadam necessitate constringit danda indifferenter et non danda praestare, quod quidem non est largitas, sed

die Gegenseitigkeit der Freundschaft wahrnehmen,[26] solange in seinem Freund die wahrhaftige Liebe die Oberhand behält. (18) Wen nämlich die Speere der Liebe treffen, der denkt an nichts anderes und hält nichts nützlich für sich, als der Liebespartnerin zu gefallen und ihr immer Dienste zu leisten, und er wiegt den vernachlässigten oder ihm verlorenen Freund schlecht mit der Liebe auf.[27] Jener Armselige lebt, so lautet infolgedessen das Urteil, nur für sich und seine Geliebte, der unter Mißachtung der Brauchbarkeit und der Freundschaft aller anderen diese mit der Liebe zu einer einzigen Frau aufwiegt und so nicht zu Unrecht, wie es scheint, von jedem Freund mißachtet, ja sogar von jedem Menschen gänzlich abgelehnt werden soll.

Verschwendung, Verarmung, Raub und Diebstahl

(19) Ein anderes Argument (VI) scheint wiederum der Liebe feindlich. Denn aus der Liebe entsteht abscheuliche Bedürftigkeit, und man gelangt in den Kerker der Armut. Die Liebe nötigt den Menschen mit unentrinnbarem Zwang, ohne Unterschied zu ver-

---

[26] *etsi ex amore quandoque non offendatur amicus, quia forte in extraneam personam extenditur amor amici, mutuas tamen amicitiae vices agnoscere non posset amicus:* „même si parfois notre amour n'offense point un ami parce qu'il s'adresse à une personne qui lui est indifferente, celui-ci ne peut être payé de retour dans ses sentiments" B, „even assuming your friend is not occasionally affronted by your extending to an outsider the regard you have for him, he could not feel there was mutual friendship" W, *Ancora che dello amore per lo detto modo non si offendesse amico, perchè forse non in parte d'amico ma in persona strana l'amante metterà suo amore, nondimeno l'amico del tale amante perderà suo diletto e li segni d'amistà usati* TT, „anche quando l'amico non è offeso dall'amore, forse perchè l'amore per l'amico non si estende a un'altra persona, tuttavia l'amico non può riconoscere la scambievole amicizia" I. In die Irre führen kann hier die grundsätzlich gut lat. Verwendung von *amicus – amicus* für „der eine Freund" – „der andere Freund". I hat sich dadurch sogar zu der Einfügung einer nicht existenten Negation verführen lassen.

[27] *in amore neglectum vel amissum sibi male compensat amicum:* „il récompense bien mal de ses services l'ami, qu'il néglige ou qu'il abandonne" B, „innamorato abbandona et ricompensa male l'amico" I. Wie im folgenden Satz kann *compensare* nur „aufwiegen mit, ausgleichen mit, ersetzen durch" heißen, auch wenn es im klassischen Gebrauch mit *cum*, nicht mit *in* steht. Die von den modernen Übersetzern vorausgesetzte Bedeutung „jemand entschädigen" ist weder bei Andreas noch sonstwo nachzuweisen. Die mittelalterlichen Bearbeiter weichen hier aus.

prodigalitas ab antiqua prudentia nominatur, quam divina scriptura docente vitium constat esse mortale, cui sufficere nulla posset abundantia rerum, et ideo quemlibet irreverenter ad egestatis ima deducit, et sic per fas et nefas homines angit accumulare divitias, unde suum paupertas pascat amorem et suum in saeculo conservare possit honorem illaesum. (20) Qui enim plurimis consvevit abundare divitiis multisve suae carnis et mundi gaudiis delectari, si ad inopiae postmodum tenebras elabatur, totus sibi mundus videtur obscurus, nullumque veretur committere crimen, ut fortunam divitiarum recuperare possit amissam, per quas prioribus valeat gaudia similia celebrare, nec excogitari posset in mundo nefas, quod committere dubitaret amator, si propter illud ad rerum opulentiam reducatur egestas, unde suum possit enutrire amorem. Cave ergo talem antecedentem quaerere causam, cuius commode non possis evitare sequentia.

(21) Videas etenim, quis reputetur homo post latrocinia, rapinas furtave aliaque nefanda commissa, et qua fronte valeat inter homines commorari, qui praedictorum vitiorum reperitur crimine reus. Sed et quid magis contemptibilem quemlibet reddit hominibus, quam si aliquis pro mulieris amore obscura cogatur inopia laborare.

schenken, was er geben und was er nicht geben soll. Dies ist gewißlich keine Großzügigkeit, sondern wird von der antiken Klugheit Verschwendung genannt.[28] Diese ist nach der Lehre der Hl. Schrift eindeutig eine Todsünde;[29] kein noch so gewaltiger Reichtum könnte sie befriedigen; sie führt so jeden rücksichtslos in die tiefste Not und drängt so die Menschen, auf dem Wege des Rechts oder Unrechts Reichtümer aufzuhäufen, wovon seine Armut seine Liebe nähren[30] und auf der Welt seine Ehre unverletzt bewahren könnte. (20) Wer nämlich gewohnt ist, an sehr großem Reichtum Überfluß zu haben und viele Freuden des Fleisches und der Welt zu genießen, dem erscheint die ganze Welt finster, wenn er danach ins Dunkel des Mangels fällt, und keine Sünde scheut er sich zu begehen, um das verlorene Glück des Reichtums wiedererlangen zu können, der ihm Freudenfeiern ähnlich den früheren ermöglichen würde. Und man könnte sich kein Unrecht in der Welt ausdenken, das zu begehen ein Liebhaber zögern würde, wenn dadurch die Armut wieder in Reichtum überführt würde, wovon er seine Liebe nähren könnte. Hüte dich also, dich in eine solche Ausgangslage zu begeben, deren Konsequenzen du nicht leicht vermeiden könntest. (21) Denn du mußt in Betracht ziehen, was für einen Ruf ein Mensch erwirbt, wenn er Wegelagerei, Raub, Diebstahl oder andere Verbrechen begangen hat, und mit welcher Miene einer unter Menschen gehen kann, der der erwähnten Verbrechen schuldig befunden wird. Aber was macht zudem einen jeden verächtlicher für die Menschen, als wenn einer gezwungen wird, für die Liebe zu einer Frau an finsterem Mangel zu leiden?[31]

---

[28] Vgl. Aristoteles, *Nikomachische Ethik* IV,1; Cicero, *De officiis* I,44.

[29] Vgl. Lc 15,13.

[30] Nach *Remedia* 749.

[31] *quam si aliquis pro mulieris amore obscura cogatur inopia laborare:* „que d'en être réduit, pour l'amour d'une femme, à souffrir les affres d'une obscure pauvreté" B, „than being compelled to suffer anonymity and poverty because of a woman's love" W, *come per amore di femmina in povertà lascarsi cadere* TT A, *che colui c'ha distrutto tutto il suo avere in amore di femmina* TT B, *dann das ainer durch ein weyb zue solicher dunckelen armuet kümmbt* H. Die mittelalterlichen Übersetzer denken hier offenbar nicht wie W an eine Verbindung der Armut mit der Namenlosigkeit. *obscura* dient also wohl nur der metaphorischen Steigerung wie oben die *tenebrae inopiae*.

(22) Est et alia satis ratio potens, quae cuilibet obstat amanti, quia cunctis amor in vita poenam intolerabilem praestat hominibus et maiores in immensum poenas post mortem facit subire defunctos. O, quam mirabile debet cunctis illud sapere bonum, quod viventibus poenam sine intermissione promittit et morientibus cruciatus minatur aeternos, illamque amantibus universis spondet hereditatem, quam in tenebris exterioribus sitam evangelica Scriptura demonstrat, ubi scilicet fletus et stridor dentium erit! (23) Si volueris, Gualteri, consiliis acquiescere meis, talia bona quidem aliis sumenda relinquas. Quas autem poenas vivendo patiuntur amantes, licet plurimum sit superius enarratum, tamen non mihi videtur, quemquam posse plenius erudiri, nisi fuerit magistra experientia eruditus.

(24) Alia quoque intenditur ratione, amorem penitus esse vitandum, quia honestas et continentia carnis inter ipsas adnumerantur virtutes; ergo et eius contrarium, luxuria scilicet et carnis voluptas, necessario inter vitia computantur. Est igitur ab omni prorsus homine fugiendus, quia nil magis cupiunt homines in orbe

Ewige Höllenqualen

(22) Es gibt auch ein anderes sehr gewichtiges Argument (VII), das jedem Liebenden im Wege steht: Die Liebe bringt allen Menschen im Leben unerträgliche Qual und läßt die Verstorbenen nach ihrem Tod noch unermeßlich größere Qualen erdulden. Oh, wie wunderbar muß allen dieses Gut schmecken[32], das den Lebenden Pein ohne Unterlaß verspricht, den Sterbenden ewige Martern androht und allen Liebenden jenes Erbe verspricht, das gemäß dem Beweis des Evangeliums draußen in der Finsternis liegt, wo nämlich Heulen und Zähneknirschen sein wird![33] (23) Wenn du, Walter, meinen Ratschlägen Glauben schenken willst, überlasse anderen den Gewinn solcher Güter. Welche Qualen aber die Liebenden während ihres Lebens erdulden, kann, wie mir scheint, obwohl sehr vieles schon weiter oben gesagt worden ist, dennoch niemand vollständiger lernen, als wenn er von der Lehrmeisterin Erfahrung belehrt worden ist.

Verlust des guten Rufes auf Erden

(24) Noch ein anderes Argument (VIII) wird dafür angeführt, daß man die Liebe vollkommen vermeiden soll: Ehrbarkeit *(honestas)* und fleischliche Enthaltsamkeit *(continentia carnis)* werden unter die Tugenden gerechnet; daher wird auch ihr Gegenteil, nämlich Ausschweifung *(luxuria)* und Fleischeslust *(carnis voluptas)*, notwendigerweise zu den Lastern gezählt. So soll jedermann sie (die Liebe)[34] gänzlich fliehen, weil die auf Erden weilenden

---

32 *O quam mirabile debet cunctis illud sapere bonum:* „Ne faut-il pas le considérer comme extraordinaire, ce bien" B, „How strange that all men should find good the taste of that" W, *O che mirabile bene è quello* TT A, *E che maraviglioso e dolce bene de' sapere a tutti quello* TT B, *O wie gar wunderlich ist das zue schäczen, das er suecht* H. Die Bedeutung von *debet* entspricht hier ohne Zweifel dem deutschen „muß" als Angabe einer notwendig vorausgesetzten Annahme. Diese modale Funktion kann das Verb schon in der silbernen Latinität haben.

33 Mt 8,12 u. ö.

34 *Est igitur ab omni prorsus homine fugiendus:* „Chacun doit donc fuir ces vices sans réserves" B, „So the lover should be totally avoided by everybody" W, *E, dunque, da fuggire è amore* TT. Das Gerundiv *fugiendus* kann nur auf das – allerdings entfernt stehende – *amor* bezogen werden, wie der Italiener auch erkannt hat. Ws Wiedergabe setzt die Ergänzung eines *amans* oder *amator* voraus. Bs Version ist grammatisch vom lat. Text her überhaupt nicht zu erklären.

degentes quam nomen inter gentes habere laudabile, ac famam per orbem plurimum divulgari. (25) Famam vero suam nemo poterit conservare lucidam vel illaesam vel bonum nomen inter homines possidere, nisi virtutum fuerit ornatu vestitus. Virtutum autem nullus posset ornamenta tenere, si minimi quoque vitii nigredine maculetur. Nam virtus et vitium „non bene conveniunt nec in una sede morantur". (26) Immo amplius procedere volo, quod tam in sene quam in iuvene, tam in clerico quam in laïco, tam in pedite quam in milite, tam in femina quam in masculo castitas et honestas ac corporalis laudatur integritas et carnis corruptela damnatur. (27) Nec enim aliquis tam altissimae feminae lucrari posset amorem, quod eius inde fama inter bonos ac prudentes in omni curia non capiat summa ratione defectum. Quare ergo petis amorem, si apud Deum et homines inde reprobus inveniris atque blasphemus? Certe non ob aliud, nisi ut cum Deo mundi valeas amittere famam.

(28) Mulier quoque si amoris coeperit inservire ministeriis, nullo sibi modo reputatur ad laudem, etiam si a stirpe regis ametur. Immo, quamvis in masculis propter sexus audaciam amoris

Menschen nichts mehr wünschen, als einen rühmenswerten Namen bei den Leuten[35] zu haben und so weit wie möglich auf dem ganzen Erdkreis ihren Ruhm verbreitet zu sehen. (25) Niemand aber wird seinen Ruhm leuchtend und unversehrt bewahren können oder einen guten Namen bei den Menschen besitzen können, wenn er nicht mit dem Gewand der Tugenden bekleidet ist. Keiner aber könnte den Schmuck der Tugenden behalten, wenn er mit der Schwärze auch nur des geringsten Lasters befleckt wäre. Denn Tugend und Laster „passen nicht gut zusammen und verweilen nicht auf einem Sitz."[36]

Verworfenheit vor Gott und den Menschen

(26) Ja, ich will sogar noch weiter gehen (und behaupten), daß ebenso bei einem Greis wie bei einem Jüngling, ebenso bei einem Geistlichen wie bei einem Laien, ebenso bei einem zu Fuß Kämpfenden wie bei einem Ritter, ebenso bei einer Frau wie bei einem Mann Keuschheit, Ehrbarkeit und körperliche Unberührtheit *(corporalis integritas)* gelobt und Befleckung des Fleisches *(carnis corruptela)* verdammt werden. (27) Denn keiner könnte die Liebe der vornehmsten Frau gewinnen, ohne daß sein[37] guter Ruf dadurch bei den Guten und Klugen an jedem Hof aus gerechtestem Grunde[38] Schaden litte. Warum also erbittest du Liebe, wenn du vor Gott und den Menschen dadurch als verworfen *(reprobus)* und blasphemisch befunden wirst? Sicherlich nur, damit du zugleich Gott und deinen guten Ruf in der Welt verlieren kannst.

Noch größerer Ehrverlust liebender Frauen

(28) Auch wenn eine Frau der Liebe zu dienen beginnt, wird ihr das auf keine Weise zum Lob angerechnet, selbst wenn sie von einem Königssproß geliebt würde. Im Gegenteil: Obwohl bei Männern wegen der Unverschämtheit ihres Geschlechts[39] die Ver-

35 *inter gentes:* „aux yeux de leur semblable" B, „in society" W, *tra la gente* TT B.

36 Siehe oben I,vi,34.

37 *eius:* B, W und I beziehen das ungeschlechtige Pronomen auf den Mann. Bei TT läßt sich *la sua fama* aus grammatischen Gründen nicht festlegen. H formt den Satz so um, daß die Reputation von Mann und Frau leidet.

38 *summa ratione:* „à très juste titre" B, „and most rightly so" W.

39 *propter sexus audaciam:* „à cause de la hardiesse de leur sexe" B, „because of the recklessness of the sex" W, *per generazione più valente* TT A. Zu dieser geschlechtsspezifischen Sexualmoral vgl. II,vi,16. Der Italiener faßt of-

vel luxuriae toleratur excessus, in mulieribus creditur damnabile crimen, et eius inde fama supprimitur, et ab omni sapientia meretrix illa iudicatur immunda et contemptui prorsus habetur.

(29) Alio quoque modo iterum reprobamus amorem. Recte namque intuentibus et vestigantibus rem diligenter, nullius criminis notatur excessus, qui ex ipso non sequatur amore. Nam constat homicidium et adulterium inde saepius provenire; periurium quoque provenit inde, quia saepe in proditione et amoris intuitu iuramenta praestantur, quae non iuramenta, sanctorum patrum hoc regulis indicantibus, sed potius periuria reputantur. (30) Quod furtum etiam ex amore proveniat, septima ratio de amoris reprobatione superius enarrata demonstrat. Sequitur inde quoque [et] testificatio falsi; non est aliquod mendacii genus, quo amoris ne-

irrung der Liebe oder Ausschweifung[40] geduldet wird, hält man sie bei Frauen für eine verdammenswerte Sünde. Der gute Ruf einer Frau leidet darunter, und sie wird von der Gesamtheit der Weisen für eine unreine Dirne gehalten und völlig der Verachtung preisgegeben.

Liebe: die Wurzel alles Bösen (Ehebruch, Mord, Meineid, Lüge, Zorn, Haß, Inzest, Abgötterei)

(29) Auch auf andere Art (IX) verwerfen wir wiederum die Liebe. Denn denen, die die Sache richtig betrachten und aufmerksam verfolgen, ist keine sündhafte Verfehlung bekannt, die nicht aus der Liebe selbst folgt. Denn es steht fest, daß Mord und Ehebruch sehr oft daraus entstehen; auch Meineid entsteht daraus, weil oft beim Verrat der Liebe und mit Rücksicht auf sie[41] Eide geleistet werden, die nach den Regeln der hl. Väter nicht als Eide, sondern vielmehr als Meineide gelten.[42] (30) Daß auch Diebstahl aus der Liebe entsteht, zeigt das oben genannte siebente (*recte:* sechste) Argument für die Verwerfung der Liebe.[43] Es folgt daraus auch falsches Zeugnis; es gibt keine Art von Lüge, die Liebende, wenn der Zwang der Liebe es fordert, nicht gebrauchen. Daß dar-

---

fenbar die Eigenschaft auch als positiv auf. Die zweite Fassung der toskanischen Übersetzung spricht allerdings umschreibend doch von einer Sünde der Männer, welche *per lo loro ardire* bedingt sei.

[40] *amoris vel luxuriae … excessus:* „les écarts de l'amour ou de la luxure" B, „extremes of love or self-indulgence" W, *l'amore* TT, „l'eccesso di amore o di lussuria" I.

[41] *in proditione et amoris intuitu* Hs. B (danach Trojel, W), *in perditione et amoris intuitu* A, *in perditione et amatoris intuitu* C, *in perditione et amatoris interitu* DF, *in perditione amatoris interitu* EH, *in perdicionem et amatoris interitum* Cod. Vind. 5363: „quand on trahit par amour" B, „betraying a partner and planning a love affair" W, *per la morte dell'amante e per ucciderlo* TT B (entsprechend dem Text von Cod. Vind. 5363), „alla vista d'amore e per riguardo suo" I. Der Text ist hier äußerst unsicher, und die Übersetzer sind entsprechend erfindungsreich. Ganz unmöglich scheint nur die Übersetzung von I, eher unwahrscheinlich die Lesart der Wiener Hs. Ich entscheide mich wie Trojel und W, halte aber gleichwohl *perditione* und *interitu* für durchaus mögliche Lesarten.

[42] Der Meineid wird von allen Moraltheologen behandelt. Vorbildhaft wirken Augustins zwei Schriften über die Lüge, *De mendacio* und *Contra mendacium.*

[43] S. o. III,21.

cessitate exigente non mentiantur amantes. Ira quoque et odium similiter exinde provenire, satis omnibus est manifestum. (31) Sed et constat, incestus inde maxime provenire; non enim reperitur aliquis adeo divinis eloquiis eruditus, si maligno spiritu concitante amoris aculeis incitetur, qui contra mulieres cognatas sibi et affines ac Deo dedicatas feminas sciat unquam frena continere luxuriae, et hoc satis per assidua experimenta videmus. Idolorum etiam servitus manifestissime provenit ex amore, et hoc sapientissimi Salomonis demonstrat exemplum, qui mulierum amore ad deos non est veritus accedere alienos ac tanquam bestialis sacrificia mutis idolis ministrare. (32) Sed, si ei hoc potuit evenire, quem Deus prae omnibus aliis sapientiae voluit maturitate ac moderatione gaudere, quae poterit nos defensare tuitio, qui eius comparatione rudes credimur et quasi sub alterius disciplina degimus. Nam, ubi viride cognoscis arescere lignum, ibi aridum adustione consumitur.

(33) Sed et alia ratio insidiari plurimum videtur amori. Quum enim ex amore mala cuncta sequantur, nullum penitus hominibus inde video procedere bonum, quia delectatio carnis, quae inde multa aviditate suscipitur, non est de genere boni, immo constat, esse damnabile crimen, quae etiam in coniugatos ipsis vix cum ve-

aus auch Zorn[44] und Haß in ähnlicher Weise entstehen, ist allen wohl bekannt. (31) Aber es steht auch fest, daß insbesondere Inzeste[45] daraus entstehen; es findet sich nämlich keiner, der durch Gottes Worte so klug wurde, daß er, wenn er auf Antrieb des bösen Geists mit den Stacheln der Liebe aufgereizt wird, vor Frauen, welche ihm blutsverwandt, verschwägert oder Gott geweiht sind, jemals die Ausschweifung zu zügeln wüßte, und dies wissen wir zur Genüge durch ständige Erfahrungen. Auch Götzendienerei entsteht ganz offensichtlich aus der Liebe, und dies zeigt das Beispiel des hochweisen Salomon, der sich aus Frauenliebe nicht gescheut hat, vor fremde Götter zu treten und wie ein Tier den stummen Götzenbildern zu opfern.[46] (32) Wenn aber ihm dies zustoßen konnte, der nach dem Willen Gottes sich vor allen anderen an reifer Weisheit und Mäßigung erfreuen sollte, welcher Schutz wird uns verteidigen können, die wir im Vergleich zu ihm für unerfahren gehalten werden und gleichsam fremder Zucht unterliegen. Denn wo du grünes Holz vertrocknen siehst, dort wird das trokkene vom Brand aufgezehrt.[47]

Fleischeslust nicht einmal in der Ehe ohne jede Sünde

(33) Aber auch ein anderes Argument (X) scheint der Liebe sehr gefährlich werden zu können. Da nämlich aus der Liebe alles Böse folgt,[48] sehe ich, daß für die Menschen durchaus nichts Gutes daraus entsteht, weil die Fleischeslust, die man daraus allzu begierlich schöpft, nicht von der Art des Guten ist, im Gegenteil: Es steht fest, daß sie eine verdammenswerte Sünde ist, die selbst bei

---

44 *Ira … provenire … est manifestum* liest Trojel und gibt keine abweichende Lesart an. So aber ist der Satz ungrammatisch. W konjiziert daher *Iram*. Bestätigen läßt sich dies durch den Cod. Vind. 5363.

45 Vgl. II,vii,18f.

46 III Rg 11,1–10.

47 vgl. Lc 23,31.

48 Der Satz kehrt die Behauptung des Mannes in Buch I, daß alles Gute seinen Ursprung in der Liebe habe (vgl. z. B. I,vi,49f.; 217; 245), radikal um. Er ist somit mindestens ebenso hyperbolisch-einseitig wie jener. Schon daraus ergibt sich, daß er nicht einfach als die Meinung des Autors einer bloß subjektiven Ansicht des werbenden Mannes entgegengesetzt werden kann. Dieser Annahme steht aber auch die Aussage des Autors vom Anfang (I,iv,1) entgegen: „O, welch wunderbare Sache ist die Liebe, die den Menschen mit so vielen Vorzügen glänzen läßt und jeden beliebigen lehrt, so viele gute Sitten im Überfluß zu haben!“

niali culpa sine crimine toleratur, propheta testante, qui ait: „Ecce ter mea“.

(34) Amorem praeterea tali argumento confundimus: Amor enim non solum facit homines coelesti hereditate privari, sed etiam huius saeculi penitus subducit honores. Clericus enim adeo nullus invenitur generosus vel tanta prosapia clarus, si amoris noscatur vacare ministeriis et carnis voluptatibus inservire, qui ecclesiasticos facile consequatur honores; immo acquisito meretur penitus honore privari et multa inter homines infamia denotari. (35) Laïcus etiam nemo posset tanta honestari prudentia vel pro-

Ehegatten kaum als sündenfreie, läßliche Schuld geduldet wird,[49] nach dem Zeugnis des Propheten, der sagt: „Siehe, ich bin nämlich in Sünden[50] empfangen worden, und in Sünden hat mich meine Mutter empfangen.“[51]

Verlust des Anspruchs auf kirchliche Würden, weltliche Ehrenstellen, vornehme Heirat

(34) Außerdem machen wir die Liebe mit folgendem Argument (XI) zuschanden. Die Liebe nämlich bewirkt nicht nur, daß die Menschen ihres himmlischen Erbes beraubt werden, sondern entzieht auch gänzlich die Auszeichnungen dieser Welt. Man findet nämlich keinen Kleriker, welcher so edel oder von so hoher Herkunft ausgezeichnet wäre, daß er, wenn seine Hingabe an Liebesdienste und fleischliche Wollust ruchbar würde, leicht kirchliche Würden erlangen könnte;[52] ja er verdient sogar, einer erworbenen Würde gänzlich verlustig zu gehen und bei den Leuten mit sehr übler Nachrede gebrandmarkt zu werden.[53] (35) Auch kein Laie könnte wegen so großer Klugheit geehrt oder wegen so hohen in-

---

[49] *quae in coniugatos ipsis vix cum* (*tum* B) *veniali* (*venialis* A, *venialis sit* B) *culpa sine* (fehlt B) *crimine toleratur* (*tollatur* FH): „qui (scil. des crimes), même dans le mariage, sont tout juste tolérés comme des fautes vénielles n'entraînant point le péché“ B, „and even in the case of married people it is rarely regarded as a venial fault not involving sin“ W, *intanto che nel matrimonio sanza veniale colpa non si può sostenere* TT, fehlt I, *wann doch hart das zwischen eeleuten an sund geschehen mag* H. Obwohl auch W den Text Trojels übernimmt, muß *coniugatos* wohl ein Druckfehler sein. Ich halte mich an den Cod. Vind. 5363, der *in ipsis coniugatis* liest. Das *cum* wird wie in *pariter cum* auch hier „wie, als“ heißen. Vielleicht ist hier auch mit dem Einfluß des romanischen *come* (< lat. *quomodo*) zu rechnen. Ein Beispiel für die Verwechslung der Konjunktionen *quomodo* und *cum* gibt Stotz 4, IX § 108.2. – Obwohl sonst im Mittelalter kein durchgehender eindeutiger semantischer Unterschied zwischen *culpa* und *crimen* erkennbar ist, scheint hier *crimen* auf die schwere Sünde/Schuld eingeschränkt zu sein. Der Sache nach wird dieselbe moraltheologische Auffassung grundsätzlich schon oben I,vi,383 formuliert.

[50] *in iniquitatibus* ist hier offenbar synonym mit dem folgenden *in peccatis.* Zu *iniquitas* „Sünde, Verbechen“ s. Niermeyer s. v.

[51] Ps 50,7. Wenn W sagt, die Väter hätten in diesen Psalmversen nur einen Verweis auf die Erbsünde gesehen, so ist dagegen festzuhalten, daß sie überwiegend deren Übertragung durch die Fleischeslust annahmen.

[52] Man beachte, daß hier nicht vom Tugendadel, sondern nur vom Geblütsadel als Voraussetzung hoher kirchlicher Ämter die Rede ist.

[53] Nach W bezieht sich dies insbesondere auf Petrus Abaelardus.

bitate laudari, si constet, eum carnis vitio maculari, qui prioris famae praeconia non amittat et quolibet honoris officio minus reputetur idoneus. Mulier quoque quantumcunque nobilis, prudens atque decora, si eius animus quantumcunque sciatur alicui fuisse ligatus amore, ab omni homine contemptibilis iudicatur, et eius copulam probus quisque recusat.

(36) Ad haec: Amator quilibet ad omnia tardus reperitur et piger, nisi sint talia, quae ad usum pertinere videantur amoris. Negotia namque amorosus sua nec ullius curat amici, nec, si aliquis ei de quocunque facto loquatur, ipsius dictis intentas adhibet aures, nec precantis solet ad plenum verba percipere, nisi aliquid de suo referendo loquatur amore. (37) Tunc etenim, si continuo secum uno mense loquatur, non unum iota de omni fabulatione dimitteret. Tanta namque aviditate suscipit verba de coamante relata, quod assiduitate quoque multa loquendi eius nunquam fatigatur auditus.

(38) Praeterea ipsum Deum sine omni dubitatione castitatis et pudicitiae caput esse scimus atque principium; diabolum vero amoris et luxuriae auctorem esse, scriptura referente cognovimus. Et ideo auctoris quoque ratione tenemur in perpetuum pudicitiam

neren Wertes gepriesen werden, daß er nicht, wenn er nachweislich durch die Sünde des Fleisches befleckt wäre, die Verherrlichung seines früheren Ruhmes verlöre und für irgendeine Ehrenstelle weniger geeignet erschiene. Auch eine Frau, mag sie adelig, klug und schön sein wie auch immer, wird, wenn man weiß, daß ihr Herz, so geringfügig wie auch immer,[54] an jemand in Liebe gebunden ist, von jedem Mann für verachtenswert gehalten, und jeder untadelige Mann *(probus)* weist eine Verbindung mit ihr zurück.

Vernachlässigung aller anderen Geschäfte und Interessen

(36) Überdies: Jeder Liebhaber wird bei allem langsam und faul befunden, nur nicht bei dem, was das zur Liebe Nötige zu betreffen scheint. Ein Verliebter nämlich kümmert sich weder um die eigenen Geschäfte noch um die irgendeines Freundes, noch lauscht er, wenn jemand zu ihm über irgendein Ereignis spricht, aufmerksam dessen Worten, noch pflegt er die Worte eines Bittstellers voll aufzunehmen, wenn er nicht irgendetwas im Bericht von seiner Liebe sagt.[55] (37) Dann nämlich würde er, selbst wenn er ununterbrochen einen Monat lang mit ihm spräche, auf kein Jota von dem ganzen Gerede verzichten. Denn mit solcher Begierde nimmt er die Worte, die von seiner Liebespartnerin berichten, auf, daß auch durch den unermüdlichen Redefluß sein Ohr niemals ermüdet wird.

Teuflische Urheberschaft der Liebe

(38) Außerdem wissen wir, daß Gott selbst ohne jeden Zweifel Haupt und Anfang der Keuschheit und Schamhaftigkeit ist; der Teufel aber ist der Urheber von Liebe und Ausschweifung *(amor et luxuria)*, wie wir aus Überlieferung der Schrift erfahren haben.[56] Und so sind wir auch aufgrund des Urhebers gehalten, für

---

[54] *quantumcumque* von den meisten Übersetzern übergangen, hier vemutlich in der emphatischen Bedeutung gebraucht („however slightly" W).

[55] *nisi aliquid de suo referendo loquatur amore:* „sauf qu'il y est question de son amour" B, „unless the other makes reference to his love" W, *se non li portasse novelle di suo amore e gli parlasse di quello* TT. Vermutlich ist *referendo* Gerundium, nicht Gerundiv, falls hier nicht etwa von einer Liebesantwort die Rede sein sollte. Auch im folgenden wird die Konstruktion *verba de coamante referre* gebraucht.

[56] W verweist auf Hieronymus, Brief XXII,11. Dort zieht der Kirchenvater zur Warnung vor der Schlemmerei eine Stelle aus dem Buch Hiob heran. Nach seiner Meinung ist dort der Teufel gemeint, wenn der Herr so zu Hiob spricht: *Ecce, Behemoth, quem feci tecum, foenum quasi bos comedet:*

conservare et castitatem, luxuriam penitus evitare, quia, quod diabolo auctore constat esse perfectum, nihil posset hominibus parare salubre nec aliquid conferre laudandum. (39) Quod autem Deo auctore perficitur, malum nullo modo posset sortiri effectum vel quidquam hominibus parare sinistrum. Sciatis ergo, quod mentis caecitate laborat, qui Dei obsequiis derelictis diaboli satagit servitiis inhaerere. Diabolus enim suis militibus multa promittit atque svavia, postmodum eis nimis solvit amara et promissis semper contraria facit, quoniam ipse ab initio mendax fuit et in veritate non stetit. (40) Quin etiam retributionem miserabilem consvevit sibi servientibus exhibere. Qui enim plura sibi obsequia praestat, maiores ab eo meretur poenas recipere et maiores perpeti cruciatus; et econtra: Qui maiores sibi facit offensas, eum sibi magis cognoscit esse subiectum. Sed [et] quoque ipse diabolus similis esse latroni asseritur suum viatori securum spondenti ducatum, qui praemio ducatus accepto ipsum ad loca hostium deducit ductumque relinquit ac cum ipsis hostibus spolia sortitur et praedam. (41) Nam eodem modo diabolus suis militibus et post eum ire volentibus dulcia proponit atque svavia et eos quodam modo reddit de impunitate ac longa vita securos, postmodum praemio sui ducatus accepto, id est peccatorum eis aere firmiter obligatis, ad in-

immer Schamhaftigkeit und Keuschheit zu bewahren, Ausschweifung vollkommen zu meiden, denn was einwandfrei durch die Urheberschaft des Teufels zustande kam, könnte den Menschen nichts Heilsames bereiten und nichts Rühmenswertes einbringen. (39) Was aber durch die Urheberschaft Gottes zustandekommt, könnte auf keine Weise eine üble Wirkung haben oder den Menschen etwas Schlechtes bereiten. Erkennet also, daß der an geistiger Blindheit leidet, der Gott die Gefolgschaft aufsagt und danach trachtet, dem Teufel als Diener anzuhangen.

Teuflischer Lohn für die Teufelsdiener

Der Teufel nämlich verspricht seinen Rittern vieles und Süßes und zahlt ihnen danach sehr Bitteres und tut immer das Gegenteil seiner Versprechungen, weil er selbst von Beginn an ein Lügner war und nicht in der Wahrheit stand.[57] (40) Ja, er ist vielmehr gewohnt, den ihm Dienenden jämmerlichen Lohn zu zahlen. Wer ihm nämlich große Dienste leistet, verdient, von ihm größere Strafen zu empfangen und größere Qualen zu erleiden, und umgekehrt: Wer ihm größere Beleidigungen zufügt, lernt ihn umso eher als seinen Untertan kennen. Aber man behauptet auch, der Teufel selbst sei einem Räuber gleich, der einem Wanderer sein sicheres Geleit verspricht, aber nach Erhalt des Lohns für das Geleit ihn zu den Feinden führt, am Ende zurückläßt und mit den Feinden Beute und Raub durch das Los teilt. (41) Denn auf die gleiche Weise verspricht er seinen Rittern und denen, die ihm nachfolgen wollen, Süßes und Verlockendes und wiegt sie irgendwie in sicherer Hoffnung auf Straflosigkeit und ein langes Leben, führt sie danach, wenn er den Lohn für sein Geleit empfangen hat, d.h. wenn sie durch den Sold der Sünden fest verpflichtet sind,[58] zu dem Ort

---

Fortitudo eius in lumbis eius, et virtus illius in umbilico ventris eius (Iob 40,11). Daraus schließt Hieronymus: *omnis igitur aduersus uiros diaboli uirtus in lumbis est, omnis in umbilico contra feminas fortitudo.* Ich zitiere nach der Ausgabe von I. Hilberg, CSEL 54,I,1, Wien 1910.

[57] Io 8,44.

[58] *peccatorum eis aere firmiter obligatis:* „quand ils l'ont payé avec l'argent de leur péchés" B, „when they are solidly attached to him by the coin of their sinning" W, „li ha (scil. il diavolo) indissolubilmente legati con il denaro dei peccatori" I. Nur wenn man den Teufel zum Subjekt dieser Phrase macht, kann man auf die Idee kommen, *peccatorum* hier als Genitiv Plural zu *peccator* statt zu *peccatum* aufzufassen. Das Bild ist aber auf jeden Fall

sidiarum eos loca deducit, id est ad mortem, ubi daemonum hostiles hominibus insidiae praeparantur, et eos in hostium derelinquit insidiis et cum hostibus spolia partitur et praedam, quia ipsos suae fraudis ingeniis ad Tartara et [cum] daemonum potestatem deductos cum aliis Tartareis potestatibus statutis poenis affligit. (42) Deus autem non sic, sed pro bonis promissis atque svavibus optima nobis et svavissima solvit, quin ipse est via, veritas et vita, et ideo non immerito uberiori solutione sua nobis promissa persolvit, et, quicunque illius se vult comitatui plena fide committere, nullius hostis patietur insidias sed ad optata loca securus et ad gloriam deducetur aeternam. Merito ergo quisque tenetur amorem luxuriaeque actus abiicere et corporis pudicitiam penitus amplexari.

(43) Amor praeterea inextricabiles consvevit hominibus et mortales guerras parare ac perpetuae pacis foedera removere. Saepe quoque urbes magnas et egregias arcesque munitas et castra tutissima subvertit et multam divitiarum fortunam sine possidentis largitione ad egestatis infortunia ducit multosque cogit commissum luere crimen, quos peccatum nec sui nec parentum potest [ulla] ratione contingere.

(44) Plus etiam mali potest ad haec in amore notari. Amor enim inique matrimonia frangit et cogit sine causa ab uxore aver-

des Hinterhalts, d.h. zum Tod, wo den Menschen ein feindlicher Hinterhalt der Dämonen bereitet wird, und läßt sie im Hinterhalt der Feinde zurück und teilt mit den Feinden Beute und Raub, denn er bringt sie mit List und Trug in die Hölle und in die Gewalt der Dämonen, und zusammen mit den anderen höllischen Mächten malträtiert er sie mit den festgesetzten Strafen.

Himmlischer Lohn für das Gefolge Gottes

(42) Gott aber bezahlt uns nicht so, sondern für gute und süße Versprechen Bestes und Süßestes, ist er ja selbst der Weg, die Wahrheit und das Leben,[59] und so erfüllt er, was er uns verheißen hat, nicht zu Unrecht durch reichere Zahlung; und wer immer sich seinem Gefolge in vollem Glauben anschließen will, wird keines Feindes Hinterhalt erdulden, sondern sicher an den ersehnten Ort und zur ewigen Glorie geführt werden. Zu Recht also ist ein jeder gehalten, die Liebe und die Handlungen der Ausschweifung aufzugeben und sich körperlicher Scham vollkommen zu befleißigen.

Zerstörung von Frieden und Wohlstand

(43) Die Liebe pflegt außerdem (XII) den Menschen unentwirrbare und tödliche Kriege zu schaffen und Verträge dauernden Friedens aufzuheben. Oft auch zerstört sie große und berühmte Städte, befestigte Burgen und bestgesicherte Festungen, führt aus großem Glück und Reichtum ohne Freigebigkeit des Besitzers ins Unglück der Armut und zwingt viele, ein begangenes Vergehen zu büßen, die keine Sünde beflecken konnte, weder was sie selbst noch was ihre Eltern betraf.[60]

Zerstörung der geheiligten Ehe, Gattinnenmord, Zeugung von Bastarden

(44) Überdies läßt sich noch mehr Übles an der Liebe feststellen. Die Liebe zerreißt nämlich gegen das Recht Ehen und zwingt

---

schief, da tatsächlich nur eine Parallele zwischen der Zahlung für das Geleit und der „Zahlung" der Sünden besteht, wie auch TT verkürzend überträgt: *loro pagamento cioè l'opere dei peccati.* Eine bindende Verpflichtung kann aber nur der Zahlungsempfänger, hier also der Teufel, nicht der Zahlende, eingehen.

59 Io 14,6.

60 *multosque cogit commissum luere crimen, quos peccatum nec sui nec parentum potest [ulla] ratione contingere:* „il pousse les hommes à commettre des péchés qu'ils doivent expier et dont ni eux ni leurs parents sont responsables" B, „it compels many to atone for a wrong done, even though no sin can attach to them either through their own or their parents' fault" W, *e spesse volte fa piangere peccato, lo quale né chi 'l piange né i suoi parenti l'anno commesso* TT. Genitiv + *ratione* hat hier wie öfter die scholastische Bedeutung „in Anbetracht von, auf Grund von".

tere virum, quos Deus lege data firmiter non posse statuit ab homine separari. Ait enim Scriptura: „Quos Deus coniunxit, homo non separet“. Immo iam plures novimus coamantium, eos amore cogente in uxoris interitum cogitare ac eas crudelissima trucidatione necare, quod cunctis constat scelus esse nefandum. (45) In hoc enim saeculo nihil debet aliquis homo tanta affectione diligere quanta uxorem, quae legitimo est sibi iure coniuncta. Nam cum viro carnem unam Deus indicavit uxorem et aliis cunctis relictis uxori iussit adhaerere maritum. Ait enim: „Propter hoc relinquet homo patrem et matrem et adhaerebit uxori suae, et erunt duo in carne una [persona]“. (46) Praeterea cum uxore sine crimine libidinem superamus et incentiva luxuriae absque animae macula removemus, prolemque legitimam ex uxore cognoscimus, quae nobis viventibus et morientibus digna solatia praestat, et in ea Deus ex nobis sibi poterit agnoscere fructum. Sed et, licet quandoque proles ex fornicatione sequatur, tamen patri nulla potest afferre solatia, quum ab eius etiam hereditate pellatur. (47) Immo filii ex fornicatione progeniti parentis ignominia referente Scriptura di-

den Mann, sich ohne Rechtsgrund *(causa)* von der Gattin abzuwenden. Gott hat doch per Gesetz festgesetzt, daß sie von einem Menschen nicht getrennt werden können. Die Schrift sagt nämlich: „Die Gott vereint hat, soll der Mensch nicht trennen.“[61] Ja, wir kennen sogar viele, die, getrieben von der Liebe zu ihren Liebespartnerinnen, auf den Tod der Gattin sinnen und sie aufs grausamste dahinschlachten, was allgemein als ruchloses Verbrechen gilt.[62] (45) Auf dieser Welt nämlich soll ein Mann nichts mit so großer Zuneigung hochhalten *(diligere)* wie seine Gattin, die ihm nach Recht und Gesetz verbunden ist. Denn Gott offenbarte, daß die Gattin mit dem Gatten ein Fleisch sei, und befahl dem Gatten, der Gattin anzuhangen, nachdem er alle anderen verlassen hat. Er sagt nämlich: „Deswegen wird der Mann Vater und Mutter verlassen und seinem Weibe anhangen, und sie werden zwei in einem Fleisch sein.“[63] (46) Außerdem überwinden wir mit der Gattin die Lust ohne Sünde und entfernen die Anreize der Wollust ohne Befleckung der Seele und wir anerkennen von der Gattin die Nachkommenschaft als legitim, die uns bei unseren Lebzeiten und nach unserem Tod würdige Freuden bereitet, und in ihr wird Gott die Frucht, die wir ihm bringen, erkennen können.[64] Wenn manchmal auch aus einem Akt der Unzucht Nachkommenschaft hervorgeht, kann sie jedoch dem Vater keine Freuden bringen, da sie sogar aus seinem Erbe vertrieben wird. (47) Vielmehr werden gemäß der Hl. Schrift in Unzucht gezeugte Kinder eine Schande für den Vater

---

[61] Mt 19,6; Mc 10,9.

[62] Wohl eine der Übertreibungen unseres Autors, da Fälle dieser Art im Hochmittelalter weder in der Realität noch in der Literatur für Aufsehen sorgten, war es Adeligen doch relativ leicht möglich, die Geliebte zur Nebenfrau zu nehmen. Hat Andreas an die Antike gedacht?

[63] Mt 19,5; Mc 10,7. Man beachte, daß Andreas auch hier streng die Ausdrücke *amor* und *amare* meidet. Vgl. I,vi,444.

[64] *et in ea* (scil. *prole*) *Deus ex nobis sibi poterit agnoscere fructum:* „et dans laquelle Dieu peut reconnaître un fait digne de lui“ B, „and God will be able to acknowledge that the fruits they bear come from us“ W, *e Dio di quelli ricevere può frutto* TT, „e nei figli Dio riconosce il frutto che li viene da noi“ I, *vnd die selben enpfeht got als ain genäme frucht* H. Die Übersetzungen von B und W sind hier gewiß nicht zutreffend. Es geht um die Erfüllung des Gebotes Gn 1,28 u. 9,1, aber vorerst um die eigenen, nicht um die Kindeskinder (W).

cuntur. Sed nec ipsi Deo tales filii creduntur accepti, sicut evidenter videtur nos sacra Scriptura docere, quae dicit: „Adulterorum filii abominabiles sunt Deo“.

(48) Quum igitur omnia sequantur ex amore nefanda, nullumque inde bonum evenire cognoscatur sed infinitas hominibus procedere poenas, cur, stulte iuvenis, quaeris amare et te Dei gratia et aeterna hereditate privare? Carissime ergo discas amice et corporis pudicitiam conservare atque carnis voluptates animi superare virtute et tuum vas immaculatum Domino custodire. (49) Nam, etsi tanto carnis ardore vexeris, ut corporis continentia nimis res videatur difficilis, si [merito] mihi volueris consulenti parere, et continentiae carnis sine mora et pudicitiae tibi facilis erit amplexus, et carnis voluptatem sine magna poteris difficultate repellere: Nunquam ergo te ad delectationem carnis tua te cogitatio ducat, loca etiam, tempora et personas, quae causam valeant inducere voluptatis et occasionem libidinis concitare semper penitus evitare memento. (50) Sed, si loci opportunitas et rei non speratus eventus ad carnis opera mulieris te repraesentatione compellat, statim voluptatem viriliter compescere cura et opportunitatis instantis loca

genannt. Aber solche Kinder werden auch selbst nicht von Gott angenommen, glaubt man, wie uns eindeutig die Hl. Schrift zu lehren scheint, die sagt: „Kinder von Ehebrechern sind Gott verabscheuungswürdig.“[65]

Aufruf zur Enthaltsamkeit und Meidung aller Gelegenheit zur Liebe

(48) Da also alles Ruchlose aus der Liebe folgt und, wie man sieht, dabei nichts Gutes herauskommt, sondern daraus unzählige Leiden für die Menschen entstehen, warum, törichter Jüngling, suchst du zu lieben und dich der Gnade Gottes und des ewigen Erbes zu berauben? Daher lerne, liebster Freund, sowohl die Schamhaftigkeit des Körpers zu bewahren und die Fleischeslust mit innerer Tugendstärke *(animi virtus)* zu besiegen als auch dein Gefäß unbefleckt für Gott zu behüten.[66] (49) Denn auch wenn du von einer so großen Glut des Fleisches gequält wirst, daß die körperliche Enthaltsamkeit eine überaus schwierige Sache zu sein scheint, wird dir, wenn du mir und meinem Rat gehorchen willst, die Einhaltung fleischlicher Enthaltsamkeit und Scham unverzüglich leicht fallen, und du wirst die Fleischeslust ohne große Schwierigkeit zurückdrängen können. Niemals mögen dich also deine Gedanken *(tua cogitatio)* zu fleischlichem Genuß verführen![67] Gedenke auch, Ort, Zeit und Personen, die eine Ursache für Wollust herbeiführen und eine Gelegenheit zur Lust hervorrufen könnten, gänzlich zu meiden.

Mahnung zur Standhaftigkeit in der Versuchung

(50) Aber wenn die günstige Gelegenheit des Ortes und der unverhoffte Ereignisverlauf dich durch das Auftreten einer Frau[68] zu

---

[65] Andreas zitiert hier die Schrift, anders als die Anmerkungen bei W suggerieren, sehr ungenau. Vergleichbar sind die Sätze Sap 3,16 *filii autem adulterorum inconsummati erunt* (die Kinder von Ehebrechern aber werden unvollendet sein) und Sir 41,8 f. *filii abominationum fiunt filii peccatorum* (die Kinder der Sünder werden Kinder des Abscheus werden). Beide Sätze und das darauf Folgende weisen auf die jüdische Vorstellung von der über Generationen reichenden Strafe Gottes, die dem Christentum (abgesehen von der Ursünde) an sich fremd ist. Verbirgt sich eine Stellungsnahme des Verfassers dazu in dem seltsamen *evidenter … videtur*?

[66] I Th 4,3 ff.

[67] W macht mit Recht auf den totalen Widerspruch zu III,2 aufmerksam. Wenn er schon innerhalb des dritten Buchs so deutlich hervortritt, wie dürfte man dann Konsistenz des Gesamtwerks erwarten?

[68] *mulieris … repraesentatione:* „avec une femme dont la pensée occupe ton esprit“ B, „through the mental picture of a woman“ W, *per lo vedimento*

dimittere. Sed, si te coeperint carnis incentiva vexare, cave, ne voluptatem sequatur effectus, vel rei te valeat inquinare consensus. (51) Nam [et], si in luxuriae conflictu paucis vicibus constans reperiaris et victor, raros vel nullos postmodum ab ea patieris insultus. Res enim talis luxuria est, quam persequendo vincimur et fugiendo fugamus. Ergo, si haec, quae dicuntur, cordis volueris aure percipere, facile tibi erit luxuriae motibus obviare. (52) Absit enim, hominem tanta nobilitate generis decoratum tantave probitate refultum Veneris posse contagio maculari et fornicando mulieris admixtione foedari vel ipsius labe foedissima inquinari. Mulieris enim qualitatem sive statum districtius agitare nil foedius vel magis taediosum reperitur in orbe.

(53) Sed haec omittamus ad praesens, ne qualitercunque credamur in eis accusare naturam, et quia cuilibet sunt manifesta prudenti. Sola enim haec ad praesens est intentio nostra amorem tibi

den Werken des Fleisches treibt, so sei darauf bedacht, sofort mannhaft die Begierde zu unterdrücken und den Ort der sich ergebenden günstigen Gelegenheit zu verlassen. Aber wenn dich die Stacheln des Fleisches zu quälen beginnen, verhüte, daß Begierde zum Erfolg führt oder dich die Zustimmung zur Sache zu besudeln vermag.[69] (51) Denn wenn du im Kampf mit der Ausschweifung in wenigen Fällen standhaft und siegreich befunden wirst, erleidest du später von ihr wenige oder keine Angriffe. Die Ausschweifung ist nämlich eine Sache von solcher Art, daß wir, wenn wir ihr folgen, unterliegen und, wenn wir sie fliehen, sie in die Flucht schlagen.[70] Wenn du also diese Worte mit dem Ohr des Herzens vernehmen willst, wirst du leicht den Regungen der Ausschweifung entgegentreten. (52) Denn Gott behüte, daß ein Mann, ausgezeichnet mit so hohem Geburtsadel und gestützt auf so großen inneren Wert, von der Seuche der Venus befleckt werden und durch die unzüchtige Vereinigung mit einer Frau besudelt oder durch deren höchst verwerfliche Schande verunreinigt werden könne. Denn es gibt nichts Schmutzigeres oder Ekelhafteres auf der Welt, als die Beschaffenheit und Natur *(status)* der Frau genauer zu überdenken.

Verdeckung anderer Vergehen durch die Schamhaftigkeit

(53) Aber lassen wir das für den jetzigen Zeitpunkt beiseite, damit man nicht glaubt, daß wir in ihnen irgendwie die Natur anklagen,[71] und weil es jedem Klugen klar ist. Nur das ist nämlich zum

---

delle quali (scil. *persone*) TT, „vedendo una donna" I. Die Italiener haben hier sicher recht. Es kann hier nicht um das innere Bild der Frau gehen, obwohl *repraesentatio* dafür natürlich der einzig richtige Terminus ist. Er kommt nur an dieser Stelle im Werk vor, muß hier aber im Sinne von *se (re)praesentare* „gegenwärtig sein" zu verstehen sein.

69 Zu dieser Unterscheidung von Reiz und Zustimmung siehe II,vi,10f. – Die kanonische moraltheologische Auffassung resümiert Petrus Lombardus, *Sententiae* II, distinctio 24, cap. 12,2: „Wenn man eine Sünde so im Herzen empfängt, daß man sie plant und ausführt, [...], ist dies eine Todsünde. Wenn sie aber nur im Sinnenreiz *(sensualis motus)* vorhanden ist [...], dann ist es eine ganz leichte Sünde, weil die Vernunft *(ratio)* sich dann daran nicht ergötzt."

70 Ein Topos der Vagantenlyrik. Vgl. z. B. *Carmen Buranum 29*,3.

71 W vermutet darin eine Reminiszenz an *De planctu naturae* von Alain de Lille. Doch klagt hier die Natur selbst an und auch nicht in erster Linie die Frauen.

penitus dissvadere ac corporis te pudicitiam admonere. (54) Quod si potentia cooperante divina pro nostra poterimus voluntate perficere, nil nobis in hac vita posse gratius evenire cognoscas, quia corporis pudicitia et abstinentia carnis res est, quam apud Deum et homines expedit cunctis habere et eam modis omnibus conservare, quin ea neglecta nullum in homine bonum posset esse perfectum plene. (55) Et, si aliquis in se ipso illam constat habere, multi per eam in homine excessus operiuntur, et varia quoque crimina tolerantur. Nam, si homo pudicus inveniatur et largus, nullius detractionibus posset de facili vulnerari vel eius laudibus derogari. Sapiens ergo eris, si istud studeas magno adipisci labore, quod cuncta bona, quae in homine inveniuntur, exornat et multos per sui potentiam in quolibet occultare novit excessus. (56) Ne mireris, quod dixi pudicum, addidi quoque: et largum; nam sine largitate omnis in homine virtus mortua videtur et laudis infructuosa iacere, Iacobi apostoli auctoritate testante: „Omnis fides sine operibus mortua est". Sic et omnis sine largitate virtus nulla putatur.

(57) Alia quoque ratio evidenter videtur arguere amantes. Nam ex amore et Veneris opere corpora debilitantur humana, et ideo homines efficiuntur in bello minus potentes. Debilitantur homines ex amore triplici satis rationabili causa; nam ex ipso Veneris opere, ut physicalis monstrat auctoritas, corporis plurimum potentia minoratur, sed propter amorem corpus minoris cibi et potus assump-

jetzigen Zeitpunkt unsere Absicht: dir völlig von der Liebe abzuraten und dich zu körperlicher Scham zu ermahnen. (54) Du sollst wissen, daß uns, wenn wir das, unterstützt von der Macht Gottes unserem Wunsch entsprechend zuwegebringen können, uns in diesem Leben nichts Erfreulicheres passieren kann. Denn körperliche Scham und fleischliche Enthaltsamkeit sind etwas, dessen Besitz und allseitige Bewahrung vor Gott und den Menschen allen nützt; ja, wenn man es vernachlässigt, könnte nichts Gutes im Menschen ganz vollkommen sein. (55) Und wenn einer es zweifelsfrei für sich besitzt, werden dadurch viele Verirrungen zugedeckt und auch verschiedene Vergehen geduldet. Denn wenn ein Mann für schamhaft und freigebig befunden wird, könnte er nicht leicht durch jemandes Schmähungen verletzt oder in seinem Ruhm gemindert werden.[72] Du wirst also weise sein, wenn du das mit viel Mühe zu erlangen trachtest, was alles Gute, das an einem Mann gefunden wird, schmückt und viele Verirrungen in jedem mit seiner Macht zu verbergen weiß. (56) Wundere dich nicht, daß ich schamhaft gesagt und freigebig hinzugefügt habe. Denn ohne Freigebigkeit scheint jede Tugend im Menschen tot und brachzuliegen, ohne Ruhm zu bringen, wie es die Autorität des Apostels Jakobus bezeugt: „Aller Glaube ohne Werke ist tot."[73] So wird auch jede Tugend ohne Freigebigkeit für nichts erachtet.

Schwächung der Körperkraft durch Liebe

(57) Auch ein anderes Argument (XIII) scheint eindeutig die Liebenden des Irrtums zu überführen. Denn durch die Liebe und das Werk der Venus werden die menschlichen Körper geschwächt und so werden die Männer im Krieg weniger kampffähig. Die Männer werden durch die Liebe aus einem dreifachen, sehr einsichtigen Grund geschwächt; denn durch das Werk der Venus selbst, wie eine medizinische Autorität darlegt, reduziert sich die

[72] *nullius detractationibus posset de facili vulnerari vel eius laudibus derogari:* Der plötzliche anakoluthartige Konstruktionswechsel hat W völlig in die Irre geführt („he could not easily be wounded by any man's slander, nor robbed of any man's praise"). Im letzten Kolon ist nicht mehr der Mann Subjekt, sondern *derogari* wird unpersönlich gebraucht: „es wird seinem Lob eine Beschränkung auferlegt".

[73] Iac 2,20 u. 26. Der Einsatz des Zitats erfolgt hier scheinbar so gedankenlos, daß sich Unernst dahinter vermuten läßt.

tione nutritur, et ideo non immerito debet esse potentiae brevioris. (58) Praeterea tollit amor etiam somnum et omni solet hominem privare quiete. Sed ex privatione somni sequitur in homine digestio mala et corporis debilitatio multa; et hoc ex ipsa nominis somni rationabili physicali possumus definitione cognoscere. Est enim somnus, ut ait Iohannicius, quies animalium virtutum cum intensione naturalium; ergo privatio somni nil aliud est nisi animalium virtutum fatigatio cum diminutione naturalium. (59) Quarta dici potest ratione non inepte, corpora hominum debilitari. Nam propter peccatum omnia dona Dei credimus in homine minorari, et tempora vitae hominis abbreviari. Quum igitur hominibus magnum sit corporis potentia donum atque praecipuum, non recte agis, si talia tibi assumere quaeris, per quae hoc praecipuum munus in te valeat quacunque ratione deficere vel quomodolibet attenuari. (60) Ex amore autem non solum haec praedicta sequuntur, sed ex eo quoque corporis aegritudo procedit. Nam ex mala digestione interius turbantur humores, et inde febres et aegritudines infinitae nascuntur. Somni quoque amissio cerebri et mentis saepissime alterationes inducit, unde homo effi-

Kraft des Körpers drastisch, aber der Liebe wegen wird der Körper durch geringere Aufnahme von Speise und Trank unterhalten, und so muß er mit gutem Grund weniger Kraft haben. (58) Außerdem nimmt die Liebe auch den Schlaf und pflegt den Mann aller Ruhe zu berauben. Folge aber des Schlafverlustes beim Mann sind schlechte Verdauung und große Schwächung des Körpers; und dies können wir der einsichtigen medizinischen Definition des Begriffes Schlaf entnehmen. Der Schlaf ist nämlich laut Johannitius Ruhe der animalischen Kräfte *(virtutetes animales)* gleichzeitig mit Anspannung der natürlichen *(virtutes naturales)*; daher ist der Raub des Schlafes nichts anderes als die Erschöpfung der animalischen Kräfte gleichzeitig mit der Verringerung der natürlichen.[74]

Krankheit und Verkürzung der Lebenszeit

(59) Aus einem vierten Grund kann nicht unpassend gesagt werden, daß die Körper der Männer geschwächt werden. Wir glauben nämlich, daß infolge der Sünde alle Gaben Gottes im Menschen vermindert werden und die Lebenszeit des Menschen verkürzt wird. Da also für die Männer die Kraft des Körpers eine große und hervorragende Gabe ist, handelst du nicht richtig, wenn du dir solche Dinge aneignen willst, durch die diese hervorragende Gabe in dir aus irgendeinem Grund nachlassen oder auf irgendeine Weise vermindert werden kann. (60) Aus der Liebe folgt aber nicht nur das Erwähnte, sondern von ihr kommt auch körperliche Krankheit. Denn durch die schlechte Verdauung geraten innen die Säfte in Verwirrung und daraus entstehen Fieber und zahllose Krankheiten. Der Verlust von Schlaf bringt auch sehr oft Veränderungen des Gehirns und des Geistes *(alternationes cerebri et mentis)* mit sich, wodurch der Mann verrückt und rasend wird.

[74] Nach J. J. Parry (1941) findet sich die Definition nicht bei Johannitius (Hunain ben Ishaq al-Ibadi, gest. 873), sondern bei Avicenna (Abdallah Ibn Sina, gest 1037), der bei Drouart la Vache dementsprechend anstelle des älteren arabischen Gelehrten genannt wird. Die Unterscheidung zwischen den *virtutes naturales* und den *virtutes animales* begegnet aber auch im abendländischen Hochmittelalter häufig, so bei Wilhelm von St. Thierry, *De natura corporis et animae* (MPL 180, 700–704). Die natürlichen sind die vegetativen Kräfte, zuständig für Fortpflanzung, Ernährung und Wachstum. Die animalischen stehen höher und lenken die Sinneswahrnehmung und die spontane Bewegung.

citur amens et furiosus. (61) Sed nimia diei et noctis cogitatio, quam universi habent amantes, inducit cerebri quoque defectum, et aegritudines corporis inde procedunt. Sed memini, me quodam tempore in dictis quibusdam physicalibus invenisse, quod propter Veneris opera homines tempore breviori senescunt, et ideo te ad non amandum precibus admonere contendo.

(62) Alia quoque ratione te non amare compello, quia sapientia propter amorem suum in sapiente perdit officium. Nam, quantumcunque sit aliquis sapientia plenus, si ad Veneris opera deducatur, nescit habere modum vel sua sapientia motus luxuriae moderari aut actus mortiferos refrenare. Immo magis sapientes insanire dicuntur amore et ardentius carnis voluptates implere, quam qui minori scientia gubernantur. (63) Sed et magis sapientes viri, postquam in amore delinquunt, luxuriae † contemnere solent excessus, quam qui modica sunt scientia fulti. Quis enim Salomone maiori fuit sapientia plenus, qui tamen sine modo luxuriando peccavit et amore mulierum alienos deos non timuit adorare. (64) Sed et quis maior aut sapientia clarior est David propheta repertus, qui tamen innumerabiles habuit concubinas, uxorem male concupivit Uriae et eam adulterando stupravit virumque ipsius tanquam perfidus homicida necavit. Quis ergo mulierum amator suam sciret cupidinem moderari, si in viris tanto sapientiae dogmate fultis pro mulierum amore sapientia suum non novit officium nec modum potuit luxuriando servare.

(61) Aber intensive gedankliche Beschäftigung tags und nachts, die allen Liebenden eigen ist,[75] führt auch eine Schwächung des Gehirns herbei, und daher kommen Krankheiten des Körpers. Aber ich erinnere mich (auch), zuzeiten in irgendwelchen medizinischen Schriften gefunden zu haben, daß die Männer infolge der Werke der Venus in kürzerer Zeit altern; und so bemühe ich mich, dich mit Bitten von der Liebe abzumahnen.

Verlust der Weisheit

(62) Auch mit einem anderen Argument (XIV) dränge ich dich, nicht zu lieben, nämlich daß die Weisheit bei einem Weisen infolge seiner Liebe ihre Aufgabe nicht erfüllt. Denn in welchem Maße auch immer jemand voll der Weisheit sein mag, so weiß er, wenn er zu den Werken der Venus verführt wird, nicht Maß zu halten, mit seiner Weisheit Regungen der Ausschweifung zu beherrschen noch todbringende Handlungen zu zügeln. Vielmehr werden, heißt es, die Weisen eher durch die Liebe verrückt und befriedigen leidenschaftlicher ihre Fleischeslust als die von geringerem Wissen Geleiteten. (63) Aber weise Männer pflegen auch, nachdem sie bei der Liebe sich vergangen haben, die Verirrungen der Ausschweifung tiefer zu verachten als die von bescheidenem Wissen Gestärkten.[76] Wer nämlich war voll größerer Weisheit als Salomon, der dennoch ohne Maß durch Ausschweifung sündigte und sich nicht scheute, aus Frauenliebe fremde Götter anzubeten?[77] (64) Aber wer wurde kraft seiner Weisheit für größer und berühmter befunden als der Prophet David, der dennoch unzählige Konkubinen hatte, in frevelhafter Weise die Gattin des Urias begehrte, sie ehebrecherisch schändete und ihren Mann wie ein treuloser Mörder töten ließ?[78] Welcher Liebhaber von Frauen also wüßte seine Begierde zu mäßigen, wenn bei solchen von so hoher Weisheitslehre[79] gestärkten Männern die Weisheit in Anbetracht der Frauenliebe ihre Pflicht nicht kannte[80] und der Ausschweifung kein Maß auferlegen konnte?

---

[75] Siehe I,i,1.

[76] Der Satz ist versehentlich in Ws Übersetzung ausgefallen.

[77] III Rg 11,4.

[78] II Rg 11,2ff.

[79] *sapientiae dogmate:* „principes de la sagesse“ B, „instruction in wisdom“ W, *sapienza* TT. Vgl. Anm. 93.

[80] *novit* hier zweifellos entgegen klassischem Usus Vergangenheitsform.

(65) Amatores iterum alia ratione confundimus. Amorem namque mutuum, quem in femina quaeris, invenire non poteris. Non enim aliqua unquam dilexit femina virum nec amanti mutuo se novit amoris vinculo colligare. Mulier [quoque] namque quaerit in amore ditari, non autem coamanti placita solatia exhibere; nec istud debet aliquis admirari, quum de natura procedat. (66) Nam et mulieres omnes de sexus generali natura tenacitatis et avaritiae vitio maculantur et pecuniae quaestui et lucris attentae sunt vigilique aure sollicitae. Mundi namque partes plurimas circuivi ac diligenti examinatione disquirens aliquem reperire non potui, qui mulierem aliquam se asserat invenisse, quae sponte non oblata instanti postulatione non exigat, et si oblata vel exacta plenaria munera non agnoscat, quae ab amore non retardet incepto. (67) Sed, etsi mulieri substantiam largitus fueris infinitam, si tantum in soliti muneris te viderit praesentatione remissum vel ad inopiam te iam devenire cognoverit, incognitum te quasi alienigenam reputabit et in omnibus sibi eris taediosus atque nocivus. Sed et nulla posset femina reperiri, quae tanta tibi affectione iungatur vel

Unberechtigte Erwartung der Gegenliebe der Frau

(65) Wir beschämen die Liebhaber des weiteren mit einem anderen Argument (XV).[81] Du wirst nämlich die Liebeserwiderung, die du bei einer Frau suchst, nicht finden können. Niemals nämlich liebte irgendeine Frau einen Mann, noch weiß sie sich mit beidseitiger Fessel der Liebe an einen Liebhaber zu binden. Die Frau sucht nämlich bei der Liebe reich zu werden, nicht aber dem Liebespartner willkommene Wonnen zu gewähren; es darf sich aber auch niemand darüber wundern, da es aus ihrer Natur hervorgeht.

Unersättliche Habsucht und Käuflichkeit der Frau

(66) Denn alle Frauen sind sowohl von der allgemeinen Natur ihres Geschlechts her mit dem Laster des Geizes und der Habsucht befleckt als auch mit Unruhe und wachem Ohr sorgfältig bedacht auf Gelderwerb und Gewinn. Ich bin nämlich in sehr vielen Teile der Welt herumgekommen und konnte trotz sorgfältiger Recherche niemanden finden,[82] der versichert hätte, eine Frau gefunden zu haben, die nicht Geschenke, welche ihr nicht freiwillig angeboten werden, mit beharrlichem Fordern verlangen und sich nicht von einer begonnenen Liebesbeziehung zurückhalten würde,[83] wenn sie die angebotenen oder verlangten Geschenke als nicht ausreichend ansehen sollte. (67) Aber auch wenn du einer Frau ein unbegrenztes Vermögen geschenkt hast, sie aber sieht, daß du bei der Präsentation des gewohnten Geschenks nur ein wenig nachgelassen hast, oder erkennt, daß du schon in Armut gerätst, wird sie dich für einen unbekannten Fremden ansehen, und du wirst ihr in jeder Hinsicht lästig und schädlich sein. Aber es könnte auch keine Frau gefunden werden, die dir in so großer Zuneigung ver-

---

[81] Die folgende hemmungslose und universale Frauenschelte steht in krassem Gegensatz zu der elementaren Einschränkung, mit welcher der Verfasser I,ix,19–20 eine solche ausgeschlossen hatte.

[82] Andreas nimmt hier die Haltung des Predigers Salomonis an (Ecl 7,26): *lustravi universa animo meo ut scirem et considerarem et quaererem sapientiam et rationem* (Ich durchwanderte alles mit meinem Herzen, um Weisheit und Vernunft zu erkennen, zu betrachten und zu erforschen).

[83] *quae ab amore non retardet incepto:* „qui ne diffère pas d'accorder ses faveurs" B, „who did not impose delay on a love already begun" W, *che all'amore cominciato non sia ben tarda* TT, *so lassen sy angefanngen vnd versprochen lieb geren vallen* H.

tanta constantia solidetur, si aliquis ad eam quaecunque munera offerendo accedat, quae suo fidem servet amori. (68) Tantus enim in mulieribus ardor avaritiae manet, quod larga munera rerum omnia penitus in eis castitatis claustra dirumpunt. Nam et, si manu velis aperta venire, nulla te mulier eo, quod petis, vacuum permittet abire. Ac, si largas rerum promissiones omittas, ad mulieres nihil postulaturus accedas, quia, etsi regio decoreris honore, si nil tamen attuleris, nil penitus apud eas impetrare valebis, sed earum verecundus repelleris ab aula. Nam ob avaritiam fures omnes sunt mulieres et loculos reperiuntur habere. (69) Nec invenitur femina tanta generis altitudine decorari vel dignitatis et rerum fertilitate beari, cuius pudorem oblatio non frangat argenti, et quam degeneris et abiectae quoque personae subvertere non possit larga et abundans copia rerum; et hoc ideo, quia nulla reperitur femina dives, sicut nec ebrio unquam satis potasse videtur. Nam, etsi terra simul et aqua penitus verterentur in aurum, vix posset mulieris avaritia mitigari.

bunden wäre oder von so großer Beständigkeit gestärkt würde, daß sie, wenn irgendjemand sich ihr mit dem Angebot beliebiger Geschenke näherte, ihrer Liebe die Treue wahren würde. (68) So groß nämlich bleibt bei den Frauen die brennende Habsucht, daß reichliche Geldgeschenke bei ihnen alle Schranken der Keuschheit vollkommen niederreißen. Denn wenn du mit offenen Händen kommen willst, wird dich keine Frau ohne das Erbetene weggehen lassen. Und wenn du es unterläßt, reichen Besitz zu versprechen, nähere dich den Frauen nicht in der Absicht, etwas zu verlangen. Denn selbst wenn du mit königlichem Rang geschmückt bist, aber nichts mitbringst, wirst du bei ihnen gar nichts erreichen können, sondern schändlich von ihrem Hof vertrieben werden. Denn aus Habsucht sind alle Frauen Diebinnen, und man findet heraus, daß sie Schatzkästchen haben.[84] (69) Man kann auch keine Frau finden, die mit so hoher Herkunft und Würde ausgezeichnet oder mit so ergiebigem Vermögen gesegnet wäre, daß nicht ein angebotenes Geldgeschenk ihre Scham bräche und reichliche und überbordende Besitzmenge auch einer gemeinen und niedrigen Person sie gefügig machen könnte; und dies deshalb, weil keine Frau sich reich findet,[85] wie es auch keinem Berauschten je scheint, genug getrunken zu haben. Denn wenn auch Erde und Wasser zugleich ganz zu Gold würden, könnte kaum die Habsucht einer Frau gelindert werden.

[Von den Lastern der Frauen][86]

---

[84] *loculos reperiuntur habere:* „on dit que chacune d'elles a sa cassette" B, „we know they have pockets" W, *e ciascheduna ha suo repostiglio* TT B.

[85] *nulla reperitur femina dives:* „aucune femme ne se trouve jamais assez riche" B, „no woman ever considers herself rich" W, *nessuna femmina si crede satiare* TT. Hier muß nicht nur der übliche Romanismus, *reperire* in der Bedeutung „befinden, halten für" (s.o. I,v,5 mit Anm. 18), sondern auch eine hyperkorrekte Form, der Ersatz des romanischen Reflexivs durch das Passiv vorliegen, es sei denn, es wäre Ellipse von *a se (ipsa)* anzunehmen.

[86] Eingefügt in Hs. H *Hec sunt vicia in mulieribus inuenta quibus fugiende sunt et earum amor,* Hs. I *De vitiis que insunt mulieris* (lies: *mulieribus*) *a natura,* Cod. Vind. 5363 *Hic describuntur vicia mulieris summatim.* Diese Hs. und H haben auch im weiteren Zwischenüberschriften für die einzelnen Laster.

(70) Ad haec mulier omnis non solum naturaliter reperitur avara, sed etiam invida et aliarum maledica, rapax, ventris obsequio dedita, inconstans, in sermone multiplex, inobediens et contra interdicta renitens, superbiae vitio maculata et inanis gloriae cupida, mendax, ebriosa, virlingosa, nil secretum servans, nimis luxuriosa, ad omne malum prona et hominem cordis affectione non amans.

(71) Est autem mulier avara, quia non excogitatur in mundo nefas, quod ipsa audacter interveniente munere non committat, nec

Aufzählung der weiblichen Laster

(70) Zudem wird jede Frau nicht nur von Natur aus habgierig befunden,[87] sondern neidisch und die anderen schmähend, raffgierig, dem Bauch sklavisch ergeben,[88] unbeständig, geschwätzig, ungehorsam und aufmüpfig gegen Verbote, befleckt vom Laster des Hochmuts und begierig nach eitlem Ruhm, lügnerisch, trunksüchtig, klatschsüchtig,[89] kein Geheimnis bewahrend, allzu ausschweifend, zu jedem Übel bereit und keinen Mann mit herzlicher Zuneigung liebend.

Habgier

(71) Die Frau ist aber habgierig *(avara)*, weil kein Unrecht auf der Welt ersonnen wird, das sie dank Vermittlung eines Ge-

---

[87] Während die Schelte der habsüchtigen Geliebten bereits in Buch I eine Rolle gespielt hat, ist die folgende Liste neu, aber nur innerhalb von *De amore*, nicht dagegen im Rahmen der lateinischen Literatur der Antike und des Mittelalters. Vielmehr ist die generelle Frauenschelte ein klerikaler Topos, der sowohl aus der paganen Satire (v.a. Juvenal, Saitire VI) als auch den Weisheitsbüchern des Alten Testaments und den Kirchenvätern (v.a. Hieronymus, *Adversus Iovinianum*) schöpft. W verweist insbesondere auf Johannes von Salisbury, Policraticus VIII,1 als mögliche Quelle des Andreas. Hier ist aber nur allgemein von den sieben Todsünden nach der Liste Gregors des Großen die Rede *(inanis gloria, invidia, ira, tristitia, avaritia, ventris ingluvies, luxuria)* die Rede, nicht von den Lastern der Frau. Zudem gehen diese Sünden bei Gregor alle aus der Wurzel alles Bösen, dem Hochmut *(superbia)*, hervor. – Die bravouröseste poetische Fraueninvektive findet sich bei Bernhard von Morlas, *De contemptu mundi* (1. Hälfte 12. Jh.), im zweiten Buch, V. 445–562. Der hyperbolische Charakter der folgenden Partie bei Andreas geht v.a. aus der iterativen Behauptung hervor, alle Frauen seien so. Soweit geht nicht einmal Bernhard. Er sagt nur, es gebe beinahe keine gute Frau (V. 456, 562), und er wolle mit seiner Invektive die guten nicht angreifen (V. 449).

[88] So schon oben I,vi,499.

[89] *virlinguosa:* „bavardes" B, „a tongue-wagger" W, *linguosa* TT, *maucelant* D. Das Wort ist sonst nirgends nachzuweisen. Die meisten Hss. scheinen es aber akzeptiert zu haben. Die abweichenden Lesarten *bilinguosa, bilinguis, linguosa* sind wohl eher sekundäre Korrekturen, *vilinguosa* im Cod. Vind. 5363 vermutlich Verschreibung. Andreas gebraucht *virlinguosa* zudem nochmals in § 100. W hat als Quelle den Psalmvers 139,12 *vir linguosus non dirigetur in terra* entdeckt, was sich schwerlich von der Hand weisen läßt. Was aber wie ein groteskes Mißverständnis der Bibel aussieht, könnte eine Selbstpersiflage der Fraueninvektive sein, ist hier doch gerade von einem geschwätzigen Mann die Rede. Wie die erste Frau in der Vulgata (in Anpassung der hebräischen Etymologie) *virago* nach *vir* genannt wird, so hier die Frau *virlinguosa*.

cuiquam necessitatem patienti sua novit abundantia subvenire. Facilius enim posses de individuo adamante ungue praecidere quam humano ingenio quidquam ex reposito mulieris peculio de ipsius voluntate praesumere. Sicut enim Epicurus summum bonum in ventris esse credit obsequio, ita mulier huius mundi laudes in divitiis credit et rerum tenacitate finiri. (72) Nec enim mulier aliqua tam simplex et fatua reperitur, quae propria non noverit tenacitate avida custodire et aliena summa ingenii subtilitate lucrari. Immo simplex quidem mulier in unius venditione gallinae abundantiori cautela procedit quam sapientissimus iurisperitus in castri alienatione maioris. Sed et nulla mulier in tanto cuiquam amoris zelo coniungitur, quae toto mentis ingenio non laboret coamantis substantiam exhaurire. Et haec non reperitur regula fallax sed omni exceptione carere.

(73) Invida quoque mulier omnis generali regula invenitur, quia semper mulier in alterius feminae pulchritudine zelo consumitur et rerum felicitate privatur. Nam et, si propriae filiae mulier intelligat pulchritudinem commendari, vix erit, quod invidiae zelus ipsam interius non adstringat. (74) Et multa convicinarum [et] mulierum inopia et earum inordinata paupertas sibi videtur opulentia affluens et abundans copia rerum, unde muliebrem tantummodo sexum proverbium antiquum voluisse credimus sine omni exceptione notare, quod ait:

„Fertilior seges est alienis semper in agris,
vicinumque pecus grandius uber habet“.

schenks nicht kühn begehen würde, und weil sie keinem Notleidenden mit ihrem Reichtum zu Hilfe zu kommen weiß. Du könntest nämlich leichter von einem unteilbaren Diamanten mit dem Fingernagel etwas abschlagen als mit menschlicher Klugheit etwas von dem aufgehäuften Vermögen einer Frau mit ihrem Einverständnis wegnehmen. Wie nämlich Epikur es für das höchste Gut hält, dem Bauch zu dienen,[90] so glaubt die Frau, daß die Vorzüge dieser Welt sich auf Reichtum und Geiz beschränken. (72) Es findet sich nämlich keine so einfältige und törichte Frau, die nicht weiß, das Eigene mit gierigem Geiz zu bewachen und Fremdes mit höchstem Einfallsreichtum zu gewinnen. Vielmehr geht ja eine einfältige Frau beim Verkauf eines einzigen Huhnes mit größerer Vorsicht vor als der weiseste Rechtsgelehrte bei der Veräußerung einer bedeutenden Festung. Aber auch keine Frau verbindet sich einem Mann in so großer Liebesleidenschaft *(amoris zelus)*, daß sie nicht mit ihrem ganzen Sinnen und Trachten sich mühte, den Besitz des Liebespartners auszusaugen. Und diese Regel wird nicht für trügerisch, sondern für ausnahmslos gültig befunden.

(73) Jede Frau wird auch gemäß der allgemeinen Regel als neidisch *(invida)* erkannt, weil sich die Frau wegen der Schönheit einer anderen Frau immer vor Eifersucht verzehrt und ihre Freude am Besitz verliert. Denn sogar, wenn eine Frau hört, daß die Schönheit der eigenen Tochter gepriesen wird, ist es nahezu unvermeidlich, daß Eifersucht sie innerlich zusammenschnürt. (74) Und tiefe Not und außerordentliche Armut von Frauen in der Nachbarschaft erscheinen ihr als sprudelnder Reichtum und überströmende Besitzesfülle, weshalb wir glauben, daß ein Sprichwort aus der Antike ohne Ausnahme nur das weibliche Geschlecht treffen wollte, das besagt: Neid

„Die reichere Ernte ist immer auf fremden Äckern,
des Nachbars Vieh hat das größere Euter.“[91]

[90] Der Verweis von W auf Diogenes Laertios führt ins Leere, da dieser im 12. Jh. in Westeuropa noch nicht rezipiert wurde. Die Lust als das epikureische *summum bonum* wird aber schon von den Kirchenvätern als Schlemmerei verunglimpft.

[91] Ovid, *Ars amatoria* I,349f. = Walther 9378.

Sed vix contingere posset, quod una mulier [in] morum probitatem vel pulchritudinis formam laudaret alterius, et, si laudare contingat in uno, in alio statim detractionis verba subiunget, quae praemissas valeant supprimere laudes.

(75) Et ideo non immerito sequitur, mulierem esse maledicam, quia ex invidia tantum et odio maledicta sequuntur. Non voluit unquam mulier haec in se frangere iura sed penitus intacta servare. Nec enim facile posset femina reperiri, cuius unquam noverit parcere lingua vel detractionis verba tacere. (76) Et in hoc mulier omnis suas per omnes credit attollere laudes et propriam accrescere famam, si aliarum insistat laudibus derogare, quae res manifeste cunctis demonstrat, modicum in mulieribus dogma vigere. Cunctis enim per mundum constat hominibus et est quasi generalis regula omnibus firmum, detractionis verba detractoris tantum laedere famam et eius opinionem gravare. (77) Nec propter hoc mulieres maledicere cessant et laudes inquietare bonorum, ideoque firmiter credimus asserendum, nullam penitus mulierem sapientiae dogma tenere. Nam et omnia, quae solent sapientes habere, mulieri sunt penitus aliena, quia omnia temere credit et laudibus propriis liben-

Aber kaum könnte es passieren, daß eine Frau den sittlichen Wert oder das schöne Aussehen einer anderen lobte, und wenn ihr in einem Punkt ein Lobspruch unterliefe, würde sie in einem anderen sofort Worte der Verleumdung hinzufügen, welche das vorherige Lob zunichtemachen könnten.

Schmähsucht

(75) Und so folgt nicht zu Unrecht, daß die Frau schmähsüchtig *(maledica)* ist, weil nur aus Neid und Haß Schmähungen entstehen. Niemals wollte eine Frau dieses Gesetz in ihr brechen, sondern voll intakt bewahren. Denn nicht leicht könnte eine Frau gefunden werden, deren Zunge jemals zu verschonen oder Worte der Verleumdung zu verschweigen wüßte. (76) Und in diesem Punkt glaubt jede Frau, sie würde ihr Lob bei allen heben[92] und ihr Ruhm würde zunehmen, wenn sie das Lob anderer eifrig schmälerte – was allen erweist, daß Frauen nur geringe Einsicht haben.[93] Für jedermann auf der Welt steht es nämlich fest, und für alle gilt es als sicher wie eine allgemeine Regel, daß Worte der Verleumdung nur den Leumund eines Verleumders beschädigen und seinen Ruf verschlechtern. (77) Auch deswegen hören Frauen nicht auf, Verleumdungen zu äußern und das Lob der Guten in Frage zu stellen, und so glauben wir, steif und fest behaupten zu müssen, daß überhaupt keine Frau die Lehre der Weisheit[94] kennt. Denn auch alles, was Weise zu besitzen pflegen, ist einer Frau vollkommen fremd, weil sie alles unbesehen glaubt, mit Vergnügen

---

[92] *Et in hoc mulier omnis suas per omnes credit attollere laudes:* Alle Übersetzungen lassen *per omnes* aus. Vielleicht ist Ellipse von *vulgatas (laudes)* oder dergleichen anzunehmen.

[93] *modicum in mulieribus dogma vigere:* „qu'il y a bien peu de bon sens chez ce sexe" B, „That there is little wisdom stirring within women" W, *che nelle femmine dottrina di sapienzia poco risplende* TT A, *che nelle femmine sia molto poca discrezione* TT B, *Que grant coppie de savoir En la fame mie n'abonde* D, *das chain weishait noch erberkait jn weyben ist* H. Die von den Wörterbüchern ausgewiesenen Übersetzungen von *dogma* mit „Meinung, Lehre, Wissenschaft, Glaube, Glaubenssatz, Gebot, Beweis, Argument, Studie" reichen offenbar alle nicht, wenn wir den mittelalterlichen Andreasübersetzern nicht grobe Unkenntnis unterstellen wollen. Ein Unterschied zwischen *dogma* allein und *sapientiae dogma* (mit Genitivus inhaerentiae) läßt sich nicht feststellen.

[94] *sapientiae dogma:* Vielleicht wäre die einfache Übersetzung mit „Weisheit" vorzuziehen. S. die vorhergehende Anmerkung.

ter insistit et cetera sapientiae contraria gerit, quod laboriosum esset nobis per singula enarrare.

(78) Rapacitatis quoque vitio mulier quaelibet inquinatur, quia mulier omnis non solum aliis sed etiam sibi bene iuncto marito suis totis elaborat viribus universa sibi bona surripere et rapta nemini profutura servare. Tanta enim in muliere avaritia dominatur, quod nunquam credit, se contra divinae vel humanae legis statuta venire, sed cum aliena quaerit iactura ditari. (79) Immo nemini largiri et omnia tam iuste quam iniuste acquisita magno studio reservare, summam credit mulier esse virtutem et ab omnibus tanquam bonum esse laudandum, et ab hac quoque regula non excipitur ulla quoque regina.

(80) Ventris etiam mulier in tanto manet obsequio, quia nulli rei mulier erubesceret assentire, si fuerit de splendido cibo secura, nec tanta sibi posset esse copia cibi, si appetitus eam inquietat edendi, quod unquam speret, se posse plenarie saturari, vel quod in mensa petat habere sodalem, sed in cibi assumptione occulta quaerit semper et nimis latentia loca et extra ordinem libenter solet assumere cibum. (81) Sed, licet alias mulierum sit sexus semper avarus et omni rerum tenacitati suppositus, omnia tamen, quae habet, avidissime in ciborum lecacitate consumit, nec fuit quandocunque femina visa, quae non in gulae vitio tentata succumberet. Et haec omnia possumus in Eva prima mulierum cognoscere,

auf dem eigenen Lob besteht und sich auch sonst der Weisheit entgegengesetzt verhält, was im einzelnen aufzuzählen uns zu viel Mühe bereiten würde.

(78) Auch vom Laster der Raffgier *(rapacitas)* ist jede Frau befleckt, weil sich jede Frau bemüht, nicht nur den anderen, sondern auch ihrem wohl angetrauten Ehemann mit ihren ganzen Kräften alle seine Güter zu rauben und die geraubten zu behalten, so daß sie niemandem mehr nützen werden. Bei der Frau herrscht nämlich so große Habsucht *(avaritia)*, daß sie niemals glaubt, gegen die Statuten des göttlichen oder menschlichen Gesetzes aufzutreten, sondern auf fremde Kosten reich zu werden sucht. (79) Vielmehr glaubt die Frau, niemand zu beschenken und alles auf gerechte wie ungerechte Weise Erworbene mit großem Eifer zu verwahren sei die höchste Tugend und von allen wie ein Gut zu loben; und von dieser Regel macht auch keine Königin eine Ausnahme. Raffgier

(80) Die Frau dient auch beharrlich dem Bauch *(ventris obsequium)* so sehr, daß sie nicht erröten würde, allem zuzustimmen, wenn sie sich nur eine köstliche Speise sichern könnte; und die Speisenmenge könnte für sie, wenn Eßlust sie quält, nicht groß genug sein, daß sie jemals erwarten würde, gänzlich satt werden zu können, oder daß sie bei Tisch Gesellschaft haben wollte. Vielmehr sucht sie immer bei der Nahrungsaufnahme geheime und sehr entlegene Plätze auf und pflegt gerne außerhalb der Mahlzeiten Speise zu sich zu nehmen.[95] (81) Aber obwohl sonst das Geschlecht der Frauen immer habgierig und jeglichem Geiz *(tenacitas)* unterworfen ist, braucht sie dennoch alles, was sie hat, gierigst in ihrer Freßsucht[96] auf; und es ist niemals eine Frau gesehen worden, die nicht der Versuchung durch das Laster der Schlemmerei *(gula)* unterlegen wäre. Und das können wir alles Schlemmerei

---

95 Die angeblich notorische Nasch- und Freßsucht der Frauen ist ein gelegentliches Thema der komischen Versnovellen des Mittelalters. Vgl. z. B. *Les perdris* (NRCF IV, Nr. 21), *Der Reiher* (NGA Nr. 15).

96 *ciborum lecacitate:* Das mittellateinische Wort *lec(c)acitas* ist Latinisierung eines romanischen Wortes (z. B. afrz. *lecherie* zu *lechier* „lecken, freßgierig sein, schmarotzen"), das aber eine germanische Wurzel hat (vgl. dt. *lecken*). Der entsprechende alte lateinische Ausdruck *gula* wird anschließend gebraucht.

quae, licet manu divina sine hominis fuerit facto plasmata, nil tamen magis vetitum timuit assumere cibum, et pro ventris ingluvie de Paradisi meruit habitatione repelli. (82) Si ergo illa femina, quae sine crimine fuit divina manu creata, vitia non potuit compescere gulae, quid erit in aliis, quas in peccatis mater concipit in alvo, nec unquam sine crimine vivunt? Sit ergo tibi pro generali regula definitum, quod [in] nihilo facile poteris in muliere carere, si saepius curaveris eam splendida mensa cibare.

(83) Inconstans etiam mulier regulariter invenitur, quia nulla mulier tanta super aliquo negotio soliditate firmatur, cuius fides modica svasione cuiusque non efficiatur in brevi spatio alterata. Est etenim mulier tanquam cera liquescens, quae semper est formam novam parata suscipere et ad sigilli cuiuslibet impositionem mutari. (84) Sed nec ulla posset mulier te facere tanta promissione securum, cuius voluntas et propositum non inveniatur brevi momento circa promissa mutari. Nec horae spatio in eodem statu cuiusque mulieris animus perseverat, unde non immerito Marcianus ait: „Age enim, rumpe moram, quia varium et mutabile semper femina“. – (85) Non ergo speres de quacunque mulieris sponsione gaudere, nisi rei primitus sis perceptione securus. Et ideo non ex-

bei Eva, der ersten der Frauen, kennenlernen, die, obwohl sie durch die Hand Gottes ohne Menschenwerk[97] geformt wurde, sich um nichts mehr scheute, die verbotene Speise zu nehmen, und es wegen der Gefräßigkeit ihres Bauches verdient hat, aus der Wohnung des Paradieses vertrieben zu werden.[98] (82) Wenn also jene Frau, die ohne Schuld durch die Hand Gottes geschaffen worden ist, das Laster der Schlemmerei nicht unterdrücken konnte, was wird mit den anderen sein, die eine Mutter in Sünden in ihrem Leib empfängt und die[99] niemals ohne Schuld leben? Für dich mag also als allgemeine Regel gelten, daß du alles bei einer Frau leicht bekommen kannst, wenn du darauf bedacht bist, sie des öftern mit köstlichen Mahlzeiten zu traktieren.

(83) Die Frau wird auch in der Regel für unbeständig *(inconstans)* befunden, weil keine Frau bei irgendeiner Unternehmung mit solcher Festigkeit gestärkt wird, daß ihre Zuverlässigkeit nicht durch geringe Überredung von irgendjemandem in kurzer Zeit gebeugt werden kann. Denn die Frau ist wie flüssiges Wachs, das immer bereit ist, eine neue Form anzunehmen und sich beim Aufdrücken irgendeines Siegels zu verändern. (84) Aber keine Frau könnte dir durch ein so großes Versprechen Gewißheit geben, daß bezüglich des Versprochenen ihr Wille und Vorsatz nicht in einem kurzen Augenblick sich als veränderlich herausstellen würden. Und der Sinn keiner Frau verharrt im Lauf einer Stunde im selben Zustand, weshalb Martian nicht zu Unrecht sagt: „Wohlan denn, säume nicht, weil eine Frau ist immer ein wankelmütiges und wandelbares Ding.“[100] (85) Hoffe also nicht, dich über irgendeine Zusage einer Frau zu freuen, wenn du dir nicht zuerst über den Emp-

Unbeständigkeit

---

[97] *sine hominis … facto:* Gemeint eher der Zeugungsakt als die Herstellung durch einen menschlichen Künstler, wie aus dem folgenden Satz hervorgeht. Ob *homo* den Menschen oder den Mann meint, muß wiederum offenbleiben.

[98] Gn 3,6.

[99] *quae* muß (nach volkssprachlichem Usus) aus dem Akkusativ *quas*, der den vorhergehenden Relativsatz einleitet, ergänzt werden.

[100] Andreas faßt vermutlich den Satz deshalb als Zitat aus der Schrift *De nuptiis Mercurii et Philologiae* von Martianus Capella auf, weil ihn in Vergils *Aeneis* der Gott Merkur spricht (IV,569 f.): *Heia age, rumpe moras. varium et mutabile semper / femina.*

pedit, in mulierum sponsione civilia iura servari, sed ad earum promissiones semper venias cum sacco paratus. Nam illud proverbium antiquum omni videtur exceptione carere in feminis, scilicet:

„Tolle moras, semper nocuit differre paratis".

(86) Sed mulieres omnes cuncta, quae dicunt, in cordis scimus duplicitate narrare, quia semper alia corde gerunt, quam ore loquantur. Nullus posset homo tanta mulieris familiaritate vel affectione gaudere, qui eius posset animi secreta cognoscere, vel qua sibi fide loquatur. Mulier enim neminem confidit amicum et quemlibet credit penitus deceptorem, et ideo ipsa semper in deceptionis animo perseverat et cuncta, quae loquitur, in duplicitate

fang der Sache sicher bist. Und daher nützt es nichts, sich bei der Zusage einer Frau an das Zivilrecht zu halten;[101] sondern komme ihren Versprechungen immer mit dem Geldbeutel[102] gerüstet entgegen. Denn jenes antike Sprichwort scheint bei Frauen keine Ausnahme zu kennen, nämlich dieses:

„Zögere nicht, immer hat den Bereitstehenden der Aufschub geschadet."[103]

Unaufrichtigkeit

(86) Aber wir wissen, daß alle Frauen alles mit Zweideutigkeit ihres Herzens *(duplicitas cordis)* erzählen, weil sie immer anderes im Herzen tragen als sie durch den Mund äußern. Kein Mann könnte sich einer so großen Vertraulichkeit oder Zuneigung einer Frau erfreuen, daß er die Geheimnisse ihres Sinns kennenlernen könnte oder die Aufrichtigkeit, mit welcher sie zu ihm spricht. Die Frau nämlich ist überzeugt, daß niemand ihr Freund sei, und glaubt, daß jeder durchaus ein Betrüger sei,[104] und so verharrt sie selbst immer in der Absicht zu täuschen, erzählt alles, was sie spricht, mit der Zweideutigkeit ihres Herzens und bekennt es mit verdecktem Sinn.[105]

---

[101] *non expedit in mulierum sponsione civilia iura servari:* „la justice ne peut compter sur les serments des femmes" B, „to regard a woman's pledge by the light of the civil laws" W, *non bisogna di servare in promissione di femmina ragioni civili* TT. Gemeint ist vermutlich, daß der rechtlich gewährleistete Vertrauensgrundsatz bei einer Frau nicht gilt.

[102] *cum sacco:* Niermeyer weist zwar nur *saccus* als „Staatskasse" und *sacculus* als „Kasse" nach. Doch kann hier nur ein Geldbeutel gemeint sein. Die Übersetzungen bleiben im allgemeinen oder haben eine Lücke.

[103] Lucanus, *De bello civili* 1,281 = Walther 31438. Bei Lucan geht es um bereitstehende Truppen.

[104] *mulier neminem confidit amicum et quemlibet credit penitus deceptorem:* Andreas läßt hier jeweils im AcI das Verbum substantivum *esse* aus (wie häufig Gregor von Tours, vgl. Stotz 4, IX § 94.6). B und W haben dies bei *confidere* aber (im Gegensatz zum TT) nicht erkannt und unterstellen Andreas, er verbinde dieses hier mit dem Akk. der Person, was aber auch im Mittelalter nicht zu belegen ist (vgl. Stotz 4, IX § 6.5).

[105] *et mentis plica fatetur:* „et témoigne du charactère tortueux de son esprit" B, „and (is spoken with) ambivalent mind" W, *e con piega di mente (sempre parla)* TT A, „e con doppiezza di mente lo confessa" I. B irrt hier gewiß. W läßt das Verb aus und löst die schwierige Metapher auf. In I,vi,459 hat Andreas von einer *macula plicae* gesprochen. Vgl. dazu Anm. 359.

cordis enarrat et mentis plica fatetur. (87) Nunquam ergo te reddas in mulieris promissione vel iureiurando securum, quia nulla manet fides in muliere, sed tuae mentis propositum studeas mulieri semper servare occultum, et tua sibi noli aperire secreta, [et] ut sic artem arte deludas et eius valeas excludere fraudem. (88) Samson enim, cuius cunctis satis probitas est manifesta, quia mulieri sua non novit celare secreta, ab ea in cordis duplicitate deceptus ab inimicorum legitur exercitu superatus, et ab eisdem captus corporis virtute et oculorum simul est visione privatus. De mulieribus quoque aliis infinitis percipimus, quae suos viros et amatores eo, quod eis sua non noverunt occultare secreta, turpiter in sermonis duplicitate prodidisse leguntur.

(89) Inobedientiae quoque vitio mulier quaelibet inquinatur, quia nulla in orbe adeo sapiens et discreta femina vivit, si ei rei cuiusque interdicatur absusus, quae contra vetitum toto corporis non conetur adnisu et contra interdicta venire. [Unde illud sapientis

(87) Fühle dich also niemals sicher beim Versprechen oder beim Eid einer Frau, denn niemals hält sich Zuverlässigkeit in einer Frau, sondern trachte immer, deine innere Absicht vor einer Frau geheim zu halten, und decke ihr nicht deine Geheimnisse auf, damit du so List durch List übertölpelst und ihren Betrug ausschalten kannst. (88) Samson nämlich, dessen innerer Wert für alle ganz offen zutage liegt, wurde, wie man liest, weil er seine Geheimnisse vor einer Frau nicht zu verbergen wußte, von der Zweideutigkeit ihres Herzens getäuscht, vom Heer der Feinde besiegt, von denselben gefangen und seiner Körperkraft und zugleich seines Augenlichts beraubt.[106] Wir haben auch von unzähligen anderen Frauen erfahren, von denen wir lesen, daß sie ihre Männer und Liebhaber deswegen, weil sie ihnen ihre Geheimnisse nicht zu verbergen wußten, schimpflich mit der Doppelzüngigkeit ihrer Rede verraten haben.[107] List und Trug

(89) Jede Frau wird auch von dem Laster des Ungehorsams *(inoboedientia)* befleckt, denn es lebt auf der Welt keine so weise und vorsichtige[108] Frau, daß sie, wenn ihr der Mißbrauch irgendeiner Sache verboten wurde, nicht gegen Verbot und Interdikte[109] Ungehorsam

---

106 Idc 16,15.

107 W nennt als mögliche Anregung den Katalog in Walter Maps *De nugis curialium* IV,3. Sie dünkt jedoch nicht sehr wahrscheinlich. Zwar war dieses Kapitel aus dem sonst im Mittelalter kaum bekannten Werk des walisischen Juristen am Hofe Heinrichs II., ein fiktiver antiker Brief, überschrieben *Dissuasio Valerii ad Ruffinum philosophum ne uxorem ducat*, als einziges weiter verbreitet und wurde wohl auch wie der Großteil des Werkes schon ca. 1181–1182 verfaßt. Ob das Kapitel aber vorab sofort veröffentlicht wurde, wissen wir nicht. Andere Teil des Werks sind auf die Jahre bis 1191 zu datieren. Wichtiger aber sind die inhaltlichen Differenzen. Walter zählt eine lange Reihe mythologischer und historischer Exempla auf, von denen Andreas nur die biblischen, Samson, David, Salomon, kennt, die aber wohl damals schon sprichwörtliche Opfer der Frauen waren (vgl. die Vagantenlyrik!). Wörtliche Entsprechungen fallen nicht ins Auge. Hätte Andreas aus der Fülle der Gelehrsamkeit und Rhetorik, welche Walter aufbot, nicht mehr übernommen, wenn er sie gekannt hätte?

108 *discreta:* Das Wort hat im Mittellatein laut Niermeyer die Bedeutungen „rücksichtsvoll, redlich, vorsichtig; höflich, bescheiden; erlaucht, hochrangig". Die Wahl für unsere Stelle fällt schwer.

109 *interdicta:* Entweder liegt eine schlichte Doppelung von *vetitum* vor, oder es ist doch die kirchliche Exkommunikation gemeint.

eloquium sine omni exceptione locum sibi meruit in feminis invenire, scilicet:

(90) „Nitimur in vetitum cupimus semperque negatum.]"

Sed et legitur, quod vir quidam sapientissimus fuit exosam habens uxorem. Qui causa criminis evitandi eam nolens propria interimere manu, sciens, mulierem libenter in vetita niti, vas pretiosissimum praeparavit et in eo vinum optimum et odoriferum cum veneno mixtum apposuit et ait uxori: „Uxor dulcissima, cave, ne vasculum praesens attingas, nec de hoc liquore quomodolibet praelibare praesumas, quia res est venenosa et humanae contraria vitae. – (91) Mulier vero vetita mariti contemnens, quum nondum procul abisset, de inhibito liquore praesumpsit et sic est penitus interempta veneno. Sed quid ista referimus, quum maiora noverimus? Nonne etenim mulier Eva prima, quae manu quoque fuit formata divina, et inobedientiae vitio deperiit et gloriam immortalitatis amisit suaque culpa cunctos successores suos ad mortis deduxit interitum? Si vis ergo, mulierem facere quidquam, ei praecipiendo contraria obtinebis.

(92) Superbia quoque muliebrem consvevit maculare sexum. Mulier enim superbiae concitatione accensa nec linguae nec manus novit scelera vel convicia continere, sed omnia nefanda irata

mit ganzer Körperkraft anzukommen versuchen würde. [Daher hat jener Ausspruch eines Weisen verdient, auf Frauen ohne jegliche Einschränkung Anwendung zu finden, der heißt:

„Wir stemmen uns gegen das Verbotene, wir wollen immer, was uns verweigert wird.“[110]][111]

Exempel vom todbringenden Ungehorsam

(90) Aber man liest auch, daß es einen sehr weisen Mann gab, der eine widerwärtige Gattin hatte. Da er, um ein Verbrechen zu vermeiden, sie nicht eigenhändig töten wollte und wußte, daß die Frau sich gerne gegen Verbote stemmt, bereitete er ein gar kostbares Gefäß vor und gab sehr guten und wohlriechenden Wein mit Gift gemischt hinein und sagte zu seiner Gattin: „Liebste Gattin, hüte dich, das gegenwärtige Gefäß zu berühren und wage nicht, von dieser Flüssigkeit irgendwie zu kosten, weil sie etwas Giftiges und für das menschliche Leben Schädliches ist.“ (91) Die Frau aber mißachtete die Verbote ihres Gatten und kostete, als er noch nicht weit weg war, von der verbotenen Flüssigkeit und wurde so völlig von dem Gift dahingerafft.[112]

Evas Ursünde des Ungehorsams

Aber wozu erzählen wir das, obwohl wir Bedeutenderes kennen? Ging denn nicht Frau Eva als erste, die auch von der Hand Gottes geformt wurde, an der Sünde des Ungehorsams zugrunde, verlor den Ruhm der Unsterblichkeit und führte durch ihre Schuld alle ihre Nachkommen in den Untergang des Todes? Wenn du also willst, daß eine Frau etwas tut, wirst du es erreichen, wenn du ihr das Gegenteil aufträgst.

Hochmut

(92) Auch der Hochmut *(superbia)* pflegt das weibliche Geschlecht zu beflecken. Eine Frau nämlich, die vom Anreiz des Hochmuts entflammt ist, weiß weder die Verbrechen der Hand noch das Gekeife der Zunge[113] zu unterdrücken, sondern begeht im

---

[110] Wiederholung des freien Ovidzitats aus I,vi,7.

[111] Nach Trojel erscheint das Eingeklammerte nur in den Hss. C und D und ist daher Interpolation. Es findet sich allerdings auch im Cod. Vind. 5363.

[112] Wiederum der Inhalt einer frauensatirischen Verserzählung. Eine unmittelbare Parallele wurde bisher nicht gefunden. Das Motiv der Widerspenstigen, die stets das Gegenteil des Befohlenen tut, ist aber verbreitet. Vgl. z. B. *La Dame escoillée (Die kastrierte Dame)* (NRCF Nr. 83); *Die böse Adelheid* (NGA Nr. 4).

[113] Andreas hat es vermutlich für stilistisch geschickt gehalten, wenn er die Wörter chiastisch anordnet: *nec linguae nec manus … scelera vel convicia.*

audacter committit. Sed et, si quis vellet iratam compescere mulierem, inani se labore fatigat, quia, si manibus eam teneat pedibusque ligatam et cuiuslibet eam generis cruciatu adstringat, ipsam non posset a malo proposito revocare vel eius animi superbiam mitigare. (93) Sed ad modicum satis et levis occasionis verbum, immo quandoque pro nihilo, cuiuslibet mulieris accenditur ira, et in immensum eius superbia crescit, nec unquam recolere possum, quod aliquis feminam potuerit quamcunque videre, quae suam noverit superbiam cohibere. Et ab his regulis nulla femina reperitur excepta.

(94) Praeterea omnis mulier alias contemptui videtur habere, quod ex sola constat superbia provenire. Nullus enim nisi ex superbiae supercilio alium contemnere posset. Mulier praeterea quaelibet, non tantum iuvencula sed etiam senex et decrepita, summo studio elaborat propriam extollere formam, quam rem ex superbia procedere sola, sapientis patenter verba demonstrant, qui ait:

„Cunctis inest fastus, sequiturque superbia formam“.

(95) Unde manifeste patet, mulieres non posse mores egregios plenarie possidere, quia, ut ait:

„Inquinat egregios adiuncta superbia mores“.

Zorn keck alles Ruchlose. Aber auch wenn einer eine wütende Frau besänftigen wollte, müht er sich vergebens; denn wenn er sie an Händen und Füßen gebunden hielte und sie durch Folter beliebiger Art unter Druck setzte,[114] könnte er sie nicht von einem üblen Vorsatz abhalten oder den Hochmut ihres Sinnes mildern. (93) Aber bei einem ganz nebensächlichen Wort aus geringem Anlaß, ja sogar manchmal wegen nichts wird der Zorn einer beliebigen Frau erregt, und ihr Hochmut wächst ins Unermeßliche, und ich kann mich nicht erinnern, daß irgendjemand irgendwann eine Frau hätte sehen können, die ihren Hochmut im Zaum zu halten wußte. Und keine Frau wird von diesen Regeln ausgenommen befunden.

Verachtung anderer Frauen und Stolz

(94) Außerdem scheint jede Frau die anderen zu verachten. Das kommt erwiesenermaßen allein aus dem Hochmut. Niemand nämlich könnte den anderen verachten außer aus Dünkel des Hochmuts. Außerdem bemüht sich jede Frau, nicht nur eine junge, sondern auch eine alte und verlebte, mit höchstem Eifer die eigene Schönheit hervorzuheben, was allein aus Hochmut entsteht, wie die Worte eines Weisen klar erweisen, der sagt: (95) „Allen[115] wohnt Stolz inne, und Hochmut folgt der Schönheit.“[116] Daraus geht eindeutig hervor, daß Frauen hervorragende Sitten nicht vollständig besitzen können, denn, wie es heißt:[117] „Beigesellter Hochmut beschmutzt hervorragende Sitten.“[118]

---

[114] *cuiuslibet eam generis cruciatu adstringat:* „lui ferait-on subir tous les supplices“ B, „(he) applies all manner of torture to her“ W, *con ogni generazione di tormento la struggessi* TT A, *battesse duramente di qualunque battitura fosse* TT B. Keine der in den Wörterbüchern belegten Bedeutungen von *adstringere* will hier passen.

[115] *Cunctis inest fastus, sequiturque superbia formam:* W konjiziert gegen alle Hss. *cunctus*, vermutlich, um das Versmaß des Hexameters zu retten. Dann wäre aber *Fastus inest cunctis* … vorzuziehen. Andreas hat aber ohnehin auch andere Verse ruiniert (vgl. I,vi,546; II,vi,7).

[116] Vgl. Ovid, *Fasti* I,419: *fastus inest pulchris, sequiturque superbia formam* = Walther 8874.

[117] *ut ait:* Hier fehlt das Subjekt, wenn man es nicht aus dem vorhergehenden Satz ergänzt. Die Hss. B, C und D ergänzen daher *sapiens* (danach TT), *auctor* oder *Ovidius.* Der Schreiber des Cod. Vind. 5363 hat hier eine Lücke freigelassen. Die modernen Übersetzer weichen auf unpersönliche Ausdrucksweise aus.

[118] Claudian, *Panegyricus auf das vierte Konsulat des Honorius* = Carmen VIII,305 = Walther 12465.

Vana gloria feminam detentat quoque vehementer, quia mulier aliqua reperiri non posset in mundo, quam super omnia laus non delectet humana, et quae verba cuncta de se ipsa prolata non credat ad suas pertinentia laudes. (96) Quae etiam in Eva prima femina posset culpa notari, quum cibaria vetita sumpsit, ut boni et mali posset habere scientiam. Sed et nulla mulier invenitur ex tam infimo genere nata, quae se non asserat egregios habere parentes et a magnatum stipite derivari, et quae se omni iactantia non extollat. Et haec sunt, quae vana gloria tanquam propria quaerit.

(97) Mendax etiam femina quaelibet reperitur, quia non est femina vivens, quae falsa non simulet et mendacia ingenio non componat audaci. Nam et pro re modica satis mulier millies iurando mentitur et pro brevissimo lucro infinita mendacia fingit. (98) Immo mulieres sua cuncta mendacia tueri arte laborant et sub ornata falsitate aliarum consverunt falsum componere crimen. Nec posset homo tam violentas contra mulierem praesumptiones habere, quod ipsa suum profiteatur excessum, nisi fuerit in ipso crimine deprehensa.

Eitle Ruhmsucht

Eitle Ruhmsucht *(vana gloria)* hat die Frau auch fest im Griff. Denn man könnte auf der Welt keine Frau finden, die menschliches Lob vor allem anderen nicht entzücken und die nicht alle über sie vorgebrachten Worte glauben würde, wenn sie ihr Lob betreffen.[119] (96) Auch diese Schuld könnte man bei Eva als erster Frau entdecken, als sie die verbotene Speise verzehrte, um die Erkenntnis von Gutem und Bösem erlangen zu können. Aber es wird auch keine Frau gefunden, die von so niedriger Geburt ist, daß sie nicht behauptete, hervorragende Eltern zu haben und von einem Geschlecht von Magnaten abzustammen, und sich nicht mit jeglicher Prahlerei selbst erhöhte. Und das ist es, was eitle Ruhmsucht als das ihr Eigentümliche sucht.[120]

Lügenhaftigkeit

(97) Jede Frau wird auch für lügnerisch *(mendax)* befunden. Denn es gibt keine lebende Frau, die nicht Falsches vortäuscht und nicht mit kühner Erfindungsgabe Lügen erdichtet. Denn auch für eine winzige Kleinigkeit leistet eine Frau tausend Eide und erfindet für einen sehr geringen Gewinn unzählige Lügen. (98) Ja, die Frauen mühen sich sogar, all ihre Lügen mit Raffinesse zu verteidigen und pflegen mit schönem Trug ein unterschobenes Verbrechen anderer Frauen zu erdichten.[121] Und ein Mann könnte nicht so schlagende Verdachtsmomente gegen eine Frau haben, daß sie selbst ihre Übertretung gestehen würde, außer sie würde auf frischer Tat ertappt.

---

[119] *quae verba cuncta de se ipsa prolata non credat ad suas pertinentia laudes:* „toutes croient que les moindres propos qu'on tient à leur sujet chantent leurs louanges" B, „who does not believe that all words spoken about her are adressed to her praises" W, *e tutte lode crede di sé* TT, „e che non creda che non siano di lode tutte le parole che la riguardano" I. Obwohl TT stark gekürzt hat, hat er meines Erachtens dem Sinn nach recht. Es liegt hier kaum ein AcI mit eingespartem *esse* vor.

[120] Der Satz ist bei B versehntlich ausgefallen.

[121] *sub ornata falsitate aliarum consuerunt falsum componere crimen:* „elles trament généralement leurs forberies en s'abritant derrière la fausseté des autres" B, „are fond of inventing untrue charges against other ladies by elaborate falsehood" W, *con coperte falsitadi usano di levare all'altre adosso ria voce* TT A, *e con qualche adornata falsità, d'una cosa sogliono in un'altra commettere falso peccato* TT B, „dell'altrui falsità inventano falsità" I. Hier geht wohl nur W in die richtige Rechnung. *aliarum* ist gewiß nicht von *falsitate* abhängig und *componere* nicht mit *committere* synonym.

(99) Est etiam omnis mulier ebriosa, id est vinum libenter potando assumens. Non est enim mulier aliqua, quae cum centum in die commatribus erubescat optimum [caritative] potare falernum. Nec erit totiens meri potatione refecta, quae vina iterum allata recuset; vinum tamen versum sibi maxime reputat inimicum, et aquae potus plurimum consvevit ei esse nocivus. Sed, si vinum sanum sine aquae admixtione reperiat, magnam suae substantiae vellet potius sustinere iacturam, quam de illo ad corporis sufficientiam non gustaret, unde nulla est mulier, quae saepissime ebrietatis vitium non incurrat.

(100) Est et omnis femina virlingosa, quia nulla est, quae suam noverit a maledictis compescere linguam, et quae pro unius ovi amissione die tota velut canis latrando non clamaret et totam pro re modica viciniam non turbaret. Immo mulier cum aliis commorando nunquam alicui ad loquendum vellet cedere locum, sed suis semper dictis nititur dicenda committere et in suo diutius sermone durare, nec unquam posset sua lingua vel spiritus fatigari loquendo. (101) Saepe etiam mulieres videmus plurimas, quae propter aviditatem loquendi solitariae commorantes intra se ipsas ad verba moventur et expressa voce loquuntur. Sed etiam cunctis mulier audacter loquendo resistit et nullius unquam posset acquiescere dictis, sed in omnibus semper suam nititur praeferre sententiam.

(99) Es ist auch jede Frau trunksüchtig *(ebriosa)*,[122] das heißt, sie nimmt zum Trinken gerne Wein. Es gibt nämlich keine Frau, die sich scheuen würde, bei Tag mit ihren hundert Gevatterinnen den besten Falerner[123] zu trinken. Und keine hat sich so oft am Genuß reinen Weins erquickt, daß sie abermals herbeigeschafften Wein zurückweisen würde; doch den gemischten Wein[124] hält sie insbesondere für ihren Feind, und das Trinken von Wasser pflegt ihr am meisten abträglich zu sein. Aber wenn sie unverdorbenen Wein ohne Beimischung von Wasser findet, wollte sie eher einen großen Vermögensverlust in Kauf nehmen, als von ihm nicht zu kosten, soviel der Körper aufnehmen kann. Daher gibt es keine Frau, die nicht sehr oft der Sünde der Trunksucht verfällt. Trunksucht

(100) Auch ist jede Frau klatschsüchtig *(virlingosa)*,[125] weil es keine gibt, die ihre Zunge vor Schmähungen zurückzuhalten wüßte, bei Verlust eines einzigen Eis nicht den ganzen Tag bellend wie ein Hund laut klagen und wegen einer Kleinigkeit die ganze Nachbarschaft in Aufregung versetzen würde. Im Gegenteil: Eine Frau würde niemals im Kreis anderer irgendjemand die Gelegenheit zum Reden überlassen wollen, sondern bemüht sich immer, in ihrer Rede ununterbrochen vorzubringen, was sie sagen muß, und möglichst lange am Wort zu bleiben;[126] und niemals könnten ihre Zunge oder ihr Geist beim Reden erlahmen. (101) Oft sogar sehen wir sehr viele Frauen, die aus Rededrang, obwohl sie allein sind, zum Reden angetrieben werden und mit lauter Stimme mit sich selbst reden. Aber die Frau leistet auch kühn mit Worten Widerstand und könnte niemals zu den Worten von jemand schweigen, sondern sie bemüht sich immer, in allem ihre Meinung vorzubringen. Klatschsucht und Geschwätzigkeit

---

[122] Sir 26,11 *mulier ebriosa ira magna* („Ein großer Verdruß ist eine Frau, die trinkt.").

[123] Der Falerner Wein wird wohl aus Juvenal, VI,303 u. 425ff. stammen.

[124] *vinum versum:* „le vin coupé" B, „wine that has deteriorated" W, *vino cercone* TT, *gemengter wein* H. Obwohl der normale Gegensatz zu *vinum merum* natürlich der (in der Antike normalerweise genossene) *vinum mixtum* ist, meint das „Verändern" hier vermutlich auch das Mischen, wie aus dem Folgesatz erhellt, wo der *vinum merum* plötzlich als *sanum vinum* erscheint.

[125] S. o. Anm. 89.

[126] Vgl. Juvenal, *Satire* VI,435ff.

(102) Praeterea nulla novit mulier aliquod occultare secretum. Quanto enim aliquid secretius iniungitur mulieri servandum, tanto avidius illud cunctis indicare laborat. Nec potuit usque ad haec tempora femina inveniri, quae aliquid sibi in secreto positum reservaret occultum, quamvis illud sit magnum, vel inde videatur alicui mortis interitus evenire. (103) Quidquid enim secretum alicuius fidei mulieris iniungitur, eius penitus videtur urere intrinseca, nisi primitus iniuncta sibi damnose secreta revelet. Nec posses illud in feminis evitare quasi iuxta superiorem regulam eis praecipiendo contraria, quia mulierem quamlibet plurimum delectat novarum confabulatio rerum. Secretum ergo tuum ab omni studeas femina custodire.

(104) Luxuriosa est etiam omnis femina mundi, quia mulier quaelibet, quantumcunque sit dignitatis honore praeclara, si aliquem, licet vilissimum et abiectum, noverit in Veneris opere potentem, illum a suo concubitu non repellit, nec est aliquis in opere Veneris potens, qui etiam cuiusvis mulieris posset quomodolibet mitigare libidinem.

(105) Praeterea nulla mulier tanta fidei puritate colligatur amico vel manet unita marito, quae alium non admittat amantem, maxime quum quis pecuniosus accedit, ubi quidem mulieris luxuria cum avaritia summa notatur. Sed nulla in hoc saeculo commoratur in tantum mulier constans vel quacunque sponsione ligata, si

Geheimnisverräterei

(102) Außerdem weiß keine Frau irgendein Geheimnis zu hüten. Je strenger etwas geheim zu halten ist, was einer Frau anvertraut wird, desto begieriger müht sie sich, es allen kundzutun. Und es konnte bis heute nicht eine Frau gefunden werden, die etwas ihr im Geheimen Anvertrautes bei sich behalten hätte, wie wichtig es auch sein mochte oder wie wahrscheinlich, daß jemandem dadurch der Tod drohen könnte. (103) Denn was für ein Geheimnis auch immer von jemand der Treue einer Frau anvertraut wird, es scheint ihr Inneres völlig zu verbrennen, wenn sie nicht zuvor die ihr anvertrauten Geheimnisse verderbenbringend aufdeckt.[127] Das könntest du bei den Frauen auch nicht verhindern, indem du gleichsam gemäß der oben gegebenen Regel[128] ihnen das Gegenteil aufträgst, weil eine jede Frau am meisten der Austausch von Neuigkeiten entzückt. Trachte daher, dein Geheimnis vor jeder Frau zu schützen.

Ausschweifung

(104) Ausschweifend *(luxuriosa)* ist jede Frau auf der Welt ebenfalls.[129] Denn keine Frau, wie hochberühmt sie auch kraft ihres Standes und Rangs sein mag, weist einen Mann von ihrem Lager zurück, wenn sie von ihm, mag er der gemeinste und niedrigste sein, weiß, daß er beim Werk der Venus potent ist; und es gibt keinen beim Werk der Venus Potenten, der die Wollust auch nur irgendeiner Frau irgendwie lindern könnte.

Untreue

(105) Des weiteren: Keine Frau bindet sich mit so reiner Treue an ihren Freund oder bleibt so mit ihrem Gatten verbunden, daß sie nicht einen anderen als Liebhaber zuließe, besonders dann, wenn sich einer mit Geld heranmacht, woran sich unstreitig die Ausschweifung und zugleich die äußerste Habsucht der Frau ablesen lassen. Aber es weilt keine Frau auf dieser Erde, die dermaßen beständig oder durch irgendein Gelöbnis gebunden wäre, daß

---

127 *nisi primitus iniuncta sibi damnose secreta revelet:* „qu'il lui faille révéler immédiatement si funeste pour elle" B, „if she does not first expose the confidences so disastrously reposed in her" W, *se tosto alli strani non la palesa* TT, „finchè non svela pure con suo danno i segreti confidati" I. Die freie Wortstellung läßt es offen, ob *damnose* zu *iniuncta* oder zu *revelet* gehört. Unklar auch, wem das Verderben droht. Nach dem vorangehenden Satz eher jemand anderem.

128 Siehe III,90f.

129 Vgl. Sir 26,12–15.

voluptatis accedat amator et eam ad Veneris voluptates sapienter et instanter invitet, quae post multam saltem instantiam petentis velit abiicere preces vel ab eius se importunitate tueri. (106) Et haec quidem regula pro nulla reperitur femina fallax. Videas ergo, qualis sit mulier reputanda, quae in rerum felicitate posita et honorabili amico vel optimo [est] honorata marito alterius appetit voluptatibus commisceri. Ideo istud mulier agit, quia nimia ipsam luxuria vexat.

(107) Est quoque ad omne malum femina prona. Quodcunque maius est in hoc saeculo nefas, illud omnis mulier sine timore pro levi occasione committit, et mulieris animus ad omne malum pro modica cuiusque svasione facile inclinatur. Praeterea nulla vivit in hoc femina mundo, non etiam imperatrix neque regina, quae totam vitam suam more gentilium non consumat auguriis et variis divinationum haruspiciis [et], dum vivit, mente credula non insistat, et quae assidue artis mathematicae infinita maleficia non committat. (108) Immo nullum opus mulier facit, in cuius principio dies non exspectetur et hora, et cui ars malefica non praestet initium. Nam etiam non ducitur, nec defuncti obsequia celebrantur, nec semina trahuntur ad agrum, nec habitatio nova patietur ingressum, nec quidquam aliud datur suo initio, nisi muliebre prius procedat augurium, et nisi istud magicis feminarum prae-

sie, wenn sich ein lüsterner Liebhaber näherte und sie klug und zudringlich zu den Genüssen der Venus einlüde, wenigstens nach großer Zudringlichkeit die Bitten des Werbenden abschlagen oder sich vor seiner Unverschämtheit schützen wollte. (106) Und diese Regel stellt sich gewiß für keine Frau als trügerisch heraus. Sieh also, wie die Frau einzuschätzen ist, die, mit Reichtum beglückt und mit einem ruhmreichen Freund oder dem besten Gatten ausgezeichnet, sich nach der wollüstigen Vereinigung mit einem anderen sehnt. So treibt's die Frau, weil übermäßige Ausschweifung sie quält.

Neigung zu allem Bösen

(107) Zudem ist die Frau zu allem Bösen geneigt. Was auch die größte Untat[130] auf dieser Welt ist, jede Frau begeht sie ohne Furcht bei geringem Anlaß, und der Sinn einer Frau neigt sich leicht zu allem Bösen, wenn ihr jemand nur ein wenig zuredet.

Aberglaube und Hexerei

Außerdem lebt keine Frau auf dieser Erde, nicht einmal eine Kaiserin oder Königin,[131] die nicht ihr ganzes Leben nach Art der Heiden mit Weissagungen verbringen, leichtgläubigen Sinns zeitlebens an den verschiedenen Prophezeiungen festhalten und unablässig unzählige Hexereien der astrologischen Kunst begehen würde. (108) Im Gegenteil: Die Frau führt kein Werk aus, an dessen Anfang nicht Tag und Stunde abgewartet werden und wofür nicht Hexenkunst den Anfang gewährt. Denn es wird auch nichts ausgeführt, weder werden Totenfeiern abgehalten noch Samen auf den Acker geführt, eine neue Wohnstatt den Eintritt erdulden oder irgendetwas anderes in Angriff genommen, wenn nicht zuerst eine weibliche Weissagung vorausgeht und wenn es nicht durch die magischen Prophezeiungen von Frauen gebilligt wird.[132]

---

[130] *maius ... nefas:* Hier wie stets ist der Stellenwert der Steigerungsform nicht festzulegen: „sehr groß, zu groß, größer, am größten"?

[131] Man stelle sich die Aufnahme einer solchen Hetzrede durch Königin Eleonore oder eine sonstige Fürstin vor!

[132] Juvenal beschreibt VI,548–591 den Aberglauben der Frau, insbesonders an die Tierschau *(haruspicium)*, die Vogelschau *(augurium)*, das Handlesen, das Losen *(sortitio)* und die Sterndeuterei *(astrologia)*. Das meiste davon begegnet auch hier, selbst die astrologische Terminierung eines Begräbnisses (VI,566), so daß an dem Quellenbezug kein Zweifel besteht. Was Andreas davon aus seiner Zeit wirklich kannte, geht daher aus der Stelle nicht hervor. Ich ziehe daher die allgemeinere Übersetung von *haru-*

sagiis approbetur. (109) Unde sapientissimus Salomon malitias cunctas et scelera mulieris agnoscens de ipsius vitiis et improbitate generali fuit sermone locutus. Ait enim „Femina nulla bona“. Cur igitur, quod est malum, Gualteri, tam avide quaeris amare?

(110) Mulier siquidem hominem cordis affectione non amat, quia nulla est, quae marito vel fidem servet amico, et cuius fides non inveniatur alio superveniente vacillans. Nescit enim mulier aurum vel argentum aut alia sibi oblata munera reiicere neque sui corporis solatia petita denegare. (111) Sed, quum sciat femina, nihil in tantum coamantis animum aggravare, quantum si de ipsa sui corporis solatia largiatur, videas, quanta mulier hominem cordis affectione peramet, quae propter auri vel argenti aviditatem extranei vel peregrini se committit arbitrio et coamantis animum non erubescit tanta confusione turbare ac propriae fidei ornamenta dirumpere. (112) Sed nulla praeterea femina tanto posset coamanti dilectionis vinculo colligari, si munerum ipsa semper suffragia non agnoscat, quae circa solita non incipiat tepidare solatia et suo coamanti non fiat cito peregrina. Neminem ergo videtur decere prudentem feminae se affectui obligare, quia nemini mutuum ser-

(109) Daher hat der sehr weise Salomon, da er alle Untaten und Verbrechen der Frau kannte, über ihre Laster und ihre Wertlosigkeit einen allgemeingültigen Ausspruch getan. Er sagt nämlich: „Keine Frau ist gut."[133] Warum also, Walter, suchst du so begierig zu lieben, was ein Übel ist?

Käuflichkeit

(110) Des weiteren[134] liebt die Frau keinen Mann mit der Zuneigung ihres Herzens, denn es gibt keine, die ihrem Gatten oder Freund die Treue hielte und deren Treue nicht schwankend befunden würde, wenn ein anderer auf den Plan tritt. Die Frau weiß nämlich nicht, Gold oder Silber oder andere ihr angebotene Geschenke zurückzuweisen noch die erbetene Ergötzung an ihrem Körper *(sui corporis solatia)* zu verweigern. (111) Die Frau weiß sehr wohl, daß nichts so das Herz des Liebespartners beschwert wie ihr freiwilliges Geschenk der Ergötzung an ihrem Körper. Sieh also, mit wie großer Zuneigung des Herzens sie einen Mann liebt, die aus Gier nach Gold oder Silber sich dem Willen eines Fremden oder Auswärtigen ergibt und sich nicht scheut, das Herz des Liebespartners in so heftige Bestürzung zu versetzen und die Zier der eigenen Treue zu zerstören. (112) Aber außerdem könnte sich keine Frau mit einem so starken Band der Zuneigung an den Liebespartner binden, daß sie, wenn sie nicht stets die Unterstützung durch Geschenke feststellt, nicht bei den üblichen Liebeswonnen *(solatia)* zu erkalten beginnen und sich ihrem Liebespartner schnell entfremden würde. Es scheint also, daß es keinem Einsichtigen wohl ansteht, sich der Zuneigung einer Frau zu verpflichten,

---

spicium und *augurium* vor. Die Ausdrücke *maleficium* und *ars malefica* verstehe ich im mittelalterlichen Sinne als Hexerei (s. Niermeyer). Dadurch kommt auch das Ungeheuerliche dieser Vorwürfe deutlich heraus. Hexerei galt als Ketzerei und stand unter Todesstrafe.

133 *femina nulla bona:* Der Spruch ist so oder ganz ähnlich im Mittelalter geläufig. Vgl. Walther 9140 oder Bernhard von Morlas (s. o. Anm. 87): *Nulla quidem bona, si tamen et bona contigit ulla, Est mala res bona, namque fere bona femina nulla.* In den im Mittelalter Salomon zugeschriebenen Schriften, den Büchern der Sprüche, des Predigers, der Weisheit, des Hohenliedes, oft auch des Jesus Sirach, findet sich der Satz jedoch so nicht. Parry (1941) hat verwiesen auf Ecl 7,29 „Einen Mann unter tausenden fand ich, aber eine Frau habe ich unter allen nicht gefunden."

134 *siquidem:* „ferner" (Niermeyer).

vat amorem, et constat, ipsam tot supra dictis et tam validis rationibus reprobandam.

(113) Amor praeterea ratione alia satis videtur odibilis, quia saepius inaequalia pondera portat et eam semper cogit amare, quam nulla posset homo sollicitudine obtinere, quia mutuum illa non sentit amorem, quum amoris non instigetur aculeis. Non est ergo illius arbitrium eligendum, qui te cogit instanter illud toto mentis ingenio postulare, quod ipse idem tibi facit penitus denegari. (114) Nam, si amor iustus vellet moderator haberi, id solum ad amandum cogeret amatores, quod statim vel post dignos labores eos mutua vice diligeret; quod quum non faciat, merito videtur eius militia recusanda. Non enim illius videtur amanda societas, qui te producit ad bellum et inito proelio transit ad hostes et tuitionis eis arma ministrat. Non expedit ergo, venerande amice, tuos in amore consumere dies, quem tot superius improbatum rationibus constat. (115) Nam, si te facit regis gratia carere coelestis et omni te penitus vero privat amico et huius saeculi cunctos subducit honores, omnisque famae laudabilis per eundem supprimitur aura, ac sui voracitate divitias devorat universas, et ex eo, sicut superius narratur, mala cuncta sequuntur, cur stulte quaeris amare, vel quod inde posses acquirere bonum, quod tibi valeret tot incommoda compensare? (116) Nec id, quod quaeris in amore praecipuum, scilicet ut vice mutua diligaris, sicut superius edocetur,

weil sie niemandem die Gegenliebe bewahrt. Und es steht fest, daß sie aus den oben genannten so zahlreichen und so triftigen Gründen zu verwerfen ist.

Letztes Argument gegen die Liebe: Häufiger Mangel an Gegenliebe

(113) Außerdem scheint die Liebe aus einem anderen Grund (XVI) sehr hassenswert. Denn sie trägt sehr oft ungleiche Gewichte[135] und zwingt stets diejenige zu lieben, welche ein Mann mit keiner Anstregung besitzen könnte, weil jene keine Gegenliebe empfindet, da sie nicht von den Stacheln der Liebe angespornt wird. Ihren (d.h. der Liebe) Willen darf man also nicht akzeptieren, die dich heftig zwingt, das mit allem Sinnen und Trachten zu fordern, was dir auf ihre Veranlassung hin völlig verweigert wird. (114) Denn wenn die Liebe *(Amor)* für eine gerechte Regentin *(moderator)* gehalten werden wollte, würde sie die Liebenden *(amatores)* zwingen, nur das zu lieben, was ihnen sofort oder nach angemessenen Mühen Gegenliebe schenken würde.[136] Da sie das nicht macht, muß ihr der Dienst augenscheinlich mit Recht verweigert werden. Denn nicht liebenswert ist die Gemeinschaft mit jemand, der dich zum Krieg verführt, nach Beginn des Kampfes zum Feind überläuft und ihm Schutzwaffen verschafft. Daher ist es nicht förderlich, verehrungswürdiger Freund, wenn du deine Tage mit der Liebe hinbringst, die oben mit so vielen Argumenten anerkanntermaßen verworfen wurde.

Zusammenfassung der Gründe wider die Liebe

(115) Denn wenn sie dich die Gnade des himmlischen Königs entbehren läßt, dich vollkommen jeglichen wahren Freundes beraubt, alle Ehre dieser Welt wegnimmt, wenn jeder Hauch eines lobenswerten Rufes durch sie unterdrückt wird, sie alle Reichtümer durch ihre Gefräßigkeit verschlingt und, wie oben dargelegt wird, alle Übel aus ihr folgen, warum trachtest du töricht nach Liebe? Oder welches Gut könntest du davon erlangen, was dir so viele Widrigkeiten aufwiegen könnte? (116) Was du hauptsächlich in der Liebe suchst, nämlich Gegenliebe zu finden, das könntest du,

---

[135] Vgl. I,iv,4.

[136] Andreas scheint hier nach der Frauenschelte plötzlich wieder zur Sicht auf beide Geschlechter zuückzukehren und benützt dafür einerseits den Plural für die Liebenden, andererseits das Neutrum für das Liebesobjekt *(id quod)*.

nullo posses obtinere labore, quia nulla femina mutuum rependit amorem. Si cuncta igitur, quae in amore versantur, vigili curaveris mente perquirere, clara poteris veritate cognoscere, quam inevitabili quisque ratione tenetur amorem totis viribus evitare et eius penitus calcare mandata.

(117) Haec igitur nostra subtiliter et fideliter examinata doctrina, quam tibi praesenti libello mandamus insertam, tibi duplicem sententiam propinabit. Nam in prima parte praesentis libelli tuae simplici et iuvenili annuere petitioni volentes ac nostrae quidem in hac parte parcere nolentes inertiae artem amatoriam, sicut nobis mente avida postulasti, serie tibi plena dirigimus et competenti ordinatione dispositam delegamus, (118) quam si iuxta volueris praesentem exercere doctrinam, et sicut huius libelli assidua tibi lectio demonstrabit, omnes corporis voluptates pleno consequeris effectu, Dei tamen gratia, bonorum consortio atque virorum laudabilium amicitia iusta manebis ratione privatus, tuamque famam non modicam facies sustinere iacturam, nec facile huius

wie oben gelehrt wird, auch mit keiner Mühe[137] erlangen, weil keine Frau Liebe erwidert. Wenn du also darauf bedacht bist, alles, was sich in der Liebe abspielt, wachen Sinnes zu ergründen, kannst du in heller Wahrheit erkennen, aus wie unausweichlichem Grund ein jeder gehalten ist, mit ganzer Kraft die Liebe zu vermeiden und ihre Gebote ganz und gar mit Füßen zu treten.

[Schlußwort][138]

Zweifacher Sinn des Buches

(117) Diese unsere Lehre also, scharfsinnig und getreulich abgewogen,[139] die wir, diesem Büchlein einverleibt, dir senden, wird dir einen zweifachen Sinn darbieten. Denn in der Absicht, im ersten Teil vorliegenden Buches deinem naiven und jugendlichen Wunsch nach- und in diesem Teil gewißlich meiner Trägheit nicht entgegenzukommen, schicken wir dir die Liebeskunst *(ars amatoria)*, wie du von uns mit begierigem Sinn verlangt hast, in vollem Wortlaut und senden sie, wie wir sie in passender Anordnung aufgebaut haben.[140] (118) Wenn du sie entsprechend der vorliegenden Lehre anwenden willst und so, wie dir die eifrige Lektüre dieses Büchleins zeigen wird, wirst du alle körperlichen Lustgefühle in voller Wirkung erlangen, jedoch der Gnade Gottes, der Gesellschaft und Freundschaft der guten und rühmenswerten Männern aus gutem Grund beraubt bleiben, deinen Ruf einen nicht geringen Verlust erleiden lassen und nicht leicht Ehren dieser Welt erlangen.

---

137 *Nec … ullo … labore:* W konjiziert hier offenbar notwendigerweise gegen alle Hss. *ullo* aus *nullo.*

138 Zwischenüberschrift in Hs. D *finale capitulum et conclusio libri.*

139 *Haec igitur nostra subtiliter et fideliter examinata doctrina:* B, W und offenbar auch H machen den Leser zum Subjekt der Partizipialgruppe, als ob *a te* dabei stünde. Unsere Übersetzung entspricht den italienischen.

140 *artem amatoriam … serie tibi plena dirigimus et competenti ordinatione dispositam delegamus:* „nous t'avons exposé l'art d'aimer … en ordonnant la matière de façon à rien omettre et en adoptant une disposition parfaitement logique" B, „I chart for you the art of love in its full development, and I send it to you set down in the appropriate order" W, *l'arte d'amare … ordinatamente piena e sofficientemente disposta la ti mandiamo* TT, *die kunst der puelschaft … das haben wir mit völliger mass geöffennt vnd sennden dyr das in wolgeseczt recht vnd ordnung* H. Am ehesten sind *dirigere* und *delegare* hier nach mittellateinischem Brauch synonym verwendet (vgl. TT gegen B, W, H).

saeculi consequeris honores. (119) In ulteriori parte libelli tuae potius volentes utilitati consulere, de amoris reprobatione tibi nulla ratione petenti, ut bona forte praestemus invito, spontanea voluntate subiunximus et pleno tibi tractatu conscripsimus. Quem tractatum nostrum si attenta volueris investigatione disquirere ac mentis intellectu percipere et eiusdem doctrinam operis executione complere, ratione manifesta cognosces, neminem in amoris voluptatibus debere male suos expendere dies, ac inde rex coelestis in cunctis tibi propitius permanebit et in hoc saeculo prosperos mereberis habere successus et universa laudabilia et honesta desideria cordis implere, ac in futuro gloriam et vitam possidebis aeternam.

(120) Sumas ergo, Gualteri, salubrem tibi a nobis propinatam doctrinam et mundi penitus vanitates omittas, ut, quum venerit sponsus nuptias celebrare maiores, et clamor surrexerit in nocte, sis praeparatus cum lampadibus occurrere sibi ornatis secumque ad nuptias introire divinas, nec te oporteat tempore opportunitatis

Abschließende Warnung vor den tödlichen Folgen der Liebe

(119) Da wir im späteren Teil[141] des Büchleins eher für deinen Nutzen Sorge tragen wollten, haben wir dir, obwohl du es in keiner Weise erbatest, aus eigenem Wunsche „Von der Verwerfung der Liebe"[142] hinzugefügt und für dich in Form eines ganzen Traktats aufgezeichnet, damit wir dir vielleicht, gegen deinen Willen,[143] Gutes erweisen. Wenn du diesen unseren Traktat aufmerksam durchforschen, mit Geist und Verstand aufnehmen und die Lehre desselben Werks praktisch befolgen willst, wirst du mit klarer Einsicht erkennen, daß niemand seine Tage mit Sinnesfreuden der Liebe *(amoris voluptates)* zu seinem Verderben verbrauchen *(male expendere)* soll; und dafür wird dir in allem der himmlische König gewogen bleiben; und du wirst verdienen, in dieser Welt glückliche Erfolge zu haben und alle rühmenswerten und ehrenhaften Wünsche deines Herzens zu erfüllen; und du wirst in der zukünftigen Welt die ewige Glorie und das ewige Leben besitzen.

Aufruf zur Vorbereitung auf die himmlische Hochzeit

(120) Nimm also, Walter, die dir von uns gereichte heilbringende Lehre an und laß die Nichtigkeiten der Welt gänzlich fahren, damit du, wenn der Bräutigam kommt, die größere Hochzeit zu feiern, und sich Lärm in der Nacht erhebt, vorbereitet bist, mit gerüsteten Lampen ihm entgegenzueilen und mit ihm zur göttlichen Hochzeit einzutreten, und[144] du nicht, wenn der rechte Au-

---

[141] *In ulteriori parte:* „Dans la dernière partie" B, „In the second part" W, *nell'ultima parte* TT, *jn dem anndern tail* H. Im klassischen Latein heißt *ulterior* „entfernter, weiter", im Mittelalter auch „später, länger" (Niermeyer), kann aber wohl auch für den Superlativ eintreten.

[142] Das Akkusativobjekt *tractatum*, das von den Verben *subiunximus* und *conscripsimus* abhängen sollte, hat Andreas ausgelassen und nur den Titel des Traktats *De amoris reprobatione* hierhergesetzt. Ich folge ihm hierin (wie H), während alle übrigen Übersetzungen das Objekt auf irgendeine Weise ergänzen.

[143] *forte … invito:* „et tel n'était pas ton désir" B, „perhaps against your will" W, *a tua mala voglia* TT, „contro la tua volontà" I. Warum alle Übersetzungen bis auf W *forte* auslassen, ist nicht klar. Zu *invito* kann es natürlich nicht gehören. Dieses ist vielmehr mit *tibi* zu verbinden, welches aus dem Hauptsatz zu ergänzen ist.

[144] Das Folgende könnte auch (so TT), muß aber nicht ein optativischer Hauptsatz sein. Ihn einfach mit W ins Futur zu setzen, ist aber nicht zulässig.

instantis tuae lampadis serotina ornamenta disquirere et ad sponsi domum ianua clausa venire ac verecundam vocem audire.

(121) Studeas ergo, Gualteri, lampades semper ornatas habere, id est caritatis et bonorum operum ornamenta tenere. Memento etiam vigilare semper, ne in peccatis dormiendo te inveniat sponsi repentinus adventus. Cave igitur, Gualteri, amoris exercere mandata et continua vigilatione labora, ut, quum venerit sponsus, inveniat te vigilantem, nec de corporis iuventute confisum mundana delectatio te faciat in peccati dormitione iacere ac de sponsi tarditate securum, quia, eiusdem sponsi voce testante, nescimus diem neque horam.

genblick just da ist,[145] zu spät die Ausrüstung deiner Lampe suchst und zum Haus des Bräutigams kommst, wenn die Schwelle verschlossen ist, und du eine dich beschämende Stimme hörst.[146] (121) Trachte also, Walter, immer die Lampen gerüstet zu haben, das heißt: die Prunkrüstung[147] der Nächstenliebe und der guten Werke festzuhalten. Erinnere dich auch, stets wach zu sein, damit dich nicht die plötzliche Ankunft des Bräutigams in Sünden findet. Hüte dich also, Walter, die Gebote der Liebe zu erfüllen, und mühe dich durch beständige Wachsamkeit darum, daß der Bräutigam, wenn er kommt, dich wach findet, und daß nicht irdischer Genuß *(mundana delectatio)* dich auf die Jugend deines Leibes vertrauen, im Schlafe der Sünde liegen und sicher mit der Säumnis des Bräutigams rechnen läßt. Denn wie die Stimme ebendieses Bräutigams bezeugt, wissen wir weder Tag noch Stunde.[148]

---

[145] *tempore opportunitatis instantis:* „alors … précipitamment" B, „at the moment of pressing need" W, *nel tempo del bisogno* TT.

[146] Nach Mt 25,1 ff.

[147] *ornamenta:* Die doppelte Bedeutung „Ausrüstung" und „Schmuck" des lat. Substantivs und des Verbs *ornare* kann im Deutschen nicht nachgeahmt werden, weshalb ich bei den Lampen zuvor immer nur die eine Bedeutung berücksichtigt habe.

[148] Mt 25,13.

Nachwort

Die Wiederentdeckung

Der im 12. Jahrhundert – in der zu erschließenden Entstehungszeit – durchaus außergewöhnliche, ja unvergleichliche Traktat *De amore* hat erst im Spätmittelalter größere Beachtung und Verbreitung erlangt, dann aber auch noch in der Renaissance ein gewisses Interesse gefunden. Schon vor 1500, vielleicht in Italien, erstmals gedruckt,[1] dann noch zweimal, 1610 und 1614, in der Dortmunder Offizin Detmar Müllers (Karnein Nr. 47–48), spielt er z. B. in der ersten gelehrten Darstellung der okzitanisch-provenzalischen Liebesdichtung von Jehan de Nostredame (Lyon 1575) eine wichtige Rolle. Dann wurde es ganz still um das Werk, wie um viele andere aus dem „dunklen" Mittelalter, bis zur Wiederentdeckung im späteren 18. Jahrhundert, wiederum nicht zufällig in einer Geschichte der Trobadorlyrik, der *Histoire littéraire des Troubadours* von Sainte-Palaye (3 Bände, Paris 1774). Erstmals im Original zugänglich gemacht wurde diese Lyrik von F. J. M. Raynouard in fünf Bänden 1816–1821. Aus dem gelehrten Beiwerk dieser Ausgabe, aus Zusatzinformationen von Claude Fauriel, dem Rezensenten Raynouards, und aus dem Druck von 1610 entnahm Henri Beyle alias Stendhal seine Kenntnis des Traktats für den Appendix zu seinem Buch *De l'amour* von 1822, dieser seltsamen Mischung aus psychologischer Analyse, anthropologischem Essay und intimem Tagebuch, die vorläufig freilich auf völliges Unverständnis stieß, im späteren 19. Jahrhundert jedoch mit einem Schlage berühmt wurde und so einige Strahlen seines Glanzes auch seiner angeblichen „Quelle", dem Liebestraktat des Andreas, spendete. Stendhals Kenntnis des Werks war gleichwohl eine ganz ober-

[1] Vgl. Alfred Karnein, De amore, 1985, S. 283, Nr. 46. – Die hier genannte Forschungsliteratur ist am Ende in der Auswahlbibliographie aufgelistet. In den Fußnoten erfolgt nur dann ein Nachweis, wenn nur eine bestimmte Stelle zitiert wird. Auch dann begnüge ich mich mit einem abgekürzten Zitat.

flächliche, und von einer tieferen Wesensverwandtschaft zwischen den Liebesauffassungen in den beiden Büchern *Von der Liebe* wird man auch schwerlich sprechen können. Zwar schlägt auch bei Stendhal das große Gefühl die intellektuelle, „wissenschaftliche" Reflexion nicht ganz aus dem Felde, überläßt ihr dieses aber auch keineswegs, wie Andreas es tut, der zwar ständig von Gefühlen spricht, diese aber faktisch nie spüren läßt.

Was Stendhal an der Liebesauffassung in *De amore* fasziniert, ist die scheinbare Freiheit der Liebe von Institutionen, Gesetzen und Moralvorschriften, insbesondere des Zwanges der Ehe, ist die Anerkennung des natürlichen Wesens des Menschen und seines Strebens nach persönlichem Glück, welches sich nur in der Liebe verwirklichen kann. Stendhals Mittelalterbild enthält ja als Wesensmerkmale Lebensenergie, urtümliche Kraft, Zielgerichtetheit, Aufrichtigkeit, Enthusiasmus und Leidenschaft. *L'amour-passion* ist sein Ideal, die leidenschaftliche Liebe, welche gegen Vernunft und Realität sich einer selbstgeschaffenen Illusion, einer Torheit, einem Fieber, einer Krankheit der Seele vollständig, absichtsvoll und heilungsunwillig hingibt. Das bei Andreas gepriesene *sapienter amare* ist fast das genaue Gegenteil. Im dritten Buch, dem Widerruf der irdischen geschlechtlichen Liebe, wird dann freilich manches von deren rational nicht beherrschbarer Seite sichtbar. Aber da bleibt von dem Ideal auch nur mehr ein verabscheuungswürdiges Götzenbild übrig, das es zu zertrümmern gilt. Wenn die Liebe nun wirklich als Torheit und Krankheit angesehen wird, so im Sinne der mittelalterlichen Gleichsetzung mit der Sünde. Die berühmte Anfangsdefinition *amor est passio* hatte jedoch entgegen der bis heute verbreiteten Auffassung Liebe nicht als Krankheit bestimmt. Aber auch der Gleichklang von *passio* mit dem (natürlich etymologisch darauf zurückgehenden) französischen Wort *passion* im Sinne von „Leidenschaft" führt von Andreas' Intention weg. Stendhal hat sich jedoch vermutlich davon leiten lassen und damit die Richtung der ersten modernen Rezeption des Textes vorgegeben – ein produktives Mißverständnis, welches allein schon dem mittelalterlichen Text eine gewisse Aufmerksamkeit in der Welt der Intellektuellen des Fin de siècle sichern konnte. In diese Zeit fällt denn auch die erste und bisher einzige kritische Ausgabe des Traktats von Emil Trojel, 1892, welche erst das Tor zu

einer streng philologisch-historischen Auseinandersetzung mit dem Text geöffnet hat. Um die Textgestalt hat man sich allerdings nach Trojel wiederum nicht mehr viel bemüht, umso mehr um die Interpretation des Werks, nicht nur in Frankreich, Italien, Deutschland und Großbritannien, sondern auch in der Neuen Welt, so daß die Forschungsliteratur kaum noch zu überschauen ist. Vieles davon wird daher in diesem begrenzten Nachwort unberücksichtigt bleiben müssen.

Die Überlieferung des Textes, des Titels, des Adressatennamens und des Autornamens

Alfred Karnein, der den Großteil seines Forscherlebens dem Buch *Von der Liebe* gewidmet hat, registriert 7 Handschriften (Nr. 1–7 seiner Liste) mit dem (zumindest ursprünglich) vollständigen Text in Einzelüberlieferung, 23 Hss. (Nr. 8–30) mit dem vollständigen Text in Sammelüberlieferung, 8 Hss. (Nr. 31–38) mit Teilstücken des Traktats in selbständiger Überlieferung (z. B. Florilegien), 2 Hss. (Nr. 39–40) mit Teilstücken des Traktats, die in andere Werke integriert sind, ein Fragment aus dem dritten Buch des Traktats (Nr. 41), 4 verlorenen Hss. (Nr. 42–45) und drei Frühdrucke.[2] Inzwischen ist ein weiteres Fragment gefunden worden.[3] Davon gehören nur zwei Hss. noch dem 13., sechs (mit dem neuen Fragment sieben) dem 14., der Rest dem 15. Jahrhundert an. Die beiden ältesten sind unvollständig: Rom, Biblioteca Vaticana, Cod. Vat. lat. 4363, enthält nur Buch III. L'Aquila, Archivio Dragonetti-De Torres, Cod. CXII, ist zu Anfang und Ende verstümmelt.

---

2 Karnein, De amore, 1985, S. 267–287. Im gleichen Jahr erschien eine fast gleiche Liste in einem Aufsatz von Bruno Roy, jedoch mit teilweise (auch von Trojel) stark abweichenden Datierungen der Hss. Sie wurde zuletzt wieder abgedruckt bei Roy/Ferzoco, La redécouverte, 1993, S. 137f.

3 Vgl. Ciotti, Un frammento. Das Ms. Tab. IV n. 195 im Prioratsarchiv von Macerata, ein beschnittenes kleines Pergamentblatt, beschrieben wohl zu Anfang des 14. Jh.s, enthält den Anfang des bisweilen separat überlieferten Kapitels VIII des zweiten Buchs.

Der Herausgeber Emil Trojel[4] kannte seinerzeit diese Textzeugen noch nicht, insgesamt überhaupt nur zwölf, von denen er die in Leipzig, Brügge und Wien als nach seiner Ansicht wenig bedeutsam ganz beiseite ließ (obwohl die beiden letztgenannten noch aus dem 14. Jh. stammen) und die übrigen neun (mit den Siglen A bis I) zwei Überlieferungszweigen zuteilte. Das größere Vertrauen schenkte er dem allein durch die Hss. A und B repräsentierten Zweig, mochten A (Mailand, Bibl. Ambrosiana, Cod. A 136 sup.) und B (Wolfenbüttel, Cod. Aug. fol. 83.18) auch erst dem 15. Jh. angehören, D (Paris, B.N., ms. lat. 8758) und E (Montpellier, Bibl. de la Faculté de Médécine, Cod. 217) aber noch dem 14. Jh. Eine Neuausgabe wäre ein dringendes Desiderat. Trojels Handschriftenstemma war von Anfang an problematisch und müßte nunmehr nach den zahlreichen Neufunden überhaupt neu erstellt werden. Erst dann wäre an eine begründete Verbesserung des Textes auf breiterer Überlieferungsbasis zu denken. Und auch dann wird wohl der ursprüngliche Wortlaut keineswegs überall befriedigend herzustellen sein, ist doch die Sprache des Autors mitunter zu eigenwillig und normwidrig und die Überlieferung insgesamt zu jung.

Welcher Titel vom Autor selbst dem Werk zugedacht war, läßt sich nur vermuten, da er in den Hss. stark variiert. Am häufigsten treten die Varianten *liber/tractatus amoris, Gualterus de amore* sowie *de arte amatoria/amandi* auf. Davon scheint die dritte die jüngste Variante zu sein. *Gualterus* dürfte früh – ich vermute, in Anlehnung an die damals berühmte Lesekomödie des 12. Jh., *Pamphilus de amore*, wo der Titel aus der Hauptperson und dem Inhaltsstichwort bestand – aus der Adresse der Schrift an den Freund Walter, Gautier, Gualterus, in den Titel übernommen und dann sogar als Autorname mißverstanden worden sein.

Auch sonst gehört der Autorname Andreas keineswegs zum unverrückbaren Bestand der Überlieferung. Sehr viele Hss. nennen gar keinen Namen, sechs eben Gualterus, je eine Hs. nennt Alanus (= Alain de Lille), Pogius (= Poggio Bracciolini), Eneas Silvius (= Enea Silvio Piccolomini), Albertanus (Albertano da Bresca).

---

[4] Trojel, Edition 1892.

Nur ein Dutzend Hss. weiß noch etwas von einem Andreas, davon elf auch etwas von seiner Berufsbezeichnung *capellanus.* Die fürstliche oder bischöfliche Hofkapelle, *capella curiae/aulae*, bestand aus den klerikal gebildeten, aber nicht unbedingt mit höheren Weihen versehenen wohlbestallten Hofbeamten, Juristen, Verwaltern, Diplomaten, Seelsorgern etc., eben den *capellani*, die mit den heutigen Koadjutoren der katholischen Pfarrer nur den Namen gemein haben. Vier Hss. belassen es bei dieser Bezeichnung, die übrigen sieben bestimmen den *capellanus* näher, zwei (aus dem 15. Jh.) als päpstlichen Hofkapellan, eine Hs. (der Leipziger Codex des 15. Jh.) als *regis capellanus* bzw. *regius capellanus.* Am deutlichsten drücken sich die Schreiber der Codices C, D und F aus. In C (Rom, Bibl. Vaticana, Ottob. lat. 1463A, 15. Jh.[5]) und F (Florenz, Bibl. Medicea Laurenziana, Cod. Gadd. 178, 15. Jh.) wird Andreas *capellanus regis francie* genannt, in D (Paris, B.N., ms. lat. 8758, 14. Jh.) im Titel *francorum aule regie capellanus*, im Explicit dagegen *regine capellanus.* Hier erscheint Andreas also als Mitglied der Hofkapelle des Königs oder der Königin von Frankreich. Vom statistischen Standpunkt aus ist die Authentizität dieser Information natürlich weit weniger gestützt als der Name Andreas capellanus.

Der Autor

Karnein hält jene Information gleichwohl für die einzig richtige, zum einen weil der Text nach Argumentationsmethode und Stil glänzend zum Königshof passe, zum anderen weil Karnein auch den Adressaten Walter dort gefunden zu haben glaubt, zum dritten weil Andreas sich im Traktat angeblich selbst als Hofkapellan des französischen Königs bezeichne.

Daß Andreas die juristische Kasuistik über alles liebt und sich auch gerne juristischer Ausdrucksweise bedient, wird niemand leugnen. Doch mag gerade dieser Umstand gereicht haben, die kö-

[5] Datierung nach Roy/Ferzoco, La redécouverte, 1993, S. 137, gegen Trojel u. Karnein (13. Jh.).

nigliche Kanzlei im 13. Jh. (?) zur Aufnahme dieses extravaganten Buches in ihr Urkundenarchiv zu veranlassen, in dessen Registerbänden der Titel 1350 tatsächlich verzeichnet ist. Dazu muß also der Autor dieser Kanzlei nicht unbedingt selbst angehört haben, und auch nicht der Adressat. Immerhin ist ein Gautier le Chambellan, Gualtherus cambellanus, also ein Walter, Leiter der Kanzlei des Königs Philipp II. August, gut belegt, genau genommen sogar zwei, Vater und Sohn. Der Jüngere ist um 1163 geboren, könnte also vom Alter her als Empfänger des Traktats in Frage kommen, da darin des öfteren auf die Jugend Walters angespielt wird und die Abfassungszeit ins ausgehende 12. Jh. fallen könnte.[6] Hochadelig oder hoher kirchlicher Würdenträger war er freilich nicht, was die Anrede im Prolog mit *venerande amice* als übertrieben erscheinen läßt. Eine weitere Festlegung von Beruf und Stand erfolgt im Text auch nicht, und Walter/Gautier/Gualtherus ist im damaligen Frankreich ein Allerweltsname. Vor allem müßte doch zuerst ein *Andreas capellanus* in der Umgebung des Königs urkundlich belegt werden. Dies ist bisher nicht gelungen. Beigebrachte Belege für einen *Andreas cambellanus* sind dafür kein ausreichender Ersatz. Dafür erscheint ein *Andreas capellanus* des öfteren in den Urkunden von Troyes zwischen 1182 bis 1186, also just im Umkreis jener Gräfin, die im Traktat häufiger als andere Damen des Hochadels als Autorität in Liebesdingen zitiert wird (s. u.). Eine nähere Spezifizierung des Kapellantitels erfolgt in den champagnischen Urkunden allerdings auch nicht.

Bleibt das dritte Argument der Selbstbezeichnung des Autors als französischer Hofkapellan. Es beruht jedoch offensichtlich auf einer Fehlinterpretation des Textes. Daß geographische Bezüge zu Frankreich, und zwar im engeren Sinne zu *Francia*, dem Königreich Frankreich, in dem Text vorkommen, ist unbestritten. Sie stehen aber in keinem Zusammenhang mit dem Namen Andreas. Die entscheidende Stelle, die diesen enthält, findet sich im Gespräch eines Hochadeligen mit einer Adeligen, der die von der Dame gegebene rein voluptaristische Definition der Liebe (I,vi,376) als unzutreffend zurückweist:

---

[6] Karnein, De amore, 1985, S. 28ff.

Denn in ihr sind der Blinde und der Wahnsinnige enthalten, die, wie die Lehre des Liebhabers Andreas, des königlichen Hofkapellans, uns deutlich zeigt, vom Hof der Liebe gänzlich ausgeschlossen sind" (I,vi,385).[7]

Nur aus dieser Stelle hat offenbar der französische Schreiber des Pariser Cod. lat. 8758 den *aule regie capellanus* bezogen. Da aber weder diese noch eine andere Stelle des Traktats eine geographische Festlegung dieses Hofes lieferte, fügte der Schreiber die Reichsbezeichnung *francorum* hinzu. Vermutlich dachte er sich: „Welcher Königshof sollte denn sonst gemeint sein?", ebenso dann Karnein und selbst noch Peter Dronke, obwohl er Andreas für einen nom de plume hält (s. u.). Bereits Ursula Liebertz-Grün hat jedoch 1987 die Vermutung geäußert, es handle sich um den fiktiven Hof des Königs der Liebe.[8] Bei näherem Zusehen zeigt sich, daß der Wortlaut des Textes kaum eine andere Deutung zuläßt. Daß Andreas *aulae regiae capellanus*, der Hof zuvor im selben Satz jedoch *amoris curia* genannt wird, weist keineswegs auf zwei verschiedene Höfe. Denn unmittelbar aufeinander folgend variieren die Ausdrücke *aula* und *curia* schon in I,vi,217.[9] Der Wortgebrauch im ganzen Traktat bestätigt dies: Elfmal erscheint im Text die *aula amoris* bzw. *Amoris*,[10] das erste Mal schon I,vi,2; mindestens zweimal ist *amoris* bzw. *Amoris* problemlos zu *aula* ergänzbar. Noch zahlreicher sind aber die Belege für die *amoris curia* (erstmals I,vi,161), die folglich mit der *aula amo-*

---

7 *Nam ea caecus continetur et amens, quos ab amoris curia penitus esse remotos amatoris Andreae, aulae regiae capellani, evidenter nobis doctrina demonstrat.* Trojel, Praefatio, S. XLIII, hält ohne zwingenden Grund den Satz für eine in den Archetypus geratene ehemalige Marginalnotiz, nicht aber die entsprechende Bemerkung über die *capellani doctrina* II,vii,26.

8 Liebertz-Grün, Rezension von Karnein, De amore, S. 309. Das dafür von Liebertz-Grün ins Treffen geführte Argument, der König der Liebe zitiere an späterer Stelle (I,vi,268f.) selbst aus *De amore*, ist für sich allein allerdings nicht beweiskräftig.

9 *Ergo illius videtur curia utrisque amplectenda lacertis. Illius igitur aula nullatenus vobis odiosa.*

10 Trojel verwendet fast immer im Satzinneren die Kleinschreibung, obwohl an vielen Stellen auch der personifizierte Liebesgott gemeint sein könnte. Für diese Entscheidung spricht, daß Andreas immer vom *rex amoris* spricht (vgl. z. B. I,vi,265ff.).

ris identisch ist. So erklärt sich auch ohne weiteres die Apposition *amator* „Liebhaber, Liebender" zum Namen Andreas in I,vi,385. Der Hofkapellan des Königs Amor muß eben ein *amator* sein.

Von Karnein wird dieser einfach unterschlagen. Wenn aber der Königshof allegorisch gemeint ist, so höchstwahrscheinlich auch der Hofkapellan. Das hat schon Peter Dronke gesehen.[11] Er vergleicht Ausdrücke in anderen Texten wie *capellanus Marie (virginis)* oder *capellanus diaboli*, meint aber, der *amator Andreas* könne als solcher metaphorisch doch ein *capellanus regine Francorum* gewesen sein, folgend seiner Hypothese, der Autor des Liebestraktats habe sein Pseudonym aus dem verschollenen, aber in der Liebeslyrik gut bezeugten Roman *Andreas von Paris und die Königin von Frankreich* bezogen. Außer auf die Namensgleichheit beruft Dronke sich dabei auf die zweite Nennung des Namens Andreas im Traktat II,vi,18, wo es über die – nach Meinung des Verfassers des Traktats gar nicht wünschenswerte – wiederzuerlangende Liebe zu einer untreuen Frau heißt:

> Aber du wirst vielleicht sagen: „So (aber) siecht der Liebhaber an der Liebe zu so einer Frau dahin, weil er sie mit keinen Künsten vergessen oder seinen Sinn von ihr wenden kann. Diesem also verschaffe, o Magister, ein Heilmittel!" Aber Andreas möge sich nicht dessen erfreuen, was er am meisten auf der Welt wünscht und ohne das er auch nicht lange mit dem körperlichen Leben beglückt werden kann, wenn er jemals einem so unglücklichen Mann sein Heilmittel gegeben haben sollte.

Dronke sieht darin eine Parallele zu einem Lied des Trobadors Gaucelm Faidit, der darüber klagt, mehr zu leiden, als es der Romanheld Andreas um der Königin von Frankreich willen tat, und nur noch auf Amor vertraut, um den Stolz der Geliebten zu beugen.[12] Daß Andreas hier von seiner Geliebten spricht, ist keineswegs sicher (s. Anm. zur Stelle). Eindeutig ist Andreas nur als der *magister*, welcher das *remedium amoris* geben könnte, angesprochen.

---

[11] Dronke, „Andreas Capellanus", 1994, S. 55.
[12] Ebenda, S. 53f.

Allerdings beklagt der Verfasser an späterer Stelle (II,vi,22) tatsächlich, von einer herausragenden Liebe zu einer unaussprechlich erhabenen Hoheit *(altitudo)* ergriffen worden zu sein, nunmehr ohne Hoffnung dahinschmachten und den Liebestod fürchten zu müssen. Aber das hohe Ziel seiner Wünsche kann jede Dame hochadeligen, vermutlich fürstlichen Ranges gewesen sein. Die Namensentlehnung aus dem genannten Roman kann zwar nicht ausgeschlossen, aber auch nicht gestützt werden. Ein Pseudonym kann Andreas natürlich trotzdem sein, ebensogut aber auch der authentische Name des Verfassers, der aber dann für uns auch nichts als ein leerer Name bleibt, da uns ja sogar der Titel *capellanus* als biographische Angabe aus der Hand geschlagen ist, an der inkonsequenterweise Liebertz-Grün noch festhält, da sie sie zur Bindung unseres Autors an den Hof von Troyes benötigt. Umgekehrt tauft Georges Duby den Autor ausgehend von Karneins Hypothese einfach in André le Parisien um,[13] da er ihn zum rasch erfolgreichen Literaten und Propagandisten des französischen Monarchen erklären möchte. Die von ihm dafür herangezogene Stelle aus dem Geschichtswerk Lamberts von Ardres[14] bezieht sich aber zweifelsfrei auf niemand anderen als die oben genannte Romanfigur.

Ort und Zeit der Abfassung

Der Verfasser macht keine diesbezüglichen Angaben, datiert allerdings den zitierten (fingierten) Brief der Gräfin der Champagne auf das Jahr 1174. Da er deren Namen mit M abkürzt, kann es sich nur um Marie (1145–1198), die Tochter des französischen Königs Ludwig VII. handeln, die 1164 Heinrich I., den Grafen v. Champagne († 1181) geheiratet hatte. Die weiteren im Text ge-

[13] Duby, 1978, S. 412.

[14] Historia comitum Ghisnensium, Kap. 11, Monumenta Germaniae Historica, Scriptores in folio XXIV, S. 567. Lambert bezeichnet hier den aus Liebe gestorbenen Ahnherrn des Grafengeschlechts als *alterum Andream exhibens Parisiensem.*

nannten adeligen Damen sind reale Zeitgenossinnen:[15] Eleonore (Alinoria), Königin von England (1152–1204; zuvor Königin von Frankreich 1137–1152), Tochter des Herzogs von Aquitanien und Mutter Maries von Champagne; Elisabeth/Isabella von Vermendois († 1182), Gräfin von Flandern (in *De amore* nur als solche benannt, sonst namenlos), Nichte Eleonores und somit Cousine Maries; schließlich Ermengarde (Mengarda, 1143–1192), Vizegräfin von Narbonne, die als einzige nicht diesem Familienclan angehört. Die sogenannten Liebesurteile, 21 Responsen über die Liebe, werden diesen vier Frauen zugeordnet, die meisten der Gräfin von Champagne, der damit zweifellos die größte Prominenz zugesprochen wird. Das würde alles auf die späteren 70er, die 80er, vielleicht auch die frühen 90er Jahres des 12. Jahrhunderts weisen, ein späteres Abfassungsdatum aber nicht unbedingt ausschließen.

Nun gibt es aber noch eine zeitgeschichtliche Anspielung, die mehrere Jahre nach dem betreffenden Ereignis dem Publikum wohl nicht mehr eingeleuchtet hätte. In I,vi,215 weist die Gesprächspartnerin den Zwang, am Hof Amors zu dienen, mit dem folgenden Hinweis ab:

> Ich bin daher lieber hier, zufrieden mit dem bescheidenen Erz Frankreichs, und habe lieber die freie Entscheidung zu gehen, wohin ich will, als beladen mit ungarischem Silber einer fremden Macht unterworfen zu sein.

Der Bezug scheint klar. 1186 heiratete der ungarische König Béla III. (1173–1196) Margarethe Capet († 1197), die Schwester König Philipps II. August und Stiefschwester Maries von Champagne. Dadurch kam erstmals massiv die französische Kultur ins Land an Donau und Theiß. Das Königspaar berief französische Prämonstratenser und Zisterzienser ins Land, errichtete in Gran einen neuen Palast und eine Thomas Becket geweihte Stiftung. Der Adel übernahm westliche höfisch-ritterliche Sitten. 1195/96 fand sogar der Trobador Peire Vidal am Königshof bereitwillige

[15] Die von einigen Forschern vertretene These, die im Text namenlose *regina* könne nicht mit Eleonore, der *regina Alinoria*, identisch, sondern müsse die zweite Frau Ludwigs VII., Adele, sein, erscheint wenig überzeugend. Ich lasse sie daher hier beiseite.

Aufnahme. In der Phase der Werbung um Margarethe, der Vorbereitung der Eheschließung, aber auch noch kurz danach, war das alles freilich noch nicht abzusehen. Da mochten eher Bedenken gegenüber dem ‚barbarischen' Land in Frankreich überwiegen, die sich in *De amore* artikulieren. Um das Jahr 1186 wird diese Stelle also wohl am ehesten geschrieben sein.

Noch an einer zweiten Stelle taucht Ungarn im Text auf. In I,vi,144 untermauert der Gesprächspartner seine These vom Vorrang inneren Werts mit dem folgenden Exempel:

Es gibt einen König in Ungarn mit sehr fülligen und zugleich runden Beinen und breiten und quadratischen Füßen und bar fast aller Schönheit. Weil man jedoch an ihm den Glanz großen inneren Werts findet, verdiente er, den Ruhm einer königlichen Krone zu erlangen, und sein Lobpreis hallt beinahe in der ganzen Welt wider.

Ob allerdings damit Béla III. gemeint sein könnte, bleibt fraglich, da wir über die Aussage eines Zeitzeugen, eines Londoner Bürgers namens Richard, verfügen, welche diesen König als großen, stattlichen Mann von königlicher Haltung ausweist.[16] Man hat daher vermutet, Andreas habe hier das historische Präsens verwendet und einen früheren Ungarnkönig, nämlich Koloman (1095–1114), gemeint.[17] Dieser soll nach der Ungarnchronik von Johannes Thuróczy (15. Jh.) *habitu corporis contemptibilis sed astutus et docilis*, „dem körperlichem Aussehen nach verächtlich, jedoch klug und gelehrig", gewesen sein.[18] Das ist eine recht späte Quelle, die auch nichts von dicken Füßen sagt. Andreas wird wohl in Frankreich auch eher etwas von einem zeitgenössischen als von einem vor etwa 70 Jahren verstorbenen ungarischen Herrscher gewußt haben, es sei denn, er selbst wäre wie andere Franzosen nach 1186 einem Ruf an den ungarischen Hof gefolgt, wo er etwas von der regionalen Überlieferung mitbekam.

Den Daten der Urkunden der Gräfin der Champagne, in denen ein *Andreas capellanus* auftaucht, nämlich 1182–1186, würde eine

---

[16] MG SS XXVIII,200.

[17] A. Steiner, The Date of the Composition, 1929, S. 93f.

[18] Rerum Hungaricarum Scriptores varii, hg. v. J. Bongars, Frankfurt a. M. 1660, S. 68.

solche, bisher in der Forschung noch nicht erwogene Annahme nicht widersprechen. Aber der Zeugniswert dieser Urkunden für unsere Frage hat ja ohnehin stark gelitten, seitdem wir die Amtsbezeichnung nicht mehr als notwendigerweise real in Anspruch nehmen dürfen. Das tangiert natürlich auch die von vielen Forschern angenommene enge Verbindung unseres Autors mit der Gräfin und ihrem Hof in Troyes, welcher ohne Zweifel in den 70er und 80er Jahren ein literarisches Zentrum war. 1192 gab Maria einem gewissen Everat (Evrat) den Auftrag, das Alte Testament in französische Verse zu übertragen. Wichtiger aber war die in ihrem Umkreis entstandene weltliche Dichtung. Chrétien de Troyes hat der Gräfin seinen *Karrenritter* gewidmet, ebenso Gautier d'Arras seinen *Eracle*. Ihr Name taucht auch in lyrischen Produkten der Zeit auf, so bei den führenden Trouvères Conon de Béthune und Gace Brulé. Nun gehört der Traktat *De amore* weder höfischer volkssprachiger Epik noch Lyrik an. Selbst die Befürworter einer Verbindung mit Marie müssen zugeben, daß sich Sprache, Stil und Gelehrsamkeit an ein klerikal gebildetes Publikum richten, das kein ungebrochenes Verhältnis zur Lebenswelt des Laienadels hat. So gibt es offenbar auch gar keine direkten Reflexe des Traktats in der zeitgenössischen volkssprachigen Literatur. Erst viel später, im zweiten Teil des *Rosenromans* wird er zur Kenntnis genommen (s. u.). Aber jedes Argumentum ex silentio ist gefährlich, ebenso die Annahme einer strikten Trennung der Bildungswelten von Klerus und Adel im Frankreich dieser Zeit.

Feststeht freilich, daß das erste sichere – ziemlich späte – Rezeptionszeugnis ein lateinisches ist. Im Jahr 1238 verfaßte Albertano da Brescia, norditalienischer Jurist und Politiker, sein Werk *De dilectione dei et proximi et aliarum rerum*, in dessen zweitem Buch er – äußerst kritisch – 16 Liebesregeln aus *De amore* zitiert. Für radikale Skeptiker stellt also 1238 den einzigen absolut zuverlässigen Terminus ante quem dar.

Was die räumliche Zuordnung des Werks betrifft, scheint schließlich in der Forschung, soweit ich sehe, ein Textbefund bisher unbeachtet geblieben zu sein, der einer Verbindung des Werks mit dem Hof von Paris doch eher entgegensteht. In der Erzählung vom Erwerb des Sperbers am Ende des zweiten Buches ist der Held ein *Brito*, welcher auf dem Weg zu *Arturus* durch den könig-

lichen Wald *(silva regia)* reitet, dort eine oder die Herrin des Waldes, *silvae domina*, trifft, und schließlich nach Überwindung verschiedenster Widerstände auch an den Königshof gelangt. Nun muß an sich die fiktive, vielleicht auch allegorische Erzählung gar nichts mit Autor und Mäzen zu tun haben. Doch heißt die Heimat des Helden zweimal (II,viii,30 u. 42) *dulcis Britannia*, was eindeutig die berühmte „nationale" Formel der Heldenepik, *la douce France, dulcis Francia,* nachahmt und in den Ohren des französischen Hofes und seiner treuen Kronvasallen nicht sehr angenehm geklungen haben kann. Dabei hätte es keinen wesentlichen Unterschied gemacht, ob hier im Text die Große oder die Kleine Bretagne gemeint ist, da auch die Bretagne auf dem Festland 1166–1203 ein Bestandteil des angevinischen Reiches war. 1166 bis 1186 regierte dort Geoffroy Plantagenêt, Sohn Heinrichs II. und Eleonores. Der Text erweckt fast den Eindruck, als verschleiere er die genaue geographische Verortung diesseits oder jenseits des Ärmelkanals bewußt. Einerseits erhält Artus keinen Titel, obwohl er allseits als *rex Britonum* bzw. *Britanniae* bekannt war. Nur sein königlicher Wald kommt hier wohl in Frage. Anderseits erinnert dieser natürlich an den Wald von Brocéliande in der Bretagne. Die Dame des Waldes läßt den *Brito* ziehen, weil die *dulcis Britannia* nach ihm verlange. Zuvor hatte ihn der Brückenwächter auch als von weither kommend bezeichnet: ein Bretone auf der Insel oder ein Inselbrite in der Bretagne? Daß kein Meer dazwischen erwähnt wird, könnte ein märchenhafter Zug sein, den man aus Chrétiens *Löwenritter* kennt. Rätsel über Rätsel.

Inhalt und Aufbau des Werks

Nach dem Vorbild von Ovids *Ars amatoria* handelt auch das erste Buch von *De amore* von der Gewinnung, das zweite von der Erhaltung der Liebe. Das dritte allerdings entspricht Ovids Buch von den *Heilmitteln gegen die Liebe.*

In der Füllung des Rahmens ist das antike Vorbild nur noch selten spürbar. Das erste Kapitel definiert die Frauenliebe gut frühscholastisch als Erleiden durch den Anblick des geliebten Wesens und schildert die Ängste und Nöte vor und nach Erreichen des

Zieles. Das zweite Kapitel beschreibt die Liebe als das höchste irdische Gut für den Liebenden, der dafür auf alles andere zu verzichten bereit ist, und die Armut als bedeutendes Hindernis für eine Liebesbeziehung. Kap. III bringt die antike Etymologie des Wortes *amor*. Wird hier und zuvor das Zwanghafte und auch Sexuelle dieser Liebe nicht verschwiegen, so kehrt das vierte Kapitel die veredelnde Seite hervor: Liebe vertreibt den Geiz, läßt Häßlichkeit ignorieren, gibt dem Niedriggeborenen adlige Sitten (ohne ihn allerdings adlig zu machen), macht den Stolzen demütig, bewirkt außerdem Keuschheit, da der Liebende nur die Umarmung einer einzigen Person wünscht. Leider mißt die Liebe mit ungleichen Gewichten, d.h. Gegenliebe ist alles andere als die Regel. Kap. V schließt mit biologischen Gründen zu Junge, zu Alte, Blinde und Erotomanen von der wahren Liebe aus. Kap. VI nennt als mögliche Modi des Liebeserwerbs schönes Äußeres, Adel der Sitten, Redegewandtheit, Reichtum und mangelnde weibliche Zurückhaltung. Wirklich billigen kann Andreas davon aber nur den inneren sittlichen Wert: *morum probitas*.

Acht Dialoge bilden den weiteren, überwiegenden Teil (§§ 21–564) desselben, sechsten, bei weitem längsten Kapitels nicht nur des ersten, sondern aller drei Bücher. Jeweils werben darin Männer um die Liebe der weiblichen Gesprächspartnerin, die einem gleichen, niedrigeren oder höheren Stande angehört. Die vorher als Mittel der Liebesgewinnung genannte Redekunst kommt hier zu vollem Einsatz, verhilft jedoch gemäß der vorherigen Einschätzung nie zum vollen Erfolg. Auf jedes noch so gefinkelte Argument folgt ein Gegenargument, wobei sich die Gesprächspartner meist als rhetorisch-dialektisch ebenbürtig erweisen. Selten gibt einer von beiden zumindest in einem Punkt zu, unterlegen zu sein. Als der Adelige im Gespräch mit der Adeligen (Dialog E) mit seinen diskursiven Argumenten nicht mehr weiterweiß, versucht er es mit einer Architektur- und Landschaftsallegorie, in der die verstorbenen liebeswilligen und liebesunwilligen Frauen ihre Belohnung bzw. ihre Strafe von Gott Amor erhalten. Am Ende verkündet Amor zwölf Liebesvorschriften, die teilweise am Ende des Zweiten Buches wiederkehren. Am Ende der vorletzten Runde (Dialog G) wird die Gräfin der Champagne als Richterin angerufen. Dem letzten Dialog H (§§ 401–564), dem längsten, fehlt ein

solcher Abschluß. Er besteht insgesamt aus heterogenen Teilen, in welchen der hochadelige Gesprächspartner zuerst als beweibt, ab § 478 aber als Kleriker, die hochadelige Gesprächspartnerin ihrerseits zuerst als jung, dann ab § 445 als reifere Witwe und ab § 452 als unberührte Jungfrau erscheint. An den ergebnislosen Disput schließt sie noch zwei Liebeskasus an und will dann das Gespräch abbrechen. Unvermutet schiebt der Mann aber noch zwei Kasus nach (§§ 561–564).

Die an den Dialogen beteiligten Stände sind die reiche städtische Kaufmannschaft, der einfache Adel und der Hochadel. Obwohl dem Tugendadel der höchste Wert zugebilligt wird, bleiben die Schranken des Geburtsstandes doch de facto so gut wie unüberwindlich. Immerhin wird das wohlhabende Stadtbürgertum nicht von der höfischen Liebe ausgeschlossen, im Unterschied zu den in den Kapiteln VII–XII besprochenen gesellschaftlichen Gruppen, Nonnen, Huren und Bauern, ja auch dem Weltklerus, bei dem jedoch das Verbot stark relativiert erscheint.

Die besprochenen Themen sind überaus vielfältig, Liebe und Tugend, Liebe und Geld, Ehe, Eifersucht, Lüge, Verführung, Untreue usw. Sie stammen hauptsächlich aus der volkssprachig-höfischen Literatur, werden aber bisweilen mit gelehrt-scholastischen Diskursen unterfüttert, noch häufiger in solche überführt.

Das zweite Buch fragt in den ersten fünf Kapiteln in gut ovidianischer Manier nach den Kriterien, mit deren Hilfe sich Bewahrung, Steigerung, Abnahme, Ende und Gegenseitigkeit der Liebe feststellen lassen. Kap. VII bringt 21 Liebesurteile, gefällt von den Damenkonsortien der französischen Liebeshöfe unter Vorsitz der Gräfin der Champagne und anderer Fürstinnen. Sie behandeln erotische Streitfälle, die vielfach in volkssprachigen Liedern, Streitgedichten, Romanen und Novellen wiederkehren, aber auch etliche Parallelen im gelehrten Eherecht haben. Kap. VIII erzählt schließlich die Geschichte von einem bretonischen Ritter, der einen Schönheitspreis erringt und 31 Liebesregeln vom Hof des Königs Artus zurückbringt.

Während die Bücher I und II mit der Säkularisierung des christlichen Liebesbegriffs spielen, wendet umgekehrt das dritte Buch die ovidischen *remedia amoris* ins Geistliche. Als Heilmittel gegen die Anfechtungen der Welt empfiehlt es die Erkenntnis der

Vergänglichkeit und Verfänglichkeit alles Irdischen, der weiblichen Schönheit, alles Sinnlichen und Geschlechtlichen. 16 Argumente werden gegen die Liebe vorgebracht, teilweise im Anschluß an Argumente, welche schon die Frauen in den Dialogen benutzten, meist aber in Umkehrung vorausgehender Ansichten. Als qualitativ gewichtigstes erscheint die angebliche Unfähigkeit aller Frauen zur wahren Liebe. Hier öffnet sich das reiche Repertoire des klassisch-antiken, biblischen und klerikalen frauenfeindlichen Schrifttums, um die Frau als Ausgeburt aller Laster zu brandmarken (§§ 66–110). Mit einer letzten Warnung vor dem tödlichen Übel der Liebe und dem Aufruf zur Vorbereitung auf die himmlische Hochzeit schließt das Buch.

Das literarische Genus und die Vorbilder

In den Handschriften wird das Werk, wenn es denn überhaupt eine Gattungsbezeichnung erhält, meist nur als *liber* betitelt, nur in vier Codices und der Editio princeps des 15. Jh. als *tractatus* oder *tractatulus*. Andreas selbst spricht am Werkende sowohl von *libellus* wie von *tractatus* (III, 117–119). Als Traktat bezeichnen es auch die meisten Interpreten, so auch Karnein, obwohl er den ausgeprägten Charakter eines Opus mixtum compositum, insbesondere aus expositorischen und exemplarischen Diskursen, stark hervorhebt.

Der mittelalterliche *tractatus* („Behandlung, Erörterung, Abhandlung“) tritt zwar häufig als Lehrer-Schüler-Dialog auf, kaum jedoch in Form eines ‚echten‘ (gleichwohl natürlich fiktiven) Gesprächs mehr oder minder gleichberechtigter Partner. Diese Form kannte man allerdings aus antiken philosophischen Lehrschriften wie den Dialogen Platons und Ciceros, z. B. den *Tusculanae disputationes*. Deren zwanglose kolloquiale Atmosphäre erscheint jedoch in dem dialogischen, weit mehr als die Hälfte des Gesamtwerks umfassenden Teil unseres Traktats aufgehoben zugunsten quasi schulmäßig-wissenschaftlicher Auseinandersetzungen dialektischen Charakters. Marie Benoit hat sie mit Recht unmittelbar an die philosophische und theologische *disputatio* an den Hohen Schulen Nordfrankreichs angeschlossen. Hier bildete sich, ausge-

hend von den dialektischen Schriften des Aristoteles zu den logischen Schlüssen und Fehlschlüssen, im Laufe des 12. Jahrhunderts in Ergänzung zur Vorlesung des Magisters *(lectio)* eine Methode der schlußfolgernden Erörterung aus, die in der universitären Endform dann aus der Frage des Magisters *(quaestio)*, aus der daraus entwickelten These des Antwortenden *(respondens)*, eines ausgewählten Bakkalars, aus den Einwänden des Opponenten *(opponens)*, eines anderen Bakkalars, und schließlich aus der Entscheidung des Magisters *(determinatio)* bestand. Mit- und Nachschriften davon sind als *quaestiones disputatae* zu Tausenden erhalten. Diese strenge Form und Rollenverteilung war aber nicht von Anfang an vorhanden, die ersten Ergebnisse daher vielmehr Sammlungen von *sententiae*, Lehrsätzen, Thesen, Urteilen. Die *Sentenzen* des Petrus Lombardus († 1160) aus der Pariser Domschule wurden zum Grundstock des dogmatischen Unterrichts an den europäischen Universitäten.

In den Dialogen bei Andreas ist die dialektische Terminologie deutlich gegenwärtig: *disputatio, disputationis conflictus, disputare, ratio, opinio, sententia* etc. Der Mann scheint die Rolle des *respondens,* die Frau die Rolle des *opponens*, die Liebesrichterin (an einer Stelle) die Rolle des Magisters zu übernehmen. Im zweiten, nicht dialogischen Buch wechselt das Genre allerdings eher in die juristische Sphäre. Schon aus diesem Genrewechsel ergeben sich Zweifel an der Gattungsbestimmung des dritten Buches. Es läßt sich schwerlich als *determinatio*, als endgültige magistrale Entscheidung der *disputationes* des ersten Buches definieren. Dafür ist der räumliche und inhaltliche Abstand von Buch I zu groß. Es ist nicht so, daß der Autor als Magister hier zugunsten einer zuvor von einem Kontrahenten vehement vertretenen prominenten These entschiede, sondern die völlige Verwerfung der irdischen Liebe kommt ganz überraschend, während auch die liebesunwillige Dame stets eingeräumt hatte, unter gewissen Umständen könne Liebe schon eine gute Sache sein. Von dieser Voraussetzung gehen auch die Liebesgerichte der Damen im zweiten Buch aus. Da sie zudem konsequent den Standpunkt vertreten, eheliche und außereheliche Liebe seien unvereinbar, kann natürlich auch keine Rede davon sein, Andreas habe, um just diese These „ad absurdum“ zu führen, insgesamt in dem Traktat „die Liebesbeziehung

wie eine Ehebindung behandelt," wie Rüdiger Schnell behauptet[19]. Schnell warnt zwar (wie Karnein u.a.) mit Recht davor, die Ansichten der Dialogpartner in Buch I mit denen des Autors gleichzusetzen, gibt aber keinen Grund dafür an, warum diesen die Liebesurteile des zweiten Buchs widersprechen sollten, obwohl sich nur inhaltliche Übereinstimmungen mit der Autorrede dieses Buches feststellen lassen.

Das Genus der akademischen *disputatio* erfaßt gewiß nur eine, wenn auch wichtige Seite des Traktats. Zudem verleiht der durchaus unakademische Gegenstand dem Gebrauch der Gattung in *De amore* sogleich eine parodistische Note. Dasselbe gilt für das Genus des kanonistischen Ehetraktats, welches Rüdiger Schnell als wichtigstes Vorbild des Traktats *De amore* geltend machen wollte. Hier ist gleichfalls nicht nur mit parodistischer Inversion zu rechnen,[20] wie Schnell selbst betont, sondern auch mit einem nur partiellen und eher formalen Anschluß. Überdies arbeitet natürlich auch die kanonistische Jurisprudenz des 12. Jahrhunderts massiv mit dialektischen und rhetorischen Mitteln und teilt auf seiten des Inhalts viele Themen mit der Moraltheologie. Eine scharfe Grenze läßt sich hier gar nicht ziehen, wenn man etwa an die Fragen der vorehelichen Sexualität, des Ehebruchs oder der Ehescheidung denkt. Und als Moraltheologe argumentiert Andreas konsequent auch nur im letzten Buch, zuvor zwar gelegentlich auch als solcher, aber ebenso als Physiologe, Pathologe, Psychologe, Soziologe usw. Er zielt auf eine Art Enzyklopädie der irdisch-geschlechtlichen Liebe – was es vorher noch nicht gegeben hat.

Die erste und entscheidende Anregung für das Werk ging trotz aller elementaren Differenzen in der Durchführung gewiß von der Liebeslehre des antiken Dichters Ovid und seiner mittelalterlichen Nachahmer aus. Im Mittelalter haben sich etliche Pseudo-Ovidii an demselben Genre versucht, so einer vielleicht etwa zur selben Zeit wie Andreas, jedenfalls wohl noch im 12. Jh. Diese *Ars amatoria* und *Remedia amoris* sind in eine Anstandslehre *(Facetus)*

---

[19] Schnell, Andreas Capellanus, S. 171.

[20] Schon allein die Instanz weiblicher Gerichtshöfe persifliert die reale Gerichtsbarkeit der Zeit. Zum inhaltlichen Widerspruch vgl. v.a. Liebertz-Grün, Satire und Utopie, S. 219.

mit den Anfangsworten *Moribus et vita* in der Mitte als V. 131–384 eingefügt.[21] Viel älter und gewichtiger, aber gattungsmäßig abweichend sind die sogenannten „elegischen Komödien" *(comoediae elegiacae)* aus dem späten 11. und dem 12. Jahrhundert. Es handelt sich um lateinische, schwankhafte, entweder rein erzählende oder ganz dialogisierte oder gemischt episch-theatralische, vor allem zur Lektüre, nur in Einzelfällen auch zur Aufführung bestimmte Texte in Hexametern oder (meist) in elegischen Distichen (daher der Gattungsname) vor allem in der Nachfolge Ovids.

Eines der vermutlich ältesten Stücke (noch aus dem 11. Jh.?) *De nuntio sagaci (Vom klugen Boten)* wird bezeichnenderweise auch *Ovidius puellarum (Ovid der Mädchen)* genannt. Aus ihm schöpft die berühmteste elegische Komödie, *Pamphilus de amore* aus dem frühen 12. Jh.,[22] in der anhand der Liebesgeschichte von Pamphilus und Galatea Ovids Liebeslehre dramatisch durchexerziert wird. Pamphilus klagt der Göttin Venus sein Liebesleid. Die Göttin rät, dem umworbenen jungen Mädchen Lustbarkeiten und Unterhaltung zu bieten, nicht zu schweigsam und nicht zu geschwätzig zu sein, dreist draufloszulügen und vor allem ihre schamhafte Zurückhaltung als reine Koketterie zu durchschauen. In Wirklichkeit wolle die Frau nichts anderes, als scheinbar widerstrebend ihre Jungfräulichkeit verlieren.[23] Daran hält sich der Liebhaber denn auch, lockt das Mädchen mit Hilfe einer alten Kupplerin in sein Haus und überwältigt es.[24] Die in Aussicht genommene Heirat kaschiert nur schwach die frauenverachtende Haltung des Textes. Was Andreas nur für Bäuerinnen gelten läßt, gibt dieser anonyme Autor als Natur aller Frauen aus. Für ihn sind die Liebesvorschriften Dienstfertigkeit, Gehorsam des Liebhabers und absoluter Respekt vor der Scham und dem Willen der

---

21 Hg. v. A. Morel-Fatio, Mélanges de littérature catalane III, in: Romania 15 (1886), S. 224–235.

22 Hg. v. Franz G. Becker (Beihefte zum „Mittellateinischen Jahrbuch" 9), Ratingen etc. 1972. Der Herausgeber verzeichnet 60 Handschriften.

23 V. 112–114 *Sed quod habere cupit, hoc magis ipsa negat. / Pulcrius esse putat ui perdere uirginitatem, / Quam dicat: ‚De me fac modo uelle tuum!'*

24 Die berühmten dreimal wiederholten Worte der doch nur geheuchelten Abwehr der Vergewaltigung *„Pamphile, tolle manus!"* (V. 681–684) geben der Szene eher eine komische Note.

Geliebten nicht existent. Nur auf dem Weg zum Erfolg ergeben sich Gemeinsamkeiten mit Andreas. Auch Pamphilus zittert und verstummt anfangs bei der ersten Begegnung. Er redet die Angebetete mit *gratia uestra* (V. 194) an, wehrt sich gegen die Meinung, er sei ein listiger Verführer wie andere Männer, gibt sich vorerst scheinbar freudig mit der Möglichkeit häufigen Gesprächs zufrieden und deutet nur zaghaft die Hoffnung an, zu dem *alloquium* könnten auch einmal *complexus, basia, tactus* „Umarmung, Küsse, Berührung" (V. 235), also weitere *lineae amoris* hinzutreten, wie sie ähnlich bei Andreas I,vi,60 begegnen. Der *Facetus* wirkt dann großteils wie eine stärker lehrhafte Kurzfassung des *Pamphilus.* Auch der *Facetus* empfiehlt die Werbung um junge ledige Mädchen, daneben auch die um Witwen. Nonnenliebe wird wie bei Andreas ausgeschlossen.

Christliche moralische Bedenken beeinträchtigen hier das sinnenfrohe erotische Treiben kaum, aber auch adelig-höfische Standesideologie dringt kaum in den akademischen Raum der Lehrer und Studenten an den Höheren Schulen ein, woraus diese Stücke wie auch die sogenannte „Vagantenlyrik" vor allem stammen dürften. Die männliche Perspektive dominiert völlig. Das Frauenbild ist nicht von Hochachtung, schon gar nicht von Anbetung geprägt. Der verliebte Kleriker näherte sich den Frauen ja doch stets in Mißachtung eines Verbots, daher häufig mit schlechtem Gewissen und dem Vorsatz, sich möglichst bald wieder dieser Versuchung zu entziehen. Schnelle Befriedigung der Sinnenlust, nicht dauernde Bindung mußte daher sein Ziel sein. Frauen hohen Standes schieden da als Sexualobjekte so gut wie aus. Die spezielle lyrische Gattung, die die rasche Verführung oder Vergewaltigung junger Frauen vom Lande schildert, ist die *Pastourelle* („Schäferin"), die es sowohl auf Latein wie in den Volkssprachen gibt. In der lateinischen *Pastourelle* ist die Rolle des Verführers natürlich mit einem Kleriker besetzt, sonst mit einem Ritter, der nicht zimperlicher vorgeht, bei Bäuerinnen auch durchaus mit dem Segen des Liebestheoretikers Andreas.

Doch schon Ovid war von der grundsätzlichen Lüsternheit und bloß scheinbaren Schamhaftigkeit der Frau überzeugt, der daher sanfte Gewalt willkommen sein mußte. Er hatte vor allem gelehrt, wie man ein Mädchen oder eine Frau durch geschickte Wahl von

Zeit und Ort, durch Schmeicheleien, Bitten, unverbindliche Versprechungen und Schwüre zur geschlechtlichen Hingabe verführt, wie man ihr Treue bloß vortäuscht, sie die Gebieterin spielen läßt, sie als angeblich nachsichtiger, duldsamer und diensteifriger Liebender an sich bindet oder wie man schließlich eine Liebestolle auch wieder los wird. Viel mehr interessierte jetzt die klerikalen, grundsätzlich zum Zölibat verpflichteten Akademiker auch nicht, nur daß sie zur klassisch-antiken Misogynie auch noch die biblisch-patristische hinzufügten. Besonders zynisch bringt sie ein italienischer Universitätslehrer und Rhetor, Boncompagno da Signa, in seiner *Rota Veneris (Rad der Liebe)* von ca. 1200, einem kurzen Liebesbriefsteller, also einer Anleitung zur Verfassung von Verführungsbriefen mit Musterbeispielen, zum Ausdruck. Der genannten literarischen Reihe kommt – darin ist Karnein[25] Recht zu geben – Gewicht zu. Bis zu einem gewissen Grade erfüllen die Werbungsdialoge die Funktion eines Liebesbriefstellers. Aber man sollte die Differenzen zu Andreas nicht bagatellisieren. Konsequent zu Ende geführt mußte die Verführungsstrategie im literarischen Bereich eben auch zu witzigen Nonnenverführungsbriefen wie bei Boncompagno führen, die Andreas offenbar ein Greuel gewesen wären. Die Männerphantasie anderer Kleriker malte sich sogar einen Vorrang des gut gepflegten, gut genährten, feinfühligen und hochgelehrten Geistlichen vor dem ungehobelten Haudegen beim ganzen weiblichen Geschlecht aus. Im *Liebeskonzil von Remiremont (Concilium in Monte Romarici)* von ca. 1150 entscheidet sich eine Nonnenversammlung für den Kleriker als Liebhaber, in der wohl nicht sehr lange danach entstanden *Altercatio Phyllidis et Florae (Carmen Buranum 92)* bringen zwei Mädchen ihren Streit vor Amor, dessen Hofgericht dasselbe Urteil fällt. Das Streitgedicht könnte die Allegorie vom Hof Amors in *De amore* angeregt haben.

Vielen Romanisten dagegen galt (und manchen gilt wohl bis heute) der Traktat *De amore* nicht als Glied der genannten literarischen Reihe, sondern als veritables Handbuch einer ganz anderen, der höfischen Liebe *(amour courtois)* oder spezieller der hohen Minne *(fin'amor)* – auch dies natürlich eine zu einseitige Sicht

[25] Karnein, Andreas, Buoncompagno und andere, 1985.

der Dinge. Gleichwohl ist doch wohl die Trobadorpoesie der wichtigste – indirekte oder direkte – Lieferant von Themen und Motiven für die ersten beiden Bücher des Traktats, wie zuletzt Paolo Cherchi[26] gezeigt hat. Schon der bedingungslose, keineswegs bloß gespielte Gehorsam *(obediensa)* gegenüber der Dame, der in der lateinischen Liebeslyrik keine Rolle spielt, bildet eine der wichtigsten ethischen Grundpfeiler der Trobadorliebe. Verleumder und Neider gibt es zwar auch in der Vagantenlyrik, doch erst die grundsätzliche Geheimhaltungspflicht der höfischen Liebe macht die *lauzengiers* (ursprünglich „Schmeichler", dann auch das Gegenteil, nämlich „Verleumder") zu einer solch prominenten und omnipräsenten Gefahr für die Liebenden. Bei Andreas äußert die Dame ihre Angst vor dem „üblichen leeren Gerede der Leute und den argwöhnischen Gerüchten der Hinterhältigen" in I,vi,294. Die ausschließliche Bindung an eine einzige Geliebte ist ein weiterer Kernpunkt der Minneideologie der okzitanischen (dann auch der französischen und deutschen) Dichtung, die sie ebensosehr von der Realität wie von der lateinischen Dichtung trennt. So kann denn Guilhelm de Montanhagol sagen: *d'amor mou Castitatz* „aus Liebe entspringt Keuschheit", so wie Andreas die Liebesvorschrift II formuliert: „Keuschheit sollst Du wahren für die Geliebte" (I,vi,268). In beiden Fällen ist selbstverständlich nicht von mönchischer Enthaltsamkeit, sondern nur von absoluter, ‚monogamer' Treue die Rede.

Ein besonderes Problem bildet der von Andreas so genannte *amor purus* (I,vi,470ff.), eine sexuelle Praxis, welche offenbar nichts anderes meint als das, was die moderne amerikanische Sexualwissenschaft als „petting" bezeichnet. Der Mann schlägt im Dialog die Praxis, die alle sexuellen Handlungen bis auf den vollzogenen Koitus zuläßt, der Dame vor, die ihre Jungfernschaft nicht verlieren will. Daß dieser Vorschlag nicht ausschließlich einer rhetorischen Verführungsstrategie folgt, zeigt eine Stelle im zweiten Buch, wo Andreas selber die Sache wieder aufgreift und die beiden Arten der Liebe, den *amor purus* und den *amor mixtus* als in der Substanz identisch bezeichnet (II,vi,24f.). Eine nähere

[26] Cherchi, Andreas and the Ambiguity of Courtly Love, 1994, passim.

Erläuterung gibt er hier allerdings nicht. Allzu ferne lag der Gedanke aber angesichts fehlender anderer sicherer Mittel der Empfängnisverhütung in der Realität gewiß nicht. Wenn es nun bei den Trobadors das Motiv der mit der Geliebten in Umarmung, jedoch ohne Kopulation vollbrachten Liebesnacht gibt, so handelt es sich dagegen offenbar um eine extreme Probe *(essai, assai, assag)* des Gehorsams und der Zurückhaltung *(mezura)*. Das Problem wird in mehreren Diskussionsgedichten *(partimens)* erörtert. Gaucelm Faidit etwa meint, ein Mann sei in dieser Situation schlimmer dran als ein Sünder in der Hölle. Aimeric de Peguilhan fragt seinen Kollegen Elias d'Ussel, ob er eine solche Auflage seiner Dame erfüllen oder seinen Eid brechen und doch richtig mit ihr schlafen solle. Elias rät zum Eidbruch.[27] Das Motiv hat bei Andreas also einen durchaus anderen Charakter. Immerhin gibt es auch Äußerungen bei den Trobadors, die Dame könne selbst ohne die „Tat", *fach* (*actus* bei Andreas, I,vi,437 u. ö.), Glück schenken.

Schließlich meint Andreas' Lieblingswort *probitas*, welches wir hier faute de mieux mit „innerer Wert" übersetzen, ganz offenkundig dasselbe wir das okzitanische *proeza*. Für die Trobadors wie für unseren Autor macht *probitas/proeza* den waren Adel, den Tugendadel, aus. Vornehmliche Quelle der *proeza* ist für die Trobadors aber ebenfalls die hohe Minne, *fin'amor*.

Aus der Welt der Trobadors ebenso wie aus der Welt der Scholaren und Gelehrten heraus führt schließlich die schon erwähnte Erzählung von der Erwerbung des Sperbers am Hofe König Arthurs.[28] Alle wesentlichen Motive liefert die *matière de Bretagne*, abgesehen von dem Königspalast mit den dort aufbewahrten Liebesregeln, einer offenkundigen Parallele zum Palast Amors im ersten Buch. Dort sind die allegorischen Züge offenkundig, hier können sie vermutet werden. Die Unzugänglichkeit könnte die mühselige Erlangung und die Intimität der Liebe symbolisieren, der Handschuh die Besitzergreifung, der Jagdsperber die Männ-

---

[27] Cherchi, Andreas and the Ambiguity of Courtly Love, S. 19ff.

[28] Dazu vgl. die Anmerkungen 141 und 142 Buridants zu seiner Ausgabe und die dort referierte Literatur; K. Ruh, Höfische Epik des deutschen Mittelalters, Bd. I. Von den Anfängen bis Hartmann von Aue, Berlin [2]1977, S. 120f.; Karnein, De amore, S. 90–93.

lichkeit, Gold, Silber und Edelsteine die Kostbarkeit der Liebe usw. Eine komplette Minneallegorie liegt hier gleichwohl kaum vor, noch weit weniger jedoch eine richtige arthurisch-bretonische Erzählung. Der Erwerb eines Sperbers oder eines anderen edlen Jagdvogels als Bedingung für den Erwerb einer Dame ist zwar ein wichtiges Motiv im *Erec*, im *Bel Inconnu,* im *Meraugis de Portlesguez* und im *Durmart le Gallois*, die Unterwasserbrücke im *Chevalier de la Charrette*, das verwunschene Schloß im *Roman du Graal.* Riesen als Verteidiger von Toren, Furten und Brücken sind allgegenwärtig in den französischen höfischen Romanen und Erzählungen; die Begegnung mit einer Fee in einsamer Gegend bildet die Exposition etlicher bretonischen Novellen, sogenannter *lais.* Aber die Motive erscheinen bei Andreas ohne narrative Konsequenz bloß zur Initiation, Beförderung oder Behinderung des Erwerbs von Sperber und Liebesregeln eingesetzt. Alle Versuche, aus dieser Darstellung den ursprünglichen Kern der französischen Erzählungen zu rekonstruieren, sind von vornherein zum Scheitern verurteilt gewesen. Am ehesten könnte er so ausgesehen haben: Ein Ritter will den Sperberpreis gewinnen, benötigt dazu aber die schönste Dame, die sich ihm in Gestalt einer verliebten Fee zur Verfügung stellt. Andreas konterkariert das Schema aber von Anfang an durch die Existenz einer anderen Dame, in deren Dienst der Held schon zuvor steht und den Sperber erwerben will und der er ihn schließlich auch bringt. Die Schönste ist sie aber gerade nicht, sondern eine Fee, die ihm ihre Liebe verspricht. Sie gibt ihm Küsse und will für ihn immer im Walde an derselben Stelle zu finden sein, ähnlich den Feen der Lais. Wir hören bei Andreas aber nichts davon, daß der Ritter später auf das Angebot zurückgekommen, ebensowenig aber auch, daß er eine Bindung mit seiner ersten Minnedame eingegangen sei. Am Ende kommt alles nur noch auf die Liebesregeln an.

Karnein sieht in dieser Häufung und unlogischen Kombination der Motive die Absicht des Autors, die arthurische Literatur zu kritisieren und „weltliche Liebe als Phantasterei zu entlarven, die sie in den Augen des Klerikers ist.“[29] Es könnte aber auch einfach

---

[29] Karnein, De amore, S. 82.

des Autors Unfähigkeit oder Unwilligkeit dahinter stecken, eine Geschichte um ihrer selbst willen hübsch zu erzählen und nicht nur als Exempel oder Allegorie für seine didaktischen Zwecke zu gebrauchen oder zu mißbrauchen.

Wie wenig inspiriert Andreas zu erzählen und zu schildern weiß, zeigen auch die Allegorien vom Palast und Garten des Königs bzw. Gottes Amor (I,vi,222–228 bzw. I,vi,229–267). Der Palast Cupidos bei Apuleius oder Claudian[30] (s. o.) ist zur billigen Kulisse für die Aufenthaltsorte liebeswilliger oder -unwilliger Damen geworden, die dort real absolut unsinnige, nur im Hinblick auf die Auslegung verständliche Tätigkeiten vollziehen. Die säkularisierende Kontrafaktur des verbreiteten (z. B. bei Ordericus Vitalis aufgezeichneten) geistlichen Exempels vom Totenheer oder Totenreich, wo ein lebender Mensch jenseitige Strafen mitansehen darf, um dann seine Mitmenschen zur Fürbitte für die Sünder im Fegefeuer aufzufordern, ist in den Volkssprachen verbreitet. So gestaltet etwa der anonyme *Lai du Trot* („Trab") nach diesem Muster das Bild der beiden Reiterzüge der Damen, eines prächtigen und eines jämmerlichen, in denen sich die Belohnung oder Bestrafung für die rechte Hingabe an die Liebe ausdrückt. Der Lai ist etwa gleichzeitig mit *De amore* entstanden, ein motivlicher Bezug der beiden Texte evident, ein direkter Zusammenhang unerweislich, die Differenz enorm. Von poetischer Anschaulichkeit wie im *Lai du Trot* oder in *Carmen Buranum 92*, wo Amors Paradiesgarten beschrieben wird (s. o.), ist bei Andreas nichts zu spüren. Statt dessen wird eine völlig abstrakt vorgestellte Landschaft nach den Vorgaben moralischer Allegorese minutiös parzelliert. Daß hier nichts als „gezielte Willkür" des Autors herrscht, wie Karnein (S. 86) meint, scheint wiederum zweifelhaft. Die überwölbende Didaxe bereitet allerdings gut auf die 12 Liebesvorschriften vor. Daß Andreas sie anderswoher bezogen haben könnte, wie Karnein (S. 94) vermutet, ist weder zu beweisen noch zu widerlegen. Die von ihm ins Spiel gebrachte Abhängigkeit von Freundschaftsregeln Ciceros und des 12. Jh. scheint mir allerdings schwach begründet.

---

[30] Man vgl. die Anmerkungen Buridants und Walshs zu den Stellen; Schlösser, S. 79; Karnein, De amore, S. 84–90.

Dasselbe gilt für Karneins Behauptung (S. 102), die Minnekasus seien von Andreas satirisch gemeint und gäben die Richterinnen „für den lateinisch Gebildeten der Lächerlichkeit preis", dies schon deshalb, weil er die Kasus aus der volkssprachigen Liebesdichtung in die klerikale Bildungssphäre überführt habe. Dort gab es vergleichbare Gattungen der *tenson*, des *partimen*, des *joc/jeu parti* u.a., und einmal wird sogar wie in *De amore* Ermengarde von Narbonne als Liebesrichterin angerufen, nämlich von Guiraut de Bornelh. Daß Andreas alle seine Kasus, die mit bekannten volkssprachigen teilweise übereinstimmen, weniger ‚ernst' gemeint habe als die Trobadors, ist aus dem Traktattext heraus nicht wahrscheinlich zu machen. Auch durch Schnells Nachweis, daß die Urteile VII, XII, XIII, XIV, XV, XXI der Eherechtspraxis entsprechen,[31] ist nichts dergleichen bewiesen. Parodistische Absicht läßt sich höchstens bei Urteil IX mit seiner prononciert wissenschaftlichen Ausdrucksweise vermuten. Aber der zugrundeliegende Kasus, nämlich die Frage nach dem tieferen Gefühl der Zuneigung zwischen Eheleuten oder zwischen Liebenden, wird auch von den Trobadors Gui und Elias von Ussel (Uisel/Limousin) diskutiert.[32] Kasus XIV, obschon auch eherechtlich relevant, hat auch narrative Ausgestaltung gefunden, sowohl in dem französischen Roman *Ille et Galeron* von Gautier d'Arras (um 1180) als auch in den deutschen Versnovellen *Das Auge* (anonym, 1. H. 13. Jh.?) und *Die treue Gattin* (von Herrand von Wildon, † 1278/82). Der Kasus wird wohl schon vor Andreas und Gautier in volkssprachiger Dichtung in Frankreich diskutiert worden sein, was man für die Diskussion um die Wahl der oberen oder unteren Hälfte der Frau (*De amore* I,vi,533 ff.) nicht als bewiesen ansehen kann, auch wenn sie in der deutschen Versnovelle *Die Heidin* gegen Ende des 13. Jh. narrativ gestaltet wieder auftaucht. Deren Quelle könnte auch *De amore* selbst gewesen sein. Zweifelsfrei auf einer französischen Vorlage beruht dagegen der deutsche *Mauricius von Craun* vom

---

31 Schnell, Andreas Capellanus, S. 49 ff.

32 Text und Übersetzung bei H. Carstens, Die Tenzonen aus dem Kreis der Trobadors Gui, Eble, Elias und Peire d'Uisel, Diss. Königsberg 1914. Hinweise darauf bei Walsh in seinem Kommentar zu II,vii,22 und bei Schnell, Andreas Capellanus, S. 68–74 (mit Text u. Übers. nach Carstens).

Anfang des 13. Jh. Diese Erzählung behandelt die ungerechte Verweigerung des Liebeslohnes trotz eindeutiger Gewährung von Liebeshoffnung – entsprechend *De amore* II,vi,34f. Französische Versnovellen, diesmal eher heiteren und/oder satirischen Zuschnitts (sogenannte *fabliaux*), müssen schließlich noch als Stofflieferanten für die Schilderung der weiblichen Laster im dritten Buch in Anschlag gebracht werden, z.B. für die Freßgier eine Erzählung nach Art von *Les perdris* (*Die Rebhühner*: NRCF IV, Nr. 21) oder für den Ungehorsam eine – von Andreas direkt angesprochene (III,90) – der vielen umlaufenden Geschichten von der Widerspenstigen Zähmung.

Aber selbst wenn wir nun noch die mehr oder minder direkten Bezüge auf die okzitanische und französische Lyrik hinzurechnen, macht all dies natürlich *De amore* immer noch nicht zu einem volkssprachigen Text. Er wird natürlich auf der Oberfläche geprägt von den Vorbildern aus der antiken und mittelalterlichen Latinität, der Vulgata, den Kirchenvätern (v.a. Hieronymus), Ovid, Vergil, Horaz, Lucan, Juvenal, Claudian, Cicero, Seneca (v.a. *De beneficiis*), Johannes von Salisbury, Alanus ab Insulis u.a. Die – oft wörtlichen – Zitate aus Ovid, und zwar keineswegs nur aus der *Ars amatoria* und den *Remedia amoris*, sondern auch aus den *Amores, Heroides, Tristia, Fasti, Metamorphoses, Medicamina faciei* überziehen oder besser unterfüttern den Text der ersten beiden Bücher und dominieren hier sogar die Bibelzitate. Keineswegs alle Entlehnungen, welche zuletzt Francis Cairns gesammelt hat,[33] sind in unseren Kommentar eingegangen. Dabei kam es Andreas mindestens so sehr auf den Inhalt wie den Ausdruck an. Ja, von keinem der genannten lateinischen Autoren hat Andreas seinen ausgesprochen manieristischen Stil (s.u.) bezogen, sondern aus dem Schrifttum der Kanzlei, Verwaltung und Artes.

Andreas – ein Wanderer zwischen den Welten des Laienadels und Klerus, ein Wanderer auch zwischen unzähligen Gattungen und Diskursen. Walter Haug hat die verschiedenen erotischen Diskurse des Mittelalters prägnant zu bestimmen versucht.[34] Er

---

[33] Cairns, F., Andreas Capellanus, Ovid and the Consistency of *De Amore*, 1993.

[34] Haug, Die höfische Liebe, 2004.

versteht unter Diskursen „vorgegebene symbolische Ordnungen im Sinne von Deutungsmustern und Normgebungen“ (S. 13) und denkt sie sich weitgehend eigenständig und separiert, auch wenn er natürlich Überschneidungen und Wechselwirkungen für möglich hält. In Haugs eindrucksvoller Zusammenschau kommt die Außenseiterrolle unseres Traktats besonders deutlich heraus. Haugs karge Notizen zu Andreas münden in die Aussage: „Nichts fordert meine methodische Differenzierung so sehr heraus, wie gerade dieser rätselhafte Kaplan“ (S. 40). Tatsächlich sieht es so aus, als ob diese Differenzierung hier – und vielleicht nicht nur hier – an ihre Grenzen stieße.

Der sozialhistorische Hintergrund

Georges Duby hat den Traktat als wichtige Quelle für die soziale Realität in Frankreich im ausgehenden 12. Jh. herangezogen.[35] Nach seiner Analyse schimmert bei Andreas zwar noch das theologische Modell der *tres ordines*, Klerus, Rittertum, Bauerntum, durch, wenn der Klerus als die höchste, weil unmittelbar von Gott verliehene Stufe des Adels bezeichnet und der Bauer, d.h. jedermann, der von seiner Hände Arbeit lebt, von der guten Gesellschaft und damit von der höfischen Liebe rundweg ausgeschlossen werden. Doch der zweite Stand wird schon differenziert gesehen:

I,vi,18 Die bürgerliche Frau (*plebeia*) ist dir genügend bekannt; adelig nennt man eine Frau, die blutsmäßig von einem Vasallen (*vavassor*) oder einem Herrn (*procer*) abstammt, oder deren Gattinnen. Hochadelig wird eine Frau genannt, wenn sie aus einem Herrengeschlecht (*proceres*) hergeleitet wird. (19) Dasselbe sagen wir von den Männern, abgesehen davon, daß ein Mann seinen Stand beibehält, wenn er mit einer adeligen oder weniger adeligen Gattin verbunden ist.

Duby versteht den *vavassor* als mittleren Aftervasallen (was laut Niermeyer den meisten, aber nicht allen Belegen der Zeit aus Frankreich entspricht), definiert den *procer* („seigneur“) jedoch nicht und sagt auch nicht, warum im nächsten Satz der Plural da-

---

[35] Duby, 1978, S. 404–413 („L'art d'aimer“).

von steht. Ich vermute, es soll eine hochadelige Abstammung seit Generationen angedeutet werden. I,vi,119 werden *comitissa vel marchionissa vel aequalis vel maioris ordinis femina* als *nobiliores* qualifiziert. Als gleichwertig, *aequalis,* galt gewiß die *vicecomitissa.* Von *baro* und *baronissa* ist im Traktat nirgends die Rede.

Plebeius und *plebeia* wertet Duby als Statistenrollen, die gleichwohl die Zulassung wohlhabender Nichtadeliger zur realen höfischen Gesellschaft signalisieren. Die von *plebs* abgeleitete Bezeichnung bedeutet von vornherein eine Abwertung. Daß Kaufleute nicht von Handarbeit leben, macht sie zwar mit Adeligen gemein, daß sie überhaupt arbeiten und Geld verdienen, trennt sie jedoch von ihnen. Daß sie oft freigebiger auftreten (können) als der Adel, bestärkt sie in ihrem Glauben, durch Tugenden aufsteigen zu können. Sie verweisen auf die ursprüngliche Gleichheit aller Menschen und die historische Gewordenheit der Ständeordnung. Diese sei aber, ist das Gegenargument, doch in frühesten Zeiten etabliert worden und werde nun durch das natürliche Gebot der Stabilität der Welt geschützt. Nur eine Ausnahme – von den Geistlichen natürlich abgesehen (s.o.) – wird gemacht. Nur dann sei einem *plebeius* der Aufstieg in die Nobilität möglich, „wenn ihm dies vielleicht durch die Macht eines Fürsten *(princeps)*, der irgendwelchen moralischen Vorzügen *(bonis moribus)* den Adel hinzufügen kann, zugeteilt wird" (I,vi,138). Das ist für Duby ein eindeutiger Hinweis darauf, daß hier letztlich nur die Macht des Monarchen gefeiert werde. Dafür mutet die Bemerkung aber doch zu beiläufig an. Sogar der Ausdruck *rex* wird hier vermieden. Und Dubys Annahme, die Ablenkung der Oberschicht auf das müßige Spiel der Liebe diene nur den Interessen des Königs, ist nicht mehr als Spekulation. Sie fiele sogar ganz dahin, wenn Andreas dieses Spiel ohnehin nur hätte entlarven wollen, wie Karnein und andere glauben (s.o.).

Auch Karnein meint, Andreas sei am Hofe König Philipps II. August dem handeltreibenden Großbürger als ernstzunehmendem Konkurrenten des Adels begegnet, lasse ihn daher auch ausführlich zu Wort kommen, aber letztlich seine Argumente am Sarkasmus der adelsgläubigen Frauen, adeliger wie bürgerlicher, zerschellen. Doch das stimmt so nicht ganz, überläßt doch der Autor das Wort nicht allein den naturgemäß parteiischen Dialog-

partnern, sondern ergreift es in der Frage auch selbst einmal, nämlich zu Beginn des dritten Gesprächs (I,vi,116–123). Er bietet hier einen Kompromiß an. In aller Regel müsse eine adelige, gar eine hochadelige Frau zuerst einmal im Adelsstand nach einem sittlich würdigen Liebespartner suchen, denn es sei ganz unwahrscheinlich, daß sie dabei nicht fündig werde, sei doch hoher innerer Wert von Natur aus im Adel allemal viel eher zu Hause als im Bürgertum. Nur wenn der gesamte Adel versage, komme ein Bürger überhaupt in Frage. Dem Risiko, sich dem Vorwurf eines Abstiegs auszusetzen, könne eine Hochadelige nur entgehen, wenn dem Bürger, dem sie ihre Gunst gewähren wolle, alle Welt einen außergewöhnlich hohen inneren Wert zubillige. Selbst dann müsse noch eine lange Prüfung folgen, da eine solche Überschreitung der Natur meist auf die Dauer nicht durchzuhalten sei. Immerhin hält Andreas eine solche Überschreitung im Ausnahmefall für möglich, auch wenn er den Geblütsadel eindeutig als Gabe der Natur und nicht der Fortuna einstuft.[36] Das erweist der Vergleich mit der Tierwelt. Schon die antiken Verteidiger des Geburtsadels hatten solche Vergleiche gezogen (z. B. Horaz, Ode IV). Wie Andreas setzt sich in zeitlicher Nachbarschaft auch Nigellus von Canterbury im *Speculum stultorum* von 1179/80 für die naturgemäße Verbindung von Geblütsadel und Tugendadel ein. Der v. a. auf Seneca und Boethius fußenden Gegenpartei verleiht fast gleichzeitig Alanus ab Insulis im *Anticlaudianus* (1182/83) seine Stimme, wenn er den Geblütsadel den äußeren Gütern zuschlägt, denen die innerlichen *virtutes* entgegenstehen. Daß ein Adeliger negativ aus der Art schlagen könne, hatten fast alle Verteidiger der naturgegebenen *nobilitas carnis* zugegeben, kaum jedoch einer, daß dies auch positiv beim Nichtadeligen möglich sei, was Andreas hier eben einräumt. Allerdings schränkt er den Geltungsbereich dieser außergewöhnlichen Nobilitierung auf das Reich der Liebe ein. Das reale Standesgefüge bleibt unangetastet. Daß es für den Code der Liebe eine enorme Rolle spielt, stellen gerade die ausführlichen Standesdiskussionen des Traktats unter Beweis.

---

[36] Vgl. zum folgenden F. P. Knapp, *Nobilitas Fortunae filia alienata.*

Die Weltanschauung des Traktats

Was sollen jedoch die endlosen Debatten um *nobilitas* und *probitas*, *probitas* und *amor*, Liebe und Ehe, Eifersucht und Treue usw., wenn alles ohnehin nur auf den Beweis hinauslaufen sollte, daß die Frauenliebe für Leib und Seele verderblich, im schlimmsten Falle tödlich ist, wie es Buch III des Traktats sagt? Daß dieser Beweis das erste und letzte Ziel des gesamten Traktats gewesen sei, scheint sich in der neueren Forschung als dominante Ansicht herauszustellen, nachdem bereits 1962 D. W. Robertson Jr. in diese Richtung gewiesen hatte.[37] Massive Unterstützung erhielt er durch die Arbeiten von Alfred Karnein. Erstens sei der Text für ein klerikalgelehrtes Publikum in der königlichen Kanzlei verfaßt worden, wo man dem Höfischen skeptisch gegenüberstand. Diese These hängt an der Verfasserfrage (s. o.). Zweitens sei das definitorische Schlüsselwort *passio* massiv theologisch besetzt gewesen. In den Bibelkommentaren seit Isidor von Sevilla und Beda Venerabilis werde ja anläßlich des Jesuswortes Mt 5,28 der in die Sünde führende Weg der fleischlichen Konkupiszenz von der *propassio* beim Anblick einer Frau zur *passio* bei der Zustimmung des Willens zum Begehren beschrieben. Drittens habe Andreas auch dem medizinischen Diskurs entnehmen können, daß unstillbare Liebesleidenschaft nichts andres als eine Krankheit sei.[38] Nun ist jedoch in den – meist aus dem Arabischen übersetzten – medizinischen Schriften stets von *morbus* oder *aegritudo* die Rede wie auch im antiken Latein, wo *passio* erst spät und ausnahmsweise soviel wie „Krankheit“ heißt. Und das Christentum, dessen geistige Mitte ja die *passio Christi* ist, weist dem Ausdruck auch einen anderen Weg. Das schmerzhafte, aber freiwillige Erdulden steht da im Vordergrund. Das muß auch in den Bibelkommentaren gemeint sein, aber natürlich in seiner negativen Variante: das Erdulden der Sünde, die Einwilligung in die Sünde. Ähnliches, aber doch nicht dasselbe bedeutet das Wort bei Andreas I,i,1:

---

[37] D. W. Robertson Jr., A Preface to Chaucer, darin Kap. V 1: „Courtly Love“ and Andreas Capellanus, S. 391–448.

[38] Karnein, De amore, S. 63ff.

Die Liebe ist ein im Inneren geborenes Erleiden (*innata passio*), welches aus dem Anblick und der unmäßigen gedanklichen Beschäftigung (*cogitatio*) mit der Wohlgestalt (*forma*) des anderen Geschlechts hervorgeht, derentwegen man sich über alles wünscht, die Umarmungen des anderen zu erlangen und alle Vorschriften der Liebe nach dem Wunsch beider in der Umarmung des anderen erfüllt zu sehen.

Dahinter steht nur scheinbar oder parodistisch die biblische Warnung vor der Konkupiszenz, tatsächlich aber gemäß dem Nachweis von Don A. Monson[39] in erster Linie der aristotelische Gegensatz von *actio* „Tun" und *passio* „Leiden" im allgemeinen kategorialen Sinne. Daß dieser passive Affekt schweren Leidensdruck zur Folge hat, sagt Andreas deutlich. Doch folgt dies nicht notwendig aus dem Erleiden. Wieweit man den unfreiwillig empfangenen Affekt in die Bahnen des *sapienter amare* lenken kann, darauf kommt es an.

Paolo Cherchi[40] und – offenbar im Anschluß an ihn – Francesca Colombo treffen schwerlich Andreas' Intention, wenn sie unterstellen, er habe bewußt einen *circulus vitiosus* vorgeführt: Einerseits sei die Liebe *causa efficiens* für alles Gute, andererseits aber auch *causa finalis* allen guten Handelns. Wenn *probitas* schon die Bedingung für die Erhörung sei, könne doch nicht erst die Liebe zur *probitas* führen. Überhaupt sei eine irrationale, willenunabhängige Kraft als Ausgangs- und Zielpunkt der *probitas* untauglich, welche ja der rationalen Lenkung bedürfe. Diese These setzt zum ersten voraus, daß Andreas es mit der vollständigen logischen Analyse des irrationalen Phänomens der Frauenliebe wirklich ganz ernst gemeint, zum zweiten daß er die *probitas* als statische Qualität aufgefaßt habe. Das eine würde seiner Intelligenz kein gutes Zeugnis ausstellen; das andere hat im Text gar keine Stütze. Der dreizehnte Liebeskasus etwa lautet (II,vii,28–29):

Ein anderes, folgendes Urteil wird beigebracht: Ein Ritter forderte, obwohl er jeglichen inneren Werts eines Mannes (*omni hominum probitate*) entbehrte und so von allen Frauen für untauglich für ihre Liebe erklärt wurde, von einer gewissen Dame mit so großer Impertinenz (*tanta improbitate*) ihre Liebe, daß sie ihm die Hoffnung auf ihre Liebe schenkte. Diese

[39] Monson, Andreas Capellanus's Scholastic Definition of Love, 1994.
[40] Cherchi, Andreas and the Ambiguity of Courtly Love, S. 37f. u. passim.

Dame bestärkte durch ihre Belehrung ihren Geliebten derart in guten Sitten (*probi mores*), indem sie ihm sogar Küsse und Umarmungen schenkte, daß der schon erwähnte Liebende durch sie zum höchsten sittlichen Wert geführt und durch jeglichen inneren Wert des Lobes würdig wurde. Nachdem dieser in der Norm des inneren Werts solide gefestigt und mit jeglichem Vorzug der Höfischheit ausgezeichnet war, lud ihn eine andere Dame dringend ein, sie zu lieben. Der Ritter gehorchte auch ganz ihrem Wunsche, vergaß allerdings leider die Großzügigkeit der ersten Dame.

Der Schlechte kann also durch Liebe gut werden und dadurch wiederum die Liebe einer Dame gewinnen. Die heftige Apostrophe der bessernden Kraft der Liebe ist auch sonst durchaus nicht auf die werbenden Männer beschränkt. Der Verfasser selbst ergreift schon im 4. Kap. des ersten Buchs in diesem Sinne das Wort und preist die Liebe als „wunderbare Sache ..., die den Menschen mit so vielen Vorzügen glänzen läßt". Diese Aussage könne daher nach Meinung von Robertson, Karnein, Cherchi, Colombo u.a. nur ironisch verstanden werden. Doch eine solche Annahme ist eine ebenso wohlfeile wie unbeweisbare Lösung des Problems, wenn es an direkten Ironie-Signalen im Text fehlt.

Wirklich wenig Glauben verdient der Autor – entgegen der Ansicht von Colombo – dagegen, wenn er in der Vorrede zum ganzen Traktat und in der Einleitung zu Buch III (§§ 1–2) behauptet, er habe mit der Abfassung dieses Buches nur dem Drängen seines Freundes, des Adressaten, nachgegeben. Ernst Robert Curtius verzeichnet eine solche Behauptung als eine der beliebtesten Varianten des Bescheidenheitstopos, welche seit Cicero und Vergil verwendet, schon bei diesen aber als Verbrämung eigenen schriftstellerischen Ehrgeizes gebraucht wurde. Und so fehlt denn auch ein weiterer Typ der antiken Exordialtopik bei Andreas nicht: die Meidung von Trägheit (III,1; 117).[41] Der weitere Text des Traktats zeigt denn auch durchaus sowohl den Wunsch des Verfassers, ein größeres Publikum anzusprechen (z.B. II,v,10), als auch, sich selbst als Betroffenen, als Liebenden, zu erkennen zu geben (I,iv,3; I,viii,4–5 u.ö.). Vor allem das eher nebenbei, aber nichtsdestoweniger deutlich genug II,vi,22 abgegebene Bekenntnis des Autors zu

---

[41] E. R. Curtius, Europäische Literatur und lateinisches Mittelalter, Bern u. München [7]1969, S. 94f. u. 98f.

seiner eigenen, unzerstörbaren, aber unerhörbaren und daher lebensbedrohenden Liebe sollte endlich in der Forschung die Aufmerksamkeit finden, die sie verdient. Natürlich gehört auch diese Aussage zu dem literarischen Spiel, das Andreas mit seiner Leserschaft treibt. Innerhalb dieses Spiels ist sie aber ebenso ,ernst' zu nehmen wie etwa die Verurteilung der Liebe in Buch III. Als reines Sophisma wird man dagegen – in kritischer Distanz zu Colombo – die Behauptung in III,2 einstufen müssen, die ersten beiden Bücher seien nur dazu bestimmt, zur Sünde zu reizen, damit deren Vermeidung vor Gott desto verdienstvoller sei. Eine solche Absicht wird nicht nur schon durch die Vaterunserbitte „Führe uns nicht in Versuchung!" für jeden Christen höchst verdächtig, sondern auch gleich in III,48 konterkariert, wo es heißt:

> Gedenke auch, Ort, Zeit und Personen, die eine Ursache für Wollust herbeiführen und eine Gelegenheit zur Lust hervorrufen könnten, gänzlich zu meiden.

Die Versuche, die innere Widersprüchlichkeit des Textes wegzudiskutieren, sind inzwischen Legion. Es ist in der Forschung auch durchaus, wenngleich keineswegs immer deutlich genug gesehen worden, daß sich das nahezu gleiche Problem schon für die Beurteilung der scheinbaren oder tatsächlichen Widersprüche innerhalb des Liebesideals der Trobadors, Trouvères und Minnesänger selbst stellt. Die dazu nötige Erweiterung des Blickwinkels macht eine adäquate Diskussion innerhalb dieses Nachworts freilich unmöglich. Nur wenige Ansätze können (vereinfacht) skizziert und kritisiert werden.

Paolo Cherchi konstatiert einen vergleichbaren Antagonismus von erotischem Begehren und Streben nach sittlicher Vervollkommnung in der Trobadorlyrik und bei Andreas. Während aber Andreas die Harmonisierung der beiden Antriebe, wie oben angedeutet, nicht für möglich halte und die diesbezügliche angeblich erfolgreiche Intention der werbenden Männer als bloßes Täuschungsmanöver zu entlarven versuche, habe die Trobadorlyrik sie tatsächlich zuwege gebracht und zwar durch das bei Andreas fehlende oberste Prinzip der *mezura*, der mäßigenden Selbstbeherrschung, dies allerdings um den Preis einer Beschränkung des Ideals auf den esoterischen Bereich der Kunst. In der Liebeslyrik

werde die erotische Liebe zugleich zelebriert und domestiziert. Sie bleibe ebenso leidenschaftlich wie permanent unerfüllbar und führe gerade dadurch den Liebenden zur Treue, Beständigkeit, Demut, Weisheit, also gerade im Verzicht zu sittlichem Wert. Damit erfülle sich zugleich das gesellschaftliche Ideal der *cortezia*, des höfischen Wesens, jedoch in abstrakter Distanz zur konkreten Lebenswirklichkeit. Für Cherchi ist diese Lyrik „the first extensive phenomenon of art for art's sake".[42] Daß wir es hier zuerst einmal mit Kunst zu tun haben, wird heute kaum noch jemand bezweifeln, wohl jedoch, daß es schlichtweg l'art pour l'art sei. Nicht als bewiesen kann es auch gelten, daß die Trobadorlyrik nur das Ideal der unerfüllten Liebe kennt. Für die Trovères und die Minnesänger hat diese Sicht sich längst als zu einseitig herausgestellt.[43]

Einseitigkeit beeinträchtigt auch sonst die überaus kenntnisreiche und in vielem durchaus weiterführende Argumentation Cherchis. So ist etwa die berühmte *amor de lonh*, das Sich-Verlieben in eine Dame nur aufgrund des Ruhmes ihrer inneren und äußeren Schönheit, ohne sie je gesehen zu haben, zwar ein signifikantes Motiv der Trobadorliebe, aber kein beherrschendes. Weit öfter trifft der Anblick der Dame den Mann auf dem Weg über die Augen ins Herz – *Bel Vezer* ist sogar einer der Decknamen für die Geliebte bei Bernart de Ventadorn – genauso wie es Andreas I,i,1 u. ö. beschreibt. Einen absoluten Gegensatz zwischen dem rein sinnlichen Charakter der Liebe bei Andreas und ihrem geistigen, ‚literarischen' Wesen bei den Trobadors zu konstruieren geht nicht an. Einerseits klagt etwa auch Bernart de Ventadorn, der wohl repräsentativ genannt werden kann, in Lied XVI,31: *qui en amor quer sen, Cel non a sen ni mezura* (Wer in der Liebe Verstand sucht, hat weder Verstand noch Maß). Andererseits predigt Andreas allenthalben gerade angesichts der Zwänge der Liebe das *sapienter amare*.

Darüber hat besonders ausführlich Felix Schlösser gehandelt.[44] Gegen ihn schreiben Cherchi und andere vor allem an, ohne seine Hauptthesen alle widerlegen zu können. Am leichtesten war dies

[42] Cherchi, Andreas and the Ambiguity of Courtly Love, S. 71.
[43] Zum gesamten Komplex vgl. u.a. Ingrid Kasten, Frauendienst, 1986.
[44] F. Schlösser, 1960, S. 101–113.

bei der Annahme, Andreas liefere ein vollgültiges Abbild des *amour courtois*. Daß Andreas diesen aber auch nicht bloß ad absurdum führen wollte, hätte man Schlösser ruhig glauben können. Zweifellos richtig hat dieser im Gegensatz zu Cherchi auch gesehen, daß Andreas die Liebe nicht zum absoluten *summum bonum* – das auch für ihn nur Gott sein kann – hochstilisiert, sondern nur zum höchsten Gut in der diesseitigen Welt.[45] Allerdings, meint Schlösser, habe Andreas einen unehrlichen Kompromiß geschlossen, nämlich zwar im letzten Buch die irdische Liebe scheinbar insgesamt verdammt, dabei aber alle in den ersten beiden Büchern emphatisch herausgestellten höfischen, domestizierenden und vergeistigenden Züge, insbesondere des *amor purus*, unterschlagen, so daß diese spezielle Liebe von der Verdammung gar nicht getroffen werde. Nun unterscheidet Andreas zwar streng zwischen *amor* und *affectus/affectio/dilectio maritalis*, die eben keine Liebe und daher wirklich von der *reprobatio* nicht berührt ist. Aber *amor* bleibt *amor*, sinnliche Liebe, ob nun bis zur vorletzten oder letzten Stufe der Erfüllung, *linea amoris*, getrieben,[46] und verfällt so tatsächlich insgesamt dem Verdikt des letzten Buches. Schlösser spricht von der „Koexistenz zweier Ordnungen“. Daß es jedoch zwischen diesen „weder Ansatzpunkte einer Versöhnung noch Angriffsflächen“ gebe,[47] ist schon mit Blick auf die Trobadorlyrik zweifelhaft. Auf unseren Traktat trifft es gewiß nicht zu. Wie der vieldiskutierte „zweifache Sinn“ *(duplex sententia)* des Traktats, wie ihn Andreas am Ende seinem Adressaten anbietet, zu verstehen sei, sagt er nur zu deutlich: Die erfolgreiche Anwendung der

---

45 Vgl. *De amore* I,ii,2; I,ix,20; II,vi,4; III,6. Hinzu kommen die grundsätzlich als parteiisch verdächtigen Aussagen in den Dialogen I,vi,162; 217, 247, 305, 418.

46 Der Autor erklärt II,vi,24 ex cathedra: „So wird dennoch aus dem richtigen Blickwinkel die reine Liebe, was ihre Substanz betrifft, als identisch mit der gemischten Liebe beurteilt, und sie geht mit dieser aus demselben Gefühl des Herzens hervor. Die Substanz der Liebe ist bei ihnen [den Liebenden] dieselbe, aber Art und Zielrichtung des Liebens sind verschieden.“ – Sicher in die Irre geht Schlösser mit der Annahme, *fin'amor* der Trobadors und *amor purus* seien wesensgleich. Dazu die obengenannten Feststellungen Cherchis.

47 Schlösser, S. 383.

Lehren von Buch I und II garantiert Erlangung sinnlicher Lust, aber ebenso den Verlust des Seelenheils.

Das hat natürlich – zumindest soweit scheint Konsens in der Forschung zu bestehen – nichts mit der im 13. Jahrhundert verurteilten (vermeintlichen) Lehre von der doppelten (der philosophischen und der theologischen) Wahrheit zu tun.[48] An der Höherwertigkeit der ewigen Seligkeit zu zweifeln wäre einem Autor schwerlich eingefallen, der behauptet, ein Liebesverhältnis müsse gleicherweise an Untreue wie an Ketzerei eines Partners zugrundegehen (II,iv,1). Bietet Andreas also doch eine gradualistische Lösung an, wie Douglas Kelly und andere gemeint haben? Kelly konstruiert eine absteigende moralische Skala: I. Gottes- und Nächstenliebe, IIa. Freundschaft, IIb. Eheliche Liebe, III. *sapienter amare*, IVa. Einfältige Liebe, IVb. Bauernliebe, IVc. Wollüstige Liebe, Va. Dirnenliebe, Vb. Käufliche Liebe.[49] Auf der jeweils eigenen Ebene sei jede Liebe positiv, auf der nächsthöheren negativ. Ohne die theologischen Grundlagen einer solchen gradualistischen Moral hier zu diskutieren, muß ich bekennen, bei Andreas höchstens Ansätze zu einer solchen Skala erkennen zu können. Was dominiert, ist der unaufhebbare Gegensatz von I+II gegenüber III–V.

Natürlich können auch die anderen, meist älteren Versuche, diesen Gegensatz zu erklären, nicht befriedigen. Könnte die *revocatio* im letzten Buch auf einen Sinneswandel im Laufe des Lebens des Verfassers zurückgehen? Könnte Gönnerwechsel eine Rolle spielen? Könnte kirchliche Zensur den mehr oder weniger ernst gemeinten Widerruf erzwungen haben? Biographische Anhaltspunkte haben wir dafür keine, aber auch keine eindeutigen Hinweise, daß die *revocatio* von Anfang an geplant war. Die Vorrede des Traktats weist auf diese nicht voraus, sondern verheißt eine

---

[48] Diese Ansicht wurde in der älteren Literatur geäußert, weil der Pariser Bischof Stephan Tempier in seinem berühmten Verurteilungsdekret von 1277, das 219 häretische Lehrsätze, darunter die von der angeblichen doppelten Wahrheit, aufspießt, auch *De amore* verbietet. Das Buch wird aber nur in der Einleitung zusammen mit mantischen Schriften erwähnt. Vgl. Karnein, De amore, S. 168ff.

[49] Kelly, Courtly Love in Perspective, 1968, S. 128.

Anweisung sowohl zur Bewahrung der erwiderten wie zur Befreiung von der nicht erwiderten Liebe. Die zweite Ankündigung läßt ovidische Heilmittel gegen die Liebe erwarten, keineswegs das Gebot der Meidung unkeuscher Begierden überhaupt, wie sie das 3. Buch empfiehlt. Klug sei es freilich nicht, seine Zeit mit der Liebe zu verbringen, räumt Andreas ein. Der folgende *accessus* zum Traktat beschränkt sich auf die Inhaltsangabe von Buch I und II. Erst die Einleitung zu Buch III verweist korrigierend auf das Vorhergehende zurück. Warum hat der Autor die beiden ersten Bücher aber nicht einfach unterdrückt? Das schon oben besprochene Sophisma III,2 erklärt nichts. Waren Buch I und II schon extra erschienen? Alles bleibt spekulativ.

Feministische Lektüre betont „den spielerisch-subversiven Charakter" des Traktats, der auf keine dogmatische Sinnstruktur ziele, die Phantasie des mitdenkenden Lesers aber doch in eine bestimmte Richtung lenke, nämlich auf „die Utopie einer herrschaftsfreien Liebe" mit Mann und Frau als gleichberechtigten Partnern.[50] Nach dieser Lesart dient dann der Auftritt eines liebeslüsternen Klerikers im letzten Dialog des ersten Buches im wesentlichen zur Entlarvung jener Doppelmoral, die im letzten Buch alle sexuellen Begierden und Handlungen verteufelt und die Frau zur Wurzel alles Bösen macht. Auch diese Sicht ist gewiß weit überzogen, stellt aber doch ein wichtiges Korrektiv zu einer Auffassung vom letzten Buch als der Weisheit letztem Schluß dar. Denn in ihm setzt sich die innere Inkonsequenz der vorangehenden Bücher durchaus fort. Zwar erscheint hier *amor* als Quelle nicht alles Guten, sondern alles Bösen in der Welt, die Frau nicht mehr als Antrieb zur sittlichen Vervollkommnung und zum Erwerb von Lob und Ruhm, sondern als Verderberin des Mannes, seines Werts und seiner Reputation, und zwar sowohl vor Gott wie den Menschen. Doch die Haßtirade gegen das seinem Wesen nach angeblich böse Weib mündet in das letzte Argument gegen die Liebe: sie werde zu selten erwidert (III,113–114). Daß als Hauptgrund für mangelnde Gegenliebe zuvor die Käuflichkeit der Frau genannt wird, mag man als Kontinuitätsfaktor des Werks verbuchen (I, ix – III,

[50] Liebertz-Grün, Satire und Utopie, 1989, S. 220, 224.

66–69 – III, 110–112), auch wenn I,ix,19f. das Urteil ausdrücklich nicht auf alle Frauen ausgedehnt wird. Doch was soll die Erwartung von Gegenliebe in einer geistlichen Verurteilung der Frauenliebe? Wird Liebe nicht erwidert, würde dies doch die Bewahrung der so gepriesenen Keuschheit nur erleichtern. Macht aber nicht schon die immer wiederkehrende Behauptung, alle Frauen seien allen genannten Lastern ohne Ausnahme verfallen, diese radikale Position unglaubwürdig? Soll sie es nicht vielleicht sogar?

Wenn wir zum Vergleich das monastische Weltverachtungsgedicht *De contemptu mundi* des rigoristischen cluniazensischen Mönchs Bernhard von Morlas aus der ersten Hälfte des 12. Jh. heranziehen,[51] so entdecken wir sogar in dieser geradezu geifernden Frauensatire die Einschränkung, es seien nur beinahe alle Frauen mit all den genannten Lastern behaftet und die wenigen guten sollten hier nicht verunglimpft werden. Dabei mochte Bernhard in einer geschlossenen Klostergemeinschaft vielleicht noch auf gläubiges Staunen angesichts solcher misogyner Ausfälle hoffen. Wollte man an einem weltlichen Hofe einen ähnlichen Standpunkt vertreten, mußte man doch vorsichtiger vorgehen. Walter Map, Beamter Heinrichs II. von England, fügt in seine hofkritische Schrift *De nugis curialium* auch einen fiktiven Brief eines gewissen Valerius an einen Philosophen Ruffinus ein, um von der Ehe abzuraten (distinctio IV, capitulum III). Hier lesen wir u.a.:

> Eine sehr gute Frau, die seltener als der Phönix ist, kann man nicht lieben ohne die Bitternis der Angst, der Sorge und häufigen Unglücks. Die schlechten aber, von denen es so eine Menge von Beispielen gibt, daß nirgendwo ihre Schlechtigkeit fehlt, bestrafen bitter, wenn sie geliebt werden, und sorgen für Bedrängnis. [...] Lucretia und Penelope hielten zusammen mit den Sabinerinnen die Fahnen der Keuschheit hoch und brachten mit ihrer winzigen Schar Siegeszeichen heim. Freund, es gibt keine Lucretia, keine Penelope, keine Sabinerin; fürchte alle![52]

[51] Vgl. Anm. 87 zu III,70.

[52] *Optima femina, que rarior est fenice, amari non potest sine amaritudine metus et sollicitudinis et frequentis infortunii. Male vero, quarum tam copiosa sunt examina ut nullus locus sit expers malignitatis earum, cum amantur amare puniunt et affliccioni uacant [...] Vexilla pudicicie tulerunt cum Sa-*

Voran gehen und hernach folgen eine lange Reihe solcher Exempla aus dem Altertum. Aber die „winzige Schar" bleibt unangetastet. Andreas spricht dagegen ständig von *omnes mulieres*. Und er scheut sich nicht einmal, alle Frauen der Hexerei zu beschuldigen, was damals bekanntlich als Ketzerei galt und daher geradezu lebensgefährlich war. Was mochten sich da Eleonore oder Marie denken, wenn ihnen dergleichen vor Augen oder zu Ohren kam?

Rüdiger Schnell hat vorgeschlagen, das dritte Buch aus dem von der arabischen Medizin empfohlenen Heilverfahren für die Liebeskrankheit abzuleiten.[53] Nun haben wir zwar gesehen, daß *passio* bei Andreas schwerlich Krankheit im medizinischen Sinn meint. Von der Bestimmung dieser angeblichen Krankheit als Schwermut bei Avicenna ist bei Andreas schon gar keine Rede. Aber der Zwang, ständig an die Geliebte zu denken, spielt in der Medizin tatsächlich eine ganz ähnliche Rolle wie bei Andreas. Vor allem nennt dieser im Buch III eine ganze Reihe von echten Krankheitssymptomen: Schlaflosigkeit, Appetitlosigkeit, Schwächung der Körperkraft, Verfall des Gehirns etc. Sie sind allerdings erst die Folge der Liebe, insbesondere des Beischlafs (III,57–59). Die Mediziner, welche die Liebe selbst als Krankheit sehen, empfehlen nun zur Heilung u.a. oft die Heranziehung alter Weiber, die über die Geliebte nur Schlechtes sagen. Nach Schnell (S. 165) tritt nun hier eben „Andreas in der Rolle einer *vetula* auf", womit sich „der parodistische Charakter des dritten Buches" enthülle. Abgesehen von quellenkritischen Problemen – welche medizinischen Traktate können Andreas in lateinischer Sprache vorgelegen haben? – darf hier aber nicht übersehen werden, daß jene Vetteln die Geliebte nicht in erster Linie in moralischen, sondern v.a. in körperlichen Belangen[54] als nicht begehrenswertes Liebesobjekt erscheinen lassen sollen, durchaus in Analogie zu Ovids Ratschlä-

---

binis *Lucrecia et Penolope, et paucissimo comitatu trophea retulerunt. Amice, nulla est Lucrecia, nulla Penolope, nulla Sabina; omnes time* (Ausg. v. James, S. 146,13–21).

[53] Schnell, Andreas Capellanus, S. 159–165.

[54] Schnell, Andreas Capellanus, S. 163 Anm. 560, zitierte etwa aus einer medizinischen Schrift von ca. 1300 (!) die Vorwürfe, die Geliebte sei Bettnässerin, pickelig, übelriechend, epileptisch etc.

gen (s.o.). Wird man hier also kaum wie Schnell eine direkte Parallele ziehen dürfen, so geht seine Annahme einer parodistischen Tendenz, einer rhetorischen Kunstübung, einer Kritik an der pauschalen Frauenverehrung, eines selbstironischen literarischen Spiels im dritten Buch grundsätzlich gewiß in die richtige Richtung.

Die Lasterhaftigkeit der Frau entspringt angeblich ihrer Natur (III,53; 65 u.ö.). Die Natur muß in dem Werk insgesamt zur Erklärung und Rechtfertigung von vielem herhalten, wie Schlösser schon gesehen hat.[55] Dazu wäre noch vieles zu sagen, was hier nur angedeutet werden kann. In der Standesdiskussion wird die Natur als Begründerin des Geburtsadels angerufen, in der Liebesdiskussion als Urheberin sowohl des animalischen Geschlechtstriebes (z.B. II,vii,48) wie einer speziell menschlichen Liebesordnung, die freilich nur den höfischen Menschen prägt (I,vi,536f.), nicht den wie das liebe Vieh liebenden Bauern und jeden Lüstling (I,v,7; I,xi,2). Nun ist die Natur als von Gott geschaffen grundsätzlich gut. Daraus kann der liebesverfallene Kleriker sein verführungstechnisches Glaubensbekenntnis ableiten, „daß in der Liebe Gott nicht schwer gekränkt werden kann; denn was aufgrund natürlichen Dranges ausgeführt wird, kann mit leichter Buße gesühnt werden" (I,vi,417). Er hätte sich dafür – was er nicht tut – auf den Neuplatonismus der Schule von Chartres berufen können, greift hier aber weit eher die leichtfertige Moral der klerikalen Vagantenpoesie auf. Mit dem Verweis auf das viel größere Übel widernatürlichen Tuns (wie die Homosexualität: I,ii,1) konnte freilich die christliche Überzeugung, daß sich der irdische Mensch nicht auf seine paradiesische, sondern nur auf die gefallene Natur berufen darf, nur leicht übertüncht werden. Mehr als die erbsündenbelastete Natur blieb als Entschuldigungsgrund nicht übrig. Aus der daraus abgeleiteten Übermacht der Versuchung leitet sich zumindest eine gewisse Toleranz sogar gegenüber der Frauenliebe von Geistlichen ab – bei allem schlechten Gewissen (I,vii). Buch III kennt offiziell keine solche Toleranz mehr, führt sie aber über die Hintertür doch wieder ein (III,64):

---

[55] Schlösser, S. 137–140.

Welcher Liebhaber von Frauen also wüßte seine Begierde zu mäßigen, wenn bei solchen von so hoher Weisheitslehre gestärkten Männern [nämlich David und Salomon!] die Weisheit in Anbetracht der Frauenliebe ihre Pflicht nicht kannte und der Ausschweifung kein Maß auferlegen konnte?

Überspitzt formuliert könnte man also sagen: Andreas verkündet keine doppelte Wahrheit, sondern eine doppelte Unwahrheit. Frauenliebe war auch für ihn und seine Zeitgenossen im Prinzip weder die Wurzel alles Guten noch alles Bösen, was hier in Verabsolutierung zweier Standpunkte jeweils behauptet wurde. Das Werk ist nur Ausdruck der Aussichtslosigkeit aller Versuche, innerhalb der christlichen Weltanschauung des Mittelalters eine echte und dauerhafte Harmonisierung zwischen Diesseits und Jenseits herzustellen – dies zu einem Zeitpunkt, da der neue höfische Mensch immer mehr an dieses letztlich unerreichbare Ideal glauben wollte.

Sprache und Stil

De amore ist eine mühselige Lektüre, gleichgültig, ob man vom Latein eines Ovid, eines Cicero, eines Bernhard von Clairvaux oder eines Johannes von Salisbury herkommt. Andreas wählt, obwohl er diese Autoren alle gut kennt, die entgegengesetzte, die manieristische Stilrichtung, wie sie sich in der Spätantike, etwa bei Sidonius Apollinaris, ausprägt und insbesondere im Kanzleistil des Hochmittelalters verfestigt. Wortreichtum und Wortwiederholung, Synonymenreihung (auch Genitivus inhaerentiae), Periphrase, möglichst freie Wortstellung (Hyperbaton) machen diesen Stil noch vor der selbstverständlichen Verwendung anderer rhetorischer Figuren (Hypallage!) und Tropen vor allem aus.

Es überrascht daher nicht, wenn ein solcher Kanzleistil auch die dafür typische Rhythmisierung der Prosa aufweist, wohl jedoch, in welchem Ausmaß dies der Fall ist, und am meisten, wie wenig Aufmerksamkeit dies in der Forschung gefunden hat. Paolo Cherchi hat schon 1979 eine Studie darüber vorgelegt,[56] ohne

---

[56] P. Cherchi, Andreas' *De amore*: Its Unity and Polemical Origin, in: Ders., Andrea Cappellano, i trovatori e altri temi romanzi, Rom 1979, S. 83–111.

damit, soweit ich sehe, irgendeine Reaktion auszulösen. Karnein etwa, der diese Munition für seinen Vorstoß nur zu gut hätte gebrauchen können und Cherchis Studie auch zitiert, geht auf die Stilfrage überhaupt nicht ein. Daß auch Schnell dies nicht tut, verwundert weniger, da die von ihm als Vorbilder überall gewitterten juristischen Schriften sich natürlich einer viel klareren Prosa bedienen mußten, um unmißverständliche Aussagen zu treffen.

Die Präfatio des Traktats lautet zu Beginn:

> *Cogit me multum assidua tuae dilectiónis instántia* (cursus tardus), *Gualteri veneránde amíce* (cursus planus), *ut meo tibi debeam famine propalare mearumque manuum scríptis docére* (cursus planus), *qualiter inter amantes illaesus possit amoris státus conservári* (cursus trispondiacus), *pariterve, quí non amántur* (cursus planus), *quibus modis sibi cordi affixa valeant Veneris iácula declináre* (cursus velox).

Hier sind schon die im Mittelalter normierten rhythmischen Satzschlüsse alle versammelt. Wenn man noch Varianten, insbesondere des Cursus planus, einrechnet, so kommt man bei den von Cherchi errechneten 2000 Satzschlüssen bei Andreas auf eine Rhythmisierung von rund 90% nach den vier Cursus (mit ganz deutlichem Übergewicht des Cursus planus).[57] Dabei sind die Kolonschlüsse gar nicht mitgerechnet, die, wie wir am Vorwort beobachtet haben, auch häufig rhythmisiert sind. Das dürfte für diese Zeit ziemlich konkurrenzlos sein. Daß dieser Stil durch alle drei Bücher durchgehalten wird, gebietet einigen Respekt, beweist aber logischerweise entgegen der Ansicht Cherchis keineswegs die einheitliche und durchgehende inhaltliche Argumentationsrichtung des Gesamtwerks.

Andreas wird wohl in dieser ganz konsequenten Anwendung des *stilus Gregorianus*, wie ihn die *Ars (Summa) dictaminis* Bernhards von Meung aus dem letzten Viertel des 12. Jh. bezeichnet und der Kanzlei der päpstlichen Kurie zuschreibt, sein Meister-

---

[57] Cherchi hat reiche Spezialliteratur zur mittelalterlichen Kunstprosa (von T. Janson, F. di Capua, K. Polheim u.a.) herangezogen. Gleichwohl bedürften seine Ergebnisse im Detail einer weiteren Diskussion. So kommt er auf einen Rhythmisierungsprozentsatz von 95%, weil er auch Satzschlüsse einbezieht, die in mittelalterlichen Quellen nicht als Norm vorgegeben werden.

stück gesehen haben. Um diesen formalen Vorgaben gerecht zu werden, hätte es allerdings einer höheren Sprachkraft bedurft, als sie Andreas mitbrachte. Erschwerte die semantische Künstelei schon das Verständnis erheblich, so verstrickte sich der Autor mitunter in seinen selbstgesponnenen Fäden der reichen Häufung und freien Anordnung der Worte[58] bis zu leerem tautologischem Gerede oder zum Anakoluth. Wo echte sprachliche Entgleisungen vorliegen, läßt sich freilich schwer sagen, da Andreas von den sprachlichen Lizenzen des mittelalterlichen Lateins reichlich Gebrauch macht. Schon Trojel hat in seiner Einleitung vieles davon aufgelistet, wenngleich bei weitem nicht alles. Eine einläßliche Untersuchung der Sprache unseres Traktats fehlt. Allgemein Verbreitetes wie der Gebrauch des Reflexivs für das Demonstrativ, des *quod/quia*-Satzes statt AcI, des Gerundiums statt des Partizip Präsens, der Vertauschung der Steigerungsstufen, der Modi, der Konjunktionen bedarf kaum der Erwähnung. Ich hebe nur hervor: Es stehen meist, aber nicht immer, *satis* für *valde*, *penitus* für *omnino*, *plures* nicht nur für *multi* und *plurimi*, sondern auch für *complures*, *quam plures* für *multi*, *quam plurimi* für *plurimi*, *-ve* für *-que*. Die Präpositionen werden teilweise sehr frei verwendet, nicht nur wie oft *de* für *a/ab*, *super* für *de*, sondern v.a. *in*, das eine Art Passepartout darstellt („in, auf, zu, bei, betreffend" etc.).

Was Trojel gar nicht weiter erwähnt, sind die zahlreichen Fälle von Bedeutungswandel. Dauernd begegnen wir, v.a. am Satzende, *reperitur* „wird befunden als, angesehen für" (neben *invenitur)*, meist als manieristischer Ersatz für *est* (*cursus velox*!). Des weiteren stehen u.a. *minus* für *non*, *omnimodus* für *omnis*, *remonere* für *admonere*, *onerosus* für *gravatus*, *visitatio* für *misso* oder *legatio*. Manche Lexeme wie etwa *ratio*, *munus*, *meritum* treiben den Übersetzer durch ihre Vieldeutigkeit zur Verzweiflung.

Besonderes Interesse verdienen die – freilich nicht häufigen, aber zweifelsfrei vorhandenen – Französismen. Ich nenne als halb-

---

[58] Insbesondere die extreme Neigung zum Hyperbaton verdankt sich natürlich häufig den Zwängen des Cursus. Es scheint aber bedenklich, mit Cherchi, Andrea Cappellano, S. 105f. Anm. 54, sogar mit totaler Durchrhythmisierung ganzer Sätze zu rechnen, die die Wortstellung auch zu Satz- oder Kolonanfang beeinflußt hätte. Richtig ist aber die Forderung, auch für die Textherstellung den Rhythmus zu beachten, was Trojel nicht getan hat.

wegs sichere Fälle: *solatia* „Freude, Wonne, Zärtlichkeit" nach altfranzösisch *solaz, solium* „Schwelle" nach *suel/soil/seuil, valentia* „Wert" nach *vaillance, causa* „Sache" nach *chose, mihi sedet* „mir gefällt" nach *il me sied.*

Manche, aber keineswegs alle der genannten Erscheinungen sind den Handbüchern und Wörterbüchern bekannt. Das neue große *Handbuch der lateinischen Sprache des Mittelalters* von Peter Stotz stand mir allerdings erst nach Abschluß der Übersetzung vollständig zur Verfügung (vor allem der unerläßliche Registerband). Auch nicht alle Wörterbücher der antiken und mittelalterlichen Latinität waren mir ständig oder überhaupt zur Hand, so daß ich das Auslangen mit den in der Bibliographie genannten zu finden suchte. Manche Befunde sind vielleicht auch bloß die Folge eines verderbten Textes oder eines eigenen Mißverständnisses.

Nur unter diesen Vorbehalten weise ich noch kurz auf Fälle hin, wo ich dem Autor schlichte sprachliche Fehler unterstellen möchte: Auch für die mittelalterliche Latinität halte ich die Verwendung etwa von *repentinus* für *rapidus* (II,viii,2), *ferox* für *ferus* (II,viii,9), *absens* für *peregrinus* (II,viii,9), *reprimere* für *recidere* (II,viii,9) nicht für möglich.[59] Effektive Satzbrüche stelle ich z.B. fest in I,ix,1 *Pretiosissimum namque munus amoris nullius potest pretii aestimatione pensari vel argenti dehonestari substantia.* Hier müßte statt *vel* entweder *nec, nec ulla* oder *nulla* stehen. I,vi,390 *et veterum illud ordo deposcit, ut inde iustitiae praecipue inquiratur effectus [...], et rationis veritatem [...] quaerere [...].* Hier wird ein *ut*-Satz einfach mit einem Infinitiv fortgesetzt, umgekehrt I,vi,410 ein Infinitiv mit einem *et ut.* I,vi,463 *Nullus enim tam cautus invenitur et ingenuosus amator [...], qui vel ex eo probus non fiat vel eius non appareat in aperto dolositas.* Es müßte am Ende heißen: *vel non praebeat in aperto dolositatem* oder ähnlich. III,55 *homo pudicus [...] nullius detractionibus posset de facili vulnerari vel eius laudibus derogari.* Auch hier ein unvermittelter Wechsel des Subjekts in ein und derselben Konstruktion.

[59] Die Konzentration dieser Belege auf die Erzählung vom Sperberabenteuer ist sehr auffällig. Hängt dies mit der mangelnden Erzählerkompetenz des Autors zusammen? Oder hat dieser ein Fremdgut unvollständig redigiert?

Ein Meisterwerk haben wir hier gewiß keines vor uns, weder auf der inhaltlichen noch der formalen Seite, auch wenn die rhythmische Prosa des Werks nach mittelalterlichen Maßstäben ohne Zweifel eine beachtliche Leistung darstellt. Die Forschung täte gut daran, dies stärker in Rechnung zu stellen, um nicht für alle festgestellten Ungereimtheiten zuerst einmal die mangelnde Erkenntnisfähigkeit des Interpreten verantwortlich zu machen oder durch Überinterpretation eine gewaltsame Lösung zu suchen.

Zur Übersetzung und ihrer Vorlage

Die im vorangehenden Abschnitt genannten Umstände machen das Geschäft des Übersetzers ebenso schwierig wie nötig. Nur wer sich endlos und auch nicht immer erfolgreich um die Wiedergabe dieser Prosa in der eigenen Sprache bemüht, kann die Verständnisschwierigkeiten des Textes wirklich ermessen. Die Versuchung war in den vergangenen Jahrzehnten stets groß, vor diesem ersten Schritt bereits den zweiten, den der Interpretation, zu tun, was dieser aber selten zugute kam. Viele Interpreten haben sich wohl überhaupt auf Übersetzungen verlassen und sich diesen, je freier sie waren, umso mehr ausgeliefert.

Die frühe Rezeption des Textes an den okzitanischen, französischen und anglonormannischen Höfen wird durch die lateinische Kanzleisprache sicher nicht gefördert worden sein. Sie setzt erst im späteren 13. Jh. richtig ein. Alfred Karnein hat dem Traktat *De amore* in volkssprachiger Literatur eine große Studie gewidmet, auf die hier nur verwiesen werden kann. Die erste Bearbeitung, die von Drouart la Vache, entsteht 1290. Drouarts französische Verse geben die Vorlage nicht ganz vollständig, v.a. aber sehr frei, mitunter durchaus selbständig wieder, so daß sie nur gelegentlich zur Klärung des Verständnisses herangezogen werden konnte. Schon anders liegt der Fall bei den beiden italienischen Übersetzungen aus dem 14. Jh. (Jahrhundertmitte?). Ich habe für alle schwierigen Stellen die toskanische Version verglichen. Sie ist von Salvatore Battaglia 1947 nach vier Handschriften ediert worden, welche eine ursprüngliche und eine bearbeitete Fassung – hier als TT (traduzione toscana) A und TT B bezeichnet – wiedergeben. Obwohl die

Übersetzung natürlich die zeitliche und räumliche Differenz zum Original spüren läßt, bemüht sie sich doch um eine adäquate Wiedergabe, die oft (aber beileibe nicht immer!) als einzige den Sinn zu treffen scheint. Gleichwohl begnügt sie sich nicht selten mit einer bloßen (meist kürzenden) Paraphrase. Das trifft noch stärker auf die deutsche Übertragung Johann Hartliebs von 1440 zu. Hier macht sich der kulturelle Unterschied noch stärker bemerkbar, so daß ein direkter Vergleich nur in einigen Fällen sinnvoll schien.

Auch von den modernen Übersetzungen eigneten sich nicht alle als echte Verständnishilfen. Ganz beiseite gelassen habe ich das Buch von Hanns Martin Elster, eine künstlerisch gestaltete Liebhaberausgabe des Verlages Paul Aretz, Dresden 1924. Die Gefahr, von vornherein in eine philologisch nicht nachprüfbare Richtung gelenkt zu werden, war zu groß. Trotz der Prosaform liegt hier eher eine Nachdichtung vor, die da oder dort nicht einmal vor groben Verfälschungen zurückschreckt. So scheint es Elster z.B. gestört zu haben, daß von Andreas dem Mann schon mit sechzig Jahren die Fähigkeit zu echter Liebe abgesprochen wird, und so ändert er das kurzerhand zu „achzig Jahren“ (S. 57). Die Insuffizienz dieser Ausgabe hat vor allem den Plan einer neuen deutschen Übertragung reifen lassen.[60]

Von echtem philologischem Bemühen zeugt dagegen die französische Übersetzung von Claude Buridant von 1974, weicht aber auch noch zu oft ins philologisch Unverbindliche, bloß Vermutete aus. Aber selbst dies schützte nicht vor gelegentlichen eindeutig erkennbaren Mißverständnissen. So übersetzt er z.B. I,vi,78 *ignoscere pudori* mit „á ignorer l'outrage“, I,vi,491 *ignominiosam et verecundam meretur pati repulsam* mit „(elle doit) rejeter comme ils [scil. les hommes] les merites ses propos ignominieux et infâmes“ oder II,vii,23 *nefandum* mit „coupable“.

Dem lateinischen Text am getreuesten folgt Patrick G. Walsh 1982. Hier lohnte sich ein durchgehender Vergleich mit dem eigenen Versuch am meisten. Da Walsh seinerseits auch die Überset-

---

[60] Vor kurzem ist eine stark gekürzte Bearbeitung der Elsterschen Übersetzung von Florian Neumann (excerpta classica 22, Mainz 2003) erschienen. Mir ist sie zu spät bekannt geworden. Ich werde sie in der Zeitschrift für deutsches Altertum kurz besprechen.

zung von J. J. Parry verglichen hat, habe ich dies nicht nochmals getan. Manchmal muß aber auch Walsh vor dem seltsamen lateinischen Text kapitulieren und schlicht irgendetwas erfinden. Es kann aber auch – wie bei Buridant – passieren, daß einmal ein ganzer Satz in der Übersetzung aus Versehen ausgefallen ist – kein Wunder bei der Redseligkeit des Andreas. In III,55 wird dem englischen Übersetzer der oben erwähnte Anakoluth zum Verhängnis. Auch sonst trifft er, wen wundert's, gewiß nicht immer das Richtige. I,vi,511 *potestatem vocabuli* meint nicht „power of speech", II,iv,5 *tuo ... otio ... indulgere* nicht „to occupy your leisure", II,viii,5 *vestrae dominationis intuitu* schwerlich „under your directing eye". Völlig falsche kulturhistorische Assoziationen weckt für das 12. Jh. die Wiedergabe von *chartula* (II,viii,40) mit „a scroll of paper".

Im Jahr 2002 erschien schließlich auch eine neue italienische Übertragung von Jolanda Insana. Da sie mir erst während der Arbeit bekannt wurde, habe ich sie ungleichmäßig herangezogen. Sie hält sich zudem sehr oft an ihre italienischen Vorläufer des 14. Jh. In solchen Fällen wird sie nicht zitiert. Insanas Version hat ihre Meriten und Mängel wie die anderen. Die geübte Kritik darf hier wie bei Buridant und Walsh keinesfalls als Beckmesserei an ‚Konkurrenten' verstanden werden, sondern als globaler Hinweis auf die Gefährlichkeit eines solchen Unternehmens. Alle Übersetzer haben ihre Leichen im Keller. Ich sehe der Aufdeckung der eigenen mit Bangen entgegen. Ohne Einblick in die anderen Übersetzungen hätte ich die meine an vielen Stellen überhaupt gar nicht anfertigen können.

Es mag manchen Leser stören, in den Fußnoten so viel aus jenen zitiert zu finden. Doch sollte meine Lösung jeweils nur als eine der möglichen, wenngleich hoffentlich oft als die treffendste erscheinen. Der Leser soll ihr nicht schutzlos preisgegeben werden, schon gar nicht in der kleinen Ausgabe, der der lateinische Text fehlt. Ich wollte das ehrliche Bemühen um das richtige Verständnis eines an vielen Stellen doch so vieldeutigen und mißverständlichen Textes dokumentieren. Ich wähle daher, aber auch aus anderen Erwägungen das wörtlich bewahrende Traduktionsprinzip. Wo immer es geht, soll sich die Übersetzung ebenso redselig, ungenau, ambivalent, ja verquer präsentieren wie das Original. Ganz

habe ich das aber auch nicht durchgehalten. Zum Beispiel habe ich zwar – nicht ohne Zögern – das ständige satzeinleitende *et* meist mit „und" übersetzt, nicht aber das ebenso häufige Polysyndeton *et ... et ... et (... et)* im Satzinneren. Unnachahmlich war natürlich die freie lateinische Wortstellung. Hier wäre die Verständlichkeit zu stark gefährdet gewesen. Bei solcher Gefahr erfolgen auch sonst Glättungen, sonst nur im Falle purer übersetzerischer Ohnmacht. Der deutsche Text hat nur Ersatzfunktion. Er soll als etwas genuin Fremdes und Mittelalterliches wirken. Es wäre für mich auch eine Genugtuung, wenn meine Arbeit die philologische Interpretation des Textes befördern, ja, vielleicht sogar bei der Erstellung einer neuen Textausgabe nützlich sein könnte.

Meine eigenen Besserungsvorschläge gegenüber dem Text Trojels sind freilich ganz wenige. Walsh hat da in seiner zweisprachigen Ausgabe schon mehr geleistet, obwohl er sich nur auf den textkritischen Apparat bei Trojel stützt. Die an sich notwendige Neuausgabe konnte oder wollte er nicht liefern. Sie hätte auch meine Kräfte weit überfordert. Ich habe nur einen weiteren Textzeugen, und auch den nur punktuell, herangezogen: Wien, Österreichische Nationalbibliothek, Codex Vindobonensis 5363, Papier, 115 Blätter, folio 1^{r} bis 60^{v} (bei Trojel ohne Sigle). Immerhin konnte er einige Konjekturen (von Walsh wie von mir) bestätigen. Nicht alle von Walshs Besserungen haben mir eingeleuchtet. Schon deshalb, aber v.a. weil Walsh keine eigene Recensio codicum angestellt hat, schien es mir einzig gerechtfertigt, für die zweisprachige Version meiner Ausgabe den Text Trojels unverändert – bis auf die Einarbeitung der auf S. 469f. seiner Ausgabe verzeichneten Corrigenda et addenda und die Übernahme der von Walsh eingeführten Paragraphenzählung – wieder abzudrucken.[61] Der Leser wird gebeten, alle – insgesamt gar nicht viele – Abweichungen meiner lateinischen Vorlage von Trojels Text meinen Fußnoten zu entnehmen.

---

[61] Diese Paragraphenzählung erleichtert die Zitierbarkeit enorm. Sie ist jedoch von Walsh offenbar am Beginn seiner Arbeit mechanisch durchgeführt und dann durch die Absatzgestaltung der eigenen Übersetzung vielfach widerlegt worden. Sie reißt oft Zusammengehöriges auseinander und bindet Disparates zusammen.

Er hat hier keine leicht zu konsumierende Leseausgabe vor sich. Vielleicht hätte eine neuerliche Revision nicht nur etliche nötige Verbesserungen,[62] sondern auch noch ein paar mögliche leserfreundliche Glättungen zur Folge gehabt. Der akademische Betrieb und andere Forschungsaufgaben lassen keine Zeit mehr dafür. Vita brevis, ars longa!

---

[62] Im Grunde hätte nach Abschluß der Endversion die Revision wieder von vorne beginnen müssen, um frühere Lösungen späteren konsequent anzupassen. Das ist nur ansatzweise geschehen.

Auswahlbibliographie

Ausgaben und Übersetzungen von *De amore*

Trojel	Andreae Capellani regii Francorum *De Amore* libri tres, hg. v. E. Trojel, Kopenhagen 1892, Neudruck München 1964.
Elster	Des königlich fränkischen Kaplans Andreas drei Bücher über die Liebe, dt. übers. v. H. M. Elster, Dresden 1924.
Parry	The Art of Courtly Love by Andreas Capellanus, hg. u. engl. übers. v. J. J. Parry, New York 1941.
TT	Andrea Capellano. Trattato d'Amore, Testo Latino del sec. XII con due traduzioni toscane inedite del sec. XIV, hg. v. S. Battaglia, Rom 1947.
D	Drouart la Vache, Li Livres d'Amours de Drouart la Vache, hg. v. R. Bossuat, Paris 1926.
H	*De Amore* deutsch. Der Tractatus des Andreas Capellanus in der Übersetzung Johan Hartliebs, hg. v. A. Karnein, München 1970.
B	André le Chapelain, Traité de l'amour courtois, franz. übers. v. C. Buridant, Paris 1974.
W	Andreas Capellanus on Love, hg. u. engl. übers. v. P. G. Walsh, London 1982.
I	Andrea Capellano, De amore, ital. übers. v. J. Insana (Testi e documenti 120), Mailand 2002.

Andere mehrfach zitierte antike und mittelalterliche Werke

Aristoteles, Nikomachische Ethik, hg. v. L. Bywater, Oxford 1894; dt. übers. v. O. Gigon, Zürich 1967.

M. Tullius Cicero, Tusculanae disputationes, hg. u. übers. v. O. Gigon (Tusculum), München ²1970.

De officiis, hg. u. übers. v. K. Büchner, Zürich u. Stuttgart ²1964.

Laelius de amicitia, hg. u. übers. v. M. Falter (Tusculum), München ³1980.

Pseudo-Cicero, Rhetorica ad Herennium, hg. u. übers. v. Th. Nüßlein (Tusculum), Zürich 1994.

Q. Horatius Flaccus, Opera, hg. v. K. Klingner, Leipzig 1959.

P. Vergilius Maro, Aeneis, hg. u. übers. v. E. u. G. Binder (Reclams UB 9680–86), Stuttgart 1994–2005.

P. Ovidius Naso, Ars amatoria, hg. u. übers. v. W. Herzberg/F. Burger (Tusculum), München 1964.
Amores, hg. u. übers. v. F. W. Lenz, Darmstadt 1965.
Remedia amoris, hg. u. übers. v. F. W. Lenz, Darmstadt 1968.
Metamorphoses, hg. u. übers. v. E. Rösch (Tusculum), München 1964.
Heroides, hg. u. übers. v. B. W. Häuptli (Tusculum), Darmstadt 1995.
Fasti, hg. u. übers. v. W. Gerlach (Tusculum), München 1960.
Tristia, hg. u. übers. v. W. Willige (Tusculum), Zürich [3]2001.

L. Annaeus Seneca, De beneficiis, in: Seneca, Opera, III,iii, hg. u. engl. übers. v. J. W. Basore, London 1935.

M. Annaeus Lucanus, Bellum civile, hg. u. übers. v. W. Ehlers (Tusculum), München 1973.

D. Iunius Iuvenalis, Satiren, hg. u. übers. v. J. Adamietz (Tusculum), München 1994.

Claudius Claudianus, Opera, hg. v. Th. Birt, in: Monumenta Germaniae Historica, Auctores antiquissimi X, Hannover 1892.

Hieronymus, Adversus Iovinianum, in: MPL 23,205–338.

Augustinus, Contra mendacium & De mendacio, hg. v. J. Zycha, in: Corpus scriptorum ecclesiasticorum Latinorum 41, Wien 1900, S. 411–466 u. 467–528.

MPL = Patrologiae cursus completus, series Latina, hg. v. J. P. Migne, Paris 1844ff.

*

Pamphilus de amore, hg. v. F. G. Becker (Mittellateinisches Jahrbuch Beiheft 9), Köln 1972.

Bernhard von Morlas (von Cluny), De contemptu mundi, hg. u. engl. übers. v. R. E. Pepin, East Lansing/Michigan 1991.

Johannes von Salisbury, Policraticus, hg. v. C. C. I. Webb, London 1909, Neudruck Frankfurt a. M. 1965.

Petrus Lombardus, Sententiae, hg. v. Collegium S. Bonaventurae ad Claras Aquas, Grottaferata-Rom 1971.

Facetus de moribus e vita, hg. v. A. Morel-Fatio, in: Romania 15 (1886), S. 224–235.

Pseudo-Hugo von St. Victor, Summa sententiarum, in: MPL 176,41–173.

Alanus ab Insulis, Summa de arte praedicatoria, in: MPL 210,109–197.
Anticlaudianus, hg. v. R. Bossuat (Textes philosophiques du moyen âge 1), Paris 1955.

Carmina Burana, hg. v. A. Hilka/O. Schumann/B. Bischoff, Heidelberg 1930–1970.
Walter Map, De nugis curialium, hg. v. M. R. James, Oxford 1914.
Boncompagno da Signa, Rota Veneris, hg. v. F. Baethgen, Rom 1927.

*

Bartsch, K., Provenzalisches Lesebuch, Elberfeld 1855.
Bernart de Ventadorn, Lieder, hg. v. C. Appel, Halle a. S. 1915.
Chrétien de Troyes, Erec et Enide, hg. u. franz. übers. v. J. M. Fritz, in: Ders., Romans, Paris 1994, S. 55–283.
Le Chevalier de la Charrette, hg. u. franz. übers. v. Ch. Méla, in: Romans, S. 495–704.
Le Chevalier au Lion, hg. u. franz. übers. v. D. F. Hult, in: Romans, S. 705–936.
Le Roman du Graal, hg. u. franz. übers. v. Ch. Méla, in: Romans, S. 937–1211.
NRCF = Nouveau receuil complet des Fabliaux, hg. v. W. Noomen, N. van den Boogaard u.a., Assen 1983–98.
Des Minnesangs Frühling, hg. v. H. Moser/H. Tervooren, Stuttgart 1977.
Walther von der Vogelweide, Leich – Lieder – Sangsprüche, hg. v. C. Cormeau, Berlin u. New York 1996.
Ulrich von Liechtenstein, Frauenbuch, hg. u. übers. v. C. Young (Reclams UB 18290), Stuttgart 2003.

Handbücher und philologische Hilfsmittel

Blaise — A. Blaise, Lexicon Latinitatis Medii Aevi praesertim ad res ecclesiasticas investigandas pertinens, Turnhout 1975.
DLFMA — Dictionnaire des lettres françaises. Le Moyen Âge, Neuausgabe v. G. Hasenohr u. M. Zink, Paris 1992.
Du Cange — Ch. du Fresne Sire du Cange, Glossarium mediae et infimae Latinitatis, Paris 1883–1887, Neudruck in 5 Bänden, Graz 1954.
Georges — K. E. Georges, Ausführliches lateinisch-deutsches Handwörterbuch, 2 Bände, Hannover [8]1913–1919.
Greimas — A. J. Greimas, Dictionnaire de l'ancien français, Paris 1979.
Habel — E. Habel/F. Gröbel, Mittellateinisches Glossar, Paderborn o.J.
LMA — Lexikon des Mittelalters, 9 Bände, München u. Zürich 1980–1998.

Mlat. Wb.	Mittellateinisches Wörterbuch, hg. v. d. Bayerischen Akademie der Wissenschaften, bisher 2 Bände, Buchstabe A–C, München u. Berlin 1959ff.
Niermeyer	J. F. Niermeyer/C. van der Kieft/J. W. J. Burgers, Mediae Latinitatis Lexicon minus, 2 Bände, Darmstadt 2002.
Stotz	P. Stotz, Handbuch der lateinischen Sprache des Mittelalters (Handbuch der Altertumswissenschaft 2. Abteilung, 5. Teil), 5 Bände, München 2002–2004.
TL	Altfranzösisches Wörterbuch, hg. v. A. Tobler, E. Lommatzsch, H. H. Christmann u.a., 11 Bände, Wiesbaden 1955–2002.
Zingarelli	N. Zingarelli, Vocabulario della lingua italiana, 11. Ausgabe v. M. Dogliotti/L. Rosiello, Mailand 1988.

Forschungsliteratur

Eine ziemlich umfassende Bibliographie findet sich im Compendium auctorum latinorum medii aevi, Bd. I, Florenz 2003, *s. n. Andreas Capellanus, S. 232–233.*

Benoît, M., Le ‚De Amore‘: Dialectique et Rhetorique, in: Mittelalterbilder (s. d.), S. 13–21.

Benton, J. F., The Court of Champagne as a Literary Center, in: Speculum 36 (1961), S. 551–591.

Benton, J. F., The Evidence for Andreas Capellanus Re-Examined Again, in: Studies in Philology 59 (1962), S. 471–478.

Bezzola, R. R., Les origines et la formation de la littérature courtoise en occident (500–1200), 5 Bände in drei Teilen, Paris 1966–68.

Bumke, J., Höfische Kultur, München 1986.

Camille, M., Die Kunst der Liebe im Mittelalter, dt. v. I.-B. Thiele, Köln 2000.

Cairns, F., Andreas Capellanus, Ovid and the Consistency of *De Amore*, in: Res publica litterarum. Studies in Classical Tradition 16 (1993), S. 101–117.

Ciotti, G. A., Un frammento del *De amore* di Andrea Cappellano, in: Quaderni di filologia e lingue romanze 1 (Macerata 1987), S. 87–100.

Cherchi, P., Andrea Cappellano, i trovatori e altri temi romanzi, Rom 1979.

Cherchi, P., Andreas and the Ambiguity of Courtly Love, Toronto etc. 1994.

Colombo, F., La struttura del *De amore* di Andrea Cappellano, in: Rivista di filosofia neo-scolastica 89 (1997), S. 553–624.

Denomy, A., The ‚De amore' of Andreas Capellanus and the Condemnation of 1277, in: Mediaeval Studies 8 (1946), S. 107–149.

Dronke, P., Mediaeval Latin and the Rise of European Love-Lyric, 2 Bände, Oxford 1965.

Dronke, P., „Andreas Capellanus", in: The Journal of Medieval Latin 4 (1994), S. 51–63.

Duby, G., Les trois ordres ou l'imaginaire du féodalisme, Paris 1978.

Fauriel, C., Rezension Raynouard [s. d.], in: Archives philosophiques, politiques et littéraires 1 (1817), S. 504–514.

Fauriel, C., André le Chapelain, auteur d'un traité de l'amour, in: Histoire littéraire de la France 21 (1847), S. 320–332.

Glier, I., Artes amandi. Untersuchung zur Geschichte, Überlieferung und Typologie der deutschen Minnereden, München 1971.

Grotefend, H., Taschenbuch der Zeitrechnung des deutschen Mittelalters und der Neuzeit, Hannover [13]1973.

Haug, W., Die höfische Liebe im Horizont der erotischen Diskurse des Mittelalters und der Frühen Neuzeit, Berlin u. New York 2004.

Johnston, R. C., Les poésies lyriques du troubadour Arnaut de Mareuil, Paris 1935, Nachdruck Genf 1973.

Karnein, A., Andreas, Buoncompagno und andere: Oder das Problem, eine Textreihe zu konstituieren, in: Mittelalterbilder (s. d.), S. 31–42

Karnein, A., Auf der Suche nach einem Autor: Andreas, Verfasser von ‚De Amore', in: Germanisch-romanische Monatsschrift, N. F., 28, 1978, S. 1–20.

Karnein, A., De amore in volkssprachiger Literatur. Untersuchungen zur Andreas-Capellanus-Rezeption in Mittelalter und Renaissance (Germanisch-romanische Monatsschrift Beiheft 4), Heidelberg 1985.

Karnein, A., Europäische Minnedidaktik, in: Europäisches Hochmittelalter (Neues Handbuch der Literaturwissenschaft 7), hg. v. H. Krauß, Wiesbaden 1981, S. 121–144.

Kasten, I., Frauendienst bei Trobadors und Minnesängern im 12. Jahrhundert, Heidelberg 1986.

Kelly, D., Courtly Love in Perspective: the Hierarchy of Love in Andreas Capellanus, in: Traditio 24 (1968), S. 119–147.

Knapp, F. P., *Nobilitas Fortunae filia alienata.* Der Geblütsadel im Gelehrtenstreit vom 12. bis zum 15. Jahrhundert, in: Fortuna, hg. v. Burghart Wachinger / Walther Haug, Tübingen 1995 (Fortuna vitrea 15), S. 88–109.

Liebertz-Grün, U., Rezension von Karnein, De amore, 1985, in: Mittellateinisches Jahrbuch 22 (1987), S. 308–312.

Liebertz-Grün, U., Satire und Utopie in Andreas Capellanus' Traktat ‚De amore', in: Beiträge zur Geschichte der deutschen Sprache und Literatur 111 (1989), S. 210–225.

Mittelalterbilder in neuer Perspektive, hg. v. E. Ruhe u. R. Behrens (Beiträge zur romanischen Philologie des Mittelalters 14), München 1985.

Monson, D. A., Les „Ensenhamens" occitans, Paris 1981.

Monson, D. A., Andreas Capellanus's Scholastic Definition of Love, in: Viator 25 (1994), S. 187–214.

Mölk, U., Stendhal, die Liebe und das Mittelalter, Bemerkungen zu *De l'Amour*, in: Romanisches Mittelalter. FS z. 60. Geb. v. Rudolf Baehr (Göppinger Akademische Beiträge 115), Göppingen 1981, S. 179–190.

Raynouard, F. J. M., Choix des poésies originales des troubadours, 5 Bände, Paris 1813.

Robertson, D. W., Jr., A Preface to Chaucer, Princeton 1963; [3]1973.

Roy, B./Ferzoco, G., La redécouverte d'un manuscrit du *De amore* d'André le Chapelain, in: The Journal of Medieval Latin 3 (1993), S. 135–148.

Sainte-Palaye, J.-B. de La Curne (de), Histoire littéraire des Troubadours, 3 Bände, Paris 1774.

Sansone, G. E., Testi dittatico-cortesi di Provenza, Bari 1977.

Schlösser, F., Andreas Capellanus, seine Minnelehre und das christliche Weltbild des 12. Jahrhunderts, Bonn 1962.

Schnell, R., Andreas Capellanus. Zur Rezeption des römischen und kanonischen Rechts in „De Amore", München 1982

Segre, C., ‚Ars amandi' classica e medievale, in: Grundriß der romanischen Literaturen des Mittelalters. Bd. VI, 1: Heidelberg 1968, S. 109–116; Bd. VI, 2: Heidelberg 1970, S. 162–167.

Silverstein, T., Andreas, Plato and the Arabs, in: Modern Philology 47 (1950), S. 117–126.

Steiner, A., The Date of the Composition of Andreas Capellanus' *De amore*, in: Speculum 4 (1929), S. 92–95.

Vinay, G., Il ‚De amore' di Andrea Cappellano nel quadro della letteratura amorosa e della rinascita del secolo XII, in: Studi Medievali 17 (1951), S. 203–276.

Abkürzungen der biblischen Bücher der Vulgata

nach der Ausgabe von R. Weber u.a., Stuttgart [3]1983 (dt. Titel v.a. nach der Luther-Bibel)

Abd	Abdias/Obadja
Act	Actus Apostolorum/Apostelgeschichte
Agg	Aggeus (Aggaeus)/Haggai
Am	Amos
Apc	Apocalypsis Iohannis/Offenbarung des Johannes
Bar	Baruch
Col	Ad Colossenses/An die Kolosser
Cor I–II	Ad Corinthios/An die Korinther
Ct	Cantica Canticorum/Hoheslied
Dn	Daniel
Dt	Deuteronomium/5. Buch Mose
Ecl	Ecclesiastes/Prediger
Eph	Ad Ephesios/An die Epheser
Esr I–II	Ezra (Esdra)/Esra
Est	Hester (Esther)/Ester
Ex	Exodus/2. Buch Mose
Ez	Hiezechiel (Ezechiel)/Hesekiel
Gal	Ad Galatas/An die Galater
Gn	Genesis/1. Buch Mose
Hab	Abacuc (Habacuc)/Habakuk
Hbr	Ad Hebraeos/An die Hebräer
Iac	Iacobus/Jakobus
Idc	Iudices/Richter
Idt	Iudith/Judit
Ier	Hieremias (Ieremias)/Jeremia
Io	Iohannes (Ioannes)/Johannes
Io I–III	Iohannes (Ioannes)/Johannes (Briefe)
Iob	Iob (Hiob)/Ijob
Ioel	Iohel (Ioel)/Joel
Ion	Iona (Ionas)/Jona
Ios	Iosue/Josua
Is	Isaias/Jesaja
Iud	Iudas/Judas
Lam	Lamentationes Hieremiae/Klagelieder Jeremias
Lc	Lucas/Lukas
Lv	Leviticus/3. Buch Mose

Mal	Malachi (Malachias)/Maleachi
Mc	Marcus/Markus
Mcc I–II	Macchabei (Machabaei)/Makkabäer
Mi	Micha (Michaeas)
Mt	Mattheus/Matthäus
Na	Naum (Nahum)/Nahum
Nm	Numeri/4. Buch Mose
Os	Osee/Hosea
Par I–II	Paralipomena/Chronik
Phil	Ad Philippenses/An die Philipper
Phlm	Ad Philemonem/An Philemon
Prv	Proverbia Salomonis/Sprüche
Ps	Psalmi/Psalmen (Psalter)
Pt I–II	Petrus
Rg III–IV	Reges (Malachim)/Könige
Rm	Ad Romanos/An die Römer
Rt	Ruth/Rut
Sm I–II	Samuhel (Reges I–II)/Samuel
Sap	Sapientia/Weisheit
Sir (Eccli)	Iesus Sirach (Ecclesiasticus)
So	Sofonias (Sophonias)/Zefanja
Tb	Tobias/Tobit
Th I–II	Ad Thessalonicenses/An die Thessalonicher
Tim I–II	Ad Timotheum/An Timotheus
Tit	Ad Titum/An Titus
Za	Zaccharias (Zacharias)/Sacharja

Abbildungen

Abb. 1 Die Dame (Frau Minne) schießt einen Pfeil auf ihren Liebsten
Innendecke eines Kästchens vom Oberrhein, um 1320
New York, The Cloisters Collection. The Metropolitan Museum of Art
Vgl. *De amore* I,vi,74 u. 180

Abb. 2 „Ihr oder der Tod". Paradeschild aus Burgund, 15. Jahrhundert
London, British Museum
Vgl. *De amore* Vorrede u. I,vi,243 (*miles amoris*);
I,vi,207–208 (Tod aus Liebe);
II,vii,31–34 (Rittertaten des Minnedieners)

Abb. 3 Ein Liebender mit Hund und seine Dame mit einem Kaninchen, rechts der Dichter, aus einem Chansonnier (Liederbuch), Paris, um 1280 Montpellier, Bibliothèque Universitaire de Médecin, MS H196, fol. 270r Vgl. *De amore* I,vi (Minnewerbungsgespäche)

Abb. 4 Liebespaar in einer Landschaft (Herzdarbringung)
Tapisserie aus Arras, um 1430
Paris, Musée des Thermes et de l'Hôtel de Cluny
Vgl. *De amore* I,vi,198

Abb. 5 Berthaud d'Achy, Gott Amor schießt dem Liebenden
einen Pfeil in den Leib
Guillaume de Lorris und Jean de Meun, Roman de la Rose, Handschrift um 1280
Città del Vaticano, Biblioteca Apostolica Vaticana, Urb. lat. 376, fol. 12r
Vgl. *De amore* I,vi,459 u. I,ix,3

Abb. 6 Minnegericht, Ausschnitt des sog. Spielerteppichs,
spätes 14. Jahrhundert
Nürnberg, Germanisches Nationalmuseum
Vgl. *De amore* I,vii (Minnegerichtsurteile)

Abbildungsnachweis

Die Abbildungen wurden folgenden Publikationen entnommen:

Michael Camille, *Die Kunst der Liebe im Mittelalter*, übersetzt von Inga-Brita Thiele, Köln: Könemann Verlagsgesellschaft mbH 2000, Abbildungen 16, 50, 85 (hier verwendet als Abb. 1, 2, 3).

Gabriele Bartz, Alfred Karnein, Claudio Lange, *Liebesfreuden im Mittelalter*, Stuttgart und Zürich: Belser Verlag 1994, Abbildungen auf S. 33, 80, 90 (hier verwendet als Abb. 4, 5, 6).

Der Abdruck erfolgt mit freundlicher Genehmigung der betreffenden Museen, Bibliotheken und Verlage.

Stichwortregister

(Dieses Register erfaßt nur die deutsche Übersetzung des lateinischen Textes und auch aus der Übersetzung nur zentrale Begriffe und zentrale Stellen, sofern sie nicht ohnehin durch das Inhaltsverzeichnis ausgewiesen sind. Anmerkungen und Nachwort bleiben unberücksichtigt.)

Register der Eigennamen

(Dieses Register erfaßt so gut wie alle Eigennamen der deutschen Übersetzung, der Anmerkungen und des Nachworts außer der Bibliographie, selbstverständlich nicht die ständig verglichenen Ausgaben und Übersetzungen von *De amore*. – Die Anmerkungen werden nur nach Büchern und Nummern, nicht nach Seiten gezählt.)

Register der antiken und mittelalterlichen Werke

(Dieses Register erfaßt die Werknamen aus der deutschen Übersetzung, den Anmerkungen und dem Nachwort außer der Bibliographie, selbstverständlich nicht *De amore* selbst und seine Bearbeitungen sowie biblische Bücher. – Die Anmerkungen werden nur nach Büchern und Nummern, nicht nach Seiten gezählt.)

www.ingramcontent.com/pod-product-compliance
Lightning Source LLC
Chambersburg PA
CBHW070831020826
48982CB00015B/824
9783110179156